2

DIRECTORES ARTÍSTICOS
DEL CINE ESPAÑOL

Jorge Gorostiza

DIRECTORES ARTÍSTICOS DEL CINE ESPAÑOL

CÁTEDRA / FILMOTECA ESPAÑOLA
Serie mayor

Ilustraciones de cubierta: Estudio de rodaje de *Vida en sombras*
y boceto de Sigfredo Burmann para *Nada*

© Jorge Gorostiza
© Filmoteca Española / I.C.A.A. / Ministerio de Educación y Cultura
Ediciones Cátedra, S. A., 1997
Juan Ignacio Luca de Tena, 15. 28027 Madrid
Depósito legal: M. 43.311-1997
I.S.B.N.: 84-376-1587-9
N.I.P.O.: 303-97-009-1
Printed in Spain
Impreso en Gráficas Rógar, S. A.
Navalcarnero (Madrid)

Presentación

En la accidentada historia del cine español, atravesada por turbulencias y altibajos sin cuento, tal vez haya sido el capítulo de la escenografía el que haya mostrado una consolidación y un nivel profesional más estable y digno, una vez superados los balbuceos primitivos del pionerismo. Seguramente influyó en ello el buen nivel profesional de los anteriores escenógrafos teatrales, como Salvador Alarma o Fontanals, que se constituyeron en cantera y modelo para la nueva industria. Y así, en el ramo cinematográfico de la que se llamó durante mucho tiempo "decoración" pueden cartografiarse continuidades estéticas y artesanales en forma de familias, genealogías e influencias, cosa nada fácil de establecer en otros ramos profesionales de la industria española, como el de los guionistas, por oponer un contraste estridente. En el cine español se pueden establecer, en efecto, filiaciones reveladoras a partir de nombres como José María Torres, Fernando Mignoni, Tadeo Villalba (muy activo en Cifesa), Sigfrid Burmann (con quien se formaron nombres tan dispares como Enrique Alarcón o Gil Parrondo), o Francisco Canet. La familia de la dirección artística en el cine español, para decirlo con pocas palabras, se revela, con la lectura del documentadísimo libro de Jorge Gorostiza, como una familia competente y bien estructurada, no sujeta a las improvisaciones y aventuras que han caracterizado tradicionalmente a otros sectores profesionales del cine español.

No hay más que examinar los decorados de los films de Benito Perojo en los años treinta para comprobar que no tienen nada que envidiar —el sofisticado art-decó de *Crisis mundial*, el Madrid castizo de *La verbena de la Paloma*— a los decorados que se dibujaban y construían contemporáneamente en los estudios de París, de los que precisamente Perojo procedía. Y esta presencia relevante de los decoradores, explica que podamos hablar hoy de una *atmósfera* y de un *look* propios de la producción de Cifesa, con su retórica visual tan henchida y proclive al barroquismo, en castillos de antaño o en salones burgueses de hogaño. E incluso es detectable una atmósfera y un *look* peculiar en la menguada producción de Filmófono en la anteguerra, con las contribuciones de Mariano Espinosa (véanse la taberna y el cabaret de *La hija de Juan Simón*, por ejemplo). De este *look* y de estas *atmósferas* —el segundo concepto procedía de la pintura, pero el primero pasó de la moda al cine— fueron responsables antes que nadie los directores artísticos y los directores de fotografía, estamento profesional que también admite una vertebración familiar semejante a la de los decoradores. Ambos son, propiamente hablando, los *image makers* de un film.

Hace años, Emilio García Riera me hizo saber que fue a partir del exilio republicano de los decoradores españoles (bastantes de ellos valencianos) que pudo nacer el cine de reconstrucción histórica en la producción mexicana de los años cuarenta. Me pareció que esta observación contenía un elogio implícito a la competencia profesional de nuestros compatriotas trasterrados. Pero esta clara percepción de la relevancia profesional y estética de los directores artísticos del cine español, que era bastante general, no estaba acompañada hasta hoy de una documentación histórica suficiente. Ahora, por fin, Jorge Gorostiza nos brinda una meticulosa y erudita historia de este arte y de sus protagonistas, repleta de datos y de noticias, con muchísima información de primera mano, procedente de largas entrevistas con los supervivientes de esta profesión. Se trata de un texto rico y sin precedentes en nuestro país, y con muy pocos en el extranjero, que arroja nueva luz y aporta claves decisivas acerca del devenir de nuestro arte cinematográfico, convirtiéndose desde ahora en una herramienta imprescindible —y además ágil y amena, lo que no es poco— para el conocimiento del cine español.

ROMÁN GUBERN

Agradecimientos

Ante todo tengo que expresar mi más profundo agradecimiento a todos los directores artísticos que no sólo me ayudaron de una forma asombrosa, sino que además demostraron su afecto y total apoyo a este libro. De entre todos ellos, fueron los entrevistados los que debieron perder más tiempo y de entre estos últimos quiero significar especialmente a Ramiro Gómez al que sigo acudiendo cada vez que tengo alguna duda.

No puedo dejar de agradecer a José Luis Borau sus explicaciones sobre las relaciones escenógrafos-directores, a Román Gubern sus útiles consejos, a María Pastor su paciencia que sirvió para encontrar difíciles datos, a Dolores Devesa y Alicia Potes, que como siempre se desvivieron para atender mis más absurdas peticiones de datos, a Miguel Soria a quien se debe toda la parte gráfica de este libro, al Centro de Documentación Alphaville y al Archivo de la Academia de las Artes y las Ciencias Cinematográficas, al Deseo Producciones, a Ana Blázquez por su revisión del texto y a Valeria Ciompi, porque sin ella y sus valiosas aportaciones no se hubiese publicado este libro.

Por último, aunque con la misma importancia que los anteriores, es imposible olvidar a mis padres, a los dos, que me inculcaron su pasión por el cine, y sobre todo a Ana que no sólo aguanta mis ausencias, sino que además, investiga, corrige y me ayuda hasta el punto de ser completamente imprescindible.

Introducción

Este libro pretende compensar un olvido sistemático hacia uno de los profesionales que más ha contribuido al aspecto visual, y por tanto al resultado final, de las películas. Unos profesionales que, en la mayoría de los casos, ni siquiera valoraban su propia actividad, y que hasta ahora eran prácticamente ignorados o subestimados porque se desconocía la importancia que realmente tenía su trabajo.

En España se ha escrito[1] poco sobre los decoradores cinematográficos, en las revistas especializadas sólo se les ha entrevistado algunas veces y no hay demasiados artículos que traten sobre su trabajo, en las críticas de los diversos medios también se ha olvidado su labor o solamente se ha citado de pasada. Cuando se publican abreviadas las fichas técnicas de las películas no se les suele incluir, como tampoco se les citaba en los carteles de las películas hasta hace poco tiempo[2].

El olvido y la ignorancia no se han producido sólo en nuestro país.

Cuando los grandes estudios dominaban la producción mundial, se reconocían algunas de sus constantes formales —las tendencias expresionistas de la Universal o la elegancia de la Metro Goldwyn Mayer— que eran fruto del trabajo de un numeroso equipo, en el que estaba incluido el director artístico. Con la aparición de la "política de autores" se olvidó o menospreció al equipo, para atribuir casi toda la responsabilidad del resultado final al director. Recientemente se ha vuelto a reconocer el valor que tiene el trabajo de cada uno de los profesionales que realizan las películas, volviendo a citar al equipo técnico.

El cometido que se ha atribuido al director artístico también ha influido en su olvido. Los directores de fotografía, los montadores y otros profesionales, son reconocidos porque dominan una técnica compleja que necesita un aprendizaje largo, difícil y normalmente desconocido para el no iniciado. En el caso de los directores artísticos, siempre se ha supuesto que se limitan a "decorar" los ambientes, realizando un trabajo para el que no haría falta demasiada formación. No se sospecha que el trabajo real de estos profesionales es crear unos espacios para que se pueda rodar en ellos y esta creación, por su propia naturaleza, es una mezcla de técnica y talento innato muy difícil de lograr.

Una cuestión terminológica

Ante todo hay que decir que los encargados de la escenografía cinematográfica nunca se han definido a sí mismos como escenógrafos. En España siempre se les llamó "decoradores", posiblemente porque en los comienzos del cine los telones se adquirían en las casas

---

[1] Sólo se citaba a Enrique Alarcón y a Gil Parrondo cuando ganó sus dos Óscar.

[2] Se empezó a poner el nombre de los profesionales en algunos carteles esporádicamente a principios de los años cuarenta, uno de los primeros en ser citado es Pierre Schild en los carteles de Ufisa, como *Pepe Conde* (José López Rubio, 1941), *Sucedió en Damasco* (José López Rubio, 1942) y *Fiebre* (Primo Zeglio, 1943); otro al que se cita pronto es a Sigfredo Burmann, por ejemplo en *Bambú* (José Luis Sáenz de Heredia, 1945), *Misión blanca* (Juan de Orduña, 1946) y *Agustina de Aragón* (Juan de Orduña, 1950).

especializadas en escenografía teatral y los primeros profesionales se limitaban a "decorar", a colocar elementos en el espacio formado por los telones. Hacían un trabajo similar al de los decoradores de interiores, que ya en aquellos años empezaban a desempeñar su trabajo, contratados por gente de alto poder adquisitivo para que adornasen sus casas.

En otros países las denominaciones han sido diferentes. En Estados Unidos empezaron llamándose *Artistic Executives* (Ejecutivos Artísticos) o *Technical Directors* (Directores Técnicos), pero muy pronto pasaron a denominarse *Art-Directors*, un término tomado de las agencias de publicidad[3], que se usa también en Gran Bretaña. En Alemania desde muy pronto se les llamó *Architekt* y en Italia se les denominaba *Architetto*, posiblemente porque en ambos países la mayoría de los profesionales habían estudiado Arquitectura antes de dedicarse al cine. En Portugal sin embargo se usa el término teatral *Scenografo* y en Suecia el de *Dekorationer,* similar al español.

En las primeras películas el mismo profesional que diseñaba los decorados se encargaba de construirlos, cuando surgieron los estudios y los decorados se fueron complicando, se contrató a operarios que los construían dirigidos por el decorador.

En nuestro país a principios de los años cuarenta se separaron las profesiones del decorador y el constructor, que en aquellos años empezó a denominarse Realizador. Según se fue aumentando el número de decorados, fueron necesarios mas profesionales para diseñar y construirlos, por eso aparecieron los Ayudantes de Decoración y los decoradores pasaron a ser Decoradores-Jefe. Surgieron también los Ayudantes de Realización que trabajaban con los constructores, y los Auxiliares tanto de construcción como de decoración. Además de estos profesionales había Dibujantes, que a veces se asimilaban a los Auxiliares, y por último los Meritorios, primer paso de la profesión. Relacionados con las tareas del acabado final de los decorados, estaban los Regidores y Ambientadores o Atrezistas, que buscaban y colocaban los objetos que aparecían en la pantalla, y que casi siempre estaban ligados a las empresas dedicadas al atrezo.

En los años sesenta se celebró una reunión con la mayoría de los profesionales españoles que acordaron abandonar la denominación "decoradores", para, copiando el término norteamericano, pasar a llamarse "directores artísticos" o "directores de arte".

Mientras tanto en Estados Unidos llegó un momento en que hizo falta un profesional que controlase además las localizaciones y el vestuario, alguien que fuese el encargado de todo el aspecto visual de la película. Hacía falta alguien que "diseñase la producción"[4]. Pronto se pasó a denominar al profesional *production designer*, el diseñador de producción, un término aún no demasiado usual en nuestro país, pero que empieza a surgir tímidamente.

Actualmente en EE.UU. las denominaciones y las atribuciones relacionadas con los decorados son muy amplias y variadas. Entre ellas pueden citarse[5] en cuanto al diseño, al *production designer* (diseñador de producción), *art director* (director artístico), *assistant art director* (ayudante del director artístico), *set designer* (diseñador de plató) y *draftperson* (dibujante), otros profesionales relacionados con el diseño son el *scenic artist* (artista escénico) y el *storyboard artist* (artista del *storyboard*[6]), también conocido como *production ilustrator* (ilustrador de producción) o *sketch artist* (artista de bocetos); en la construcción de los decorados existen el *construction foreman* (capataz de construcción), *construction coordinator* (coordinador de construcción) y *carpenter* (carpintero); en el atrezo, el *property maker* (fabricante de atrezo), *property master* (patrón de atrezo) y *assistant property master* (ayudante del patrón de atrezo); y en la localización de exteriores, el *location manager* (director de localizaciones) y *location scout* (explorador de localizaciones). Además hay que tener en cuenta que el diseñador de producción también controla a los encargados de vestuario y muchas veces a los diseñadores de los efectos especiales.

Esta prolija relación se cita para comprender que hoy en día, debido a la creciente com-

[3] Para conocer la dirección artística en EE.UU. es fundamental *La arquitectura en el cine,* de Juan Antonio Ramírez, Madrid, Blume, 1986.

[4] En algunas películas de los años cuarenta aparecía en los títulos de crédito: *production designed by,* como por ejemplo en *Tarzan Triumphs* (*El triunfo de Tarzán,* William Thiele, 1943).

[5] *Behind the screen: The American Museum of the Moving Image Guide to who does what in motion pictures and television,* de David Draight, Nueva York, Abbeville Press, 1988.

[6] *Storyboard* no tiene aún traducción al español, es el dibujo de las secuencias de una película que se hace antes de rodarla.

plicación de las producciones, se ha dividido hasta límites insospechados un trabajo que en los comienzos del cine desarrollaba un solo profesional.

La cuestión terminológica es importante porque en cada momento histórico al profesional se le ha ido denominando de una forma distinta, a pesar de realizar trabajos más o menos similares. Pero lo realmente importante es la función de este profesional y lo que ha producido.

LA ESCENOGRAFÍA CINEMATOGRÁFICA

Hay muchas definiciones que relacionan la escenografía con el teatro, pero muy pocas referidas al cine. El Diccionario de la Real Academia dice que la escenografía es "el arte de proyectar o realizar decoraciones escénicas"[7], la Enciclopedia Espasa limita aún más la definición, la escenografía es el "arte de pintar decoraciones escénicas".

Hay que buscar textos específicamente cinematográficos para encontrar una definición válida de lo que es un director artístico. Katz[8] lo define de la siguiente forma: "Probablemente el más subestimado de los artistas cinematográficos, el director artístico debe dominar la calidad visual del film, y el calibre de su trabajo a menudo determina su carácter y atmósfera. El suyo es uno de los trabajos más complejos de la cinematografía. Requiere conocimientos de arquitectura y diseño, un conocimiento a fondo de los estilos de decoración y vestuario de todos los períodos, habilidad gráfica, agudeza financiera, y un conocimiento a fondo de todo lo concerniente a la producción, incluyendo fotografía, iluminación, efectos especiales, y montaje."

Los profesionales también han definido su profesión. En España el alumno delegado de decoración en la E.O.C. escribía[9]: "nuestra especialidad consiste en reproducir una realidad adaptándola a unas circunstancias de espacio y tiempo que faciliten al máximo un futuro rodaje". Frecuentemente se afirma que la escenografía reproduce la realidad, pero esta afirmación es demasiado reduccionista. Hay muchas películas que tienen poca relación con la realidad y

además, si fuera necesario que la tuvieran, esa realidad se puede crear, no hace falta reproducirla.

Gerald Millerson da una definición más detallada, dice[10] que "fundamentalmente, la escenografía tiene como objeto modificar, aumentar o bien crear un efecto visual determinado". Millerson continúa explicando lo que, según él, se puede hacer con ella: "A través de las persuasivas técnicas escenográficas podemos crear realidades o evocar aquello que nunca existió. Hacemos creíble lo inverosímil, o convertimos lo imposible en un hecho. La escenografía es un mundo efímero de ensueño donde lo fantástico y lo imaginario cobran vida durante el breve tiempo en el que fabricamos una ilusión." Como se ve, el autor amplía la definición a la creación de lugares ficticios, relacionándola incluso con la labor de los técnicos de efectos especiales.

Dos directores artísticos explican su trabajo de una forma más prosaica. Ward Preston le preguntó[11] a Stanley Fleisher —que en aquel momento trabajaba en la Warner— sobre su función, Fleisher le contestó: "el director artístico es responsable de todo lo que ves en la pantalla", según Preston, Fleischer hizo una pausa, añadió "...que no se mueve" y buscando una corrección, remató con tristeza "...y que usualmente está desenfocado".

Olvidando el sarcasmo, la definición del trabajo desempeñado por el director artístico es bastante aproximada. Su responsabilidad incluye todo lo que se ve en la pantalla que no se mueve.

Es decir, como explica José Luis Olaizola[12], "al director artístico, o decorador, es a quien corresponde que todo lo que aparece en el guión se pueda trasladar a imágenes".

El director artístico Rafael Palmero define su trabajo diciendo que: "El director de arte crea el lugar en el que se desarrolla la acción, dentro de un contexto fijado por el guión y con las indicaciones precisas del director"[13].

Está claro que su trabajo consiste en crear nuevos espacios o modificar los existentes. Algo

---

[7] *Diccionario de la Lengua Española*, 21.ª ed., Madrid, 1992. Es curioso que para la Real Academia ninguna acepción de "director artístico", ni de "decorador" tengan relación con el cine.

[8] *Katz's Film Encyclopedia*, en *Microsoft Cinemania '95*.

[9] "La E.O.C. desde dentro", en *Nuestro cine*, núm. 65, septiembre de 1967, pág. 33.

[10] *Escenografía básica*, de Gerald Millerson, I.O.R.T.V., 1987, pág. 10.

[11] *What an Art Director does*, de Ward Preston, Los Ángeles, Silman-Janes Press, 1994, pág. x.

[12] *Cómo se hace una película*, de José Luis Olaizola, Madrid, Ed. SM, 1989, pág. 32.

[13] "La profesión va por dentro", de Teodoro Andrade, en *Cambio 16*, núm. 1278, 20 de mayo de 1996, pág. 64.

que sirve también para definir el trabajo de un arquitecto, por lo tanto parece que podrían asimilarse ambos trabajos, sin embargo, aunque no se han escrito textos teóricos sobre este tema, la Escenografía Cinematográfica es una disciplina autónoma con respecto a la Arquitectura, porque tiene sus propias reglas e instrumentos.

Quizás la explicación, menos técnica, pero que mejor se adapta a la realidad, la formuló Paul Auster: "Filosóficamente hablando, la dirección artística es una disciplina fascinante. Tiene un componente verdaderamente espiritual. Porque entraña mirar muy atentamente el mundo, ver las cosas como realmente son y no como quisieras que fuesen, y luego recrearlas con fines totalmente imaginarios y ficticios. Cualquier trabajo que te exija mirar tan cuidadosamente al mundo tiene que ser un buen trabajo, un trabajo que es bueno para el alma"[14].

El profesional tiene serias limitaciones por esa forma de mirar el mundo tal como es y no como quisiera que fuera. Gil Parrondo explicaba[15] que un decorador "nunca se puede permitir que su gusto personal sea más fuerte que las exigencias que personajes e historia tengan. Puede parecer muy simple dicho así, pero lo tengo clarísimo y no es tan fácil. Es como hacer un regalo, hay que pensar en el gusto de aquel a quien va dirigido, no en el del que lo hace". Parrondo en otra entrevista incidía en este tema desde otro punto de vista[16]: "en decoración normal un buen decorador todo lo que toca es para embellecerlo, para elegantizarlo. En cine, a veces hay que convertir un ambiente normal en algo horrendo para que vaya bien con la secuencia, con el personaje. El decorador de cine tiene que enamorarse a veces de una cosa de mal gusto, de una falta de armonía entre dos muebles. Eso es lo apasionante del decorador cinematográfico, que en cierto momento tiene que gustarle una cosa horrorosa". Es curioso que para un acreditado profesional, como Parrondo, hacer algo "horrendo" no es un problema y puede llegar a ser "apasionante".

Como antes se vio la escenografía o la decoración cinematográfica es una disciplina autónoma con respecto a la Arquitectura, con las declaraciones de Parrondo se comprueba que tampoco se puede asimilar a la decoración de interiores en edificios reales, entendida como la ornamentación de un espacio predeterminado gracias a la colocación de objetos.

Pero no es este el lugar para establecer una teoría de la escenografía cinematográfica[17], lo único que se pretende es contar la historia de unos profesionales, de su apasionante, complejo y fundamental trabajo.

UNA CUESTIÓN DE MÉTODO

Los estudios globales sobre el Cine Español se han dividido normalmente en etapas cronológicas correspondientes con momentos históricos en los que se produjeron cambios que influyeron en nuestro cine.

Este mismo método se podría haber usado para afrontar el estudio de unos profesionales determinados y el fruto de su trabajo. Sin embargo ha parecido más lógico asociarlo a las técnicas que han usado esos profesionales, buscando momentos claves en el devenir histórico de esa técnica, que hayan influido decisivamente en su profesión.

Si el estudio se hubiese referido a los directores de fotografía, estos hitos podrían haber sido, por ejemplo, la aparición de cámaras, nuevas emulsiones o el invento del color. Al estudiar a los directores artísticos se descubrió que su trabajo es inseparable del desarrollo de un edificio, que sirve como espacio en cuyo interior se realizan los rodajes. Por ello se asoció su trabajo a la evolución del estudio cinematográfico.

Esto no quiere decir que los directores artísticos hayan trabajado sólo en estudios o incluso sólo en interiores, una de sus tareas más importantes es modificar los espacios exteriores, y trabajar en ellos no implica un menor grado de creatividad que hacerlo en interiores.

Pero es evidente que la aparición de unos lugares donde se podía trabajar bajo cubierto y en los que se concentraban los medios técnicos y humanos precisos para poder desarrollar su trabajo, como se verá, amplió las posibilidades de la profesión, cambiándola sustancialmente.

---

[14] Entrevista con Annette Insdorf, en *Smoke & Blue in the face*, Barcelona, Anagrama, 1995, pág. 19.

[15] Dos veces Oscar de Hollywood, entrevista con María Casanova, en *Diario 16*, 13 de enero de 1991, pág. 48.

[16] "El espacio soñado. Entrevista con Manuel Gil Parrondo", de Romero Garrido, en *Casablanca*, núm. 33, septiembre de 1983, pág. 41.

[17] El autor está elaborando un trabajo sobre estas diferencias titulado *El espacio móvil. Teoría de la escenografía cinematográfica*.

De hecho, excepto los directores artísticos cinematográficos, hay muy pocas profesiones que estén ligadas a un determinado tipo edificatorio, que además ha tenido muy pocas variaciones a lo largo de su historia. El antecedente más inmediato habría que buscarlo en el escenógrafo teatral, unido a los distintos tipos de edificios teatrales.

Por ello esta historia de los directores artísticos cinematográficos españoles se ha dividido en etapas que coinciden con diversas transformaciones de los estudios.

Telones planos de *Bohemios* (Ricardo de Baños, 1905).

CAPÍTULO I

El cine mudo

Para que exista un decorador hace falta que haya una ficción que necesite un marco artificial para desarrollarse, una ficción que se pueda subrayar o apoyar con un ambiente determinado creado por alguien. La mayoría de las cintas que se rodaron en los comienzos del cine español eran documentales que mostraban un evento más o menos cotidiano, para rodarlas no hacía falta contar con alguien que modificase sustancialmente los elementos reales que rodeaban la acción. No eran necesarios los decoradores.

Aunque en los títulos de crédito de las películas no figurase el responsable de la decoración, no implica que se renunciase al empleo de decorados. Un ejemplo es *Bohemios* (Ricardo de Baños, 1905) donde en una escena, que supuestamente sucede en el exterior en un ambiente nevado, los personajes están situados delante de una serie de edificios pintados en varios telones superpuestos, uno de ellos colocado a la izquierda, que representa la fachada del edificio más cercano, tiene una puerta cuya hoja es mayor que el marco, un marco falso, que además tiene mal dibujada la perspectiva de su encuentro con el pavimento. Posiblemente la hoja de la puerta pertenecía a otro decorado o es un elemento estandarizado que podía colocarse en varios telones.

Otro ejemplo en el que no consta el nombre del decorador es *El ciego de la aldea*, dirigida en 1906 por Ángel García Cardona para Films Cuesta. Transcurre en exteriores, hasta que los secuestradores de la protagonista la introducen en una cueva-cabaña, cuyo interior es un telón plano sobre el que se ha pintado una falsa perspectiva imitando una cubierta de madera, este telón tiene tres aperturas por las que pasan los personajes y delante de él se han situado unos pocos muebles. Tanto en este ambiente como en el citado antes de *Bohemios*, las sombras arrojadas por los actores indican que el telón y los muebles se situaron en el exterior, y posiblemente para elegirlos y colocarlos no hizo falta alguien con una profesión específica, bastó alquilar un telón teatral y pudo montarlo cualquier carpintero[1] incluso empleado en la empresa que los alquilaba. Recuérdese que en aquellos años había sociedades que se dedicaban a diseñar y construir telones para teatros estables y para compañías ambulantes, sociedades que existieron incluso hasta los años cincuenta.

El primer profesional del cine español acreditado en un reparto desempeñando la decoración fue Vicens Raspall, la película *Los guapos de la vaquería del parque*, dirigida y fotografiada en 1905 por Fructuós Gelabert[2]. Su inclusión en el reparto indica que la cinta no transcurre íntegramente en exteriores, en la vaquería que realmente estaba situada en el Parque de la Ciudadela, sino que se construyó un ambiente en el que unos actores desempeñaron su tra-

---

[1] Es de suponer que la procedencia de los profesionales españoles fuera similar a la francesa. En ese país los primeros colaboradores de Méliès fueron Claudel y Colas, dos carpinteros teatrales que eran capaces de construir decorados en muy poco tiempo. Charles Pathé contrató a Fabrege, otro profesional del teatro al que acompañaban Vasseur, Gaston Dumesnil y el propio Colas que abandonó pronto a Méliès. *Décors de Cinéma*, de Jacques y Max Douy, pág. 9.

[2] Para Gelabert véase *El Món de Frutuós Gelabert*, de Joan Francesc de Lasa, Barcelona, Generalitat de Catalunya, 1989.

bajo. Estos actores eran amigos de Gelabert y entre ellos se encontraba Joan Morales.

JOAN MORALES

Morales, que era pintor, volvería a trabajar como actor en *Cerveza gratis* (Fructuós Gelabert, 1906) y fue el primer decorador cinematográfico español acreditado que desempeñó su trabajo de un modo estable. Trabajó con Gelabert durante dos años en cinco títulos y cuando abandonó el cine fundó una empresa para construir decorados con Andreu Asensi que aún funcionaba en los años veinte.

En la primera película que hizo Morales con Gelabert, *Tierra baja* (1907), montó los decorados de una casa campesina con dos telones perpendiculares, en uno de ellos hay una puerta por la que acceden los actores y un falso armario abierto, en el otro adosó la campana de una chimenea y debajo construyó un tosco hogar, construcción que fue una novedad para la época.

En *La Dolores* (Fructuós Gelabert y Enrique Giménez, 1908) Morales reprodujo al aire libre una plaza mayor, que figura ser la de Calatayud, delimitada por edificios con balcones llenos de flores, en la que se celebra la corrida de toros dentro de una barrera formada por un círculo de carros.

En 1908 Morales volvió a colaborar con Gelabert en *Los calzoncillos de Toni*. El mismo director cuenta cómo hizo uno de los trucos más famosos: "Para esta película hice construir, por el escenógrafo Juan Morales, el interior de un departamento de tercera de un vagón de ferrocarril, que daba la sensación de que el tren corría. Los entendidos en materia de impresión y los operadores discutieron largamente cómo pudo darse una sensación tan real de movimiento. Hasta en las revistas que más o menos se dedicaban a la cinematografía fueron emitidas distintas opiniones. El truco consistía en la construcción de un grandioso tambor colocado delante de las ventanillas, que iban dando vueltas más o menos lentamente según la velocidad que se quería aparentar. En dicho tambor había unos dibujos superpuestos, que se iban quitando cada vez que el tambor había dado una vuelta completa o se paraba delante del dibujo de una estación, mejor dicho, de la parte de estación que puede verse desde el interior de un vagón. Los dibujos entre las estaciones figuraban, naturalmente, árboles, montañas, paisajes, con los postes telegráficos simétricamente colocados"[3]. Como se ve los decoradores no sólo diseñaban y muchas veces construían los ambientes, sino que además comenzaron ocupándose de las primitivas técnicas de lo que después se denominarían "efectos especiales".

APARICIÓN DE LOS ESTUDIOS

Los decorados se iban haciendo cada vez más complejos y hacía falta un lugar donde colocarlos bajo techo, de forma que se pudiese rodar incluso en condiciones metereológicas adversas. Estos lugares comenzaron llamándose "galerías" usando el nombre de los espacios con techo de cristal que ya usaban los fotógrafos, y que a su vez se había tomado de los corredores acristalados que se adosan a las casas para servir de transición entre el exterior y el interior.

En 1908 Gelabert montó una de estas galerías en La Granja Vieja, una gran finca situada en Horta, cuyo propietario era Martí i Codolar. Según Lasa[4], Gelabert acondicionó un antiguo invernadero, en vez de construir un nuevo edificio específicamente dedicado a galería, esta afirmación la hace apoyándose en un dibujo atribuido a Gelabert y en fotogramas de la primera versión de *Amor que mata* (1908) en los que "se ven como de soslayo, fragmentos de aquel invernadero".

El dibujo es una perspectiva bastante tosca de un edificio con paredes acristaladas, que tiene un cuerpo adosado opaco de fábrica que podría ser un almacén y una cubierta que también parece acristalada, a dos aguas con una vertiente más larga que la otra, vertiente seguramente orientada al sur para recoger mayor cantidad de luz. Si las proporciones del dibujo fuesen fiables se puede calcular, gracias a las dimensiones de una puerta, que tenía aproximadamente siete metros de altura en su punto más alto y la planta cubierta por el cristal parece prácticamente cuadrada con alrededor de seis metros de lado. Lasa afirma que tenía nueve metros de larga por seis de ancho, dimensiones en las que quizás esté incluido el cuerpo adosado de mampostería.

El edificio puede ser un invernadero, y es

---

[3] *Memorias de dos pioneros*, edición de José M. Caparrós, Madrid, C.I.L.E.H., 1992, pág. 139.
[4] *Memorias de dos pioneros*, pág. 136.

evidente que no pudo construirse sólo con este apunte. Por ello, mientras no aparezcan planos de la época con unas especificaciones técnicas mínimas, no puede afirmarse que el edificio fuese construido para el uso que se le dio.

De todos modos no tiene demasiada importancia saber si este estudio era un edificio adaptado, o diseñado y construido específicamente para el cine. Lo importante es que parece ser la primera construcción que se destina en España para servir como lugar de rodaje, y sobre todo, que esta construcción permite al decorador desarrollar su trabajo en unas condiciones más idóneas.

Hasta la aparición de los estudios los decoradores tenían que apoyar sus telones en el suelo, soportados por unas estructuras casi siempre de madera que debían aguantar las inclemencias del tiempo. Cuando aparecen los estudios, por primera vez se cuenta con un techo, en el que no sólo se puede colocar la iluminación como en el teatro, sino que además sirve para colgar todo tipo de elementos decorativos que crean el espacio de rodaje. Otra de las ventajas de los estudios es que, al trabajar en un espacio cubierto y cerrado, se puede tardar más en hacer los decorados y éstos pueden permanecer más tiempo en el lugar de rodaje.

La aparición de los estudios no es accidental, al rodar películas con argumentos cada vez más largos y que sucedían en un mayor número de ambientes diferentes, era necesario crear unos espacios cada vez más complejos, con mayores complicaciones. Para crearlos hacía falta construir recintos, estudios, donde se pudiese rodar.

Una necesidad acentuada además por la creciente demanda de películas, lo que obligaba a emplear más horas de trabajo en los rodajes, de forma que no se pudiesen perder los días en que las condiciones meteorológicas eran adversas. Esta dificultad quedaba perfectamente resuelta al rodar en los interiores protegidos de las galerías.

Gelabert había estado en París y es posible que hubiera visto las instalaciones de Pathé en Montreuil-sous-Bois. Una población donde Méliès había ya construido en 1897 un estudio que medía en planta diecisiete por siete me-

tros[5]. Gelabert construyó un estudio más pequeño y once años después que Méliès, por lo tanto la aparición de la, aparentemente, primera galería española no fue una innovación en el contexto mundial.

Las dimensiones de la galería de Gelabert sólo permitían montar un decorado pequeño, a pesar de ello los beneficios no se hicieron esperar. En 1909 Gelabert rodó *Guzmán el Bueno* colaborando de nuevo con Juan Morales, cuando el director habla en sus memorias[6] de la película dice lo siguiente: "Para esta película construyó un decorado ex profeso, el joven escenógrafo Juan Morales. Este decorado fue montado en corpóreo, siendo de gran efecto y visualidad. Se trataba de un castillo de la época en que ocurrió la gran tragedia, construido con bloques de yeso simulando piedras gastadas por los años, y fueron, además, incrustadas, para mayor realidad, al castillo, partículas de hierbas en las grietas y junturas de los bloques." Carlos Fernández Cuenca asegura[7] que aquel decorado corpóreo fue "el primero del mundo".

DECORADOS CORPÓREOS

Aquí conviene hacer un inciso. Se entiende que un decorado es corpóreo cuando tiene tres dimensiones, es decir definiéndolo por lo negativo, cuando no es una perspectiva pintada sobre un plano. La Perspectiva que, como se sabe sirve para simular el espacio tridimensional sobre un soporte bidimensional, había sido un instrumento usado desde el Renacimiento tanto por pintores como por escenógrafos teatrales. Desde el fundamental trabajo de Panofsky *La perspectiva como forma simbólica*[8], se sabe que lo representado es una convención y no una representación exacta del espacio observado por el ojo humano, por eso eliminar la perspectiva en los decorados, significaba un mayor acercamiento a la realidad y un "avance" para algunos historiadores cinematográficos.

Este avance habría que asociarlo a la teoría genética del cine, "finalista o teleológica", en palabras de Román Gubern[9], por la cual la

---

[5] En todo lo referente a Méliès es a veces difícil discernir entre la realidad y la ficción gracias a su propia fantasía.
[6] *Memorias de dos pioneros*, pág. 141.
[7] *El Món de Fructuós Gelabert*, pág. 151.
[8] *La perspectiva como forma simbólica*, de Erwin Panofsky, Barcelona, Tusquets, 1973.
[9] "Los caminos del historiador", de Román Gubern, en *De Dalí a Hitchcock*, Actas del V Congreso de la AEHC, La Coruña, 1995, pág. 14.

evolución del arte tiene un sentido de perfeccionamiento progresivo, y por ello el abandono de los elementos considerados teatrales por unos más específicamente cinematográficos, sería un progreso del nuevo arte.

La influencia del decorado corpóreo cinematográfico ha sido tan importante, que incluso algunos autores lo han considerado una aportación original del cine, copiada después por el teatro. Dos escenógrafos como Mestres y Vallvé[10] escribían, bajo el epígrafe titulado "Evolución de los decorados Corpóreos", que desde el siglo XVII los decorados estaban formados por planos hasta que "llegamos al momento crucial en que aparece el cine: el cine, con todas sus decoraciones corpóreas, sus efectos de luces y sombras. Como el cine ha vivido intensamente, pocos años han bastado para adquirir experiencia. Él ha tomado del Teatro toda su vieja escuela declamatoria, que luego ha ido modificando en pro de una naturalidad y realismo loables. También en sus decoraciones, que en un principio fueron ni más ni menos que decorados teatrales, ha suprimido cuanto podía delatarle como artificio de trampa y cartón y ha empezado a lograr la maravilla de sus construcciones, realmente auténticas". Los autores rematan su argumentación escribiendo: "No es, pues, de extrañar que ante esa evolución de su hermano menor, el Teatro no haya permanecido indiferente y, siguiendo más o menos las huellas del cine, se haya lanzado a construir decorados corpóreos, donde la reproducción del ambiente ha sido lograda con perfección realmente admirable". Es bastante dudosa la influencia del realismo cinematográfico en el teatro pero, aunque este es un tema a tratar con más profundidad, parece más lógico que, como le pasó a la pintura con la aparición de la fotografía, en el teatro se buscasen nuevas formas de expresión cuando surgió una manifestación artística nueva que se aproximaba más a la realidad. Lo interesante del texto es creer que existe una aportación innovadora del arte joven —el cine— al arte tradicional —el teatro— gracias a una forma nueva de decorados: los decorados corpóreos.

El uso de decorados corpóreos no implica un mayor grado de evolución. Películas como *Perceval le gallois* (Eric Rohmer, 1978) o en España *La venganza de Don Mendo* (F. Fernán-Gómez, 1965) rodadas en decorados planos, no son más primitivas que aquellas hechas en su momento con decorados que imitaban la realidad o que se rodaron en escenarios reales. En estas películas se utiliza el decorado plano como una opción expresiva o estética que incide directamente en el aspecto visual de la película y en su argumento.

No se puede olvidar que cualquier elemento —un marco o una moldura— que se colocase sobre un paramento vertical no hubiese tenido relieve al perder sus sombras, debido a la iluminación uniforme que se usaba en el cine de aquella época. El director artístico Georges Wakhevitch contaba[11] como el operador alemán Kurt Courant le había aconsejado que en una escalera corpórea pintase más oscuro el frente de los escalones que sus huellas, para así poder acentuar las sombras.

Los decorados pintados no se usaban porque se desconociesen otras opciones o por capricho de los profesionales, se utilizaban para solucionar un problema técnico. El decorado plano pintado cumplía mejor su función que uno corpóreo de tres dimensiones.

La supuesta evolución hacia el realismo que supuso el uso del decorado corpóreo se produjo por motivos técnicos, cuando paulatinamente se fueron incluyendo nuevas fuentes de luz colocadas en varios puntos, evitando la iluminación plana y uniforme que se usaba hasta entonces.

Uno de los motivos del uso habitual de los telones pintados fue su idoneidad técnica, otro su precio. Era más barato, al estar "prefabricado" por las empresas que los alquilaban para los teatros y su valor también se abarataba por lo fácil que resultaba montarlos con personal no excesivamente cualificado.

No se va entrar en polémicas con la afirmación de Fernández Cuenca, antes citada, ni por saber qué película fue la primera en la que se usaron decorados corpóreos. Está documentada su aparición en títulos extranjeros anteriores a *Guzmán el Bueno*, e incluso Julio Pérez Perucha cita[12] "el surgimiento de decorados corpóreos sustituyendo a, o compartiendo,

---

[10] José Mestres Cabanes era, aparte de un reconocido escenógrafo teatral, Catedrático del Instituto del Teatro de Barcelona. Andrés Vallvé Ventosa era profesor de ese Instituto y trabajó en él desde 1952. El texto pertenece al capítulo "Los Decorados" de *El Teatro. Enciclopedia del arte escénico*, Barcelona, Noguer, 1958, pág. 279.

[11] *El cine y sus oficios*, de Michel Chion, Madrid, Cátedra, 1992, pág. 144.

[12] *Narración de aciago destino (1896-1930)*, de Julio Pérez Perucha, en *Historia del cine español*, Madrid, Cátedra, 1995, pág. 28.

los telones pintados" en la producción de la valenciana casa Cuesta en 1906, tres años antes que la película dirigida por Gelabert.

Lo cierto es que se siguieron usando telones de forma habitual y que la "corporeidad" de los decorados se limitó a algunos elementos en escenas aisladas de unas cuantas películas.

EL ATREZO

Lo que sí aumentó espectacularmente fue el conjunto de objetos, el atrezo, que llenaba el espacio para dar una mayor sensación de verosimilitud, y sobre todo de riqueza. Esta tendencia se debe a la influencia de la cinematografía italiana de la época, en la que hay lujosos edificios con grandes habitaciones llenas de objetos variados, entre los que deambulan actores vestidos de etiqueta, para dar una sensación de opulencia que a veces raya la ridiculez.

En nuestro país uno de los ejemplos de este tipo de cintas es *Amor que mata* (Fructuós Gelabert, 1908) en la que el anónimo decorador llenó las habitaciones de muebles y objetos, hasta llegar a un barroquismo decorativo, que en algunos casos casi oculta a los personajes. En otros casos como en *Mala raza* (Fructuós Gelabert, 1912) son los objetos los que crean los ambientes, ya que se usa un mismo decorado en el que sólo se cambian los muebles para recrear distintas habitaciones.

Por esos años triunfaban en Europa otro tipo de películas influidas por la firma francesa Film d'Art, pertenecían casi siempre al género histórico, tenían una fuerte influencia teatral y estaban decorados con gran cantidad de telones pintados. Una de ellas es el *L'assassinat du Duc de Guise* (*El asesinato del Duque de Guisa*, André Calmettes, 1908), se rodó en un teatro y las telas que representan al sólido castillo de Blois se mueven a veces de una forma muy peligrosa para la estabilidad del supuesto castillo.

En Barcelona Adriá Gual fundó en 1913 la Barcinógrafo tomando como referencia la Film d'Art. Curiosamente Gual que era dramaturgo, poeta, pintor y escenógrafo teatral, no figura en los títulos de crédito de sus producciones como escenógrafo excepto en *El Alcalde de Zalamea* (Juan Solá Mestres, Alfredo Fontanals y Adriá Gual, 1914) en la que comparte este cometido con Joan Morales. En esta aparente contradicción incurre también otro realizador, Josep de Togores, que según Hernández Girbal era "una notabilidad como artista decorador" ya que incluso había construido "los artísticos pabellones españoles de la Exposición Universal de Bruselas"[13].

Lo más probable es que ambos interviniesen en la decoración de sus películas ya que normalmente no aparece acreditado otro decorador. Si algo indica esta ausencia es la poca importancia que se le daba al trabajo escenográfico en el cine de aquellos años.

HISPANO FILMS

En 1909 los responsables de Hispano Films, Alberto Marro y Ricardo Baños, edificaron una galería en los jardines de su torre encargándoselo a la constructora mecánica Moncanut. Ramón de Baños en sus Memorias[14] justifica esta iniciativa para poder "realizar una producción constante que pudiese tratar de igual a igual a la que venía del extranjero", estaban construidos "todos de hierro, madera y vidrio esmerilado, con cortinas blancas y azules para combinar la luz, como en una gran galería fotográfica de aquellos tiempos". En ellos se rodó *Locura de amor* (1909) y Baños recuerda en sus Memorias que los decorados los pintó Josep Calderé en la misma galería, pero no cree que "ni Marro ni mi hermano tuviesen la más mínima idea ni que se calentasen la cabeza para estudiar los usos y costumbres de la época donde se desarrollaba el tema histórico del drama escogido. No recuerdo que interviniese algún asesor artístico acreditado que les guiase en el montaje y desarrollo de las escenas".

La Hispano Films produjo dos años después *Don Pedro el Cruel* (Alberto Marro y Ricardo Baños, 1911) que no reniega de su influencia teatral, al comenzar cuando se abre un telón. La primera escena transcurre en un salón cuyo fondo es una perspectiva, delante de ella hay dos falsas columnas hechas con telones planos, de forma que los personajes pueden circular entre estas columnas y el fondo. La siguiente escena sucede delante de otro telón más pequeño con una perspectiva en la que están dibujadas las almenas de un castillo. Después de esta escena, la acción se traslada al campo, donde en un exterior natural se ha

[13] *Cinegramas*, núm. 96, 12 de julio de 1936. Citado por Perucha en *Historia del cine español*, pág. 58.
[14] *Un pioner del cinema Català a L'Amazonia*, de Ramón de Baños, Barcelona, Íxia llibres, 1991, pág. 37.

colocado un telón plano que imita una tienda de campaña, a la que se ha adosado una visera de tela que hace de dosel sobre la puerta. Otra escena posterior sucede en el interior de la tienda, construida posiblemente en estudio, colocando un "forillo"[15] en el que se reproduce parte del bosque donde está plantada la tienda. Los tres aspectos más significativos de estos decorados son: los elementos planos falsos (las columnas) simulando volumen interpuestos entre los personajes; el uso de un elemento teatral como es el forillo que se seguirá utilizando regularmente hasta nuestros días; y el elemento corpóreo (la visera) adosado a uno plano introducido en el exterior, con lo que además se empieza a modificar la realidad.

Hasta ese momento lo normal era alternar escenas rodadas en exteriores con otras de interiores, en ambientes que aparecían sólo una o dos veces. Al necesitar más complejidad en esos ambientes surge la necesidad de intervenir en los exteriores reales introduciendo elementos artificiales. Esta intervención será desde entonces uno de los cometidos de los directores artísticos, que no sólo deben encontrar ("localizar" en el argot cinematográfico) los exteriores, sino que además deben modificarlos.

PROLIFERACIÓN DE ESTUDIOS EN BARCELONA

En 1913 un anuncio de la casa Cabot i Puig contaba las posibilidades de la productora, entre las que destacaba un "gran teatro de pose y plataformas". Existe una fotografía de la inauguración de este teatro en la que puede verse un pequeño decorado que parece el salón de un castillo. El estudio tenía una construcción de obra para almacenes y laboratorio, y una galería acristalada en la que ya se podían montar tres decorados al mismo tiempo, gracias a sus doce o catorce metros de altura en el centro de la cubierta y unos treinta metros de larga.

Gelabert cuenta que para *El cuervo del campamento* (1914) "Fueron preparados los decorados apropiados al estilo de la época, con los correspondientes mobiliarios, y el atrezzo estaba inspirado, hasta en sus más mínimos detalles, con el natural ambiente"[16]. El acercamiento a la realidad, en este caso histórica, se intenta, no sólo usando de decorados corpóreos, sino además por los propios objetos. Esta película fue célebre también por sus escenas de masas en las que por primera vez colaboró el ejército y por los exteriores, rodados en parte en el pueblo de Ges en Lérida, que había sido evacuado, al haber construido un embalse que iba a inundarlo, gracias a esta circunstancia Gelabert pudo incendiarlo para simular las tropelías del ejército napoleónico.

Gelabert cuenta también en sus memorias[17] que para rodar *El nocturno de Chopin* (1915) se usaron tres galerías: la suya, la de la Hispano Films y otra "construida por el señor Cabot en la carretera de Horta. Como que todas eran de reducido espacio, mientras se trabajaba en la impresión en una galería se cambiaba el decorado en la otra, y así sucesivamente, teniendo ante la puerta los autos necesarios para el traslado del personal", demostrando que, o los decorados eran cada vez mayores, o las galerías no eran tan grandes como se supone.

Barcelona y sus misterios (Alberto Marro, 1915) se rodó en exteriores, y por ello Méndez-Leite[18] cuenta que se cambiaban los decorados de este a oeste "para seguir la marcha del sol, sin tiempo que perder". Esta necesidad de soleamiento directo ya la había resuelto William K. Dickson en 1895 en el *Black Maria*, el pequeño estudio que le construyó a Edison, y que mediante un ingenioso mecanismo giraba sobre sí mismo siguiendo la situación del sol.

Gelabert al acometer producciones más ambiciosas necesitaba un estudio mayor, y como tenía un terreno en Sants, decidió construirlo en aquel lugar. Para ello, según Lasa[19], dibujó los planos de la galería, pero su construcción no fue rápida porque se trataba de un edificio de dos plantas con un gran almacén, laboratorio y estudio de filmación. El estudio se acabó en 1916 y la gente lo llamaba la "casa de vidrio". A mediados de ese mismo año se publicó en *Arte y Cinematografía*[20] un artículo en el que se describía una visita al "complejo laberinto que tiene oficinas, departamentos de fotografía, revelado, tintado, repaso de films, mediciones, carpintería, mobiliario, estufas, etc."

[15] El forillo es un pequeño telón que se sitúa detrás de una puerta, una ventana o un hueco reducido para imitar un espacio exterior al que sucede la acción.

[16] *Memorias de dos pioneros*, pág. 154.

[17] *Memorias de dos pioneros*, pág. 156.

[18] *Historia del cine español*, de Fernando Méndez-Leite, Madrid, Rialp, 1965, tomo I, pág. 137.

[19] *El Món de Frutuós Gelabert*, pág. 229.

[20] *Arte y Cinematografía*, junio de 1916.

como se ve, existía un espacio dedicado a la construcción de decorados y al atrezo. El artículo sigue diciendo que en la galería "había preparado algunos 'ambientes', y se ensayaba una bella escena que seguramente agradará mucho", es curiosa la terminología del cronista cuando llama "ambientes" a los espacios de rodaje y de paso nos descubre que, gracias a su tamaño, en el estudio se podían montar los decorados de varias escenas.

En 1916 la Argos Films también había construido un estudio, usado el año siguiente para rodar *La vida de Cristobal Colón y el descubrimiento de América* que, dirigida por Gerard Bourgeois y Charles Jean Drossner, pretendió ser una gran superproducción. Los actores se trajeron de Francia, pero los demás técnicos, electricistas, ayudantes y obreros escenógrafos eran españoles, entre ellos estaban los diseñadores de los decorados: Ramón Borrell, Adriá Gual y Salvador Alarma. Como ya se vio Gual era un reconocido escenógrafo teatral, Alarma era uno de los profesionales más famosos de Cataluña, había trabajado en el Liceo y construido uno de los espectáculos precinematográficos: un diorama animado. La participación en esta película de dos conocidas figuras del teatro es significativo porque, como ya lo había intentado la Film d'Art, se pretendía darle un barniz "cultural" a un arte que algunos todavía consideraban menor. De hecho, aunque se rodaron varias escenas en exteriores naturales, interiores como el Salón del Trono de los Reyes Católicos o la cárcel, tienen un componente teatral muy acentuado, algo que en su momento fue muy alabado por la prensa especializada[21].

Este tipo de producciones con un gran presupuesto no era habitual en el panorama nacional. Josep Pons y Francisco Carreras parece que en 1918 rodaron *Unión que Dios bendice* en Barcelona, un drama rural cuyos interiores están formados por telones planos tan rudimentarios y descuidados, que un armario empotrado de la casa de los protagonistas es en realidad una puerta del telón original, delante de ella se ha colocado una mesa con un mantel para ocultar su parte inferior. El atrezo es tan escaso que el cabecero de una cama está pintada sobre el telón que imita la pared.

RODAJES EN MADRID

Por esos años Benito Perojo estaba rodando en Madrid para su productora Patria Films, unos cortometrajes cómicos con el personaje de "Peladilla". Los dos primeros decorados de *Garrotazo y tentetieso* (1915), obra de Manuel Romero, se montaron en la azotea del chalet de los Perojo[22]. Los socios de Patria Films destinaron dos mil pesetas para construir en un solar un estudio de ocho metros de largo por cuatro de ancho, "una galería de cristales más parecida a un invernadero que a otra cosa donde apenas si cabía un decorado chico y donde el operador tenía que emplazar el aparato fuera de la galería, cuando tenía que hacer escenas de conjunto"[23]. El encargado de los decorados de la productora seguía siendo Manuel Romero que en 1915, después de intervenir en los cinco títulos del ciclo de Peladilla, no volvió a trabajar como decorador en el cine.

Amalio Martínez Garí, que ya había trabajado en *El misterio de una noche de verano* (Francisco Camacho, 1916) y que trabajaría hasta los años cincuenta, construyó unos decorados para *Los intereses creados* (Jacinto Benavente y Ricardo Puga, 1918) en la terraza del teatro del Centro —actualmente Calderón— en la calle Atocha "confeccionados por un tal Aparicio"[24], el jefe de maquinaria fue el del teatro, el vestuario de Peris Hermanos y el atrezo de Vázquez, empresas que habían empezado a funcionar para dar servicio a los teatros y que ya seguirán trabajando habitualmente en el cine español hasta la actualidad.

Se elegían edificios existentes para usarlos como lugares de rodaje por las malas condiciones de los estudios, por ejemplo, el de la productora madrileña Patria Film era un cobertizo de madera, colocado sobre un tablado que lo aislaba del suelo, este cobertizo tenía un techo móvil tapado en parte con un toldo de gasa para tamizar la luz.

En aquellos años aún eran muy pocos los profesionales que se dedicaban especificamente a la decoración cinematográfica, de hecho directores, como Eusebio Fernández Ardavín en sus tres títulos de 1917 (*El aventurero mis-*

[21] "Es una obra cinematográfica completa; de efectos teatrales, representados con gran acierto por habérseles dado la mayor cantidad de arte posible". *Arte y Cinematografía,* mayo de 1917.
[22] *Benito Perojo,* de Román Gubern, Madrid, Filmoteca Española, 1991, pág. 42.
[23] *Recuerdos del pasado,* conferencia de Fernando Delgado en CIRCE, citada por Gubern en *Benito Perojo,* pág. 40.
[24] Fernando Méndez-Leite, en *Historia del cine español,* tomo I, pág. 163, demuestra su desconocimiento aplicándole el "un tal".

Fachada de la botica de *La Verbena de la Paloma* (José Buchs, 1921).

terioso, Ensueños y *La leyenda del cementerio*), se ocupaban ellos mismos de los decorados de sus películas.

EMILIO POZUELO

En este panorama surgió la figura de Emilio Pozuelo. En 1919 Pozuelo intervino en su primera película, en *La madona de las rosas* (Jacinto Benavente, 1919), Florentino Hernández Girbal cuenta[25] que "los hermanos José y Luis Quintanilla —éste convertido ahora en pintor de nombre— tomaron a su cargo la fotografía; pero como sus conocimientos de este arte no eran, ciertamente, muy profundos, a pesar de las protestas que hicieran de dominarlo, quedaron como escenógrafos, y los bocetos de los decorados los trazó Luis, encargándose de realizarlos un buen obrero apellidado Pozuelo", como se ve la improvisación era más fácil en una profesión aún no muy definida, como era la de decorador, que en la de fotógrafo, para la que ya hacían falta unos conocimientos técnicos importantes. Los decorados se montaron en un improvisado estudio situado en lo alto de un edificio, que en su tercer piso tenía los laboratorios. Luis Quintanilla no volvería a trabajar en el cine, pero Pozuelo se convirtió en decorador con una vida profesional corta pero intensa.

La productora Atlántida Cinematográfica S.A. se fusionó con Patria Films, aportando ésta una galería que todavía estaba en construcción y que tenía estudio, almacenes de decorados, dependencias para artistas y un laboratorio. El estudio estaba situado en la Fuente de la Teja, cerca del Manzanares y tenía una sola planta, con una superficie de doscientos sesenta metros cuadrados sobre un entramado metálico vertical apoyado en muros de cimentación de ladrillo y mortero de cemento[26]. Hay que tener en cuenta que en esos momentos sólo existían este estudio y otros tres en Barcelona, una cantidad pequeña con respecto a otros países, teniendo en cuenta además sus pobres condiciones materiales.

[25] "Historia de 'La madona de las rosas'. Primer film de Jacinto Benavente", de Florentino Hernández Girbal, en *Cinegramas,* núm. 86, 3 de mayo de 1936. En *Florentino Hernández Girbal y la defensa del cine español*, de Joaquín Cánovas Belchí y Julio Pérez Perucha, Murcia, A.E.H.C., 1991, pág. 177

[26] *Los primeros veinticinco años de cine en Madrid 1896-1920,* de Josefina Martínez, Madrid, Filmoteca Española, 1992, pág. 160.

Rodaje de *La Verbena de la Paloma* (José Buchs, 1921).

Pozuelo entró a trabajar en la Atlántida en 1920 y allí estuvo tres años. Comenzó creando los espacios habituales en el cine hasta entonces, espacios delimitados por tres telones planos, formando los tres lados de un cubo, con algunos elementos decorativos adosados, como los de *¡Cuidado con los ladrones!* (José Buchs, 1920). Pronto montó decorados al aire libre modificando lugares existentes y además creó espacios con elementos construidos en tres dimensiones. Estas innovaciones las empleó en *La Verbena de la Paloma* (José Buchs, 1921), donde construyó el decorado corpóreo de una calle madrileña que fue muy elogiado por la prensa especializada. Hernández Girbal escribió[27] que "para este film se construyó, dentro de la galería encristalada del viejo Estudio de la Fuente de la Teja, un decorado de calle que fue el asombro de todos. ¡Ahí es nada! Por él podían cruzar coches al galope, tenía una taberna y una botica, faroles de alumbrado público y balcones que parecían 'de verdad'". Los decorados empezaban a ser citados como parte importante de una película, debi-

do a dos factores: por la sensación de realidad que aportaban a la película, y por el consiguiente encarecimiento de su construcción.

Hay que tener en cuenta que ya había desde entonces cronistas, que quizás alentados por los productores, reducían sus apreciaciones a cifras expresadas en magnitudes (pesetas, metros...), considerando que esta simple cuantificación era el dato más importante a la hora de valorar una película.

A partir de *La Verbena de la Paloma* Pozuelo siguió diseñando decorados corpóreos, como los de *La reina mora* (José Buchs, 1922) donde creó otra calle esta vez sevillana que según Méndez-Leite[28] "provocó la más viva admiración de todos los que visitaron el estudio, por su pureza de estilo y autenticidad de líneas". Para *Carceleras* (José Buchs, 1922) construyó la fachada de un edificio andaluz y en *Doloretes* (José Buchs, 1923) construyó dentro del estudio dos barracas valencianas.

Florián Rey, por aquel entonces actor en películas de la Atlántida, en una entrevista[29] de 1953 tenía una idílica visión de aquellos años,

---

[27] "El cine español hace quince años", de Florentino Hernández Girbal, en *Cinegramas*, núm. 81, Madrid, 29 de marzo de 1936. Recogido en *Florentino Hernández Girbal y la defensa del cine español*, pág. 174.

[28] *Historia del cine español*, tomo I, pág. 212.

[29] "Primer Plano", en *Florián Rey*, de Barreira, Madrid, A.S.D.R.E.C., 1968, pág. 88.

propia de unos orígenes un tanto mitificados: "Trabajábamos bajo un techo de cristales en un estudio que no era un estudio; escribíamos los asuntos, clavábamos los clavos del decorado, traíamos los cubos de agua para el revelado; y en fin: caminábamos y hacíamos cine."

Pozuelo abandonó en 1923 la Atlántida para fundar Films Española con José Buchs y otros técnicos, allí transcurrió el resto de su carrera profesional hasta su prematuro fallecimiento en un accidente de moto. Films Española había adquirido unos terrenos en la calle Diego de León iniciando la construcción de un estudio, como se iba a rodar *Rosario la cortijera* (José Buchs, 1923), Pozuelo tuvo que montar los decorados en la terraza donde se rodó *La madona de las rosas*. Las dificultades continuaron en su siguiente película, *El pobre Valbuena* (José Buchs, 1923), que hubo de rodarse al aire libre en un solar durante el verano. Los estudios de Films Española se inauguraron con *Mancha que limpia* (José Buchs, 1924) que exigía una gran decoración en la que Pozuelo, según Méndez-Leite[30], "se esforzó en forma notable".

Emilio Pozuelo fue uno de los primeros escenógrafos cinematográficos españoles que estuvo integrado en el equipo de un estudio, trabajó siempre en películas dirigidas por Buchs, excepto en las tres (*Alma de Dios*, *Los guapos o Gente brava* y *Venganza isleña*) que dirigió Manuel Noriega para la Atlántida en 1923. Su trabajo, como el de otros profesionales del momento, se desarrolló alternando tanto la relativa comodidad de la galería de la Atlántida, como en el improvisado estudio, antes citado, montado en una terraza madrileña, donde además se rodó *Rosario la cortijera* (José Buchs, 1923).

Pozuelo fue capaz de crear ambientes sofisticados y opulentos como los de *Expiación* (José Buchs, 1920) o rurales como en *Alma de Dios* (Manuel Noriega, 1923) o *La señorita inútil* (José Buchs, 1921). Esta capacidad y su modo de trabajar lo convierten en uno de los primeros escenógrafos españoles específicamente cinematográficos que desarrolló una carrera continuada.

En 1922 Ricardo de Baños dirigió *Don Juan Tenorio*, una ambiciosa producción rodada en su mayoría en escenarios naturales pero que todavía tenía decorados hechos con telones planos y elementos añadidos, como los de la Hostería del Laurel, en los que delante de la falsa chimenea se colocan utensilios de cocina. El uso de estos decorados no debe extrañar teniendo en cuenta que el capítulo de decoración está firmado por Frederic Brunet y Josep Pous, dos escenógrafos que tenían una empresa dedicada a construir telones para los teatros.

Al mismo tiempo que se desarrollaba la producción nacional, había equipos de profesionales extranjeros que usaban nuestro país como plató de rodaje. Marcel L'Herbier dirigió *El Dorado* (1921) en Granada y *Don Juan et Faust* (1922) en Segovia, según Perucha[31], "utilizando dramática y expresivamente los materiales urbanos y arquitectónicos de estas dos ciudades españolas, que se transforman de simples marcos ambientales en inductores de la acción; enseñanzas que no fueron recogidas por los cineastas españoles".

L'Herbier fue uno más de los cineastas que rodaban exteriores en nuestro país, de hecho el 29 de julio de 1924 el Ministerio de Instrucción Pública y Bellas Artes dictó una Real Orden en la que se regulaban los rodajes en los monumentos nacionales de cualquier índole artística, debido a los abusos cometidos por equipos de rodaje poco respetuosos. Esta disposición indica que los rodajes en exteriores eran cada vez más numerosos y como al parecer se habían producido desmanes, surgió la necesidad de regularlos.

Según Florián Rey[32], en 1924 los estudios de la Atlántida ya estaban abandonados, por eso para poder rodar *La Revoltosa* sobornaron al conserje, se pusieron a trabajar y entre otras labores, afirma que: "con la ayuda de un carpintero, nos hacíamos nosotros mismos los decorados". Como se ve la profesión aun seguía siendo en muchos casos artesanal y poco profesional. En los créditos de la película aparece como decorador Agustín Espí, esta fue su primera película y trabajaría con Rey en varias ocasiones.

JOSÉ MARÍA TORRES

José Buchs comenzó a rodar *El abuelo* (1925), la primera película para su productora Films Linares, en un improvisado estudio situado en un solar. Como tuvo que prescindir de Pozuelo que había muerto recientemente, eligió a José María Torres, un decorador de larga trayectoria profesional que ha sido conside-

---

[30] *Historia del cine español*, tomo I, pág. 217.
[31] *Historia del cine español*, pág. 76.
[32] "Primer Plano" 1961, en *Florián Rey*, pág. 30.

Es mi hombre (Carlos Fernández Cuenca, 1927).

rado como uno de los "primeros pioneros decoradores españoles"[33]. Torres ya había trabajado en *Cabrita que tira al monte* (F. Delgado, 1925) con otro colaborador de Buchs: el operador Macasoli. A partir de *El abuelo* Torres trabajó con Buchs en todas sus películas, entre ellas destacan los espacios que creó en los Estudios Madrid Films para *Una extraña aventura de Luis Candelas* (J. Buchs, 1926) que se adecuaban a los espacios reales de los edificios donde se rodaron algunos interiores, y la recreación del siglo pasado que hizo para *Prim* (J. Buchs, 1930).

En 1927 se rodó *La muñeca rota* dirigida por Reinhardt Blothner y el decorador Carlos Sierra, basada en un argumento de este último. Según Méndez-Leite[34] fue la primera película española rodada totalmente en interiores, llegando a construir treinta y cinco decorados diseñados por el propio Sierra, que ya había desempeñado ese trabajo en *Los cuatro Robinsones* (Reinhardt Blothner, 1926) y *Fatal dominio* (Carlos Sierra, 1927). El rodaje de *La muñeca rota* se realizó en los estudios Madrid Films, que se habían inaugurado en 1921 y en donde se rodaron entre otras: *Pepe Hillo* (1928) y *El rey que rabió* (1929) dirigidas ambas por José Buchs y con decorados de José María Torres.

También en 1927 se fundaron en Madrid los estudios Omnium Cine, donde se terminó *Colorín* (Adolfo Aznar, 1928) que se había comenzado en los estudios de la Atlántida, y donde Florián Rey dirigió: *Agustina de Aragón* (1928), *Los claveles de la virgen* (1928), *La aldea maldita* (1929) y *Fútbol, amor y toros* (1929). El decorador de estas películas fue Paulino Méndez que trabajó en este estudio durante los primeros años de su vida profesional.

La existencia de estos estudios no implicaba que se hicieran mejores decoraciones, Perucha cuenta[35] como se observa "entre alarma-

[33] Alfonso de Lucas, en *La escenografía cinematográfica*, de Baldo Bandini y Glauco Viazzi, Madrid, Rialp, 1959, pág. 147. Lucas olvida a otros profesionales posiblemente porque los otros han abandonado el cine o, como Pozuelo, han muerto, y Torres aún vivía cuando escribe el texto. Lo mismo le pasa a Cienfuegos en su ponencia reproducida en los anexos, y a Enrique Alarcón que dice: "El decorador español de cine más antiguo de los que yo recuerdo, creo que fue José M. Torres (...) que era un gran artista." Entrevista con Alarcón en *El decorador en el cine español*, Enrique Alarcón, 14 Festival de Cine de Alcalá de Henares, 1984, pág. 84.
[34] *Historia del cine español*, tomo I, pág. 259.
[35] *Historia del cine español*, pág. 90.

Preparación del edificio seccionado de *El héroe de Cascorro* (Emilio Bautista, 1929).

do y perplejo cómo aquello que decía ser una sólida pared se bamboleaba sin rubor alguno" en los decorados firmados por Tomás Ysern para *Es mi hombre* (Fernández Cuenca, 1927). Bamboleos debidos al uso de telones tensados normalmente mediante cuerdas, sobre bastidores que, por efecto del calor de los focos o incluso del sol, se dilataban, destensándose y provocando temblores. El uso de telones pintados abarataba los costes, pero ya estaba superado en otros países más avanzados, en 1914 en Francia se había filmado *L'Aiglon* con decorados hechos de madera contrachapada y ese mismo año se había rodado *Cabiria* (*Cabiria*, G. Pastrone) en Italia en unos impresionantes decorados corpóreos rígidos, construidos con estuco y escayola.

En nuestro país también había buenos profesionales. La segunda y última película en la que intervino Salvador Alarma como decorador cinematográfico, fue *L'auca del senyor Esteve* (Lucas Argilés, 1928), en ella se reconoce la experiencia de Alarma, sobre todo en la correcta ambientación de la tienda donde sucede

el argumento e incluso en lo bien que está hecha la falsa perspectiva que reproduce el interior de las alacenas y anaqueles. Otro profesional que destacó por su imaginación es Paulino Méndez, que creó para *El héroe de Cascorro* (Emilio Bautista, 1929) un espacio inusual y original en el que, gracias a seccionar un edificio, se puede ver al mismo tiempo lo que sucede en dos viviendas superpuestas y en la escalera común del inmueble.

CONGRESOS DE CINEMATOGRAFÍA

En 1928 se celebró el Primer Congreso Español de Cinematografía. El presidente de la Unión Artística Cinematográfica Española, Federico Deán Sánchez, afirmó que "España contiene todos los elementos que concurren a la producción cinematográfica: directores, operadores, artistas, arquitectos, electricistas, escritores, guionistas, y si no los tiene experimentados es porque no tienen ocasión para ser expertos"[36]. Es curioso que aunque en 1928 ya había varios decoradores trabajando en nuestro país, no se les cite, y en su lugar se hable de arquitectos, unos profesionales que aún no habían colaborado en el cine, pero que en este Congreso estuvieron representados por Secundino Zuazo y Fernando García Mercadal, dos arquitectos racionalistas situados en aquel momento en la vanguardia.

El siguiente congreso del cine español se celebró en octubre de 1931, fue el Congreso Hispanoamericano de Cinematografía[37] y en él, gracias al decorador Amalio Martínez Garí estuvo dignamente representada su profesión. Garí fue vocal de la Comisión organizadora y elaboró tres ponencias relacionadas con la decoración, dos de ellas —reproducidas en los anexos— trataban sobre la escenografía en general, son los primeros escritos nacionales que teorizan sobre la materia, tienen un gran interés, y están además entre los textos más avanzados de la época sobre escenografía cinematográfica.

La última ponencia trata sobre las películas históricas y aquí sólo interesa la parte relacionada con los escenógrafos que, según Garí, tendrán "presente para la confección de los escenarios el predominio de los detalles típicos a los de índole general, procurando simultanear con mucha más profusión los primeros a los

---

[36] *Historia del cine español*, tomo I, pág. 282.
[37] Véase, entre otros textos, *Implantación del cine sonoro y hablado en España*, de Fernando Viola, Madrid, Instituto Cinematográfico Ibero-Americano, 1956.

El héroe de Cascorro (Emilio Bautista, 1929).

segundos para que la totalidad de la composición responda al objeto para que fué realizada, pues nunca podrá ser defecto la discreta acumulación de detalles que fijen más concretamente el ambiente". Es decir primar el atrezo, los objetos, sobre el espacio, algo que ya se había planteado en cintas antes comentadas y que puede llevar a errores históricos muy graves si por falta de documentación o desconocimiento no se hace de una forma correcta.

El Congreso reunió a otros ponentes que trataron temas de arquitectura relacionada con el cine. Uno fue el grupo de arquitectos racionalitas del G.A.T.E.P.A.C. (Grupo de Artistas y Técnicos Españoles para el Progreso de la Arquitectura Contemporánea) que llevó una comunicación en la que se llegaba a cinco conclusiones, la segunda decía: "como garantía de éxito de nuestros films, es necesaria la intervención de arquitectos, pintores y decoradores en su ejecución". La cuarta incidía en un tema similar "en las películas deben intervenir todas las conquistas de la técnica moderna, dada la gran influencia de aquéllos sobre las costumbres"[38]. Se pretendía que el cine recogiese los movimientos artísticos que se estaban produciendo en el momento, gracias a la intervención de quienes los promovían y al mismo tiempo que se usasen y reflejasen en el cine los avances técnicos. Como se ve unas pretensiones que en parte no se han cumplido aún.

Otro de los ponentes que trató temas relacionados con la construcción fue el arquitecto Casto Fernández Shaw, que también era vocal de la Comisión organizadora. Sus dos intervenciones fueron cortas, en la primera habló de la importancia del cine en la enseñanza de la Arquitectura y en la segunda de los "problemas a que puede dar lugar la presentación plástica y sonora de una película", en esta intervención se refirió a las condiciones acústicas de los estudios y de los decorados que, según él: "han de ser tales que no se alteren los timbres e intensidades de las voces y sonidos, para lo cual se han de tener en cuenta las reverberaciones y absorción producidas por los materiales empleados, bien en los decorados, bien en los paramentos del estudio". Fernández Shaw concluía alertando del "peligro, ya que el remedio lo han de dar los que, bien por la práctica o por un tecnicismo especial, han de estar en condiciones de resolver el problema".

---

[38] *AC,* núm. 3, Barcelona, 2.º trimestre de 1931, pág. 37.

Incidiendo en esta preocupación del arquitecto, se recogió literalmente en el apartado "La arquitectura en el cinematógrafo" de las Conclusiones, uno de los apartados de la comunicación del G.A.T.E.P.A.C. que abogaba porque "la construcción de los estudios se haga a base de una racionalización de todos los elementos que intervengan y teniendo en cuenta las grandes posibilidades de la actual técnica constructiva". Durante muchos años los estudios se situaban en edificios ya construidos, y la mayoría de los que se construían nuevos, no estaban proyectados por técnicos preparados y con conocimientos cinematográficos.

Como suele suceder en los congresos, sus conclusiones, a pesar de su interés, no tuvieron la transcendencia ni la repercusión que debían, pero demuestran el interés de un sector de los profesionales por temas que en ese momento también preocupaban en otros países.

DESAPARICIÓN DE PRODUCTORAS

Mientras tanto, los estudios madrileños de la Atlántida y de Film Española se usaban casi exclusivamente para sus producciones, por eso el resto de las películas se tenían que rodar en los Madrid Films y Omnium Cine, pero había muchos problemas por la cantidad de productoras que querían usar sus instalaciones. Por ello aumentó el uso de interiores naturales, lo que en algunos casos abarataba la producción, pero significaba un retroceso en cuanto a los medios técnicos y escenográficos empleados.

Como ejemplos se pueden citar *Isabel de Solís* (José Buchs, 1931), para la que José María Torres tuvo que montar los decorados en el Teatro Rosales madrileño, y *Yo quiero que me lleven a Hollywood* (Edgar Neville, 1931) construidos por Fernando Mignoni en los bajos del Palacio de la Prensa. En esta película fue una de las primeras veces que se usaron en nuestro cine elementos *art-déco*, sobre todo en el diseño del bar, con su barra cromada, taburetes metálicos, espejos y pintura geométrica de las paredes, demostrando los conocimientos de Mignoni sobre las tendencias decorativas del momento.

La construcción de estudios mejoró las condiciones de los rodajes, el trabajo de los decoradores y por tanto, en la mayoría de los casos, la credibilidad de los espacios retratados en la pantalla, pero económicamente fue negativo para las productoras, como dice Perucha: "la hipotética rentabilidad de los films debe servir para amortizar no sólo la cantidad presupuestada en su elaboración, sino también para satisfacer los gastos de construcción y mantenimiento de los estudios, con lo que la construcción previa de estudios cinematográficos se evidencia como iniciativa ruinosa que hipoteca la política productora de la empresa"[39].

La quiebra de las empresas productoras se produjo por la razones que apuntaba Perucha, pero también por una incapacidad de adaptación a los nuevos tiempos. La mayoría de los estudios desaparecieron cuando surgieron otros más grandes, con posibilidades de desarrollar rodajes cada vez más complicados, más profesionales, con una mayor racionalidad de sus elementos, y, sobre todo, con medios, preparados acústica y técnicamente para rodar películas con la nueva tecnología sonora.

---

[39] *Historia del cine español,* pág. 96.

Capítulo II

Esplendor y guerra

Uno de los primeros problemas con que se encontraron los técnicos cuando se implantó el cine sonoro fue el peso de las nuevas cámaras, debido a los contenedores donde debían estar introducidas para aislarlas acústicamente. Francisco Elías dirigió en 1929 *El misterio de la puerta del sol*, película sonora que, según cuenta en sus Memorias[1], "se rodó en el jardín de un hotelito de la Ciudad Lineal, en pleno y riguroso invierno. Se levantaron decorados al aire libre y más de una vez éstos se desclavaron y se mudaron de sitio porque esta operación resultaba más fácil que la de cambiar de lugar la cámara, un artefacto pesado y difícil de manejar". Es evidente que, mientras las cámaras tuvieron ese peso, rodar en estudios facilitaba los cambios de los decorados.

Unos estudios que debieron reformarse o desaparecer, donde además los decoradores tuvieron que modificar las técnicas utilizadas hasta entonces y sobre todo tuvieron que dejar de usar el cristal, el metal y otros materiales poco porosos, debido a la resonancia que producían, para utilizar aglomerados de madera, corcho y todo tipo de elementos absorbentes.

En mayo de 1932, Elías montó el estudio Orphea Films en el Palacio de la Química, construido en el Parque de Montjuic para la Exposición Universal de 1929. En octubre de 1933 se instalaron los estudios C.E.A. (Cinematografía Española y Americana) en Madrid en el antiguo casino de la Ciudad Lineal y el pla-

tó en el espacio que ocupaba el frontón. A pesar de que se situaron en edificios aparentemente poco apropiados para las funciones que iban a desempeñar, ambos estudios fueron los primeros en España que se pueden considerar unas instalaciones modernas y útiles, ya que eran grandes "contenedores" vacíos con la altura necesaria para poder situar la iluminación y todo lo necesario para montar los decorados.

E.C.E.S.A.

También en octubre de 1933 se inauguraron en Aranjuez los estudios E.C.E.S.A. (Estudios Cinema Español, S.A.), que habían sido financiados en parte con acciones vendidas en una campaña que recorrió algunas localidades de la península. El Proyecto de estos estudios lo hizo Casto Fernández Shaw, un arquitecto que en aquellos años diseñaba sus edificios con elementos racionalistas situados en la vanguardia arquitectónica. Este Proyecto era de una ambición sin precedentes en el cine español, trataba de crear un gran complejo en un terreno de seiscientos por cuatrocientos metros y según *Cortijos y Rascacielos*, "convertir Aranjuez en el Hollywood de los países de lengua española"[2]. Para comenzar se construyeron dos pequeños edificios, uno dedicado a oficinas y otro, con una curiosa planta en forma de estrella de ocho puntas, que se usaría como vivienda del director; además se edificaron camerinos, los talleres de carpintería, empapela-

---

[1] "El cine español y yo", de Francisco Elías, en *Memorias de dos pioneros*, edición de José M. Caparrós, Madrid, C.I.L.E.H., 1992, pág. 26.

[2] Los "Estudios Cinema Español, S.A. en Aranjuez", en *Cortijos y rascacielos,* núm. 16, 1934. Esta revista estaba dirigida por el propio Casto Fernández Shaw.

Mobiliario y objetos *art-déco* de *Patricio miró una estrella* (José Luis Sáenz de Heredia, 1933).

dores, pintores y de montaje —que se usaba como estudio— pabellón de servicios y el garaje. Según la revista citada: "La dirección decorativa de las realizaciones de la E.C.E.S.A. está en manos de un prestigio del arte italiano —Mignoni—, creador de infinitos decorados en Hollywood, dominador de todos los secretos y misterios de la decoración en el cine."

Efectivamente Fernando Mignoni era pintor y había sido oficial de Marina, hasta que en una escala de la escuadra italiana decidió quedarse en Buenos Aires dedicándose a la escenografía. Trabajó en el Teatro Colón, donde conoció a María Guerrero, con la que vino a España; realizó numerosos decorados teatrales, como el de *El maleficio de la mariposa* para la compañía de Gregorio Martínez Sierra. En 1930 comenzó a trabajar en el cine haciendo los decorados de *El embrujo de Sevilla* (Benito Perojo), rodada en los Estudios de la U.F.A. en Berlín y de la Eclair en Epinay. El año siguiente fue contratado por la Metro Goldwyn Mayer, estando unos meses en Hollywood aunque no hay pruebas de que allí crease "infinitos decorados". A su vuelta creó los ambientes ya citados del mediometraje *¡Yo*

quiero que me lleven a Hollywood! (Edgar Neville, 1931). En 1932 diseñó con Boulanger en los estudios Orphea de Barcelona los cosmopolitas decorados de *El hombre que se reía del amor* (Benito Perojo, 1932). Contratado por E.C.E.S.A. como decorador-jefe, dirigió además la primera película que se hizo en esos estudios: *Invasión* (1934), aunque quedó inacabada.

Estos estudios, como recordaba Parrondo[3], "tenían la peculiaridad de estar un poco alejados de Madrid —entonces se tardaba hora y pico de Madrid a Aranjuez—, lo que permitía meterse de lleno en el mundo mágico del cine. Una vez que entrabas en el estudio, todo pertenecía a la película, no se pensaba más que en aquello. Había muchos que se quedaban a vivir allí toda la semana".

BALLESTEROS

En 1933 se crearon en Madrid los modestos estudios Iberia Films, luego llamados Cinearte. Ese mismo año el operador Serafín Ballesteros Llarca fundó la empresa Ballesteros Tona Films, montó unos estudios modificando

---

[3] "El espacio soñado. Entrevista con Manuel Gil Parrondo", de Romero Garrido, en *Casablanca*, núm. 33, septiembre de 1981, pág. 39.

Rodaje de *Patricio miró una estrella* (José Luis Sáenz de Heredia, 1933).

una nave industrial que se usaba como almacén, situada en la calle Martín de Vargas, 1 en el barrio de Embajadores de Madrid, y una distribuidora con conexiones en Buenos Aires. Para producir su primera película Ballesteros llamó a su amigo José Luis Sáenz de Heredia, que escribió el guión y terminó dirigiendo *Patricio miró una estrella*, rodada con grandes problemas por la poca práctica de todo el equipo técnico. El primer decorador de la empresa fue Alfonso de Lucas, el aparejador que se ocupó de esa modificación[4] y que para *Patricio miró una estrella* creó una calle madrileña en la que, al lado de una mercería tradicional, había una farmacia con una fachada racionalista poco usual para el cine del momento, el final de esta calle era un telón plano donde se había reproducido todo el paisaje urbano incluyendo la propia calle, con una perspectiva acoplada a la realidad construida. Alfonso de Lucas volvió a utilizar elementos modernos en los pasillos del estudio cinematográfico de esta película, y en otros títulos posteriores como *Soy un señorito* (Florián Rey, 1935), donde el dormitorio de su protagonista tiene paredes acolchadas y grandes espejos,

creando un ambiente en consonancia con las tendencias del diseño de aquellos años.

Es significativo que dos años después de inaugurar los estudios, Ballesteros tuviese la capacidad económica necesaria para trasladar todas sus instalaciones a otro local mayor situado en la calle García de Paredes, 53. Al hacer este traslado aprovechó para eliminar el Tona Films y denominar la empresa solamente Estudios Ballesteros. La primera película que se rodó en las nuevas instalaciones fue *Una mujer en peligro* (José Santugini). Florentino Hernández Girbal[5] estuvo en el rodaje y entrevistó a Santiago Ontañón, que interpretaba un papel secundario y era el autor de los dieciocho decorados "de todas clases y estilos". Ontañón se había ido a París en 1920, desde allí realizó portadas para *La Esfera* y *Nuevo Mundo*, y trabajó en editoriales como Tolmer. Intervino por primera vez en el teatro cuando fue contratado para que diseñase el vestuario del bailarín ruso Boris Kinniaseff, encargándole también los decorados del espectáculo, cuando falló el escenógrafo. En 1927 regresó a España y gracias a su amistad con Federico García Lorca se introdujo en el ambiente de la

---

[4] Véase la entrevista con Alfonso de Lucas.
[5] *Cinegramas*, núm. 57, 13 de octubre de 1935.

Edificio de los estudios Ballesteros en la calle García de Paredes.

Residencia de Estudiantes. Le encargaron las escenografías, entre otras obras teatrales, de *Las Golondrinas*, *La Revoltosa* y *Usted tiene ojos de mujer fatal* de Jardiel Poncela. Lorca le encargó en 1933 los de *Bodas de sangre* y *El amor de don Perlimplín con Belisa en su jardín*, donde Ontañón hizo el papel de don Perlimplín.

Una mujer en peligro era la segunda película en la que trabajó Ontañón como decorador, antes había intervenido en *La traviesa molinera* (Harry D'Abaddie D'Arrast, 1934) para la que se había llamado a Antonio Simont, un decorador que había sido figurinista en París y que luego tendría una larga trayectoria profesional. Los decorados de Simont no le gustaron al productor aunque, según cuenta José Luis Borau[6], al director no le hubiese importado que los decorados montados en los platós de C.E.A. "traicionaran hasta cierto punto su condición, que el papel, a veces, mostrara arrugas o algún doblez. Un cierto tufillo teatral, según él, no vendría mal a la película". Edgar Neville recordaba unos decorados que había hecho Ontañón en París, lo llamó, se lo

llevó a Biarritz y allí le encerraron "con papel y tijeras y, a las pocas horas, éste tenía lista la primera maqueta del molino" que encantó al productor. El molino que se construyó en exteriores sería muy parecido al diseñado por Ontañón y los decorados levantados en C.E.A. se ajustaron a estos exteriores.

RODAJES EN BARCELONA

En 1933 se rodó en los estudios Orphea *El Café de la Marina* fue dirigida por Domènec Pruna con decorados creados por su hermano Pere, un pintor que había diseñado escenografías para los ballets de Diaghilev, un dato importante, porque supone una aportación al cine desde otros campos artísticos. Domènec contaba cómo su hermano "se encarga de todo, de los decorados, indumentaria, luces... Ha construido un Café de la Marina claro y luminoso, puramente mediterráneo. Y lo ha dotado de posibilidades de amplias perspectivas y de movimientos de cámara. Los trajes oscuros, resaltan sobre los fondos, generalmente blancos"[7]. El texto es curioso porque el direc-

[6] *El caballero D'Arrast*, de José Luis Borau, Festival Internacional de Cine de San Sebastián, San Sebastián, 1990, pág. 130.
[7] *Mirador,* núm. 229, 22 de junio de 1933. Citado por Román Gubern en *El cine sonoro en la II República 1929-1936,* de Román Gubern, Barcelona, Lumen, 1977, pág. 77.

Una de miedo (Eduardo García Maroto, 1934).

tor valora el espacio construido con respecto a las "amplias perspectivas" que influyen en los encuadres y a los "movimientos de cámara" que son específicamente cinematográficos. Es una de las primeras veces que en un texto se relaciona el espacio con el cine a través del decorado.

En 1935 se inauguraron en Barcelona los estudios Trilla y Lepanto, y en Madrid Roptence y Chamartín en un edificio proyectado por Rafael Bergamín. En 1935 había en nuestro país diez estudios, tres en Barcelona (Lepanto, Orphea Films y Trilla-La Riva) y siete en Madrid (Aranjuez, Ballesteros Tona Films, C.E.A., Chamartín, Cinearte, Index Films y Roptence). Méndez-Leite escribe[8] que en los años de la República se crearon en España catorce estudios, una cifra asombrosa, que, entre otros factores, indica la cantidad de profesionales que se necesitaban para trabajar en ellos.

José María Torres

Estos estudios tenían bajo contrato a varios operarios y un jefe de constructores, que en algunos casos podía diseñar los decorados. Uno de ellos era José María Torres, que fue contratado en 1934 por los estudios C.E.A. trabajando en *Agua en el suelo* (Eusebio Fernández Ardavín, 1934) y *Crisis mundial* (Benito Perojo, 1934). Como ya se vio en el capítulo anterior, Torres tenía una gran experiencia profesional, que le permitió construir en C.E.A. la lúgubre mansión de *Una de miedo* (Eduardo García Maroto, 1934) de una forma precaria aprovechando las galerías altas y corredores del estudio. También en C.E.A. creó el pueblo de *Nobleza baturra* (Florián Rey, 1935), con unos pesados arcos influidos por el expresionismo; en esta película, entre otros interiores, diseñó para la casa de la protagonista una escalinata anormalmente grande debido a su poca pendiente, de forma que los personajes descienden y ascienden por ella con mayor lentitud que en una escalera normal. Torres reutilizó estos decorados para crear la singular carcel de *La hija del penal* (Eduardo García Maroto, 1935).

Ese mismo año Torres construyó en C.E.A. una calle madrileña para *Don Quintín el amargao* (Luis Marquina, 1935), que fue visitada por Santiago Aguilar[9] calificándola como:

---

[8] *Historia del cine español*, de Fernando Méndez-Leite, Madrid, Rialp, 1965, tomo I, pág. 338.
[9] *Cinegramas*, núm. 38, 2 de junio de 1935.

35

Don Quintín el amargao (Luis Marquina, 1935).

"Un prodigio de decorado para el primer film nacional de Filmófono. Estrechamos la mano de su autor, José María Torres." El cronista continuaba: "el decorado, que es el más importante de cuantos recordamos haber visto en los Estudios nacionales, parece, entornando la vista, para no leer los rótulos castizos que campean sobre las tiendas, una decoración de René Clair, un escenario para René Clair." El comentario es curioso, porque los elogios al decorado y al decorador —que se continúan en el pie de foto: "El magnífico decorado de José María Torres"—, se hacen comparándolos con una producción foránea, en vez de hacerlo con producciones nacionales.

LA VERBENA DE LA PALOMA

Fernando Mignoni creó otra calle madrileña, esta vez para *La verbena de la Paloma* (Benito Perojo, 1935), en el exterior de los estudios C.E.A. con una longitud aproximada de quinientos metros. Para diseñar estos costosos decorados —doscientas mil pesetas, el veintiuno por ciento del presupuesto total— Mignoni contó con el asesoramiento de Pedro de Répide, cronista de la Villa de Madrid. Los ambientes eran tan exactos que incluso varios literatos pensaron dirigirse al Ayuntamiento de Madrid para que se expusiesen en el Museo Municipal cuando se acabase el rodaje[10]. Los espacios naturalistas diseñados por Mignoni, como la calle citada, la verbena, la taberna o las fachadas y buhardillas de los edificios, son fundamentales para lograr el realismo de la película y además se contraponen al suntuoso palacio con un curioso pavimento, donde se desarrollaba el baile de la escena rodada en colores.

Estos espacios además están ligados a los movimientos de cámara ideados por Perojo en tres casos muy particulares. El primero es la casa de tía Antonia, cuando llega Don Hilarión la cámara hace un *travelling* hacia atrás acompañándolo hasta el salón, por fuera del pasillo, que Mignoni construyó sin una de las paredes, pero marcado virtualmente por unos pilares, para así permitir el movimiento de la cámara; movimiento que se repite en sentido contrario por dentro del pasillo siguiendo a Don Hilarión cuando se va. El segundo espacio es el Café de Melilla donde actúa el conjunto flamenco y donde se introduce la cámara con otro *travelling* con un giro de noventa grados hasta llegar al escenario, movimiento que se

---

[10] *Benito Perojo,* de Román Gubern, Madrid, Filmoteca Española, 1991.

La verbena de la Paloma (Benito Perojo, 1935).

Rodaje en el interior de los estudios C.E.A. de *La verbena de la Paloma* (Benito Perojo, 1935).

Rodaje de las escenas en la tienda de ropa de *La verbena de la Paloma* (Benito Perojo, 1935).

repite cuando acaba el número musical en el que se han alternado planos de buhardillas y ventanas. Por último en la tienda de ropa la cámara atraviesa dos veces el tabique de separación entre la zona de venta y la de almacén. El espacio, gracias a su inteligente diseño, no sólo sirve para enmarcar la acción dramática, sino que es imprescindible para el desarrollo del argumento.

ARQUITECTOS-DECORADORES

En estos años se reafirmó la consideración de incluir al cine como otra manifestación artística. Uno de los efectos de este afianzamiento, se puede percibir en la incorporación al cine de profesionales provenientes de otros campos artísticos. En el caso de la escenografía, como es lógico, estos profesionales fueron los más afines y capacitados para crear espacios: los arquitectos.

En 1933 el arquitecto Luis M. Feduchi, empezó a trabajar en el cine como decorador-jefe en *La bien pagada* (Eusebio Fernández Ardavín, 1933) rodada en parte en el Edificio Carrión en la Gran Vía madrileña, hecho según el proyecto redactado por Feduchi y Vicente Eced con el que en 1931 habían ganado el concurso convocado para su construcción. Este edificio hoy es conocido como Edificio Capitol por el magnífico cine diseñado por los arquitectos, en el mismo estilo *art-déco* que emplearon en el cine Actualidades de Zaragoza.

Feduchi tuvo una tienda de muebles racionalistas, *Rolaco,* con el decorador de interiores Luis Santamaría, con el que trabajó en *La bien pagada*, película en la que utilizaron en los decorados un lenguaje moderno, sobre todo en la vivienda, en que una escalera curva con baranda de mampostería blanca da acceso a las dependencias superiores, desde un salón en el que hay dos mesas de madera lisa con líneas rectas geométricas como los sofás, situados delante de una ventana alargada, característica de la arquitectura racionalista.

Feduchi empezó a trabajar en el cine porque el estilo con el que diseñaba sus edificios era demasiado avanzado para la época y no gustaba en un país en el habían ganado las elecciones los partidos de derechas[11], por eso el único medio que le quedaba para poder expresarse con libertad era el cine.

---

[11] Información facilitada por su hijo Javier Feduchi Benlliure en conversación con el autor el 28 de febrero de 1995.

Fábrica de galletas de *El bailarín y el trabajador* (Luis Marquina, 1936).

Night-club de *El bailarín y el trabajador* (Luis Marquina, 1936).

En *El bailarín y el trabajador* (Luis Marquina, 1936) creó con Santamaría el espacio moderno, racionalista-funcional de la fábrica de galletas donde trabaja la protagonista, y sobre todo el espacio del *night-club*, que podría haberse usado en los musicales americanos de la época. Un local al que se entra por el bar, para después descender por unas escaleras que conducen a la espectacular pista de baile circular —situada en un exterior ficticio— rodeada por columnas dobles blancas soportando un arco, que tienen una escala superior a la real, entre estas columnas se sitúan las mesas, delimitadas por unos círculos pintados en la propia pista. Este espacio está pensado y creado para el cine, de forma que la cámara pueda encuadrar desde arriba a las parejas bailando, o desde el nivel de la pista, cuando descienden por la escalera. Feduchi y Santamaría crearon un espacio en el que un director puede obtener unos planos que inciden en la narración.

Feduchi no fue el único arquitecto que trabajó en esos años para el cine. Carlos Arniches y Martín Domínguez unos arquitectos racionalistas que habían diseñado numerosos edificios, entre los que destaca el Hipódromo de la Zarzuela madrileño, intervinieron en *El agua en el suelo* (Eusebio F. Ardavín, 1935) y *La señorita de Trévelez* (Edgar Neville, 1936), diseñando unos decorados en los que, al contrario que Feduchi, emplearon poco el lenguaje moderno que estaban usando en sus edificios.

El caso del arquitecto Pedro Muguruza es diferente, ya que en sus numerosos edificios, como el de la Asociación de la Prensa y el cine Coliseum en Madrid, y la estación de Francia en Barcelona, no se caracterizó por emplear un estilo avanzado para su época, por ello no es extraño que sus decorados para *Currito de la Cruz* (Fernando Delgado, 1935) no aporten novedades formales. Muguruza colaboró en esta película con Tadeo Villalba Ruiz, uno de los directores artísticos con una carrera más larga y prolífica, procedente de una familia de artistas falleros, su padre Tadeo Villalba Monasterio también había trabajado en el cine. Su primer trabajo como decorador lo realizó para *La hermana San Sulpicio* (Florián Rey, 1934), primera producción de C.I.F.E.S.A., interviniendo a partir de esa película en muchas de las producciones de la empresa.

Según el *Anuario Cinematográfico Español* editado en Madrid en 1935, en España había ya dos "arquitectos especializados en la construcción de cines" que eran "Luis Martínez Feduchy *(sic) y* Saturnino Ulargui Moreno"[12], y lo que es más importante, había muchos profesionales dedicados a la decoración cinematográfica. Generalmente no se pueden usar estos anuarios como una estadística fiable porque, por su carácter publicitario, mezclan a profesionales que han trabajado en la especialidad con otros que tan sólo desearían hacerlo, a pesar de ello es significativo que el volumen citado dé un total de cincuenta y seis decoradores repartidos por toda España[13].

LA GUERRA CIVIL

Cuando los militares se alzaron contra el gobierno, provocando la guerra civil, los estudios quedaron en la zona republicana. En el clima de efervescencia cultural que se generó en esta zona, también algunos escenógrafos tomaron partido y participaron en asociaciones, como Antonio Burgos que se unió al Grupo Cinemático. Un grupo de intelectuales, artistas y técnicos que redactaron un manifiesto en el que, en otras reivindicaciones, se propugnaba la creación de "una escuela de capacitación técnica y teórica"[14] un antecedente de la Escuela de Cine.

Fernando Mignoni pudo dirigir *Nuestro culpable* (1938), basado en una comedia escrita por él, gracias a que el gerente de la C.E.A. se la propuso a la comisión asesora del sindicato. Mignoni tuvo problemas y se negó a trabajar por causa de la poca aptitud del personal con el que tenía que rodar la película.

En el extremo opuesto y como muestra del optimista espíritu colectivo que reinaba en los estudios, se puede citar el texto que reproduce José María Caparrós[15], y que bajo el título

---

[12] Saturnino Ulargui fue además productor.

[13] La cifra es la siguiente: Barcelona, 25; Madrid, 24; Zaragoza, 4; Sevilla, 2 y Valencia, 1. Entre los nombres que cita el Anuario hay escenógrafos teatrales que habían trabajado en el cine como Alarma, Juan Morales, y Ros y Güell. Otros que intervenían en películas como Agustín Espí, Gari A. Martínez, Alfonso de Lucas, Fernando Mignoni y José María Torres García. Y por último algunos que aún no habían trabajado en el cine como Sigfredo Burmann y García y Ros.

[14] *El cine en la España republicana durante la guerra civil*, de Ramón Sala Noguer, Bilbao, Ediciones Mensajero, 1993, pág. 46.

[15] Reproducción en las ilustraciones de una página de una revista no identificada en *Arte y Política en el Cine de la República (1931-1939)*, de José M. Caparrós, Barcelona, Universidad de Barcelona, 1981, pág. 391.

El negro que tenía el alma blanca (Benito Perojo, 1926).

"Una visita a los espléndidos talleres escenográficos del S.I.E.", cuenta como su anónimo autor va "al Taller Estudio de los compañeros escenógrafos de nuestra querida C.N.T." calificado como "nave —y colmena— hermosa que encierra un mundo de aspiraciones y novedad". Este Taller estaba en "las faldas de Montjuich" en los antiguos estudios Orphea. El artículo continúa con una entrevista a un anónimo trabajador: "Bajo el fulgor de la fecha gloriosa (...) Peones, maestros, oficiales y aprendices ingresamos en masa en la C.N.T., donde fuimos bien acogidos constituyéndose nuestra *Sección Decoradores Técnicos Escenógrafos*, integrada por todos los compañeros que dieron vida y calor al Arte Escenográfico barcelonés." Cuando le preguntan si hay películas en proyecto, contesta: "Para el presente y para el porvenir, mas por encima de todo, nuestro cariño primero es este Taller, al cual cuidamos todos, como ves, después de las horas de trabajo, con el mayor entusiasmo y esmero. ¡Basta ya de aquellas pocilgas en las que la burguesía nos hizo padecer tanto!" El también anónimo entrevistador sigue describiendo el taller que "no puede ser más espléndido. A pesar de las grandes telas a escenificar, trabajan desahogadamente cincuenta compañeros, hay una magnífica biblioteca especializada, subcomité de propaganda artística y de relaciones internacionales, clases gratuitas para discípulos..." y termina: "Y una luz cenital, bajo las claraboyas, que fortalece las esperanzas de todos los compañeros."

Estas instalaciones permitieron que Francisco Elías dirigiese *¡No quiero... No quiero!* (1938) que, conocida como "la película del millón", según el propio Elías: "se rodó en los decorados más fastuosos que había conocido hasta entonces el cine nacional. Y en el atrezzo, vestuario de los artistas y ambientación no se regateó dinero en modo alguno"[16]. Es curioso que a pesar de la carestía de materias primas que había en la zona republicana por aquellos años, que incluso impidió la finalización del rodaje por falta de película virgen, se hiciese un esfuerzo considerable en los decorados gracias a unos técnicos que ya habían adquirido una profesionalidad notable. Los autores de los decorados fueron el emigrado letón Eduardo Gosch y Antonio Burgos, que ya había trabajado en otros títulos, era el delegado de la sección de decorados del Comité de Producción de la C.N.T. y después de la gue-

---

[16] *El cine español y yo*, pág. 51.

rra se dedicaría a diseñar los figurines de varias películas.

Mientras tanto, en la otra zona se rodaron las películas en estudios italianos y alemanes con profesionales de esos países. Uno de ellos era Pierre Schildknecht, que había nacido en San Petesburgo donde realizó sus primeros trabajos como escenógrafo en el Teatro Imperial. A causa de la revolución bolchevique tuvo que trasladarse primero a Alemania y después a Francia, donde coincidió con la llegada de técnicos rusos que se reunieron en la Sociedad Albatros, entre ellos estaban los escenógrafos Ivan Lochakoff y Boris Bilinsky, que modificaron el concepto que se tenía hasta entonces del espacio cinematográfico, creando una escuela en la que aprendieron entre otros Lazare Meerson[17]. Schildknecht trabajó en Francia como decorador en varias películas de Benito Perojo: *Más allá de la muerte* (1924), en la que creó el espacio del esotérico Club Palladium con reminiscencias egipcias, *Boy* (1926) con Georges Jacouty y *El negro que tenía el alma blanca* (1926), para las tres diseñó unos espacios modernos con una mezcla de influencias Racionalistas y *art-déco*, que pueden incluirse entre los decorados más avanzados que se estaban haciendo en esos momentos en otros países. También en Francia intervino en películas dirigidas por Marcel L'Herbier, Christian-Jacque, Léon Mathot, Jean Choux, y en el monumental *Napoleón* (Abel Gance, 1927) donde dirigió un equipo formado por conocidos escenógrafos. Creó además los ambientes de los dos primeros títulos de Luis Buñuel: *Un chien andalou* (*Un perro andaluz*, 1929) y *L' Âge d'or* (*La edad de oro*, 1930), para esta última diseñó diversos espacios como una cabaña rústica y la casa de los marqueses, usando una maqueta corpórea para completar el techo del salón de baile, y otra maqueta para el castillo de Selliny. La figura de Pierre Schildknecht es importante porque, como se verá, a partir de 1940 realizó notables trabajos en España con el nombre abreviado de Pedro Schild.

Sigfredo Burmann fue otro profesional que empezó a trabajar en el cine fuera de nuestro país, a pesar de haber diseñado aquí numerosos decorados teatrales. Burmann había nacido en Northeim, Alemania, estudió el bachillerato artístico, recibiendo una Medalla de Oro y una beca para viajar a Italia y España, beca que aprovechó para evitar el servicio militar impuesto por el Kaiser. Viajó por Europa deteniéndose en París y llegó a España en 1910, vivió en Cádiz, en Granada hasta 1911, y en Madrid, donde además tuvo tiempo de estudiar en la Academia de San Fernando. En 1913 se trasladó a vivir a Cadaqués dedicándose a la pintura. Benavente le encargó en 1915 su primer trabajo teatral, unos bocetos para *Los intereses creados*. Burmann conoció en su molino de Granada a Federico García Lorca y a Gregorio Martínez Sierra, quién a partir de 1917 le incorporó al exquisito equipo de decoración y vestuario —junto a Fontanals, Mignoni y Barradas— que trabajaba para su Compañía en el Teatro Eslava de Madrid, donde además Burmann llegó a dirigir el taller de decorados. Con esa Compañía recorrió América en una gira desde Estados Unidos hasta Argentina. En los años treinta fue el escenógrafo de la compañía de Margarita Xirgu en el Teatro Español, haciendo los decorados de *El gran teatro del mundo* (1930) y *Doña Rosita la Soltera* (1935). Al iniciarse la guerra civil volvió a Alemania; tras asegurarse ante las autoridades nazis de que no sería inculpado como desertor, éstas le permitieron, después de probar su "limpieza de sangre" al menos por tres generaciones, que diseñase los decorados para una versión teatral de *Carmen*, que le fueron rechazados, lo que no impidió que el día del estreno comprobase asombrado que habían usado sus decorados sin solicitarle permiso. Intervino por primera vez en el cine haciendo los bocetos de vestuario para *El barbero de Sevilla* (Benito Perojo, 1938), después siguió trabajando en Alemania como ambientador en *Carmen la de Triana* (Florián Rey, 1938) y como figurinista y ambientador en *La canción de Aixa* (Florián Rey, 1938), *Mariquilla Terremoto* (Benito Perojo, 1938) y *Suspiros de España* (Benito Perojo, 1938). El año siguiente se trasladó a Italia, donde fue ayudante de decoración de *Los hijos de la noche* (*I figli della notte*, Benito Perojo, 1939). Cuando acabó la guerra trabajó regularmente en España en el teatro y el cine.

EL EXILIO

Entre los profesionales que tuvieron que salir del país al finalizar la guerra civil hubo también decoradores. Santiago Ontañón tuvo que exiliarse a Sudamérica, residiendo en Chi-

---

[17] *Le décor de film*, de Léon Barsacq, París, Ed. Henry Veyrier, 1985, pág. 38.

le, Argentina, Uruguay, Colombia y Perú donde estuvo diez años. Durante este tiempo fue actor y escenógrafo en la compañía de Margarita Xirgu; dirigió espectáculos teatrales en Perú, Chile y Argentina; impartió clases de escenografía teatral en Santiago de Chile; fue nombrado catedrático de Escenografía en la Universidad de San Marcos y Director Artístico de la Compañía del Teatro Nacional peruano, también en Perú dirigió el documental *Lima ciudad de virreyes* (1950) y creó los decorados de *La lunareja* (Bernardo Roca Rey, 1945) y *Una apuesta con Satanás* (César Miró, 1947) para la que también escribió el guión.

El valenciano Gori Muñoz tuvo que exiliarse en Argentina, había estudiado en las Academias de Bellas Artes de Madrid y Valencia, y había hecho prácticas de escenografía con Salvador Alarma. Se estableció en Buenos Aires en 1939 donde también diseñó escenografías para el teatro. Su primera intervención en el cine se produjo gracias a Gregorio Martínez Sierra que le encargó los decorados de *Canción de cuna* (Gregorio Martínez Sierra, 1941). Obtuvo el Premio Nacional de Escenografía por *La dama duende* (Luis Saslavsky, 1945) y tuvo una larga trayectoria profesional hasta los años setenta[18].

Hacia México emigraron dos escenógrafos que ya habían trabajado en el cine español. Uno era el valenciano Vicente Petit, autor de los decorados de *Rosario la Cortijera* (León Artola, 1935) y *Espoir* (*Sierra de Teruel*, André Malraux, 1939), en México obtuvo el Ariel a la mejor escenografía con Francisco Marco Chillet por *La Barraca* (Roberto Gavaldón, 1944), pero falleció en 1946 sin haber podido desarrollar una carrera profesional demasiado larga. El otro profesional sí trabajó mucho, era el catalán Manuel Fontanals que se había formado como delineante y proyectista en una casa de muebles y decoraciones de interiores junto a Puig i Cadafalch, siendo además pintor circunstancial de carteles y de ilustraciones para publicaciones. Trabajó en el Teatro del Liceo y, como ya se citó, fue escenógrafo con Gregorio Martínez Sierra en el Teatro Eslava y en la compañía de Josefina Díaz de Artigas. En España hizo entre otros los decorados *art-déco*

de *Doce hombres y una mujer* (Fernando Delgado, 1934). Emigró a México en 1938 trabajando para el cine a veces hasta en diez películas al año. En 1946 fue uno de los socios fundadores de la Academia Mexicana de Artes y Ciencias Cinematográficas, que concede los Premios Ariel, siendo nominado para este premio por la mejor decoración, entre otras, por *Río Escondido* (Emilio Fernández, 1947), lo obtuvo por *La Malquerida* (Emilio Fernández, 1949), *El niño y la niebla* (1954) y *La culta dama* (1957). Falleció en Ciudad de México en 1972.

En México hubo otros exiliados españoles que también se dedicaron a la escenografía cinematográfica, aunque no habían trabajado en nuestro país en ese campo. Uno de ellos fue el valenciano Francisco Marco Chillet, que empezó a colaborar en el cine con Manuel Fontanals haciendo el vestuario de *Café Concordia* (Alberto Gout, 1939), obtuvo el Ariel a la mejor decoración con Vicente Petit por *La Barraca* (Roberto Gavaldón, 1944) y en solitario por *En la palma de tu mano* (Roberto Gavaldón, 1952). Avelí Artís-Gener, conocido por Tísner[19], había trabajado en Barcelona con escenógrafos teatrales como Joan Morales, en México, empezó trabajando en el teatro, pero debido al control del sindicato cinematográfico sólo pudo figurar en las películas como ayudante, aunque en muchas de ellas fuese el responsable total de sus decorados; también diseñó decorados para anuncios publicitarios y para programas de televisión. Es autor de uno de los primeros manuales de Escenografía escritos en español: *La escenografía en el teatro y el cine*[20].

Tísner no fue el único profesional que tuvo problemas sindicales. La labor de los escenógrafos españoles en México tuvo un gran mérito desde su inicio, desde que lograban trabajar, por la dificultad que suponía el acceso a la profesión. Antonio Simont después de haber intervenido en la preparación de los decorados de *La traviesa molinera* (Harry D'Abbadie D'Arrast, 1934), emigró a México teniendo problemas con el Sindicato. Simont le contaba a José M. Alonso-Pesquera en una carta[21] cómo a "pesar de la presión de varias personalidades y productoras mejicanas, (...) el Sindicato de la

---

[18] "Una primera aproximación a la obra de Gori Muñoz", de Joaquín Lara, Manuel García y Julio Pérez Perucha, en *Archivos*, Filmoteca Valenciana, núm. 1, marzo-mayo de 1989, págs. 48-63.

[19] Para el exilio español en México y para Tísner en particular véase *Tísner l'escenògraf*, de Joaquín Romaguera i Ramió, Barcelona, Ed. Pòrtic, 1995.

[20] *La escenografía en el teatro y el cine*, México, Ed. Centauro, 1947.

[21] Archivo de la Academia de Artes y Ciencias Cinematográficas.

Cinematografía Mejicana (Sindicato de Técnicos y Manuales) se opuso a aceptarme como miembro del mismo, siéndome por lo tanto imposible trabajar en los Estudios de Méjico". Simont continuaba: "Esta actitud del Sindicato no fue debida al hecho de ser yo español. Se trata de un Sindicato absolutamente cerrado y los titulares del mismo se oponen a aceptar nuevos elementos, aun siendo mejicanos." El decorador criticaba la actitud del gremio: "Por lo que se refiere a la defensa de los derechos de sus miembros, el Sindicato Mejicano tiene sus ventajas, pero el espíritu mezquino de los mismos ha dado como resultado, aparte de alguna excepción, la mediocre producción que todos conocemos." Es curiosa la relación que encuentra Simont entre la calidad de la producción y la endogamia del Sindicato, aunque alabe la defensa corporativa: "Naturalmente, cualquier extranjero sindicado tiene los mismos derechos que sus colegas mejicanos." Simont acababa sentenciando: "En resumen: el Sindicato se ha convertido en un monopolio, del cual se benefician unos cuantos, que, rechazando la colaboración de elementos nacionales y extranjeros, ha limitado las posibilidades de la producción nacional. Cree, amigo Pesquera, que el resultado de la política sindical mejicana no lo deseo, de ninguna manera, para nuestro país." Efectivamente el sindicato español fue un poco más abierto, pero como se verá, tampoco fue un modelo a seguir.

Hubo otros artistas españoles exiliados que colaboraron en el cine esporádicamente[22]. Uno de ellos fue el conocido cartelista valenciano Josep Renau, que trabajó en el cine mexicano haciendo los decorados con Javier Torres Torija de *Sierra Morena* (Francisco Elías, 1944). Otro fue el escultor Alberto Sánchez que, aparte de diseñar escenografías teatrales en la U.R.S.S., colaboró en 1957 en el *Don Kichot* (*Don Quijote*) dirigido por Grigori Kozintsev. José Sancha también trabajó en los países del Este, concretamente en Bulgaria donde diseñó los decorados de *Zemia* (*Tierra*, Zajari Dshandov, 1957) y *Zvezdi* (*Estrellas*, Konrad Wolf, 1959)[23].

En resumen, la actividad de nuestros escenógrafos en el exilio fue tan enriquecedora para los países en los que tuvieron que residir, como la de la mayoría de los exiliados en otros campos. Es significativo el ejemplo de Fontanals y Gori Muñoz, que se convirtieron en los mejores profesionales de México y Argentina respectivamente, creando además una escuela al transmitir sus conocimientos a otros compañeros de aquellos países.

Lo cierto es que en nuestro país también pasó algo parecido con los directores de fotografía alemanes o, como se verá, con el decorador Pierre Schild.

[22] *El cine español en el exilio,* de Román Gubern, Barcelona, Lumen, 1976.

[23] Otro español que desarrolló su carrera fuera de nuestro país es Luis Montes, que trabajó en el equipo de decoradores del estudio Columbia en Hollywood. *Los que pasaron por Hollywood,* de Florentino Hernández Girbal, edición de J. B. Heinink, Madrid, Ed. Verdoux, 1992, pág. 173.

CAPÍTULO III

Prosperidad de los estudios

En 1939 Saturnino Ulargui empezó a producir en Barcelona una serie de películas a través de su empresa Ufisa, filial española de la U.F.A. alemana. Para poder rodarlas trajo a varios técnicos extranjeros, contratando a jóvenes españoles con poca experiencia para que trabajasen como sus ayudantes; de esta forma resolvía el problema creado por la desaparición o emigración de los técnicos cualificados y al mismo tiempo creaba una escuela que le servía como "cantera" para su productora.

Trajo como decorador a Pierre Schildknecht y como ayudante contrató, gracias a la recomendación de Imperio Argentina, a un joven de veintidós años llamado Enrique Alarcón. Alarcón había cursado dos años de Matemáticas Superiores y Ciencias al tiempo que hacía ilustraciones para revistas y carteles; mientras trabajaba en el chalet de Imperio Argentina, Florián Rey le encargó unos bocetos para el proyecto de *Orosia* que no llegó a filmarse hasta 1943. Fue uno de los pocos alumnos que fue capaz de aprobar los dibujos en la Escuela Superior de Arquitectura en la primera convocatoria, pero tuvo que abandonar la carrera cuando estalló la guerra civil, en la que luchó en un batallón de zapadores.

PIERRE SCHILD

Schildknecht, que abrevió su apellido por el de Schild, vino a España huyendo de la ocupación alemana y creó en los estudios Orphea, entre otros espacios, el interior de la mina de *Marianela* (Benito Perojo, 1940), la exótica ciudad oriental de *Sucedió en Damasco* (José López Rubio, 1943) o los ambientes guineanos de *Fiebre* (Primo Zeglio, 1944). Schild no sólo hizo aportaciones estéticas o formales, sino que además trajo a España una técnica de efectos especiales que influía en los decorados, ya que gracias a ella se podían hacer grandes espacios ahorrando mucho dinero. Esta técnica aún se usa hoy en día, es conocida en los países anglosajones como *glass shot* o *matte painting* y en España ha tenido varios nombres pero sobre todo se conoce como "pintura sobre cristal"; consiste en pintar de una forma muy minuciosa sobre un objeto transparente o un cristal, los objetos o paisajes que se quieren incluir en la realidad, tapando otros elementos reales que así quedan ocultos al colocar el cristal delante de la cámara.

Con esta técnica se pueden ocultar, por ejemplo, elementos modernos en una película que transcurre en el pasado, al mismo tiempo que se "construyen" edificios o partes de ellos, se incluyen paisajes, se añaden nubes o los elementos que se deseen.

En un anuncio del Anuario Cinematográfico Hispanoamericano de 1950 se hace una glosa de Schild que entre otras cosas dice: "lo que nos parece particularmente interesante destacar aquí es lo denominado 'los efectos especiales', algo que Pierre Schild domina de una manera única y que ha sido unánimemente reconocido por los mejores directores, tanto españoles como extranjeros. Pierre Schild maneja su sistema de trucajes con tal perfección que ni los mejores técnicos especializados en la materia llegan a descubrir en dónde se esconde 'el truco'; como se ve, se comentan vaguedades sobre 'el truco'". El texto continúa: "Su procedimiento no sólo representa una eco-

Los edificios de la Gran Vía madrileña pintados sobre cristal por Pierre Schild para *El último caballo* (Edgar Neville, 1950).

nomía incalculable en la realización de decorados, sino que a la vez permite la creación de efectos que ninguna suma de dinero, por elevada que fuese, hubiera podido reproducir." Para ilustrar el trabajo de Schild se utiliza *El último caballo* (Edgar Neville, 1950) publicando dos fotografías, una con peatones y automóviles en una calle construida en un estudio, y otra igual, pero con la parte alta de los edificios en la que se descubre que la calle es la Gran Vía madrileña. Lo interesante del texto es que no se describe cómo se hace el efecto, aunque en el año de la publicación ya se conocía sobradamente. Schild se encerraba en un cuartito[1] y pintaba sus cristales, siguiendo la táctica de los operadores alemanes que ocultaban sus conocimientos a los ayudantes españoles.

Esta técnica pronto se complementó haciendo maquetas corpóreas, sobre todo de techos, que también se colocaban delante de la cámara, ajustándolas a los decorados que se habían construido a una escala real. Enrique Alarcón dice[2] que, siendo ayudante de Burmann, hizo para el decorado de una gran plaza de *Goyescas* (Benito Perojo, 1942) la primera maqueta corpórea. Alfonso de Lucas hizo otra para *Orosia* (Florián Rey, 1943) en una plaza real de Ansó en el Alto Aragón, aplicando la técnica que había aprendido en Italia, y José Pellicer resolvió el techo del internado de mujeres de <u>Ángela es así</u> (Ramón Quadreny, 1944) con el mismo procedimiento. Luis Marquina Pichot describió esta técnica en una conferencia impartida en el Aula Magna de la Escuela Especial de Ingenieros Industriales en mayo de 1942, que se publicó[3] con ilustraciones, quedando perfectamente explicada.

No tiene demasiada importancia saber quién fue el primer profesional que usó las maquetas corpóreas, que ya se utilizaban en otros países, y que posiblemente llegaron a nuestro país por varias vías al mismo tiempo. Lo impor-

---

[1] Entrevista con Gil Parrondo.

[2] Alarcón le dijo a Benito Perojo: "Si quieres te hago una maqueta corpórea"; el director le miró extrañado: "¿Tú sabes hacer eso?" Alarcón recordaba: "Todavía no me explico cómo pero aquello salió adelante y por primera vez rodamos en España una escena en una maqueta." En "El efecto de anticipación de la arquitectura cinematográfica, analizado en un seminario", de Carlos G. Santa Cecilia, en *ABC,* agosto de 1987.

[3] Lecciones sobre cinematografía de Victoriano López García y Luis Marquina Pichot, Madrid, Escuela Especial de Ingenieros Industriales, 1941, pág. 722.

tante es que con esta técnica se pudieron crear unos espacios que hubiesen sido imposibles de construir a tamaño real por su alto costo.

El decorador había dejado de utilizar la perspectiva con la aparición de los decorados corpóreos; gracias a estas nuevas técnicas de efectos especiales, volvió a usarla como un medio específico de su profesión que, debido a su dificultad, no podía ser intuitivo sino que debía aprenderse.

El trabajo del decorador volvía a requerir unos conocimientos que lo distinguían de otras profesiones, conocimientos que dejarán de serle útiles cuando aparezcan los técnicos que se dedican sólo a los efectos especiales.

ROPTENCE

Después de la guerra civil las empresas volvieron a producir películas usando los edificios que ya existían. Los estudios madrileños Chamartín se reinauguraron en abril de 1941 y el año siguiente en un lugar cercano se abrieron los Sevilla Films.

Otros estudios, como Roptence, se ampliaron. En 1942 un redactor de *Primer Plano*[4] los visitó y entrevistó a su director-gerente, Rafael Escriñá, a quien "sólo le interesa ahora la ampliación del recinto, para lo cual se construyen nuevas naves". Ambos van a presenciar la marcha de las obras, que, según el cronista "llevan un ritmo acelerado".

Lo más interesante del artículo es lo que escribe el redactor sobre el hermano de Rafael Escriñá, sobre Francisco Escriñá, bajo el epígrafe "Un proyectista decorador". Vale la pena reproducir todo el texto:

"Francisco Escriñá, hermano de Rafael. Después del saludo, nos muestra algunos de los proyectos de decorados para la película que se prepara en Roptence.

"Artista por temperamento, Francisco Escriñá sólo vive para su arte.

"Dotado de una exquisita sensibilidad, este dibujante, adaptado plenamente al cinema, ambienta los films, poniendo en su difícil labor, de documentación prolija, todos los anhelos de su espíritu. Cuando el decorado corpóreo se alza después en las naves de rodaje,

Francisco Escriñá lo contempla detenidamente, buscando algo —un mínimo detalle— que lo pueda mejorar a la vista del espectador culto.

"Su nombre ha aparecido muchas veces en periódicos y revistas, ensalzado por los aciertos rotundos que suma en su especialidad de proyectista-decorador, y confiarle a él los ambientes de una película de la época que sea, es tener la seguridad de que los personajes han de moverse en su marco más justo, más conveniente y más perfecto dentro de la autenticidad de un estilo..."

Francisco Escriñá había construido barracones y carreteras en Marruecos. Fue nombrado decorador-jefe de la empresa Estudios Cinematográficos Roptence S. A. de los que era Presidente su padre, José María Escriñá.

Es importante que una revista se ocupase del decorador y de hecho en el mismo número Rafael de Urbano escribe: "Después el espectador llegó al conocimiento de la vida de los artistas, y del papel del 'cameraman' y del ingeniero de sonido (...) cómo consigue Schild sus maravillas decorativas"[5], reconociendo el papel de estos profesionales en el cine. Pero lo curioso del texto es que la participación real de Escriñá en las películas donde figuró como decorador-jefe es muy dudosa. Como se sabe, los *art-directors* de los grandes estudios norteamericanos, como Cedric Gibbons en la Metro Goldwyn Mayer, figuraban en todos los títulos de crédito de las películas producidas por el estudio al que pertenecían, aunque en la mayoría de los casos sólo las supervisaran sin llegar a diseñar sus decorados. En el caso de Escriñá se sospecha que su función era meramente representativa y todo el trabajo recaía en decoradores como Feduchi, Torre de la Fuente, Simont, Schild, Salvá, Castroviejo o Pérez Espinosa. Esta suposición se reafirma con casos como el de *Altar Mayor* (1944) en el que su director Gonzalo Delgrás preguntó por qué se le atribuían los decorados a Escriñá cuando los había diseñado el joven Eduardo Torre de la Fuente[6]. Su figura es significativa del poder que tuvieron algunos productores para imponer en los repartos a personas con atribuciones un tanto indefinidas en cometidos que consideraban secundarios[7].

[4] *Primer Plano,* núm. 90, 5 de julio de 1942, págs. 12-13.
[5] *Primer Plano,* núm. 90, 5 de julio de 1942, pág. 16.
[6] Eduardo Torre de la Fuente al autor, el 20 de abril de 1994.
[7] La atribución del trabajo a Escriñá es tan dudosa que incluso un profesional bien informado como Enrique Alarcón lo sitúa trabajando en Barcelona, cuando Escriñá siempre trabajó con Roptence en Madrid. *El decorador en el cine español*, de Enrique Alarcón, 14 Festival de Cine de Alcalá de Henares, 1984, pág. 84.

El clavo (1944), una de las primeras colaboraciones entre Rafael Gil, Enrique Alarcón y Alfredo Fraile.

Sala del juicio de *El clavo* (1944) con la ventana circular diseñada por Alarcón, que Fraile usa para iluminar la pared lateral.

Boceto de Sigfredo Burmann para *Locura de amor* (Juan de Orduña, 1948).

C.I.F.E.S.A.

A partir de 1943 se rodaron en los estudios Sevilla Films muchas de las películas de una de las productoras más activas y significativas de la época, de la Compañía Industrial Films Española, Sociedad Anónima (C.I.F.E.S.A.). Esta empresa se había fundado antes de la guerra y ya había utilizado para rodar sus producciones casi todos los estudios existentes —los de Aranjuez, Trilla Orphea, C.E.A., Lepanto, Kinefón...—. Sus decoradores habituales entre 1939 y 1941 fueron Sigfredo Burmann en Madrid y Emilio Ferrer en Barcelona, este último siguió trabajando entre 1942 y 1945, mientras Enrique Alarcón lo hacía en Madrid.

La primera película de Alarcón como decorador jefe fue *Huella de luz* (1942) en ella inició una colaboración con el director Rafael Gil y el director de fotografía Alfredo Fraile, que duraría hasta los años cincuenta[8]. Según

afirmaba este último[9] los tres preparaban mucho la película estando "muy juntos" poniéndose "de acuerdo en los decorados" y teniendo "en cuenta la opinión de los otros", aunque sin interferir en el trabajo del director. Esta colaboración no era usual en el cine de la época, ya que normalmente no había coordinación alguna, sobre todo, entre los fotógrafos y los decoradores; sin embargo, en este caso, Fraile explica que no se metía con el diseño, ni con la construcción de los decorados, pero sí con los colores, porque "rodando en blanco y negro, los decoradores, si te llevabas bien, siempre te ayudaban, y viceversa, porque de esta forma el resultado final era mejor".

Volviendo a C.I.F.E.S.A., según afirma Félix Fanés[10], el más importante de sus departamentos era el de producción, una de cuyas secciones era la de decoración, inicialmente a cargo de Sigfredo Burmann, que diseñó los decorados de las películas del ciclo histórico construi-

---

[8] Hicieron juntos las siguientes películas: *Huella de luz* (1942); *Eloísa está debajo de un almendro* (1943); *Lecciones de buen amor* (1944); *El clavo* (1944); *La pródiga* (1946); *Reina Santa* (1946); *La fe* (1947); *La calle sin sol* (1948); *Mare nostrum* (1948); *Sor Intrépida* (1952); *El beso de Judas* (1953); *La guerra de Dios* (1953); *Murió hace quince años* (1954); *La otra vida del Capitán Contreras* (1954); *El canto del gallo* (1955); *La gran mentira* (1956); *Camarote de lujo* (1957) y *¡Viva lo imposible!* (1958).

[9] *Directores de fotografía del cine español*, de Francisco Llinás, Filmoteca Española, 1989, pág. 172.

[10] *El Cas Cifesa: Vint anys de cine espanyol (1932-1951)*, de Félix Fanès, Filmoteca de la Generalitat Valenciana, 1989, pág. 221.

Perspectiva de la galería del Palacio de Tudela dibujada por Sigfredo Burmann para *Locura de amor* (Juan de Orduña, 1948).

La princesa de los Ursinos (Luis Lucia, 1947).

Locura de amor (Juan de Orduña, 1948).

dos por Francisco Prósper. Unas películas que le dieron la fama a la productora del "cartón-piedra" y cuyas referencias formales no eran las imágenes contemporáneas a la época en que se desarrollaban sus argumentos, sino las imágenes de la pintura histórica del siglo XIX, por ejemplo para *Locura de amor* (Juan de Orduña, 1948), no se buscó en los códices medievales, sino que se fue directamente a un pintor del diecinueve, reproduciendo los ambientes y el vestuario de los cuadros de Francisco Padilla.

Esto no sucedía por desconocimiento de los decoradores o los figurinistas, sino porque no importaba tanto la fidelidad histórica como la imagen que tenía el público de la época en la que sucedía la acción, una imagen tomada de la pintura del siglo pasado difundida a través de su reproducción en libros y revistas.

Los responsables de estos referentes visuales no eran solamente los decoradores, también los ambientadores y responsables del vestuario influyeron decisivamente en estas recreaciones pictóricas. Uno de los profesionales que más trabajó para la productora fue Manuel Comba, cuyo padre Juan Comba García había sido pintor de Cámara de las cortes de Alfonso XII y Alfonso XIII y estaba casado con

una nieta del pintor Eduardo Rosales, antecedentes que justifican su gusto por la pintura histórica. Manuel Comba trabajó diez años en el Teatro Español como diseñador de vestuario, durante la guerra hizo los trajes para Miguel Bakunin y en 1940 tenía un pequeño despacho en el teatro donde realizaba su trabajo. A principios de los años cuarenta empezó a trabajar en el cine como figurinista sin abandonar su labor teatral. Fue catedrático, como su padre, de Indumentaria y Artes Suntuarias en la Escuela Superior de Arte Dramático y Danza de Madrid, y especialista en películas históricas en cerca de ochenta títulos claves del género como *La princesa de los Ursinos* (L. Lucia, 1947) o *Locura de amor*. Para diseñar sus figurines se inspiró en Historia del traje en España, ocho volúmenes inéditos recopilados por su padre que él amplió a ochenta como fruto de su trabajo cinematográfico y teatral. Gracias a sus conocimientos y prestigio fue uno de los pocos profesionales de la época que figuró en los títulos de crédito como Asesor Histórico.

Los decorados de C.I.F.E.S.A. eran tan impresionantes que el director de fotografía José Aguayo[11] aún recordaba muchos años después

[11] *Directores de fotografía del cine español,* pág. 205.

Locura de amor (Juan de Orduña, 1948).

Locura de amor (Juan de Orduña, 1948).

Estancia amplia para *Locura de amor* (Juan de Orduña, 1948).

los de *Locura de amor*: "debía haber como treinta decorados, algunos con dos plantas. Ahora mismo me acuerdo de un patio con entrada por un portalón muy grande, atravesaban el patio montados a caballo, dejaban el caballo a la guardia, se subían por la escalera a otro piso. Esto lo hicimos en un solo plano. No sé lo que costaría hoy en día hacer una película en estas condiciones". Los costes no eran demasiado elevados porque la mano de obra en aquellos años era muy barata y los estudios tenían asalariados a una serie de artesanos: carpinteros, escayolistas, pintores... con los que trabajaban de forma continuada.

Un trabajo que a veces requería conocimientos de resistencia de materiales, y que además podía ser arriesgado. Gil Parrondo, que en aquel entonces era ayudante de Sigfredo Burmann, recordaba[12] un decorado para *Locura de amor* como el "peor trago" de su larga vida profesional: "Habíamos hecho una galería muy alta y se empezó a llenar de gente y yo sabía que no podía aguantar tanto peso. Pero no pasó nada, gracias a Dios..."

Fèlix Fanés ha escrito[13] que los espacios donde transcurren los argumentos de las pe-

lículas del ciclo histórico de C.I.F.E.S.A. también son importantes desde el punto de vista ideológico, "la residencia de la historia era la misma de las instituciones: monarquía, aristocracia, etc. O sea, que la residencia de la historia era los grandes castillos y los grandes palacios, entre los muros de los cuales transcurría la mayoría de escenas de estos films, Cuando la acción salía fuera de los castillos generalmente era para dedicarse a prácticas sangrientas, es decir: la guerra".

Los diseños de los espacios de estos castillos son debidos a los decoradores de la productora, que lograron crear fundamentalmente dos tipos de estancias según su tamaño y lo que ocurría dentro de ellas: las amplias (iglesias, salones del trono...) en las que se celebran los acontecimientos más grandilocuentes, y las más pequeñas, habitaciones un tanto tétricas, con techos bajos opresivos y unas iluminaciones heredadas del cine expresionista, en las que sucedían las escenas más íntimas entre los personajes.

Para realizar estos decorados se imponía una organización jerarquizada. Un ejemplo de cómo trabajaba la sección de decoración den-

[12] "Gil "Óscar" Parrondo de P.R.", en *Arriba*, 11 de junio de 1971.
[13] *El Cas Cifesa: Vint anys de cine espanyol (1932-1951)*, pág. 254.

Estancia reducida para *Locura de amor* (Juan de Orduña, 1948).

tro del departamento de producción, lo aporta Enrique Alarcón[14] que fue decorador jefe de C.I.F.E.S.A. en Sevilla Films, y al mismo tiempo era el constructor, contando con un equipo de administradores que llevaban todos los asuntos de personal y del material de construcción. Según Alarcón: "el sistema estaba muy bien organizado y funcionaba como una gran fábrica, a base de encargados; uno, de los escayolistas; otro, de los pintores; otro, de montaje de pasarelas, etc. Todas las semanas teníamos reuniones de encargados para intercambiar impresiones con el encargado general y conmigo". El decorador jefe se ocupaba también de la ambientación, excepto cuando se podía contar con un ayudante ambientador. Además del decorador-jefe había también un figurinista que se ocupaba del vestuario, tanto si lo diseñaba, confeccionándolo después en el propio estudio, como si se elegía en empresas especializadas.

Cuando Luis Marquina Pichot dio la conferencia antes citada[15] era director de producción de C.I.F.E.S.A. y en ella explicaba cómo funcionaba un estudio cinematográfico, respecto a la decoración decía lo siguiente: "Los decorados llegan al estudio casi en embrión; paneles de madera de diferentes medidas, puertas, ventanas, etc., que, al ensamblarse, con arreglo a los bocetos previamente diseñados, constituirán el decorado necesario. En general se construyen de madera contrachapada que se reviste de papel o tela para, luego, pintarlos convenientemente. Según su importancia, se utiliza también el yeso. En ese caso, el contrachapado se reviste de arpillera y, sobre ésta, se tiende el yeso que dará la perfecta sensación de realidad."

Si en el ciclo histórico de C.I.F.E.S.A. primaron los castillos y los edificios del pasado, entre 1942 y 1945, los espacios preferidos fueron las mansiones y palacios de las clases adineradas, los ambientes menos habituales en una España destruida por la guerra. La productora supuso que era más comercial vender a los espectadores fantasías que no podían conseguir en la vida real.

Es también Fanés quien ha encontrado una interpretación más acertada sobre los espacios de las películas de estos años. Para él, uno de los rasgos característicos es el decorado: "Todas las películas de aquellos años parecen transcurrir en un único decorado: el interior de

---

[14] *El decorador en el cine español,* de Enrique Alarcón, pág. 83.
[15] *Lecciones sobre cinematografía,* pág. 721.

una mansión de la alta burguesía. La significación de este decorado recurrente creo que es interesante: en primer lugar, porque indica con bastante claridad quiénes son los sujetos sociales protagonistas de las comedias de C.I.F.E.S.A.: la alta burguesía y la aristocracia. Y en segundo lugar porque da una clave bastante importante de la atmósfera de todos aquellos films: un ambiente recluido de interior. El interior tiene dos tipos de significación: de un lado, es un sistema arquitectónico de delimitación y, por tanto, de exclusión (exclusión de todo aquello que no era el mundo burgués o aristocrático en este caso), y de otro es una figura retórica cinematográfica que sirve generalmente para representar ambientes opresivos y asfixiantes. Pero este interior también puede representar un 'espacio simbólico', en el sentido del lugar donde se produciría la representación indirecta y figurada de una idea, de un conflicto, de un deseo"[16].

RODAJES EN BARCELONA

En 1944 un decorador y cartelista valenciano, llamado Juan José Fogués, decidió dirigir un guión suyo; este guión, según Josep Torrella[17] "era todo un monumento, una obra maestra de previsión y organización que no dejaba nada fuera. Sinopsis, descripción literaria y gráfica de los personajes, bocetos y plantas de los decorados, emplazamientos de cámara y de figuras, organigrama y clasificación de personal". La película se tituló *Una mujer en un taxi* y a pesar de tanta previsión —inusual en el cine del momento— fue un fracaso comercial y artístico, común a otros tantos aficionados nacionales. Los decorados fueron el primer trabajo para el cine del dibujante e ilustrador de revistas Miguel Lluch, que antes de dirigir algunas películas, trabajaría como decorador de I.F.I. la productora de Ignacio F. Iquino. Iquino había comenzado en Emisora Films en la que desempeñó múltiples funciones desde 1943 hasta 1948. Tanto en su etapa, como en la de Francisco Ariza, desde 1948 hasta 1951, la productora intentó imitar los esquemas de los estudios de Hollywood teniendo un equipo fijo que trabajaba en todas sus

películas, un método que resultó beneficioso en cuanto a cantidad de producción, teniendo en cuenta que en ocho años produjeron veintisiete largometrajes, con una media de tres películas anuales. El decorador-jefe habitual de la productora fue Juan Alberto Soler, un Licenciado en Bellas Artes que, cuando acabó la guerra, comenzó a trabajar en el cine en Ufisa como auxiliar de Pierre Schild[18]. En 1944 fue contratado por Emisora Films para hacer los decorados de *Una sombra en la ventana* dirigida por Iquino y en la productora diseñó los decorados de veintitrés películas, permaneciendo en ella hasta su desaparición.

Torrella cuenta[19] una visita al rodaje de *Una sombra en la ventana* en la que se tenía que hacer un *travelling* acompañando a los actores desde una falsa calle, pasando por el vestíbulo de un *night-club* y su pista de baile hasta llegar a un reservado, todo ello en un decorado construido en el interior de los estudios Orphea. Torrella después de admirarse ante el decorado comenta que "no cabe pensar que un decorado así significa excepcionalmente tirar la casa por la ventana. Los decorados, sencillos o complejos, constituyen siempre el capítulo más grande del presupuesto. Los decoradores eran buenos profesionales y los productores no les ponían listones a los rodajes; no se escatimaba nada. Los interiores daban una cabal impresión de realidad, salvo la ausencia de techos, que se suplían con las formidables baterías de focos inundando el set con su cascada de luz. Muebles, luces, alfombras, cortinas y toda clase de elementos decorativos se alquilaban, pero como todo era auténtico y de calidad costaba un ojo de la cara. Y en aquellos tiempos todos los interiores, de todos los films, eran lujosos. ya que el cine del régimen no podía mostrar ambientes de estrechez". Para lograr este ambiente lujoso en una época de penuria, Iquino tenía la habilidad de abaratar sus producciones con los métodos más variados, uno de ellos, fue conseguir que en 1945 le alquilasen parte del Palacio de Pedralbes con todos sus muebles, tapices y lámparas para rodar *El obstáculo* y *¡Culpable!*

En 1945 Burmann diseñó los decorados de *La próxima vez que vivamos* (Enrique Gómez)

---

[16] *El Cas Cifesa: Vint anys de cine espanyol (1932-1951)*, pág. 217.
[17] *Rodatges de posguerra a Barcelona,* de Josep Torrella Pineda, Barcelona, Institut del Cinema Català, 1991, página 99.
[18] Juan Alberto aprendió de Schild la técnica del pintado sobre cristal que usó para *Aquellas palabras...* (Luis B. Arroyo, 1948) en la que colaboró con Fernando Mignoni.
[19] *Rodatges de posguerra a Barcelona*, pág. 56.

uno de ellos medía cuarenta y dos por veintisiete metros y el operador Berenguer le dijo a Torrella[20] que "batía en España el record de superficie". Afirmar que una película es la que bate algún record por insignificante que sea, es un ardid publicitario normal en esos años, que aún se utiliza hoy. Lo realmente importante es saber que había edificios en los que existía la posibilidad de hacer decorados de esas dimensiones.

En 1946 surgió en Barcelona otro aficionado al cine, Jacinto Goday, —estudiante de arquitectura e hijo del arquitecto José Goday— que dirigió *Las aventuras del capitán Guido*, en la que él mismo se ocupó de diseñar unos decorados que, según Torrella[21], tenían "un extremado rigor ambiental y decorativo" ya que "quería hacer conocer su versión genuina de la arquitectura gótica mediterránea, tan mistificada por los decoradores habituales del cine". Es cierto que, como ya se vio en el caso de C.I.F.E.S.A., algunos profesionales de la época "inventaban" la decoración de los espacios donde se desarrollaba el argumento, pero una mayor adecuación de los entornos al momento en el que se desarrolla la acción, no implica un mayor realismo o una mayor fidelidad histórica. Unos pocos objetos pueden ser más explícitos para situar mejor un momento determinado, que una acumulación de elementos por muy fidelignos que sean.

PREMIOS

En 1945 se fundó el Círculo de Escritores Cinematográficos, presidido por Fernando Viola, y ese mismo año empezó a conceder unos premios anuales a las mejores producciones nacionales. En 1947 se otorgó el primer premio a la mejor decoración, a los decorados creados por Luis Santamaría para *Mariona Rebull* (José Luis Saénz de Heredia), un premio que a partir de entonces se dió todos los años hasta 1975.

Hasta 1956 el Sindicato Nacional del Espectáculo no empezó a conceder premios a los mejores decorados de las películas estrenadas en el año. Ese año se le concedió el premio a Enrique Alarcón por *La gran mentira* (Rafael Gil).

Con estos premios un grupo de críticos en el caso del Círculo y la industria, en el del Sindicato, reconocían por primera vez a los técnicos cuyos trabajos creían que eran más notables.

No se va a entrar a discutir lo acertado o desacertado de los premios y los olvidos que se produjeron, lo cierto es que la mayoría de las películas galardonadas lo eran también en otros apartados, reconociendo unos títulos que era preciso resaltar por diversas razones a veces extra-cinematográficas. Como suele suceder con frecuencia, parece que lo más importante para la promoción de una película es acumular más premios que las otras y para ello se usan los apartados considerados "menores" como la decoración.

LA ESCUELA DE CINE

El 26 de febrero de 1947 la Subsecretaría de Educación Popular dictó una Orden por la que se creaba el Instituto de Investigaciones y Experiencias Cinematográficas (I.I.E.C.) una escuela de cine que los medios cinematográficos llevaban solicitando desde hacía muchos años.

El I.I.E.C. empezó a funcionar en julio de 1947 en el recinto de la Escuela Especial de Ingenieros Industriales, donde había una nave que hacía las veces de pequeño estudio.

Entre las especialidades que se podían cursar estaba la de escenotecnia. En el artículo 3 de la Orden antes citada, que se refería a las secciones que integraban el I.I.E.C. había una sección de "Escenotecnia (Escenografía, decoración, vestuario, moblaje, maquetas)".

Como curiosidad citar que las mujeres sólo eran admitidas en las secciones de interpretación y escenotecnia, hasta que la Orden del Ministerio de Educación Nacional de 21 de octubre de 1948 suprimió esta limitación.

El primer profesor de Escenotecnia fue Fernando Moreno Barberá, que nunca había trabajado en el cine, al que sustituyó Luis Martínez-Feduchi, el prestigioso arquitecto ya citado. Su ayudante era Enrique Alarcón, quien a su vez lo sustituyó en 1952 cuando Feduchi abandonó el Instituto para dedicarse por entero a la arquitectura.

EL ACCESO A LA PROFESIÓN Y EL SINDICATO

Al ir aumentando el número de profesionales en los años cuarenta, se accedía a ser decorador-jefe después de desempeñar otros cometidos auxiliares, en algunas ocasiones en

[20] *Rodatges de posguerra a Barcelona*, pág. 121.
[21] *Rodatges de posguerra a Barcelona*, pág. 89.

condiciones un tanto penosas. José Luis López Vázquez, que antes de ser actor trabajó como ayudante de decoración, ambientador y figurinista, alternando varios de estos trabajos a la vez, contaba[22] que en 1944 no le pagaban por su trabajo de ayudante de decoración "pero yo quería estar en el plató y, como mi trabajo había acabado, me integré en el equipo de Luis Santamaría, el decorador. De esa forma ayudaba, aprendía y me ahorraba la comida, pues Luis me invitaba a comer todos los días en los estudios CEA".

La Orden de 31 de diciembre de 1948, rectificada el año siguiente, regulaba el Reglamento Nacional del Trabajo en la Industria Cinematográfica, en el que se intentaban dar normas para el trabajo de las distintas especialidades técnicas que intervenían en el cine. En el Artículo 9, "Ciclo de Producción", dedicado a la clasificación del personal, se incluye como "Jefes Técnicos" a los decoradores y como "Ayudantes Técnicos" a los ayudantes de los decoradores. En el siguiente artículo, "Ciclo de estudios cinematográficos", se reconoce dentro del apartado "Ayudantes Técnicos" al constructor de decorados. En artículos posteriores se procede a definir las funciones de cada uno de los técnicos: los Jefes Técnicos son "el personal que desempeña jefatura, con la responsabilidad consiguiente, dentro del ciclo completo de producción"; en esta categoría están el decorador, que "es aquel que boceta los decorados y dirige la construcción de los mismos cuidando los detalles de ambientación antes del rodaje de las escenas"; los Ayudantes Técnicos son "los que a las órdenes del Jefe Técnico o del Técnico especializado, realizan las funciones técnicas que aquéllos les encomienden dentro de su respectiva especialidad"; en esta categoría están el Ayudante Decorador, que "es el que a las órdenes del Decorador Jefe ejecuta los trabajos que éste le asigna, relacionados con los específicos de su campo", y además el dibujante. "El constructor realizador de decorados" está incluido en el personal técnico de los estudios, en el apartado de ayudantes técnicos y "es el que, ateniéndose a los planos e indicaciones del decorador, los interpreta, ejecuta y hace ejecutar todos los trabajos de construcción y decoración que requiera la película"[23].

Aunque las definiciones sean bastante precisas, esta regulación no implicó que mejorasen sustancialmente las condiciones laborales de los técnicos cinematográficos, pero al menos se reconocía su trabajo, intentando darle una dignidad que no tenía hasta entonces.

En 1949 surgió en el seno del Sindicato Nacional del Espectáculo la Junta de Clasificación de Técnicos de Cinematografía que, según Cabero[24], se encargaba de dictar normas a seguir "para controlar la profesionalidad de los cinematografistas españoles en su aspecto técnico"; esta Junta extendía también el carnet profesional y llevaba el censo de todos los técnicos del cine. La Junta estaba formada por varios vocales y uno de ellos era el de decoradores, siendo el primero de ellos Enrique Alarcón.

Hasta ese momento los técnicos habían accedido a la profesión gracias a sus conocimientos adquiridos a lo largo de los años; con esta disposición por primera vez se les obligaba a que desempeñasen una serie de cometidos previos antes de poder ejercer su profesión. Como escribe José Enrique Monterde[25] refiriéndose a las ayudas de la producción: "la supervisión de los equipos técnico y artístico no sólo consolidaba el carácter endogámico de la industria —al considerar como valores seguros a sus integrantes ya conocidos y dificultar la incorporación de nuevos valores—, sino que otorgaba un arma decisiva al sindicato verticalista, que podía impedir la presencia de aquellos elementos no reconocidos por él mediante la posesión del correspondiente carnet sindical, que remitía a la sindicación forzosa en ese sindicato único obligatorio".

Para llegar a tener el carnet de decorador-

[22] *José Luis López Vázquez. Los disfraces de la melancolía,* de Eduardo Rodríguez, Valladolid, 34 Semana de Cine, 1989, pág. 23.

[23] El Reglamento incluía además un "cuadro de salarios" que era el siguiente: Decorador, 700 pts./semanales; Ayudante de decorador, 250 pts./semanales; Constructor realizador de decorados, 450 pts./semanales. En 1955 los salarios eran los siguientes: Decorador, 805,00 pts./semanales; Ayudante de decorador, 287,50 pts./semanales; Constructor realizador de decorados, 517,50 pts./semanales. El cuadro de salarios del 26 de octubre de 1956 era el siguiente: Decorador, 1.255 pts./semanales; Ayudante de decorador, 505 pts./semanales; Constructor realizador de decorados, 840 pts./semanales.

[24] *Historia de la cinematografía española 1896-1940,* de Juan Antonio Cabero, Madrid, Gráficas Cinema, 1949, pág. 656.

[25] "El cine de la autarquía (1939-1950)", de José Enrique Monterde, en *Historia del Cine Español,* Madrid, Cátedra, 1995, pág. 201.

Nada (Edgar Neville, 1947). El estudio de Román en la película.

jefe el recorrido era el siguiente: dos películas como aprendiz, seis como dibujante y seis como ayudante, por lo tanto un total de catorce películas[26]. Como suele pasar había trucos para trabajar en puestos para los que no se tenía el carnet, el más común era que otros compañeros firmasen trabajos de técnicos que aún no habían llegado al grado preciso. Este relativo fraude implicaba un grado de compañerismo y complicidad entre profesionales, enfrentados a las reglas de un Sindicato impuesto desde el Estado.

RODAJES EN MADRID

Al margen de las instancias oficiales los profesionales seguían trabajando en los estudios, haciendo los decorados para "superproducciones" como *La nao capitana* (Florián Rey, 1946) en la que se construyó en un solar contiguo a los estudios C.E.A. la cubierta de un barco —diseñada por Burmann— donde se tenía que rodar en unas condiciones climatológicas adversas y por la noche para que no se advirtiese la falta del mar[27]. Para *Reina San-*

ta (Rafael Gil, 1946) Enrique Alarcón diseñó treinta y tres decorados después de hacer varios viajes de localizaciones por Portugal y España. En *La dama del armiño* (Eusebio Fernández Ardavín, 1947) también Alarcón diseñó un gran decorado de una calle toledana que servía como escenario para una procesión del Corpus. Para *Obsesión* (Arturo Ruiz Castillo, 1947) los estudios C.E.A. se convirtieron en un bosque guineano con un río y un pantano, diseñados por el propio director.

Las facilidades que daban los estudios para construir decorados se reflejan en el caso de *La manigua sin Dios* (1947), otra película dirigida por Ruiz Castillo, en la que, según recuerda Mariné[28], cuando ya se había terminado el rodaje, el director echó en falta una escena que debía desarrollarse en un poblado indio, pero como ya no se podía ocupar el estudio de la C.E.A. porque se estaba rodando otra película, se montó aceleradamente el poblado diseñado por Francisco Canet en un solar cercano. Como la escena que faltaba era la del incendio del poblado, una vez montado el decorado se le prendió fuego destruyéndolo.

[26] Véase la ponencia de Cienfuegos en los Anexos.
[27] Juan Mariné, *Un explorador de la imagen*, de Florentino Soria, Murcia, Filmoteca Regional, 1991, pág. 44.
[28] Juan Mariné, *Un explorador de la imagen*, pág. 46.

Nada (Edgar Neville, 1947). Dos bocetos de Sigfredo Burmann para el estudio de Román situado en la buhardilla; en ambos permanecen algunos elementos como la escalera de la izquierda, y el ventanal y la cubierta inclinada del fondo.

Nada (Edgar Neville, 1947). Escalera de acceso a las viviendas usada como elemento dramático con acciones en varios niveles.

Al lado de decorados grandilocuentes había otros que, aunque eran más modestos en cuanto a sus dimensiones, tenían una significación especial. En *Angustia* (José Antonio Nieves Conde, 1947) el arquitecto Antonio Labrada diseñó una vivienda que se construyó, según Nieves Conde[29], "como si fuera una casa de verdad, con habitaciones cerradas y moviéndonos dentro de ella como en un decorado natural"; esta afirmación parece una nueva concesión al naturalismo, si no fuera porque indica una tendencia que se estaba imponiendo en nuestro cine.

"Nada"

Ese mismo año Burmann diseñó el edificio donde transcurre la mayoría de *Nada* (Edgar Neville, 1947), compuesto por dos espacios: vivienda y buhardilla; separados pero comunicados entre sí, por la escalera del edificio. La escalera —en la que se han visto influencias

de *The magnificent Ambersons* (*El cuarto mandamiento,* Orson Welles, 1942) es el espacio que no sólo comunica, sino en el que suceden los actos más luctuosos y por el que se asciende también metafóricamente para llegar a la vivienda. Vivienda que, según uno de los personajes, es "como un barco que se hunde", tan oscura y tétrica, como la buhardilla del inquietante tío Román, y que domina a unos personajes —"tú también estás dominada por ella", le dice Ena a Andrea— que no pueden abandonarla —"no te puedes marchar de esta casa" le replica uno de los personajes a otro—. El protagonismo de la casa se consiguió gracias a la sensación de opresión que da un exceso de muebles y objetos, entre los que incluso es difícil circular, llenando habitaciones pequeñas en las que casi continuamente se están viendo sus techos, situados, según Mariné[30], a una altura de dos metros veinte, de forma que los actores casi los tocaban con la mano.

Los techos

El tema de los techos como elemento escenográfico determinante en la acción es importante. La iluminación cinematográfica siempre había sido la que aparentemente es más natural o normal: la cenital, la que proviene de arriba. En los comienzos del cine se rodaba en exteriores con una iluminación natural; cuando se empezó a rodar en estudios la luz seguía colocándose en la parte superior y por tanto no se podían colocar techos en las estancias. Como pronto fue necesario que algunos espacios diesen la sensación de tener una altura reducida por imposiciones de los argumentos y por el espíritu de innovación de los decoradores, se colocaban falsas vigas o "rompientes"[31] que se descolgaban de un techo que no llegaba a verse por completo, porque en él estaban colocados los focos. Un ejemplo es el café del Madrid "rojo" de *Raza* (José Luis Sáenz de Heredia, 1941) en el que un entramado de vigas colgadas pintadas de claro hacen las veces de techo.

Aunque no está documentado fehacientemente, parece que la primera película en la que se usaron techos enteros fue *Ciudadano Kane* (*Citizen Kane,* Orson Welles, 1940), una

---

[29] *José Antonio Nieves Conde, el oficio del cineasta,* de Francisco Llinás, Valladolid, 40 Semana Internacional de Cine, 1995, pág. 66.

[30] Juan Mariné, *Un explorador de la imagen,* pág. 45.

[31] En teatro se llama rompiente al telón que tiene un paso más o menos estrecho, que lo hace transitable por su parte central.

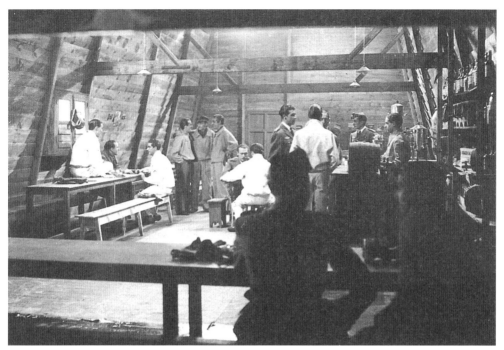

Escuadrilla (Antonio Román, 1941).

innovación que en su momento fue muy alabada por parecer un nuevo avance en la consecución de realismo.

Normalmente se ha pensado que los directores de fotografía se oponían a la eliminación de la iluminación cenital y por tanto a la construcción de techos, sin embargo hay algún caso, como el de Manuel Berenguer[32], que contradice esta suposición: "empecé a hacer los techos porque no sabía trabajar sin ellos. Estaba acostumbrado a rodar en interiores naturales y para mí lo fácil era aprovecharme de ellos. La verdad es que con un plató abierto por arriba me encontraba bastante perdido. Por eso me negaba a que se hicieran techos móviles, aunque se empeñaran los del estudio".

Nada es una de las primeras películas españolas en la que se emplearon los techos como elemento dramático, pero también José G. Ubieta los utilizó en *La sirena negra* (1947) dirigida por Carlos Serrano de Osma, quien además declaró[33] que él "era el primero en tomar planos con movimiento de cámara y grúas, debajo de los techos, cuando en Hollywood casi nadie había hecho más que tomas con la cámara fija para eludir los problemas de iluminación"; esta última aseveración indica que Serrano de Osma aún ocultaba las luces en los techos.

El director italiano Ferruccio Cerio rodó en Barcelona *Cita con mi viejo corazón* en 1948. Cuando Torrella[34] visitó el rodaje y el director le dijo que prefería un escenario natural a un decorado, Torrella estaba de acuerdo, sobre todo para "ambientes humildes o rústicos" ya que "el decorador no podía disimular el artificio"; el director le replicó que esto sólo sucedía si el decorador desconocía su oficio, Torrella explica que mantenían la conversación en el estudio durante el rodaje de interiores y Cerio le invitó "a seguirlo a un set donde dormitaba el decorado de una habitación roñosa que ya había hecho su uso en el rodaje, y mostrándomela, me suelta, convencido de que me encontraba delante de un argumento incontrovertible: '¿Se puede pedir más verismo en este interior? Dígame si no ha sentido el hedor de las chinches y todo.'" Como se ve, se seguía persiguiendo el realismo como un logro en sí mismo, sin estar asociado a una determinada historia, creándolo además en la artificialidad de los estudios.

---

[32] *Directores de fotografía del cine español*, pág. 184.
[33] *Rodatges de posguerra a Barcelona*, pág. 51.
[34] *Rodatges de posguerra a Barcelona*, pág. 155.

Cita con mi viejo corazón fue la última película en la que intervino como decorador José González de Ubieta, un polifacético profesional que había sido dibujante, pintor, escritor y crítico cinematográfico en diversas publicaciones. En 1939 escribió los comentarios del documental *Barcelona: ritmo de un día* y el argumento del cortometraje *Luna gitana*, ambos producidos por C.I.F.E.S.A. Fue el autor del guión de *Escuadrilla* (A. Román, 1941), y en 1943 dirigió los cortometrajes *Ávila de ayer y de hoy* y *Canción marinera*. Ese mismo año trabajó como ayudante de dirección en *Lecciones de buen amor* (Rafael Gil). En 1946 comenzó su colaboración con Serrano de Osma como ayudante de dirección y diseñando los decorados de *Abel Sánchez*; al año siguiente diseñó los de *Embrujo* y *La sirena negra*, en la que además se encargó de los figurines. También fue ayudante de dirección de *Campo bravo* (Pedro Lazaga, 1948), pasando a ser director de *Gente sin importancia* (1950), y escribió con Antonio de Lara "Tono" el guión de *Habitación para tres* (Antonio de Lara, 1951) basado en la obra teatral de este último *Guillermo Hotel*. Dirigió *En Nar.*

La ciudad de fuego (1951), con guión propio y de Luis Pérez Lozano, basado en una obra de Antonio de Retana con claras reminiscencias de *La Atlántida* de Pierre Benoît; parte de ella se rodó en exteriores del Sahara y es uno de los títulos de aventuras más exóticas e inusuales de nuestro cinematografía. Después de realizar esta película abandonó el cine para trabajar como dibujante publicitario.

Serrano de Osma intentaba experimentar en sus películas, por eso en *La sombra iluminada* (1948). Francisco Canet planteó unos decorados totalmente cerrados con todas las paredes visibles y llenas de espejos, en los que los movimientos de cámara resultaban muy complicados. Mariné[35] ha contado que lo único móvil era el suelo, de forma que les servía para situar la cámara, el *travelling* o la grúa, y que los proyectores había que situarlos disimulados detrás de los jarrones, el piano o las cortinas, con los electricistas escondidos para que quedasen fuera de campo y moviendo los proyectores mientras se movía la cámara. El propio Serrano de Osma contaba que "con la ayuda del estupendo profesional Paco Canet, realizamos decorados con techo y suelo elevado, a fin de establecer fosos para ángulos bajos"[36]. El

La calle sin sol (Rafael Gil, 1948).

[35] Juan Mariné, *Un explorador de la imagen*, pág. 50.
[36] Entrevista realizada por Pascual Cebollada en *Cine y Más*, núm. 28 y 29, marzo-abril de 1983.

La calle sin sol (Rafael Gil, 1948).

Rodaje de *La calle sin sol* (Rafael Gil, 1948).

Don Quijote de la Mancha (Rafael Gil, 1948).

director se atribuye la autoría de la idea, contando con la ayuda del decorador. Esta atribución es todavía mayor en el caso de Nieves Conde, que declaraba[37]: "Tengo que señalar que en todas mis películas le he pedido al decorador que se atuviera a mis instrucciones. Yo diseñaba la planta del decorado, según mis necesidades, y luego él desarrollaba y daba forma a mi diseño."

Aun sin dudar de la veracidad de estas afirmaciones, contradicen lo expuesto por los directores artísticos en todas sus declaraciones, en las que hablan de la poca formación escenográfica que generalmente tenían los directores y de como éstos o bien delegaban todo el trabajo, u obligaban a construir maquetas, perspectivas y bocetos para poder comprender los decorados antes que se construyesen.

Después de rodar *Nada* en espacios contemporáneos, Edgar Neville dirigió la película histórica *El marqués de Salamanca* (1948) cuyo asesor histórico y ambientador fue el escritor Mariano Rodríguez de Rivas, director del Museo Romántico, donde además se rodaron

varias escenas, para ahorrar en el capítulo de decorados. El diseñador de los espacios fue Burmann —colaborando con él como ayudante un joven llamado Gil Parrondo— que también fue el responsable de crear la mercería donde transcurre toda la acción de *El señor Esteve* (E. Neville, 1948) durante cuatro generaciones de una familia catalana.

Enrique Alarcón

También se buscó el mayor realismo en *La calle sin sol* (Rafael Gil, 1948) para la que Enrique Alarcón ideó uno de los espacios más asombrosos de su carrera profesional, la larga calle del Barrio Chino barcelonés que ocupaba los dos platós más grandes de los estudios C.E.A., terminando en una falsa perspectiva. Sin embargo Alarcón recordaba[38] decepcionado esta película porque, a pesar de que los espacios le habían dado un trabajo enorme, la crítica y el público creyeron que se había rodado en una calle real y no dieron importancia a su esfuerzo. Alfredo Fraile, que fue el director de fotografía, decía[39] que

---

[37] *José Antonio Nieves Conde, el oficio del cineasta,* pág. 66.
[38] En una entrevista con Donald en *Blanco y Negro,* núm. 2836, 10 de septiembre de 1966, recogida en *El decorador en el cine español,* de Enrique Alarcón, pág. 76.
[39] *Directores de fotografía del cine español,* pág. 175.

El mismo escenario con iluminación nocturna y diurna. *Don Quijote de la Mancha* (Rafael Gil, 1948).

Rodaje de *Don Quijote de la Mancha* (Rafael Gil, 1948).

Enrique Alarcón (primero por la izquierda) y Rafael Gil (segundo por la izquierda) en una maqueta de *Don Quijote de la Mancha* (Rafael Gil, 1948).

El amor brujo (Antonio Román, 1949).

"a veces las condiciones de rodaje determinaban el estilo de la película tanto como la propia historia". Evidentemente en esas condiciones de rodaje estaban incluidos los decorados donde se rodaba, por lo que influían en el estilo de la película.

Fue también Alarcón quien diseñó los decorados de *Don Quijote de la Mancha* (Rafael Gil, 1948). En una entrevista[40] confesaba que, entre las numerosas películas en las que intervino, ésta era una de las que más le gustaban y de las que mejor recuerdo guardaba, porque había vivido en un pueblo de La Mancha y el despacho de Don Quijote era una reproducción fiel del de una hermana de su padre, el corral de la venta una combinación entre el corral de su bodega y el de la bodega de sus primos, el Tribunal de Justicia de Sancho una copia del jaraiz de su bodega rodeado de tinajas... Demostrando que, así como los guionistas o los directores pueden incluir partes de su autobiografía en su obra, también los directores artísticos logran que los espacios donde ha transcurrido su vida queden reflejados en la pantalla.

Alarcón creó los espacios para *El amor brujo* (Antonio Román, 1949) y es curioso cómo Méndez-Leite escribe[41] que el decorador "no acierta en la labor escenográfica que carece de gracia artística" y concluye "hay demasiado realismo en los decorados, que representan las cuevas del Sacro Monte". El realismo no es considerado por todos los críticos un logro, aunque no queda suficientemente explicado por qué se estima que el realismo es desacertado para la película y además está reñido con la "gracia artística".

ARTURO RUIZ-CASTILLO

El santuario de Santa María de la Cabeza se recreó en estudios para *El Santuario no se rinde* (Arturo Ruiz-Castillo, 1949) rodada toda en interiores en lo que, según Mariné[42], eran "unos monumentales decorados que ocupaban dos 'platós' unidos de la C.E.A. y figuraban un montón de tierra y una maqueta del Santuario que se iba derrumbando paulatinamente, como consecuencia de los bombardeos de los sitiadores".

---

[40] *El decorador en el cine español,* de Enrique Alarcón, pág. 80.
[41] *Historia del cine español,* de Fernando Méndez-Leite, Madrid, Rialp, 1965, tomo II, pág. 44.
[42] *José Antonio Nieves Conde, el oficio del cineasta,* pág. 54.

Espacios con ambiente *art-nouveau* diseñados por Ramiro Gómez para *39 cartas de amor* (Francisco Rovira Beleta, 1949), con mobiliario y adornos comprados en el Rastro madrileño.

Este decorado lo creó Ruiz-Castillo, que ya había desempeñado las dos labores en *Las inquietudes de Shanti-Andía* (1946) y la antes citada *Obsesión* (1947), y volvería a hacerlo colaborando con Alarcón en *La laguna negra* (1952).

Ruiz-Castillo fue uno de los pocos directores que diseñaban los decorados de sus películas porque tenía experiencia como dibujante al haber estudiado hasta el cuarto curso en la Escuela de Arquitectura, había colaborado además con el teatro ambulante La Barraca como técnico y dibujante, fue ilustrador de libros y revistas, y nombrado director artístico de la editorial Biblioteca Nueva.

En 1949 un incendio causó daños de consideración en los Estudios Ballesteros de Madrid, pero a pesar de ello al poco tiempo se reanudó el rodaje de *39 cartas de amor* (Francisco Rovira Beleta), la tercera película cuyos decorados había diseñado Ramiro Gómez García de Guadiana, un licenciado en Derecho, que comenzó en el cine trabajando como ayudante de Luis Santamaría en *El escándalo* (José Luis Sáenz de Heredia, 1943) para los Estudios Ballesteros, donde desarrolló su labor primero como dibujante, después como ayudante de decoración, constructor y finalmente decorador-jefe en 1947.

El director Nieves Conde tuvo problemas en 1949 con el rodaje de *Llegada de noche* en los estudios Chamartín, porque los productores no pagaban los decorados. Aunque ya se habían localizado los exteriores en Sevilla, hubo de rodarse en estudios y, según el director[43], Antonio Labrada "solucionó gran parte del problema construyendo sólo las embocaduras de las calles en los platós y el resto pintando en las paredes externas de los platós".

El decorador, a pesar de ser un profesional capaz de resolver problemas como los de *Llegada de noche*, a veces no podía hacer frente a los caprichos del productor. El mismo Labrada tuvo una dificultad de este tipo en 1950 con C.I.F.E.S.A. en el rodaje de *Balarrasa* (José Antonio Nieves Conde). Para construir en el estudio de Sevilla Films la vivienda de la familia protagonista hizo una investigación con el director, visitando una serie de casas del madrileño barrio de Salamanca; cuando llevaban cerca de una semana de rodaje, el jefe de producción lo paralizó al entender que los decorados eran poco lujosos. Labrada fue sustituido por Schild, que, según Nieves Conde[44], "se atuvo siempre a las plantas diseñadas por Labrada. Puso más lujo, so-

Balarrasa (José Antonio Nieves Conde, 1950).

---

[43] *José Antonio Nieves Conde, el oficio del cineasta*, pág. 68.
[44] *José Antonio Nieves Conde, el oficio del cineasta*, pág. 75.

Balarrasa (José Antonio Nieves Conde, 1950).

bre todo muchos espejos. Era un hombre con muy buenas ideas, pero siempre tendía al estilo francés, a hacer casas muy sobrecargadas, muy barrocas". todo se volvió a rodar con la misma planificación y en los mismos espacios, sólo que con más muebles, espejos y cornisas.

Por otro motivo, tampoco le gustaron los decorados de *Balarrasa* a uno de los directores de fotografía de la película, José F. Aguayo decía[45]: "hicieron una casa de Madrid, como las del barrio de Lavapiés, con 60 metros, toda metida en el decorado. La máquina necesita un terreno, no había sitio para nada. Si querías sacar a un personaje, había que ponerle contra la pared. Yo dije que así no se podía trabajar, pero el decorador y el director se habían puesto de acuerdo".

Los problemas entre los decoradores y los directores de fotografía eran comunes en la época, Mariné contaba[46] que, aunque los operadores huían en las películas en blanco y negro, tanto del blanco como del negro, porque la imagen quedaba demasiado contrastada, en el rodaje de *El Capitán Veneno* (Luis Mar-

quina, 1950) el decorador Luis Pérez Espinosa había pintado el decorado de blanco puro y no contento con ello al día siguiente colocó "unas mesas con manteles blancos y sobre ellas platos blancos y en los platos azucarillos".

Fernando Fernán-Gómez, protagonista de *Balarrasa*, contaba[47] que los estudios Sevilla Films eran "unos modernísimos estudios cinematográficos, de los mejores de Europa, en el año 1950. Respondiendo a su nombre y al capital que financió la construcción, la entrada a Sevilla Films reproducía una especie de cortijo andaluz" y no puede ocultar su fascinación por estos estudios: "A los cinematografistas de hoy, acostumbrados a rodar donde buena o malamente pueden, unas veces por afán de realismo y otras porque no hay más remedio dada la absoluta carencia de platós bien acondicionados, las instalaciones de que hace cuarenta años disponía Sevilla Films les harían morir de envidia. Bares, restoranes, camerinos, almacenes, talleres, salas de montaje, de proyección, de sonorización, seis platós, despachos, jardines, solar para decorados de exteriores..." El

---

[45] *Directores de fotografía del cine español,* pág. 206.
[46] Juan Mariné, *Un explorador de la imagen,* pág. 56.
[47] *El tiempo amarillo,* de Fernando Fernán Gómez, Madrid, Debate, 1990, pág. 57.

afán de realismo del que habla el actor va a conducir en los siguientes años a muchos cambios.

A raíz del problema que tuvo en *Balarrasa* Nieves Conde[48] hacía una acertada reflexión: "Muchas veces, y no solamente en el cine español, parecía que los decorados estaban hechos para ser vistos, no para rodar en ellos" y concluía: "El cine 'rueda' cosas muy concretas, cosas de verdad, muy materiales y hay que respetarlas."

La verdad y el realismo vuelven a surgir en este caso de una forma premonitoria por el advenimiento de nuevas tendencias que harán gala de ellas.

---

[48] *José Antonio Nieves Conde, el oficio del cineasta*, pág. 75.

Surcos (José Antonio Nieves Conde, 1950).

CAPÍTULO IV
Decadencia de los estudios

Es difícil establecer la fecha exacta en que comenzó la decadencia de los estudios de rodaje. Una decadencia que normalmente se ha asociado a las influencias del neorrealismo italiano sobre la producción mundial, por su tendencia a rodar en exteriores naturales, avanzando un paso más hacia la consecución del realismo.

Lo cierto es que los estudios comenzaron su decaimiento y desaparecieron, como se verá en el capítulo siguiente, por muchos motivos combinados. Si la influencia del neorrealismo hubiese tenido la importancia que se le atribuye, los estudios habrían desaparecido con el auge de este movimiento, que se produjo desde mediados de los cincuenta hasta el final de la década, y no habrían existido hasta finales de los años sesenta.

Hubiese sido una suerte que un movimiento admirable como el neorrealista influyese de una forma tan importante en los gustos del público y por tanto en los proyectos económicos de los productores, pero lo cierto es que películas de géneros que necesitaban estudios y una gran intervención de los directores artísticos —como pueden ser el histórico, el *peplum*, o el *western*— triunfaron en Europa y en nuestro país hasta finales de los años sesenta.

Esto no impidió que a principios de los cincuenta algunos directores comenzaran a salir de los estudios para rodar en escenarios naturales. Como decía Berlanga[1] "apostamos por el neorrealismo, por el cine de autor" lo que implicaba "el rodar en la calle, y aquello acabó con los decorados, con los constructores de los mismos, con los ingenieros de sonido y con los propios estudios. A los productores les gustaba la idea porque les salía más barato rodar en la calle". Los rodajes en exteriores incluso propiciaron la aparición de intermediarios que, como agentes especializados, buscaban edificios vacíos de todo tipo a fin de alquilarlos para los rodajes, ofreciendo "viviendas vacías, palacios fuera de uso, naves desafectadas, hoteles con facilidades y hasta iglesias que admitían limosnas a cambio de ceder la sacristía y hasta el altar mayor"[2].

"SURCOS"

Una de las primeras, y más justamente célebres, películas españolas rodada en su mayoría en escenarios naturales fue *Surcos* (José Antonio Nieves Conde, 1950). Para dar una mayor impresión de veracidad se usaron locales reales y se rodó en las calles de los barrios populares donde transcurría la acción, pero también se rodaron escenas en estudio, Antonio Labrada construyó el interior de un garaje que existía en la realidad y reconstruyó el exterior acortando sus dimensiones, pero su obra más interesante es la corrala donde viven los protagonistas, con una intrincada escalera que tiene importancia en el argumento y un patio interior que es recorrido por la cámara en un *travelling* acompañando a los personajes mien-

[1] "Momentos dorados del cine español", de Luis García Berlanga, en *Cinemanía*, núm. 8, mayo de 1996, pág. 168.
[2] *De la checa a la meca. Una vida de cine*, de Fernando Vizcaíno Casas y Ángel Jordán, Barcelona, Planeta, 1988, pág. 66.

Boceto de Sigfredo Burmann para *Alba de América* (Juan de Orduña, 1951).

El boceto anterior en la película.

Boceto de Sigfredo Burmann para *Alba de América* (Juan de Orduña, 1951).

tras caminan por el pasillo. Ambas construcciones son de una fidelidad absoluta y, sobre todo la corrala, en ocasiones no se puede saber si es real o reconstruida. Es curioso que su director declare[3] que si utilizaron en parte el estudio fue "por conseguir un mayor realismo". Esta aparente contradicción se produce porque lo más importante es dar la sensación de que se está ante la realidad, y paradójicamente su reconstrucción sirve para conseguir una mayor fidelidad con esa realidad.

"ESA PAREJA FELIZ"

Otra película en la que se buscaba el realismo era *Esa pareja feliz* (Juan Antonio Bardem y Luis García Berlanga, 1951). Su protagonista trabaja en un estudio donde se rueda una película histórica y está detrás de un decorado intentando coger, sin éxito, a la actriz que debe lanzarse por una falsa ventana gótica. Después de esta parodia en la que la artificialidad del decorado juega un papel importante, el resto de la película transcurre en ambientes naturales, a pesar de que, como recordaba Berlanga[4], la película está hecha a tiralíneas e incluso en la preparación del guión dibujó con Bardem "hasta las plantas de los decorados", influidos por la minuciosidad de Carlos Serrano de Osma, que había sido profesor de ambos en el I.I.E.C. Posteriormente Berlanga ha declarado[5] que tres meses antes de empezar el rodaje exigieron que se les dibujasen las plantas de los decorados a escala y sobre ellos dibujaron los movimientos de los actores y los ángulos de la cámara. Los decorados de la película fueron los primeros que firmó como decorador-jefe Bernardo Ballester, que había trabajado como dibujante en títulos como *La duquesa de Benamejí* (Luis Lucia, 1948), *Agustina de Aragón* (Juan de Orduña, 1949) y *Pequeñeces* (Juan de Orduña, 1949), siendo ayudante en *Lola la Piconera* (Luis Lucia, 1950) y *Alba de América* (Juan de Orduña, 1951) todas

---

[3] *José Antonio Nieves Conde, el oficio del cineasta*, de Francisco Llinás, Valladolid, 40 Semana Internacional de Cine, 1995, pág. 80.

[4] *El último austro-húngaro: conversaciones con Berlanga*, de Juan Hernández Les y Manuel Hidalgo, Barcelona, Anagrama, 1981, pág. 34.

[5] "Berlanga: perversiones de un soñador", en *Nickelodeon*, núm. 3, verano de 1996, pág. 60. En esta entrevista reconoce que toda aquella preparación no les sirvió porque Bardem y él se equivocaron al calcular los ángulos de los objetivos.

Boceto de Sigfredo Burmann para *Alba de América* (Juan de Orduña, 1951).

Alba de América (Juan de Orduña, 1951).

Alba de América (Juan de Orduña, 1951).

Alba de América (Juan de Orduña, 1951). La torre de la iglesia, el coro, la parte superior del palo del barco y las nubes están pintados sobre cristal.

Transformación de las calles en unos decorados de película folklórica en *¡Bienvenido, Mister Marshall!* (Luis García Berlanga, 1952).

pertenecientes al género histórico, que se ridiculizaba en *Esa pareja feliz.*

No se puede olvidar que al mismo tiempo se seguían rodando películas históricas en las que los decorados tenían gran importancia. Los de *Alba de América,* diseñados por Sigfredo Burmann y construidos por Prósper en los estudios Sevilla Films, fueron alabados por "su justa y lúcida aplicación al reflejar fielmente las costumbres y los gustos de una de las más gloriosas épocas de nuestra Historia"[6]. Como se ve también los decorados podían servir como excusa para apoyar las tesis oficiales de la época.

"¡BIENVENIDO, MÍSTER MARSHALL!"

En 1952 se rodó *¡Bienvenido, Míster Marshall!* (Luis García Berlanga) en Guadalix de la Sierra, un pueblo real de la provincia de Madrid. Un lugar, según Berlanga[7], "construido desde la imaginación, imaginación que arranca de un cierto conocimiento de la realidad". Los exteriores fueron mínimamente modificados por el decorador Francisco Canet. Exteriores que se vuelven a modificar cuando sus habitantes transforman el pueblo en uno andaluz, colocando en la plaza columnas que soportan arcos de herradura blancos y construyendo unas calles que recuerdan las tópicas de las producciones cinematográficas de los años anteriores.

Es muy posible que si esta historia hubiese ocurrido en la realidad los habitantes del pueblo hubiesen copiado los decorados que habían visto en el cine, porque están más introducidos en la memoria colectiva que la propia realidad, pero no se puede olvidar que el director artístico de la película era un veterano profesional como Canet, que había construido decorados desde 1939 y que utilizó los elementos con los que ya había trabajado.

Canet era militante al Partido Comunista, accionista de U.N.I.N.C.I. (Unión Industrial Cinematográfica S.A.), productora de la película y, según Carlos Heredero[8], "será después el artífice del *look* pretendidamente moderno y de estilización cromática de la comedia desarro-

---

[6] *Historia del cine español,* de Fernando Méndez-Leite, Madrid, Rialp, 1965, tomo II, pág. 92.

[7] *El último austro-húngaro: conversaciones con Berlanga,* pág. 43.

[8] *Las huellas del tiempo. Cine español 1951-1961,* de Carlos F. Heredero, Madrid, Filmoteca Española, 1993, página 144.

El sueño del cura en *¡Bienvenido, Míster Marshall!* (Luis García Berlanga, 1952).

llista". Lo cierto es que en aquellos años y en la década siguiente, intervinieron en las comedias muchos directores artísticos, que reprodujeron unos ambientes reales con papeles pintados extremadamente chillones y colores vivos, que se empleaban en muchos diseños de decoraciones interiores y en ambientes de la clase media española.

Muchos interiores de *¡Bienvenido, Míster Marshall!* se rodaron en los estudios C.E.A., destacando la casa del hidalgo con mucho atrezo y mobiliario castellano; y el café-fonda con la cochambrosa habitación, el escenario y dos plantas interiores con balconada que recuerda un *saloon* del oeste.

Los espacios más inusuales son los pertenecientes a las secuencias oníricas. En la del alcalde se reconstruye otro *saloon* con un forillo plano en la puerta que acentúa la irrealidad del local, una irrealidad que se repite en la mayoría de los sueños, como el desembarco del hidalgo delante de un telón pintado y unas olas móviles como las usadas en un teatro pobre, o el más interesante de todos, el surrealista y estilizado sueño del cura en un tribunal

cuyas dimensiones se exageran para darle mayor dramatismo, copiando las formas expresionistas de películas como *Das Kabinett des Dr. Caligari* (*El gabinete del doctor Caligari*, Robert Wiene, 1919).

EDUARDO TORRE DE LA FUENTE

El vestuario de *¡Bienvenido, Míster Marshall!* lo diseñó Eduardo Torre de la Fuente, que a su vez fue el encargado de crear los espacios de *Manicomio* (Fernando Fernán-Gómez, 1952), una película que, como dice Carlos Heredero[9], "transcurre sumergida en una violenta saturación expresionista: los cuadros torcidos que salpican la decoración del manicomio, la gran escalera diagonal y la sombra que proyecta sobre la pared, los relojes que siempre marcan la misma hora, las líneas cruzadas de las ventanas, el contrastado juego de luces y sombras". Estos espacios se crearon con muy pocos medios, pero con mucha imaginación, aprovechando los decorados de *Aeropuerto* (Luis Lucia, 1952) y según Fernán-Gómez[10]: "el que todo tuviera ese aire de

---

[9] "Los caminos del heterodoxo", de Carlos Heredero, en *Fernando Fernán-Gómez, el hombre que quiso ser Jackie Cooper*, San Sebastián, Patronato Municipal de Cultura, 1993, pág. 20.
[10] *Fernando Fernán-Gómez, el hombre que quiso ser Jackie Cooper*, pág. 218.

Caligari fue idea de Eduardo Torre de la Fuente, el decorador, que inventó aquello de unos cuadros que tenían marco pero no tenían nada dentro. No fue, de ninguna manera, una idea mía, sino de Torre de la Fuente, que a mí me pareció muy bien, y contribuye a que dentro del cine de la época sea un producto rarísimo, porque no era así el cine habitual de entonces".

Cuando Torre de la Fuente diseñó los espacios de *Manicomio* era ya un acreditado profesional, que interrumpió sus estudios a causa de la Guerra Civil y evitó ser movilizado entrando a trabajar en los estudios Roptence, gracias a su tío, el director de documentales Cecilio Rodríguez. Pasó la guerra trabajando como aprendiz de escayolista, pintor y carpintero, hasta que en 1939 le ofreció a Feduchi dibujar a tamaño natural unas puertas con unas molduras barrocas para *Leyenda rota* (Carlos Fernández Cuenca). A partir de ese momento trabajó como ayudante en todas las producciones de Roptence, adquiriendo poco a poco las responsabilidades de decorador-jefe. Diseñó el vestuario de *Noche de Reyes* (Luis Lucia, 1947) y *La Duquesa de Benamejí* (Luis Lucia, 1949) donde Schild tuvo que cambiar la época en la que sucedía la acción, porque a la protagonista por su gordura le sentaban mal los trajes de la moda Imperio[11]. Lo que indica que en aquellos años los actores eran tan importantes que podían variar hasta el momento histórico previsto en el guión.

A partir de los primeros años cincuenta Torre de la Fuente desarrolló su trabajo preferentemente como director artístico, después de *Manicomio* volvió a diseñar para Fernán-Gómez, también con pocos medios, los ambientes de la Guerra de Independencia de *El mensaje* (1953) y ya con más posibilidades económicas los modernos de *La vida por delante* (1958) y *La vida alrededor* (1959). En 1959 obtuvo el Premio a la Mejor Decoración otorgada por el Círculo de Escritores Cinematográficos por los decorados naturalistas de *El lazarillo de Tormes* (César Fernández Ardavín). Torre de la Fuente es uno de los profesionales que ha desarrollado una carrera más larga en nuestro cine, teniendo en cuenta que siguió trabajando hasta el año 1984.

EL ACCESO A LA PROFESIÓN

Los profesionales seguían diplomándose en el I.I.E.C. donde en el curso 1952-53 entró en vigor un nuevo plan de estudios, en el que se cambió el nombre de la especialidad de Escenotecnia por el de Decoración. Un nombre que no se refería ya a una técnica, y aunque más modesto y menos ampuloso, era el usado en la realidad.

En 1952 los técnicos del Subgrupo de Decoración crearon una ponencia[12] para estudiar el acceso de los titulados del I.I.E.C. a la profesión. Sus conclusiones fueron cerrar el Censo, con lo que sólo se daría acceso a los titulados en el Instituto, aunque consideraban que sus estudios eran demasiado teóricos, haciéndoles falta una serie de conocimientos prácticos. Por eso no se les daría la posibilidad de ejercer su profesión si antes no pasaban por las siguientes fases: dos películas de meritorio, ocho de dibujante y cuatro como ayudante a las órdenes de tres decoradores-jefe diferentes, en dos de esas películas tendrían que hacer prácticas de dibujo, entregando los trabajos a tamaño natural y escala a las distintas profesiones. En las cuatro películas como ayudante ya cobrarían un sueldo.

Hasta entonces para acceder a la profesión hacía falta ser meritorio en dos películas, dibujante en ocho y ayudante en otras ocho, un total de dieciocho películas frente a las catorce que se les exigía a los titulados en el I.I.E.C.

Los mismos ponentes reconocían que este aprendizaje se realizaría aproximadamente en cuatro o cinco años, un período de tiempo mayor al pasado en las aulas del Instituto, a cuyas enseñanzas no parecían darle demasiada importancia, a pesar de que uno de los cuatro miembros de la ponencia era Enrique Alarcón, el propio encargado de la asignatura.

Hay que tener en cuenta que en los años cincuenta el Sindicato Nacional del Espectáculo exigía una plantilla mínima para el rodaje de una película de dieciséis personas. Entre ellos el cuarto en importancia era el Decorador Jefe y el décimo el Ayudante de Decoración.

En aquellos años seguía siendo obligatoria la afiliación al Sindicato y hubo casos, como el de Antonio Cortés, que fue denun-

---

[11] Eduardo Torre de la Fuente al autor, el 20 de abril de 1994.
[12] La ponencia está reproducida en el apartado "Documentos".

Vuelo 971 (Rafael J. Salvia, 1953).

ciado por no estar afiliado en la especialidad de decoración y tuvo problemas para trabajar, hasta que Eduardo Torre de la Fuente generosamente se ofreció para firmar sus películas[13].

Lo curioso es que profesionales de otros ámbitos que no tenían relación con el cine eran admitidos en el Sindicato. Uno de ellos fue Carlos Travers Pérez Bravo, un decorador naval que había decorado los interiores de los barcos *Campante, Bailén* y *Zaragoza*, y que en una carta[14] de septiembre de 1951 dirigida al Jefe del Subgrupo de Técnicos de Cinematografía, estima que sus trabajos son "bastante asimilables" a los cinematográficos y por eso pide la manera de computarle "cuantas películas de preparación fuesen posible" para hacer su período de aprendizaje "lo más breve posible" ya "que lo único que en realidad tendría que practicar sería la técnica especial de cinematografía". Carlos Travers fue admitido en el Sindicato por la Junta Clasificadora de Técnicos como Ayudante Decorador el 14 de noviembre de 1951.

CONSTRUCTORES

Como ejemplo de la profesionalidad de nuestros técnicos se pueden citar dos medios de locomoción que se reconstruyeron en estudios: el submarino que construyó Francisco R. Asensio, diseñado por Francisco Canet, para *Servicio en la mar* (Luis Suárez de Lezo, 1950) y el avión que se construyó para *Vuelo 971* (Rafael J. Salvia, 1953) diseñado por Antonio Simont. Estos decorados no se podrían haber realizado sin profesionales como Asensio, que era escultor y que construyó los decorados de la mayoría de las películas rodadas en nuestro país desde finales de los años cuarenta hasta finales de los sesenta, construyéndolos en exteriores, y en los interiores de los grandes estudios como Chamartín, Roma o Sevilla Films. En los años cincuenta estuvo contratado como autónomo por C.E.A., de forma que le facilitaban los talleres y la maquinaria, y él trabajaba exclusivamente para el estudio.

Otros constructores notables fueron Tomás Fernández, Enrique Bronchalo, José Pina, César Espiga y Francisco Prósper, que también

---

[13] Antonio Cortés al autor, el 25 de marzo de 1995.
[14] Archivos de la Academia de Artes y Ciencias Cinematográficas.

Construcción del campo de prisioneros soviético de *Embajadores en el infierno* (José María Forqué, 1956).

trabajó como técnico de efectos especiales y diseñó decorados. También hubo otros directores artísticos que construyeron decorados, como Galicia y Cubero que fundaron la empresa Conscine, y Augusto Lega que se unió a Félix Michelena creando Lega-Michelena S.L.

Los constructores de decorados, según contaba Prósper[15], desarrollan una importante misión, tienen que "vivir centímetro a centímetro y minuto a minuto todo lo que se ve en el decorado. Unos proyectan, pero eso hay que realizarlo y hay que transformarlo en algo corpóreo".

A pesar de que estos profesionales han sido sistemáticamente olvidados por considerarlos subordinados a los directores artísticos, sin su acreditada capacidad profesional no hubiese sido posible conseguir el aspecto físico de la mayoría de las mejores películas nacionales.

Estos constructores se enfrentaban a veces a condiciones de rodaje precarias dentro de los estudios, debido a la improvisación y falta de profesionalidad de algunos empresarios cinematográficos. Edgar Neville relataba en su novela humorística *Producciones García*[16], cómo podía ser la génesis de un edificio dedicado a estudio: "Los edificios en Madrid han seguido las vicisitudes de los tiempos. Como los españoles, ninguno ejercía la misión para la que estaba dispuesto, naturalmente. Se construían casas de esas llamadas baratas, que luego resultaban muy caras, mientras que los viejos palacios con suntuosos apartamentos producían una renta ruinosa al propietario.

"Estos Estudios de don Florencio se habían levantado en una época en que había superabundado el ladrillo, y el dueño del solar, entonces campo, había decidido, en vez de apilarlos para su venta, ponerlos uno encima de otro, de canto, y hacer un edificio. Cuando le preguntaban qué era lo que estaba construyendo, él tenía una contestación que no le comprometía a nada: 'Esto bien puede ser un pajar, o un baile de criadas para los domingos.' Después sintiéndose más comunicativo, añadía: 'También puede servir para guardar muebles.' El caso es que había levantado cuatro paredes muy altas; las criadas habían encontrado otros bailes donde se divertían más, la gente prefería quedarse sus muebles en casa, y ya no había paja que guardar al desaparecer los coches de caballos, y debido a todas estas circunstan-

---

[15] Francisco Prósper al autor, el 2 de abril de 1995.
[16] *Producciones García*, de Edgar Neville, Madrid, Taurus, 1956, pág. 45.

Edificios del campo de prisioneros de *Embajadores en el infierno* (José María Forqué, 1956).

Edificios del campo de prisioneros de *Embajadores en el infierno* (José María Forqué, 1956).

El campo de prisioneros en la película.

cias fueron a parar a manos de don Florencio, que con visión de hombre de negocios y de futuro prohombre de la patria, había decidido: 'Estos van a ser unos Estudios cinematográficos.'"

EXTERIORES RECONSTRUIDOS

En la década de los cincuenta cada vez se iban rodando más películas en escenarios naturales. Una de ellas fue *El presidio* (Antonio Santillán, 1954) rodada en una cárcel auténtica, la última cinta firmada como decorador por el arquitecto José Pellicer, que había empezado a trabajar en 1943, interviniendo ese año en seis títulos dirigidos por Iquino.

Otra película rodada en su mayor parte en escenarios naturales fue *Todos somos necesarios* (José Antonio Nieves Conde, 1956), en ella se usaron vagones reales de ferrocarril que, al estar parados en los talleres del Talgo, Enrique Alarcón tuvo que crear unos fondos deslizantes que se veían a través de las ventanas para simular su movimiento. En estos años comenzaban a surgir profesionales dedicados específicamente a los efectos especiales, como Antonio Molina, pero los decoradores aún seguían haciendo la mayoría de los efectos especiales.

Había ocasiones en que lo que parecían escenarios naturales eran en realidad reconstrucciones realizadas en estudios. Antonio Simont creó dos espacios urbanos fieles a los existentes en la realidad para dos películas de Ladislao Vajda, para *Mi tío Jacinto* (1956) construyó gran parte del Rastro madrileño y para *Un ángel pasó por Brooklyn* (1957) el barrio neoyorquino donde transcurría la acción, de una forma tan exacta que en algunos medios foráneos se ha llegado a decir que está rodada en Estados Unidos[17].

Otro caso similar es el de *Embajadores en el infierno* (José María Forqué, 1956) para la que Ramiro Gómez diseñó, entre otros espacios, los pabellones de los siniestros campos de prisioneros soviéticos y unas peculiares cubiertas para los edificios principales con una mezcla de influencias orientales. Forqué declaró que "Ramiro Gómez tenía una gran experiencia e hizo unos decorados, con los barracones de los campos de concentración, muy adecuados."[18]. Para conseguir la atmósfera re-

---

[17] Por ejemplo en el programa de Microsoft en CD-ROM *Cinemania'95*.
[18] *José María Forqu*é, de Florentino Soria, Murcia, Filmoteca Regional, 1990, pág. 42.

Salón del trono del Palacio Real en *¿Dónde vas Alfonso XII?* (Luis César Amadori, 1958).

querida incluso se eliminaron los reflejos, llegando a quitarle el brillo a las latas y oscureciendo con nogalina alguna mesa y las alambradas. Para aportar datos se contrató a un superviviente de los campos, Ángel Salamanca, que, según Forqué[19], hizo unos dibujos que completó el director y luego "el decorador que era muy bueno los construyó". Lo cierto es que Gómez diseñó y dibujó la mayoría de los espacios más importantes según sus propios conocimientos y así aparecen en el resultado final de la película.

Para saber lo que se invertía en aquellos años en decorados, según el *Anuario del Cine Español 1955-56*, con una estadística sobre diez películas españolas se estima que el coste total de una película era tres millones ochocientas mil pesetas, de este total para estudios y escenografía se destinaban novecientas mil, el veintitrés con seis por ciento del total. Un porcentaje similar al de Alemania (veintiocho con nueve) y Estados Unidos (veinticuatro con cuatro). Estos datos desgraciadamente

son poco fiables, porque la gran mayoría de las estadísticas sobre el coste de las películas se basa en los números facilitados por productoras, que muchas veces inflan sus presupuestos, sobre todo en el capítulo de decoración[20], para poder recibir las subvenciones estatales.

El I.I.E.C. seguía funcionando y en el curso 1957-58 entró en vigor un plan de estudios de cuatro años cuya implantación llegó a ser plena en el curso 1960-61, este cuarto curso tenía un carácter de reválida y duró muy poco tiempo. La denominación de las especialidades siguió siendo la misma.

Mientras tanto los profesionales diseñaban espacios que cada vez debían ser unas reproducciones más fieles de la realidad existente. Enrique Alarcón reprodujo con tanta fidelidad varias estancias y el salón del trono del Palacio de Oriente para *¿Dónde vas Alfonso XII?* (Luis César Amadori, 1958) que, según él[21], "después del estreno de la película un crítico me dijo en broma que no me habría herniado trabajando en ella" porque

[19] *El cine cambia la historia. Las imágenes de la División Azul*, de Sergio Alegre, Barcelona, Promociones y Publicaciones Universitarias, 1994, pág. 182.

[20] Miguel Mihura, en *Celuloide, Marca*, 1946. Citado en "Preliminar sobre el decorador en el cine español", de Julio Pérez Perucha, en *El decorador en el cine español. Enrique Alarcón*. 14 Festival de Cine de Alcalá de Henares, 1984, pág. 57.

[21] *El decorador en el cine español*, Enrique Alarcón, pág. 79.

Rodaje en la cocina de *El pisito* (Marco Ferreri e Isidoro Martínez Ferri, 1958).

El dormitorio principal de *El pisito* (Marco Ferreri e Isidoro Martínez Ferri, 1958).

Night-club de *Faustina* (José Luis Sáenz de Heredia, 1957) creado por Ramiro Gómez.

creía que se había rodado en el propio Palacio. Es curioso que ese mismo año, Antonio Cortés y José Aldudo hicieran otra reproducción del Palacio Real para *Gayarre* (Domingo Viladomat, 1958).

La fidelidad a la realidad se puede lograr también para lugares que no existen y que pueden ser repetibles como, por ejemplo, cualquier casa de cualquier ciudad. Este es el caso de los mismos profesionales responsables del opulento interior del Palacio Real, que recrearon de una forma minuciosa la vivienda burguesa, pequeña y sucia, deseada por los protagonistas de *El pisito* (Marco Ferreri e Isidoro Martínez Ferri, 1958). En la siguiente película de Ferreri, *El cochecito* (1960) también se construyó otra vivienda, la casa de la familia de D. Anselmo donde hubo varios problemas relacionados con sus dimensiones. Juan Julio Baena[22] contaba como Alarcón la construyó "tal y como si se tratase de un piso de verdad, con paredes enyesadas fijas, con techos y, en suma, con todas las arbitrariedades que frecuentemente se encuentran en las construcciones de finales de siglo: pasillos muy largos, altos y estrechos; habitaciones alineadas con evidente distinción jerárquica; patios oscuros, etc. Prácticamente como si hubiésemos rodado en un escenario natural. A la hora de plantear los forillos nos decidimos porque fueran fotográficos, en la confianza de que reforzarían esta intención realista. Para que se ajustasen al máximo a las horas de luz que había que reproducir en el plató, estudié las luces que tenían las fachadas que reprodujimos a distintas horas, para escoger el momento en que me interesaba se hicieran las fotos destinadas a forillos. Este decorado, erizado de dificultades, fue un gran acicate para el trabajo. En varias ocasiones, en el pasillo sobre todo, donde no fue posible utilizar *dolly* ni *travelling* para los movimientos de cámara y actores, mi segundo operador tuvo que rodar montado en una silla de inválido. Se han rodado algunos planos en que la cámara acompañando el movimiento de los personajes, ha recorrido el pasillo (aproximadamente 18 metros de largo por 0,80 de ancho) de delante a atrás y de atrás adelante, haciendo imposible que permaneciésemos en el decorado nadie, excepto el segundo operador, el foquista y un maquinista, quienes marchaban juntamente con los actores". Esta larga cita sirve

---

[22] *Temas de Cine,* núms. 8 y 9, octubre-noviembre de 1960 y núm. 6, 1960. *Directores de fotografía del cine español,* de Francisco Llinás, Filmoteca Española, 1989, pág. 305.

para comprobar que, aunque un decorado sea perfecto o reproduzca la realidad de una manera convincente, evidentemente hay que rodar en él y por lo tanto ha de tener unas dimensiones y unos condicionantes determinados para que otros técnicos puedan desarrollar su trabajo.

En aquellos años también se seguían rodando películas situadas en otras épocas para las que hacía falta recrear ambientes pasados. *Sólo para hombres* (Fernando Fernán-Gómez, 1960) sucedía en el siglo diecinueve y según su director "está sacado todo de una revista que se llamaba Madrid Cómico del año 98, lo mismo por Ontañón que por mí con un cuidado extraordinario. Es una de las películas españolas de esa época que mejor ambientación tiene. Lo digo en elogio de Ontañón"[23].

Santiago Ontañón había regresado a España del exilio en 1955, diseñó las escenografías de muchas obras teatrales y películas, interviniendo además como figurinista en varias películas históricas como *¿Dónde vas triste de ti?* (Alfonso Balcázar, 1960) o *Adiós Mimí Pompón* (Luis Marquina, 1960). Trabajó como actor secundario interpretando tipos de carácter en cerca de cincuenta títulos como *Faustina* (José Luis Sáenz de Heredia, 1957) o *El verdugo* (Luis García Berlanga, 1963), compaginando esta tarea con la de director artístico en varias películas como *La rosa roja* (Carlos Serrano de Osma, 1960), *Los dinamiteros* (Juan García Atienza, 1963) o *Atraco en la Costa Azul* (Germán Lorente, 1974). Actor, autor teatral, cantante, dibujante, director, escenógrafo, figurinista, guionista y pintor, Ontañón pertenece a esa generación de artistas que sin ser especialista en alguna materia, fue capaz de desarrollar correctamente cualquier cometido[24].

DECORADORES - DIRECTORES

Cerca de las estrellas (César Fernández Ardavín, 1961) sucedía toda en una terraza durante un domingo desde la mañana a la medianoche. Este espacio estaba diseñado por Juan Alberto Soler un profesional que en 1956

Construcción del templo de Jerusalén para *King of Kings* (*Rey de reyes*, Nicholas Ray, 1960).

había dirigido una de las películas surgidas a raíz del éxito de los actores infantiles en nuestro país, *Juanillo papá y mamá* en colaboración con Julio Salvador, con quien ya había trabajado en Emisora Films. Juan Alberto dirigiría después otras películas con el seudónimo Vicent Thomas, como *El corsario negro* (1971), y no iba a ser el único director artístico que compaginó su trabajo con el de dirección[25].

Como se vio antes, durante la guerra civil Fernado Mignoni dirigió y diseñó los decorados de *Nuestro culpable* (1937) basada en una desenfadada comedia escrita por él mismo. Después de la guerra alternó su trabajo como decorador-jefe con la de director en varias películas, como la de ambiente gallego *El famoso Carballeira* (1940), *Martingala* (1940) donde descubrió a Lola Flores, *La famosa Luz María* (1941), *Volver a vivir* (1949) y *Noche de celos* (1950) en las que además de

---

[23] *Fernando Fernán-Gómez, el hombre que quiso ser Jackie Cooper*, pág. 242.

[24] *Unos pocos amigos verdaderos*, de Santiago Ontañón y José María Moreiro, Madrid, Fundación Banco Exterior, 1988.

[25] En otros países también hay ejemplos de directores que antes fueron directores artísticos, como el caso de Nathan Juran, Mitchell Leisen, Lev Kulechov, Eugene Lourie o incluso el conocido *production designer* William Cameron Menzies que dirigió la escena del incendio de Atlanta de *Gone with the Wind* (*Lo que el viento se llevó*, V. Fleming, 1939) o *Invaders from Mars* (1953).

ejercer la función de director diseñó los decorados.

Miguel Lluch abandonó su trabajo como director artístico en Emisora Films para dirigir algunos cortometrajes y trece largos, y por último Francisco Prósper estudió en el I.I.E.C. dirigió varios cortometrajes y tres largos: *Confidencias de un marido* (1963), *Un teatro para la paz* (1965) y *Un día es un día* (1968) al mismo tiempo que trabajaba como director artístico, según él[26], dirigía una película mientras hacía los decorados de otras dos, se escapaba de un estudio para irse a otro y por las noches daba clases en la E.O.C. de la especialidad de trucajes y efectos especiales.

BRONSTON

Las coproducciones con otros países y la colaboración con técnicos extranjeros había comenzado algunos años antes de que Samuel Bronston se estableciese en nuestro país. De hecho, entre estos técnicos había directores artísticos tan prestigiosos como Léon Barsacq[27], Mario Garbuglia[28], André Andreyev[29], que` había diseñado los decorados de *Alexander the Great* (*Alejandro Magno*, Robert Rossen, 1955) con Parrondo y Pérez Espinosa, y Alfred Junge[30] responsable de los de *La princesa de Éboli* (Terence Young, 1955) con Ramiro Gómez. Dos películas que por su género y presupuesto, se anticiparon a lo que haría Bronston a partir de 1959 en *John Paul Jones* (*El capitán Jones*, John Farrow).

Para *King of Kings* (*Rey de reyes*, Nicholas Ray, 1960) Bronston contrató a Georges Wakhevitch[31] un conocido profesional cuyo mayor reto fue la construcción de los edificios judíos donde transcurría la acción, Wakhevitch afirmaba: "para *King of Kings* tuve que reconstruir el templo de Jerusalén, y no queda ni una huella, ni un documento, nada. Así pues inventé un templo; imagino que debía de ser así, no sé por qué. Pensé en todo lo que se hacía en aquella época en los países vecinos a Israel, en los del sur, en el arte romano, griego, egipcio. Había que tratar de definir la imagen de ese templo"[32]. Un templo cuya construcción duró meses y fue destruido por un temporal nocturno —como si se tratara de una maldición bí-

[26] Francisco Prósper al autor, el 2 de abril de 1995.

[27] Léon Barsacq firmó los decorados de *Violetas Imperiales* (Richard Pottier y Fortunato Bernal, 1952) con Canet y de *La bella de Cádiz* (Raymond Bernard y Eusebio Fernández Ardavín, 1954). Había sido ayudante en *La Marseillaise* (*La marsellesa*, Jean Renoir, 1938) y *Les enfants du paradis* (Marcel Carné, 1945) diseñado los decorados, entre otras, de *Le silence est d'or* (*El silencio es oro*, René Clair, 1947), *La beauté du diable* (*La belleza del diablo*, René Clair, 1950) y *Les diaboliques* (*Las diabólicas*, Henri Georges Clouzot, 1954).

[28] Mario Garbuglia firmó los decorados de *Los amantes del desierto* (León Klimovsky; G. Alessandrini, Fernando Cerchio y Gianni Vernuccio, 1957) con Sigfredo Burmann, siendo una de las primeras películas que hacía como director artístico, después sería el decorador habitual de Luchino Visconti: *Rocco e i suoi fratelli* (*Rocco y sus hermanos*, 1960), *Il Gattopardo* (*El gatopardo*, 1963), *Gruppo di famiglia in un interno* (*Confidencias*, 1974) y *L'innocente* (*El inocente*, 1976), además de intervenir entre otras películas en *Barbarella* (Roger Vadim, 1968), *Waterloo* (Serguei Bondarciuk, 1969), *Orca... the Killer Whale* (*Orca, la ballena asesina*, Michael Anderson, 1977) y *Oci Ciornie* (*Ojos negros*, Nikita Mikhalkov).

[29] Andrejev había comenzado trabajando en el teatro en Berlín y Viena, diseñó los decorados, entre otras, de *Raskolnikov* (Robert Wiene, 1923), *Die buchse der Pandora* (*La caja de Pandora*, G. W. Pabst, 1928), *Don Quijote* (*Don Quijote*, G. W. Pabst, 1933), *Ana Karenina* (*Ana Karenina*, Julien Duvivier, 1948) y *The Man Between* (*Se interpone un hombre*, Carol Reed, 1953). Después de trabajar en España haría los decorados de muchos títulos, entre ellos *Anastasia* (Anatole Litvak, 1956).

[30] Alfred Junge había diseñado los decorados, entre otras, de *Hinterreppe* (*Escalera de servicio*, Paul Leni y Leopold Jessner, 1921), *Wachsfigurenkabinett* (*El hombre de las figuras de cera*, Paul Leni, 1924), *Ariane* (Paul Czinner, 1931), *The Man Who Knew Too Much* (*El hombre que sabía demasiado*, Alfred Hitchcock, 1934), *The Citadel* (*La ciudadela*, King Vidor, 1938), *Goodbye Mr. Chips* (*Adiós Mr. Chips*, Sam Wood, 1939), *The Life and Death of Colonel Blimp* (*Coronel Blimp*, Michael Powell y Emeric Pressburguer, 1943), *Black Narcissus* (*Narciso negro*, Michael Powell y Emeric Pressburguer, 1946), *The Miniver Story* (*La historia de los Miniver*, H. C. Potter, 1950), *Ivanhoe* (*Ivanhoe*, Richard Thorpe, 1952), *Mogambo* (*Mogambo*, John Ford, 1953). Después de trabajar en España haría los decorados de *A Farewell to Arms* (*Adiós a las armas*, Charles Vidor, 1957) y *Invitation to the Dance* (*Invitación a la danza*, Gene Kelly, 1957).

[31] Georges Wakhevitch había diseñado los decorados, entre otras, de *La grande illusion* (*La gran ilusión*, Jean Renoir, 1937), *Les visiteurs du soir* (Marcel Carné, 1942) y *L'aigle a deux têtes* (Jean Cocteau, 1947), había firmado los decorados con Sigfredo Burmann de *El amor de Don Juan* (John Berry, 1956) y después de trabajar con Bronston haría en nuestro país *Scheherazade* (Pierre Gaspard-Huit, 1963) con Canet, *Echappement libre* (*A escape libre*, Jacques Becker, 1964), *Par un beau matin d'été* (*Secuestro bajo el sol*, Jacques Deray, 1964) y *La viuda soltera* (Ives Robert, 1966). Diseñó también los decorados de *Le journal d'une femme de chambre* (*Diario de una camarera*, Luis Buñuel, 1964) y *Mayerling* (*Mayerling*, Terence Young, 1968).

[32] Entrevista con François Cuel y Renaud Bezombes en *Cinématographe*, núm. 76, marzo de 1982. *Nicholas Ray y su tiempo*, de Víctor Erice y Jos Oliver, Madrid, Filmoteca Española, 1986, pág. 203.

Boceto de Colasanti y Moore para una calle del Pekín de *55 Days at Peking* (*55 días en Pekín,* Nicholas Ray, 1963).

blica— teniendo que ser reconstruido a toda prisa para poder concluir el rodaje.

El ambientador de *Rey de Reyes* era Enrique Alarcón, un reconocido profesional que, como ya se vio, había trabajado en numerosas películas como decorador-jefe. La idea de Bronston era la misma que ya había tenido Ulargui, el propio Alarcón lo contaba[33]: "Me dijeron que querían educarme a los modos de hacer el cine americano, y que eso me serviría de práctica para que, en la próxima película, yo fuese el director artístico, y me dijeron que podría disponer de bastante dinero." Según Alarcón no siguió porque no le gustaba la "forma de despilfarrar el dinero" y ponía como ejemplo un tanto anecdótico que, cuando iban a localizar exteriores para *Rey de Reyes* a treinta kilómetros de Madrid, se utilizaban cinco o seis coches y un coche bar. Lo cierto es que Enrique Alarcón en aquellos años tenía mucho trabajo con las productoras españolas y que además Bronston nunca llegó a contratar como decorador-jefe a un técnico de nuestro país.

Los profesionales que más trabajaron con Bronston fueron Veniero Colasanti y John Moore, este último era un pintor norteamericano que trabajó en el cine casi siempre en colaboración con el primero. Colasanti, que obtuvo el título de arquitecto en la Universidad de Roma, había diseñado decorados y vestuario, para el teatro y varios ballets en la Scala de Milán y en la Ópera de Roma, como el de *Las bodas de Fígaro* dirigida por Luchino Visconti, ya había intervenido en otras películas[34] y con Moore firmaron para Bronston los decorados de *El Cid* (Anthony Mann, 1961), *55 Days at Peking* (*55 días en Pekín,* Nicholas Ray, 1963) y *The Fall of the Roman Empire* (*La caída del imperio romano,* Anthony Mann, 1964).

Los profesionales extranjeros importaron nuevos métodos de trabajo, uno de ellos era el tiempo que se usaba para la preproducción de las películas, inusual para el cine español de la época. Enrique Alarcón, que también trabajó en *El Cid*, recordaba[35] asombrado como se ha-

[33] *El decorador en el cine español,* Enrique Alarcón, pág. 87.

[34] Entre otras había diseñado los decorados de las películas de Alessandro Blasetti: *Fabiola* (*Fabiola,* 1948); *Altri tempi* (*Sucedió así,* 1952); *Amore e chiacchiere* (*Hablemos de amor,* 1957) y con Moore los de *A Farewell to the Arms* (*Adiós a las armas,* Charles Vidor, 1957). Después diseñaría, también con Moore, los de *A Matter of Time* (*Nina,* Vicente Minelli, 1976).

[35] Entrevista con Donald en *Blanco y Negro,* núm. 2.836, 10 de septiembre de 1966. *El decorador en el cine español,* Enrique Alarcón, pág. 71.

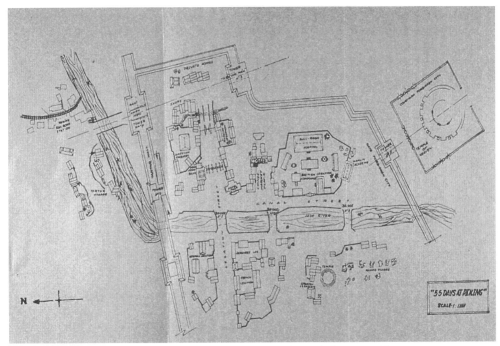

Plano del Pekín construido para *55 Days at Peking* (*55 días en Pekín*, Nicholas Ray, 1963).

55 Days at Peking (*55 días en Pekín*, Nicholas Ray, 1963).

Construcción del palacio imperial de *55 Days at Peking* (*55 días en Pekín*, Nicholas Ray, 1963) usando tanto bulldozers como mulos.

bían gastado tres mil metros de papel de copia, porque "todo se dibuja previamente, absolutamente todo". Bronston le compró a Vicente Escrivá toda la documentación que había recopilado para un proyecto que iba a dirigir Rafael Gil sobre el Cid, entre esta documentación había unos bocetos de Alarcón que se usaron para la versión definitiva dirigida por Anthony Mann. Alarcón contaba[36] que a Bronston le interesaba contar con el asesoramiento de Ramón Menéndez Pidal y fue el propio Alarcón el que logró su colaboración, que consistió en documentación sobre instrumentos y armas medievales, y la indicación de los itinerarios y lugares por los que pasó el Cid.

Para protagonizar *55 días en Pekín* se contrató a Charlton Heston, que escribió[37] en su diario: "nos trasladamos a Las Matas, a unos 40 Km. de Madrid, donde el equipo de Sam (Bronston) había acabado la construcción del decorado más impresionante que he visto en el cine. En la meseta española habían recons-

truido la mayoría de las edificaciones fundamentales del Pekín imperial: la muralla tártara, las puertas de la Ciudad Prohibida, las embajadas extranjeras, y toda suerte de mercados, canales, puentes y casas, desde palacios hasta cabañas". La impresión de Heston sobre el tamaño de los decorados tiene un gran valor, porque ya había intervenido en películas como *The Ten Commandments* (*Los diez Mandamientos*, Cecil B. DeMille, 1956) con los increíbles espacios diseñados por Hal Pereira[38], Walter Tyler y Albert Nozaki, o *Ben Hur* (William Wyler, 1959) para la que se habían construido en Roma unos colosales decorados diseñados por Hugh Hunt y William Horning.

La siguiente película de Bronston fue *La caída del imperio romano* (Anthony Mann, 1964). Se ha escrito que el foro romano que se diseñó para la película era el mayor decorado construido para el cine[39] y fue tan importante, que algunos dudaron que pudiera construirse en nuestro país, incluso Léon Barsacq se equi-

---

[36] *El decorador en el cine español,* Enrique Alarcón, pág. 88.

[37] *The Actor's Life: Journals 1956-1976*, 1978; *Nicholas Ray y su tiempo*, pág. 212.

[38] Hal Pereira firmó ese mismo año junto a Tambi Larsen los decorados de *Spanish Affair* (*Aventura para dos*, Don Siegel y Luis Marquina, 1956).

[39] "The forum set in this film is said to be the largest ever build", *Halliwell's Film Guide*, Londres, Grafton, 1991, pág. 365.

55 Days at Peking (*55 días en Pekín,* Nicholas Ray, 1963).

voca al afirmar "Es igualmente en Roma donde fueron rodadas las escenas importantes de La caída del imperio romano (1964)"[40]. Este espacio también ha sido alabado por su fidelidad a la realidad, Michel Eloy[41] en un análisis de los decorados de varias películas ambientadas en la época de la Roma Imperial, lo considera como el que más se aproxima a la realidad a pesar de algunas inexactitudes: "se reconoce con facilidad la tribuna rostra[42], coronada con una mano de bronce discutible, el templo de Saturno, donde estaba depositado el Tesoro público, y, descendiendo del Capitolio por necesidades de la pantalla panorámica... el templo de Júpiter Capitolino, rematado por una cuádriga. Por fin, el arco de Séptimo Severo, anacrónico en diez años".

Para la que sería su última película, *Circus World* (*El fabuloso mundo del circo*, Henry Hathaway, 1964), Bronston contrató a John de Cuir, que el año anterior había sido el responsable del numeroso equipo que creó los decorados de otra película colosal: *Cleopatra* (Joseph Mankiewicz), rodada en parte en España. Según contaba José Alguero[43] el decorador español que participó en el rodaje, los productores después de ver el montaje del director, decidieron eliminar unas escenas de orgías, sustituyéndolas por otras de batallas que se recrearon en Almería.

Se sabe que Bronston se estableció en nuestro país, entre otros motivos, por la posibilidad de dar salida a unos capitales que estaban inmovilizados en Europa, pero, como le dijo su productor asociado Jaime Prades a Enrique Alarcón[44], "evidentemente, venimos a España porque sale económico y por el sol, pero eso lo hay también en muchos países. Venimos también por la calidad de los decorados, pues no la hay igual en ninguna parte del mundo". Esta calidad provenía de unos profesionales que habían desarrollado su trabajo en los estudios para productoras como C.I.F.E.S.A. y que, como recordaba Parrondo[45], lo más pecu-

[40] *Le décor de film,* de Léon Barsacq, París, Henry Veyrier, 1985, pág. 105.

[41] "Architecture et péplum: la cité antique", de Michel Éloy, en *Cinémaction,* núm. 75, 2.º trimestre de 1995, pág. 24.

[42] Se refiere a la tribuna de los oradores que estaba en medio del Foro, *rostrum,* adornada con espolones, de navíos tomados al enemigo.

[43] José Algueró Raga al autor, el 6 de mayo de 1994.

[44] *El decorador en el cine español,* Enrique Alarcón, pág. 84.

[45] "El espacio soñado. Entrevista con Manuel Gil Parrondo", de Romero Garrido, en *Casablanca,* núm. 33, septiembre de 1983, pág. 39.

liar de su sistema de trabajo en C.E.A. o en Bronston era "que se estaba trabajando siempre: había un director artístico y a sus órdenes muchos ayudantes dibujando y preparando decorados. Pero siempre sin parar".

Las valoraciones sobre lo que supuso Bronston para el cine español son variadas. La mayoría de ellas siempre ha estimado que sólo se había aprovechado del dinero español y, sobre todo, de la mano de obra barata de nuestros técnicos respecto a países más industrializados. Estas apreciaciones son indudables, pero no puede olvidarse que los profesionales extranjeros que vinieron a nuestro país enseñaron unos nuevos métodos de trabajo y de producción, que hasta el momento eran poco conocidos. Por ello, aunque en general haya valoraciones negativas, la de los técnicos es unánimemente favorable, como muestra basta lo que declaraba Francisco Prósper —que construyó los decorados de la mayoría de las películas de Bronston— sobre su continuidad: "¡Ojalá hubiera seguido! Hay que saber aprovechar la oportunidad cuando aparecen estos señores. Hay que aprender de ellos y sacarles lo que puedes, no podemos mirar sólo lo negativo (...) piensa que trajo unos técnicos fantásticos, lo mejorcito de Hollywood de aquel momento, y los que quisimos aprender de ellos pues aprendimos mucho. Porque además, tú sabes, esta gente tiene otra mentalidad a la nuestra. Aquí todo son secretos y cuando sabemos algo no queremos decírselo a los demás. Con aquellos te enterabas de todo, podías aprender tranquilamente lo que quisieras a su lado. Tenías a tu lado a los mejores de Hollywood, a los mejores operadores, a los mejores ingenieros de sonido, etc."[46].

La productora de Bronston dio trabajo a muchos profesionales relacionados con los decorados; hay que tener en cuenta que para poder construir el Pekín de *55 días en Pekín*, Bronston contrató a los constructores de los mayores estudios: Asensio de C.E.A., Prósper de Sevilla Films, y Lega y Michelena de Ballesteros. Estos profesionales llegaron a tener a su cargo a cerca de mil empleados. Parrondo contaba[47] que para realizar el Foro de *La caída del imperio romano* había cuarenta o cincuenta escayolistas haciendo esculturas... Pero no sólo fueron obreros especializados los que comenzaron en estos años, la nómina de directores artísticos que aprendieron en estas películas es notable[48] y gracias al aprendizaje de nuevos métodos de trabajo hubo algunos, pocos, de nuestros profesionales que pudieron seguir trabajando en producciones foráneas, incluso fuera de nuestro país. Uno de los más conocidos es Benjamín Fernández, quien recuerda aquellos años con admiración, confesando[49] que a pesar de trabajar actualmente en superproducciones, hoy sería imposible hacer lo que se logró entonces.

RAMIRO GÓMEZ

A principios de los años sesenta Ramiro Gómez empezó a diseñar los decorados de películas coproducidas con Italia del género mítico-histórico conocido como *peplum*. La primera fue *Los últimos días de Pompeya* (Mario Bonnard, 1959) y para documentarse se trasladó a Italia estando varios días en los restos de la ciudad tomando apuntes y notas[50]. Se rodó en los estudios C.E.A. y Ballesteros, la plaza de toros de El Escorial se transformó en un circo romano y una montaña de la provincia de Guadalajara se convirtió en el Vesubio, con el expeditivo método de colocar en su cima doscientos cincuenta kilos de dinamita y numerosos bidones de benzol y alquitrán.

Gracias al éxito de esta película, Gómez fue contratado para *Goliat contra los gigantes* (Guido Malatesta, 1960) que según él iba "bien cuidada en lo que se refiere a decorados, dentro de un estilo imaginativo ponderado siempre por cánones clásicos"[51]; el problema era la coordinación entre el equipo español, que había realizado todos los interiores, y el italiano, que se ocupó de construir el monstruo marino y de rodar las batallas en un valle cercano a Roma. El resultado estuvo dentro de los cáno-

[46] *La industria del cine en España,* de Santiago Pozo, Barcelona, Edicions Universitat, 1984, pág. 205.

[47] Entrevista con Gil Parrondo.

[48] Entre los profesionales españoles de la decoración que trabajaron con Bronston, aparte de los citados, están los siguientes como ayudantes: José María Alarcón Aguirre, Luciano Arroyo, Fernando González, Fernando Guillot, Pierre Thévenet, Rafael Salazar y Pedro Surribas; y como dibujantes: Evaristo Aguilar, María del Pilar Alcázar, Agustín Boyer, Antonio Corral, Benjamín Fernández, José Luis Rodríguez Ferrer y Manuel Romero Lama. A éstos habría que añadir constructores, atrezistas, carpinteros, escayolistas...

[49] Benjamín Fernández al autor, el 21 de enero de 1996.

[50] Entrevista con Ramiro Gómez.

[51] *Madrid,* 10 de agosto de 1962.

Boceto de Ramiro Gómez para el patio de una casa de *Los últimos días de Pompeya* (Mario Bonnard, 1959).

La rebelión de los esclavos (Nunzio Malasomma, 1960).

Boceto de Ramiro Gómez para una plaza de *El coloso de Rodas* (Sergio Leone, 1960).

nes convencionales en las películas del género rodadas en esa época.

Gómez hizo después los decorados de *La rebelión de los esclavos* (Nunzio Malasomma, 1960) y ese mismo año una productora italiana lo llamó para plantearle un problema decisivo a la hora de iniciar el rodaje de su siguiente película. El problema era saber si sería capaz de construir una estatua gigantesca que reprodujese el Coloso de Rodas. Gómez volvió a España, ideó la forma de construirla y consultó a Asensio si sería capaz de hacerlo, sólo cuando Asensio dio su conformidad, Gómez se la dio a los italianos. La película se tituló *El coloso de Rodas* (Sergio Leone, 1960), tardó ocho meses en prepararse y la estatua se hizo a tamaño natural en dos partes, por un lado la cabeza y los brazos con una altura de veinte metros, que se construyó con una estructura de madera forrada de escayola junto a la autopista de Barajas, y por otro las piernas hasta las rodillas de veintiséis metros de altura en el puerto de Laredo. Puerto además que hubo de transformarse, modificando los faroles en columnas, una lonja de pescado cercana en un templo, y unos barcos pesqueros en unas naves de la época. Para rodar los planos genera-les se construyeron dos maquetas, una de dos metros de altura con la estatua entera, que se colgaba de una grúa interponiéndose en Laredo entre las piernas y la cámara, y otra construida en estudio, de treinta y dos metros de altura por veinticuatro de ancho. El rodaje tuvo también la dificultad de recrear un maremoto que al final acababa con el Coloso y parte de la ciudad. Méndez-Leite escribió: "se procedió a la construcción del Coloso, figura que medía setenta metros de altura, a la entrada del puerto de Laredo"[52]. Lo cual demuestra lo convincente que fue el resultado final.

Esta película provocó un cambio en el procedimiento de selección de los premios del Sindicato Nacional del Espectáculo. Hasta ese momento dos profesionales hacían una preselección de las cinco películas que optaban al premio, que concedería un Jurado formado también por técnicos que no participasen en las películas seleccionadas. Los profesionales que preseleccionaban no eran incompatibles con sus propios trabajos y de hecho a veces los elegían. Debido a las protestas que se produjeron por no haber incluido *La rebelión de los esclavos* ni *El coloso de Rodas*, en la preselección de los premios para 1961, a partir de

---

[52] *Historia del cine español*, tomo II, pág. 454.

El coloso de Rodas (Sergio Leone, 1960).

los correspondientes a 1962, se excluyó "del cargo de prejurados todos aquellos que tengan interés profesional en alguna de las películas que se presenten a concurso"[53].

Las coproducciones no tenían por qué ser tan espectaculares como *El coloso de Rodas*. En esos mismos años se producían otras más modestas aunque con un capítulo de decoración importante. Para *Terror en la noche* (Harald Reinl, 1962), que sucedía en Inglaterra, Ramiro Gómez tuvo que diseñar veintidós decorados diferentes con ambiente británico y construir un autobús de dos pisos con el volante a la derecha[54].

Quizás por ser capaz de diseñar estos espacios, Ramiro Gómez, cuando le preguntaron[55] en qué país se hacían los mejores decorados cinematográficos, respondió: "Cada vez que he salido al extranjero me he dado cuenta de los magníficos decorados que realizamos en España."

A finales de los años cincuenta los dos estudios mayores de Madrid, Sevilla Films y Cha-

martín, estaban al servicio de productoras norteamericanas para rodar coproducciones y por ello en 1961 se inició la construcción de un nuevo plató en los estudios Chamartín, una nave de dos mil doscientos metros cuadrados. El año siguiente un incendio destruyó las instalaciones de Orphea en Barcelona, un acontecimiento que marca el final de una etapa ya que los estudios nunca serían reconstruidos.

En 1963, según el Plan de Desarrollo Económico y Social[56] funcionaban en nuestro país ocho estudios con veintiséis platós "encontrándose en período de construcción otros dos con cinco 'platós' más entre ambos". El año siguiente entró en funcionamiento uno de ellos con una superficie de dieciséis mil metros cuadrados y ciento cuarenta metros de fachada a la carretera de Francia[57].

Las productoras extranjeras elegían España por varios factores, como la mano de obra barata, la profesionalidad de nuestros técnicos y la posibilidad de rodar en unos paisajes que podían pertenecer a los lugares donde sucedía la acción. La productora de *Lawrence de Arabia* (David Lean, 1962) eligió el desierto de Almería por su parecido con el árabe. José Algueró estaba acostumbrado a los presupuestos españoles, y cuando le encargaron la escena en que las huestes del protagonista atacan un tren logrando que descarrile, propuso ingenuamente resolver la escena con una maqueta, los técnicos extranjeros se quedaron asombrados, ellos ya tenían previsto hacerlo con un tren de verdad. Esto suponía un cambio de mentalidad para nuestros profesionales que estaban habituados a aprovechar los materiales transformándolos. El mismo Algueró contaba[58] que cuando era contratado por productoras extranjeras colocaba un letrero sobre su tablero de dibujo que decía "estoy trabajando para ingleses", de esta forma recordaba sus propias posibilidades a la hora de emplear un presupuesto holgado.

David Lean también dirigió en España parte de *Doctor Zhivago* (1965) y, como contaba Parrondo[59], se "hizo todo partiendo de cero. Empezamos a construir sobre un terreno desierto. Se levantaron los edificios, se puso el tranvía, la nie-

[53] Carta del Presidente del Sindicato Nacional del Espectáculo, J. Farré de Calzadilla, a Ramiro Gómez, el 14 de enero de 1963.

[54] *Madrid,* 10 de agosto de 1962.

[55] *Amanecer,* Zaragoza, 12 de agosto de 1962.

[56] *Historia del cine español*, tomo II, pág. 630.

[57] *Historia del cine español*, tomo II, pág. 690.

[58] José Algueró Raga al autor, el 6 de mayo de 1994.

[59] *ABC*, entrevista con Enrique Herreros, 2 de septiembre de 1989.

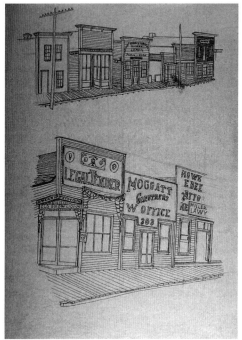

Bocetos de José Antonio de la Guerra con cabañas y una calle del Oeste para un *western*.

ve falsa, se colocó todo al detalle hasta que, de repente, parecía aquello de verdad". De ese modo se pudo construir el enorme decorado que reproducía el paisaje urbano moscovita. Los exteriores de esta película se rodaron en la provincia de Soria y en esos mismos meses se estaba rodando *Battle of the Bulge* (*La batalla de las Ardenas* Ken Annakin, 1965) en Valsaín y La Fuencisla, para la que Francisco Prósper y Rafael García construyeron en los estudios Sevilla Films un decorado que reproducía un pueblo de Bélgica.

POBLADOS DEL OESTE

Desde finales de los años cincuenta se habían rodado en nuestro país algunos *westerns* con bajos presupuestos, en los que se aprovechaban el paisaje natural o pueblos existentes, como Titulcia en la provincia de Madrid, donde en 1954 dirigió Joaquín Luis Romero Marchent *El Coyote* y *La justicia del Coyote*. En estas películas sólo se construían pequeñas edificaciones, cabañas o partes de poblados.

A principios de los sesenta aumentó espectacularmente el número de estas producciones, haciendo viable la amortización de unas construcciones estables cada vez de mayor dimensión. José Luis Galicia ha declarado[60] cómo sugirió a

[60] Entrevista con José Luis Galicia.

su cuñado, el productor Eduardo Manzanos, la idea de construir el poblado en El Hoyo del Manzanares. Por esos mismos años Juan Alberto Soler construyó *Esplugas City*, un pueblo con treinta edificios, a dos kilómetros de los estudios Balcázar situados en Esplugas de Llobregat. El más famoso de todos ellos fue el que se construyó cerca de Tabernas en Almería. El lugar había sido el escenario de *Tierra brutal* (Michael Carreras, 1962) y según contaba Romero Marchent[61] "fue el cámara Alfredo Fraile quien llegó diciendo que allí se podían hacer cosas interesantes", fue el propio Romero Marchent quien se trasladó a Almería para dirigir el año siguiente *El sabor de la venganza*. Pensando que se podía explotar el filón, se construyeron en diversos puntos de nuestra geografía[62] otros poblados en los que en el mejor de los casos se rodó alguna película y acabaron siendo explotados como diversión para los turistas.

VALLVÉ - BERLANGA

Luis García Berlanga eligió para dos películas consecutivas al mismo director artístico, Andrés Vallvé, que fue capaz, gracias a su gran experiencia profesional de crear unos ambientes completamente reales y naturalistas para *Plácido* (1961) y una atmósfera casi irreal para el episodio de *Las cuatro verdades* (1962) que era, como decía Berlanga[63], "surreal, quizás a pesar mío, un algo extraño que bordeaba lo metafísico" y concluía: "Hay escenarios que pueden recordar a los cuadros de De Chirico." Lo curioso es que Vallvé era además un escenógrafo teatral de larga trayectoria profesional que nunca se destacó por diseñar escenografías que no tuviesen unas claras tendencias realistas.

En 1981, Berlanga declaraba[64]: "como yo nací para el cine en pleno ímpetu por hacer neorrealismo en España, he preferido el decorado natural, aunque esta experiencia es muy fatigosa. Y en estos momentos empiezo a pensar que el plató sería más cómodo, siempre que me diesen unos decorados con un mínimo de verosimilitud".

El director ha trabajado siempre con excelentes profesionales con una larga trayectoria profesional[65], ya se citó a Ballester, Canet y

Vallvé, además han intervenido en sus películas Román Calatayud en *Calabuch* (1956), José Antonio de la Guerra en *El verdugo* (1963), Gori Muñoz en *La boutique* (1967), Antonio Cortés en *¡Vivan los novios!* (1969) y varios directores artísticos en dos títulos, como Sigfredo Burmann en *Novio a la vista* (1953) y *Tamaño natural* (1973), Rafael Palmero en *La escopeta nacional* (1978) y *Todos a la cárcel* (1993), Román Arango y Pin Morales en *Patrimonio nacional* (1980) y *Nacional III* (1982), y Enrique Alarcón en *Los jueves milagro* (1952) y *La vaquilla* (1984), donde además interpretó a un curioso doble del general Franco.

Todos ellos estaban en lo mejor de sus carreras en el momento de trabajar con Berlanga, por eso desempeñaron su trabajo de una forma convincente y ajustada al argumento, pero Berlanga suele preferir los exteriores, aunque, como decía en la entrevista antes citada: "La verdad es que las he pasado muy canutas en algunos decorados naturales, y ha habido veces en que me he cagado en mis muertos por no haber hecho decorados en estudio."

En esa misma entrevista Berlanga explicaba bien, incluso con características muy personales, cuales son los problemas de rodar fuera de los estudios: "En ocasiones me he sentido acorralado en un interior natural, porque tienes detrás unas paredes que no puedes echar abajo. El estudio es útil para resolver ese problema de reculamiento, para poder retroceder ante el personaje que te va devorando, pero, por contra, ese retroceso te hace sentirte más vulnerable. Es que uno de mis problemas de psiquiatra consiste en que yo necesito estar protegido, acunado. No me gustan los espacios abiertos tras de mí, los espacios irreconocibles por mi espalda."

SIMONT - FORQUÉ - FACI

En 1963 José María Forqué estaba dirigiendo *La becerrada* cuando le encargaron *Atraco a las tres*, un proyecto que ya estaba en marcha. El director contaba[66] cómo "para ganar tiempo me mandaron al decorador Antonio Simont, y, entre los dos hicimos el dibujo de las dependencias del Banco, en el que teníamos

---

[61] "Torrejón City ciudad sin ley", de Luis Martínez, en *El País de las tentaciones,* 19 de julio de 1996.
[62] Incluso se construyó uno en Gran Canaria, donde se llegó a rodar *Take a Hard Ride* (*Por la senda más dura,* Anthony Dawson, 1975).
[63] *El último austro-húngaro: conversaciones con Berlanga,* pág. 87.
[64] *El último austro-húngaro: conversaciones con Berlanga,* pág. 91.
[65] Excepto Verónica Toledo que sólo ha trabajado en el cine en *Moros y cristianos* (1987).
[66] *José María Forqué,* pág. 78.

dos o tres semanas de rodaje. Mientras yo terminaba *La becerrada* iban construyendo el decorado y, por teléfono, los productores y yo perfilábamos el reparto". Simont era ya un acreditado profesional que trabajaba en el cine desde principios de los años cuarenta y que seguiría trabajando hasta finales de los sesenta.

Forqué ha declarado: "En todas mis películas las composiciones son un tanto pictóricas o arquitectónicas, tienen mucho sentido de la profundidad y de espacio. De una manera intuitiva los elementos plásticos los sentía muy cerca de mí"[67] o "los escenarios, los decorados, no deben tratarse como el lugar neutro donde vive la gente. Son elementos que componen una atmósfera que determina actitudes y comportamientos. Yo por eso cuido mucho las localizaciones, los escenarios y los decorados y sus ambientaciones, porque los trato como atmósfera, como segundo diálogo"[68] y ha hablado también de su "sentido de la composición, heredado de mi trabajo de arquitectura"[69]. La importancia del decorado le llevaba a que fuese su "inspiración inmediata" ya que no planificaba antes de llegar al rodaje, él mismo declaraba: "Aunque he practicado el dibujo, y podría hacerlo con facilidad, nunca diseño los planos antes de filmarlos"[70].

La intervención de Forqué en el diseño de los decorados es lógica, si se tiene en cuenta que era uno de los pocos directores que tenía un gran conocimiento del dibujo y de las proporciones, debido a sus estudios en la Escuela de Arquitectura y el trabajo que desarrolló al mismo tiempo como delineante en el estudio del arquitecto Federico Faci.

Faci creó los decorados de dos películas de Forqué: *El diablo toca la flauta* (1953) y con Salvá los de *Un día perdido* (1954). No volvió a trabajar en el cine, pero sí como arquitecto durante muchos años. Su opinión sobre la diferencia entre el trabajo de este último y el decorador, es que en el cine no se buscan "apurar soluciones constructivas", ni la comodidad, sino sólo "buenos encuadres"[71].

Ya se ha hablado antes de otros arquitectos relacionados con el cine y Faci no es el único que trabajó en aquellos años como decorador cinema-

tográfico. Manuel Infiesta conoció a Iquino cuando le hizo el proyecto de su chalet, al director le gustó el resultado y le propuso que trabajase con él en las películas de su productora I.F.I.[72]. Su primera intervención en el cine fue en *El difunto es un vivo* (Juan Lladó, 1955) y la última en 1968, cuando diseñó los decorados de *Biotaxia* y *Sexperiencia* ambas dirigidas por José María Nunes.

SANZ DE SOTO - SAURA

Carlos Saura rodó la mayoría de *Llanto por un bandido* (1963) en escenarios naturales contratando a Enrique Alarcón para que diseñase los espacios, pero además contó con su hermano el pintor Antonio Saura y con Emilio Sanz de Soto como asesores técnicos. El director de fotografía Juan Julio Baena contaba[73] cómo fue su colaboración con este equipo: "Emilio Sanz de Soto y Antonio Saura fueron elementos clave. Realmente el trabajo de la dirección de fotografía, la iluminación, tiende a crear un ambiente o una situación visual. Si se trabaja en colaboración con creadores artísticos de la categoría de Emilio o Antonio se ha ganado muchísimo de entrada. Por ejemplo, te dan para retratar a Lea Massari vestida de negro, donde la única nota de color son sus labios y sus ojos, frente a una pared blanca, sin un sólo elemento de color, salvo una pequeña botella verde en un ángulo. Por poco hábil que seas, como tengas un mínimo de sensibilidad artística, le sacas muchísimo provecho. Esta colaboración con el equipo de decoración es básica."

Llanto por un bandido fue la primera colaboración de Sanz de Soto con Saura, después seguirían trabajando juntos en cinco películas más. Ambos son amigos, y Sanz de Soto, según Hidalgo[74] era "el principal consejero" del director, un "gran erudito, archivo viviente" y concluye: "Es difícil calibrar en concreto su influencia sobre Saura, pero sin duda es muy importante."

EL NUEVO CINE ESPAÑOL

Mientras tanto seguían diplomándose profesionales en la Escuela Oficial de Cinemato-

---

[67] *José María Forqué*, pág. 19.
[68] *José María Forqué*, de Florentino Soria, Murcia, Filmoteca Regional, 1990, pág. 117.
[69] *José María Forqué, un director de cine*, de Pascual Cebollada, Barcelona, Royal Books, 1993, pág. 61.
[70] *José María Forqué*, pág. 162.
[71] Federico Faci al autor, el 28 de febrero de 1995.
[72] Manuel Infiesta al autor, el 9 de enero de 1996.
[73] *Directores de fotografía del cine español*, pág. 221.
[74] *Carlos Saura*, de Manuel Hidalgo, Madrid, Ediciones JC, 1981, pág. 48.

Llanto por un bandido (Carlos Saura, 1963). Espacio casi vacío del dormitorio conyugal.

Salón de la casa de los protagonistas en *La tía Tula* (Miguel Picazo, 1963). La ambientación se ocupa de los detalles más insignificantes como los cuadros sobre el piano o el aro de la servilleta para lograr el máximo realismo.

grafía (E.O.C.), que se había creado en 1962, modificando el I.I.E.C. La Orden de 8 de noviembre de ese año había aprobado su Plan de Estudios, que para la rama de Decoración preveía tres cursos. A partir del curso 1964-65 se aplicó un nuevo Plan de Estudios que sería definitivo hasta su cierre. En este plan, aunque la especialidad seguía llamándose Decoración, se citaba por primera vez la dirección artística, como un compendio que incluía el vestuario.

A mediados de los años sesenta se agrupó a una serie de jóvenes profesionales bajo la denominación de Nuevo Cine Español. Muchos de ellos provenían de la E.O.C. y como es lógico los directores que habían pertenecido a la Escuela, solían incluir en su equipo a directores artísticos que habían sido compañeros suyos. Hay casos como el de Carlos Ochoa, que intervino en *La caza* (Carlos Saura, 1965); Pablo Gago en *El arte de vivir* (Julio Diamante, 1965) y *Nueve cartas a Berta* (Basilio Martín Patino, 1965); o Luis Argüello que después de una larga carrera como ayudante, fue responsable de la dirección artística y el vestuario de *La tía Tula* (Miguel Picazo, 1963) y *Muere una mujer* (Mario Camus, 1964).

El trabajo de *La tía Tula* es modélico y un ejemplo del tipo de dirección artística que se realizaba para el Nuevo Cine. La película se desarrolla en unos espacios que no se pueden distinguir de los reales, a pesar de haberse rodado casi todos los interiores en estudio y con un presupuesto de tres millones ochocientas mil pesetas, no demasiado alto para la época. En uno de sus planos iniciales la protagonista se apoya en la pared de una casa mientras están sacando el cadáver de su hermana y detrás de su cabeza hay una grieta. Esta grieta estratégicamente dispuesta anuncia un trabajo de dirección artística que influye en el argumento, incluso usando el atrezo, como en el caso de la lámpara de techo de cristal que en la escena de la declaración se interpone entre la pareja, mientras van rotando a su alrededor. El propio piso donde viven los protagonistas con sus dimensiones medidas de forma que ambos tiene que rozarse ligeramente en el pasillo o en la cocina, el cuidado con el que se eligió el atrezo y los objetos cotidianos... el trabajo de la dirección artística sin destacar, influye en el argumento de modo sustancial. Como decía Fernando Méndez-Leite[75] su "puesta en escena significativa conduce a una verdad ambiental".

---

[75] *¡Qué grande es el cine español!*, T.V.E., 22 de enero de 1996.

Capítulo V
La desaparición de los estudios

Los grandes estudios fueron desapareciendo por varios factores combinados que, fundamentalmente, se pueden resumir en dos: uno técnico y otro económico. El técnico se produjo gracias a la aparición de avances, como emulsiones con más sensibilidad y equipos de iluminación más reducidos y manejables, que daban mayores facilidades para rodar en exteriores. El económico fue también una mezcla de factores, por un lado el aumento del coste de la mano de obra, que no permitía mantener fijos en los estudios a los constructores, encareciendo los rodajes realizados en interiores frente a los hechos en exteriores; por otro lado los grandes terrenos donde estaban situados los estudios, localizados en su origen fuera de las poblaciones, aumentaron espectacularmente de valor debido al crecimiento de las ciudades producido en los años sesenta. A estos factores se sumó el poco interés por el cine de algunos productores, que preferían invertir sus beneficios en otras actividades, como la especulación inmobiliaria, para obtener un beneficio rápido y fácil.

El ahorro en personal y material tenía una relación directa con la escenografía. En aquellos años los productores y directores todavía seguían intentando reproducir la realidad en los estudios y cuanto más fiel fuese esa reproducción, mejor parecía el decorado y más alabanzas recibía; con este concepto de la decoración cinematográfica, no tenía sentido reproducir algo que muchas veces ya existía, pudiendo rodar en los escenarios naturales.

El capítulo del presupuesto de una película correspondiente a la construcción de los decorados era uno de los más importantes, por lo que el ahorro producido al rodar en exteriores naturales afectó sobre todo a los constructores y todos sus operarios: carpinteros, escayolistas... Aunque muchos de ellos ya estaban trabajando en el sector de la construcción de edificios que en aquellos años había crecido considerablemente.

La desaparición de los estudios no significó la desaparición de los decoradores y de hecho todos ellos siguieron trabajando con una frecuencia bastante similar a la de la etapa anterior, pero les afectó directamente en cuanto a sus métodos. Si antes la mayor parte de su trabajo consistía en diseñar los espacios donde se iba a rodar, ahora su dedicación primordial era buscar unos espacios naturales que debían modificar.

Este cambio no fue del todo negativo e incluso podría decirse que significó "la revitalización de una industria de puertas cerradas, la desaparición del nepotismo agresivo, y oportunidades para gente joven con talento para entrar en el negocio del espectáculo" tal como pensaba Ward Preston[1] que había sucedido en Estados Unidos por aquellos años.

La Escuela de Cine

A finales de los años sesenta la E.O.C. tenía dificultades que incluso se reflejaban en la especialidad de decoración. El alumno delegado escribía[2]: "Las enseñanzas que recibimos,

---

[1] *What an art director does*, de Ward Preston, Los Ángeles, Silman-James Press, 1994, pág. 5.
[2] "La E.O.C. desde dentro", del Delegado de Decoración, en *Nuestro cine*, núm. 65, septiembre de 1967, pág. 33.

lógicamente, debieran ser teóricas y prácticas. Desgraciadamente los ejercicios prácticos son casi nulos" y continuaba quejándose de la falta de un edificio especialmente dedicado a Escuela, sobre todo teniendo en cuenta que "cualquier otra actividad: Dirección, Producción, Cámara o Interpretación, pueden desarrollar sus ejercicios, e incluso brillantemente, sin necesidad de un plató. No así nosotros, que necesitamos de ese imprescindible espacio cubierto y acondicionado para ejercitar y practicar las enseñanzas teóricas recibidas". Tener un estudio era fundamental porque los alumnos necesitaban "unos medios con que reproducir unos ambientes o escenarios, más o menos reales; hacer prácticas de trucos y efectos especiales, conocer y desarrollar las posibilidades que nuestra especialidad puede ofrecer al futuro director o guionista. Y todo esto necesita de ese espacio o plató, como el director necesita de intérpretes y el camarógrafo de su cámara. Es cierto que visitamos los estudios y como visitantes curiosos conocemos, sobre la práctica, ciertos ejemplos interesantes. Pero nos falta ser partícipes de ello sentirnos responsables de esas experiencias. Y en la Escuela. No mañana, de buenas a primeras, en un estudio, sin la práctica necesaria para asumir esa responsabilidad".

Los profesores de Decoración de la Escuela fueron: Enrique Alarcón Sánchez-Manjavacas de Escenotecnia y además jefe de la especialidad; Francisco Javier Álvarez de Cienfuegos y Mercadal, de Arquitectura y Decoración; Luis Argüello Ballester, de vestuario; y Francisco Prósper Zaragoza, de maquetas y trucajes. Después dieron clase Enrique Alarcón García, hijo del primero citado, y Pablo Gago Montilla, ambos antiguos alumnos de la Escuela.

Alarcón solía contratar como ayudantes a sus mejores alumnos, iniciándoles en la profesión de una forma total, teniendo en cuenta que les daba mucha libertad y responsabilidad para diseñar los decorados.

De los cuatro mil quinientos aspirantes al I.I.E.C. y la E.O.C. sólo ingresaron mil quinientos y de éstos lograron titularse cuatrocientos ochenta, de los que cincuenta y ocho, es decir un doce por ciento, lo fueron en la especialidad de decoración.

Entre estos cincuenta y ocho, sólo la mitad

aproximadamente trabajaron de una forma profesional en el cine. Hay casos como el del Carlos Domínguez que después de hacer los decorados de dos cortometrajes, "dadas las pocas oportunidades que ofrece la industria cinematográfica española"[3] se ha dedicado casi por entero a la pintura y la escultura. Otro caso es el de Julio Lafuente, hijo de un exiliado español, que había estudiado arquitectura en París y cuando volvió a España no le convalidaron los estudios, obtuvo el título en la E.O.C., se fue a Roma enviado por Feduchi para hacer unas obras, se quedó y desarrolló una brillante carrera profesional en el mundo de la arquitectura trabajando en el Yemen o para Onassis[4]. Otro caso opuesto es el de Félix Vaquerizo Galdós, un español repatriado de la Unión Soviética, al que la asamblea del claustro de profesores de la E.O.C. le convalidó el título de pintor escenógrafo por el de diplomado en cinematografía[5]; Vaquerizo no llegó a trabajar en nuestro cine. Estos ejemplos dispares sirven para comprobar que el título de la E.O.C. no garantizaba una salida profesional.

Los alumnos reconocían que graduarse en la E.O.C. ayudaba a trabajar en la industria. En el escrito antes citado el Delegado de Decoración escribía: "En la industria cinematográfica quizás fueron los diplomados de Decoración los primeros que rompieron el cerco que hace años se impuso a la Escuela y, aunque intervengan a menudo como ayudantes, lo cierto es que son considerados como los de mayor prestigio." Y finalizaba: "En cuanto al Diploma de la Escuela, nos cabe el consuelo de que siendo el único título oficial de Decorador que hay en España, al menos como complemento de nuestra actividad normal —Arquitectura, Construcción, Pintura, Teatro, etc.—, siempre tiene un valor práctico, como sus enseñanzas, aun fuera de la actividad cinematográfica."

En general la opinión de los profesionales que se graduaron en la especialidad de Decoración es positiva hacia las enseñanzas que recibieron. Federico González Más opinaba[6] que la especialidad de decoración de la Escuela de Cine era muy buena. "Alarcón ha sido un gran decorador fantástico, sin tener que envidiar nada a ningún extranjero y tenerlo como profesor fue una experiencia agradable. Tuvimos a lo mejorcito. La gente que salió de la Escue-

[3] Carlos Domínguez en carta al autor, de fecha 6 de octubre de 1995.
[4] Javier Feduchi Benlliure al autor, el 28 de febrero de 1995.
[5] El claustro se celebró el 24 de octubre de 1959. *De la checa a la meca*, pág. 126.
[6] Federico González Más al autor, el 6 de marzo de 1995.

A talent for loving (Richard Quine, 1968).

la de Cine en mi especialidad toda está muy preparada. Los profesores eran muy buenos."

La E.O.C. se cerró por un decreto de agosto de 1971, creándose la Facultad de Ciencias de la Información. No se volvieron a dar clases de Decoración hasta la reciente creación de varias escuelas de cine privadas y oficiales.

PRODUCCIONES AMERICANAS

"Los grandes de Hollywood, los grandes de Inglaterra no vienen a España a buscar el sol precisamente. Hay muchos países en el Mediterráneo con nuestro mismo sol. Vienen porque saben que nuestros equipos técnicos están muy preparados [...] Y saben que si necesitan unos decorados difíciles, aquí van a encontrar a los mejores obreros del mundo." Gil Parrondo explicaba[7] con estos argumentos el auge de las producciones extranjeras en nuestro país en los años sesenta y setenta. Argumentos a los que se añadía, como ya se ha dicho antes, un coste de mano de obra barato para unas empresas radicadas en países con un poder adquisitivo muy superior al español.

La reducción del coste les permitía construir numerosos decorados. Como pasó por ejemplo en *El regreso de los siete magníficos* (Burt Kennedy, 1967) donde, a causa de los incumplimientos en el plan de rodaje provocados por su protagonista, Yul Brinner, José Algueró tuvo que hacer dos o tres pueblos y varias iglesias, teniendo que reconstruir una de ellas en Madrid. En esta película, por culpa de un desacuerdo laboral con los operarios que iban a construir los decorados, Algueró tuvo que hacer de director artístico, decorador y contratista teniendo que ir personalmente a comprar hasta la madera[8], demostrando la profesionalidad que buscaban las productores extranjeras.

Otro caso es el de *A Talent for Loving* (Richard Quine, 1968) que se rodó en nuestro país por sus "grandes paisajes, todos a una hora y media de la base Madrid, costes laborales más baratos, la emoción de trabajar en terreno español y teniendo libre acceso a un castillo que no pudo ser construido por menos de medio millón"[9], Quine añadía en el artículo citado, que había tenido "un maravilloso director artístico español". Este director artístico era

---

[7] "Gil "Óscar" Parrondo", de P. R., en *Arriba*, 11 de junio de 1971.
[8] José Algueró al autor, el 6 de mayo de 1994.
[9] "The Hollywood Reporter", 21 de enero de 1969, pág. 8.

Rodaje de *Viridiana* (Luis Buñuel, 1961).

Ramiro Gómez, que como ya se vio tenía una larga trayectoria profesional.

Era indispensable contar con técnicos nacionales en estas coproducciones como *Cervantes* (Vincente Sherman, 1968), en la que Enrique Alarcón, además de crear los espacios de la película, tuvo que encargarse también de diseñar las galeras que combatieron en la batalla de Lepanto, construyendo en Denia partes de ellas a escala real para los planos cercanos, algunas a tamaño natural en el lago Garda en Italia y sesenta maquetas de hasta cinco metros de largo que debían navegar en la Manga del Mar Menor, donde Alarcón y el operador tenían que rodar metidos en una especie de batiscafo. Alarcón contaba[10] que rodaron "a ciento treinta imágenes por segundo calculando la proporción de olas y movimientos así como velocidades". El resultado le valió un premio a los efectos especiales en Checoslovaquia.

ALARCÓN - BUÑUEL

Luis Buñuel había estado en España a principios de los años sesenta rodando *Viridiana* (1961), para diseñar los interiores de la casa rural de los protagonistas se contó con Francisco Canet, que era miembro fundador de UNINCI, productora de la película. Buñuel volvió a finales de los años sesenta y estuvo con Enrique Alarcón tres semanas localizando exteriores en Portugal para rodar *Tristana* (1969), cuando a última hora les autorizaron el rodaje en España, se fueron rápidamente a Toledo, una ciudad que Buñuel conocía muy bien. Como contaba Alarcón[11], "los decorados se iban haciendo sobre la marcha; mientras que Buñuel rodaba en exteriores yo preparaba los decorados en los que se rodaría más tarde en los estudios Verona". Se hizo un café de Zocodover, que según Buñuel "el decorador Alarcón reconstituyó fielmente"[12] y con el que "Buñuel disfrutó mucho"[13] y hasta ayudó a ambientarlo. Se contruyó también la casa de Don Lope, una casa grande con varias dependencias: alcoba, cocina, pasillo, despacho... Cuando el decorado estuvo construido, Buñuel preguntó dónde iba a poner la cámara, entonces Alarcón movió las paredes gracias a

[10] *El decorador en el cine español,* de Enrique Alarcón, 14 Festival de Cine de Alcalá de Henares, 1984, pág. 93.
[11] *El decorador en el cine español,* de Enrique Alarcón, pág. 81.
[12] *Mi último suspiro,* de Luis Buñuel, Barcelona, Plaza & Janés, 1982, pág. 239.
[13] *El decorador en el cine español,* de Enrique Alarcón, pág. 101.

unas ruedas que le permitían desplazarlas. Buñuel, según Alarcón, "se quedó encantado"[14].

Problemas como el de las paredes móviles eran fáciles de resolver si se compara con otros enormemente variados y complejos con los que se encontraba el director artístico. Un caso especial es el que hubo de resolver el conocido escenógrafo teatral Fabià Puigserver, que se sorprendió cuando el director Glauber Rocha le pidió los pechos de Doña Soledad mientras rodaban *Cabezas cortadas* (1970). Rocha quería recordar la historia de Santa Águeda que prefirió perder los dos pechos antes de entregarse a sus enemigos. "Fabián, en un momento, con ayuda de la gran copa en la que Doña Soledad beberá el veneno, fabrica dos grandes pechos de yeso con los que hará la escena"[15].

ANDRÉS VALLVÉ

Esta película, quizás por problemas sindicales, estaba firmada también por Andrés Vallvé, otro escenógrafo teatral que tenía un taller donde trabajó Puigserver al llegar a España. Taller que se dedicaba a alquilar decorados de papel, como los que se usaban en los comienzos del cine, para compañías teatrales de repertorio.

Vallvé había estudiado en las Escuelas de Oficios Artísticos, Bellas Artes y catalana de Arte Dramático, fue discípulo de los escenógrafos teatrales José Mestres Cabanes y Salvador Alarma, y estuvo encargado del Taller de decorados del Liceo. Tuvo una larga trayectoria como escenógrafo teatral, inauguró teatros como el Windsor y el Candilejas, y montó obras en lugares insólitos como el Teatro Griego y la Sagrada Familia de Gaudí. En 1952 comenzó a dar clases de Historia de la Escenografía y Perspectiva en el Instituto del Teatro de Barcelona y ese mismo año empezó a trabajar en el cine haciendo los decorados de *La pecadora* para Ignacio F. Iquino, con el que también trabajó, entre otras películas, en *¡Goodbye Sevilla!* (1955), *Las travesuras de Morucha* (1962), *Trigo limpio* (1962), *El primer cuartel* (1966), *La mini-tía* (1968) y *La banda de los tres crisantemos* (1969), trabajando para la productora de Iquino, I.F.I. España S.A., en títulos como *La ruta de los narcóticos* (José María Forn, 1962), *Investigación criminal* (Juan Bosch, 1970). La labor para I.F.I. la alternó con intervenciones para productoras independientes en *Dante no es únicamente severo* (Jacinto Esteva y Joaquín Jordá, 1968), o *Ditirambo* (1968) y *Aoom* (1970) dirigidas por Gonzalo Suárez. En 1970 fue nombrado Secretario General del Instituto del Teatro. Escribió artículos sobre escenografía, expuso sus pinturas en Barcelona, publicó varios cuentos y obtuvo el Premio Ciudad de Barcelona de teatro infantil.

GIL PARRONDO

A finales de los años sesenta se produjo un hecho que influyó en que el trabajo de los directores artísticos españoles fuera más conocido por el público. Gil Parrondo recibió dos Óscars, el primero por *Patton* (Franklin J. Shaffner, 1969) y el segundo por *Nicholas and Alexandra* (Nicolás y Alejandra, Franklin J. Shaffner, 1971), siendo nominado para un tercero que al final no recibió.

Estas distinciones se producían después de muchos años de trabajo que se había iniciado durante los años de la guerra civil cuando Parrondo comenzó a estudiar Bellas Artes en la Escuela de San Fernando, siendo discípulo entre otros de Vázquez Díaz. En 1939 entró a trabajar en los Estudios de Aranjuez como ayudante del decorador Amalio Martínez Garí hasta 1942. A partir de 1945 trabajó como ayudante de Sigfredo Burmann en cincuenta películas, entre las que se encuentran: *La nao capitana* (Florián Rey, 1947), *Locura de amor* (1948) y *Pequeñeces* (1949) de Juan de Orduña, *Sangre en Castilla* (Benito Perojo, 1950), *Un hombre va por el camino* (Manuel Mur Oti, 1950), *El último caballo* (Edgar Neville, 1950) y *Lola la Piconera* (Luis Lucia, 1951). Parrondo, que llegó a hacer catorce películas en un año con Burmann y con el que trabajó además en el teatro, decía[16] de su maestro que "ha sido el decorador más importante que hemos tenido en España. Era un maestro no ya como deco-

---

[14] *El decorador en el cine español*, de Enrique Alarcón, pág. 101. Alarcón declaró en *El País* en 1987, tres años después de la entrevista citada, que Buñuel "se quedó admirado cuando retiraron una de las paredes, que tenía ruedas. Nunca lo había visto antes". Parece casi imposible que Buñuel desconociese las paredes móviles después de haber trabajado con excelentes directores artísticos. Como ha sucedido en otras ocasiones en nuestro cine, las leyendas se van creando según va pasando el tiempo.

[15] *Glauber Rocha y Cabezas cortadas*, de Augusto M. Torres, Barcelona, Anagrama, 1970, pág. 90.

[16] "El espacio soñado, entrevista con Manuel Gil Parrondo", de Romero Garrido, en *Casablanca*, núm. 33, septiembre de 1983, pág. 40.

rador, sino como ser humano. Un hombre con una capacidad de trabajo enorme. Podíamos emplear mucho tiempo en resolver la colocación de una puerta que iba a abrir una actriz en un momento dado: si más alta, si más baja... Yo he tenido mucha suerte de ser discípulo suyo".

En 1952 trabajó junto con Ballester en *Decameron Nights* (*Tres noches de amor*, Hugo Fregonese) cuyo *production designer* era Tom Moraham[17], interviniendo en varias películas hasta que ese mismo año empezó a colaborar con el aparejador Luis Pérez Espinosa, que había ya trabajado como ayudante de Schild y Alarcón, y diseñado en solitario los decorados de *Amaya* (Luis Marquina, 1952) y *La llamada de África* (César Fernández Ardavín, 1952). La asociación entre Parrondo y Pérez Espinosa duró hasta principios de los sesenta y, entre otros trabajos, se les debe la recreación de la Corte de Carlos I en *Jeromín* (Luis Lucia, 1953), por la que recibieron su primer premio del Sindicato Nacional del Espectáculo, o los ambientes andaluces de *Noches andaluzas* (Maurice Cloche y Ricardo Blasco, 1953) y *Un caballero andaluz* (Luis Lucia, 1954).

Parrondo y Pérez Espinosa colaboraron con Orson Welles en el complicado rodaje de *Mister Arkadin* (1954), un director con el que según Parrondo[18] era muy difícil trabajar, "pero era muy interesante, desde el punto de vista de la decoración, escuchar sus opiniones y reacciones ante los decorados. Orson tenía una concepción de las cosas muy personal que no se parecía a nada, ni a nadie". Parrondo y Pérez Espinosa también trabajaron en varias películas extranjeras rodadas en España como *The Pride and the Passion* (*Orgullo y pasión*, Stanley Kramer, 1956) donde se reconstruyó parte de la muralla de Ávila para poderla des-

truir, aunque el día que se iba a rodar la voladura con la asistencia de autoridades y periodistas, como contaba Parrondo[19]: "Habíamos construido un ángulo de la muralla que era el que había que volar. Nuestro cañón disparó y al salir de la enorme humareda, sólo saltó un ladrillo." Muchas veces el exceso de verismo a la hora de construir los decorados puede ser un impedimento para obtener los resultados requeridos.

Como ya se vio, Parrondo trabajó en la productora de Samuel Bronston, en todas sus películas. Al fallecer Pérez Espinosa, continuó trabajando en solitario también en películas con producción extranjera como *100 Rifles* (*Los 100 rifles*, Tom Gries, 1969) para la que tuvo que construir un cortijo mejicano con materiales auténticos porque así resultaba más económico. Parrondo recordaba[20]: "Trajimos columnas de piedra, encontramos auténticas ventanas mejicanas. Hasta los baldosines los pusimos definitivamente."

Patton tuvo un rodaje itinerante, "fuimos avanzando como avanzaba Patton. Ocho meses así. De Almería, a Segovia; de Segovia, a Navarra; de Navarra, a Marrakech; luego la isla de Creta donde nos esperaba la V Flota..."[21]. Esta itinerancia aumentó la dificultad de un equipo cuyos *production designers* eran Urie McCleary[22] y Gil Parrondo. La película ganó, entre otros premios, el Óscar a la mejor decoración. Acostumbrado a los decorados de C.I.F.E.S.A. o Bronston, Parrondo se asombraba en una entrevista[23] por la concesión del premio: "Ya ves: me han dado el Óscar sin grandes decorados. En Patton parece que todo ocurre de verdad en la guerra. Es como un documental. No hay nada fastuoso. Unas ruinas, unas trincheras, unas casas de labor. Si acaso la Cancillería del Reich..."

---

[17] Tom Moraham había diseñado, entre otros, los decorados de las películas de Alfred Hitchcock *Jamaica Inn* (*La posada de Jamaica*, 1939), *The Paradine Case* (*El caso Paradine*, 1947) y *Under Capricorn* (*Atormentada*, 1949), después de trabajar en España haría *Satan Never Sleeps* (*Satanás nunca duerme*, Leo McCarey, 1962) o *Those Magnificent Men in Their Flying Machines* (*Aquellos chalados en sus locos cacharros*, Ken Annakin, 1965).

[18] Gil Parrondo, el dibujo del Óscar de Enrique Herreros, en *ABC*, 2 de septiembre de 1989.

[19] "Gil "Óscar" Parrondo", art. cit.

[20] "Gil "Óscar" Parrondo", art. cit.

[21] "Gil "Óscar" Parrondo", art. cit.

[22] Urie McCleary había obtenido el Óscar por *Blossoms in the Dust* (*De corazón a corazón*, Mervyn Le Roy, 1941). Trabajó en la Metro Goldwyn Mayer con Cedric Gibbons entre otras en *Mrs. Miniver* (*La señora Miniver*, William Wyler, 1942); *National Velvet* (Clarence Brown, 1944) por la que fueron nominados al Óscar; *Pat and Mike* (George Cukor, 1952), *Young Bess* (*La reina virgen*, George Sidney, 1953) por la que fueron nominados de nuevo; *Seven Brides for Seven Brothers* (*Siete novias para siete hermanos*, Stanley Donen, 1954). Con William Horning hizo *Raintree County* (*El árbol del ahorcado*, Edward Dmytrik, 1957), por la que fueron nominados al Óscar, y *Cat on a Hot Tin Roof* (*La gata sobre el tejado de zinc*, Richard Brooks, 1958). Con George W. Davis trabajó en *Sweet Bird of Youth* (*Dulce pájaro de juventud*, Richard Brooks, 1962) y *A Patch of Blue* (*Un retazo de azul*, Guy Green, 1965) por la que fue nuevamente nominado.

[23] "Gil "Óscar" Parrondo".

El Óscar se le concedió a un equipo, ya que, como contaba Parrondo[24]: "cuando se da un Óscar a la Decoración automáticamente se concede otro a la Ambientación de esa película: en Patton los ambientadores eran el español Antonio Mateos —de la familia Mateos de Atrezo— y el francés Pierre Thévenet. O sea que Antonio Mateos también tiene un Óscar propio".

El director de fotografía Fernando Arribas, que en aquellos años trabajó en películas norteamericanas, opinaba[25] que "el cine americano que se hacía en España era una industria, y entrar allí era como trabajar en una fábrica. Formabas parte del engranaje, debías cumplir con lo que te encargaban y no podías tocar ninguna otra cosa".

Nicholas and Alexandra tardó dos años en prepararse, en el segundo año de preparación entró como *production designer* John Box[26], que llamó a Parrondo[27] "como director de arte y a otros cinco o seis españoles más como ayudantes, dibujantes, etcétera. Además hay otro director artístico inglés con sus respectivos ayudantes". John Box y Parrondo recibieron el Óscar junto a Ernest Archer[28], Jack Maxsted[29] y Vernon Dixon[30].

En 1972 Parrondo fue nuevamente nominado para el Óscar junto a John Box y Robert W. Laing[31] por *Travels with My Aunt* (*Viajes con mi tía*, George Cukor, 1972), pero esta vez se le concedió a *Cabaret* (Bob Fosse, 1972). Como cada vez era más difícil construir inmensos decorados, era necesario transformar la realidad. En esta película, para varias escenas que sucedían en un palacio de los zares, se aprovechó el edificio del Círculo de Bellas Artes de Madrid, convenientemente decorado para convertirse en un palacio ruso del siglo pasado.

Parrondo ha trabajado en cerca de doscientas películas, simultaneando su trabajo en nuestro país, tanto para el cine como en series de televisión, con el realizado en el extranjero en estudios de Hollywood, Lisboa, Londres, París, Roma, Viena, Budapest o en exteriores exóticos como las islas del Pacífico para *Farewell to the King* (*Adiós al rey*, John Milius, 1987). Su enorme actividad es debida a que directores extranjeros con los que ha trabajado en España —como Franklin J. Shaffner o John Milius— lo han contratado para rodar películas en otros países, gracias a su gran capacidad profesional.

Sin embargo, también ha sido capaz de crear espacios para producciones españolas más modestas como *Las adolescentes* (Pedro Masó, 1975), para la que recreó en España todos sus interiores británicos. Diseñó los espacios de *Volver a empezar* (José Luis Garci, 1982) y localizó sus exteriores en Gijón. Entre sus últimos trabajos destacan las minuciosas recreaciones para diversos periodos históricos españoles: el siglo XIX para *Bearn* (Jaime Chávarri, 1983) y la guerra civil para *Las bicicletas son para el verano* (Jaime Chávarri, 1983) y *El largo invierno* (Jaime Camino, 1992). En 1984 recibió el Goya a la Mejor Dirección Artística por otra recreación histórica, la de *Canción de*

---

[24] "El espacio soñado. Entrevista con Manuel Gil Parrondo", pág. 41.

[25] *El lenguaje de la luz*, de Carlos F. Heredero, 24 Festival de Alcalá de Henares, 1994, pág. 165.

[26] John Box era además el director de la segunda unidad en Nicholas and Alexandra y había sido el director artístico entre otras de *Our Man in Havana* (*Nuestro hombre en la Habana*, Carol Reed, 1960) y *The World of Suzie Wong* (*El mundo de Suzie Wong*, Richard Quine, 1960); y diseñador de producción también entre otras de *Lawrence of Arabia* (*Lawrence de Arabia*, David Lean, 1962), *Doctor Zhivago* (David Lean, 1965), *A Man for All the Seasons* (*Un hombre para la eternidad*, Fred Zinnemann, 1966), *Oliver* (Carol Reed, 1968). Después sería el diseñador de producción de *The Great Gatsby* (*El gran Gatsby*, Jack Clayton, 1974), *Rollerball* (Norman Jewison, 1975), *Sorcerer* (*Carga maldita*, William Friedkin, 1977) y *A Passage to India* (*Un pasaje para la India*, David Lean, 1984).

[27] "El espacio soñado. Entrevista con Manuel Gil Parrondo", pág. 41.

[28] Ernest Archer había comenzado a trabajar en el cine británico como director artístico en títulos como *Zulu* (*Zulú*, Cy Enfield, 1963), trabajó a las órdenes de varios *production designers* en varias superproducciones como *Lord Jim* (*Lord Jim*, Richard Brooks, 1964); *2001: A Space Odyssey* (*2001 una odisea del espacio*, Stanley Kubrick, 1968), por la que estuvo nominado al Óscar; *Alfred the Great* (*Alfredo el Grande*, Clive Donner, 1969); *The Day of the Jackal* (*Chacal*, Fred Zinnemann, 1973); *Superman* (*Superman*, Clive Donner, 1978) y *Superman II* (*Superman II*, Richard Lester, 1980).

[29] Jack Maxsted empezó en el cine inglés como director artístico en títulos como *The million pound note* (*El millonario*, Ronald Neame, 1953), *The purple plain* (*Llanura roja*, Robert Parrish, 1954), a partir de los años sesenta trabajó a las órdenes de varios production designers en muchos títulos como *Jason and the argonauts* (*Jasón y los argonautas*, Don Chaffey, 1963), *Diamonds are for ever* (*Diamantes para la eternidad*, Guy Hamilton, 1971), *Papillon* (*Papillón*, Franklin J. Shaffner, 1973) y *The deep* (*Abismo*, Peter Yates, 1977)

[30] Vernon Dixon había ganado el Óscar como set designer por *Oliver!* (Carol Reed, 1968) y lo ganaría por *Barry Lyndon* (Stanley Kubrick, 1975).

[31] Robert W. Laing había intervenido en *On her majesty's service* (*007 al servicio secreto de su majestad británica*, Peter Hunt, 1969), ganó el Óscar por *Gandhi* (Richard Attemborough, 1982) y trabajó entre otras en *Frenzy* (*Frenesí*, Alfred Hitchcock, 1972), *Live and let day* (*Vive y deja morir*, Guy Hamilton, 1973).

cuna (1994) dirigida por José Luis Garci, quien ha dicho que trabajar con Parrondo es como pasear en un Rolls Royce[52].

PRODUCCIONES EUROPEAS

También se rodaban en nuestro país superproducciones europeas como la británica *Cromwell* (Ken Hughes, 1970). Su director artístico era John Stoll[53], para ayudarle se eligió a José Algueró, al que pusieron a prueba hasta que vieron cómo trabajaba, sólo entonces le dieron responsabilidades[54]. En esa película también trabajó Gumersindo Andrés, ayudando en el vestuario a Nino Novarese[55]. Andrés contaba que todo se hacía exhaustivamente, se estudiaba la heráldica y los escudos de las familias del momento... se diseñaba todo, hasta los tejidos, construyéndose los telares como los de aquella época. Una de las batallas se tardó en rodar dos meses en el Alto de Urbaza, con dos mil soldados y seiscientos caballos, viviendo todos esos días en vivacs, lo que supuso grandes dificultades de abastecimiento, de letrinas... este ejército se ponía en marcha todos los días a las seis de la mañana para desarrollar la batalla y Andrés contaba[56] que "luego, cuando terminaba el rodaje, había un equipo de personas que iba recogiendo, como yo decía, 'cadáveres' del campo, porque dejaban abandonadas armas, armaduras... Todo esto es inabordable por la industria española". El mismo Andrés terminaba comparando el trabajo con equipos extranjeros y el que se desarrollaba en nuestro país: "El trabajo no es el mismo ni puede ser el mismo y la relación con los equipos es distinta. Una de las cosas que aprendí de mi relación con estas personas es que una vez que te aceptan en su equipo, tu trabajo es bastante respetado, la profesionalidad la valoran mucho. No como aquí."

Es poco conocida la participación de nuestros técnicos en secuencias célebres de algunas producciones foráneas[57]. Uno de los movimientos de cámara más difíciles y alabados de los últimos tiempos, se produce en una de las secuencias finales de *El reportero* (Michelangelo Antonioni, 1973). La cámara comienza dentro de una habitación de hotel, sale por la ventana, da una vuelta a la plaza y vuelve a encuadrar la habitación. Para resolver este plano se enfrentaron con el problema muy pocas personas, una era el director artístico español Gumersindo Andrés y según él[58] fue quizás el reto más importante de su vida profesional. Todo el decorado se hizo especialmente para esa escena. La cámara, colgada de un riel dentro del decorado, iba corriendo lentamente hasta llegar a la verja de la ventana que se abría porque estaba aserrada[59], en el momento que se abría y la cámara salía del riel, la enganchaba una grúa que estaba fuera del decorado y con esa grúa se hacía una elipse que rodeaba toda la plaza y volvía otra vez al decorado, donde la verja estaba de nuevo cerrada.

Es curioso que a pesar del trabajo que costó realizar este plano, según contaba[40] Andrés, "me jugaron la faena los de la producción española de no ponerme en los títulos de crédito, menos mal que tengo un contrato que prueba que trabajé en la película". Algo que fue habitual en las coproducciones, ya que para poder cubrir la cuota de profesionales pertenecientes a los países que producían la película, se incluían nombres que no habían trabajado en la película.

---

[52] "Diario de Avisos", 19 de abril de 1994.

[53] John Stoll también había trabajado en *Lawrence of Arabia* (*Lawrence de Arabia,* David Lean, 1962), *The Collector* (*El coleccionista,* William Wyler, 1965), *The Lost Command* (*Mando perdido,* Mark Robson, 1966) rodada en parte en España, y *How I Won the War* (*Cómo gané la guerra,* Richard Lester, 1967) en su larga carrera profesional intervino en cerca de cien películas.

[54] José Algueró al autor, el 6 de mayo de 1994.

[55] Vittorio Nino Novarese comenzó en el cine italiano a principios de los años cincuenta como guionista, para después trabajar como figurinista, ganó el Óscar por *Cromwell* y por Cleopatra, siendo nominado por *The Greatest Story Ever Told* (*La historia más grande jamás contada,* George Stevens, 1965), intervino entre otras en *Prince of Foxes* (*El príncipe de los zorros,* Henry King, 1949), *The War Lord* (*El señor de la guerra,* Franklin J. Shaffner, 1960) y fue asesor histórico de *Spartacus* (*Espartaco,* Stanley Kubrick, 1960).

[56] Gumersindo Andrés al autor, el 2 de abril de 1995.

[57] Entre los desconocimientos está por ejemplo el de *Man in the Wilderness* (*El hombre de una tierra salvaje,* Richard Sarafian, 1971) de la que se ha dicho que está rodada en Canadá, cuando realmente se rodaron los interiores en los madrileños estudios Moro y los exteriores en Segovia, con la dirección artística de Gumersindo Andrés.

[58] Gumersindo Andrés al autor, el 2 de abril de 1995.

[59] Fijándose mucho en el plano se ve en uno de los barrotes un alambre enrollado para tapar la separación de la verja.

[40] Gumersindo Andrés al autor, el 2 de abril de 1995.

Tormento (Pedro Olea, 1974).

DECORADOS EN ESPACIOS REALES

La desaparición casi total de los estudios provocó que se mostrasen decorados en lugares improvisados. Hay muchos ejemplos. Antonio Cortés tuvo que modificar algunas casas particulares para usarlas en *Tormento* (Pedro Olea, 1974), pero sin que sus propietarios le diesen el consentimiento para eliminar todos los elementos actuales: enchufes, interruptores, lámparas... por ello tuvo que pedirle al director de fotografía[41] que oscureciese las paredes donde estaban colocados esos elementos o que los dejase fuera del encuadre.

Para rodar *Camada negra* (Manuel Gutiérrez Aragón, 1977), en la que se narraba el aprendizaje de un joven perteneciente a la ultraderecha, se consiguió una villa *art-déco* construida por un fascista en la que se decía que había vivido una hermana de Clara Petacci, la amante de Mussolini; esta casa había sido transformada por unas monjas para montar un colegio y casi no tuvo que modificarse.

Luis Vázquez[42] contaba cómo para *Mi hija Hildegart* (Fernando Fernán Gómez, 1977) gran parte de los espacios se construyeron en un piso de un amigo o como para *Agítese antes de usarla* (Mariano Ozores, 1983) se transformó una discoteca en un hospital.

Antonio Belizón tuvo que construir la casa familiar de *Dulces horas* (Carlos Saura, 1981) en el antiguo edificio del Liceo Francés madrileño, un edificio de cuatro plantas que no se podía derribar por estar catalogado y que sus propietarios alquilaban para los rodajes. El equipo de Saura ocupaba los pisos primero y cuarto con el despacho de producción, el almacén de vestuario, maquillaje, bar, etc. Al mismo tiempo en otras plantas se estaba rodando *La momia nacional* (José Larraz, 1981). En este edificio el arquitecto y director Fernando Colomo había construido unos años antes la buhardilla[43] de los protagonistas de *Ópera prima* (Fernando Trueba, 1979). Este improvisado estudio se encontraba muy deteriorado, sucio y dañado, de forma que incluso el agua se filtró un día de tormenta desde la cubierta hasta la primera planta. La situación en aque-

---

[41] *El lenguaje de la luz*, pág. 167.

[42] Entrevista con Luis Vázquez.

[43] Es curioso que el director de fotografía Teo Escamilla decía que, a pesar de haberse acercado al cine por la "magia de los platós", cuando llegó al cine ya se habían cerrado los estudios y por eso pertenece a la "generación de la buhardilla; de la buhardilla que un amigo nos dejaba para rodar". *El lenguaje de la luz,* pág. 265.

llos años era tan mala que Manuel Hidalgo escribió: "De todas formas, hay que dar gracias a los cielos por poder disponer de un lugar semejante para rodar"[44].

La prisión de *La fuga de Segovia* (Imanol Uribe, 1981) fue construida en una iglesia abandonada, perteneciente a un colegio a punto de ser demolido en Tolosa. Como la longitud de la iglesia era inferior a la de la galería de una cárcel, Félix Murcia tuvo que alterar las perspectivas de las paredes y del trazado de las escaleras, para dar una sensación de mayor longitud[45].

El arquitecto y escenógrafo teatral Andrea D'Odorico en su primer trabajo cinematográfico diseñó la habitación de los protagonistas, un importante espacio del guión de *Demonios en el jardín* (Manuel Gutiérrez Aragón, 1982), en un viejo pabellón de la antigua Feria del Campo. Las condiciones de rodaje eran tan deficientes, que para poder iluminarla el director de fotografía José Luis Alcaine[46], tuvo que inventar una ventana que no llegaba a verse, porque no existía, sólo existían las luces que había colocado para simular la claridad exterior.

Otro escenógrafo teatral, Gerardo Vera, acostumbrado a construir decorados, y que ya había construido en estudio un pazo entero para la serie de televisión *Los pazos de Ulloa* (Gonzalo Suárez, 1984), contaba los problemas que surgen cuando se quiere rodar en exteriores naturales[47]. Para *Tasio* (Montxo Armendáriz, 1984): "me pasé dos meses visitando cocinas de pueblos de Navarra. Fue tremendo, porque me fui a localizar y me encontré una zona llena de antenas de televisión, de casas encaladas, de calles asfaltadas, y para darle una coherencia estética a la película tuvimos que inventarnos fachadas, convertir las casas encaladas en casas de piedra cubrir el asfalto de las calles con barro... En fin, un trabajo horroroso, espectacular de complicado, y que además no es nada agradecido, porque luego la gente se cree que has llegado a un pueblo y te lo has encontrado así".

Recuérdese que un escenógrafo de una generación anterior, como Enrique Alarcón, también se quejaba de que el excesivo realismo de los decorados, conducía al desprecio de algunos críticos que no sabían apreciar su trabajo.

Alarcón, como otros compañeros de su generación, seguían trabajando en estos años y las nuevas generaciones se asombraban de la capacidad profesional de estos veteranos. El director de fotografía Juan Amorós[48] declaraba que en el rodaje de *Padre nuestro* (Francisco Regueiro, 1984) "teníamos la ayuda inapreciable de Enrique Alarcón, que facilitaba muchísimo el trabajo con sus localizaciones, con las paredes que pintaba y con un diseño escenográfico muy elaborado".

Gerardo Vera, quizás por su formación teatral, prefiere los rodajes en estudio en los que puede controlar todos los elementos, como el de *El amor brujo* (Carlos Saura, 1985), en el que construyó todas las chabolas de los gitanos con cicloramas, fingiendo fenómenos atmosféricos como tormentas y nieve.

Pero a pesar de preferir los estudios, los profesionales no rehúyen el reto que supone rodar en exteriores con problemas que pueden surgir por el clima del lugar elegido para rodar. En *Divinas palabras* (José Luis García Sánchez, 1987) Vera tuvo un problema al rodarse en Galicia en mayo con una gran sequía. El argumento exigía que la acción sucediese en un clima muy húmedo, pero los campos estaban tan secos, que se colorearon con pintura al agua, se simuló el verdín del musgo en las paredes de los edificios también con pintura, se echó agua para crear charcos y se ocultaron partes del terreno con ramas verdes cortadas[49].

GERARDO VERA

Gerardo Vera había estudiado escenografía y vestuario en la Central School of Art de Londres, fue meritorio en el Departamento de Vestuario de la Royal Opera House londinense, asistió a cursos de escenografía en diversos centros internacionales como el Teatro Laboratorio de Zagreb y el Instituto del Teatro de Praga. Licenciado en Filología Inglesa, desde 1967 intervino como escenógrafo y figurinista en el

[44] *Carlos Saura,* de Manuel Hidalgo, Madrid, Ediciones JC, 1981.

[45] *En el umbral de la oscuridad. Javier Aguirresarobe,* de Jesús Angulo, Carlos F. Heredero y José Luis Rebordinos, San Sebastián, Filmoteca Vasca, 1995, pág. 110.

[46] *El lenguaje de la luz,* pág. 75.

[47] "Gerardo Vera. El triunfo de la supervivencia", de Rosa Montero, en *El País semanal,* 24 de julio de 1988, página 24.

[48] *El lenguaje de la luz,* pág. 131.

[49] *El lenguaje de la luz,* pág. 183.

Boceto de Manuel Mampaso de la incursión nocturna por las alcantarillas de *55 Days at Peking* (*55 días en Pekín*, Nicholas Ray, 1963).

teatro, comenzado a trabajar en el cine en 1980 contratado por el productor Jacoste y el director Carles Mira para *Jalea Real*. En esta película surgieron dificultades con el director de fotografía[50] tal como ha sucedido tradicionalmente en nuestro cine al superponerse dos labores técnicas que precisan complementarse. *Jalea Real* fue un encargo esporádico porque Vera seguía haciendo ópera y teatro ya que, según él mismo confesaba[51], "el cine no le interesaba demasiado".

Se inició en su trabajo cinematográfico continuado gracias a Querejeta y Gutiérrez Aragón en *Feroz* (Manuel Gutiérrez Aragón, 1984), con este director volvió a trabajar en *La noche más hermosa* (1984), *La mitad del cielo* (1986) y *El rey del río* (1994), ha trabajado con Carlos Saura en *El amor brujo* (1985), *El Dorado* (1987) diseñando sólo el vestuario, y *La noche oscura* (1989).

En sus trabajos, según él mismo cuenta[52]: "Intentaba 'teatralizar' el cine y hacer más cinematográfico el teatro. En el teatro incluía grandes dosis de realismo y en el cine incluía grandes dosis de teatralidad y de invento. Era un poco como una relación adúltera y esa ha sido la clave de mi trabajo."

Esta forma de trabajar se percibe en las adaptaciones cinematográficas de obras teatrales en las que ha intervenido, como *Sé infiel y no mires con quién* (Fernando Trueba, 1985), *Hay que deshacer la casa* (José Luis García Sánchez, 1986) o *Divinas palabras* (José Luis García Sánchez, 1987). Vera es otro ejemplo de profesional que colabora asiduamente con el teatro y el cine, enriqueciendo así ambos trabajos.

ESCENÓGRAFOS-DIRECTORES

Gerardo Vera dirigió su primera película en 1990: "La otra cara de Rosendo Juárez", un episodio de la serie *Los cuentos de Borges* para T.V.E. basado en un guión propio y de Fernando Fernán-Gómez. Dos años después dirigió su segundo largometraje: *Una mujer bajo la lluvia*, una nueva versión actualizada de *La*

---

[50] *En el umbral de la oscuridad. Javier Aguirresarobe*, pág. 125.
[51] "Gerardo Vera. La escenografía es un arte cargado de futuro", de Lola Canales, en *Tele Radio*, 13 de enero de 1985, pág. 12.
[52] Gerardo Vera al autor, el 31 de mayo de 1995.

vida en un hilo (Edgar Neville, 1945), y en 1995 *La Celestina;* en todas ellas le encargó la dirección artística a Ana Alvargonzález, que había sido su ayudante en varias películas.

Tal como se dijo en capítulos anteriores, no es una novedad que los directores artísticos trabajen como directores. En los últimos años Agustí Villaronga colaboró con Rosell y Francesc Candini en la serie de televisión *La Plaza del Diamante* (Francesc Betriu, 1981). Cuando Villaronga dirigió *El niño de la luna* (1988) hizo un *story board* con todas las secuencias de la película en el que además incluyó las plantas y alzados de todos los decorados hechos a escala[53].

Para realizar los *story boards* se llegó a contar con conocidos pintores, como Manuel Mampaso que trabajó con Bronston, pero normalmente han sido los propios directores con facilidad para dibujar —como José Luis Borau o Carlos Saura[54]— quienes los han realizado para sus propias películas. Dibujar toda la película es una práctica que facilita el trabajo del director artístico, pero que la mayoría de los directores no utiliza por premuras de tiempo o desconocimientos artísticos.

INTRUSISMO PROFESIONAL

Así como los directores de fotografía o los montadores han de tener unos conocimientos técnicos específicos difíciles de aprender, el trabajo de los directores artísticos, por el desconocimiento o la pasividad de los directores y productores, ha sido efectuado por personas con mejor o peor gusto, que no se han dedicado a crear espacios, sino simplemente a "decorarlos", entendiendo la palabra como el mero acto de colocar objetos en un espacio predeterminado.

"Antes el Sindicato Nacional controlaba, casos de amiguismo aparte, la profesión. Y el meritoriaje era una buena escuela. La situación se ha deteriorado y el intrusismo crece. Todos hemos oído alguna vez eso de 'este chico tiene mucho gusto' o 'la ropa se la deja una amiga que tiene una tienda'" como afirmaba Rafael Palmero[55]; este intrusismo estaba un poco más vigilado cuando el Sindicato obligaba a contratar para cada película un profesional que ya había trabajado en otras ocasiones. Aunque, como se vio, estar afiliado al Sindicato no garantizaba unos conocimientos, ya que hay casos en que profesionales sindicados, a pesar de figurar como decoradores jefe de varios títulos, no habían realizado trabajo alguno.

Para conocer el grado de intrusismo profesional basta ver la filmografía final de este libro, donde se puede comprobar cómo muchas de las personas que figuran como directores artísticos en los títulos de créditos de las películas solamente han trabajado una vez.

También es verdad que muchos directores, por su capacidad de trabajo o por no gustarle las ideas del director artístico contratado por la productora, han tenido que realizar el trabajo de decoración. Otros, como también se ha visto, se han atribuido el trabajo de reconocidos profesionales. Cuando le preguntaban a Vicente Aranda sobre la ambientación de su película *Tiempo de silencio* (1986) respondía[56]: "estoy en contacto con cada uno de los técnicos que intervienen en una película dirigida por mí. En este caso fue Josep Rosell el que se ocupó de la ambientación. En cuanto a las localizaciones, esto es labor del director, y su obligación es elegir gente que le responda bien y facilitarles las ideas generales para buscar las localizaciones más idóneas".

JOSEP ROSELL

Rosell es un reconocido profesional, estudió diseño industrial en Barcelona, trabajando inicialmente como dibujante de muebles de estilo, hasta que se trasladó a París donde colaboró en el taller del pintor Jaume Xifra. En 1974 empezó en el cine como ayudante de decoración en diversas producciones, desempeñando asimismo las labores de ambientador, decorador y ayudante de escenógrafo en el teatro. A partir de 1988 trabajó regularmente como director artístico y escenógrafo teatral.

Colaborador habitual de Vicente Aranda en *La muchacha de las bragas de oro* (1979); *El Lute, camina o revienta* (1986); *El Lute 2, mañana seré libre* (1987) para las que recibió indicaciones del propio Eleuterio Sánchez "El

[53] *El lenguaje de la luz,* pág. 459.

[54] Algunos fragmentos de *story-boards* de Saura para *El Dorado* (1987) y *Los zancos* (1984) están publicados en *Storyboard-Le Cinéma dessiné,* de Benoît Peeters, Jacques Faton y Philippe de Pierpont, París, Editions Yellow Now, 1992, págs. 83-89.

[55] "Homenaje a los oficios del cine", en *Cinemanía,* núm. 1, octubre de 1995, pág. 133.

[56] *Vicente Aranda,* de Pascual Vera, Madrid, Ediciones JC, 1989, pág. 165.

Lute"; *Si te dicen que caí* (1988); *Los jinetes del alba* (1989); *Amantes* (1990); *Intruso* (1993) y *Libertarias* (1995), sería imposible entender las películas de Aranda sin la labor desarrollada por Rosell para crear y dar veracidad a los ambientes donde se desarrollan. Para *Los baúles del retorno* (María Miró, 1993) y *La pasión turca* (Vicente Aranda, 1994) trabajó en el Sahara y Turquía, teniendo además la dificultad añadida de tener que recrear sus ambientes interiores en estudios de otros países sin que se noten las diferencias entre los ambientes reales y los reconstruidos.

PROFESIONALES EXTRANJEROS

Como se ha ido viendo, en nuestro país siempre han trabajado profesionales extranjeros. Algunos, como Arustam o Scharf, intervinieron en pocas películas y abandonaron el país, otros como Gosch y Schild se quedaron en España, la mayoría —sobre todo italianos— trabajaron en coproducciones y se marcharon sin llegar a establecerse en nuestra industria.

En estas últimas décadas ha habido varios directores artísticos de otros países que han permanecido trabajando en nuestro país, como los franceses Pierre Thévenet y el arquitecto Alain Bainee. El primero, después de una fructífera carrera en su país, vino contratado por Bronston, trabajó con Parrondo en varias producciones extranjeras y, entre otras películas, diseñó los espacios de *El sueño del mono loco* (Fernado Trueba, 1989); uno de ellos es el apartamento del protagonista que, según su director de fotografía José Luis Alcaine[57], "es un plató, por cierto muy bien tratado por un decorador francés, y todo lo que se ve por sus ventanas son fotografías planas de varios edificios de París, en blanco y negro, que no tenían más de dos metros de altura y estaban iluminadas por mí".

ATREZO

El trabajo de los decoradores sería aún más complicado si no existieran las empresas dedicadas a alquilar el atrezo. En un estudio[58] de 1991 se decía que "un somero análisis prospectivo hace prever un futuro incierto para estas empresas", en aquel momento existían, según el estudio antes citado, unas veinte casas dedicadas a temas de decoración y atrezo, que en su mayor parte han desaparecido. Casi todas estas empresas tenía un carácter familiar con una solera de muchos años, su personal se formaba al amparo de la propia empresa y existía una estructura de taller con maestros y aprendices. Si en la década de los setenta la totalidad de sus ingresos provenía del cine, en la actualidad han tenido que diversificar su oferta a clientes como las televisiones, el teatro y la ópera.

En nuestro país existen varias empresas con larga tradición, entre ellas, Miró en Barcelona, y en Madrid, Vázquez y Mateos. Vázquez se fundó a finales del siglo pasado para dar servicio a los teatros[59], a principios de los años veinte trabajaba para el cine en producciones de Madrid Film como *Los granujas* (Fernando Delgado y Manuel Noriega, 1924) o *Cabrita que tira al monte* (Fernando Delgado, 1925).

La firma Mateos se fundó a principios de siglo y se dedicaba a alquilar muebles a los teatros y al Circo Price. Como se vio antes, Parrondo afirmaba que Antonio Mateos obtuvo un Óscar en *Patton*. Mateos es hijo del fundador y empezó como un operario más de la casa para ir colocando en los decorados los objetos o muebles alquilados. Al gustarle asistir a los rodajes empezó a trabajar como técnico y como regidor, que era el encargado del departamento. Desde entonces ha intervenido en setenta y cuatro películas de las que cincuenta y cuatro, fueron producciones extranjeras[60].

Algunas de estas empresas de atrezo han logrado traspasar nuestras fronteras, una de ellas es la de Mariano García, que consiguió la popularidad desde que comenzó a amueblar series televisivas norteamericanas de éxito, tras conseguir contratos con las productoras de Aaron Speling y Lorimar[61]. Con el desarrollo y difusión del diseño de mobiliario español en los años ochenta, los diseñadores españoles han logrado que sus productos se vean también en producciones de otros países[62].

[57] *El lenguaje de la luz,* pág. 89.

[58] *La industria cinematográfica en España (1980-1991),* Madrid, I.C.A.A. Ministerio de Cultura, 1993, pág. 124.

[59] Entrevista con Luis Vázquez.

[60] Antonio Mateos al autor, el 25 de marzo de 1995.

[61] Sus muebles aparecieron en *Dinastía, Dallas, Hotel, Falcon Crest* y *Los Colby.* "Mariano García. Un empresario valenciano que conquista el mercado americano y amuebla las series televisivas de mayor éxito", de Manuel S. Jardí, en *El País,* 7 de noviembre de 1986.

[62] Como ejemplo, los muebles de Jaume Tresserra decoraban el apartamento de Kim Basinger en *Batman* (Tim Burton, 1966). Sean Young se sentaba en sus sillas en *A Kiss Before Dying* (*Bésame antes de morir,* James Dearden,

Uno de los aspectos más destacados en el cine de Pedro Almodóvar es el diseño de los ambientes que aparecen en sus películas, un diseño que recoge influencias de su tiempo y que al mismo tiempo influye en los gustos de su público.

En los títulos de crédito de *Pepi, Luci, Bom y otras chicas del montón* (1980) no figura el director artístico. En su segunda película, *Laberinto de pasiones* (1982), es el propio director quien firma el trabajo de decoración, con colaboraciones de los artistas plásticos más de moda en el momento: Guillermo Pérez Villalta, Ouka Lele, Costus, Pablo Pérez Mínguez, Javier Pérez Grueso, Carlos Berlanga y Fabio de Miguel. *Entre tinieblas* (1983) supone la primera colaboración del director con Román Arango y Pin Morales, este último se tituló en la especialidad de Decoración en la E.O.C. donde ambos se habían conocido. Decoradores de interiores y artistas con una larga trayectoria, cuando diseñaron los ambientes del peculiar convento de *Entre tinieblas* ya habían hecho los ámbitos donde se movían los Leguineche dirigidos por Berlanga en *Patrimonio nacional* (1980) y *Nacional III* (1982).

La segunda colaboración de Arango y Morales con Almodóvar fue en *¡Qué he hecho yo para merecer esto!* (1984), de la que el director escribió[63]: "el barrio de la Concepción es un personaje más. Supone la idea que el señor Banús y Franco tenían del confort, un confort sólo digno del proletariado. Es un símbolo muy elocuente de la engañosa comodidad a que había accedido el pueblo español en los sesenta. Una comodidad grotesca, infernal, invivible. Me impresionó mucho la estética del barrio. Resultaría ideal para una película de terror, de terror gótico... Esos edificios interminables, verdaderas catedrales de un gusto monstruoso. *¡Qué he hecho yo para merecer esto!* es una película muy fea, tanto los interiores como los exteriores son feísimos". Sin embargo la casa de la protagonista se construyó

en un estudio, con las medidas reales de una vivienda del barrio. Las únicas facilidades para el director de fotografía[64] eran la ausencia de techos y la movilidad de algunas paredes de las dependencias, pero el pasillo tenía su dimensión real y, como sucedió en *El cochecito,* fue muy difícil realizar los *travellings.*

En *Matador* (1986) intervino Josep Rosell además de Arango y Morales y sería la última colaboración de ambos con Almodóvar. Para *La ley del deseo* (1987) el director contó con Javier Fernández, un profesional que llevaba trabajando desde 1981. En *Mujeres al borde de un ataque de nervios* (1988) contrató a Félix Murcia, otro reconocido profesional. Almodóvar escribió: "En la Alta Comedia se huye de los decorados naturalistas. Los espacios son grandes y artificiales (...) la acción se desarrolla en el seno de una familia burguesa (cocina, salón, alcoba, etc.) o en las barras y cafeterías, museos, subastas"[65]. El rodaje de esta película tuvo lugar en Madrid, la mayor parte de los espacios se construyeron en una nave industrial próxima a Barajas y sus decorados fueron nominados para el Félix del cine europeo a la mejor decoración.

El director artístico de *¡Átame!* (1989) es Ferrán Sánchez, que trabajaba en el cine desde 1986. En los títulos de crédito de *Tacones lejanos* (1991) no figura el director artístico. En *Kika* (1993) volvió a colaborar con Javier Fernández con la inclusión del francés Alain Bainee y en *La flor de mi secreto* (1995) contó con otro acreditado profesional, con Wolfgang Burmann.

Como se ve Almodóvar ha colaborado con muchos y variados directores artísticos conocidos, pero siempre ha logrado imprimir su sello personal al aspecto visual de sus películas. Esto ha sido posible gracias a que el director ha colocado la mayoría de los objetos —muchas veces de su propiedad[66]— que llenan los espacios donde transcurre la acción. La selección de objetos y mobiliario tiene para Almodóvar un valor autobiográfico ya que sus decorados, según declaraba[67], son "un verdadero álbum de recuerdos de mi vida privada. Los viajes de promoción, las escapadas de placer a los lugares

---

1991) y aparecían en *Damage* (*Merida,* Louis Malle, 1992). En otro orden de cosas, Mia Farrow tenía en su casa una escultura de Martín Chirino en *Alice* (Woody Allen, 1990).

[63] Dossier de la película, citado en *Pedro Almodóvar,* de Francisco Blanco "Boquerini", Madrid, Ediciones JC, 1989, pág. 67.

[64] *El lenguaje de la luz,* pág. 299.

[65] Dossier de *Mujeres al borde de un ataque de nervios* (1988).

[66] Para poder organizar una exposición en BD Ediciones de Diseño (Madrid, mayo de 1994) con el mobiliario de *Kika* hubo que aprovechar la estancia del director en EE.UU., ya que su casa se quedó prácticamente sin muebles.

[67] Almodóvar, "Los decorados de Kika", en *Elle decoración,* núm. 33, octubre de 1993, pág. 66.

Kika (Pedro Almodóvar, 1993).

más recónditos y exóticos o a las grandes ciudades más grises y estandarizadas conforman el territorio que exploto para seleccionar los detalles que más tarde supondrán el punto de partida en el decorado de mi siguiente film".

Su tendencia estética favorita la explicaba cuando decía: "Yo adoro el *kitsch,* pero creo que vivir en una casa *kitsch* puede ser completamente agobiante, ya que te enfrentas con la agresividad de lo feo y del mal gusto. Si fuera un asiduo de este tipo de cosas dejaría de hacerme gracia porque tendría que afrontar lo que realmente significan"[68]. La realidad es que los objetos y el mobiliario de sus películas tienen unos diseños que ya son *kitsch,* y esa es su importancia, porque ha sabido elegir la imagen que retrata un estrato determinado de nuestra de sociedad, al mismo tiempo que consigue crear un documento que dentro de unos años servirá para comprender los gustos de ese estrato de la sociedad.

"Para mí una cosa muy importante en una película es el atrezo, los decorados[69]". Almodóvar cita primero el atrezo y lo asocia al decorado, porque es el objeto lo que define al personaje y no el espacio en el que se mueve. La actualidad, la "moda", del objeto sitúa al personaje en su tiempo.

El director más que un creador de espacios, más que un director artístico, puede considerarse un curioso "atrezista", que ha sabido recoger las influencias de esa parte de la sociedad que retrata en su cine.

LA TELEVISIÓN

Parecería que no tiene mucho sentido tratar la escenografía televisiva en un libro sobre cine y por eso se ha dejado para el final, pero desde que surgió la televisión en nuestro país los diplomados de la E.O.C. tuvieron otra salida profesional[70] y muchos directores artísticos han trabajado indistintamente en los dos medios.

Profesionales como Bernardo Ballester, Rafael Palmero, Félix Murcia y muchos otros, han realizado trabajos en la televisión que no tienen nada que envidiar a los realizados para el cine.

[68] *Casablanca,* núm. 23, noviembre de 1982.

[69] "Interiores. Exposición de los muebles de Pedro Almodóvar", de Juli Capella y Quim Larrea, en *El País. Babelia,* 30 de abril de 1994.

[70] "Sabemos que, por ejemplo, en Televisión, gozamos de cierta predilección los diplomados de la Escuela. Prueba de ello es que son muchos los decoradores que proceden de nuestras aulas", Delegado de Decoración, en "La E.O.C. desde dentro".

Gonzalo Tovar declaraba[71] que "hacer algo para televisión es inevitable, la mayoría de la gente que se dedica a esto ha tenido que trabajar para la pequeña pantalla, aunque a veces puedas hacer cosas, como *La forja de un rebelde,* que es como trabajar en cine". La televisión estatal produjo varias series, entre ellos la citada por Tovar, rodadas con procedimientos cinematográficos y grandes medios económicos, en las que trabajaron profesionales que al mismo tiempo desarrollaban su labor en el cine aportando sus conocimientos a los dos medios.

RAFAEL PALMERO

Uno de ellos es Rafael Palmero, que cursó estudios de Pintura y Arquitectura, obtuvo el título en la especialidad de Decoración en la E.O.C. y en el Instituto de Radio y Televisión, siendo profesor de escenografía en ese Instituto entre 1980 y 1984, desde entonces no ha abandonado su actividad docente y ha continuado impartiendo cursos y participando en seminarios en España y Cuba destinados a posgraduados universitarios y profesionales tanto cinematográficos, como de televisión.

También ha realizado la escenografía de numerosas obras teatrales y la de muchos programas y series de televisión como *Ese señor de negro* (Antonio Mercero, 1975), *Teresa de Jesús* (Josefina Molina, 1983), *Fortunata y Jacinta* (Mario Camus, 1979) o *La forja de un rebelde* (Mario Camus, 1989) estas dos últimas con Félix Murcia.

La primera película en la que trabajó como director artístico fue *Cría cuervos* (Carlos Saura, 1975) donde, entre otros espacios, diseñó el tétrico piso de los protagonistas. Desde entonces ha intervenido en casi todos los títulos de Saura como *Dispara* (1993), creando los tres estilizados y abstractos espacios de Bodas de sangre (1981), *Sevillanas* (1992) y *Flamenco* (1995), y recreando los años de la guerra civil en *¡Ay Carmela!* (1990) por la que ganó el Premio Goya a la mejor dirección artística y al mejor vestuario. Premio que se le había otorgado por primera vez en 1988 por *La casa de Bernarda Alba* dirigida por Mario Camus, con quien ha trabajado de forma habitual, alternando los espacios preferentemente urbanos de *La vieja música* (1985), *La rusa* (1987), *Después del sueño* (1992) y *Amor propio* (1994), con los ambientes rurales en *Los días del pasado* (1977), *Los santos inocentes* (1984) y *Sombras en una batalla* (1993). Creó para Berlanga los destartalados interiores de la mansión campestre de los Leguineche en *La escopeta nacional* (1978) y adecuó una prisión existente para reproducir la atmósfera de solaz reclusión de *Todos a la cárcel* (1993). Entre sus trabajos para otros directores se encuentran espacios tan diversos como las casas andaluzas de *A un dios desconocido* (Jaime Chávarri, 1977), el colegio religioso de *Arriba Hazaña* (José María Gutiérrez, 1978), el opresivo convento de *Extramuros* (Miguel Picazo, 1985), el decadente palacio de *Pasodoble* (José Luis García Sánchez, 1988), el tétrico castillo gallego de *Besos en la oscuridad* (Hervé Hachuel, 1992), los caseríos vascos de *Vacas* (Julio Medem, 1992) o los ambientes futuristas de *Supernova* (Juan Miñón, 1993). Fue nominado para el Premio Goya a la mejor dirección artística por la recreación rural extremeña de principios de siglo de *Jarrapellejos* (Antonio Jiménez Rico, 1987) y por *Lo más natural* (Josefina Molina, 1990). En 1990 fue uno de los fundadores de la Asociación Profesional de Directores de Arte de Cine y Televisión, que preside en la actualidad y de la que es vicepresidente Félix Murcia.

FÉLIX MURCIA

Otro de los profesionales que ha trabajado tanto en televisión como en cine es Félix Murcia, que entre 1968 y 1973 se tituló en Arquitectura de interiores, Artes Aplicadas, Escenografía y Diseño Superior por las Escuelas de Artes Decorativas, y de Artes Aplicadas y Oficios Artísticos de Madrid. Empezó a trabajar para la televisión en Hilversum (Holanda), ingresando en 1966 en T.V.E., al mismo tiempo que intervenía en el cine como ayudante de decoración y ambientador en películas cuyo director artístico era Rafael Palmero. Ha impartido clases de Escenografía en el Instituto Oficial de R.T.V.E. desde 1978 hasta 1980. Año en que abandonó definitivamente la televisión para incorporarse al cine.

Es uno de los directores artísticos actuales más imaginativos, siendo capaz de crear espacios, tanto para películas de ciencia-ficción: *El caballero del dragón* (Fernando Colomo, 1985), como para las ambientadas desde el medievo, *Flesh and Blood* (*Los señores del acero,* Paul Verhoeven, 1985), hasta la actualidad, *El pájaro de la felicidad* (Pilar Miró, 1993), pasando por otras épocas de nuestra historia, como en

---

[71] "La creación y la cantera", de Guillermo Altares, en *El País. Babelia,* 26 de marzo de 1994.

Valentina y *1919. Crónica del alba* (Antonio J. Betancor, 1982).

Es el director artístico que ha ganado más veces el Premio Goya, estando nominado desde 1987 en casi todas sus ediciones, se lo otorgó por la recreación de los ambientes canarios y peninsulares del año 1936 de *Dragon Rapide* (Jaime Camino, 1987), en 1992 por otra reconstrucción histórica para *El Rey pasmado* (Imanol Uribe) y en 1994 por la creación en Cuba de los espacios sudamericanos de *Tirano Banderas* (José Luis García Sánchez); fue nominado en 1988 por *El bosque animado* (José Luis Cuerda), en 1995 por *Días contados* (Imanol Uribe) y en 1989 por *Mujeres al borde de un ataque de nervios* (Pedro Almodóvar) por la que también fue nominado al Premio Félix del Cine Europeo como mejor director artístico.

Es el director artístico habitual en los títulos producidos y dirigidos por Imanol Uribe, en los que comienza a colaborar desde que se preparan los rodajes. Esta forma de trabajar, favorecida por la cohesión que existe entre los miembros del equipo técnico, evita los problemas surgidos en otras épocas entre los decoradores y los directores de fotografía[72].

Como la mayoría de los directores artísticos, Murcia ha creado escenografías teatrales como la de *Las amistades peligrosas* dirigida por Pilar Miró, y además ha diseñado carteles de películas como *Luces de bohemia* (Miguel Ángel Díez, 1985) y *Gallego* (Manuel Octavio Gómez, 1986). Creó para T.V.E. los espacios de las series *El Quijote* (Manuel Gutiérrez Aragón, 1991) y las antes citadas en colaboración con Palmero. Ha intervenido en numerosas conferencias, ponencias y cursos, difundiendo y explicando su labor entre diversos profesionales de otros medios. Ha participado en diversos certámenes internacionales y nacionales de pintura, realizando varias exposiciones individuales. En la actualidad es profesor de Dirección Artística en la Escuela de Cinematografía y del Audiovisual de la Comunidad de Madrid.

EL FUTURO

"Soy muy pesimista respecto al futuro del cine español. Cuando se cierran las fábricas, se acaba con la industria, y ya no hay manera de rodar nada en España dentro de unos auténticos estudios de cine, porque los que tenemos desde luego no merecen ese nombre." Este es el desolador panorama que intuye el director de fotografía Fernando Arribas, que hacía esta reflexión cuando le prohibieron colgar unos focos en el techo de los estudios Buñuel —antes Chamartín— porque, cuando se reconstruyó la cubierta después de haber sufrido un incendio, no se calculó la sobrecarga que supondrían las instalaciones eléctricas.

Lo realmente importante de la declaración de Arribas es la asociación entre "industria" y "estudio".

Parece haber una conciencia generalizada que apoya la creación de estudios, parece también que, gracias al aumento espectacular de las recaudaciones en taquilla, hay un buen momento para afrontar esta construcción, aunque es importante que se aprenda de los errores del pasado para no volver a cometerlos. Con esta creación los directores artísticos tendrán lo que venían reclamando desde hace mucho tiempo: unas condiciones de trabajo óptimas para poder volver a levantar decorados como en otras épocas.

Es difícil y un poco inútil hacer una predicción de lo que pasará en los próximos años con la profesión de director artístico. Ya hay algunos profesionales que reclaman el cambio de nombre, autodenominándose "diseñadores de producción", con lo que después de haber copiado el *art director* anglosajón se copiaría el *production designer*. Esta reivindicación se apoya en la aparición de una forma de trabajo que abarca nuevas tecnologías y por tanto mayores competencias y responsabilidades.

Para hacer frente a estos nuevos retos han proliferado escuelas en las que prestigiosos profesionales con larga práctica laboral, imparten clases de sus especialidades. En la actualidad los primeros alumnos están saliendo de estas escuelas y se enfrentan a una situación que está mejorando. El incremento de las recaudaciones de taquilla de las películas españolas producidas en los últimos años presagian una mayor inversión, y por lo tanto mejores medios, logrados gracias a un mayor presupuesto en el capítulo de la decoración.

Evidentemente estos medios no garantizan que el trabajo sea mejor, pero ayudan a conseguirlo.

Como siempre, lo importante será la capacidad creadora y la inventiva de nuestros profesionales. Cualidades que, por la trayectoria histórica que se ha visto, parecen totalmente garantizadas.

---

[72] Como se desprende por las declaraciones de Javier Aguirresarobe en *En el umbral de la oscuridad*, pág. 199.

Capítulo VI

Entrevista con Alfonso de Lucas

(Barcelona, 10 de diciembre de 1995)

¿Cómo fueron sus comienzos en el cine?

Tras acabar los estudios de bachiller fui a la Escuela Industrial con el propósito de hacerme lo que entonces era Perito Industrial, para poder entrar luego en la Escuela de Ingenieros directamente sin hacer el ingreso, que era muy complicado. No me salió bien la operación y volví a repetirla con los estudios de Aparejador, porque en la Escuela de Arquitectura ocurría lo mismo. Pero el año que terminé también me cerraron el acceso. Como era joven y tenía deseos de prosperar, necesitaba ganar dinero y me lancé a trabajar "de todas en todas": en la construcción, en la decoración, estuve en la Standard Eléctrica como ingeniero de fábrica y de allí salí con un amigo, Federico Gomis, que estaba en contacto con Ballesteros para hacer un estudio. Me liaron la manta a la cabeza y con cuatro pesetas alquilamos un gran local en la calle Martín de Vargas, que, por cierto Umbral lo cita en una novela como "el estudio de la flecha", ya que se me ocurrió pintar una flecha larga en la pared en una calle de Embajadores con el nombre del estudio encima, porque era dificilísimo dar con ellos.

¿Cómo era el edificio que alquilaron?

Era una nave industrial donde se almacenaba trigo, patatas, cereales... Aquello lo saneamos, lo arreglamos muy bien y modifiqué las armaduras, hice un estudio de los "pies derechos" que hubo que modificarlos. El edificio tenía una altura de catorce metros con unas columnas de doble T. Reforcé con dobles U los pies derechos, suprimí los jabalcones y se organizaron unos estudios bastante apañados. Esos fueron mis primeros estudios y mi manera de entrar en el cine. Cuando el dueño vio mi habilidad para dibujar me dijo: "aquí no hay más decorador que usted" y al día siguiente me vino con unas tarjetas que ponían: "Ballesteros Tona Film, Alfonso de Lucas decorador cinematográfico." Así fue mi bautismo.

¿Cual fue la primera película que hizo?

Patricio miró una estrella de Saénz de Heredia[1]. Ballesteros era amigo de Saénz de Heredia y lo cogió igual que a mí. No tenía ni idea de lo que era un guión, ni de como se hacía una película, ni nada. Estábamos en pañales todos. Nos costó un año y pico hacer la película pero se logró. Íbamos documentándonos como podíamos. Indagábamos cualquier cosa que nos diera una formación muy difícil de adquirir, hacíamos ensayos y veíamos revistas y libros. El primer decorado que hice fue absurdo, porque hice los elementos como se hacen en un edificio. Cuando se había rodado la película y al no resultar bien el decorado, porque el eje de cámara estaba invertido, hubo que repetirlo todo pero simétrico, y yo no lo pude hacer porque como no estaba hecho con elementos cinematográficos, que se hacen pieza por pieza y luego se pueden invertir poniéndolos en el otro sentido, pues hubo que volverlo a hacer otra vez. Después de varios percances que ocurrieron entonces y cuando vimos que no íbamos bien, mi amigo Gomis,

---

[1] *Patricio miró una estrella* (José Luis Sáenz de Heredia, 1933).

que hacía de ingeniero de sonido, buscó a un director, Fernando Delgado, que había hecho cine mudo y con ese ya se encontró más arropado Saénz de Heredia para hacer la película.

¿Y usted cómo aprendía?

A mí no había nadie que me enseñase, no sabía donde coger fuentes para hacer decorados. A Ballesteros que era el operador, le ocurrió igual, fue un desastre de iluminación, hubo que repetir la película una o dos veces porque la luz entraba en la cámara. Entonces no había los focos que hay hoy, eran unos de facetas, de cristalitos pequeños que daban una luz difusa y para concentrarla había que poner unos condensadores delante, una complicación enorme. La intensidad de luz había que darla gracias a arcos voltaicos que metían un ruido espantoso y no se podía rodar con sonido. Había dificultades en la cámara, las había en el guión, en la dirección y por último las había en los decorados, pero como el decorador era lo que menos importancia tenía en la película, o eso se presumía, pues se relegaba. Yo fui formándome como pude, haciendo primero bocetos y luego planos.

En la película se construyó una calle con tiendas.

Reproduje una tienda de la calle Pontejos de Madrid y para destacar su estilo en su ñoñez yo le puse una farmacia *art-déco* al lado para darle impacto.

Teníamos un perro precioso en el estudio al que no le permitíamos que hiciese sus necesidades dentro, salía a un patio que teníamos. Cuando hicimos la calle se lo hizo allí mismo.

Los interiores son bastantes modernos para la época.

Cuando hago un boceto elijo el mismo punto de vista que me ha pedido el director y procuro hacerle un dibujo con esas condiciones, luego el director puede hacer el plano desde el punto de vista elegido ajustado al proyecto.

Había un interior muy complicado porque la barandilla de la escalera en la primera planta tenía que desmontarse para que la cámara ascendiese, pasase por la ventana y tomase a una señora que cantaba en el patio en un plano con grúa.

Usted trabajaba como decorador-jefe de Ballesteros.

Claro yo era el jefe de los estudios. Había un carpintero, un buen oficial de ebanistería,

que era al que yo le daba los planos y le explicaba lo que había que hacer, después en el plató levantaba los pies derechos, las armaduras que luego íbamos forrando, haciendo bastidores. Hacíamos los decorados de tela como en el teatro. Era muy difícil hacer un decorado con bastidores y que se pudiera colgar algo en la falsa pared, porque era de tela y había que reforzarla por detrás para poder colgar un cuadro.

¿Y la tela no se movía?

Se pasaban canutas porque no querían gastar dinero en los decorados. Lo que ocurre es que la tela se empapelaba y quedaba como un tambor, se ponía el bastidor, se hacía todo el decorado, se forraba de papel bien forrado y encima se pintaba. Costaba muchísimo trabajo. En Italia los bastidores eran plancha delgada de madera muy buena, forrados de tela y encima una vez hecho se empapelaba el bastidor. Una vez montado quedaba precioso, había unos bastidores de altura estandarizada de tres, tres y medio, y cuatro metros; y ancho de cuarenta, sesenta centímetros, un metro, uno veinte, y uno cincuenta de ancho, todos esos bastidores estaban forrados de tela y las paredes quedaban preciosas.

¿Por qué no vuelve a intervenir en el cine hasta los años cuarenta?

Porque hago las oposiciones del Estado, gano la plaza de ingeniero técnico del Ministerio de Industria, me voy a Santa Cruz de Tenerife donde lo pasé muy bien hasta que vino la guerra. Yo era oficial de complemento, había un regimiento de Ingenieros, me tuve que ir y allí pasé unos cuantos años. Se acabó la guerra me dijeron que me reincorporara en el Ministerio, me daban plaza en Madrid y yo dije que no, que prefería ir a Barcelona, primero porque me daba cierta lástima ver como estaba Madrid después de la guerra. En este impasse vi la posibilidad de compaginar mi cargo en el ministerio con el cine y de ir a Barcelona donde había tres estudios de cine y se hacían películas. Me quedé aquí, aquí estoy desde el año 1939 y ya soy catalán.

Usted ganó una beca para estudiar en el extranjero.

Siempre he estado dándole vueltas a cómo aprender y saber de mi profesión. España en aquella época con quien tenía relaciones buenas era con Alemania y los sindicatos, que eran quienes informaban al Ministerio de Industria de dónde tenían que formarse los técnicos, en un principio decidieron mandarnos a Babelsberg, a los estudios de la UFA. Hasta que alguien dijo: "a estos chicos cómo vamos a mandarlos a un país que está en guerra". Yo lo sentí horrores porque me hubiese gustado ir a los primeros estudios que había en Europa.

Entonces hicieron el apaño de mandarnos a Italia, que tampoco estaba mal. Nos mandaron al Centro Experimental de Cinematografía y Cinecittá era una maravilla. Luego me alegré por las relaciones que hice en Italia[2].

¿Quienes fueron con usted?

Había un profesional de cada especialidad por plaza, éramos diez o doce y me acuerdo que debían haber venido un tal Alonso, que era ingeniero de sonido y estaba en C.E.A., Miguel Ángel Durán, un operador de documentales, Prieto, un operador de cámaras aéreas, y Enrique Alarcón, que era decorador, porque yo no iba como decorador sino como autor de efectos especiales, trucos de cine, y otros como el sistema Schufftan[3], copiado óptico, sistema de tramas, maquetas...

Total que solamente fuimos Durán, Prieto y yo, los demás desistieron de su propósito, uno porque estaba contratado por la C.E.A., otro porque iba a hacer una película, otros porque no sabían cuándo se iba a volver... yo tuve que pedir la excedencia en el Ministerio, me la dieron y me jugué el destino, porque no sabía si al regreso iba a poder volver a Barcelona, que era donde tenía mi piso y mi manera de vivir. De los tres el único que sacó partido de aquello fui yo, ellos iban poco por el Centro Experimental.

El director del Centro me dijo si quería ir con Christian-Jaque como asesor porque al decorador lo tenía enfermo, y yo le dije: "claro y gratis". Estaba rodando *Carmen*[4] con Vivian Romance. Fui y repartí mi gratificación con mis dos compañeros españoles. En *Corresponsales de Guerra*[5] me sucedió igual, la dirigía Romolo Marcellini, era sobre la guerra de España y yo estaba empollado, sabía como eran los tanques, las alpargatas, los uniformes... yo diseñé los casas, los pueblos, localicé los exteriores. De España nos mandaron una cantidad de carteles preciosos hechos por Bagaría[6], que yo dejé pegados por los pueblos italianos que imitaban a España. Para darles carácter de revolución se ponían pancartas con eslóganes en español como "no pasarán" o el célebre toro de Osborne que ponía en el campo. Buscaba trucos que recordasen España. Cuando acabé volví a repartir con aquellos muchachos lo que me dieron, que les vino muy bien.

¿Cómo era el Centro Experimental de Cinematografía?

El Centro Experimental estaba muy bien hecho y muy bien montado. Teníamos como director a Chiarini[7] y había unas asignaturas comunes para todos, porque allí se enseñaban todas las especialidades: cámara, decoración, interpretación, maquillaje... De estas actividades había ciertas asignaturas comunes como en una universidad. A las que eran para directores íbamos los decoradores para ver los movimientos de cámara, la elección de ángulo; estas asignaturas las explicaba Chiarini. También estaba Umberto Barbaro[8], teníamos al

---

[2] La Orden de fecha 11 de noviembre de 1941 estableció la concesión por el Sindicato Nacional del Espectáculo de diez becas para el perfeccionamiento de la técnica cinematográfica en cada una de las siguientes especialidades: dirección, operador, laboratorio, montaje, sonido, maquillaje, efectos especiales, películas culturales, noticiarios y organización de producción. La dotación era de cinco mil pesetas y los gastos del viaje. Se obligaba a informar mensualmente al Sindicato y redactar una memoria final que podía dar lugar a la obtención de un diploma. Los becados fueron: Antolín Alonso Casares (dirección), Cecilio Paniagua (operador), Alejandro Sáenz de la Hoya (laboratorio), Antonio Martínez López (montaje), Antonio Alonso (sonido), José María Sánchez (maquillaje), Alfonso de Lucas (efectos especiales), Enrique Prieto (operador aéreo), Miguel Durán (noticiarios), Fernando Bonia Izquierdo (organizador de programas de la producción).

[3] El sistema Shuftan o Schufftan, fue inventado por el director de fotografía alemán Eugen Schufftan y consiste en colocar delante de la cámara un espejo en el que se reflejan objetos o personas que en la película aparecen integrados con el fondo real.

[4] *Carmen* (Christian-Jaque, 1941); el decorador era Robert Gys.

[5] *Inviati speciali* (Romolo Marcellini, 1941). Los decoradores eran Alberto Bocianti y Gastone Medín.

[6] Luis Bagaría nació en Barcelona en 1882. Ilustrador y caricaturista, colaboró en diversas publicaciones como *Buen Humor* y *El Sol* de Madrid y *La Vanguardia* de Barcelona. Falleció en Cuba en 1940.

[7] Luigi Chiarini nació en Roma en 1901, en 1935 fundó el Centro Sperimentale di Cinematografia que dirigió hasta 1950. Publicó numerosos libros teóricos y dirigió algunas películas.

[8] Umberto Barbaro, nació en Acireale (Italia) en 1902, trabajó en Centro Sperimentale di Cinematografia desde su fundación, tradujo a Pudovkin, Eisenstein y Balasz, escribiendo además obras teóricas. Falleció en Roma en 1959.

maestro de los maestros de los decoradores, que era Guido Fiorini[9]. Un señor muy fino, muy culto que hablaba español y tenía un concepto de la decoración muy especial, nunca trató de reproducir las cosas, siempre sacaba la esencia de ellas y colocaba el extracto. Nos decía: "usted no me atiborre esto de cosas, saque el extracto como en una caricatura en la que ve usted el gesto pero no ve el retrato". Cosas tan interesantes que le quedan a uno grabado. Teníamos otro profesor que nos daba clase de escenotecnia, es decir construcción de decorados, Valentini. Teníamos otro buenísimo que era el de Historia del Cine, Pasinetti[10]. Había sala de esgrima, caballos, una sala de danza para las chicas...

Usted estuvo en Italia dos años.

Dos cursos, no dos años. Éramos cuatro o cinco estudiando decoración y allí me hice muy amigo del ayudante de Fiorini que era Valentini, un muchacho de mi edad. En los decorados que le encargaban a él intervenía yo y entonces, a la inversa de lo que me ocurría con mis compañeros que no trabajaban y cobraban, yo al revés, me pagaban algo, iba con él y hacía los decorados.

Las dos huerfanitas[11] se hizo con el Proyecto de los alumnos del Centro Experimental, Fiorini nos marcó las pautas de lo que teníamos que hacer y a uno le mandó a hacer las calles, a otro un salón... Esa era mi intervención, una práctica de Escuela pero hecha realidad. Luego pisábamos el decorado que habíamos dibujado, que era lo interesante y lo más emocionante. Aprendí mucho.

También había una sección de miniaturistas, allí tuve en mis manos las maquetas del Alcázar de Toledo para *Sin novedad en el Alcázar*[12]. Para entrar en el Centro teníamos que llevar ya una formación previa, ser arquitecto o estar licenciado en la escuela de Bellas Artes. Los que entraban en el taller de miniaturista eran niños que empezaban a estudiar, principiantes pero que hacían casi todas las maquetas de Cinecittà.

¿Cómo volvió a trabajar en el cine en España?

Yo estaba reincorporado en el Ministerio, primero hice *Arribada forzosa*[13] que dirigió Arévalo. El director de Orphea me conocía y tenía una pega, había venido Florián Rey y quería hacer unos decorados[14], todos los traían hechos de Madrid en cartón, pero había una plaza de un pueblo que no sabían cómo hacerla. Yo construí una maqueta de la parte superior de la plaza y tuve éxito por lo que gané un Premio. Ya seguí haciendo películas, tenía crédito suficiente para poder contratarme.

Costaba trabajo ir a la Delegación de Industria y a los estudios, Orphea, Trilla que estaban al otro lado de la ciudad, Kinefon que estaban en Sarriá, Lepanto... andaba loco con el coche.

Yo no trabajaba para los estudios, lo hacía para las productoras, a mí me contrataban como quien contrata a un actor. *El Correo del Rey*[15] se hizo en Orphea, *Don Juan de Serrallonga*[16] en Trilla...

En Orphea se podían rodar dos películas a la vez, pero no siempre tenían la suerte de tener los dos platós ocupados, que eran bastante buenos: uno descomunal fantástico y otro más pequeño

Usted trabajó mucho con el director Ricardo Gascón.

El ladrón de guante blanco[17] la hice con él, se puso en contacto con un amigo suyo y formaron una productora que se llamaba P.E.C.S.A. Hicimos muchas películas. No sé si era o no afortunado... no lo era. Murió sin

[9] Guido Fiorini nació en Bolonia en 1897, formado como arquitecto, inventó un sistema estructural, llamado Tensistruttura, para construir edificios con sus plantas estaban colgadas por cables desde un núcleo central, Le Corbusier la propuso para algunos edificios en Argel. En 1941 publicó *La scenografia cinematografica*. Diseñó los decorados, entre otras películas, de Giuseppe Verdi (Carmine Gallone, 1938), *I grandi magazzini* (Mario Camerini, 1939), *Miracolo a Milano* (*Milagro en Milán*, Vittorio De Sica, 1950) y *Tempi Nostri* (Alessandro Blasetti, 1954). En sus películas no usó el lenguaje moderno que había empleado en arquitectura.

[10] Pasinetti nació en Venecia en 1911, publicó en 1939 una historia del cine y en 1948 un Filme Lexicon. Dirigió documentales sobre Venecia y los críticos asistentes al Festival de Venecia otorgaban el Premio Pasinetti en su honor. Falleció en Roma en 1949.

[11] *Le due orfanelle* (*Las dos huerfanitas*, Carmine Gallone, 1941)

[12] *L'assedio dell'Alcazar* (*Sin novedad en el Alcázar*, Augusto Genina, 1940).

[13] *Arribada forzosa* (Carlos Arévalo, 1943).

[14] La película era *Orosia* (Florián Rey, 1943).

[15] *El correo del Rey* (Ricardo Gascón, 1950).

[16] *Don Juan de Serrallonga* (Ricardo Gascón, 1948).

[17] *El ladrón de guante blanco* (Ricardo Gascón, 1945).

pena ni gloria y no fue nadie al entierro, el único fui yo. Sus películas han pasado sin pena ni gloria y claro eso arrastra a todos los que trabajaron con él.

Pero en sus películas hay decorados espectaculares como los de Don Juan de Serrallonga.

Lo único que quedó fueron unos decorados enormes hechos con bastante soltura. Incluso hay periodistas que me han criticado los decorados como si estuvieran fuera de lugar, aunque no lo están, si aquí no había este gótico había que inventarlo. Tenía que ser un decorado que tuviese impacto, porque el decorado es un personaje que habla como un actor. Si no acompañamos al actor de un entorno que le refuerce su personaje, el actor es difícil que se desenvuelva. Lo mismo ocurre con el sonido, el sonido subraya la acción y el decorado invita a la acción, por eso hay que inventar el decorado, si no hay, se inventa.

Por ejemplo, yo no sabía como hacer el despacho del Conde Duque de Olivares, estuve informándome sobre el estilo que podría tener en el caserón donde vivía, que existe todavía en Madrid al lado del Ayuntamiento. En un museo vi una colección de tapices de la época, que tenía el Conde Duque en su despacho, y estaban adornados con columnas sa-

lomónicas. Para darle un empaque al personaje no podía ser un despachito vulgar y corriente, tenía que ser una cosa grandiosa, por eso la idea de los tapices me dio una luz, construí unas columnas salomónicas y en medio metí un cuadro enorme, que en realidad era pequeño porque el techo era una maqueta que tenía un metro de alto por dos de ancho. El cuadro era el retrato del Conde Duque de Velázquez, lo hice pidiendo al Museo del Prado una fotografía y pegándola en la maqueta del techo.

¿Hacía también los efectos especiales?

Siempre, pero no separados de mis decorados en la misma película. Sólo una vez me llamaron para hacer sólo los efectos especiales, era una cosa sobre Gaudí, para hacer la Sagrada Familia. Cuando lo tenía todo preparado me llamaron y me dijeron que se suspendía la película. El productor no quería herir la susceptibilidad de mi colega el decorador que ya había contratado, y aunque no tenía confianza de que le hiciera los efectos especiales, dio su conformidad para que los hiciera.

Entre los efectos especiales también hacía explosiones. Yo soy capitán de Ingenieros. En Italia para Corresponsales de Guerra hice muchos hornillos cargándolas con pólvora negra

Don Juan de Serrallonga (Ricardo Gascón, 1948).

Don Juan de Serrallonga (Ricardo Gascón, 1948).

vulgar y corriente, imitando las explosiones de las bombas.

Usted hizo los decorados de Los ases buscan la paz[18], *que en parte sucedía en Hungría.*

Me dijeron: "hay que hacer una vista y una panorámica de Budapest, si quieres lo eludimos pero tiene que haber algo que indique el lugar". Yo en mi vida había estado allí, ni sabía cómo era. Me fui a la Enciclopedia Espasa y encontré una fotografía que es una panorámica de un puente, la corté, la adapté sobre un cristal, la pinté y me la llevé al estudio la arreglé y la reforcé. Kubala me decía que vivía en Buda, luego Pest se ve desde lejos. Le puse una casa en alto desde donde se veía Pest al fondo y así salió en la película. Hace unos años fui a Budapest me llevé la fotografía de la película y vi que no estaba tan equivocada.

Otro decorado exótico es el de Romanza rusa[19].

En *Romanza rusa* había que hacer una columna con el fuste en forma de bulbo y como no tenía yeseros en el estudio, fui en Madrid por la calle Embajadores a una cacharrería y compré una tinaja, la invertí, le di yeso y me sirvió como fuste.

Eso es cine.

¿Cree usted que el decorado interviene en el argumento?

Interviene en el argumento, pero no lo modifica. El decorado ayuda al argumento, es un protagonista más. Luego si se maneja bien o mal es mano del director. Hay que darle al decorado las necesidades que el director exige, si por ejemplo tengo que hacer un comedor, que consiste en una mesa con varios señores alrededor, ese comedor no dirá nada, no es eso lo que hay que hacer. Hay que saber qué pasa en el comedor, qué ocurre. Entonces pongo una mesa y detrás una gran ventana con una vidriera que le dé un fondo, con un sofá y un arranque de escalera... me da igual que sea pobre o rico, lo que si hay que darle es rompientes, riqueza de rompientes.

A mí me daban el guión, el director venía aquí a mi estudio y me decía, por ejemplo: "en este comedor hay una discusión antes de comer, después pasa esta otra cosa...". El director y yo íbamos haciendo los ángulos de cámara.

---

[18] *Los ases buscan la paz* (Arturo Ruiz-Castillo, 1954).
[19] *Romanza rusa* (Florián Rey, 1935).

Las manos sucias (José Antonio de la Loma, 1956).

¿Las localizaciones de exteriores las hacía usted o el director?

El director, y yo iba a darle la conformidad. Por ejemplo aquella película con José Antonio de la Loma, *Las manos sucias*[20], se desarrollaba en una gasolinera en un páramo de Los Monegros. Un lugar muy interesante porque es muy dramático, los Monegros es una extensión que hay al lado de Zaragoza, en la que cuando había trigo, había trigo para toda España y cuando no lo había se "morían de hambre". El argumento pedía estar aislados en un sitio raro. Entonces fuimos, yo me llevé un cristal, mis acuarelas y un visor, pusimos el cristal y en él dibujé lo que tenía que ser la gasolinera. Se montó donde pedía el director solamente para emplazar y después se construyó de verdad.

Había que continuar el exterior en el estudio, desde el interior tenía que verse lo de fuera, repetí con un forillo lo que se veía fuera, el decorado repetido dentro y fuera del campo. Era un decorado de una gasolinera vieja mal atendida. Se paraban los coches para pedir gasolina a pesar de que todo era ficticio, estaba hecho de madera, una tela metálica, enyesado encima y luego placas de yeso imitando piedras.

¿Tenía un equipo o trabajaba solo?

Trabajaba solo, a veces tenía un ayudante que me ayudaba a dibujar. Yo le dejaba aquí en mi casa dibujando, yo hacía el boceto y luego tenía que hacer los planos de plantas y alzados pero nunca tuve tiempo de pasar algo en limpio. Esos planos se los daba al constructor y eran copias de papeles vegetales, casi siempre hechos a lápiz.

¿Quienes eran esos constructores?

Los mejores eran Espiga, Bronchalo y otros de los que no recuerdo sus nombres, que estaban a sueldo fijo de los estudios. El jefe del estudio en realidad era el jefe de decoradores, había un jefe de administración que era el que llevaba la contabilidad y todo el empaque social, y luego había un jefe activo de conservación y construcción de los decorados. Todo el estudio se dedicaba a eso, a la construcción, y había cincuenta o sesenta obreros que dependían no del administrativo sino del que hace los decorados.

¿Cómo era su relación con otros profesionales como los directores de fotografía?

Buena. Enzo Serafini era íntimo amigo mío,

---

[20] *Las manos sucias* (José Antonio de la Loma, 1956).

Guerner, que murió, también era íntimo amigo. Me decían: "voy a emplazar la cámara aquí, ¿qué te parece?" y yo les contestaba: "no aquí no, córrela un poco a la derecha y no le pongas el pie tan alto". Siempre trabajábamos en junta comunión.

En cuanto a los colores, yo no estaba en el estudio todo el día, por eso cuando pensaba que un color era el apropiado, tenía un muestrario de colores con sus números, hacía un tablero con una gama que estaba numerada y el director de fotografía tenía otro muestrario allí, hacía sus pruebas y me decía: "me va tal o cual número para pintar las paredes".

¿En las películas en blanco y negro usaba los colores reales?

Yo sí, otros no. Otros lo hacían con tonalidades sepias. Yo quería estar entrenado para cuando viniese el color, saber seleccionar los colores y saber los que me interesaban.

¿Cómo se conseguía el atrezo?

Había aquí un anticuario buenísimo, Miró, que se dedicaba a comprar y vender muebles antiguos, tenía el almacén en la calle Floridablanca. Yo los elegía, él los limpiaba los barnizaba y los colocaba. A todo esto, y en honor de la verdad, a "El Nervio", un empleado suyo, bajito, que estaba todo el día bebiendo y que había sido de profesión matarife de cerdos, yo le enseñaba una pata de una silla y le decía: "quiero todo los muebles de este estilo", llegaba al día siguiente con un camión cargado de Luis XVI. De dónde había sacado los conocimientos no lo sé. El Agustinet era un hombre conocido por toda la profesión, era utilísimo. El jefe era estupendo, era un señor que sabía de todo tanto como yo, no tenía por qué enseñarle a ese señor lo que era un mueble gótico, pero estaba apoyado por ese hombrecillo y yo confiaba más en el Agustinet que en Miró.

¿Es más difícil hacer un decorado de época que uno actual?

No lo sé. Un decorado de época tiene sus cánones y su manera de concebirse. Es tan difícil o tan fácil uno como otro. Lo difícil es acertar con la acción que hay en el decorado y que el decorado ayude a la interpretación. Lo difícil es que puede haber tantos comedores, por ejemplo, como acciones pueden inventarse en ese comedor o puede haber tantos salones como acciones...

¿Cómo fueron sus trabajos en colaboración, por ejemplo en películas italianas?

Esas películas se rodaron aquí. Incluso hice una película en la Argentina adonde no fui, sino que mandé el Proyecto y lo construyeron allí.

En la *Honradez de la cerradura*[21] el director era Luis Escobar, que era el director del Teatro Español. Burmann era un decorador maravilloso de teatro y Escobar a quien primero recurrió fue a Burmann, que le hizo unos bocetos muy bonitos. Pero a la hora de rodar la película no se puso de acuerdo Escobar en Madrid y se vino a Barcelona. Burmann no vino pero le dijo que aquí estaba yo, entonces me trajeron los bocetos, decían que no querría aceptar los bocetos de Burmann y les dije: "para mí Burmann es un maestro y yo tengo mucho que aprender de él ¡bendito sea Dios que tengo esta oportunidad!". Burmann quedó encantado y Escobar también.

Lo mismo me ocurrió, pero al revés, con *El último cuplé*[22]. Vino Orduña, me dijo que había que hacer los decorados, pero yo tenía mucho trabajo, sólo hice unos bocetos y los decorados los hizo Burmann.

Usted estuvo trabajando hasta hace veinte años ¿Cómo fueron sus últimos trabajos?

Al final fue un desastre. No había estudios, las películas se hacían en la calle, en garajes, en cafés o casas naturales.

Yo modificaba lo que podía, pero en las películas no había partida presupuestaria suficiente para los decorados. Aquí se confundió el "neorrealismo" con el "neobaratismo".

---

[21] *La honradez de la cerradura* (Luis Escobar, 1950).
[22] *El último cuplé* (Juan de Orduña, 1957).

CAPÍTULO VII

Entrevista con Ramiro Gómez

(Madrid, 18 de junio de 1995)

¿Cuales fueron tus inicios en el cine?

Empecé a pintar al óleo a los ocho años y por los cambios en los planes de enseñanza, nunca he tenido alguien que me haya dicho cómo se pinta. Por eso estoy todavía aprendiendo, cada día aprendes algo nuevo, porque como no te han enseñado nada, pues tienes que ir descubriendo todo. Yo llevo setenta años descubriendo algo nuevo cada día, sobre todo en pintura.

Respecto al cine, había terminado Derecho y estaba haciendo oposiciones a Judicatura. Un día de verano me encontré con Luis Santamaría en la calle, que estaba muy cansado, porque se le habían ido de vacaciones los ayudantes y estaba trabajando sólo. Como yo también estaba muy cansado de estudiar, le ofrecí echarle una mano... y salió *El escándalo*[1], en la que le ayudé haciendo todos los dibujos a tamaño natural para entregarlos a los talleres.

¿Cómo habías conocido a Santamaría?

Lo conocí en la guerra, en el último de los frentes en el que estuve, en una batería en las cercanías de Sigüenza, en la que estaba Sáenz de Heredia de teniente. Santamaría era su amigo, pertenecía a Ingenieros y era el soldado más viejo, tenía cuarenta años y nosotros veinte.

¿Cómo era el trabajo con Santamaría?

Santamaría no dibujaba nada, pero tenía un arte, unos conocimientos y un gusto extraordinarios. Como yo he sido siempre muy ob-

servador, no hizo falta que me dijese nada. Porque tampoco sabía decirlo. Hacía las cosas de maravilla, tenía sus libros, su documentación y unos dibujantes muy buenos, extraordinarios: Félix Montero y Luis Noaín. Los bocetos los hacían como él quería y lo que él quería. No se le pasaba nada, porque aunque no dibujase, conocía el mobiliario la decoración, todos los estilos...

¿Cómo había llegado Santamaría a trabajar en el cine?

Como te digo, era amigo de Sáenz de Heredia, fue un famoso decorador de interiores toda su vida. Desde antes de la guerra tenía una empresa, Luis Santamaría S.A., que estaba situada enfrente del Teatro de la Zarzuela, una empresa donde iba toda la nobleza de España, toda la gente que tenía buenas casas para decorarlas.

¿Qué pasó cuando acabaste El escándalo...?

Cuando terminé aquella película, que había hecho sólo por vacaciones, el jefe de constructores de los estudios Ballesteros, que era Ricardo Bootello, me propuso quedarme y me ofreció el "oro y el moro". Yo estaba bastante cansado de mis estudios y de lo más cansado que estaba era del sacrificio que estaba haciendo mi familia, ya tenía veinticinco años, había perdido dos años estudiando Ingeniero Agrónomo, tres en la guerra, uno más de servicio militar posterior, seis años, más los tres en que hice la carrera de Derecho, total nueve

---

[1] *El escándalo* (José Luis Sáenz de Heredia, 1943).

Don Juan (José Luis Sáenz de Heredia, 1950).

años. Le pregunté a Saénz de Heredia qué hacía, ¿tenía que dejar todo lo que había hecho con el sacrificio de mi familia? y recuerdo lo que me dijo: "Eso se lo tienes que preguntar a tu lápiz, si te dice que sí, pues adelante."

Después no pasó nada de lo que me habían prometido: que Bootello se marchaba, que yo me quedaba de jefe... Bootello no se marchó y yo seguí de ayudante, hasta que al cabo de dos o tres años, cuando se murió José Ramón Lomba, que era el jefe de producción, Bootello ocupó su puesto, marchándose después para dedicarse a otro negocio. Entonces yo me quedé de constructor con Augusto Lega que ya estaba trabajando allí antes de mi llegada. Después incorporamos como ayudante a Félix Michelena, porque Lega lo conoció dando clases de dibujo en una academia de Bellas Artes.

Tuve un despacho para trabajar en Ballesteros como realizador de decorados durante tres años, pero me marché cuando empezaron a proponerme películas de decorador, como *Aventuras de Don Juan de Mairena* y varias con Jerónimo Mihura. Me iban llamando particularmente de otros estudios o de otras productoras y trabajaba aquí en mi estudio.

Decías que tu primer decorado importante fue el de Aventuras de Don Juan de Mairena.

El productor y director, que era Don José Buchs, tenía muy poco presupuesto, me dijo que había que hacer muchos decorados, vi la lista y había catorce, unos que tenían que ser casas ricas, palaciegas, y otros que tenían que ser más humildes, rústicos. Hice en el plató de Ballesteros —entonces no había sino uno, el pequeño— dos decorados: uno amplio, noble, elegante, rico, clásico, y otro de casa pobre. De esos dos decorados con transformaciones, fui sacando todos, empecé por el mayor, esa casa noble de ambiente bien, y fui transformándolo en otros más pequeños. Con dos decorados hice los catorce que figuraban en el guión.

Yo estaba en la nómina de Ballesteros de realizador, de constructor, Buchs vino allí y me encargó la película. No hicimos contrato, pasó el tiempo y yo le pregunté: "¿Don José qué pasa con su película, el decorador no cobra?" Él me dijo: "¿Usted no cobra por Ballesteros?" Yo le contesté: "cobro por la construcción, no por los bocetos". Y no me pagó. Se creía que iba todo incluido.

---

[2] *Aventuras de don Juan de Mairena* (José Buchs, 1947).

Edificaciones del poblado y del templo de *La mies es mucha* (José Luis Sáenz de Heredia, 1948) construidas en Málaga.

¿Cual ha sido tu relación con otros decoradores?

Nunca he trabajado en colaboración con ninguno. En la serie *Los desastres de la guerra*[3] Parrondo hizo la primera mitad y yo la segunda, pero no llegamos a trabajar juntos, aunque pinté los cuadros de Goya que necesitó para su parte, cuadros de grandes dimensiones, como el retrato ecuestre de Fernando VII, los del dos y tres de mayo, y algún otro.

Esas películas de mi filmografía que figuran como "en colaboración" fue porque los productores me pidieron que hiciera unos bocetos, las plantas, alzados y unas memorias, y los enviaron a Italia, pero fueron unas películas muy raras. También he ido a Italia con mis bocetos, he ido a construir y a rodar.

Trabajé una vez con José María Montes, que hizo sólo los interiores del barco del *Don Juan*[4]. Montes había sido ayudante de Santamaría después de serlo yo, porque dibujaba bien. Cuando Santamaría iba a hacer el *Don Juan*, consiguió de Sáenz de Heredia que Montes trabajase en la película.

Santamaría y Sáenz de Heredia eran íntimos amigos. Santamaría, que era un tipo ex-

Edificaciones del poblado y del templo de *La mies es mucha* (José Luis Sáenz de Heredia, 1948) construidas en Málaga.

---

[3] *Los desastres de la guerra* (Mario Camus, 1982), serie para TVE.
[4] *Don Juan* (José Luis Sáenz de Heredia, 1950).

Edificaciones del poblado y del templo de *La mies es mucha* (José Luis Sáenz de Heredia, 1948) construidas en Málaga.

traordinario, tenía defectos tremendos para el cine, no le importaban los tiempos, ni las horas y como tenía mucho trabajo y mucho que hacer, nos tenía en el plató horas y horas. Eran las tres de la mañana y no había venido Santamaría a ver el decorado. Era un desastre. ¡No sabes tú como era el cine entonces! Horroroso. Nos tirábamos días y noches enteros sin salir del plató. Nos quedábamos allí un ratito a dormir en el despacho y luego salíamos por la mañana.

La última película que construí con unos dibujitos y unas explicaciones que me dio Santamaría fue *La mies es mucha*[5]. No encontrábamos un sitio que se pareciese a la India, hasta que encontramos en Málaga un jardín maravilloso con plantas tropicales que se habían traído de América. Habían hecho una cosa maravillosa, pero todo era muy abrupto y muy montañoso, tan sólo había un llano donde podíamos construir el poblado indio, pero daba la casualidad que no había palmeras, ni árboles tropicales, sólo había limones. Como después de la guerra los limones se pudrían en los árboles, no se cortaban, por falta de salida comercial, ¡pues cortamos los limoneros! Hicieron una gestión con la dueña, que era

una señora de Bilbao de esas familias ricas de navegantes muy cristiana y, como era para un fin religioso, pues dijo que sí. Cortamos trescientos limoneros y construimos el poblado indio.

Allí no apareció ni Santamaría, ni ninguno de sus ayudantes, me fui yo sólo con dos o tres jefes de obreros de aquí, con un pintor, un carpintero... y todos los demás los cogí en Málaga, en la Plaza de la Constitución, que era donde iban todas las mañanas los parados. Todas las semanas le mandaba a administración las cuentas y a José Luis Sáenz de Heredia fotografías de cómo iban las obras.

A partir de entonces Sáenz de Heredia le dijo a Santamaría que lo sentía mucho, pero que quien iba a hacer los decorados era yo. A Santamaría le costó un disgusto. Era su amigo y era su decorador. Sáenz de Heredia continuó trabajando conmigo hasta que por no poder encargarme de una película que me ofreció, estando yo contratado por una productora italiana para hacer *El coloso de Rodas*[6], tuvo que encargársela a otro decorador.

¿Trabajaste con constructores como Asensio?
Asensio era escultor y trabajaba fijo en C.E.A.,

[5] *La mies es mucha* (José Luis Sáenz de Heredia, 1948).
[6] *El coloso de Rodas/Il colosso di Roda/Le colosse de Rhodes* (Sergio Leone, 1960).

132

Edificaciones del poblado y del templo de *La mies es mucha* (José Luis Sáenz de Heredia, 1948) construidas en Málaga.

como Prósper trabajó casi siempre en Chamartín. Antes que él estuvo Canet, y Asensio era su ayudante; cuando Canet se marchó se hizo cargo Asensio, que era un profesional fenomenal, construía todo lo que se le pidiese por mucho trabajo que tuviese, y lo construía muy bien, porque tenía gente muy buena. Yo solía pedirle que me adjudicase a uno de sus mejores encargados, a Manolo Cabañas, un hombre muy decente, muy trabajador, muy listo y que lo hacía muy bien. Muchas veces no hacía falta que Asensio interviniese personalmente en todas las películas, intervenía en la organización del negocio y del trabajo. Tenía capacidad para hacer cuatro, cinco o seis películas al mismo tiempo.

El cine español le debe a este hombre muchas de sus posibilidades, y quizás aún más el cine extranjero que se hizo en España.

Puedo contarte un caso en el que intervenimos los dos. Los productores italianos con los que yo había trabajado ya varias veces, tenían un asunto que por sus dificultades no se atrevían a poner en marcha, se trataba de la idea de realizar *El Coloso de Rodas*. Me llamaron para consultarme si aquél guión según estaba escrito podíamos realizarlo en España. Estudié el guión, pensé la forma en que podía realizarse, y les contesté: "Si la manera en que yo proyecte esta realización, es capaz de llevarla a cabo el constructor señor Asensio, podrá hacerse." Volví a España, hice mis proyectos, se los presenté a Asensio, se tomó dos días para estudiarlo y al final me dijo que podía hacerse. Hablando de esta película, me gustaría mencionar la gran labor de un gran artista, el escultor Resti[7] autor de todas las esculturas que hubo que hacer, tanto en tamaño natural como en maquetas, para conseguir el resultado final.

¿Tenías mucha relación profesional con los directores de fotografía?

Había algunos, como Paniagua, Larraya, Ballesteros, Nieva, Pacheco, Rojas, Gelpí, Alcaine, Foriscot, Mariné, Ruiz Capillas, Ulloa y un largo etcétera, que además de buenos profesionales, eran y son buenos y agradables compañeros.

Otros operadores jefes se creían dioses, tanto extranjeros como españoles, se creían muy superiores y no se les podía aguantar.

---

[7] Resti volvió a trabajar en el cine como director artístico de *Cinco almohadas para una noche* (Pedro Lazaga, 1974).

Interior de la puerta de *La residencia* (Narciso Ibáñez Serrador, 1969).

Después, cuando vino el color, cuando veías una cosa que no te gustaba, tenías que intentar convencerlos.

Yo, que he pintado siempre, tenía el color en la cabeza y no podía ver muchas cosas que se hacían. Por ejemplo cuando hicimos *Todo es posible en Granada*[8] en unas grutas que hay en Huelva preciosas, había un operador que se empeñaba en meter azules y amarillos en las estalactitas con lo bonitas que son, con el color que tienen tan precioso, con su luz natural bien puesta. No se lo podías decir a ellos, tenías que advertirlo y sacarlo con mucha política.

En ese momento no había colaboración, después algo, pero no te creas que mucha.

¿Cobraban más que los directores artísticos?

Sí, pero nosotros empezábamos a trabajar antes y terminábamos después, ellos hacían justo lo que era el rodaje y como se cobraba por días de trabajo cobrábamos más.

Yo empecé cobrando trescientas pesetas a la semana por *El escándalo*. Procusa, la que hizo *El Coloso de Rodas*, me daba tres mil pesetas a la semana.

¿Cómo comenzabas el trabajo?

Estudiaba el guión, me procuraba la documentación necesaria y hacía los bocetos, después solucionaba los problemas prácticos con las plantas a escala en sucio de los decorados con sus medidas, como he sido mal delineante se los pasaba el ayudante.

¿A quién tuviste de ayudante?

Con el que más trabajé fue con Rafael Pérez Murcia y el último fue José Luis del Barco. En alguna película, como *La residencia*[9], tuve que tener dos, porque aquello era imposible por la cantidad de decorados, como por ejemplo la chimenea del comedor, que era una cosa tremenda. El exterior se hizo en Comillas y yo hice el interior de la puerta igual a la de Comillas, el interior no se rodó en el palacio porque no era muy adecuado, no se podía ni pensar rodar allí.

Háblame de La residencia

Yo no conocía a Chicho Ibáñez Serrador y un día me llamó Manolo Pérez, coproductor con Leonardo Martín de Época Films y uno de sus jefes de producción, para que fuese a ver

---

[8] *Todo es posible en Granada* (José Luis Sáenz de Heredia, 1954).
[9] *La residencia* (Narciso Ibáñez Serrador, 1969).

Boceto de Ramiro Gómez para la escalera principal de *La residencia* (Narciso Ibáñez Serrador, 1969).

La escalera en un plano de *La residencia* (Narciso Ibáñez Serrador, 1969).

Comedor de *La residencia* (Narciso Ibáñez Serrador, 1969).

a Ibáñez Serrador. Estuve hablando con él durante un buen rato, y me explicó como iba a ser la casa: en el sótano está una gran cocina que pueda servir como para un colegio, después por una escalerita estrecha pequeña de servicio se sube a la primera planta y esa escalerita desemboca en el comedor, que es una pieza que quiero que sea grande, del comedor se sale a un pasillo donde hay algunas clases, pasando por un recibidor pequeño se va al despacho de la directora. Me explicó el vestíbulo que da a la calle, al despacho de la directora y al comedor, por ahí se sube al primer piso donde están las clases, en el otro piso hay más clases, en el último piso hay una buhardilla, con un clima complicado misterioso y un cuartito donde pasarán unas cosas. Él había llamado también a otro decorador*. Me marché y al cabo de un tiempo le llevé mis bocetos, los miró y me preguntó: "¿usted hace la película?". Le dije que sí y nos llevamos fenomenalmente.

A mí no me lo ha explicado nadie tan bien como él. Está muy bien organizado. No se me olvidará nunca como me explicó los decorados, no hablamos más ni antes, ni después del rodaje y todo salió como él deseaba.

Cuando se celebró el aniversario de Carlos III la Comunidad de Madrid le quiso hacer un homenaje y llamó a Chicho, a él se le ocurrió una idea para hacer en "realidad virtual" con Carlos III en persona. Y me llamó, yo ya me había jubilado, tenía que ir dos meses a Inglaterra y vivía ya tan feliz pintando. Estuve toda una tarde entera con él intentando convencerme, me enseñó unas maquetas que había mandado hacer y me dijo: "es que si no lo haces tú yo no lo hago". Y no lo hizo.

¿Cómo era tu relación profesional con los productores y directores?

Con los directores era una relación casi constante como es lógico. También dependía de su carácter, en mi larga carrera me encontré alguno que tenía fama de mal carácter, pero era puro teatro o cuestión de comprenderle, cuando se comprende bien a una persona y sus ideas, es fácil que todo transcurra bien.

No me ha pasado nunca que llevase un boceto a un director y que no le gustase. Yo he sido una persona que nunca he dicho sí, sin conocer una cosa, cuando no la he entendido, me la estaban explicando, y hasta que no lo entendía bien no seguía. Me he enterado siem-

---

* Sigfredo Burmann.

136

pre bien de todo lo que tenía que hacer y por eso no ha habido nunca pegas.

Con los productores la relación era menos directa, pero también dependía de la intervención personal que ellos tuviesen en el desarrollo del rodaje de la película. Algunos intervenían mucho, como Antonio Isasi, José Luis Dibildos, Vicente Escrivá y otros, pero en general la relación con el productor no iba más allá de la contratación, y el presupuesto lo hacían los constructores, yo les daba los bocetos y las plantas. A veces el productor decía que era muy caro y a veces no se hacían las películas por eso, o por otras cuestiones.

¿Cómo eran los inicios en la profesión?

Cuando yo empecé, bastaba trabajar, que tu trabajo gustase y el mismo trabajo te fuese ascendiendo. Después se dictaron normas sindicales, para ser decorador de cine tenías que seguir unos escalones: entrar de dibujante, de dibujante con tantas películas hechas se ascendía a ayudante y de ayudante tenías que hacer tres, cuatro, cinco películas... o las que fuese, para ser decorador. Esto sucedía excepto para arquitectos y titulados de la Escuela de Artes y Oficios o de Bellas Artes. A mí me eligieron representante sindical de los decoradores.

¿Cómo se localizaban los exteriores?

Si se trataba de localizar algún edificio, monumento histórico, palacio o interiores de determinada época o estilo, solían encomendarlo al decorador. Si se trataba de exteriores o lugares que tuvieran gran importancia para la acción, podía acompañarnos el director y también solía intervenir a veces algún técnico de producción. Había que levantarse muy temprano, pero localizar era bonito.

Lo más normal era que el decorador fuera seleccionando en una primera búsqueda y después, ante lo seleccionado, se hiciera una segunda selección acompañado por el director. A veces me mandaban a mí sólo, porque me tenían mucha confianza y en las localizaciones me hacía ya mis bocetos.

Como localizaciones interesantes y de importancia para la película, entre las que yo hice, destacan cuando estuve una semana en Pompeya para *Los últimos días de Pompeya*[10], dibujando y tomando fotografías de todos los detalles o el largo viaje que supone recorrer casi toda la costa española buscando un puerto que nos sirviese para preparar el rodaje de *El coloso de Rodas*. Con el jefe de producción Eduardo de la Fuente, recorrimos todos los puertos desde Cádiz hasta Port Bou y desde Fuenterrabía a los pequeños puertos asturianos, eligiendo por fin el puerto de Laredo. Yo me he pegado un mes en Córdoba para *La casa de las palomas*[11], localizando todo: casas, edificios, interiores, patios... En Inglaterra con el jefe de producción Manuel Pérez hicimos también unas bonitas localizaciones para la película *That Lady*[12] y con el director Eugenio Martín para *La última señora Anderson*[13]. En América hice también localizaciones con Pedro Masó para *La Coquito*[14] por las islas del Caribe, Santo Domingo y Puerto Rico. Con el director André de Toth hice también un recorrido largo, bastante fatigoso, aunque bonito, desde la parte más occidental de los Picos de Europa a la más oriental de los Pirineos.

Para cada película lo normal no era hacer una sola localización sino varias y hasta muchas, como por ejemplo en las series como *Goya*[15] en la que transcurre la vida del pintor desde el nacimiento hasta la muerte, figúrate la gran cantidad de ambientes distintos que eso supone.

¿Modificabas los exteriores donde se rodaba?

Normalmente sí, como en el caso de *El coloso de Rodas* con todo el puerto de Laredo o en el de los limoneros que ya te conté. Para *El coloso* modificamos la bocana del puerto con una obra de ingeniería, alargando quince metros uno de los espigones que lo cerraban, para poder colocar las piernas a tamaño natural de el coloso, y también modificamos las edificaciones del pueblo que estaban cerca del puerto, decorándolas como edificaciones de la época. La película de Ibáñez Serrador *¿Quién puede matar a un niño?*[16] se rodó en parte en Menorca y parte en un pueblo de Castilla al

---

[10] *Los últimos días de Pompeya/Gli ultimi giorni di Pompei/Die letzten Tage von Pompeji* (Mario Bonnard, 1959).

[11] *La casa de las palomas/Un solo grande amore* (Claudio Guerín Hill, 1971).

[12] *La princesa de Éboli/That Lady* (Terence Young, 1952).

[13] *La última señora Anderson/In fondo alla piscina* (Eugenio Martín, 1970).

[14] *La Coquito* (Pedro Masó, 1977).

[15] *Goya y su tiempo* (José Ramón Larraz, 1984), serie para TVE.

[16] *¿Quién puede matar a un niño?* (Narciso Ibáñez Serrador, 1976).

que hubo que darle el carácter de los pueblos menorquines.

A veces era bonito trabajar en exteriores, a veces era muy duro, dependía de muchas cosas, de los horarios, de las prisas. Una cosa que fastidiaba mucho, que pasaba muchas veces, era que tenías un decorado, te habías quedado toda la noche para ambientarlo, a la mañana siguiente había que rodar y decían: "pues no se rueda en este decorado porque se ha puesto fulanito enfermo y ahora hay que montar este otro" y había que montarlo deprisa y corriendo.

Los decorados los montabas cuando podías, si no terminabas en el día tenías que seguir por la noche, no es que yo los montase por la noche. Un decorado tardaba bastantes días en construirse y luego un día de ambientación, porque yo no ambientaba como lo hacían muchos dejándoselo a los ayudantes.

Hay muchos decoradores que los almacenes de Mateos no los conocen, no los han visto nunca, y no había un alfiler que yo no fuese a buscar directamente, sabía donde estaba todo y además quería elegirlo yo, no dejárselo a mi ayudante para después como hacían muchos, echarle una bronca y ponerme a decir: "¡esto es un desastre!". Había decoradores que se hacían dos y tres películas a la par, y eso no podía ser. Nunca jamás lo hice en mi vida, nunca jamás lo hice, porque sabía que no se podía. Si yo he cogido dos películas era porque terminada una, me salía la otra y se montaban un poquito. A mí me costaba mucho hacer una película ¿Cómo era posible que se hiciesen tres? Las dejaban en manos de sus ayudantes, en vez de tener uno tenían tres, a cada uno le encomendaban una película y eran los que elegían las cosas ¿Qué personalidad, qué capacidad, qué talento puedes tener para decir: vete tú a elegir el cuadro? El cuadro lo tienes que elegir tú, el que a ti te guste... el sillón o el estilo. Lo tienes que hacer tú personalmente.

¿Cuales son las funciones de los auxiliares?

El auxiliar de decoración es el que ayuda al ayudante. Esto suele darse muy pocas veces, lo normal es que si la película tiene gran importancia y un buen presupuesto, se tomen dos ayudantes en lugar de uno, o se incluya un dibujante, si el trabajo de dibujo para dar a realizar a talleres es mucho.

Dentro de la palabra auxiliar caben otros tipos como es el regidor. El regidor es el señor que se ocupa de buscar las cosas. Tú le dices: "búscame un ratón blanco con la cabeza marrón" y te lo tiene que buscar. Es un auxiliar de la decoración y de la producción a la vez.

¿Y de los ambientadores?

El ambientador es el que busca los objetos y los coloca. Yo era siempre el ambientador de mis decorados. En algunos casos tuve alguno como por ejemplo Julián Mateos.

En la última película que hiciste, en Esquilache[17], *recibiste el Goya a la mejor decoración.*

Sí fue la última y estuve a punto de quedarme sin él después de tantos años de profesión. A la primera reunión de la Academia fuimos alrededor de once personas, otros y yo propusimos la figura de Goya para el premio. Pues por poco me quedo sin Goya, porque yo no quería hacer ya esa película, no me encontraba con fuerzas para hacerla, era muy costosa físicamente, tenías que levantarte a las seis de la mañana, subirte a una montaña, bajar... y todo con mucha prisa. Pasar por las playas y ver como la gente toma el sol. Me llamaron cuando ya me había jubilado y les dije que no, me estuvieron llamando mucho tiempo y la directora se empeñó, hasta que vinieron aquí y les puse unas condiciones: "yo no voy a asistir a los rodajes, que para mí es lo más angustioso, ni voy a hacer lo que se ruede en exteriores". Entonces el figurinista Javier Artiñano dijo que eso lo hacía él. Acepté a la tercera vez y porque vinieron a buscarme a casa.

¿Hiciste efectos especiales?

En la única que hice los efectos especiales fue en *El destino se disculpa*, que firmé como Rago. Tenía que salir la figura de Fernán-Gómez convertido en estatuilla del Quijote, había que hacerle un traje que pareciese de piedra como si fuese tallado, mandé hacer una ropa a la medida de Fernán-Gómez con un poquito de holgura, después de muchísimas pruebas lo hice con una combinación de cera y escayola, conseguí un material que tenía grueso, no se podía descomponer y se podía mover, hice telas gruesas que era muy costoso ponérselas. A Fernán-Gómez lo poníamos lejos de una mesa grande que habíamos construido con un teléfono enorme y unas escribanías. El Schuftan era un cristal transparente, en el que se de-

---

[17] *Esquilache* (Josefina Molina, 1989).

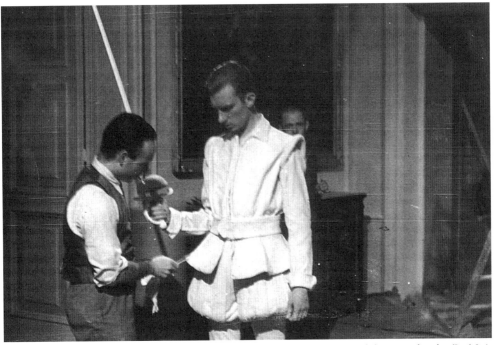

Ramiro Gómez colocándole el traje de Don Quijote a Fernando Fernán-Gómez en *El destino se disculpa* (José Luis Sáenz de Heredia, 1944).

El traje tal como aparece en *El destino se disculpa* (José Luis Sáenz de Heredia, 1944).

jaba una ventanilla abierta con un espejo, retratabas lo que se veía por el cristal, que era el decorado, y lo que te venía reflejado, que era la figura de Fernán-Gómez. Las cosas que no tenían que moverse estaban en su tamaño natural.

¿Quieres añadir algo más?

El cine tiene que llevar un ritmo tremendo y una velocidad que es lo peor y lo que te agota. He disfrutado del cine cuando estaba aquí en mi estudio haciendo mis bocetos, cuando estaba buscando la documentación, cuando soñaba con el decorado y lo ponía en el papel, pero cuando ya estabas en el rodaje era horroroso. Empezabas a montar un decorado a toda velocidad, porque en el cine los minutos son oro o platino, siempre a una velocidad espantosa y a mí nunca me ha gustado la prisa. Como he tenido que ir cuarenta y seis años cogido por la prisa, pues no he disfrutado del cine ni de la vida, porque tampoco te dejaban disfrutar de la vida.

En invierno es cuando podíamos descansar, porque en cine se trabaja más en verano por el tiempo, por la luz. ¿Podrás creer que en cuarenta y seis años de cine, solamente he podido descansar quince días en tres veranos, irme con mi mujer y mis hijos? Tres veces, quince días en cuarenta y seis años. Me acuerdo dónde fui, dos veces al Norte: una a Galicia y otra a Cantabria, y otra vez a Andalucía.

El decorado tiene que estar bien, tiene que tener vida, tiene que tener detalles, todo tiene que tener perfección, no puede acercarse la cámara y ver algo que no está bien. Nunca me han echado un decorado abajo.

Había algunos decoradores que se peleaban entre sí para ver quien hacía más películas, porque hacer más películas era ser el más poderoso y además eran buenos decoradores, imagínate si en vez de hacer tantas películas hubieran hecho una sola. También lo hacían los malos, pero menos, porque tenían menos trabajo. Pero los buenos decoradores, los decoradores con fama que se podían permitir el lujo porque les salían muchas películas, no eran capaces de decir: "yo no puedo hacer esa película porque estoy haciendo otra". Por no dejar ninguna y querer acaparar todo hacían eso: coger cada vez más ayudantes y hacerlo con ellos.

Yo no lo pude hacer nunca, yo no se lo critico porque han hecho el trabajo, pero a base de armar unas broncas espantosas, con lo cual tenían siempre a la gente en contra de ellos.

Yo trabajé, yo viví mucho más feliz, mucho mas tranquilo.

Habré ganado menos dinero que ellos, pero no tuve que echarle broncas a nadie.

Capítulo VIII

Entrevista con Gil Parrondo

(Madrid, 19 de junio de 1995)

¿Cómo empezaste a trabajar en el cine?

Yo quería ser pintor, estuve en la Escuela de San Fernando con Vázquez Díaz y una serie de profesores durante la guerra. Aproveché mucho la guerra, tenía de catorce a diecisiete años, estuve los tres años en la Escuela y al terminar, como a mí me gustaba mucho el cine en el sentido artístico, tuve la oportunidad por un familiar que era director de los estudios de Aranjuez de entrar a trabajar en ellos. Estuve de ayudante de un decorador que se llamaba Garí, hice cuatro películas con él y allí conocí a Burmann, que estaba haciendo entonces *Los cuatro Robinsones* con Maroto[1], *La Dolores* con Florián Rey[2] y *La gitanilla* con Fernando Delgado[3]. Tuve que irme al ejército y cuando volví en el año cuarenta y cinco me puse a trabajar de ayudante de Burmann, estuve en el Teatro Español en la época dorada de Cayetano Luca de Tena, haciendo casi todas las obras y las películas de Cifesa como *Locura de Amor*[4], que hacíamos en Sevilla Films.

Trabajé con Burmann hasta el año cincuenta y tres, cuando me independicé y primero trabajé sólo. Hice una serie de películas, entre ellas una americana que se llamaba *Decameron Nights* de Hugo Fregonese con Joan Fontaine y Louis Jourdan[5], iba como es natural como decorador, pero como decorador adjun-

to. El *production designer* era Tom Moraham. Esa película ya me trajo otras.

¿Qué opinas respecto a que los profesionales se llamen production designers*?*

¡Esta cosa tan absurda del *production designer...* no lo puedo ver! A mí me gusta ser decorador. Yo quiero ser decorador, pero aquí, no sé por qué, en una reunión que hubo, a todos los decoradores les gustaba lo de director artístico. Yo no lo puedo entender. La palabra en castellano es decorador, y además suena muy bien, yo no quiero ser director de nada... qué cosa más tonta.

La palabra que me gusta es decorador si alguien me pregunta lo que soy le respondo que decorador, decorador de cine y teatro, y nada más. Los decoradores españoles acordaron que debía ser director artístico y yo lo acato, aunque muchas veces es vanidad. Lo de *production designer* salió porque, cuando ya las películas se hacían de una forma tan importante, con unos equipos inmensos de gente, como pasaba en Bronston, si hay un decorador responsable, John Box por ejemplo, él era el responsable y luego había una serie de directores artísticos, que a veces son cuatro, como hemos sido en *Nicolás y Alejandra*[6], pero siempre por debajo de John Box que era

---

[1] *Los cuatro Robinsones* (Eduardo García Maroto, 1939).
[2] *La Dolores* (Florián Rey, 1940).
[3] *La gitanilla* (Fernando Delgado, 1940).
[4] *Locura de amor* (Juan de Orduña, 1948).
[5] *Decameron Nights* (*Tres historias de amor*, Hugo Fregonese, 1952).
[6] *Nicholas and Alexandra* (*Nicolás y Alejandra*, Franklin J. Shaffner, 1971).

el responsable absoluto. Directores artísticos que teníamos tantas películas y tanta experiencia como John Box, pero éramos los responsables de la película y a nosotros nos contrataban porque la película es tan importante, hay tantos frentes en que luchar, que éramos responsables de cada cosa.

¿Cómo hacían, cada uno diseñaba una parte?

Sí, pero siempre bajo la dirección de John Box, que era quien lo supervisaba todo, y después el director. Él era el responsable absoluto y nosotros éramos directores artísticos, si nos ponían a todos igual no era lógico ni justo, él tenía que estar por encima, nosotros no éramos ayudantes. Lo llamaron *production designer* y tenía un sentido en algunos casos pero no luego, cuando uno se hace una película sólo y también ponen *production designer*.

Quizás la palabra decorador va asociada a alguien que adorna o añade elementos a algo que otro ha construido. Ustedes crean los espacios y por eso creo que estarían más cerca de los arquitectos.

La diferencia normalmente tiene un sentido. Un arquitecto tiene una serie de estudios y de responsabilidades que no tenemos nosotros. Nosotros muchas veces tenemos responsabilidad, cuando por ejemplo se hace un puente y hay que hacerlo bien. Entre las mil cosas que he hecho peligrosísimas, embarcaderos en el mar... Una cosa que he hecho últimamente y quedó muy bien, muy bonita, aunque la película no me gustó mucho, fue en los mosqueteros de Lester la última[7]. Fue un puente por el que pasaba una diligencia y había un personaje que estaba debajo, salía y se tenía que coger a las ruedas. Construimos un puente completo para que pasasen dos caballos con su coche y la gente dentro, y todo salió perfectamente. Aparte de que la película no tuvo mucho éxito, fue una enorme responsabilidad.

¿Cómo fue tu trabajo con Samuel Bronston?

Yo he trabajado en todas las películas de Bronston desde la primera, desde *John Paul Jones*[8], hasta la última, incluso en algunas que

no se hicieron. Afortunadamente porque fue para mí una gran experiencia y guardo un recuerdo glorioso de Bronston, fue una suerte haberlo tenido aquí en España, gracias a él hemos aprendido muchísimo todos, nos ha traído personas muy importantes del cine internacional y aparte de eso los medios económicos con los que contábamos eran importantes también.

Pero además he tenido la suerte de ser su amigo y quererlo mucho, es una persona a la que todavía estoy llorando. Todos tenemos virtudes y defectos sin duda, los seres humanos somos así. Para mí él no tenía más que cosas buenas, no tengo más que recuerdos buenos. Me ha gustado mucho este final suyo de traer las cenizas a España, para que la gente que estaba en contra de él, que siempre estaba diciendo que Bronston no venía a España nada más que por el dinero que ahorraba... Cuando trae las cenizas no es para hacer dinero, es porque tenía un gran amor a España.

¿Cómo era el equipo que trabajaba con Bronston?

En *La caída del Imperio Romano*[9] había unos pintores que ahora son célebres, eran buenísimos y empezaron allí, porque en aquel momento en España había que trabajar en lo que fuera, entraron a trabajar e hicieron una labor maravillosa.

¿Te refieres a los pintores que hacían los story boards*?*

No, los *story boards* realmente los hizo uno nada más, sólo Mampaso. Me refiero a los pintores de decorados, los que pintaban los mosaicos o las pinturas. En *55 días en Pekín*[10] por ejemplo había unas pinturas maravillosas en los muros que estaban pintadas en tela.

Había un señor polaco, Piotrowsky[11], que trabajó en el teatro en Londres y lo contrató Bronston, vino en *Rey de reyes*[12] y se quedó, estuvo en tres películas y tenía una especie de taller con pintores.

Y todo esto al margen de lo nuestro.

No lo digo porque haya intervenido en él, pero si se compara el foro romano de Bronston con el de *Cleopatra*[13] de Elizabeth Taylor,

---

[7] *The Return of the Musketeers* (*El regreso de los mosqueteros*, Richard Lester, 1989).

[8] *John Paul Jones* (*El capitán Jones*, John Farrow, 1958).

[9] *The Fall of the Roman Empire* (*La caída del Imperio Romano*, Anthony Mann, 1963).

[10] *55 Days at Peking* (*55 días en Pekín*, Nicholas Ray, 1962).

[11] Maciek Piotrowsky.

[12] *King of Kings* (*Rey de reyes*, Nicholas Ray, 1960).

[13] *Cleopatra* (*Cleopatra*, Joseph L. Mankiewicz, 1963).

Foro romano de *La caída del Imperio Romano* (Anthony Mann, 1963).

no hay comparación. El de Bronston era una cosa sólida, porque estaba arquitectónicamente muy bien pensado, y en 'cuanto a proporción, había una disminución sin duda, no lo hicimos a tamaño natural, había algunos templos que eran un poquito más pequeños, pero siempre con la proporción adecuada.

¿No era un efecto especial, una pintura sobre cristal, un matte-shot?

No. Era todo auténtico, los caballos de arriba, de los frontones, las cuádrigas, eran de tamaño natural y corpóreas, estaba hecho maravillosamente. Todas las estatuas de la basílica Julia por dentro, todas son auténticas y corpóreas. Yo no digo que sea una perfección, sería tonto que yo lo dijera, pero sí era una cosa hecha con auténtico rigor y sobre todo con amor. Estábamos todos enamorados de hacer una cosa bonita: la proporción era importante, las columnas había que estriarlas, estaba todo hecho con una gran seriedad. En *55 días en Pekín* también había importantes decorados. Fue una época muy hermosa.

Eso no quita para que uno disfrute con cosas muy simples. A mí todas las películas me gustan. Aparte de las películas que he hecho, hay algunas sencillas, por ejemplo con Pedro Masó hice una película que se llamaba *Las adolescentes*[14], que no era una superproducción y sin embargo hice un trabajo del que estoy muy orgulloso. Está toda hecha en decorados creados, sin aprovechar unos exteriores o unos interiores naturales. Rodamos en Inglaterra el Colegio y unas calles, pero todo lo demás, por ejemplo el interior del *pub*, estaba hecho aquí. Todo el interior del Colegio lo hicimos en un sitio extraño que encontramos, estaba en ruinas, lleno de ratas, lo limpiamos y hicimos todo aquel *night club* misterioso con los labios grandes. Estoy muy orgulloso de ella y en cuanto a la dirección artística nadie le dio importancia.

Quizás porque siempre se comentan más los decorados majestuosos, los históricos. ¿Crees que es importante que los decorados se noten?

Lo más importante es que la dirección artística no se note, que sea un fondo para los personajes. Aunque indudablemente es muy importante que el decorado en sí tenga que ver con el personaje, si el protagonista es un señor de mal gusto todo tiene que ser de mal gusto, lo importante es sacar partido a ese

---

[14] *Las adolescentes* (Pedro Masó, 1975).

Campamento de Marco Aurelio de *La caída del Imperio Romano* (Anthony Mann, 1963).

mal gusto, que vaya con el personaje y eso es lo más atractivo de nuestra profesión por lo menos para mí. Leer un guión, meterse dentro del personaje: este hombre tiene que estar rodeado por estos muebles, por estos colores y esto es maravilloso.

¿La escenografía entonces interviene en el argumento?

Indudablemente. Yo creo que sí está claro, que es importantísima muchas veces, pero incluso en cosas muy simples por ejemplo una cabaña hecha con cartones y hoja de lata en el extrarradio en la que vive un personaje.

Hay quien dice que la escenografía solo sirve para rellenar el plano.

No es así. A veces sí, sólo a veces, hay películas en que lo importante es el diálogo, cuando es casi teatral, no lo digo en el sentido desagradable, sino en el agradable, que es teatral porque lo que se dice es muy sólido, es muy importante, hay dos personajes que hablan y un fondo que cuanto más neutro sea mejor.

Pienso que la escenografía interviene en la acción, por ejemplo no es lo mismo hacer una discusión en una escalera que los personajes estén en un mismo plano.

Y tampoco es lo mismo hacerlo sobre un fondo rojo que sobre uno blanco. Eso sí está claro. En realidad casi siempre son importantes los directores, todos sabemos que Bergman tiene una enorme personalidad y hay siempre una cosa misteriosa que es él, está en todo, en el fondo es una cosa muy especial. Estaba también en Visconti que tenía un mundo especial que era el suyo y tenía hasta un color especial.

Pero trabajaba con Mario Garbuglia que era un magnífico decorador.

Indudablemente el decorador tiene muchísima importancia pero la verdad es que él tenía su sello especial. Esto aquí en España le ocurre por ejemplo a Erice que tiene un aire especial. No es que quiera quitarle importancia a los decoradores, pero hay directores que tienen ya un camino a seguir.

¿Cómo es tu trabajo con los directores de fotografía?

Todos estamos metidos en el mismo carro lo importante es que la nave vaya donde tiene que ir y que todos colaboren en conseguir lo artístico de la película.

Antiguamente eran unos dictadores, había

144

que estar pendiente de todo, de las alturas y las luces, las distancias de los forillos, los colores... Tendría mil anécdotas que contar, y eso en blanco y negro, cuando llegó el color fue mucho peor.

Afortunadamente hoy en día todo es distinto y es una de las grandes victorias que se han logrado, un trabajo mucho más en equipo.

Con los directores de fotografía se comentan los colores, las luces de todo... y también con los del vestuario, es obvio que no puede haber una señora que sale vestida de rojo y va sobre un decorado rojo, hay que tener un sentido especial para crear un ambiente.

¿Cual es la intervención del director en tu trabajo?

Siempre tengo que enseñar los bocetos al director. Excepto en algunos casos especiales con un director internacional que quizás es el que tiene más fe en mí, una fe casi ciega, que me inquieta, me refiero a que me parece excesiva, aunque al mismo tiempo estoy orgullosísimo. La primera que hice con él es *El viento y el león*[15], es John Milius un guionista y director excelente. La última la hice en Borneo, fue *Adiós al rey*[16] con Nick Nolte. Milius tiene esa cosa poética... le gusta la aventura la poesía y el misterio. Siempre le he enseñado los dibujos sin duda, pero él no se ha fijado mucho, me ha dicho: "tú hazme lo que quieras".

Hasta en casos tan extraños como en *El viento y el león* en que tenía que preparar un decorado en Almería y estábamos rodando en Sevilla, pero por una serie de circunstancias las personas con las que teníamos un acuerdo para alquilar una casa para hacer un despacho en el que al lado había un mercado, estos señores por un problema familiar al final nos dijeron que no podíamos rodar allí y tuvimos que buscar otra casa para hacer el decorado, pero no podía venir Milius porque estaba rodando en Sevilla, yo estaba verdaderamente asustado. Me dijo: "No te preocupes tu hazlo como tú creas, si a ti te parece que funciona bien." Llegó al rodaje y no lo había visto, era una cosa totalmente distinta a la que teníamos prevista, él al entrar me preguntó donde iba la cámara para el plano que iban a rodar y yo le dije dónde tenía pensado que estuviese. No es normal, él tiene una gran fe en mí, nos entendemos muy bien y además somos muy amigos, pero a veces ocurre.

¿Has tenido problemas con los productores por los presupuestos de los decorados?

No, nunca jamás. Es una cosa muy especial, una cosa rara mía me pasa como en la vida, no me preocupo por el dinero y no sé matemáticas, no sé sumar siquiera, solamente sé matemáticas para hacer toda clase de escalas con un doble decímetro, no con un escalímetro.

El constructor hace el presupuesto del decorado cuando lo va a construir o producción directamente cuando son decorados en exteriores, pero yo nunca lo hago. Siempre se han sorprendido en películas extranjeras que cuando llega el momento de contratar me han preguntado por cuánto sale el decorado y yo de dinero no quiero hablar, yo no intervengo para nada en el dinero. Hago mi contrato, una cantidad de dinero que es mi trabajo personal, en todo lo demás nunca intervengo. En ningún país del mundo ocurre.

Llevo cincuenta años trabajando en el cine, lo he hecho toda mi vida así y no quiero meterme ahora. Me pone nervioso. No sirvo para eso, intervengo haciendo un Proyecto.

Tengo ahí una cueva en el Sacromonte, viene el constructor, que va a ser Moya normalmente, y hace un presupuesto, y si el productor me dice que no es posible, yo hago otro Proyecto más pequeño. Yo no quiero saber nunca lo que vale un decorado, muchas películas de las que hago no sé cuanto se ha gastado en arte ni en los muebles, los pongo y las telas, las cortinas... todo, pero no sé lo que vale afortunadamente. Pero hay muchos decoradores españoles que disfrutan con eso, forma parte del trabajo, hacen sus números... a mí me parece muy respetable pero hasta ahora no he podido hacerlo.

¿Con qué constructores has trabajado?

Con todos. Prósper es mi gran amigo, mi íntimo amigo, ahora está en Ibiza. De Asensio era muy amigo, además hicimos muchas películas juntos, era escultor, muy amigo de Oteiza, santanderino, un hombre muy importante. Afortunadamente hemos tenido mucha suerte con los constructores, hemos tenido unos constructores estupendos en España, si no fuera por ellos no podríamos haber hecho nada en la época aquella de C.I.F.E.S.A. cuando se hacía todo en plató. Aquello no era un negocio como se cree, lo que había que hacer era

---

[15] *The Wind and the lion* (*El viento y el león*, John Milius, 1975).
[16] *Farewell to the King* (*Adiós al rey*, John Milius, 1987).

enamorarse del cine ponernos a hacerlo mejor todavía, más difícil todavía: caballos, trineos con nieve artificial... Era un placer que ya ha desaparecido con los Estudios.

En *Canción de cuna*[17] hemos hecho decorados en un estudio de Madrid y estaban hechos como entonces. Ahora no se podría hacer *La caída del Imperio romano* para la que se trajeron escultores de todas partes... de Valencia de todas partes.

¿Has trabajado haciendo efectos especiales?

No, pero siempre he estado muy unido a los técnicos de efectos especiales. En la época de los estudios no había técnicos pero siempre había alguien de atrezo o un "manitas" al que le gustaba y disfrutaba haciéndolos. Había muy pocos efectos que hacer.

¿Qué diferencias había entre trabajar en las películas españolas o hacerlo con Bronston?

Era todo distinto. Primero porque las película eran muy complejas y si no fuéramos tantos en el departamento de arte no podrían hacerse, la situación era única, pocas veces en la historia del cine ha habido tantos empleados como había en Bronston. El taller enorme que había en C.E.A. estaba lleno de gente trabajando, debía haber como cuarenta o cincuenta escayolistas haciendo esculturas... Era una cosa maravillosa. Cuando entraba allí y lo veía pensaba esto es lo mismo que cuando estaba Fidias, con todos los respetos, sabiendo que era una cosa falsa y lo otro ha perdurado para toda la historia. Era un taller donde había unas personas importantes contratadas, estaban en la locura de hacer una obra clásica y además que no tuviera un defecto, que los tenía sin duda, para que no se viera el defecto, para que pudiera ser casi una escultura de Fidias. Y estaban todos con toda el alma allí, no había trabajando gente nada más que por trabajar.

¿Cómo se documentaban?

Íbamos al Museo de Reproducciones Artísticas y para las esculturas que no estaban allí pedíamos fotos. Teníamos una buena documentación y luego las medidas, la proporción general, lo hicimos todo un poquito más pequeño. Colasanti y Moore eran los *designer* y yo era un director artístico. El trabajo fue hermosísimo.

¿Cómo fue el trabajo en las películas en las que ganaste los Oscar?

En *Patton*[18] estábamos Urie Mac Leary y yo de *production designer;* hicimos juntos los bocetos, localizamos y dibujé los interiores. Yo he trabajado con Shaffner, fui *production designer* en varias de sus películas. En las de John Milius yo he sido el responsable absoluto. En *Nicolás y Alejandra* éramos cuatro *art directors.* Para *Adiós al rey* estuve seis meses en Hollywood y cuatro meses y medio en Borneo, en el contrato yo puse como condición que viniese por lo menos una vez al mes, pero luego era tal el lío que teníamos, que no pude venir.

En Los Ángeles no he estado rodando, he preparado muchas películas. Para *El viento y el león* por ejemplo, allí hice los dibujos y una maqueta, estuve una temporada larga antes de venir para España, primero localicé aquí y luego fui a Los Ángeles, allí no tenía equipo, lo tenía aquí. Me fui con todos mis dibujos y una maqueta y empecé a diseñar con Milius. Al margen de las veces que he trabajado en Roma para dos películas de Bronston, en Budapest he hecho tres o cuatro películas inglesas o americanas. En *Los niños del Brasil*[19] era *designer,* trabajamos en Viena, en Londres monté un decorado y rodamos en Estados Unidos el exterior de unas calles. En esos casos localicé yo también con Shaffner.

¿A quién tuviste de ayudante?

A casi todos los que están trabajando ahora. Cuando una cosa funciona tan bien como funcionábamos entonces nosotros, teníamos tal ilusión por hacer los decorados... Dios me libre de decir que ahora no es lo mismo, porque entonces parece que cualquier tiempo pasado fue mejor, eso es una tontería, es mejor en el espíritu de cada uno porque está pensando en su juventud, cuando estaba dispuesto a maravillarse por todo. Pero la verdad es que no cabe duda que unas cosas son de una forma que no puede repetirse y siendo el cine una cosa de ahora mismo, lo cierto es que la ilusión que teníamos cuando hacíamos los decorados en C.E.A. era una cosa aparte de mágica, tenía un misterio que no tiene ahora. Ahora todo está mucho más claro, afortunadamente para algunas cosas y porque la vida ha

[17] *Canción de cuna* (José Luis Garci, 1994).
[18] *Patton* (*Patton*, Franklin J. Shaffner, 1969).
[19] *The Boys from Brazil* (*Los niños del Brasil*, Franklin J. Shaffner, 1977).

ido evolucionando y no puede ser de otra forma. La verdad es que no teníamos protección casi íbamos sin ninguna protección, me refiero a esto de que uno tiene que trabajar tantas horas, un contrato. No, yo trabajaba como un verdadero loco, cuando trabajaba con Burmann no tenía ningún contrato con nadie, a mí me pagaba indudablemente Burmann una cantidad estipulada, la que fuera. Yo estaba por supuesto maravillosamente pagado porque si hubiera podido yo le habría pagado a él por ser ayudante suyo, pero no era el caso porque yo no podía. Nos daban un guión y desde ese momento era un placer dividirlo en problemas, qué era lo más difícil y lo más sencillo. Cómo podíamos hacer esto para que entre en el estudio tres de Sevilla Films, teníamos los grandes para los grandes decorados, cómo lo podemos meter en un estudio pequeño... parece una cosa tonta que no tiene ningún misterio, pero lo tenía. Era un encanto, era un placer tener una historia y decir a ver cómo podemos desarrollar esto y cómo lo podemos hacer. Un placer que ahora no hay.

Vivíamos en el estudio, yo me acuerdo que incluso los domingos iba a trabajar a casa de Burmann y no porque me lo pidiera o me lo exigiera, iba yo por mi gusto. Necesitaba hacer esto para tener el lunes lo otro, los sábados por supuesto era un día normal, el domingo, que era el día sagrado iba a trabajar. Era un placer distinto, hoy por mucha ilusión que haya siempre hay otros escapes para otras cosas, porque es así, y afortunadamente es así. En aquella época había una cosa, al margen ya de los decorados, por encima de todos: que estábamos enamorados del cine. Sabíamos que no había posibilidad de pensar en hablar con Greta Garbo un día, no era posible, estaba en otra galaxia en otro planeta, no tenía nada que ver con nosotros, no había posibilidad de tropezar con ella en el Manzanares por ejemplo o en la Plaza Mayor de Madrid, no había posibilidad. Luego ya fue otra cosa, con la inauguración del Hilton vinieron estrellas de Hollywood, hubo un mundo nuevo era otra cosa... Pero hubo un momento en que no se podía pensar en eso, no era posible, formaba parte de la magia, también estábamos enamorados de eso y era una cosa misteriosa, por una serie de circunstancias podíamos nosotros intervenir en esa magia. No hay dinero para pagar eso. Yo era feliz desde por la mañana hasta la

noche, sin pensar jamás en marcharme ni en pedir más dinero. Nunca jamás pensé en ganar más dinero, nunca. El dinero ya vendría en su momento lo importante era el placer de trabajar, el ser una pequeña cosa en esa máquina. Eso me erizaba la piel de placer y en realidad no es posible ahora.

Afortunadamente está todo mucho más claro se va a una academia, se aprenden una serie de cosas, se sabe lo que está bien y lo que no, se sabe cortar lo que no vale y eso no lo sabíamos, antes íbamos a ciegas. El aprendizaje era viendo otras películas y tomando notas, recortando de todas los sitios que veía. *Sombrero de copa*[20] del año treinta y pico, por ejemplo, era un nuevo sentido de la decoración, de las puertas, de los muebles, que no tenían nada que ver con los que teníamos en nuestras casas, no había posibilidad de compararlos, no eran iguales, aquellos decorados blancos eran otra cosa.

Todavía ahora afortunadamente, y Dios quiera que dure mucho, tengo ese placer cuando me dan un guión, empiezo a leerlo y empiezo a buscar las posibilidades. No es lo mismo por supuesto porque antes empezábamos de cero. El plató estaba limpio y en él había que poner cuarenta y dos decorados, y aquello era un placer maravilloso.

Para *Un día volveré* de Betriu para televisión, con Nacho Martínez y Charo López, hice unos decorados en Barcelona, también con mucho placer en un cuartel maravilloso, que ahora con esto de la Olimpiada cortaron.

¿Cómo hacían los decorados de forma que cupiesen en los estudios?

Muchas veces hacíamos cosa muy raras, en un mismo plató poníamos el salón del Palacio de los Duques de Alba o el Palacio Real, al lado poníamos una cabaña y allí estaba, llena de barro y de porquería, porque tenía que ser así, no había posibilidad de ponerla en otro sitio. Los decorados se reutilizaban, se transformaban siempre, le cambiabamos las cortinas, el empapelado de las paredes y era otro placer poder hacer las transformaciones.

¿Conociste a Pierre Schild?

Hizo pocas películas, era muy mayor con su misterio, le encantaban las maquetas. Alarcón trabajó con él yo no, pero fui amigo suyo. Era un hombre muy misterioso, le gustaba el

---

[20] *Top Hat* (*Sombrero de copa*, Mark Sandrich, 1935).

misterio, que no se supiera nada de él. En los platós tenía un cuarto oscuro y allí preparaba su maqueta para que nadie se enterara. Esa cosa tan terrible, tan antigua, tan fuera de lugar, no lo digo censurándolo, era una forma de ser. Lo conocí por Prósper que fue bastante amigo suyo y fuimos a su casa, él no trabajaba ya, vivía en una casa muy graciosa del Madrid de los Austrias, era un hombre muy meticuloso, entonces yo fumaba, encendí un cigarrillo y nada más encenderlo estaba contando algo, él se fue a traer un cenicero, me lo puso al lado y me dijo: "por favor no eche la ceniza fuera". Me levanté y él venía detrás de mí, me ponía el cenicero al lado. Lo tenía todo organizado en su lugar, no podía tener ni perro, ni mujer, porque todo le quitaba su mundo raro organizado. Era muy gracioso, un hombre de gran personalidad y un gran profesional. Le gustaba rodearse de misterio.

¿Cómo era Burmann?

Cada persona es distinta, pero mi forma de trabajar me la enseñó Burmann que era un hombre muy directo y no tenía ningún misterio. Era un gran trabajador y eso sí que me enseñó mucho a amar el trabajo, pero aparte de eso era un hombre que no le daba ninguna importancia a hacer un plano, hay mucha gente que le gusta empezar sin que haya nadie alrededor, no puede concentrarse, él no, él era todo lo contrario y eso era una cosa muy bonita. Él no vivía más que para el trabajo, era un hombre maravilloso, se echaba una siestecita de cinco minutos como mucho, después de comer y además sentado, nunca se echaba en la cama, y a trabajar. Era un encanto de persona.

Antes dijiste que habías trabajado en varias obras de teatro con Burmann, creo que además hiciste alguna obra de Jardiel Poncela.

A Jardiel lo conocí en una obra que se llamaba *El sexo débil ha hecho gimnasia,* una obra maravillosa. Se le ocurrió el día del estreno una cosa que nos preocupaba mucho, era una cestita con un perro que tenía que mover la cabeza, la niña tenía que mover una cosa para que moviese la cabeza y no funcionaba, estábamos los dos en medio del escenario y no sé que pasó, esas cosas misteriosas que ocurren una vez en la vida, alguien tocó algo y el telón se levantó con todo el patio de butacas lleno. Él dijo: ¡¡coñó!!... y salió corriendo.

Un día fui a casa de Jardiel Poncela al lado de la Gran Vía y una criadita de aquellas antiguas de negro y cofia blanca me dejó sentado en la sala de espera, en la que tenía una cenefa en las paredes cerca del techo que ponía en letras góticas: "Los críticos son los parásitos de la literatura, echémosles *flit.*"

¿En qué trabajas ahora?

Ahora estoy con esta película sobre Lorca[21] que vamos a hacer en Granada y en Madrid, aparte de eso he estado preparando *El Coyote* para televisión dirigida por Mario Camus, tenía preparado diez capítulos, pero de repente se ha parado. Aunque yo nunca me entero de esas cosas, no es que esté suspendida, está simplemente aplazada y a lo mejor se graba el año que viene. También estoy preparando una película con Garci que se va a llamar *Rescoldos* y que se va a hacer en Asturias, me gusta mucho no solamente por Garci, que nos entendemos muy bien y trabajamos muy bien juntos, sino por rodar en Asturias, soy asturiano y me gusta mucho trabajar en Asturias. Aparte de eso tengo también otra cosa, dos versiones sobre la vida de Manolete, una que se llama *Matador* y otra *Manolete,* y bueno... no sé qué pasa, pero todas las películas son de toros. En la de Lorca también hay algo de toros por lo de Sánchez Mejías, hay un torero que es importante, y luego me han encargado también otra película de toros americana que se llama *Torera.*

---

[21] *La sangre de un poeta* (Marcos Zurinaga, 1996).

Capítulo IX

Entrevista con José Luis Galicia
(Madrid, 20 de junio de 1995)

¿Cómo empezabas a trabajar cuando te daban el guión?

Hacía una interpretación del guión. Por ejemplo te contaban una trama policíaca: el señor sube por unas escaleras, le persiguen, salta a una terraza, el policía sube, salta, se marcha, se agarra a una cornisa... podías crear el decorado como tú lo quisieras. El guionista al margen, como en una obra de teatro, pone unas acotaciones de la acción y al decorador le pasa igual que al director, tiene la facultad de crear aquello que no le ponen. Los decoradores creábamos ese ambiente, la escalera torcida de caracol, más estrecha, la puerta de la terraza era de dos metros o de uno cincuenta, se bajaba al pasar la puerta... Los guiones sugerían pero no te ponían más.

En una persecución por una terraza un personaje se esconde detrás de una chimenea, vamos a suponer, o de cualquier objeto, vamos a poner una cristalera y salta, y pega un tiro, y se rompe el cristal, y queda la estructura, y se ve al otro, hay unos cachivaches viejos que han subido de la casa, unos cajones...

¿Podías acentuar o modificar elementos del guión?

Totalmente. Por ejemplo, hay una cornisa que sale más y un personaje se esconde detrás, y no le ve, y pasa, y ves una cornisa y una profundidad, y una calle... Tú estabas haciendo todo esto y estabas construyendo esta terraza, había a lo mejor una separación de un patio a otro de dos metros, construías la terraza y para que no fuera muy caro el hueco aquel, que se suponía que tenía ocho o diez pisos debajo, lo hacías en realidad de un metro u ochenta centímetros.

¿Modificabas las dimensiones reales?

No. Las dimensiones eran exactas, lo que pasa es que si pones la cámara y ves un hueco, le decías al director: "cuando ruedes a este señor que da el salto, te voy a construir la terraza un metro, si te lo subo a dos metros tengo que subir todo el decorado y encarece, pero tú pones la cámara a una altura que no se vea el suelo", y ponías un practicable. Tú creabas, eras un creador, y eso sí tenía y tiene una importancia artística, porque estabas dando con ese ambiente una referencia, siempre hablando con el director. La labor de un director en el cine, que es muy importante y muy creativa, y que es de las que merece lógicamente más respeto, es como la de un gran director de orquesta. Bien es verdad que muchas veces en el cine español había o ha habido muchos directores que no entendían nada de decoración, la mayor parte de ellos no te pedían que hicieras nada, te decían: "házmelo como te parezca". Otros a lo mejor te pedían los planos, se los entregabas, no veían nada y te decían: "bueno me los estudiaré". Alguno te decía: "hazme una maqueta", porque veían más, aunque no era frecuente, muy pocos, una mínima parte, te la pedían, lo hacían más que nada de cara a la presentación de la película o porque había que coger dinero por algún medio más o menos oficial y presentabas una serie de bocetos. Como me pasó en *El joven Pi-*

149

casso[1], para la que hice veintitantos bocetos de decorados importantísimos para las subvenciones de la televisiones autonómicas. Entre ellos hay un boceto de un teatro maravilloso, estupendo, como lo que se supone que es *El molino rojo* de París, para hacerlo tuve primero que encontrarlo y luego lo que hice fue dibujar un boceto sobre un decorado que existía, lo cambiaré un poquito, como pasa en las perspectivas de arquitectura para un cliente, y como pasa siempre en el cine.

Tiene más importancia a lo mejor en un decorado el vaso que coge el actor, que todo el decorado, por una sencilla razón, porque el vaso es una cosa que se mueve y lo coge el protagonista, y la mirada de la gente se va a dirigir a ese vaso inconscientemente, el resto del decorado va a estar más o menos en un segundo término. Si es un señor muy elegante y coge una copa que es una porquería, o al revés, a un señor que está en una taberna le pones un vaso tallado, no puede ser y eso es lo que desambienta. Las grandes películas a veces son la unión de muchas cosas muy sutiles que te dan ese resultado.

Normalmente la gente sólo se fija en el actor o en la actriz. Los decoradores tenemos la deformación profesional de fijarnos, pero el conjunto es todo eso, primero la historia, los actores, la dirección y luego en las películas, más en las de antes, era el decorado, más que el fotógrafo.

Aquí siempre toda la crítica olvida al decorador, cuando ha habido gente como la del cine expresionista alemán o esta gente que daba unas luces al cine en blanco y negro que te creaban un ambiente, un clima con la iluminación. Aquellos señores eran unos creadores, tan creadores como pueda ser un decorador.

Al ser yo pintor sé la importancia que tiene la luz en el arte. Lógicamente todos sabemos cómo se reparten las luces y las sombras y no solamente en arte realista, en cualquier tipo de arte se hacen unos contrastes de luz, de claros, de oscuros, de manchas, pero hoy día lo único que hacen los operadores es retratarte la realidad porque no quieren nada de cine expresivo, lo que quieren es sacarlo bien y bonito, y por eso ponen una luz difusa.

¿Cómo fueron tus relaciones profesionales con los directores de fotografía?

En general no era muy buena, sobre todo al principio con los fotógrafos antiguos en el blanco y negro, porque al ser la sensibilidad de las películas muy corta lógicamente no tenía tanto matiz como tiene hoy día. Entonces la degradación, que puede ir perfectamente del blanco al negro pasando por unos grises intermedios, antes era muy difícil. Todos los fotógrafos al emplear tanta luz para tener los grados suficientes de impresión de la película, siempre estaban persiguiéndote. Tuve muchas luchas con muchos de ellos, sobre todo por el blanco.

Yo les decía: "¡Pero si el blanco es precioso!" Ellos lo odiaban en general. Tenías que pintar las paredes de unos tonos que les dieran unos grises, había esa pugna, y luego pasó al principio del color. Hoy día prácticamente eso ha desaparecido porque pueden rodar en cualquier lado y además no tienen más remedio porque ruedan en decorados naturales.

¿Qué diferencia hay con tu forma de trabajar en las últimas películas y las que hiciste al principio?

Nosotros hoy día nos hemos convertido en ambientadores. Vamos a rodar en una taberna o un restaurante. Primero tú ves el restaurante que te guste, que reúna esas condiciones, segundo que te lo dejen, que se pueda llegar a un acuerdo económico con producción. Cuando llegas allí ¿qué vas a hacer, es que te crees que puedes cambiar un restaurante que ya está? Hombre si tiene una cosa que hace feo pones algo, cuatro cosas... es lo único que puedes hacer, te encuentras todo hecho y al operador si hay unas paredes verdes oscuras y a él le hubiera gustado que fuese crema, pues esto es lo que hay y así se queda.

¿Modificabas los exteriores?

Una película de época la ibas a rodar a sitios que correspondían a esa época. Siempre se modificaron lo exteriores

Íbamos a rodar exteriores y había que esperar a que estuviese nublado para que fuese todo más suave. El nublado te da una luz más difusa, me acuerdo de haber ido a rodar películas en blanco y negro y haber estado en exteriores tres días esperando. Empezar una secuencia nublada y tener que esperar a que se nublase para rodar la calle y al contrario, cuando empezó el color, que había poca sensibilidad, pues llegabas a rodar, hacía sol y

---

[1] *El joven Picasso* (Juan Antonio Bardem, 1990), serie para TVE.

en cuanto pasaba una nubecita se paraba el rodaje y a lo mejor una secuencia que podías haber rodado en un día estabas cuatro, porque se nublaba un poco.

Mi trabajo también ha consistido en saber acoplar los decorados a las cosas que existen. Conozco muy bien España y desde pequeño he tenido esa curiosidad, me ha gustado conocer todo por libros. Por ejemplo si hace falta una selva, a seis kilómetros de Málaga hay un jardín tropical, donde podemos rodar lo que la gente piensa que es el Amazonas. Me han llamado otros decoradores para preguntarme y yo les he ayudado.

Cuando preparas una película es lo más bonito pues va siempre el director, el productor el jefe de producción y el decorador porque son los que tienen que buscar los decorados

Tú hiciste varios pueblos del Oeste.

He fabricado muchos, en Almería, en Hoyo de Manzanares, en la Pedriza. Siempre se partía de uno construido y se modificaban. Yo construí con Cubero varios poblados y fuertes para películas que han llamado *spaghetti-westerns*. Mal llamado. En España nos arrebatan las cosas, aunque sean tan ínfimas o tan sublimes, pero los primeros *westerns* se hicieron en España. No me acuerdo ahora exactamente el nombre, pero la verdad es que aquí se hicieron uno o dos *westerns* prácticamente sin decorados, muy malos, una cosa de persecuciones, de campo, alguna cabañita que encontraron.

El principio fue el siguiente, llegó un productor y nos encargó hacer unas casas para un *western* que iba a hacer. Eran unos ángulos construidos en el exterior y unos interiores. Cuando me dieron esto estuve pensando y dije: "esto seguro que va a ser un éxito, hagamos toda una calle entera de doscientos metros de longitud". Pero, si presentamos esto no sale, hay que hacer una maqueta pequeña de un poco más de uno cien. La hicimos en papel como si fuera un recortable, no íbamos a ir a un especialista, porque esas cosas te las encargan siempre con mucha premura. Hicimos una maquetita y con una cámara, una Rolley Flex que se podía acercar mucho, hice unas fotos en blanco y negro de las casas. La presentamos en la productora y dijimos: "hemos pensado que lo que hay que hacer es esta calle. Esto es diez veces más que lo que vas a hacer, pero cuando hagas siete películas lo tienes amortizado, lo otro es un decorado para tirar porque no te va a servir para nada, además con la ventaja de que tienes estas fotos que las puedes mandar para Italia —era una coproducción— y la película va a quedar mejor, más espectacular". A Eduardo Manzanos, el productor, que era muy inteligente y listo, le pareció muy bien: "vamos a estudiarlo y a ver lo que pasa".

Yo le sugerí que le interesaba comprar el terreno donde íbamos a construirlo, era una explanada en el Hoyo del Manzanares, donde ahora hay chalés y entonces ponías la cámara y no veías nada construido, todo era campo, ni cables ni nada, tenías de todo, hasta tenías un pequeño desnivel donde podías ver a la gente que se aproximara al pueblo, primero sus cabezas y después el cuerpo. El sitio era extraordinario y no lo compró porque la película le gustó tanto a los italianos que había que empezarla enseguida en diez o quince días. Tenía que reunirse el Ayuntamiento y se lo podían alquilar o vendérselo, entonces no valía nada, pero como había prisa lo alquilaron y ya no se lo vendieron.

El productor nos dijo: "¿Qué preferís, os pago este proyecto y quedamos en paz, o vosotros cobráis vuestro sueldo de película corriente y todas las películas que se hagan aquí las hacéis vosotros?" Resultado de eso es que elegimos la segunda opción.

Teníamos construida la cuarta parte del pueblo esperando que se acabase una fachada para rodar *El sheriff terrible*[2]. Este fue el primer poblado y tuvo mucho éxito, en él se rodó *La muerte tenía un precio*[3] que la hice yo fundamentalmente, aunque no figure mi nombre en la película.

Antes hablaste de unos "ángulos construidos en el exterior".

Sí, así como en arquitectura en general es bonito una arquitectura de superficies planas, en cine es más bonito que todo tenga rompientes, aunque sean ilógicos porque sirven de punto de apoyo para los personajes, para la cámara, para todo. Entonces en cine si tienes poco presupuesto no puedes hacer una pared que tenga veinte metros lisos, lo tienes que hacer de seis metros o de dos. Por un lado se rompe un ángulo, se tuerce una esquinita... hay sesenta centímetros, un recoveco, se mete,

[2] *El sheriff terrible* (Antonio Momplet, 1962).
[3] *La muerte tenía un precio* (Sergio Leone, 1965).

sigue... El hacer estos rompimientos te da pretexto para que en un espacio determinado tú metas una serie de cosas, una taberna, una herrería... Creas un micromundo en un espacio reducido que con una superficie recta sería prácticamente imposible.

Tú también construiste decorados.

Tenía una empresa de construcción: Construcine. He tenido la experiencia de ser decorador y haber trabajado con todas las empresas de construcción que me construían los decorados de las películas de las que yo era decorador. Costó mucho trabajo convencer a la gente y de ahí que fuese un poco fracaso nuestra empresa constructora económicamente, casi fue una ruina, nos dejaba algo pero muy poco. Cuando te daban una película y decían: "¿El decorador es el mismo constructor? Esto no puede ser." Porque la gente entendía que siempre el decorador tenía que estar enfrentado con el constructor para exigirle más calidad. El decorador quiere que el decorado quede bonito, llega el constructor y le pone algo que es una porquería, y el decorador la quita, pero si es el mismo pondrá lo que quiera. No era así, el decorador que construye lo hace mejor, porque son sus películas, siempre que entre en un precio normal y competitivo. El mundo del cine es muy reducido y todos nos conocíamos.

Hay muchas películas que he hecho con constructores de fuera y a la vez, al haber tenido una empresa de construcción, me han llamado para películas que han hecho otros señores, le hice varias películas por ejemplo a Alarcón. La ventaja es que todos los decoradores nos conocíamos entonces y en general nos llevábamos bien, éramos compañeros y nunca tuve problemas con ningún decorador.

Yo no sé inglés, aunque hice muchas películas con los Roberts[4] pero con intérprete: *Doctor Zhivago*[5], *Nicolás y Alejandra*[6]... trabajé con ellos de constructor. He trabajado prácticamente con todos los decoradores del cine español.

¿Cómo empezaste a trabajar en el cine?

Yo venía de pintar. Mi padre había hecho muchas decoraciones por ejemplo la del teatro de la Zarzuela, el Rialto y cientos de cines grandes, salas de fiestas, casas, el salón de actos del Parque Móvil, iglesias en Galicia y en Madrid. Mi abuelo Leónides era pintor y decorador en Valladolid, era el escenógrafo oficial del teatro Calderón de la Barca que es estupendo y el telón de boca, que es una escena de un drama de Calderón de la Barca, lo pintó mi abuelo.

Hasta que me casé me dediqué, como estoy haciendo ahora, a pintar cuadros, iba con mi padre y pintaba. Mi padre era de Valladolid, cuando vino a Madrid conoció a una señorita en la Plaza del Callao que es mi madre, era una chica de una clase más bien adinerada, mi padre era muy orgulloso, se dedicó a la decoración y con eso vivió.

Cuando me casé con treinta años, yo estaba colocadísimo, pero estarlo en los años sesenta no era nada. Cuando me casé se lo dije a Maruja mi mujer: "voy a hacer el peor negocio de mi vida, que es dedicarme al cine, pero no me voy a equivocar, ahora vamos a vivir estupendamente, desde ahora a vivir bien, desahogadamente". En aquellos años despegaban Tapies, Saura... siendo menos conocidos que yo, porque yo había hecho exposiciones en Estados Unidos y ellos no, y había vendido esas exposiciones enteras en Estados Unidos.

Esto no es vanidad. Luego se muere uno y se acaba todo. La vida es la que vive uno y es lo que vale. Muchos compañeros que he tenido y señores famosos, que sale un cuadro suyo en una subasta y pagan dos o tres millones, cuando me los he encontrado los convidaba a un café y a unos suizos, los llevaba a una pastelería y les convidaba a unos pasteles, porque estaban pasando hambre, yo tenía

---

[4] Roberto Roberts trabajó entre otras, en las siguientes películas rodadas en España: como *production manager* en *The Running Man* (Carol Reed, 1963), como *production co-ordinator* en *Wonderful Life* (Sidney J. Furie, 1964), como *production manager* en *How I Won the War* (*Cómo gané la guerra*, Richard Lester, 1967), y como *production supervisor* en *Murders in the Rue Morgue* (Gordon Hessler, 1971), *Love and Pain and the Whole Damn Thing* (Alan J. Pakula, 1972), *The Golden Voyage of Sinbad* (Gordon Hessler, 1973) y *Robin and Marian* (*Robin y Marian*, Richard Lester, 1976). Su hermano Luis Roberts trabajó, entre otras, en las siguientes películas rodadas en España: como *production supervisor*, *Nicholas and Alexandra* (*Nicolás y Alejandra*, Franklin J. Shaffner, 1970), *March or Die* (*Marchar o morir*, Dick Richards, 1976), *The Valley of Gwangi* (Jim O'Connolly, 1968), *The Desperados* (*La marca de Caín*, Henry Levin, 1968), *Travels with my Aunt* (*Viajes con mi tía*, George Cukor, 1972), *The Wind and the Lion* (*El viento y el león*, John Milius, 1975).

[5] *Doctor Zhivago* (*Doctor Zhivago*, David Lean, 1964).

[6] *Nicholas and Alexandra* (*Nicolás y Alejandra*, Franklin J. Shaffner, 1970).

treinta y tres años y ellos cincuenta y cinco, para mí señores muy mayores en aquel entonces. Que le quiten a uno lo bailado.

Estábamos en tus comienzos en el cine.

Mi hermana[7] empezó a trabajar en el cine muy jovencita, es más joven que yo, hizo una película con Edgar Neville que se llama *Duende y misterio del flamenco*[8], otra con Nati Mistral... hizo una serie de películas, ahora se dedica a pintar y pinta muy bien con mucha gracia. Mi padre era muy amigo de Valle-Inclán, de Don Manuel Azaña, amigo íntimo de Ortega y Gasset. Madrid era un pueblecito y todos los intelectuales se conocían en la Puerta del Sol, conocía a Edgar Neville. Yo iba con mi hermana y la acompañaba, o la acompañaba mi padre a los rodajes. Éramos conocidos en el mundo del cine, pero jamás pensé que iba a interesarme, ni me interesaba, ni se me pasaba por la cabeza y si alguien me lo hubiese propuesto hubiese pensado que era un disparate.

Cuando yo me dediqué a hacer cine Villalba[9] me dijo: "hombre Galicia, yo te lo doy mañana lo de decorador jefe, pero hay unas normas tienes que tener cuatro películas de auxiliar, cuatro películas de...". Como tenías amigos les decías: "ésta la firmas tú y la hago yo". Entonces se podían hacer películas simultáneas, yo he hecho muchas veces dos y tres películas juntas y más

¿Cómo se podían atender?

Pues muy sencillo, porque se hacían en decorados. La película si tenía una semana de exteriores era mucho y luego las siete, ocho o diez semanas de rodaje, eran en interiores. En el estudio tenías un equipo, eras un señor importante, eras el envidiado de todos, tenía mi ayudante y aparecía cuando hacía falta, una vez por semana como el médico.

Empezaste a trabajar con Cubero.

Manzanos había hecho otras películas y Cubero iba de ayudante, entonces Manzanos me dijo: "es un chico muy trabajador y a ti te interesaría al principio unirte con él".

Los trucos del cine, que como yo digo, si a la segunda o tercera película no los has aprendido, ya no los aprendes nunca más en la vida, o los aprendes o no los aprendes, es una cosa elemental, te vas perfeccionando... Yo tenía una teoría: a la primera película no sabes nada, a la segunda sabes el treinta por ciento, a la tercera el sesenta, a la cuarta el cien por cien y ahí te mantienes durante seis, siete ocho películas y luego ya cuando has hecho diez películas, a la siguiente sabes el noventa y ocho, en la siguiente el noventa y seis... Como yo he hecho tantas películas debo estar por cero cuarenta por ciento, cero sesenta por ciento, por debajo de saber menos que cuando empecé. En vez de ir aprendiendo es una suma de restos, tienes un momento que llegas a la cumbre, pero cada vez había más despropósitos y disparates en el cine.

¿Cuándo fundaste la empresa de construcción?

Fundamos la empresa de construcción en seguida, cuando hicimos una película que se llamaba *Los novios*[10] de Manzoni. Nos salió una película, que es como *El Quijote* italiano, una coproducción, y se hizo en Alcalá de Henares. Era una película, que tenía un gran presupuesto de decoración y en la que había que modificar calles en Alcalá, entonces contabas con unas ayudas maravillosas de la gente del pueblo, no había dificultades. El caso es que se empezó a construir y no se cumplían los plazos, iba todo muy atrasado, porque había gente en esto de la construcción que eran muy buenos, pero había otros que eran un desastre, se cogían el dinero, se lo jugaban a las cartas y te dejaban de repente. Entonces se quedó empantanado el rodaje, porque estaba construyéndolo un señor y lo dejó.

Manzanos nos dijo si nos hacíamos cargo, nos había pasado algo parecido con el poblado anterior, había empezado a construirlo uno y se había llevado no sé cuanto dinero por anticipado, había hecho la mitad del pueblo y lo acabamos por cuenta de la productora. Nosotros empezamos a construir aquello para *Los novios* y había que hacer un lazareto, fuimos al campo de fútbol y allí hicimos un patio con una galería cubierta con columnas renacentistas de ciento veinte metros por ochenta, todo edificado. Nos quedamos con el encargado del constructor anterior, que tenía sesenta y cinco años y quería jubilarse, yo le conocía y no quería seguir. Me fijé que entre todos los obre-

---

[7] Mari Luz Galicia.
[8] *Duende y misterio del flamenco* (Edgar Neville, 1952).
[9] Teddy Villalba era el Delegado de Decoración en el Sindicato.
[10] *Los novios* (Mario Maffei, 1963).

Los novios (Mario Maffei, 1963).

ros, que a lo mejor eran cien carpinteros o algo así y escayolistas para hacer los remates de las columnas, entre toda esta gente vi que había un chico por allí muy trabajador, muy callado y le dije: "tú te atreverías a hacerte cargo de esto, lo que no sepas yo te lo enseño".

Una de las cosas que me vino muy bien a mí para esta profesión es que, aparte de saber dibujar, sabía de construcción por mi padre, porque me había gustado y porque mi idea, que se cambió por una enfermedad que tuve, era haber sido arquitecto, por eso me gustaban el dibujo y la construcción, cómo se hacían las cosas y cómo se construían, tenía libros, dibujaba muebles y aprendía de los carpinteros y de los ebanistas. Sabía todas estas historias, igual que luego cuando ha habido que hacer un puente en un embalse con barcas y que pasen carros, lo he hecho, he construido barcazas, han pasado sesenta carros con caballos y no se ha hundido el puente por Talavera de la Reina.

Puse de encargado de mi empresa a aquel carpintero, Vicente de Blas. Cuando desaparecieron los estudios y dejé mi empresa le dejé todo a él, todos los clientes, toda la gente y sigue trabajando, haciendo las series de Frade, porque trabajé mucho con él, sus primeras películas las hice yo. Para mí siempre ha sido ex-

traordinario y estupendo, tenía fama de que era un hombre duro, pero conmigo siempre se ha portado extraordinariamente bien.

¿Construías techos en los decorados?

Sí, en el cine se construyen normalmente a tres metros de altura. En las películas cuando hay más metros siempre hay un dintel o una viga, un rompimiento. Porque para dejar que se quede libre y se ilumine no puedes poner techo, sobre todo en las películas antiguas, a no ser ángulos, porque la luz te viene de arriba, de las pasarelas superiores y luego para aforar se calcula con el operador el término medio, no puedes aforar a no ser que lo pongas detrás y entonces no ves lo que hay detrás de la viga.

Tú trabajaste en muchas coproducciones.

Me sentaba en un cine a ver una película y leía: "decorados José Luis Galicia". Estaba rodada en Estambul o Sicilia y yo no la había hecho. Como trabajaba en la casa había salido una coproducción y había que poner unos números, porque era por puntos: el decorador valía siete o catorce, la primera actriz dieciséis... y había que llegar por ejemplo a que España pusiese seis puntos, Italia cien puntos, o a la inversa España tenía setenta... Había unos baremos, pero se empleaban sin consultarlo siquiera, yo no cobraba nada. También sucedía al revés, hacer yo películas completamente aquí, y luego llegar y ver que ponía un nombre italiano.

He hecho algunas películas en Cinecittá de verdad, pero lo lógico es que lo haga el del país. Esas cosas se podían hacer porque no había un control exhaustivo como pasa ahora. Entonces no te exigía el Sindicato ni nadie que pagases. Luego sí, las películas para estrenarse tenían que haber pagado a la Seguridad Social y todas las cosas, pero antes no. Te pagaban a ti pero lo que tenían que pagarte de Seguridad Social ni te lo ponían, yo he hecho algunas películas que para la jubilación no existen porque no las habían pagado.

Cuando nació una hija mía, me acuerdo que te daban diez mil pesetas o así, fui un día a la Mutualidad y me dijeron que no me las pagaban: "porque para cobrarlas hay que hacer tres películas al año y no tienes ninguna hecha. Si ya lo sé que has hecho diez, pero aquí no las tienes. Vete y pon una denuncia". Por diez mil pesetas no iba a denunciar a una casa que todos los años me estaba dando seis películas. Si lo hubiese hecho se reúnen los productores y uno dice: "éste me ha hecho esta cabronada" y entonces se acabó.

Los productores tenían todo el poder.

Lo malo es que del cien por cien de aciertos en una película tenías que llegar por lo menos al noventa y ocho por ciento, si tú te equivocabas tres veces en una película y tres en otra, dejabas ya de trabajar. Esa es una de las cosas por las que yo he trabajado mucho,

¿Había diferencias en trabajar con italianos a hacerlo con españoles?

No. Los italianos eran muy profesionales, pero como siempre eran muy listos. El tío más vivo, más listo —no estoy hablando de inteligente— el español más listo al lado de un italiano es un principiante.

Cuando trabajaba con mi gente tenía una ventaja muy importante, yo sabía que iba a tener los decorados siempre, cuando me hicieran falta. Cuando trabajabas con otros, si querías que se quedasen, tenías que pagarles por horas extraordinarias, porque se iban a quedar unas noches trabajando.

En el cine se mide por metro plano, tanto por tanto, no por metro cúbico, para tener una idea más o menos del presupuesto había unos baremos.

Yo hacía un presupuesto, pedían otro y si lo hacía más barato, yo tenía que hacerlo por ese precio. Por eso siempre tenía que mantener a ocho o diez personas fijas. Había un convenio especial por el cual los obreros cobraban un cuarenta por ciento más por eventualidad, de forma que los podías echar de una semana para otra. Un señor se quería colocar en el cine porque un carpintero en la calle cobraba mil pesetas y en el cine cobraba mil setecientas, lo cual era mucho. Tú los podías despedir de una semana para otra, por eso cobraban ese plus de eventualidad. En una película tenías treinta, cuarenta, sesenta u ochenta obreros, calculabas y los ibas despidiendo según se iba acabando el decorado, pero para tener la organización siempre dispuesta tenías que tener gente, como mínimo ocho o diez personas, y si no te salía trabajo tenías que seguir pagándoles.

Ellos sabían cómo trabajaba. Si por una casualidad había una cosa que no me gustaba, tenía la ventaja de que una vez hecha la modificaba a mi gusto sin cobrar nada a la productora. Eso lo hacías con otro constructor y le pasaba una nota al productor. Eso me daba una tranquilidad.

¿Trabajaste en otros países?

Sí, mandé unos dibujos a Italia, era una película que pasaba en África y había un pabellón con puertas correderas. Cuando fui me habían hecho una chapuza, llegué y dije: "todo esto a tirarlo. Todo esto me lo tiráis". Era una especie de *bungalow* de millonarios donde había muchas paredes móviles con rieles que se corrían.

El productor americano de la película dijo que se tirase: "si no vale, no vale". A partir de ese momento cuando yo llegaba allí los obreros, los constructores, la gente, me miraba con respeto: "este señor sabe". La idea de ellos era habértelo colado y después colarte todo. Pensaron: "este hombre ha demostrado que sabe, vamos a demostrarle ahora nosotros que lo hacemos de maravilla". ¡Claro que tenían capacidad! Lo que pasa es que son capaces de hacerte lo que sea, si te pueden hacer algo de diez pesetas y cobrarte cien te lo hacen, pero capacidad... aquello era una maravilla. Lo llevaba un director que había puesto Mussolini, cuando cayó el Régimen con la Liberación, se reunieron y dijeron: "¿A quién le damos la dirección, al que está, que es el que más sabe, o a otro? Pero a éste lo ha puesto Mussolini.

La muerte tenía un precio (Sergio Leone, 1965).

¿Hay alguien que lo sepa llevar mejor que él?" Y él fue el que levantó el cine italiano con dos perras gordas, este señor, volviendo otra vez a que esos estudios funcionasen sin nada. Son una gente muy inteligente.

¿Cómo fue tu trabajo con Sergio Leone?

Ocurrió una cosa curiosa. Es una coproducción que coge Miguel Echarri, que era de San Sebastián, había estado en el Sindicato y de Director General de Cine. Me dan la construcción de los decorados que eran muy importantes, porque era un señor que exigía mucho. Le doy un precio, se acepta y otro de los productores, que se llama Colón o algo así, me dice: "yo todas las semanas te voy dando dinero, a trescientas mil pesetas semanales".

Los decorados no se hacen todos al principio, haces el decorado antes de que vayan a empezar a rodar para que dé tiempo a ambientarlo, poner los muebles y atrezarlo, se va llevando una escaleta de las necesidades de rodaje.

Pues llegó la primera semana y me dio trescientas mil, y llegó la segunda y me dio otras trescientas mil, y llegó la tercera y solamente me da cien mil, llega la otra y sólo me da cincuenta mil, otras semanas no me da nada... Yo haciendo todos los decorados y pagando. Era mi ruina total, no tenía dinero para salir ni para nada, tuve que pedirle dinero al banco. Yo me decía: "Esto es mi ruina este tío no me paga, debiendo todo: a los almacenes de madera, la seguridad social de mi gente." Porque entonces los sueldos eran el veinticinco por ciento y el material el setenta y cinco, y se compraba a crédito.

Llega un día que me debía muchísimo dinero, una fortuna para mí en aquel entonces. Voy a su oficina y veo que según entro el productor se mete en un *water*. En la oficina no le encontraba, cuando yo estaba en el Hoyo del Manzanares él estaba aquí, y cuando yo estaba aquí él estaba allí. Ya me harto y le digo a su secretaria: "mira dile que mañana llamaré para saber si tiene dinero, que el sábado me pasaré a cobrar por la mañana a primera hora para pagarle a mi gente y que si no el lunes no rueda".

Me fui pensando: "¿cómo impido yo que un equipo de ciento ochenta personas o así, ruede?". De repente se hace la luz, llamo a Vicente y le digo: "mira Vicente, búscame dos camiones de los más grandes que haya en Madrid con remolque, tenlos preparados para el domingo a las cinco de la mañana y tú también con toda la gente, cuarenta o cincuenta con herramientas, el domingo todos a las cin-

156

co de la mañana para ir a trabajar. Tú no te preocupes, yo el sábado a las seis de la tarde te digo lo que vamos a hacer y adonde vamos a ir".

Pues llega el sábado y no me paga. Llamo a Vicente y le digo: "salís a las cinco, os espero a las seis de la mañana en el Hoyo de Manzanares, yo estaré y os diré el trabajo que vamos a hacer. Me vais a desmontar todas las puertas y ventanas del decorado, me las metéis en los camiones y de aquí no se mueve nadie hasta que no esté hecho el trabajo".

Quitamos todas las puertas, todas las ventanas, tanto interiores como exteriores, de paso entre habitaciones... Había muchos edificios que sólo eran paredes algunos que no se usaban, la iglesia era sólo una fachada, pero teníamos el hotel, el salón que tenía habitaciones por arriba, la cárcel, establos...

Me cargaron los dos camiones y nos faltaba espacio. Detrás de unas matas escondí las que no cabían en los camiones que se van a Madrid, se quedan en un sitio apartado y le digo a Vicente: "el lunes por la mañana te reunes con la gente y ya recibiréis noticias mías". Me voy y al guarda que estaba allí, que le llamábamos el *sheriff*, tenía setenta años le habíamos hecho una casita con dos perros lobos que tenía yo... le digo: "mire cuando vengan a rodar por la mañana les dice usted que el señor Galicia esta muy cansado y que se ha ido unos días a descansar fuera de Madrid, que no le busquen porque no le van a encontrar".

El lunes, como sabía que llegaba gente muy pronto, los de efectos especiales, los operadores... llegaban a las seis, aunque empezasen a rodar a las nueve, me levanté y me fui a dar vueltas por Madrid. Vinieron a casa, me estuvieron buscando... hasta que llamé a mi casa y me dijeron que me había llamado Miguel Echarri, que era un hombre muy serio, lo llamé y me dijo: "mira, Galicia, esto ha sido un desmadre, me he hecho yo cargo de la película y me hago responsable de que se te va a pagar en cinco semanas". Yo le contesté: "siendo tú me lo creo, si te has quitado del medio al Colón, yo tengo ocupados dos camiones grandes y un domingo de horas extraordinarias, que estuvimos desde las seis de la mañana hasta las siete de la tarde y ahora me va a costar montarlo todo —porque desmontar es más fácil que montar— va a costar tres o cuatro días y todo eso se me paga. Yo no quiero ganar nada, pero no me va a costar nada". Por descontado me pagaron hasta la última peseta.

Es la única película en el cine español que ha parado un decorador. Yo sé que Alarcón ha llegado a decorados que ha hecho él, no le gustaban y decía: "aquí no se entra porque no me gusta el color", porque lo habían pintado de un color y luego no le gustaba. Eso lo sé yo que pasó algunas veces con decoradores como Alarcón. Se cambiaba el plan de rodaje y se iban a otro sitio, pero no se paraba el rodaje.

En el mundo del cine, con la mala fama que ha tenido siempre, se pueden contar con los dedos de la mano las veces que me haya quedado sin cobrar nada en más de treinta años de experiencia. Yo sé que en el mundo de la decoración, a mi padre, gente muy importante le han dejado sin pagar más que en el cine. La producción es una carrera de gente loca, que de repente no te pagan o te pagan a los seis meses, pero si no han pagado no ha sido con premeditación sino porque se han arruinado, han tenido que vender el piso, el coche y no han llegado a pagar a todo el mundo.

¿Con qué equipo trabajabas?

Siempre he trabajado con los mismos fijos. Cada película llevaba un ayudante, los auxiliares se llevaban para aprender, porque eran chavales que luego seguían o no seguían, solamente se les pagaba la comida, querían aprender iban al rodaje y eran amigos del productor o conocidos tuyos.

En la preparación de una película te daban el guión, tú lo leías, imaginabas los decorados y tú, lógicamente igual que un arquitecto, hacías los bocetos. Hacía unos dibujos a mano alzada, esto se lo dabas al ayudante, que es como el delineante, lo pasaba a limpio y te lo presentaba. Luego muchas veces sobre la marcha llegaba al decorado construido y decía: "mira, Vicente, esta pared que te he marcado así, olvídate de ella, ahora la haces así...", lo modificaba en obra.

¿Qué otros directores artísticos admiras?

Yo no voy a entrar ahora a hacer un juicio estético, porque eso es una cosa muy personal, pero yo creo que el decorador más completo, que más sabía y que entre todos los decoradores le teníamos un gran respeto era Alarcón. Burmann para mí era otro gran decorador porque era también artista. Nos encontramos con el decorador técnico o el decorador artista.

En los *westerns* no puedes crear nada, tienes que basarte en un ambiente de lo que estás haciendo y además han tenido bajo presupuesto. Si he trabajado más que otros ha sido porque los productores, que la mayor parte no entiende de lo que no sea su negocio y no lo miran desde el punto de vista artístico, saben que yo he sido muy pragmático, he sido de los pocos decoradores del cine español que con un presupuesto de cinco millones hago lo que otro con diez, porque sé emplearlos muy bien y sé dónde hay que ponerlos.

Yo le decía al productor: "si tiene un presupuesto en la película de ochenta millones para decorados, la película como mucho le va a salir por setenta, pero no solamente eso, sino que cuando la presente a la aprobación de las juntas de las autonomías y vean el decorado va a poder decir que se ha gastado ciento sesenta millones en decoración porque se ven".

¿Se inflaban los presupuestos en el capítulo de decoración?

Los presupuestos no se inflaban mucho en los decorados porque eran muy controlables. Lo que sí ocurría es que en una película hace treinta años el presupuesto del decorado estaba entre el veinte y el treinta por ciento de su coste, y ahora una película debe de llevarse el cinco por ciento escaso y si es una serie de televisión menos.

Hay alguno de tus trabajos que quieras citar.

Una película que hice con los americanos en Marbella y era muy importante. Pasaba en Vietnam y luego en África, porque eran mercenarios. Entonces en el Lago de las Tortugas, que en realidad es un embalse a unos seis kilómetros de Marbella, había que hacer unos poblados, un puente y unas casas de Indochina medio derruidas, había que meter juncos y me hacían falta seis o siete personas, les pusieron traje de bucear a todos, y a meter juncos en el fondo, doscientos juncos para darle vida.

Hice una casa muy bonita china derruida, con relieves chinos, con el techo medio hundido y las paredes medio descoloridas con pinturas de dragones. Pasa un día un pastor y me dice que llevaba toda la vida viviendo allí y no había visto esta casa.

Había que hacer un campamento grandísimo en un río que prácticamente no lleva agua

y que es como una rambla, una vaguada, y allí se hacen unos depósitos grandes de combustible, casas, un cuartel, campo de aterrizaje, alambradas... había seis o siete depósitos de gasolina. La acción era que llegaban unos helicópteros en una misión secreta y con unos efectos especiales incendiaban los depósitos, que estaban hechos con contrachapado de quince metros de altura y un círculo grandísimo igual que si fuesen de verdad.

Llega el día. Primero vuelan un camión cargado con explosivos y veo que algo del camión sale volando por el aire y cae dentro de uno de los depósitos, que estaban preparados para volarlos ocho días después. Al poco rato empiezo a ver salir humo, al minuto había una llamarada tremenda y como estaban todos los depósitos uno al lado del otro, al cuarto de hora estaba todo aquello ardiendo.

Al día siguiente me estaban esperando todos y me dicen: "tenemos el problema con el actor Stanley Baker, que este señor tiene que irse". Habíamos tardado quince días en hacer los depósitos. El productor me dio un cheque en blanco y me dijo: "ponga usted la cifra, pero esto me lo tiene que hacer en tres o cuatro días". Y le dije: "mire, sabe mucho esta gente que ha traído de fuera, pero en el fondo no saben nada, porque yo, cuando acabé de hacer los depósitos, como prácticamente no podía hacer nada y tenía una semana les dije a Vicente y mis hombres: 'esto siempre sale mal, vamos a tener otros depósitos preparados, vamos a hacerlos a dos kilómetros y si no se usan, pues no pasa nada, desclavamos los tableros contrachapados y ya está.' Vete detrás de esa colina y allí verás otros seis depósitos que sólo falta pintarlos, y vais a dar a mi gente una gratificacion porque van a estar cuatro días trabajando día y noche".

¿Quieres añadir algo más?

Sí que tengo guardados dibujos, son dibujos de pueblos del oeste. Yo me acuerdo que era muy pequeño y me volvía loco con las novelas de Pete Rice y luego, antes de que mi hermana se dedicara al cine, ya me gustaba... me gustaba más que ahora.

Pues el cine me dio la oportunidad de construir poblados del oeste como estos que tenía dibujados.

CAPÍTULO X

Entrevista con Luis Vázquez

(Madrid, 15 de octubre de 1995)

¿Fue tu familia la que comenzó con la empresa de atrezo Vázquez Hermanos?

Sí. Al principio se llamaba sólo Vázquez, por mi abuelo Federico Vázquez. Se dedicaba a una especie de almoneda de muebles en la calle Jacometrezzo en los años ochenta del siglo pasado. En el novecientos mi abuelo se metió en unos ambientes teatrales, entonces puso un alquiler de muebles. Facilitaba los muebles y el atrezo. Con el tiempo mi padre Luis y mis tíos Ricardo y Alejandro lo heredan y se convierte en Vázquez Hermanos con mis primos. Mi padre sigue este negocio, buscan un socio, y como había una competencia con Ricardo Menjíbar, hicieron una sociedad con él. Luego hubo otros socios como Luna y Mateos que estuvieron juntos unos años. Mi padre se quedó sordo y se retiró un poco de estos negocios. Mi tío Alejandro se quedó como director de la empresa

¿Trabajaste con ellos?

Yo no he trabajado en la empresa. Ahora mismo si mis primos me llaman voy y les ayudo, pero me he desligado de la empresa porque me he dedicado a otros menesteres. Ni que decir tiene que cuando yo he hecho mis cosas profesionales siempre he contado con mis primos.

¿Cómo fueron tus inicios en el cine?

Mi carrera es muy variada. Estuve trabajan-do en una empresa de construcciones de un pariente mío que sabía mucho, pero era analfabeto. Había empezado de albañil en Toledo, le salieron a subasta las obras del Seminario de Toledo, se llevó la subasta, hizo esa obra importante y entonces le vinieron otras como el Palacio de Justicia de Guadalajara, el Hotel Carlos V de Toledo con el que luego se quedó... Yo trabajé en esa empresa, era una especie de listero, auxiliar, contable, hacía las nóminas, preparaba las mediciones para hacer las certificaciones de obra.

Como tenía unos grandes conocimientos prácticos de construcción fui a estudiar a la Escuela de Aparejadores. Un amigo me dijo que el arquitecto Manuel Barbero[1] estaba necesitado de personal, yo tenía entonces veinte o veintiún años, fui al estudio, me hicieron una prueba y estuve trabajando seis o siete años en aquel estudio en el que estaba bastante bien considerado. Hicimos la Seat de Barcelona por la que nos dieron el Premio Reynolds de Arquitectura, trabajábamos para los americanos, hicimos la base de Rota... todavía tengo un callo en la mano de dibujar.

El cine lo he tenido en casa desde la cuna, no es una cosa que me sorprenda y sé cómo se hace. Un amigo mío Ricardo Merino, hijo de una actriz de teatro, me propuso meternos en el cine en producción. Era una película que se llamaba *Kilómetro 12*[2] una cosa que hizo Clemente Pamplona, mi amigo iba de ayudante

---

[1] Manuel Barbero Rebolledo diseñó, entre otros edificios, los comedores de la fábrica SEAT en Barcelona (1954) con Rafael de la Joya y César Ortiz-Echague, concediéndoles el American Institute of Architects el Premio Reynolds en 1957; diseñó también el Colegio de primera y segunda enseñanza en Somosaguas (1962) con Rafael de la Joya.

[2] *Kilómetro 12* (Clemente Pamplona, 1962).

de producción y yo de regidor. Hicimos la película, no salió mal, nuestro trabajo fue considerado aunque no cobrábamos mucho dinero y entonces Ricardo me propuso seguir. Él estaba muy relacionado con actores, nos fuimos relacionando con otros personajes de la industria y surgieron otras películas. Hicimos cuatro o cinco, a mí me tocaba la parte de regidor que es una especie de "conseguidor". Yo la dominaba porque iba a mi primo y le pedía las cosas.

Un día llegó un jefe de producción, Ángel Monís, que estaba en coproducciones italianas y me dijo: "yo te contrataría de decorador si hiciese una película". Era una película que hacía Don Antonio Simont, en esa época ya estaba el Sindicato vertical del Espectáculo en el cual, para ser decorador, como una manera de acceder a la profesión y de aprender, tenía que hacer tres películas de dibujante y tener tres contratos de ayudante. Si no te interesaba luego ser decorador por alguna circunstancia, seguías de ayudante y podías volver a ser decorador. Preparé mis cosas del Sindicato, me dieron un permiso para hacer de ayudante *La tía Tula*[3] y la hice con Luis Argüello, que es mi cuñado.

¿Con quién trabajaste de ayudante?

Con Simont hice dos películas y con Argüello otras. De allí pasé a decorador, alternaba con la producción, aunque nunca he trabajado en la misma película como decorador y en la producción. A veces ha surgido alguna circunstancia como en *El crimen de Cuenca*[4] que hacía Fernando Sáenz y yo estaba de ayudante de producción, como Sáenz estaba en televisión, pues yo le echaba una mano de ayudante de decoración. Luego tuvo un detalle, me regaló un libro.

¿Qué relaciones has tenido con otros profesionales como los directores de fotografía?

Yo con los directores de fotografía me he llevado siempre muy bien. Les he hecho asumir responsabilidades, como ellos me lo han hecho a mí. Nunca les sorprendo, por ejemplo en una película de blanco y negro, les he dicho: "este cielo te lo voy a pintar amarillo en vez de gris" y no se han sorprendido por ver-lo amarillo. Les doy siempre sugerencias de las cuales podemos sacar partido. Tengo contacto con ellos, los he llevado a ver el decorado antes de que empiecen a rodar... Con el único que he chocado un poquito, hace muchos años, fue con Macasoli en un decorado en el cual me hizo bajar los techos, tardamos dos horas en hacerlo y después cuando fuimos a proyección no se veían los techos.

Con Alejandro Ulloa me llevo muy bien, pero nos pasó una cosa en *El Anacoreta*[5], que tiene un decorado con nada más que dos versiones: una que tiene pintados unos paisajes de Capri y otra sin Capri. El director no quería rodar por orden de guión, tenía todos los mismos elementos pero dobles, como todas las paredes eran móviles era un follón, tenía grifos por los que salía agua caliente y agua fría... Era un decorado bastante cuidado. En el decorado de *El Anacoreta* pasan muchas cosas, hay una cama de matrimonio, juegan al mus, hay un armario donde él se mete, unas estanterías que tienen el Espasa... es un decorado muy complicado y me había hecho mis maquetas.

Yo tengo un sentido grande de las dimensiones, el Neufert[6] lo tengo en la cabeza, sé los espacios que se necesitan para hacer un ambiente porque yo he hecho muchos proyectos, desde un chalet hasta una fábrica, y sé de qué va un hospital arquitectonicamente... me replanteo los problemas como en la realidad. En el cine las dimensiones hay que hacerlas un poco más grandes por los movimientos de cámara, los *travellings*, hay que poner móviles, hay que darle un poco de más dimensión... entonces yo hago el decorado según esas dimensiones.

El primer día que yo estaba con los decorados se presentó allí Alejandro Ulloa con Juan Estelrich, y Ulloa empieza a decir que era muy pequeño. Yo le dije: "Mira Alejandro, hay paredes sin pintar, otras paredes están sin levantar y no sabes tú lo que ves, porque no lo veo yo y no lo puedes ver tú. Alfredo Matas el productor me ha dicho que no os haga caso y que yo haga las cosas como yo creo que deben ser y que os tenga un poco constreñidos en ese decorado." Alejandro me contestó: "Bajo mi responsabilidad dale un metro más para allá a

[3] *La tía Tula* (Miguel Picazo, 1963).
[4] *El crimen de Cuenca* (Pilar Miró, 1979).
[5] *El anacoreta* (Juan Estelrich, 1976).
[6] Se refiere al libro *Arte de proyectar en arquitectura* de Ernst Neufert, un popular manual con las medidas de los objetos más diversos muy usado por algunos arquitectos.

todo el decorado". Se marcharon y yo lo le puse sólo medio metro más. Empezamos a rodar y de repente me dice Ulloa: "Has hecho un decorado como una plaza de toros."

No resultaba grande. Para mi gusto hubiese sido más pequeño, yo lo empequeñecí haciendo una claraboya con un óvalo en vez de cuadrada, le puse azulejos biselados, puse una serie de cosas para realzar las paredes y darles un poco de movimiento, espejos, todos los aparatos sanitarios, muchos elementos de decoración para crear ambiente, para cortar espacios. Se hizo en los estudios Cinearte donde había cuatro columnas que las tenías que integrar dentro del decorado. El water funcionaba y hacían falta desagües que tenían que ir a las alcantarillas, hice un calentador con ruedas que lo llevábamos detrás del decorado, lo enchufábamos y salía agua caliente por el grifo. Todas esas tuberías tenían un duplicado con Capri y sin Capri, sin el Espasa o con el Espasa, del que sólo teníamos un ejemplar, tenía todos los tomos por orden y tardábamos una hora en moverlo. Íbamos por la mañana limpiábamos el decorado, cogíamos los peces que se habían caído de la pecera si no la habían tapado por la noche... No eran problemas insolubles.

¿Tuviste una empresa de construcción?

Lo que yo he hecho es facilitarle a las productoras los medios. Cuando llegan los años de la crisis prescinden de los constructores de decorados, que sólo se quedan para películas muy importantes, por ejemplo las de Bronston, en los años setenta empiezan a desaparecer constructores, se muere Asensio, se hunden los cuatro o cinco que quedaban: Juan García, Alonso, Fernández... Lega-Michelena siempre ha sido más independiente, de decorados de no mucha dificultad, baratillos, siempre daba unos precios más baratos que a mí me preocupaban.

Había estudios que tenían constructores, en Ballesteros estaba Lega-Michelana, allí tenían un tallercito con máquinas. En una película del oeste me llevé a Almería a parte del equipo de Tomás Fernández, les pagábamos todas las semanas y ellos me construían todo el decorado siendo yo el responsable.

Los productores se encuentran con que no tienen un intermediario que es el constructor, que se gana el dinero y se lo ahorran. Si me gasto doscientos tablones de madera no gano nada, los apunto en una factura y ya está a la vista de todo el mundo. La mayoría de los decoradores siempre han ido a la comodidad porque evitan responsabilidades, voy por la mañana a las diez y ya está.

Si hay que cortar una teja o algo cogía el modelo, no tenía que esperar a que me trajesen las muestras y no perdía el tiempo iba a las casas y elegía el material directamente.

Tenía una organización lógica y profesional, yo sé lo que tarda en secarse la pintura y sé que hay que pintarlo antes de poner otra cosa, es una lógica táctica. Una vez hecho el proyecto las plantas los alzados y las secciones, a mis hombres les doy los procedimientos rápidos para hacer las cosas, que salen de la profesión de haber hechos cientos de decorados.

Si tengo que hacer un friso, hay plafones de plástico que tiene un dibujito, los pones en vertical, los juntas uno con otro, los barnizas, los pintas, los pones de color marfil y puedes sacar con elementos prefabricados todo lo que quieras. Con esos elementos yo he hecho una puerta de romanos pintada de purpurina. Para los azulejos coges esas láminas como de cartulina plástica, cortas un rectángulo, dejas una junta entre ellas y parecen azulejos, ibas a las guillotinas de los impresores y hacías trescientos a lo mejor. El suelo de parquet de la Audiencia de *Mi hija Hildegart*[7] era una plancha cortada en tiras y clavada. El suelo de *El Anacoreta* era papel adhesivo sobre plástico aglomerado blanco y cada cuatro o cinco días lo tenía que cambiar porque se movían... y así montones de cosas.

¿Qué diferencias había en la construcción de decorados cuando empezaste comparándolo con tus últimas películas?

Los jornales eran baratos y había más gente. Cuando empecé un carpintero ganaba en un rodaje sesenta pesetas al día, le podías llevar de asistencia, lo tenías contratado siete u ocho semanas y se volvían locos. Podías llevar dos atrezistas, los despedías cuando no tenías trabajo, pero siempre tenían alguna película. Después cobraban sesenta o setenta mil pesetas y no cabía esa estructura.

A veces el productor me ha dicho: "tienes que llevar a mi cuñado, le pones en el equipo de decoración de carpintero o de lo que quie-

---

[7] *Mi hija Hildegart* (Fernando Fernán-Gómez, 1977).

ras, pero tienes que llevarlo" y le he respondido "yo le llevo pero siempre que me lleves a otro carpintero, necesito a tu cuñado y a un carpintero, si no mi trabajo se resiente, no tengo ningún problema con tu cuñado, yo no me opongo". Nunca te pueden decir que eres un "cabrito".

Yo siempre a mi gente los he tratado con confianza, como amigos a todos, desde el carpintero hasta el aprendiz. No hago distingos, nunca les he exigido que me traten de usted. Les apoyo en las buenas y en las malas y si les puedo dar un poco más de dinero, lo hago.

En Mi hija Hildegart *tuviste que hacer unos decorados que reconstruían otra época histórica.*

Yo sabía que la casa de Hildegart estaba en la calle de Fernández de los Ríos y ya estaba destruida. Estuvimos hablando con Eduardo de Guzmán que había escrito un libro sobre ella y la había conocido cuando salió de la cárcel. Ese decorado que era un ático se hizo además con mucha prisa, Fernando Fernán-Gómez me dijo: "yo necesito que me hagas un favor. Antes de hacer la película quiero hacer unas pruebas con la actriz en el decorado". Acabar el decorado adelantando los tiempos es una perturbación grande. Ese decorado lo hicimos en estudios, pero también necesitábamos hacer un motón de decorados, casi treinta: la casa de los padres, el despacho de los abogados, una taberna, el deposito de cadáveres... todos los días había un decorado por la mañana y otro por la tarde. Además era una película muy condicionada por los tiempos y yo les dije: "lo que hay que hacer es buscar unos señores por libre, pintores, carpinteros... para construir los decorados" y en efecto, cogí al jefe de producción para que contratara a estos elementos, porque alguno ya había trabajado conmigo y sabía como eran.

Por la noche acababa el rodaje y me iba con el jefe de producción por los barrios del viejo Madrid a buscar una taberna y tuvimos la suerte de encontrarla en una calle de la Cava Alta. En la calle Goya hay una casa vacía de un abogado amigo que está todavía y tiene dos habitaciones grandes y dos pequeñas, porque había sido una antigua pensión, mientras rodaba abajo la biblioteca de los padres de Aurora en La Coruña, arriba estaba haciendo el depósito de cadáveres, poniendo los azulejos, poniendo las mesas de las redacciones de periódicos...

El café estaba hecho en una habitación de un piso primero de una casa y parece que es el exterior, porque puse la luna y creé efectos especiales, se ve caer la lluvia, pasan unos peatones por el cristal, hice un forillo pequeño como si fuera la calle lejana. El primer plano de los actores está logrado con sus asientos, sus mesitas de mármol con el limpiapaños a un lado, la barra donde se sujetaba el sombrero... Lo importante es darle ese carácter, que no sea una cosa gratuita, sino que se crean que están en un café.

¿Tenías ayudantes?

En *Miguel Servet*[8] tenía un equipo, tampoco muy grande, éramos cuatro pintores, cinco carpinteros, Juanito diez y yo once. Tenía un ayudante, pero lo tenía fuera de la construcción, Horacio Valcárcel, al que había contratado Forqué, me hacía solamente las cartas de Servet y las hacía muy bien. Ayudantes de hacer la película, sólo lo tuve a él. Por ejemplo Alarcón tenía ayudantes como Guerra o De Miguel... esos chicos se quedaban solos en una película y la resolvían. Ese cine, como se debe hacer, necesita una serie de señores que hagan el atrezo... como los americanos con sus departamentos de decoración con un motón de personas. Alarcón era igual, tenía sus ayudantes de primera fila que hacían la película ellos solos. Yo no los puedo llevar porque entonces ¿qué hago yo? Yo llevaba unos ayudantes menores.

Sin embargo hubo años en los que trabajaste en cuatro o cinco películas. ¿Cómo las podías hacer sin ayudantes?

Las hacia todas yo. Lo que pasa es que nunca se hacían todas juntas, cuatro semanas en una, dos semanas en otra... Mezclaba una localización con un rodaje, pero nunca rodando dos películas al mismo tiempo. Eso se escapa a mi capacidad, no tengo capacidad para hacer eso, me gusta dar la cara y ser responsable, si estoy yo y hay que defender una situación, pues la defiendo yo.

Un carpintero es mucho mas útil que un ayudante. Nunca me he negado a que un chico quiera aprender a mi lado, pero prefiero un carpintero o un pintor, que un ayudante.

¿Cómo trabajas cuando te dan el guión?

Hago un plan de localizaciones. Saber dón-

---

[8] *Miguel Servet* (José María Forqué, 1988), serie para televisión, siete episodios de 55 minutos.

El tigre se perfuma con dinamita (Claude Chabrol, 1965).

de se puede hacer cada cosa. Las localizaciones de exteriores las haces con el director generalmente, ya le llevas a sitios concretos o viajas con él y vas conociendo los sitios.

Después hacía unos planos. Yo paso muy poco a limpio, lo hago todo directamente a lápiz y se lo doy a los constructores. Hoy en día con los métodos de reproducción que hay, no hay problemas. Cuando estaba proyectando tenía en la cabeza las dimensiones.

¿Hacías bocetos?

Los bocetos los veo bien y los veo mal. Hacer bocetos de una película en los cuales todo es ciencia ficción, bocetos que dices: "que bonito es esto, que precioso es esto, pero no está adaptado a las medidas...". El decorado necesita dimensiones, atmósfera. Yo parto siempre al revés, hago primero los alzados y la planta, y luego los llevo a una perspectiva. Generalmente por eso necesitas tiempo y preparación. Los bocetos no sirven nada más que para ver si el director sabe lo que vas a hacer. Ellos siempre quieren ver las cosas porque luego te dicen que no saben leer un plano. Un director, que no te voy a decir el nombre, me decía: "es-

tos bocetos para mi casa y luego los enmarco". Los bocetos nunca me han resuelto nada. Yo la película la resuelvo en el decorado natural, en el plano del estudio, cogiéndolo y sabiendo como meto el decorado en el estudio.

¿En qué estudios trabajaste?

En C.E.A., Sevilla Films, Ballesteros, Cinearte, Chamartín... Es una comodidad trabajar en ellos, tienes el agua, la luz, el calor, el frío, el espacio, los techos, la aireación... tienes todo resuelto.

¿Se hacían varias películas en el mismo plató?

Normalmente no, porque es muy difícil. Yo lo he visto, y lo he hecho por ejemplo en Balcázar, que estaba en las afueras de Barcelona. Eran unos antiguos almacenes de patatas y ahí Alberto Soler, que era el director artístico, hacía cinco o seis películas al mismo tiempo. A mí me llamaron para hacer una película que se llamaba *El tigre se perfuma con dinamita* de Chabrol[9], y yo me hice todos los exteriores.

Estoy en Barcelona haciendo una película con Eugenio Martín me llama Balcázar y me dice: "tenemos unos franceses en Marbella que

[9] *El tigre se perfuma con dinamita* (Claude Chabrol, 1965).

dicen que si no se presenta un decorador hoy, se marchan de la película y no la hacen". Juan Alberto no quería salir de Barcelona, porque tenía una fábrica de plásticos y no podía salir. Me leo el guión en el avión y me presento en Marbella. El ayudante de dirección al que yo conocía, me dice: "mañana tenemos que ir a localizar, tenemos que empezar la película dentro de dos días con un festivo en medio y empezamos con un puesto de gasolina que figura en la Guayana francesa". Me llevan a una casita, a un garaje de ruedas, y me dicen: "aquí tiene que haber tres surtidores de gasolina y todo lo de una gasolinera". Había un constructor que se llamaba Juanito Gracia y le dije: "búscame una gasolinera que esté en funcionamiento" Todo esto con un pintor y un carpintero de rodaje nada más, un equipo que había contratado la producción para hacer el rodaje. Juanito me trajo unos surtidores rojos antiguos... "búscame un bidón que podamos enterrar en el suelo para sacar la gasolina y te hago el decorado". Bueno llega el día del rodaje, viene el ayudante de dirección y me dice que hay que hacer otros decorados, un restaurante chino abandonado que necesitamos que tenga unos carteles luminosos y le digo: "Esto no es serio, yo tengo un pintor y un carpintero ¿como voy a hacer estos decorados en no sé dónde con no sé qué? Si queréis decorados quiero cinco pintores y cinco carpinteros y que estén mañana aquí". Me llamó Balcázar y me dijo: "¿De verdad que te hacen falta?" Vi una casita abandonada y pensé: "esto será el restaurante". Empecé a hacer adornos chinos, empapelé con un papel cursi geométrico que tenía dorados, luego le hacía rotos y desconchados... Hice el barco, los ataúdes con lingotes, había tiburones, Juanito fue a un safari y me encontró los tiburones... Juan Alberto quedó en hacerme los decorados interiores pero me dijo: "es que no tengo ni sitio, vente para acá corriendo para ver que podemos hacer". Teníamos que hacer el interior de un barco de la marina francesa con radar, con esa luna en la que se pintan los barcos... Le dije a Juanito: "búscame aparatos, voltímetros, lo que puedas de náutica". Y con eso saqué el interior, en una

luna grande pinté con cera el mapa, los números, las coordenadas... No había otro que hiciera los detalles tenías que ir improvisando.

El decorador de todas las películas de Balcázar era Juan Alberto. Yo hacía la película y si lo ponía en los títulos, pues bien y si no pues también. Yo cobraba y ya está.

Mi trabajo con Balcázar fue una gran experiencia. Se hacían cuatro o cinco películas al mismo tiempo, teníamos todos los guiones y nos lo repartíamos. Un patio que habíamos hecho lo cambiábamos, teníamos ventanas árabes, mejicanas y lo íbamos cambiando con elementos más o menos pequeños. Le decía por teléfono a Miró el atrezista: "mándame la alfombra con el dibujo verde, el tapiz con aquella figura, la cama catalana...". Llegaba y se ponía cada cosa en su sitio. Era una experiencia de improvisar, de ir en contra de las circunstancias.

Yo siempre he hecho decorados con una cierta decencia, los he hecho verídicos. Por ejemplo las películas de terror, los hombres lobos, son películas de poco dinero, con unos productores que no tenían mucho dinero, pero la cripta del hombre lobo o el castillo de *El caminante*[10] no se piensa que sean decorados de cartón piedra. Los he hecho lo más natural que he podido, son unos decorados decentes.

¿Cómo te documentabas?

Tengo bastantes recursos, aparte de un poso cultural. Yo en mi biblioteca tengo montones de libros de ciencia, de arte... Tengo una buena memoria visual, hay cosas en que yo me fijo y que la gente no se fija, es algo instintivo.

¿Cómo trabajabas con los técnicos de efectos especiales?

Siempre he colaborado con ellos en decorados en los que hay explosiones, fuego o inundaciones. He colaborado con Emilio Ruiz que es uno de los mejores maquetistas del mundo. Emilio es asombroso, en aquellos tiempos el productor Italo Zingarelli[11] lo tenía contratado fijo y lo mandaba a distintos estudios. Aparte de eso pinta forillos muy bien, es

---

[10] *El caminante* (Jacinto Molina, 1978).

[11] Italo Zingarelli nace el 15 de enero de 1930, director y actor ocasional, desde finales de los años cincuenta produce en España varios títulos como *La rebelión de los gladiadores* (Vittorio Cottafavi, 1957), *Las legiones de Cleopatra* (Vittorio Cottafavi, 1960) *Ursus* (Carlo Campogalliani, 1961), *El gladiador invencible* (Antonio Momplet, 1961), *Los siete espartanos* (Pedro Lazaga, 1962), *Los invencibles* (Alberto de Martino, 1963). A principios de los años setenta produce la popular *Lo chiamavano Trinità* (*Le llamaban Trinidad*, E. B. Clucher, 1970) y varias de sus continuaciones como *Continuavano a chiamarlo Trinità* (*Continuaban llamándolo Trinidad*, E. B. Clucher, 1971).

extraordinario, en *Mi hija Hildegart* me pintó los forillos en una mañana o dos, los ves de cerca y dices: "qué birria". Te vas a la proyección y cuando tienes al actor en foco, estás viendo las casas y la atmósfera que puede haber entre un edificio y otro. Así como por ejemplo los decorados de televisión son muy cantarines, porque están muy detallados, Emilio hace unas manchas y es sensacional porque están hechos a foco. En una película de Antonio Simont que era de miedo, había un castillo de noche, lo hicimos pintándolo en cristal pero tenía muchos inconvenientes, entonces Emilio se inventó el recortarlo en chapa de aluminio y luego lo pintaba. Yo lo he hecho muchas veces.

Hay películas que necesitas unas maquetas importantes como por ejemplo en *Miguel Servet*, París el año 1610 o 1590 tiene que ser una maqueta, lo hicimos en la plaza de Aranda de Duero, le quitamos lo que sobra y sobre aluminio pintamos el resto. Hacíamos un decorado de verdad, con un señor que está de verdad haciendo la guardia en un castillo, había una montaña por la que bajaba la caballería que en realidad eran unas cositas que se mueven, que tiemblan, con una rueda de bicicleta y una cadena que hacía el movimiento. En el circo de *Ursus*[12] hay unos primeros planos con unos señores vestidos de romano y eso esta hecho en la plaza de toros de Colmenar, en una luna Emilio pintaba todas las columnas del circo y todo lo que hay detrás, lo hacía con unas plumitas y un poquito de goma espuma y los movía. Emilio siempre tiene documentación y nunca sabes distinguir la verdad de la mentira.

¿Cómo fue tu trabajo con José María Forqué?

Era maravilloso, te dejaba, no te condicionaba nunca. Lo que le gustaba era que le sorprendieras con algo insólito. Por ejemplo en un antiguo pajar hacer otra cosa, el molino, aprovechando unas cosas que sean verdad. Hay películas que han sido buenas, que han triunfado pero para mi gusto había cosas que estaban mucho mejor de decoración en otras que no triunfaron, por ejemplo yo hice unos decorados en los estudios Moro o Roma de *Tarots*[13] bastante importantes. Todo el mundo cree que eso lo hemos rodado en escenarios naturales de Marbella y están hechos en decorados, hice hasta una bolera mecánica.

Los decorados han pasado desapercibidos porque parecen naturales, quizás ese es el éxito del decorador, cuando te hacen un halago pienso: "ya me he pasado". El éxito del decorado es que nadie piense que es un decorado, que pase desapercibido.

Hace tres o cuatro días han puesto en la televisión una película de Ozores, que tiene su público. Yo siempre lo he considerado como a Forqué o a Berlanga, yo soy un profesional, a mí me llama Ozores o quien sea y yo hago la película, muchas las tienes que hacer porque tienes que comer, en esta profesión no hay tanto trabajo seguido que puedas escoger, si estás viviendo de esto tienes que coger muchas películas alimenticias, lo que sí puedes hacer son unos decorados con una gran calidad dentro de tus posibilidades. Pues en esa película de Ozores que se llama *Agítese antes de usarla*[14], sale un hospital y toda la película está rodada en una sala de fiestas que se llama Algarbe, que está ahí en Moratalaz. La tienen cerrada y en el sala de baile de la discoteca he hecho todo el complejo del hospital, los pasillos, la U.V.I... y nadie notaría que es un decorado. Aproveché los suelos verdaderos de terrazo bien pulidos y bien limpios, las puertas con sus números son superpuestas, pintadas, falsas, las rampas de las camillas están como en un hospital, el ascensor figurado, el ancho de las puertas... salvo los profesionales que estaban viendo el rodaje a nadie del público se le ocurre pensar que eso es un decorado.

¿El decorado puede modificar o intervenir en el guión?

Hace que las cosas sean más favorables y más creíbles, sobre todo en estas películas de acción, donde hay cristaleras por las que pasan personas o caballos y dices: "en vez de poner una cristalera vamos a poner una barandilla, y que caiga sobre una mesa...". El decorador puede dar sugerencias y te las aceptan. Hay veces que cuando estás preparando cambias el sitio de una localización para darle más espectáculo.

¿Son más complicados los decorados de época o los actuales?

Los actuales son fáciles porque está todo,

[12] *Ursus* (Carlo Campogalliani, 1961).
[13] *Tarots* (José María Forqué, 1972).
[14] *Agítese antes de usarla* (Mariano Ozores, 1983).

no tienes problemas con los cables de la luz, con las antenas, no tienes que camuflarlas. En *Mi hija Hildegart* me hubiese gustado hacer la calle de Fernández de los Ríos de aquella época, pasando un tranvía por allí, pero no había presupuesto. No te digo si son películas de romanos y tienes que hacer un palacio, tienes que cuidar todo hasta las plantas, porque con los romanos no había plantas que se trajeron después del descubrimiento de América. Esta es una profesión en la que todo el mundo sabe y todo el mundo opina, pero en la que no saben nada.

Hay alguna película que prefieras.

Me gusta mucho *Miguel Servet*, es la más larga, la más complicada, todo son exteriores, lleva montones de decorados, tienes que ir por delante, yo siempre estoy dando la cara en el rodaje no mando un ayudante. Decorados que yo considere buenos, los de *Tarots*, modernos y funcionales. Hay que ser creíble, funcionar dentro de unas coordenadas para decorados que a lo mejor la gente no les da importancia.

Trabajaste con Luis García Berlanga en Tamaño natural[15].

Todo el mundo esperaba que yo me hubiese dado la bofetada mayor de mi vida profesional. Como Berlanga había hecho otra película con Burmann lo eligió, pero Burmann tenía cerca de noventa años y estaba retirado ya, después de muchos años de trabajo. Me llamaron los de producción y me dijeron: "no podemos dejar a Burmann fuera, pero tienes que estar de ayudante". El productor era Matas y dije: "estoy en casa".

La película sucede en París.

No se hizo nada en París, se hizo toda en Madrid, en un palacio que había que amueblar en la calle Claudio Coello, menos una parte de la casa de la madre del protagonista, que se supone que está en la Costa Azul, que se hizo en la playa de Sitges. Para ese decorado fui con Estelrich, ayudante de Berlanga, y estuve hablando con Miró de lo que quería, encontré unas ruinas, las paredes estaban en mal estado y las tapicé de terciopelo que llevaba de otra película que había hecho, de *Tarots*, se las había pedido a mis primos y con ellas forré las paredes. Berlanga fue por la noche a vernos y nos dijo: "parece que vais retrasadillos". El único que sabía como iba a quedar ese decorado era yo, íbamos a quedarnos toda la noche trabajando, yo tenía un carpintero y un pintor, cerré el decorado y dije: "hasta que no se acabe aquí, no se sale ni a mear, ni a comer, ni nada". Hubo que quitar escombros, clavamos el decorado... Estuvimos toda la noche, llegó el alba, ya estaba el decorado más o menos acabado y pusimos los muebles. Cuando fueron las nueve de la mañana y llegó el equipo, el decorado estaba listo, pintadas paredes y puertas, colocados los frisos y patinados, sacados los escombros... entonces me felicitaron los franceses y Luis Berlanga.

¿Has hecho otras películas en las que no has figurado en los títulos de crédito?

El Anacoreta es una película pensada por mí, hecha por mí... y Matas, el productor, me dijo: "no puedes figurar en los títulos de crédito, porque esto es una coproducción con Francia, y el músico y el decorador tienen que ser franceses". Nos inventamos un nombre y yo figuro de ayudante. Al revés también me ha pasado, hice unos planos y unos bocetos para una película que se hizo en Italia, porque el decorador tenía que ser español. No sé si cogieron mis planos o hicieron otros.

¿Has trabajado con profesionales de otros países?

Con italianos, franceses... menos con alemanes con todos. Hay una cosa muy importante que tienen los extranjeros: que le dan interés a tu trabajo, te lo agradecen, te saludaban todos los días, el director venía y te felicitaba, le dan un valor a tu trabajo, te respetan y eres alguien en las películas. Cosa que no hacen los directores españoles, que ni te preguntan, te desprecian el trabajo, no lo consideran, no te respetan tu trabajo. *Marine Issue*[16] es una "castaña", pero estoy satisfecho de mi trabajo, lo he hecho en el tiempo que me pedían, he hecho hasta aviones, seis a los que se le movían las hélices con motores de lavadoras... efectos especiales y montones de decorados: la Embajada de los Estados Unidos con las garitas, con las puertas... una serie de decorados hechos en tiempo pequeño. Muchos decoradores no tienen esta experiencia de la rapidez, de la im-

---

[15] *Tamaño natural* (Luis García Berlanga, 1973).
[16] *Marine Issue* (*Instant justice*, Denis Amar, 1985).

provisación, que no es ninguna habilidad especial. Los extranjeros me han considerado un gran decorador, una estrella de este negocio, y el productor dijo: "cuando se hagan los títulos de crédito voy a poner director de arte y constructor de decorados, que es el mismo" y salgo en los títulos en tres cosas en esa película. El productor me dijo: "¿Por qué no trabajas en los Estados Unidos?" y yo le dije: "mis hijos son pequeños, están en el colegio, ya soy muy viejo y estoy aquí muy bien".

Me pasó lo mismo con Sidney Pink productor y director americano[17]. En *El millón de Madigan*[18] estaba Dustin Hoffman y nadie sabía quien era. He hecho películas con Ann Baxter... Allí haces una película al año y tienes para vivir cuatro y aquí haces una película, y a los dos meses ya estás en otra cosa.

Si la película triunfa, triunfamos todos. Mi meta es estar satisfecho de lo que he hecho. Yo he hecho los decorados como yo he creído que debía hacerlos y me he ajustado a su época. Siempre he estado conforme con mi trabajo.

Inconscientemente puedes hacerle daño a alguien si le haces una crítica a un compañero, aunque sea sin ánimo de ofender, ni molestar. Los chicos de ahora hacen otras películas, creen que los decoradores siempre hemos hecho cartón-piedra y eso no es verdad.

La decoración en el cine la hace un arquitecto cinematográfico.

---

[17] Sidney W. Pink había sido el guionista y productor en EE. UU. de *Angry Red Planet* (Ib Melchior, 1959) una película de serie B. Se trasladó a Dinamarca donde dirigió, produjo y fue el guionista de dos películas de ciencia ficción: *Journey to the Seventh Planet* (1961) con John Agar y *Reptilicus* (1962). En nuestro país fue productor y guionista de *El valle de las espadas/The Castillian* (Javier Setó, 1962) y *Fuego* (Julio Coll, 1963) colaborando en el guión con Luis de los Arcos, quien dirigió *Operación Dalila/Operation Dalilah* (1965), producida por Pink. Dirigió varios westerns: *Finger of the Trigger* (*The Emerald of Artatama*, 1965) con Rory Calhourn, *The Tall Women/Las siete magníficas* (1966) con Anne Baxter, y *The Christmas Kid* (1968) con Jeffrey Hunter. Produjo *Tabú* (*Fugitivos de la isla del sur*)/*La vergine di Samoa* (Javier Setó, 1965), *El tesoro de Makuba/The Treasure of Makuba* (José María Elorrieta, 1965), *El dedo del destino/The Fickle Finger of Fate* (Richard Rush, 1967), *Una bruja sin escoba/A Witch without a Broom* (José María Elorrieta, 1967), *Bang, bang/Bang, bang kid* (Luciano Lelly, 1967), *Un sudario a la medida/Candidato per un assassino* (José María Elorrieta, 1969). De vuelta a los EE. UU. produjo la cinta erótica *The Man from O.R.G.Y.* (James H. Hill, 1970).
[18] *El millón de Madigan/Un dollaro per 7 vigliacchi* (Giorgio Gentili, 1967).

Documentos

Introducción

En mayo de 1955 el Institut des Hautes Études Cinématographiques parisino organizó en Cannes el 2.º Congreso Internacional de Escuelas de Cine y Televisión. Cuando finalizó se publicaron las conclusiones y en el apartado "L'Architecture-décoration dans le film" se incluyeron las sesiones dedicadas a este tema.

Entre ellas se encuentra la sesión celebrada el domingo 8 de mayo que inauguró a las 10:30 el presidente Marcel L'Herbier. En esta sesión estaban presentes Victoriano López García, el señor y la señora Álvarez de Cienfuegos Mercadal (España), Rémy Tessonneau y Hugues Laurent (Francia), Giuseppe Sala (Italia), Antoine-Martin Brousil (Checoslovaquia), Vladimir Golovna (U.R.S.S.), Herbert Farmer y Donald Williams (U.S.A.).

El informe que se incluye a continuación lo leyó la señora de Cienfuegos y se ha reproducido íntegramente por ser una de las primeras ocasiones en que se intenta hacer una historia de la escenografía cinematográfica española. Leerlo hoy produce un poco de rubor por sus imprecisiones y falta absoluta de rigor, sobre todo teniendo en cuenta que tres días antes el arquitecto y maestro de escenógrafos italianos Virgilio Marchi había leído un magnífico informe, pero se ha incluido en este libro por los pocos datos que aporta y como un ejemplo de la investigación histórica que se hacía para justificar los gastos de asistencia a un congreso.

Informe del Instituto de Prácticas y Experiencias Cinematográficas de Madrid

BREVE INFORME HISTÓRICO Y PRINCIPALES TENDENCIAS DEL DECORADO CINEMATOGRÁFICO EN ESPAÑA

Es casi imposible hacer un breve resumen de la historia del "decorado cinematográfico" en España. Esta dificultad no proviene de su importancia, porque nuestro cine es relativamente nuevo, sino de la diferencia de opiniones de los "Maestros" de la decoración en nuestro país.

Cuando hemos solicitado información con los elementos más significativos de nuestro país, hemos llegado a determinar claramente 2 períodos: antes de nuestra guerra (hasta 1936) y después (a partir de 1939). El período propiamente dicho de la guerra fue nulo en cuanto a la producción. Y es de ahí donde proviene la disparidad de criterios del que hablaba al principio. Los "pioneros" de la primera época guardan la nostalgia y el orgullo de aquellos tiempos heroicos, donde ellos reemplazaban, con entusiasmo, la falta de medios y de experiencia por la improvisación y el genio; mientras que los de la posguerra consideraban que es ahora cuando el decorado acaba de adquirir importancia en nuestra producción.

Nosotros, observadores objetivos, y después de la encuesta efectuada, consideramos que los dos criterios son tan válidos uno como el otro y que se complementan mutuamente para llegar al resultado actual.

En el primer período vienen al cine hombres de profesiones diversas. Sucedió lo mismo con los decoradores, no había prácticamente personas especializadas en este oficio. Entre los decoradores de este primer período, debemos recordar aquí a: Villalba (padre e hijo), José María Torres, constructor y realizador a la vez, el gran decorador Mignoni, Azanon y otros.

Entre aquellos del segundo período, se pueden citar arquitectos como Arniches, Domínguez, Muguruza, Luis Martínez, quien, todavía en nuestros días, trabaja muy activamente.

En el primer período prevalecía el *trompe-l'oeil*. Mientras que los operadores eran extranjeros, los decoradores eran españoles, ellos debían recurrir a su espíritu de invención y a sus propios medios.

En este primer período, los mejores resultados eran obtenidos gracias a los decorados lujosos, mientras que los interiores artísticos no estaban tan logrados, porque el yeso no era tan usado como en nuestros días.

Al principio del segundo período, estaba, en nuestros estudios, Pedro Schild, que nos trae la técnica europea. A su lado se forma Enrique Alarcón, que trabaja como uno de los mejores en nuestra producción actual.

A esta época pertenece Antonio Simont, que da también buenos resultados. He aquí la lista completa de los decoradores actuales:

1. Enrique Alarcón Sánchez-Jamavacas
2. Ramiro Gómez Y C. Guadiana
3. Luis Pérez Espinosa
4. José M.ª Moreno Gallardo
5. Enrique Salva García
6. Eduardo Torre de la Fuente
7. José González de Ubieta
8. Tadeo Villalba Ruiz
9. Amalio Martínez Gari
10. Sigfredo Burmann

11. Luis B. Santa María
12. Luis Noain Picavea
13. Francisco Canet Cubel
14. Juan A. Simont Guillén
15. Fernando Mignoni Monticelli
16. Tadeo Villalba Monasterio
17. Manuel Gil Parrondo y Rico
18. Juan Frexe Sckopf
19. Alfonso de Lucas Soriano
20. Juan Alberto Soler

En general, en esta época, lo barroco estaba de moda.

El otro género muy cultivado es aquel de ambiente rural.

En los dos últimos años, estos géneros fueron abandonados y reemplazados por otro, llamado "folklórico" o de costumbres.

Felizmente, esta época también ha pasado y estamos en una época de decorados realistas, sin exageraciones, pero de una gran perfección, en cuanto a la idea y a la calidad.

Antes de acabar este informe, tenemos que subrayar los momentos más notables del progreso del decorado en España.

A la llegada de Alarcón a Madrid, la utilización del yeso se generaliza. Se emplea por primera vez, en 1941, el silicato para la construcción de suelos.

Schild nos sorprende con sus trucos a doble impresión utilizando los "caches".

En *Goyescas,* de Burman, Alarcón hace el primer trucaje "corpóreo" y el trucaje en cristal para *Eloísa está debajo de un almendro.* Después en los films *La noche del sábado* y *El beso de Judas,* se hace intervenir el trucaje total, donde no son reales más que los mismos personajes y el entarimado de la habitación.

Hoy, existe una institución para preparar profesionalmente a los decoradores que trabajan en nuestra industria.

ESTÉTICA DEL DECORADO

El decorado debe servir al guión, el realizador y la cámara, para que la obra de arte cinematográfica pueda cumplir armoniosamente.

En cuanto al guión, el decorado crea el ambiente adecuado para la mejor comprensión del film. Si esta comprensión no se obtiene, un decorado no puede ser considerado como un buen decorado. Una buena pintura de ambiente, un estilo ornamental y de una época son necesarios. Para obtener ese resultado funcional de perfecta ambientación, son indispensables las adecuadas proporciones de los elementos arquitectónicos con las dimensiones del decorado, para producir una impresión óptica proporcionada, lo mismo si es obtenido con elementos que no están proporcionados en la realidad.

Esta contribución del decorado a la perfecta comprensión del ambiente del film y del carácter de sus personajes debe estar hecho con discreción, sin que el espectador se dé cuenta.

Pero existen también los decorados donde los elementos materiales juegan un papel importante, y es por esta razón que una buena elección de los factores inanimados es de una gran importancia.

Hay también producciones cinematográficas donde la presencia del decorado debe ser más llamativa. Son los films espectaculares, las revistas musicales, donde, además del ambiente a sugerir, debe intervenir un elemento plástico. Generalmente, este tipo de decorado presenta un carácter teatral acentuado.

Se puede decir que la mayor o menor presencia de un decorado debe estar en razón inversa del ambiente del film. Esto procede de que, cuando la imaginación del espectador está sometida a un gran esfuerzo para comprender un ambiente irreal, es lógico ayudarle al máximo, gracias a todos los elementos plásticos a nuestra disposición. Volvemos entonces al sentido teatral del decorado.

El cine, en tanto que constituye una obra fotográfica o pictórica, debe conjugar armoniosamente la plástica de la forma, la disposición del decorado y la iluminación.

Una parte de la forma, en el sentido cinematográfico, es el decorado, que debe estar construido de forma tal que el realizador y el cameraman (disposición y luz) puedan obtener el máximo partido.

Para resumir, el cambio de opiniones y el trabajo de conjunto son indispensables. Y se puede observar, en los equipos que trabajan juntos, frecuentemente, el buen resultado de esta colaboración estrecha.

Las características del decorado deben adaptarse a la forma de trabajar del realizador. Si no, el realizador debe imaginar el decorado, de forma de dar las mejores oportunidades al decorador.

Es igualmente necesario conocer la forma de hacer las iluminaciones, según el método del operador jefe. En general, un buen decorado facilitará una buena iluminación. Se buscará también una buena composición de volúmenes y tonos. También el decorador deberá atender su meta, sirviendo al guión, la puesta en escena y la toma de vistas.

Discusión

L'HERBIER.– Agradecemos a la Sra. Cienfuegos y a toda la delegación por este trabajo que es muy preciso, muy completo y muy sugestivo. Hay verdades reconocidas ya por otros países pero expresados con el sentido pictórico español, que es muy grande.
¿Hay alguna pregunta que hacer?

GOLOVNIA.– ¿Hay una especialización de decoradores de dibujos animados?

SEÑORA DE CIENFUEGOS.– Hay una sección aparte en la Escuela, formada por los alumnos de Bellas Artes que ya se han especializado.

GOLOVNIA.– ¿A partir de qué curso?

SEÑORA DE CIENFUEGOS.– Es algo completamente aparte.

GOLOVNIA.– ¿Cuál es la edad de los estudiantes admitidos al primer curso del Instituto?

SEÑORA DE CIENFUEGOS.– Generalmente, son jóvenes. No hay límite fijado.

GOLOVNIA.– ¿La pintura y el dibujo son estudiados aparte, y en qué proporciones?

SEÑORA DE CIENFUEGOS.– Puesto que los alumnos vienen ya de escuelas de preparación de arquitectura y dibujo, se supone que están ya preparados. El examen de ingreso lleva consigo una prueba que los selecciona.

GOLOVNIA. ¿Querría saber si hay una relación entre los estudiantes-operadores y los estudiantes-pintores?

SEÑORA DE CIENFUEGOS.– Esta relación se hace en el tercer curso, cuando los alumnos hacen los films.

GOLOVNIA.– Muchas gracias.

L'HERBIER.– ¿Hay otras preguntas?

WILLIAMS.– ¿El Instituto forma solamente *Art Directors,* o bien todas las formaciones tienen allí su lugar?

SEÑORA DE CIENFUEGOS.– Hay una sección de realizadores, de productores, de cámaras, de operadores. Hay todas las secciones en el Instituto.

TESSONNEAU.– Esto se encuentra en detalle en la edición del año pasado.

SEÑORA DE CIENFUEGOS.– Hay siete especialidades.

L'HERBIER.– Quisiera proponer una pregunta que nos interesa vivamente. Usted dice, en una página de su informe, que "el Sindicato nacional del Espectáculo permite a los di-plomados del Instituto trabajar en los films bajo la protección de Crédito, y les hace entrar como ayudantes en su especialidad". Esto quiere decir, creo, que cuando un productor pide la ayuda del Estado para el crédito de su film ¿se le obliga a tomar en su equipo a los alumnos que salen del Instituto?

SEÑORA DE CIENFUEGOS.– No es una obligación. Debe estar sindicado en una de las dos ramas: sea la práctica, sea el Instituto.

TESSONNEAU.– ¿Para estar sindicado, hay un criterio determinado o basta con inscribirse?

SEÑORA DE CIENFUEGOS.– Se puede tener el título de decorador-jefe después de haber hecho ocho films, lo mismo si no se ha salido del Instituto. Se determina un cierto número de films en cada categoría. Se llega a decorador después de un período de práctica.

TESSONNEAU.– Es importante en comparación de la prisa, en comparación de todos los profesionales de diferentes países que tienen el régimen —y nosotros lo tenemos todavía en parte— que consiste en apreciar el valor de algo únicamente por la totalidad de los períodos de prácticas que han de cumplir, es importante señalar que el sistema del Instituto sustituye, a un criterio puramente cuantitativo, por un criterio cualitativo, ya que tiende a imponer un diploma que, es una prueba real, y no simplemente una prueba aparente y probable del valor profesional de los candidatos. Esto es, creo, un punto para explicar de manera muy precisa, como un argumento en favor de los Institutos y de un sistema pedagógico organizado.

SEÑORA DE CIENFUEGOS.– En España, hay los dos caminos: el del Instituto y el del número de films. Este último está reservado a los que no han recibido una gran preparación, pero que son trabajadores.

TESSONNEAU.– Es evidente que los Institutos que procuran una formación muy profunda pueden dispensar esta especie de precaución de base y afirmar que los estudiantes que, después de 5 ó 6 años, han recibido una formación especializada, son capaces, en algunos casos al menos, de ejercer las funciones directas de decorador-jefe. Es la lógica del sistema.

SEÑORA DE CIENFUEGOS.– Prácticamente, nadie llega ahora a ser decorador sin pasar por el Instituto.

WILLIAMS.– Quizás no es preciso ser tan categórico. Lo mismo que todos los que salen de

Bellas-Artes no llegan a ser grandes artistas, no es absolutamente cierto que el que salga de una Escuela de formación cinematográfica será automáticamente un genio.

Tessonneau.– No tenemos esta pretensión. Nuestro deseo es simplemente dar a los estudiantes, al mismo tiempo que su estudios, una experiencia directa de la decoración de films, los períodos de prueba están localizados en el mismo marco de los estudios. Esto depende naturalmente de la forma que son seguidos los estudios

Señora de Cienfuegos.– En España es muy difícil llegar a ser alumno-decorador. Se debe saber dibujar muy bien. Los alumnos están ya muy especializados, porque es difícil entrar en Bellas-Artes.

Golovnia.– ¿Los alumnos del Instituto tienen la posibilidad, mientras que ellos desarrollan sus estudios, de ocuparse de trabajos prácticos, es decir de trabajar en la realización de un film? ¿Hacen períodos de prácticas en la producción privada de films?

Señora de Cienfuegos.– Sí.

Golovnia.– ¿Pero sin sueldo?

Señora de Cienfuegos.– Es posible en la industria privada, pero para trabajar en los films con créditos del sindicato, se debe poseer el título, la carta sindical.

Golovnia.– ¿Qué es la carta sindical?

Señora de Cienfuegos.– Todos los profesionales del cine tienen su carta sindical. Para entrar en la categoría sindical de dibujante, se deben hacer dos films como aprendiz. Entonces, después de haber hecho seis films como dibujante, se llega a ayudante-decorador. Por fin, después de haber hecho otros seis films como ayudante, se llega a decorador-jefe. Esto hace así pues 14 films en total.

L'Herbier.– Agradecemos una vez más a la Sra. Cienfuegos y pasaremos a la lectura del informe americano.

Escenotecnia y Cine

El Instituto de Experiencia e Investigaciones Cinematográficas (creado hace cuatro años) contiene, entre sus diversas especialidades de Dirección, Producción, Optica, Acústica, etc., la de Escenotecnia o Escenografía de cine.

Nuestra especialidad comprende tres cursos, con el programa siguiente:

Primer curso.– Elementos de decoración, que abarca desde el estudio de los órdenes clásicos hasta el mueble, pasando por bóvedas, artesonados, cubiertas, pavimentos, escaleras, hierros, huecos, etc., y, en general, todos los elementos que pueden constituir un decorado.

La enseñanza, eminentemente práctica, consiste en ejercicios de proyectos, alternando con visitas a algún estudio cinematográfico, de proyección de ciertos rollos de película seleccionados con buenos decorados y algunos ejercicios de composición de pequeños ángulos de rodaje.

Segundo curso.– Este curso, ya de composición, comprende el proyecto de decorados que responde a temas de guiones, los cuales a su vez están realizados por los alumnos del Instituto.

Siguen las visitas más frecuentes a estudios, con prácticas sobre materiales de construcción de decorados y en la proyección de películas se estudian e interpretan los decorados vistos, en planta y alzado.

Los últimos ejercicios del curso son las maquetas, y los alumnos se entrenan con la corrección y crítica de los decorados.

Tercer curso.– Este comprende la realización, en el "plató" del Instituto, como práctica para el alumno, de todas las especialidades de la escuela.

Los alumnos de Escenotecnia, en las convocatorias anuales, provienen de las Escuelas de Bellas Artes, Artes y Oficios y Arquitectura. Naturalmente los de Arquitectura están mejor preparados para lanzarse a la Escenotecnia. Una de las características de los decorados de cine, y que es más difícil de captar por los alumnos, es la "deformación" cinematográfica que han de sufrir los proyectos de decorados, tan distintos a los del teatro y a la realidad, no sólo por los materiales empleados, sino por la proporción, escala, perspectiva y puntos de vista.

Los cursos suelen ser de cinco o seis alumnos de primer año, que se reducen algo en los siguientes.

La cátedra tiene un profesor encargado (hoy arquitecto), y un auxiliar (hoy decorador de cine); pero estas profesiones no se señalan de una manera determinada en la constitución del Instituto.

En la actualidad han salido ya dos alumnos de la especialidad, algunos de cuyos dibujos ilustran estas páginas (Aldudo y Julio G. Lafuente). Ambos han realizado ya diversos decorados de películas. De los de tercer curso son los decorados de *La honradez de la cerradura,* de la que se están rodando algunas escenas por los alumnos en el propio Instituto.

Los años pasados han sido los más difíciles, hasta conseguir un programa y una continuidad en las enseñanzas, que ahora están definitivamente orientadas y organizadas.

Hay un elemento, sin embargo, fundamental y que es común no sólo a la escenografía, sino a todos los decoradores, y especialmente a los alumnos de la Escuela de Arquitectura, y es la obra de consulta sobre temas de decoración hasta constituir el archivo personal de elementos de decoración, peor o mejor clasificados, ya que una obra sobre decoración no existe.

En un reciente viaje a París he podido "descubrir" la original Biblioteca o archivo anejo al Museo de Artes Decorativas, y que se debería instaurar en España.

Su utilidad para todas las gentes (más de lo que a primera vista parece) que se dedican a decoración sería extraordinaria. Claro que en los primeros años no se verían los resultados, y serían de sacrificios y trabajos; pero creo que con una pequeña ayuda oficial y la ayuda personal de unos cuantos artistas se podría dar cima a la obra.

La Biblioteca consiste en grandes álbumes —seguramente pasan de quinientos—, en los que se pegan fotos y dibujos de cada materia especificada y concreta. A la entrada del salón de consulta hay un gran tablero, en que aparecen enumerados todos los artículos, como, por ejemplo, sillas, trajes, cerraduras, armaduras, artesonados, etc., etc., especificando países y épocas, subdivididos según la importancia de cada elemento en álbumes por países y siglos.

Cada uno puede imaginarse la diversidad de documentación que puede obtenerse, de fotos directas, de revistas ya pasadas de época y de recortes; además, muchos decoradores, una vez realizado un trabajo determinado, han regalado al Archivo-Biblioteca la documentación.

Una tarde cualquiera en París hemos visto trabajar en aquel salón cuarenta o cincuenta personas de las más diversas condiciones sociales. Cada lector se dirige directamente al tablero de artículos y objetos, y él mismo coge el álbum numerado de acuerdo con aquél.

El personal del archivo es sólo un director para la selección de material gráfico y un auxiliar para pegarlo en los álbumes correspondientes.

Los lectores pueden calcar, copiar, acuarelas, etc.

Esta idea complementaria de la enseñanza de Escenotecnia, es la que recientemente acaba de ser aprobada por el Instituto de Experiencias e Investigaciones Cinematográficas, y muy pronto podrá ser una realidad útil también para los decoradores, y muy especialmente para los alumnos de la Escuela de Arquitectura.

L. M. Feduchi, "Escenotecnia y cine", *Revista Nacional de Arquitectura,* núm. 117, septiembre de 1951, págs. 26-31.

CONGRESO HISPANOAMERICANO DE CINEMATOGRAFÍA. 1931

Tema 37

El ponente, a petición del cual fueron agregados estos puntos al temario general, cree haber interpretado el pensamiento de todos los artistas y especialmente, en este caso concreto de los productores, cuya preocupación mayor ha sido y será siempre la perfecta plástica de sus escenarios.

Es innegable que en toda producción cinematográfica, al igual que en el teatro, esta plástica escénica juega un papel importantísimo; existen películas de tan distintos matices, que lo que en unas es primordial, en otras parece no existir, y, sin embargo, esta atención escénica o espectacular, como queramos llamarla, no falta nunca.

Si examinamos la labor cinematográfica, separándola en cuatro grandes grupos, a saber: películas de ambiente social, naturales, de reconstitución histórica y, finalmente, de ambiente general, veremos la importancia de esta plástica escénica en cada una de ellas.

En las películas de ambiente social es donde más ha variado su técnica. Nadie ignora que en los primeros pasos de la cinematografía se daba o se pretendía dar, la sensación de un interior, por ejemplo, casi siempre presentando un ángulo de una habitación, escapando al ángulo de la máquina tomavistas la existencia del correspondiente techo; jugaba un papel importantísimo la luz solar y debido a esto, los estudios cinematográficos se reducían a grandes naves encristaladas, más o menos amplias, donde se apilaban los *trastos* pintados, convirtiendo el estudio en un escenario de provincias.

En la mayoría de los casos no existían tampoco estas naves, y el decorado se ponía, sencillamente, sobre una gran tarima, colocada en pleno campo, teniendo que estar de acuerdo con el viento para lograr unos metros de película impresionada.

Como todo arte que carece en un principio de técnica propia, al menos en España, tenía que apoyarse en otros ya conocidos, dándose el caso de que la escenografía cinematográfica era exactamente lo mismo que la teatral, con la sola anulación del color, y donde era imposible sacar efectos fotográficos de ninguna clase.

Claro está que esto no es censurable, puesto que lógicamente nuestra producción cinematográfica tenía que resultar rudimentaria hace años, en que no se conocía la aplicación de la electricidad ni los medios perfeccionados de hoy..., que aun estando más a nuestro alcance tampoco se emplean.

Resulta una analogía con lo que sucede ahora con el "cine" sonoro en las llamadas comedias dialogadas, donde se pierde en absoluto la cinematografía, movilidad de acción sobre todo, para convertirse en el peor género teatral: sigue buscándose el apoyo del teatro sin pensar que el cinematógrafo debe ser otra cosa completamente distinta.

Con la aparición de los equipos eléctricos, la técnica de los interiores varió en absoluto; esa dependencia que la escenografía tenía con el teatro se anuló completamente, para convertirse en un arte nuevo, y así surgió la decoración escenográfica corpórea y su sustitución en muchos casos por elementos auténticos, prodigios de arte y ambiente.

Hemos de pasar por alto los detalles de esta hermandad artística del ambiente y la luz sobre la escenografía, por ser objeto de estudio especial en otros temas, y sí solamente indicar a grandes trazos los problemas que pueden presentarse.

Si examinamos en las películas naturales esta plástica que nos ocupa, veremos que el elemento pintor desaparece para ser sustituido por otro, que podíamos llamar componedor estético: lo que está delante del objetivo es la Naturaleza con toda su grandiosidad, y, sin embargo, hay que acondicionar esta Naturaleza hasta formar el cuadro escenográfico, adecuado a las figuras que han de moverse ante este fondo, labor que se sale de la encomendada hasta ahora exclusivamente al técnico fotográfico, que podrá en todo momento hacer más bello el lugar elegido, buscar los efectos de contraluces necesarios; pero que, indudablemente, debe estar compenetrado con este asesoramiento sobre la elección de fondos.

Todo lo contrario ocurre en las cintas de reconstitución histórica; aquí la labor del escenógrafo es algo grandioso, donde ha de demostrar la profusión de sus conocimientos y la enorme cantidad de actividades que es necesario poseer para cumplir debidamente su cometido.

En esta clase de producción, la plástica escénica es uno de los primeros factores que hay que cuidar; generalmente, hay que presentar rincones típicos, ciudades enteras y multitud de asuntos que exigen una documentación y práctica esmeradas.

La técnica de esta clase de presentación es peculiar y propia del "cinema", siendo la más costosa de todas por la ingerencia de oficios que requiere.

Por su contacto directo con la Naturaleza y sus efectos de luz difiere también de la técnica de interiores.

Tenemos, finalmente, en las películas de ambiente general una serie de problemas de esta índole, que rara vez se repiten, a pesar de ser análogos, tantos como asuntos de películas que se editen, y que deben ser resueltos en cada caso concreto.

Es un error muy grande el encomendar esta presentación a elementos aislados, que por sí solos no pueden abarcar el conjunto; un escultor, un decorador, un arquitecto, etc., no pueden lograr más que los puntos de su profesión, falta, necesariamente, la visión de conjunto, que sólo un escenógrafo podría alcanzar, puesto que teóricamente debe conocer todas las profesiones y fases del arte; en una palabra: debe acoplar artísticamente estos elementos diversos.

De la misma manera que los actores cinematográficos tienen ese don, que técnicamente se denomina *fotogenia*, así, los elementos decorativos deben ser también fotogénicos, y admítase esta denominación como la más apropiada, es decir, deben reunir condiciones especiales que realce la fotografía, para lo cual, tanto en su forma como en su colorido, deben ajustarse a reglas premeditadas en cada caso.

No basta, por ejemplo, en un interior poner muebles y "bibelots" de uso corriente, deben ser especiales, con su maquillaje propio; en una palabra, deben ser fotogénicos, y dentro de esta particularidad, la ayuda del colorete le es indispensable.

Si esto ocurre en un radio de acción reducido, ¿qué no pasará en los grandes cuadros de conjunto, donde elemento por elemento debe ser objeto de esta atención?

Mucho público asiduo al "cinema" se ha preguntado muchas veces al contemplar una película nacional, ¿por qué a nuestras películas les falta ese *algo* que no acertamos a descubrir y que tienen todas las extranjeras? Ese algo es precisamente eso: en toda película extranjera, los términos resultan apagados; los saltos de tonalidad son suaves, la luz general, ya sea natural o artificial, está perfectamente tamizada; todos los detalles, tanto de composición como de colorido se mantienen a una respetuosa distancia del primer plano; se *fabrica* el ambiente, cada término ocupa su lugar; el espacio que abarca la máquina tiene calor de hogar, hace pensar en el resto de lo que no se ve, es pastoso, fundido, es... la realidad, hermoseada por obra de la fotografía, en contraposición con nuestra producción primera, en que la luz sin dosificar, la tonalidad de fondo fotográfico, los utensilios inadecuados y la dureza general de todos los detalles, dan como resultado unos cuadros de cromo en claroscuro donde los términos se sobreponen y en la mayoría de los casos dañan la vista.

De la misma forma que el decorado y anexos debe cuidarse la indumentaria. El estudio de esta fase de la plástica escénica puede dar lugar a una cantidad grande de problemas; salta a la vista que si, lo mismo que el rostro, el decorado y cuanto se pone delante de la máquina es objeto de un estudio especial, lo ha de ser también el traje, separándose por esto, de un gigantesco salto, esta nueva técnica de la teatral, que ha sido la empleada hasta ahora en la producción nacional. No se ha pensado nunca que vestir a los actores con sus trajes escénicos es una equivocación lamentable.

La técnica de la indumentaria cinematográfica es algo que, por su complicación, constituye un arte nuevo; pensemos por un momento en la reproducción de la Corte de Luis XV o en una escena de la Revolución francesa. ¿Cómo presentaremos esa gama de colores en los bordados de las casacas o las estridencias de colorines de los revolucionarios para que se ajusten a la realidad del claroscuro de la fotografía?

Indudablemente que tenemos mucho que aprender respecto a plástica cinematográfica, y

que para empezar a producir no debemos olvidar estos extremos de tan vital interés, si es que queremos hacer una labor digna.

Es indispensable que las editoras españolas se asimilen todo lo útil en este terreno, bien desplazando lo elementos especializados de su producción o trayendo a su organización los elementos extranjeros que nos puedan iniciar en estos secretos; no basta decir que nosotros sabemos, hay que demostrarlo, y en ese particular sabemos muy poco; necesitamos, mal que nos pese, la enseñanza de los de fuera, todo antes de consentir que la iniciativa particular se desenvuelva con medios precarios, con carencia absoluta de técnica, dando pasos en falso, que, en lugar de favorecer, retrasen la importancia a que España tiene derecho en el mundo cinematográfico. Primero aprender; después producir.

Tema 38

El primer escenario nacional donde la arquitectura ha jugado un papel importantísimo ha sido el orgullo de la Exposición Internacional de Barcelona: el Pueblo Español.

La vista de esta obra de arte ha de decir mucho más que una docena de cuartillas de elogio y admiración hacia la obra genial, y, sin embargo, todo este esfuerzo ha de quedar empequeñecido en el momento ansiado en que los escenarios corpóreos de nuestra producción nos sean familiares por la razón poderosa de que estas maravillas serán el trabajo corriente de nuestros estudios.

Señalar aquí la importancia extraordinaria que esta clase de trabajos tiene en el cinema, sería tarea inútil cuando todos recordamos las grandes creaciones admiradas en la pantalla. Desde el elemento decorativo más sencillo a la reproducción de ciudades enteras, todo ha sido tratado en el cinema con una propiedad que produce asombro.

Si examinamos el escenario más sencillo, armado en el estudio, veremos la fiel reproducción de los elementos naturales con todo su detalle ocupando a veces una superficie de exiguas dimensiones que se pierde en la confusión verdaderamente enorme de los innumerables *sets* que llenan por completo la galería; aquí y allá, los destellos geniales, estructurados, desgajados del total artístico que más tarde, convenientemente enmarcados y aislados, nos dan la exacta sensación; un ángulo de un salón nos puede dar la ilusión perfecta de un interior de enormes proporciones; un trozo del casco imitado de un barco, sumergido en el agua de una piscina embravecida por medios mecánicos nos hace sentir el horror de un trágico naufragio. Todo en fin, unido al truco, la luz profusa, la perfección de los aparatos empleados, la sensibilidad de los objetivos y la dirección inteligente, hace del cinema, con razón, el séptimo arte.

En la rápida perfección, la escenografía corpórea de los escenarios cinematográficos se ha encontrado ahogada dentro de las galerías y ha tomado como suyo el aire libre y el campo ilimitado, llegando a la representación de moles colosales de ciudades enteras, como en *Ben Hur, El ladrón de Bagdad;* fantasías de enorme imaginación como *Los Nibelungos, La mujer en la luna, Metrópolis,* y reconstrucciones verdaderamente asombrosas como Nôtre-Dame de *El jorobado de Nuestra Señora de París.*

Todas estas construcciones responden a los efectos posteriores de luz artificial, constituyendo, por lo tanto, una técnica especialísima y en extremo interesante.

La norma a seguir en estas construcciones debe ser análoga a las realizaciones definitivas.

En primer lugar, el estudio cinematográfico debe tener una amplitud verdaderamente extraordinaria, tanto en su parte cubierta como en la diáfana. Debe disponer de dependencias donde se proceda a la realización de diseños, bocetos, planos y maquetas.

El personal del Estudio necesario para este trabajo, debe estar seleccionado entre las profesiones de carpinteros de armar, carpinteros escenógrafos, pintores escenógrafos, decoradores, escultores, cerrajeros, albañiles y atrecistas.

Debido a la clase de construcciones, la mayor parte de las veces arquitectónicas, el escenógrafo debe tener como elemento auxiliar al arquitecto.

Generalmente, los escenógrafos teatrales, en donde hay que buscar los cinematográficos, no son constructores; todo artista que penetre en la técnica del "cine" debe abarcar esta actividad, ser un arquitecto intuitivo para planear su trabajo en el tablero, dejando el paso libre al arquitecto profesional para que resuelva todas las dificultades de carácter técnico, de acuerdo siempre con el escenógrafo, y siéndole a su vez intuitivo también, puesto que la construcción escenográfica no se parece en nada a la de su profesión.

Una vez estudiada por el escenógrafo la unión de conjunto del futuro escenario, debe comenzar la parte activa del arquitecto en el desglose de los distintos elementos para dar forma a la fantasía proyectada, trazando sobre planos o escalas las diferentes edificaciones en su parte estructural y técnica para la perfecta solidez del entramado.

En las visiones panorámicas de conjunto, se emplea en el cinema un trabajo exclusivo del arquitecto, en su mayor parte, la utilización de maquetas corpóreas a pequeño tamaño y gran detalle, donde, careciendo de la debida comparación y relación con el personaje, puede darse la sensación exacta del tamaño que se desea, como la admiramos, entre otras en las películas *Metrópolis* y *Una fantasía del porvenir,* donde vemos lo que será una gran ciudad en el futuro sin necesidad de llegar a su construcción a tamaño natural.

Realizada la trabazón escenográfica, de madera, debe procederse a su revestimiento, de modo que siempre presente a la vista de la cámara la parte cubierta necesaria, que tendrá que ser muy extensa, dada la moderna técnica de la fotografía, con sus innumerables puntos de vista, no olvidando las lógicas comunicaciones entre sus distintas plantas, según las acotaciones del guión, con sus correspondientes desembarcos y refuerzos de seguridad para el uso de los artistas.

El revestimiento exterior puede variar según los múltiples casos; desechando la superficie de tela pintada, un medio económico y fuerte es el cañizo recubierto de pasta yeso o escayola, que tan bien reproduce, a la luz, el relieve de la tosquedad o las distintas imitaciones de piedra, ladrillo y otros materiales diversos.

Sobre este revestimiento, una vez acoplados cuantos elementos sean necesarios, como barandillas, maderas, tejas, canalones, etc., etc., si se trata de un exterior; o los detalles propios del caso si el asunto reproducido es un interior, debe procederse a la pintura, sacando cuantos efectos sean posibles en su relación con la luz que se le vaya a dar, ya sea natural o artificial y procurando, sobre todo, dar la sensación del relieve hasta en los elementos que no lo tienen de antemano.

Naturalmente que en este momento de la confección de escenarios entra el asesoramiento del técnico fotográfico, que es el que debe dar la norma del claroscuro; nadie como él conoce los secretos del objetivo que maneja, siendo en todo momento quien debe ilustrar al escenógrafo.

Independientemente de la parte escenográfica, pero estrechamente ligada a ella, están los efectos corrientes de lluvias, nieve, nieblas, viento, etc., etc., ya establecidos, y que según su aplicación pueden hacer variar la estructura del escenario a construir, pues es lógico pensar que no se hará lo mismo una construcción que tenga que mojarse a otra que reciba intensamente los rayos del sol.

El objeto de esta ponencia no es dar un curso completo de construcción escenográfica, sino llamar la atención del productor nacional en el sentido de hacerle ver la enorme importancia que esta parte de la producción tiene, hasta el extremo de ser en muchas cintas el verdadero protagonista, teniendo un ejemplo muy reciente en *Sous les toits de Paris*.

Todo Estudio nacional que se monte sin dotarle de los necesarios medios para estas realizaciones, como taller de proyectos, galería cubierta amplísima y al aire libre, sin olvidar el local destinado a la confección de elementos aislados, no podrá hacer labor útil en el sentido de su plástica escénica, que adolecerá siempre, como adolece la del teatro, por el error incomprensible de suponer que el artista debe hacer sus trabajos en locales ajenos al espectáculo, inadecuados en su mayor parte, cuando cada teatro debiera tener en el mismo edificio sus talleres propios.

En materia de "cine", como en todo arte no conocido a fondo por nosotros, debemos asimilar ideas y procedimientos ya establecidos, para poder comenzar sobre base firme y no dar lugar a ensayos y táctica de titubeos; después de adoptadas éstas, ya surgirá ella sola la técnica del cinema español como la de otros países.

D. Amalio Martínez A. Gari

LOS DECORADOS

No es un arte pictorico, sino arquitectonico. Simplicidad colorista. Interiores y exteriores. ¿De qué se construyen los decorados? Su estabilidad aparente y la verdadera

Así como el decorado teatral pertenece al arte de la pintura, el decorado cinematográfico entra de lleno en el arquitectónico. El pintor, que en los comienzos de la cinematografía era el modelador plástico de cuantos relieves pudiera imaginar el más fértil ingenio del pincel, hoy, por la evolución de la técnica, muy singularmente en materia de iluminación, ha quedado convertido en el simple pintor-decorador que trabaja en el ornato de una casa a las órdenes de un arquitecto.

Ya en el teatro se ha intentado lo que se llama en el argot escénico "el decorado corpóreo"; pero esos intentos, muy escasos por razones prácticas, se han limitado a los efectuados para obras de un solo ambiente y en poblaciones donde la continuidad de las representaciones garantizasen la inamovilidad.

Este intento de teatro nos demuestra que, aún pudiendo engañar la retina del espectador con simuladas perspectivas, la ilusión no se considera perfecta, y se hacen ensayos para su logro. ¡Qué no será preciso entonces depurar para que "el ojo cinematográfico", que no disimula y parece que se complace en destacar los defectos, no lo consiga!

Actualmente, todos los estudios de avanzada tienen como director un arquitecto especializado, a cuyas órdenes actúan otros varios.

Este predominio de la Arquitectura no es caprichoso. Dícenlo esas construcciones, verdaderos alardes de cálculo, formidables concepciones de una exhuberante fantasía, en donde se desenvolvieron las producciones de Cecil B. de Mille, Murnau, Griffith o Fritz Lang. Sin la Arquitectura, esas grandiosas realizaciones no hubieran alcanzado tan alto nivel artístico.

Por otra parte, los colores, base de la escenografía teatral y de la primitiva cinematografía, carecen de su verdadero valor ante la gelatina sensible.

La experiencia ha demostrado que mientras la cinematografía polícroma no sea un hecho, todos los colores recorren una escala de grises que, comenzando en el blanco, terminan en el negro absoluto. De aquí que para el entonamiento de las construcciones que se hacen en los estudios se empleen en mayor proporción tres: el blanco, el negro y el siena, con los que se hacen cuantas combinaciones de gradación de tonos sean precisas para obtener el mejor rendimiento fotográfico.

Antiguamente-una antigüedad que apenas rebasa el cuarto de siglo-los decorados no tenían más que un fin: reproducir los "interiores". El exterior no "entraba aún en los talleres"; se tomaba del natural, y se tomaba formando en plena calle un verdadero estudio, interrumpiendo la circulación ciudadana, obligando al paro del tráfico, cuando no se acordaban medidas más audaces, y casi se obligaba al transeúnte o al conductor a seguir determinada ruta por la que, inocentemente, iban a engrosar el número de los "extras" involuntarios.

El desenvolvimiento de la vida moderna ha imposibilitado casi en un todo este modo de realizar. Si hoy se precisa impresionar un auténtico "exterior", han de tomarse las precauciones lógicas para dejar a salvo toda contingencia de orden público, y, es claro, así las únicas escenas que pueden impresionarse son aquellas de mera "pasada" o las que tengan por ambiente la vida de una población, y las que, si es preciso, se les añade el sonido mediante el correspondiente "doblaje".

Esta es una causa de las primordiales de que ya no se contente una dirección concienzuda con la reproducción de un "interior". La fachada, el jardín o la calle son también llevados a los estudios.

Es indudable que, contrariamente a las escenas que pueden ser realizadas en los sitios auténticos, éstas que se hacen ante los decorados han de tener todo el reposo y la serenidad de que forzosamente carecerán aquéllas. A mayor abundamiento, la luz, esa luz que es imprescindible en este arte más que en ninguno similar, merced al constante progreso, se maneja tan a capricho que pudiéramos decir que el milagro de la "parada del sol en su curso" vuelve a repetirse al colocar los "soles" artificiales en los grados del meridiano que convenga al mejor efecto del arte.

Mas hay un factor, como ya dijimos al tratar de las localizaciones, cuya resultante da el máximo rendimiento de calidad y pureza: el sonido.

A veces los decorados que simulan "exteriores" se construyen al aire libre. No es menor razón que la de su gran desplazamiento, al tener de fondo al maravilloso e inimitable caos azul, de transparencia que aún no ha podido apresar el ingenio del hombre; pero a pesar de disponer de la vigorosa luz solar, los arcos apoyan y hasta rectifican la dominación de los rayos luminosos.

En estas construcciones, si la Naturaleza no ofrece eco y está aislada de ruidos y demás entorpecimientos intrusistas, la limpieza del sonido es absoluta.

¿Que de qué se construyen los decorados? La respuesta es sencilla: de todo menos de papel. Los elementos que principalmente intervienen en su realización son: la madera, la tela, el yeso y la escayola. La sensación de robustez, de realidad, que han de presentar para su completo efecto, han exigido la aplicación de estos materiales, un poco exóticos dentro de la escenografía tradicional. Con las maderas se arma el esqueleto encima de la planta; sobre la superficie anversa se aplica la tela o las planchas de madera prensada, y después, según lo que pretenda simular, se reviste con yeso, se empapelan o se le adosan los apliques de escayola. Los decoradores —en el sentido gramatical del oficio— complementan el revestimiento, y hete el decorado ya listo para actuar ante él.

Es raro que una decoración presente resonancias o ecos; contratiempo fácil de subsanar incorporando elementos muebles decorativos que rompan la onda, y especialmente cortinajes reposteros, etc. También puede conseguirse rodeando el decorado con colgaduras de muletón.

Ahora será fácil comprender que un arquitecto, y no un pintor, sea el realizador moderno de los ambientes de cinematografía.

Pero en el deseo de acercarse a la realidad no se ha detenido la escenografía del arte del cinema en el uso de los materiales predichos. Los constantes ensayos todo lo permiten, y ya se emplea en la construcción desde el sencillo cartón-piedra hasta el acero blanco.

Como complemento de la técnica constructiva, el decorador ha de tener en cuenta la técnica luminosa.

Para los distintos efectos artísticos, las luces llevan una situación estratégica. El decorador ha de facilitarla dotando la construcción de ángulos, rincones y rompimientos, que, además de dar una variedad visual, permita la colocación disimulada de las lámparas.

La elección de éstas, su orientación y su potencia, competen a la dirección, en armonía con las necesidades de la cámara.

La contemplación de un decorado cinematográfico por su frente y su reverso, acentúa aún más que en el teatral el contraste entre la realidad y la ficción. De frente tiene toda la solidez que representa; pero precisamente por esta "solidez", el laberinto de varables febles, de "riostras", de tirantes, de alambres, que nos muestran su reverso, nos parece más mezquino más frágil.

Pero, no; entre la realidad y la apariencia hay una relación inapreciable de estabilidad, y si es cierto que "la mitad de lo que debería derrumbarse se mantiene en pie", en cinematografía se cumple al axioma crecidamente.

Lo efímero y fugaz del trabajo cinematográfico se estrella ante estas realidades.

Y si se nos permite ser un poco soñadores e imaginativos, ¿por qué no creer que el espíritu pone el puntal invisible que hace eternas las obras más sutiles de los hombres?

SABINO A. MICÓN, *Manual del cineasta,* Madrid, Dessat editor, 1942, págs. 101-107.

ASIGNATURAS DE LA ESPECIALIDAD DE DECORACIÓN

I.I.E.C.

Primer plan de estudios, 1947

Primer curso (común). Filmografía, Historia de las Artes, Literatura, Historia y Documentación Cinematográfica.

Primer año (preparatorio): Escenografía cinematográfica, materiales y construcción. Trucos y maquetas. Vestuario. Maquillaje.

Segundo año (especialización): Materiales y construcción. Trucos y maquetas.

Curso 1957-58. Plan de estudios de cuatro años con implantación plena en el curso 1960-61.

Primer curso. Decoración (Arquitectura y Decoración), Historia del Arte y Tecnología Cinematográfica.

Segundo curso. Decoración (Escenotecnia), Historia del Arte, Historia de la Cultura, Historia del Cine y de sus medios de expresión y Deontología Cinematográfica.

Tercer y Cuarto cursos. Decoración (Prácticas generales).

Este cuarto curso tenía un carácter de reválida y duró muy poco tiempo.

E.O.C.

Plan de Estudios aprobado por la Orden de 8 de noviembre de 1962

Primer curso

Asignatura básica: Arquitectura y Decoración

Asignaturas generales: Historia del Arte, Historia del Cine.

Prácticas: Análisis de películas y cursillos de tecnología, dibujos animados e indumentaria.

Segundo curso

Asignaturas básicas: Escenotecnia y Maquetas, trucos y efectos especiales.

Asignaturas generales: Historia del Arte e Historia del Cine.

Prácticas: Rodaje, análisis de películas y cursillos de luminotecnia, decoración teatral, mobiliario, ambientación y materiales de construcción.

Tercer curso

Asignatura básica: Decoración.

Prácticas: Realización de decorados y ambientación de las prácticas, análisis de películas.

Curso 1964-65

Primer curso. Historia del cine, tecnología del cine, arquitectura y ambientación del decorado, Indumentaria y Análisis de la problemática del arte.

Segundo curso. Arquitectura y ambiente escénicos, construcción y trucos, análisis de la problemática del arte.

Tercer curso. Dirección artística (arquitectura, ambientación, indumentaria, montaje escénico).

TITULADOS EN LA ESPECIALIDAD DE DECORACIÓN

en el I.I.E.C.

Alarcón y Aguirre, José María
Aldudo Gámez José
Argüello Ballestar, Luis
Calatayud Alegre, Román
García La Fuente, Julio
Ruano García-Zarco, Eduardo
Valle y del Valle, Jesus María del

en la E.O.C.

Alarcón García, Enrique
Alcaín Partearroyo, Alfredo
Alcobendas Ubis, Emilio
Arzuaga Verguizas, Ángel
Arzuaga Verguizas, José María
Cienfuegos Mercadal, Francisco A. de
Colomo Gómez, Fernando
Criado Panes, Vicente
Cruz Gonzalez, Ladislao
Disdier Antoñanzas, Jorge
Dominguez Bajo, Carlos
Dorado Pérez, José Manuel
Fayanas Ansuategui, Enrique
Fernández Pérez-Serrano, Enrique
Fonseca Vilariño, Julián

Forcada Adarrage, Miguel José
Gago Montilla, Pablo A.
García-Tapia Chao, Mariano
García Dieguez, Rafael
García Sanabria, Antonio
Garrido Aranguren, Justo
German Montes, María Rosa
González Cocho, Alfonso
González González, Fernando
González Mas, Federico J.
González Peña, Carlos Erasmo
Guen Chuang-Yung, Ernesto
Herrero González, Jesús María
Iglesia Munguira, Emilio de la
Laseras Barrios, Fernando de
León Jiménez, Juan
Mambrilla Pérez, María Perpetuo Socorro
Márquez Sainz, José A.
Martínez González, Manuel
Massague Vendrell, José
Morales Durán, José
Muñoz García, Juan
Nombela Serrano, José A.
Ochoa Arambillet, Carlos M.
Palacios Pastor, José A.
Palmero Romero, Rafael A.
Paredes Jardiel, José
Pérez Zurro, Victoriano
Queralt Parisi, Jaime
Rodríguez Martín de Vidales, Juan
Saiz Arranz, Lorenzo
Seco Humbrias, Rafael
Solórzano Moya, Francisco J.
Sulleiro Corballeira, Francisco J.
Vega García, José Antonio
Villena Díaz, Jesús

CONCLUSIONES SOBRE EL INGRESO DE LOS ALUMNOS DEL INSTITUTO DE EXPERIENCIAS CINEMATOGRÁFICAS EN EL CENSO SINDICAL QUE PROPONE LA PONENCIA NOMBRADA AL EFECTO POR EL SUBGRUPO DE DECORACIÓN DEL MISMO

Reunidos el Pleno de Técnicos del Subgrupo de Decoración el día 11 de julio, y estudiada la consulta que la Jefatura del Grupo de Técnicos de Cinematografía presentó sobre el ingreso al mismo de los alumnos del Instituto de Experiencias Cinematográficas, se nombra por elección la Ponencia que componen los Decoradores-Jefes Sres. D. Antonio Simont Guillén, D. Enrique Alarcón Sánchez Manjavacas, D. Ramiro Gómez y García de Guadiana, y presidida por el Vocal electo D. Tadeo Vi-

llalba Ruiz, y que reunidos éstos en los días 15 al 16 del citado mes llegaron a las conclusiones siguientes.

1.º– Cerrar el Censo en sus distintas secciones, dado un plazo máximo hasta el 30 de octubre del presente año, para todo aquel técnico que se halle sin censar existiendo constancia de su trabajo para la Junta Clasificadora del citado Subgrupo. En lo sucesivo, únicamente se dará entrada en el Censo a los alumnos del Instituto de Experiencias Cinematográficas.

2.º– La ponencia que se suscribe con conocimiento pleno del plan de estudios realizados en el citado Instituto, considera éstos especialmente teóricos, necesitando un efectivo complemento práctico, que únicamente podrá darles el trabajo en los Estudios, dada la responsabilidad de la misión que han de ejercer los alumnos, como demuestra la relación de los apartados que a continuación se expone:

a) Ampliación de los conocimientos de dibujo por medio de las prácticas en tamaños naturales, para la construcción más conveniente en los distintos oficios.

b) Conocimiento en talleres de los tres oficios principales que son, escayola, carpintería en general y pintura artística, especial e industrial.

c) Conocimiento de la autoridad y responsabilidades que le incumben en el trato social y profesional con empresarios y extensas plantillas de productores.

d) Conocimiento práctico de la realización de presupuestos y economía con relación a los diversos efectos cinematográficos y adaptación a los planes de trabajo.

e) Conocimiento de la responsabilidad económica en la ejecución del trabajo.

f) Práctica con relación al especialismo factor *tiempo* en nuestra industria, y en las posibles alteraciones en los planes de trabajo, y causas de fuerza mayor.

g) Estudios de la necesaria continuidad de rodaje con relación al aprovechamiento de espacio en los Estudios, y diversas combinaciones de montaje de decorados para aprovechamiento de material de serie y almacén.

h) Costumbre en la realización de los innumerables *efectos especiales* que se presentan en la práctica, y sustitución del material técnico de rodaje en casos determinados.

i) Práctica en la iluminación y andamiaje para la misma de acuerdo con los distintos sistemas de los estudios que se ha de tener en cuenta al proyectar y realizar los decorados, así como colorido y calidades con relación a las diferentes clases y emulsiones del material virgen.

j) Ejercicios de construcción de decorados en exterior con respecto a presupuestos y especialidad de materiales, y su montaje.

3.º– Teniendo en cuenta todo lo anteriormente expuesto y considerando que el plan profesional vigente hasta la actualidad, se ha exigido para llegar al cargo de Decorador-Jefe las categorías de meritorio con dos películas, dibujante con 8 películas y ayudantes con 8 películas, creemos lógico computar a los citados alumnos la totalidad de dos películas de meritorio, 8 películas de dibujante y 4 películas de la categoría de ayudante, exigiéndole únicamente 4 películas de ayudante a las órdenes de tres Decoradores-jefe diferentes, en las que en dos películas harán prácticas de dibujo para entrega de tarea a las distintas profesiones a tamaño natural y escala. Estas 4 películas realizarán con su correspondiente contrato y percibo de honorarios. Debe tenerse en cuenta que el número de películas que se computan según este plan a los que han cursado estudios en el Instituto de Experiencias Cinematográficas y que suman en total el número de 14 suponen por término medio un tiempo de cuatro a cinco años en práctica, superior por tanto al de los cursos de mencionado Instituto, lo que prueba la consideración que a dichos estudios se les ha dado en la confección del presente plan.

4.º– Quedando como anteriormente hemos expuesto, anulado el procedimiento actual de ingreso en la profesión, y no existiendo en lo sucesivo otro medio según proponemos que el de cursar los estudios del Instituto de Experiencias Cinematográficas, entendemos necesaria la completa asimilación de derechos a sus respectivas categorías de los profesionales del actual censo sindical y de los que en lo sucesivo ingresen por medio del citado Instituto,

para lo cual será necesario se extiendan títulos oficiales por el Ministerio de Educación Nacional a favor de los técnicos de nuestro censo actual y por los Decoradores-Jefes de este censo a favor de los alumnos del Instituto, una vez terminadas las películas de prácticas a que se refiere el apartado 3.º, y mediante el V.º B.º de los tres decoradores-jefes con que hayan trabajado.

Creemos resumir todo lo anteriormente estudiado y como sistema conjunto para el futuro en el que se complementen la escuela y la práctica en un solo plan profesional en el cuadro que acompañamos como anexo.

Siendo este el plan estudiado que propone la ponencia en su principio citada, creemos conveniente su estudio por otra conjunta y nombrada entre los actuales profesionales y los profesores del Instituto, para llegar a unificar un plan profesional de estudios.

Madrid, septiembre de 1952

PREMIOS DEL CÍRCULO DE ESCRITORES CINEMATOGRÁFICOS

1947 Luis Santamaría por *Mariona Rebull* (José Luis Sáenz de Heredia)

1948 Antonio Labrada por *Angustia* (José Antonio Nieves Conde)

1949 Tadeo Villalba por *Neutralidad* (Eusebio Fernández Ardavín)

1950 Enrique Alarcón por *La noche del sábado* (Rafael Gil)

1951 José Caballero por *Parsifal* (Daniel Magrané)

1952 Enrique Alarcón *Sor Intrépida* (Rafael Gil)

1953 Pérez Espinosa y Gil Parrondo por *Jeromín* (Luis Lucia)

1954 Enrique Alarcón *El beso de Judas* (Rafael Gil)

1955 Antonio Simont por *Marcelino pan y vino* (Ladislao Vajda)

1956 Antonio Simont por *Mi tío Jacinto* (Ladislao Vajda)

1957 Antonio Simont por *Un ángel pasó por Brooklyn* (Ladislao Vajda)

1958 Enrique Alarcón por *La violetera* (Luis César Amadori)

1959 Enrique Alarcón por *¿Dónde vas Alfonso XII?* (Luis César Amadori)

1960 Sigfredo Burmann por *El príncipe encadenado* (Luis Lucia)

1961 Ramiro Gómez por *El coloso de Rodas* (Sergio Leone)

1962 Enrique Alarcón por *El hijo del Capitán Blood* (Tulio Demicheli)

1964 Luis Argüello por *La tía Tula* (Miguel Picazo)

1965 Los de *Campanadas a medianoche* (Orson Welles)

1966 Gil Parrondo y Roberto Carpio por *El fantástico mundo del doctor Coppelius* (Ted Kneeland)

1967 Pablo Runyan por *Si volvemos a vernos* (Francisco Regueiro)

1968 Enrique Alarcón por *Cervantes* (Vincent Sherman) y *Tuset Street* (Luis Marquina)

1969 Wolfgang Burmann por *Fortunata y Jacinta* (Angelino Fons)

1970 Wolfgang Burmann por *Goya, historia de una soledad* (Nino Quevedo)

1971 Eduardo Torre de la Fuente por *La Araucana* (Julio Coll)

1973 Ramiro Gómez por *Pánico en el Transiberiano* (Eugenio Martín)

1974 Cristina López por *Hay que matar a B* (José Luis Borau)

1975 Elisa Ruiz por *Furia española* (Francisco Betriu)

1983 Gil Parrondo por *Bearn* (Jaime Chávarri)

PREMIOS DEL SINDICATO NACIONAL DEL ESPECTÁCULO

1956 Enrique Alarcón por *La gran mentira* (Rafael Gil)

1957 Juan Antonio Simont por *Un ángel pasó por Brooklyn* (Ladislao Vajda)

1958 Enrique Alarcón por el conjunto de su labor

1959 Eduardo Torre de la Fuente por *El lazarillo de Tormes* (Ladislao Vajda)

1960 Ramiro Gómez por *Los últimos días de Pompeya* (Mario Bonnard)

1961 Juan Antonio Simont y Molina por *Siempre es domingo* (Fernando Palacios)

1962 Enrique Alarcón por *La reina de Chantecler* (Rafael Gil)

1963 Sigfrido Burmann por el conjunto de su labor

1964 José Antonio de la Guerra por *La boda* (Lucas Demare)

1965 Tadeo Villalba por *Las últimas horas* (Santos Alcocer)

1966 Gil Parrondo por *Pampa salvaje* (Hugo Fregonese) y *Doctor Coppelius/El fantástico mundo del doctor Coppelius* (Ted Kneeland)

1967 Jaime Pérez Cubero y José Luis Galicia por *Encrucijada para una monja* (Julio Buchs)

1968 Juan Alberto Soler y Toni Cortés por *Las Vegas 500 millones* (Antonio Isasi-Isasmendi)

1969 Ramiro Gómez por *La residencia* (Narciso Ibáñez Serrador)

1970 Eduardo Torre de la Fuente por *Hembra* (César Ardavín)

1971 Ramiro Gómez por *La casa de las palomas* (Claudio Guerín Hill)

1972 Gil Parrondo por *Don Quijote cabalga de nuevo* (Roberto Gavaldón)

1973 Ramiro Gómez por *Vida conyugal sana* (Roberto Bodegas)

1974 Ramiro Gómez por *Los nuevos españoles* (Roberto Bodegas)

1976 Rafael Richart por *El segundo poder* (José María Forqué)

PREMIOS GOYA

1987
Nominaciones:
Wolfgang Burmann por *Romanza final* (José María Forqué)

Ramiro Gómez por *Bandera negra* (Pedro Olea)

Félix Murcia por *Dragon Rapide* (Jaime Camino)

Premio:
Félix Murcia por *Dragon Rapide* (Jaime Camino)

1988
Nominaciones:
Félix Murcia por *El bosque animado* (José Luis Cuerda)

Rafael Palmero por *La casa de Bernarda Alba* (Mario Camus)

Eduardo Torre de la Fuente por *La monja alférez* (Javier Aguirre)

Premio:
Rafael Palmero por *La casa de Bernarda Alba* (Mario Camus)

1989
Nominaciones:
Wolfgang Burmann por *Remando al viento* (Gonzalo Suárez)

Félix Murcia por *Mujeres al borde de un ataque de nervios* (Pedro Almodóvar)

Gerardo Vera por *Berlín Blues* (Ricardo Franco)

Rafael Palmero por *Jarrapellejos* (Antonio Giménez Rico)

Premio:

Wolfgang Burmann por *Remando al viento* (Gonzalo Suárez)

1990

Nominaciones:

Francisco Candini por *El niño de la luna* (Agustín Villaronga)

Ramiro Gómez y Javier Artiñano por *Esquilache* (Josefina Molina)

Josep Rosell por *Si te dicen que caí* (Vicente Aranda)

Gloria Martí por *Las cosas del querer* (Jaime Chávarri)

Pierre Louis Thévenet por *El sueño del mono loco* (Fernando Trueba)

Premio:

Ramiro Gómez y Javier Artiñano por *Esquilache* (Josefina Molina)

1991

Nominaciones:

Rafael Palmero por *¡Ay, Carmela!* (Carlos Saura)

Rafael Palmero por *Lo más natural* (Josefina Molina)

Ferrán Sánchez por *Átame* (Pedro Almodóvar)

Premio:

Rafael Palmero por *¡Ay, Carmela!* (Carlos Saura)

1992

Nominaciones:

Wolfgang Burmann por *Don Juan en los infiernos* (Gonzalo Suárez)

Félix Murcia por *El rey pasmado* (Imanol Uribe)

Fernando Sáenz y Luis Vallés por *Beltenebros* (Pilar Miró)

Premio:

Félix Murcia por *El rey pasmado* (Imanol Uribe)

1993

Nominaciones:

Juan Botella por *Belle Époque* (Fernando Trueba)

José Luis Arrizabalaga por *Acción Mutante* (Álex de la Iglesia)

Luis Vallés por *El maestro de esgrima* (Pedro Olea)

Premio:

Juan Botella por *Belle Époque* (Fernando Trueba)

1994

Nominaciones:

Alain Bainee y Javier Fernández por *Kika* (Pedro Almodóvar)

Félix Murcia por *Tirano Banderas* (José Luis García Sánchez)

Luis Vallés por *Madregilda* (Francisco Regueiro)

Premio:

Félix Murcia por *Tirano Banderas* (José Luis García Sánchez)

1995

Nominaciones:

Félix Murcia por *Días contados* (Imanol Uribe)

Gil Parrondo por *Canción de cuna* (José Luis Garci)

Josep Rosell por *La pasión turca* (Vicente Aranda)

Premio:

Gil Parrondo por *Canción de cuna* (José Luis Garci)

1996

Nominaciones:

José Luis Arrizabalaga y Biaffra por *El día de la bestia* (Álex de la Iglesia)

Javier Fernández por *La leyenda de Balthasar el castrado* (Juan Miñón)

Wolfgang Burmann por *La flor de mi secreto* (Pedro Almodóvar)

Premio:

José Luis Arrizabalaga y Biaffra por *El día de la bestia* (Álex de la Iglesia)

1997

Nominaciones:

Ana Alvargonzález por *La Celestina* (Gerardo Vera)

Félix Murcia por *El perro del hortelano* (Pilar Miró)

Pierre Louis Thévenet por *Tranvía a la Malvarrosa* (José Luis García Sánchez)

Premio:

Félix Murcia por *El perro del hortelano* (Pilar Miró)

Diccionario bio-filmográfico de los directores artísticos del cine español

Siglas utilizadas

CEC   Premio del Círculo de Escritores Cinematográficos
SNE,   Premio del Sindicato Nacional del Espectáculo
GOYA, Premio Goya
N.GOYA Nominación Premio Goya
CM   Cortometraje
MM   Mediometraje

I. Directores artísticos españoles o que han desarrollado la mayor parte de su trabajo en España

Ablanque, Rafael

Rafael Ablanque Ranera nace en Madrid el 25 de febrero de 1927. Entre 1940 y 1944 estudia en la Escuela Fábrica de Cerámica madrileña, ese último año comienza a trabajar con Francisco R. Asensio como oficial primero de escayolista y modelista hasta 1951. A mediados de los cincuenta es contratado por Prósper como ayudante de construcción y a finales de la década por Tomás Fernández en el mismo cometido, interviniendo en aproximadamente ochenta películas. En 1956 ingresa en la E.O.C. en la especialidad de decoración, aunque no llega a graduarse. Fue ayudante, entre otros, de Pérez Espinosa y Ontañón.

DIBUJANTE:

1965 *La visita que no tocó el timbre*, Mario Camus
A Funny Thing Happened on the Way to the Forum (*Golfus de Roma*), Richard Lester
1966 *Don Quijote/Don Quichotte*, Carlo Rim
Campanadas a medianoche, Orson Welles
Rebeldes en Canadá, Amando de Ossorio

AYUDANTE DE DECORACIÓN:

1966 *Clarines y campanas*, Ramón Torrado
Las viudas, José María Forqué, Julio Coll y Pedro Lazaga
Residencia para espías/Ça barde chez mignonnes, Jesús Franco

1967 *Los chicos del Preu*, Pedro Lazaga
Magus (con William Hutchinson), Guy Green
The Long Duel (*La leyenda de un valiente*), Ken Annakin
1968 *El último día de la guerra/The Last Day of the War*, Juan Antonio Bardem
Custer of the West (*La última aventura*), Robert Siodmak
1969 *La residencia*, Narciso Ibáñez Serrador
Royal Hunt of the Sun, Irving Lerner
El condor (*El cóndor*), John Guillermin
1970 *Doc* (*Duelo a muerte en el OK corral*), Frank Perry
1971 *The Last Run* (*Fuga sin fin*), Richard Fleischer
Chato's Land (*Chato el apache*), Michael Winner
1972 *La selva blanca/Il richiamo della foresta/L'Appel de la forêt*, Ken Annakin
La noche del terror ciego, Amando de Ossorio
1973 *Los tres mosqueteros/The Three Musketeers*, Richard Lester
Los cuatro mosqueteros/The Four Musketeers, Richard Lester
1976 *The Last Remake of Beau Geste* (*Mi bello legionario*), Marty Feldman

DIRECCIÓN ARTÍSTICA:

1978 *El maravilloso mundo del sexo*, Mariano V. García

Acuña, Hugo

DIRECCIÓN ARTÍSTICA:

1986 *Adela* (con Mario Añaños), Carlos Balagué

Admetlla, Ramón

DIRECCIÓN ARTÍSTICA:

1988 *Venecias* (con Mónica Bernuy), Pablo Llorca

Agude, Ángel

DIRECCIÓN ARTÍSTICA:

1996 *Una piraña en el bidé*, Carlos Pastor

Agustí, Toni

DIRECCIÓN ARTÍSTICA:

1981 *Naftalina*, Pep Callis

Alarcón, Enrique

Enrique Alarcón Sánchez-Manjavacas nace en Campo de Criptana (Ciudad Real) el 13 de junio de 1917. Pasa su juventud entre Campo de Criptana y Madrid, cursa dos años de Matemáticas Superiores y Ciencias al tiempo que hace ilustraciones para revistas y carteles. Aprueba la asignatura de dibujo en la Escuela de Arquitectura en la primera convocatoria, pero tiene que abandonar la carrera cuando estalla la guerra civil, en la que lucha en un batallón de zapadores. En 1940 Imperio Argentina le recomienda a Saturnino Ulargui, para que entre a trabajar en Ufisa en Barcelona como ayudante de Pierre Schild. Dos años después se traslada a Madrid trabajando como ayudante de Sigfredo Burmann. Ese mismo año es nombrado decorador-jefe de C.I.F.E.S.A. El segundo año de funcionamiento del Instituto de Investigaciones y Experiencias Cinematográficas, es reclamado por Luis M. Feduchi para que sea su auxiliar, cuando éste deja el Instituto dos años después, Alarcón es nombrado titular de la especialidad de Decoración,

manteniendo su actividad docente durante veinticinco años, hasta la desaparición de la Escuela Oficial de Cine. En 1958 produce y coescribe el guión de *Llegaron dos hombres/Det Kom Tva Man* (Arne Mattson). Realiza maquetas y efectos especiales para numerosas películas, y los decorados para varias obras de teatro y series de televisión, trabaja en los Estudios de Cinecitta, Pinewood, Eclair y Billancourt. Recibe la Orden del Mérito Civil por el conjunto de su obra, que comprende más de doscientas sesenta películas, convirtiéndolo en uno de los profesionales que más ha trabajado en nuestro cine. Su último trabajo profesional fue como asesor artístico de la serie de televisión *El sexólogo* (Mariano Ozores, 1994). Padre de los directores artísticos Enrique y Víctor Alarcón García. Fallece en Madrid el 13 de junio de 1995.

AYUDANTE DE DECORACIÓN CON SCHILD:

1940 *Marianela*, Benito Perojo
   La florista de la reina, Eusebio Fernández Ardavín
1941 *Héroe a la fuerza*, Benito Perojo
   Chuflillas, José López Rubio CM
   Pregones de embrujo, José López Rubio CM
   Luna de sangre, José López Rubio CM
   A la lima y al limón, José López Rubio CM
   Rosa de África, José López Rubio CM
   Manolo Reyes, José López Rubio CM
   Verbena, Edgar Neville CM
   La Parrala, Edgar Neville CM
   Los millones de Polichinela, Gonzalo Delgrás

AYUDANTE DE DECORACIÓN CON BURMANN:

1942 *Locura de amor*, José López Rubio (preparación)
   Goyescas (con Alberto G. Tapia), Benito Perojo

DIRECCIÓN ARTÍSTICA:

1942 *Huella de luz*, Rafael Gil
   Forja de almas, Eusebio Fernández Ardavín
1943 *Deliciosamente tontos*, Juan de Orduña

ASESOR DE AMBIENTE Y MAQUETISTA:

1943 *Noche fantástica*, Luis Marquina

DIRECCIÓN ARTÍSTICA:

1943 *Rosas de otoño*, Juan de Orduña
Eloísa está debajo de un almendro, Rafael Gil
El 13-13, Luis Lucia
Tuvo la culpa Adán, Juan de Orduña
La vida empieza a medianoche, Juan de Orduña

1944 *Lecciones de buen amor*, Rafael Gil
El clavo, Rafael Gil
Ella, él y sus millones, Juan de Orduña
El fantasma y doña Juanita, Rafael Gil
Sol y sombra de Manolete, Abel Gance y Luis Marquina (inacabada)
Un hombre de negocios, Luis Lucia

1945 *Si te hubieras casado conmigo*, Wiatcheslaw Tourjansky
Afan-Evu (El bosque maldito), José Neches

1946 *La pródiga*, Rafael Gil
Reina Santa, Rafael Gil

1947 *La dama del armiño*, Eusebio Fernández Ardavín
La fe, Rafael Gil
El verdugo, Enrique Gómez
La princesa de los Ursinos, Luis Lucia
Vidas confusas, Jerónimo Mihura
La Lola se va a los puertos, Juan de Orduña
Botón de ancla, Ramón Torrado

1948 *Don Quijote de la Mancha*, Rafael Gil
El capitán de Loyola, José Díaz Morales
La calle sin sol, Rafael Gil
Mare nostrum, Rafael Gil
La fiesta sigue, Enrique Gómez
Siempre vuelven de madrugada, Jerónimo Mihura
La vida encadenada, Antonio Román
Sabela de Cambados, Ramón Torrado
Tres ladrones en casa, Raúl Cancio
¡Olé torero!, Benito Perojo

1949 *Aventuras de Juan Lucas*, Rafael Gil
El amor brujo, Antonio Román
Rumbo, Ramón Torrado
La noche del sábado, Rafael Gil CEC

1950 *Una mujer cualquiera*, Rafael Gil
Vértigo, Eusebio Fernández Ardavín
Teatro Apolo, Rafael Gil
Debla, la virgen gitana, Ramón Torrado
La corona negra, Luis Saslavsky
Aquel hombre de Tánger/That Man from Tangier, Robert Elwyn
El negro que tenía el alma blanca, Hugo del Carril

1951 *El gran galeoto*, Rafael Gil
La señora de Fátima, Rafael Gil
La trinca del aire, Ramón Torrado
La niña de la venta, Ramón Torrado
De Madrid al cielo, Rafael Gil
Estrella de Sierra Morena, Ramón Torrado

1952 *Sor Intrépida*, Rafael Gil
Pluma al viento/Plumme au vent, Louis Cuny y Ramón Torrado
La guerra de Dios, Rafael Gil
Hermano menor, Domingo Viladomat
La laguna negra (con Arturo Ruiz-Castillo), Arturo Ruiz-Castillo

1953 *El beso de Judas*, Rafael Gil
El alcalde de Zalamea, José Gutiérrez Maesso
El torero/Chateaux en Espagne, René Wheeler

1954 *¿Crimen imposible?*, César Fernández Ardavín
La ciudad perdida/Terroristi a Madrid, Margarita Alexandre y Rafael Torrecilla
Murió hace quince años, Rafael Gil
La otra vida del capitán Contreras, Rafael Gil
Sucedió en Sevilla, José Gutiérrez Maesso
Tres huchas para Oriente, José María Elorrieta
Orgullo, Manuel Mur Oti
Muerte de un ciclista/Gli egoisti, Juan Antonio Bardem

1955 *El sol sale todos los días*, Antonio del Amo
La pícara molinera, León Klimovsky
La lupa, Luis Lucia
El canto del gallo, Rafael Gil
Congreso en Sevilla, Antonio Román
Aquí hay petróleo, Rafael J. Salvia
Recluta con niño, Pedro L. Ramírez
La gata, Margarita Alexandre y Rafael Torrecilla
La gran mentira, Rafael Gil

1956 *La puerta abierta/L'ultima notte d'amore*, César Fernández Ardavín
Calle Mayor/Grand' Rue, Juan Antonio Bardem
Un traje blanco/Il grande giorno, Rafael Gil
La vida en un bloc, Luis Lucia
Los maridos no cenan en casa, Jerónimo Mihura
Todos somos necesarios/Ritorno alla vita, José Antonio Nieves Conde
Los ladrones somos gente honrada, Pedro L. Ramírez

Manolo guardia urbano, Rafael J. Salvia

Los misterios del rosario (El redentor) (Un hombre tiene que morir)/The Fifteen Mysteries of the Rosario, Joseph Breen y Fernando Palacios

Susana y yo, Enrique Cahen Salaverri

Un marido de ida y vuelta, Luis Lucia

Los jueves, milagro/Arrivederci, Dimas, Luis García Berlanga

1957 *La venganza/La vendetta*, Juan Antonio Bardem

Camarote de lujo, Rafael Gil

La Cenicienta y Ernesto/La regina della povera gente, Pedro L. Ramírez

El tigre de Chamberí, Pedro L. Ramírez

Madrugada, Antonio Román

El puente de la paz, Rafael J. Salvia

El inquilino, José Antonio Nieves Conde

La violetera, Luis César Amadori

¡Viva lo imposible!, Rafael Gil

1958 *Una muchachita de Valladolid*, Luis César Amadori

¿Dónde vas Alfonso XII?, Luis César Amadori CEC

Llegaron dos hombres/Det Kom Tva Man, Arne Mattson

Las chicas de la Cruz Roja, Rafael J. Salvia

El ruiseñor de las cumbres, Antonio del Amo

El pasado te acusa, Lionello de Felice

Échame a mí la culpa, Fernando Cortés

1959 *Una gran señora*, Luis César Amadori

Carmen la de Ronda, Tulio Demicheli

El hombre de la isla, Vicente Escrivá

La casa de la Troya, Rafael Gil

El Litri y su sombra, Rafael Gil

Salto a la gloria, León Klimovsky

Molokay, Luis Lucia

El baile, Edgar Neville

Los golfos, Carlos Saura

El día de los enamorados, Fernando Palacios

El cerro de los locos, Agustín Navarro

Hola, Robinsón/Robinson et le triporteur, Jacques Pinoteau

Fantasmas en la casa, Pedro L. Ramírez

1960 *Mi último tango*, Luis César Amadori

¿Dónde vas triste de ti?, Alfonso Balcázar

Amor bajo cero, Ricardo Blasco

¡Aquí están las vicetiples!, Ramón Fernández

El cochecito, Marco Ferreri

Maribel y la extraña familia, José María Forqué

Siega verde, Rafael Gil

Un rayo de luz, Luis Lucia

Mi calle, Edgar Neville

Don Lucio y el hermano Pío, José Antonio Nieves Conde

Ahí va otro recluta, Ramón Fernández

Hay alguien detrás de la puerta, Tulio Demicheli

Navidades en junio, Tulio Demicheli

1961 *Adiós, Mimí Pompón*, Luis Marquina

Pecado de amor, Luis César Amadori

Margarita se llama mi amor, Ramón Fernández

Ventolera, Luis Marquina

Cariño mío, Rafael Gil

Tú y yo somos tres, Rafael Gil

La viudita naviera, Luis Marquina

El hijo del capitán Blood/Il figlio del capitano Blood (con Piero Filippone), Tulio Demicheli, CEC

Prohibido enamorarse, José Antonio Nieves Conde

Ha llegado un ángel, Luis Lucia Ambientación:

King of Kings (Rey de reyes), Nicholas Ray

El Cid (El Cid), Anthony Mann

DIRECCIÓN ARTÍSTICA:

1962 *La casta Susana*, Luis César Amadori

Rogelia, Rafael Gil

Los derechos de la mujer, José Luis Sáenz de Heredia

Tómbola, Luis Lucia

Los elegidos, Tulio Demicheli

Vuelve San Valentín, Fernando Palacios

El sol en el espejo, Antonio Román

El grano de mostaza, José Luis Sáenz de Heredia

Dulcinea, Vicente Escrivá

Rocío de la Mancha, Luis Lucia

Marcha o muere/Marschier oder krepier/Marcia o crepa, Frank Wisbar

Chantaje a un torero, Rafael Gil

1963 *Como dos gotas de agua*, Luis César Amadori

La máscara de Scaramouche/Scaramouche/Le avventure di Scaramouche, Antonio Isasi Isasmendi

El diablo también llora/Il delitto di Anna Sandoval, José Antonio Nieves Conde

La reina del Chantecler, Rafael Gil, SNE

Marisol rumbo a Río, Fernando Palacios

Llanto por un bandido/Cavalieri della vendetta/La Charge des rebelles, Carlos Saura

La Revoltosa, José Díaz Morales

La verbena de la Paloma, José Luis Sáenz de Heredia

El capitán intrépido/Il segno di Zorro/Le Signe de Zorro (con Alberto Boccianti), Mario Caiano

Millonario por un día/El turista, Enrique Cahen Salaverry

Noches de Casablanca/Casablanca, nid d'espions/Operazione Casablanca, Henri Decoin

La historia de Bienvenido, Augusto Fenollar

El secreto de Bill North/Assassinio made in Italy (Il segreto del vestito rosso)/El secret de Bill North, Silvio Amadio

La nueva Cenicienta, George Sherman

1964 *Samba*, Rafael Gil

María Rosa, Armando Moreno

Búsqueme a esa chica, Fernando Palacios

El tesoro del castillo, Augusto Fenollar

La primera aventura, Tulio Demicheli

Joaquín Murrieta, George Sherman

Los pianos mecánicos/Les pianos mécaniques, Juan Antonio Bardem

La vida nueva de Pedrito Andía, Rafael Gil

1965 *Currito de la Cruz*, Rafael Gil

Persecución a un espía/Corrida pour un espion/Der Spyon, der in die Hölle Ging (con Willy Schatz), Maurice Labró

Cabriola, Mel Ferrer

Un lugar llamado Glory/Die Hölle von Manitoba (con Heinrich Weidemann), Sheldon Reynolds

El asesino de Düsseldorf/Le vampyre de Düsseldorf, Robert Hossein

10:30 P.M. summer, Jules Dassin

Cotolay, José Antonio Nieves Conde

1966 *La mujer perdida/Quel nostro grande amore*, Tulio Demicheli

Es mi hombre, Rafael Gil

Camino del Rocío, Rafael Gil

Los flamencos, Jesús Yagüe

Nuestro agente en Casablanca, Tulio Demicheli

1967 *Mónica, stop*, Luis María Delgado

La mujer de otro, Rafael Gil

Las 4 bodas de Marisol, Luis Lucia

Oscuros sueños de agosto, Miguel Picazo

Cervantes/Les Aventures extraordinaires de Cervantes/Le avventure e gli amori di Miguel Cervantes, Vincent Sherman, CEC

1968 *Uno después de otro/Uno dopo l'altro*, Nick Howard (Nick Nostro)

Verde doncella, Rafael Gil

El marino de los puños de oro, Rafael Gil

Tuset Street, Luis Marquina, CEC

No disponible, Pedro Mario Herrero

Solos los dos, Luis Lucia

Sangre en el ruedo, Rafael Gil

Carola de día, Carola de noche, Jaime de Armiñán

1969 *Se armó el belén*, José Luis Sánez de Heredia

¿Es usted es mi padre?, Antonio Giménez Rico

Tristana, Luis Buñuel

El relicario, Rafael Gil

1970 *El diablo cojuelo*, Ramón Fernández

Si estás muerto, ¿por qué bailas?, Pedro Mario Herrero

Don erre que erre, José Luis Sáenz de Heredia

Kill (Matar)/Kill, Romain Gary

1971 *El sobre verde*, Rafael Gil

La luz del fin del mundo/The Light at the Edge of the World, Kevin Billington

La espada normanda/La spada normanna (con Arrigo Equini), Roberto Mauri

El arquero de Sherwood (con Arrigo Equini), Giorgio Ferroni

Nada menos que todo un hombre, Rafael Gil

Caza implacable (The Hunting Party), Don Medford

1972 *Love and Pain, and the Whole Damn Thing*, Alan J. Pakula

No encontré rosas para mi madre/Peccato mortale/Roses rouges et piments verts, Francisco Rovira Beleta

La guerrilla (con François de Lamothe), Rafael Gil

La duda, Rafael Gil

Morbo, Gonzalo Suárez

1973 *Díselo con flores/Dites-le avec des fleurs*, Pierre Grimblat

Los proscritos (bocetos, no estrenada)

Sol rojo/Soleil rouge, Terence Young

1974 *Leonor*, Juan Luis Buñuel

El tramposo/What Changed Charley Farthing? (The Bananas Boat), Sidney Hayers

1975 *Casa manchada*, José Antonio Nieves Conde

El poder del deseo, Juan Antonio Bardem

La querida, Fernando Fernán Gómez
Los buenos días perdidos, Rafael Gil
Ambición fallida, Doctor Justicia/Docteur Justice, Christian-Jacque

ASESOR ARTÍSTICO:

1975 *Eva ¿qué hace ese hombre en tu cama?*, Tulio Demicheli

DIRECCIÓN ARTÍSTICA:

1975 *Las alegres chicas del Molino*, José Antonio de la Loma (bocetos)
1976 *Uno del millón de muertos*, Andrés Velasco
     La mujer es un buen negocio, Valerio Lazarov
     Asignatura pendiente, José Luis Garci
     A la Legión le gustan las mujeres... (... y a las mujeres les gusta la Legión), Rafael Gil
1977 *Cet obscur objet du désir (Ese oscuro objeto del deseo)* (con Pierre Guffroy), Luis Buñuel
     Abortar en Londres, Gil Carretero
     Playmate (con Zorica Loric y Pierre Simonini) Just Jaeckin
1978 *Rebeldía*, Andrés Velasco
     Me olvidé de vivir, Orlando Jiménez Leal
     Oro rojo, Alberto Vázquez Figueroa
1979 *Mamá, querida mamá*, José Luis Garci CM
     ¡Viva la clase media!, José María González Sinde

ASESOR ARTÍSTICO:

1979 *Alejandra mon amour*, Julio Saraceni

DIRECCIÓN ARTÍSTICA:

1982 *Le ciel sous le mer*, Serge Bourgignon (inacabada)
1983 *Las alegres chicas de Colsada*, Rafael Gil
     El último kamikaze, Jacinto Molina
     Mi amigo el vagabundo, Jacinto Molina
     Black Venus, Claude Mulot
1984 *Operación Mantis*, Jacinto Molina
     La vaquilla, Luis García Berlanga (y actor)
1985 *Padre nuestro*, Francisco Regueiro

Alarcón, Enrique

Enrique Alarcón García nace en Madrid el 24 de abril de 1942. Comienza a trabajar en el cine como ayudante de su padre Enrique Alarcón Sánchez. Se gradua en la E.O.C. en 1966, llegando a ser profesor de la misma.

AYUDANTE DE DECORACIÓN:

1960 *Mi calle*, Edgar Neville
1961 *Tú y yo somos tres*, Rafael Gil
     La viudita naviera, Luis Marquina
1963 *La nueva Cenicienta*, George Sherman
1964 *Joaquín Murrieta*, George Sherman
1965 *Cabriola*, Mel Ferrer
     10:30 PM Summer, Jules Dassin
1966 *Es mi hombre*, Rafael Gil
1967 *La mujer de otro*, Rafael Gil
     Cervantes/Les Aventures extraordinaires de Cervantes/Le avventure e gli amori di Miguel Cervantes, Vincent Sherman
1968 *Uno después de otro/Uno dopo l'altro*, Nick Howard (Nick Nostro)

DIRECCIÓN ARTÍSTICA:

1968 *Un día es un día*, Francisco Prósper

Alarcón, José María

José María Alarcón Aguirre nace en Vitoria (Álava) el 26 de marzo de 1926. En 1950 ingresa en la Escuela Técnica de Cinematografía, academia privada del director José María Elorrieta de Lacy, al mismo tiempo que trabaja con él en tres películas. Titulado en el I.I.E.C. trabajó como ayudante de Amalio Marínez Garí, Antonio Simont y Enrique Alarcón Sánchez, entre otros. Diseña con Ruiz del Río los decorados de la serie de televisión *Juan Soldado* (Fernando Fernán Gómez, 1973), y trabaja como ayudante en las series *Casanova* (Simon Langton, 1987) y *Onassis: the richest man in the World* (Warris Hussein, 1988).

MERITORIO:

1949 *La tienda de antigüedades*, José María Elorrieta

AYUDANTE DE DECORACIÓN:

1950 *Barco sin rumbo*, José María Elorrieta
1955 *La mestiza*, José Ochoa
     Ha pasado un hombre, Javier Setó

1956 *Los ladrones somos gente honrada*, Pedro L. Ramírez

Mi tío Jacinto/Pepote, Ladislao Vajda

La puerta abierta/L'ultima notte d'amore, César Fernández Ardavín

Los misterios del rosario (El redentor) (Un hombre tiene que morir)/The Fifteen Mysteries of the Rosario, Joseph Breen y Fernando Palacios

1957 *El marido/Il marito*, Fernando Palacios y Nanni Loy

Un ángel pasó por Brooklyn/Un angelo è sceso a Brooklyn, Ladislao Vajda

Les bijoutiers du clair de lune, Roger Vadim

La violetera, Luis César Amadori

1958 *John Paul Jones (El Capitán Jones)*, John Farrow

Mara, Miguel Herrero

1959 *El Litri y su sombra*, Rafael Gil

El hombre de la isla, Vicente Escrivá

El baile, Edgar Neville

Solomon and Sheba (Salomón y la Reina de Saba), King Vidor

Tommy the Toreador, John Paddy Carstairs

1961 *El Cid (El Cid)*, Anthony Mann

1962 *Mi Buenos Aires querido*, Francisco Mugica

1963 *The Fall of the Roman Empire (La caída del Imperio Romano)*, Anthony Mann

1964 *Circus World (El fabuloso mundo del circo)*, Henry Hathaway

Crack in the World (¿Hacia el fin del mundo?), Andrew Marton

Doctor Zhivago (Doctor Zhivago), David Lean

1965 *Battle of the Bulge (La batalla de las Ardenas)*, Ken Annakin

A Funny Thing Happened on the Way to the Forum (Golfus de Roma), Richard Lester

1967 *Espia...ndo*, Francisco Ariza

1968 *Krakatoa, East of Java (Al este de Java)*, Bernard L. Kowalski

1969 *Guns of the Magnificent Seven*, Paul Wendkos

El condor (El cóndor), John Guillermin

Cannons for Cordoba (Cañones para Córdoba), Paul Wendkos

Valdez Is Coming! (¡Que viene Valdez!), Edwin L. Sherin

Royal Hunt of the Sun, Irving Lerner

1970 *Doc (Duelo a muerte en el OK corral)*, Frank Perry

1971 *Delirios de grandeza/La follie des grandeurs*, Gérard Oury

1972 *La isla del tesoro/L'isola del tesoro/L'île au trésor*, John Hough y Andrew White (Andrea Bianchi)

1973 *Los tres mosqueteros/The Three Musketeers*, Richard Lester

Los cuatro mosqueteros/The Four Musketeers, Richard Lester

1976 *The Prince and the Pauper (El príncipe y el mendigo)*, Richard Fleischer

1978 *Alien (Alien, el octavo pasajero)*, Ridley Scott

1984 *Dune (Dune)*, David Lynch

1989 *The Return of the Musketeers/El regreso de los mosqueteros*, Richard Lester

1951 *Horas inciertas*, José María Elorrieta

1971 *Marco Antonio y Cleopatra/Antony and Cleopatra* (con Maurice Pelling y José Algueró), Charlton Heston

1972 *¡No firmes más letras, cielo!*, Pedro Lazaga

1978 *Jaque a la dama*, Francisco Rodríguez

1979 *Aquella casa en las afueras*, Eugenio Martín

1984 *Corazón de cristal/Crystal Heart*, Gill Bettman

Flecha Negra/The Black Arrow, John Hough

Conan the Destroyer (Conan el destructor), Richard Fleischer

1987 *Testigo azul*, Francisco Rodríguez

1992 *Christopher Columbus: the Discovery (Cristobal Colón, el Descubrimiento)* (con Terry Pritchard), John Glen (diseño de producción: Gil Parrondo)

Alarcón, Víctor

Víctor José Alarcón García. Comienza a trabajar en el cine como ayudante de su padre Enrique Alarcón Sánchez.

AYUDANTE DE DECORACIÓN:

1984 *La vaquilla*, Luis García Berlanga

1985 *Padre Nuestro*, Francisco Regueiro

DIRECCIÓN ARTÍSTICA:

1986 *En penumbra*, José Luis Lozano

1987 *No hagas planes con Marga,* Rafael Alcázar
1992 *Krapatchouk: al este del desdén/Krapatchouk,* Enrique Gabriel-Lipschutz

Alarma, Salvador

Salvador Alarma Tastás nace en Barcelona el 18 de noviembre de 1870. Conocido escenógrafo teatral, también construye panoramas y dioramas. Fallece en Barcelona el 26 de marzo de 1941.

DIRECCIÓN ARTÍSTICA:

1917 *La vida de Cristobal Colón y el descubrimiento de América* (con Ramón Borrell y Adrián Gual), Gérard Bourgeois y Charles Jean Drossner
1929 *L'Auca del senyor Esteve/El Señor Esteve,* Lucas Argiles

Alba, Joaquín

DIRECCIÓN ARTÍSTICA:

1954 *La patrulla* (con Salvá), Pedro Lazaga

Alberto, Mario

DIRECCIÓN ARTÍSTICA:

1990 *El invierno en Lisboa,* José Antonio Zorrilla

Alberto, Juan

Juan Alberto Soler nace en Barcelona el 27 de septiembre de 1919. Licenciado en Bellas Artes. Cuando acaba la guerra trabaja en UFISA como ayudante de Schild. Empieza a trabajar con Iquino en Emisora Films en 1944 como decorador-jefe, de los veintisiete largometrajes que produjo Emisora Films en ocho años, diseña los decorados de veintitrés, permaneciendo en ella hasta su desaparición en 1951. En esta productora codirigió *Juanillo, papá y mamá* (1957) con Julio Salvador. Entra en los estudios Balcázar diseñando y construyendo *Esplugas City,* el poblado del Oeste que compuesto por unos treinta edificios y situado en Esplugas de Llobregat, sirvió como escenario para la mayoría de sus *westerns.* Dirige los cortometrajes *El valle de los príncipes* (1968), *Antología del baile español: Asturias y Granada* (1971) y *Antología del baile español: Córdoba y Cataluña* (1971). Con el seudónimo Vicent Thomas, dirigió entre otras, *El corsario negro* (1971). Cuando se retira del cine se dedica a la pintura firmando sus cuadros como Joan Albert. Fallece en Barcelona el 22 de diciembre de 1993.

DIRECCIÓN ARTÍSTICA:

1944 *Cabeza de hierro* (con Pellicer), Ignacio F. Iquino
Una sombra en la ventana, Ignacio F. Iquino
1945 *El obstáculo,* Ignacio F. Iquino
¡Culpable!, Ignacio F. Iquino
Ni pobre ni rico, sino todo lo contrario, Ignacio F. Iquino
1946 *El castillo de Rochal,* Juan Xiol
Aquel viejo molino, Ignacio F. Iquino
Borrasca de celos, Ignacio F. Iquino
1947 *Sinfonía del hogar,* Ignacio F. Iquino
Noche sin cielo, Ignacio F. Iquino
El ángel gris, Ignacio F. Iquino
1948 *El tambor del Bruch,* Ignacio F. Iquino
Canción mortal, Ignacio F. Iquino
Doce horas de vida, Francisco Rovira Beleta
Aquellas palabras... (con Mignoni), Luis B. Arroyo
La casa de las sonrisas, Alejandro Ulloa
1949 *Pacto de silencio,* Antonio Román
Despertó su corazón, Jerónimo Mihura
Mi adorado Juan, Jerónimo Mihura
Ha entrado un ladrón, Ricardo Gascón
1950 *Un soltero difícil,* Manuel Tamayo
El señorito Octavio, Jerónimo Mihura
El pasado amenaza, Antonio Román
La fuente enterrada, Antonio Román
1951 *Duda,* Julio Salvador
La forastera, Antonio Román
Me quiero casar contigo, Jerónimo Mihura
1952 *La hija del mar,* Antonio Momplet
Concierto mágico, Rafael J. Salvia
1953 *Juzgado permanente,* Joaquín L. Romero Marchent
El duende de Jerez, Daniel Magrané
1954 *Lo que nunca muere,* Julio Salvador
1955 *Sin la sonrisa de Dios,* Julio Salvador
Tormenta/Thunderstorm, John Guillermin y Alfonso Acebal

1956 *Juanillo, papá y mamá*, Julio Salvador y Juan Alberto Soler

1957 *Rapsodia de sangre*, Antonio Isasi Isasmendi
Distrito Quinto, Julio Coll

1958 *Las locuras de Bárbara*, Tulio Demicheli
Los italianos están locos/Gli italiani sono matti, Luis María Delgado y Duilio Coletti
El amor empieza en sábado, Victorio Aguado

1959 *El traje de oro*, Julio Coll
A sangre fría, Juan Bosch
Cristina, José María Argemi
Charleston, Tulio Demicheli
Diego Corrientes, Antonio Isasi Isasmendi
El casco blanco/Casque blanc, Tony Saytor y Pedro Balaña

1960 *Los desamparados*, Antonio Santillán
Altas variedades/Cibles vivantes, Francisco Rovira Beleta
Sentencia contra una mujer, Antonio Isasi Isasmendi
La mentira tiene cabellos rojos, Antonio Isasi Isasmendi
Los abanderados de la providencia, José L. Pérez de Rozas
Sueños de mujer, Alfonso Balcázar

1961 *Los atracadores*, Francisco Rovira Beleta
Los cuervos, Julio Coll
Los castigadores, Alfonso Balcázar
Cerca de la estrellas, César Fernández Ardavín
Solteros de verano, Alfonso Balcázar
Tierra de todos, Antonio Isasi
Carta a una mujer, Miguel Iglesias
Sendas cruzadas, Juan Xiol

1962 *Trampa mortal*, Antonio Santillán
Senda torcida, Antonio Santillán
Las hijas del Cid/La espada del Cid, Miguel Iglesias
Los tarantos, Francisco Rovira Beleta
Al otro lado de la ciudad, Alfonso Balcázar
Cena de matrimonios, Alfonso Balcázar
La cuarta ventana, Julio Coll
La bella Lola, Alfonso Balcázar

1963 *Piso de solteros*, Alfonso Balcázar
El espontáneo, Jorge Grau
A tiro limpio, Francisco Pérez Dolz
Escuadrilla de vuelo, Luis Comerón
La Revoltosa, José Díaz Morales

1964 *Después del gran robo*, Miguel Iglesias
Totó de Arabia (con Nedo Azzini), José Antonio de la Loma

Los parias de la gloria/Les parias de la gloire/I disperati della gloria, Henri Decoin
Sandokan/Sandokan/Sandokan, le tigre de Bornéo (con Arrigo Equini), Umberto Lenzi
Los felices sesenta, Jaime Camino
Un balcón sobre el infierno/Constance aux enfers, François Villiers
Los piratas de Malasia/I pirati della Malesia/Les Pirates de Malaisie, Umberto Lenzi
El último mohicano/Der letze Mohikaner/La valle delle ombre rosse (con Iürgen Kiebach), Harald Reinl

1965 *Pistoleros de Arizona/5000 dollari sull'asso/Die Gejagten der Sierra Nevada* (con Jürgen Kiebach), Alfonso Balcázar
Oklahoma John/Il ranch degli spietati/' Oklahoma John (con Jürgen Kiebach), Jaime Jesús Balcázar
La dama de Beirut/Aventure à Beyrouth, Ladislao Vajda y Luis Delgado
Tierra de fuego, Jaime Jesús Balcázar
El triunfo de los diez gladiadores/Il trionfo dei dieci gladiatori (con Postiglione), Nick Nostro
Espartaco y los diez gladiadores/Spartacus e i dieci gladiatori (con Postiglione), Nick Nostro
Una pistola para Ringo/Una pistola per Ringo, Duccio Tessari
Trampa bajo el sol/Train d'enfer/Danger dimensione morte, Gilles Grangier
¡Qué viva Carrancho!, Alfonso Balcázar
El retorno de Ringo/Il ritorno di Ringo, Duccio Tessari
Operación Silencio/Agente X77, ordine di uccidere/Agente X77, Saverio Siano
El tigre de los siete mares/Surcouf, l'eroe dei sette mari/Surcouf, le tigre des sept mers, Sergio Bergonzelli
Tormenta sobre el Pacífico/Il grande colpo di Surcouf/Tonerre sur l'Ocean Indien (Le retour de Surcouf), Sergio Bergonzelli
Cuatro dólares de venganza/Quattro dollari di vendetta, Jaime Jesús Balcázar
Kiss Kiss-Bang Bang, Duccio Tessari

1966 *Misión en Ginebra/Missione in Ginevra/Feuer frei auf Frankie*, José Antonio de la Loma
Los caballeros de la antorcha, Pascual Cervera

Agente Z55, Misión Hong Kong/Agente Z55, Missione disperata, Roberto B. Montero

Dos rivales en Fuerte Álamo, Giorgio Simonelli

El ataque de los kurdos/Im Reiche des Silbernen Löwen, Franz J. Gottlieb

El salvaje Kurdistán/Durchs Wilde Kurdistan, Franz J. Gottlieb

Mañana os besará la muerte/Mister Dynamit-Morgen küsst Euch der Todd/Dinamite al Pentagono, Franz J. Gottlieb

Superargo, el hombre enmascarado/Superargo contro Diabolicus, Nick Nostro

As de pic (Operación contraespionaje)/Asso di Picche: operazione controspionaggio, Nick Nostro

Doc, manos de plata (con Nedo Azzini), Alfonso Balcázar

La muerte llama otra vez, José Luis Madrid

Por qué seguir matando/Perchè uccidi ancora (con Alfredo Montori), José Antonio de la Loma

Texas Kid/The Mexican, Lesley Selander

Operación Goldman/Operazione Goldman, Anthony Dawson (Antonio Margheriti)

Sangre sobre Texas/10.000 dollari per Ringo, Alberto de Martino

Una ráfaga de plomo, Antonio Santillán

Thompson 1880/Thompson 1880, Guido Zurli

Una ladrona para un espía/Spia spione, Bruno Corbucci

1967 *Crónica de un atraco/La lunga notte di Tombstone*, Jaime Jesús Balcázar

Las Vegas 500 millones/Radiografia d'un colpo d'oro/An Einem Freitag in Las Vegas/Les durs de Las Vegas (con Cortés), Antonio Isasi Isasmendi, SNE

Clint, el solitario/Clint il solitario, Alfonso Balcázar

El yankee/Yankee, Tinto Brass

Agente 3S3-Pasaporte para el infierno/Agente 3S3 passaporto per l'inferno, Simon Sterling (Sergio Sollima)

Agente End, Mino Guerrini

Los cinco de la venganza/I cinque della vendetta (con Saverio d'Eugenio), Aldo Florio

Entre las redes/Moresque: obiettivo allucinante/Coplan FX-18 ouvre le feu à Mexico (con Jacques Mawart), Riccardo Freda

El hombre del puño de oro/L'uomo dal pugno d'oro, Jaime Jesús Balcázar

Mañana será otro día, Jaime Camino

Diamantes a go gó/Ad ogni costo/Tob Job (y vestuario) (con Alberto Boccianti), Giuliano Montaldo

El acecho/L'affut, Philippe Condroyer

Gentleman Jo/Gentleman Jo... uccidi, Giorgio Stegani

1968 *Jaque mate/Le paria/L'ultimo colpo*, Claude Carlietz

Destino: Estambul 68, Miguel Iglesias

El baldiri de la costa, José María Font Espina

Los profesionales de la muerte/Professionisti per un massacro, Fernando Cicero

Rublo de dos caras/Le Rouble à deux faces, Etiénne Perier

El magnífico Tony Carrera/Il magnifico Tony Carrera/Carrera: das Geheimnis des blonden Katze, José Antonio de la Loma

Mercenarios del aire/Le Canard en fer blanc, Jacques Poitrenaud

Sonora/Sartana non perdona, Alfonso Balcázar

1969 *Palabras de amor*, Antonio Ribas

Golpe de mano, José Antonio de la Loma

Españolear, Jaime J. Balcázar

Dos veces Judas/Due volte Giuda, Nando Cicero

El abogado, el alcalde y el notario, José María Font

Turistas y bribones, Fernando Merino

Todos o ninguno/La legge della violenza, Gianni Crea

El señorito y las seductoras, Tito Fernández

Presagio, Miguel Iglesias

Las víctimas/Les victimes, Piero Sciume

1970 *Con la música a otra parte*, Fernando Merino

El triangulito, José María Forqué

El misterio de la vida, Jaime J. Balcázar

¿Quién soy yo?, Ramón Fernández

Helena y Fernanda/Week-end pour Elena, Julio Diamante

Las nuevas aventuras de Robin de los Bosques/Il magnifico Robin Hood, Robert White (Roberto Bianchi)

Días de angustia/Le foto proibite di una signora per bene, Luciano Ercoli

1971 *Liberxina 90*, Carlos Durán

Un verano para matar/Meurtres au so-leil/Ricatto alla Mala, Antonio Isasi Isasmendi
La muerte camina con tacón alto/La morte cammina con i tacchi alti, Luciano Ercoli

1972 *La novia ensangrentada*, Vicente Aranda
La muerte incierta, José R. Larraz
Judas... ¡toma tus monedas!/Attento gringo... é tornato Sabata, Pedro López Ramírez
Crypt of the Living Dead, Ray Danton
Pasos de danza sobre el filo de una navaja/Passi di danza su una lama di rasoio, Maurizio Pradeaux

1973 *Las juergas del señorito*, Alfonso Balcázar
Horror story, Manuel Esteba
Las ratas no duermen de noche, Juan Fortuny

1974 *Clara es el precio*, Vicente Aranda
También los ángeles comen judías/Anche gli angeli mangiano i fagioli/Les anges mangent aussi des fayots (con Enzo Bulgarelli), E. B. Clucher
Las correrías del vizconde Arnau, Joaquín Coll

1975 *El despertar*, Manuel Esteba
Relación matrimonial y otras cosas, Alberto Vidal

1976 *El pobrecito Draculín*, Juan Fortuny

1984 *Una rosa al viento*, Miguel Iglesias

Albiol, Vicente

DIRECCIÓN ARTÍSTICA:

1987 *Represión*, José Luis Valls

Albores, Mafa

DIRECCIÓN ARTÍSTICA:

1993 *Todo falso* (con Freddy Hernández), Raimond Masllorens

Aldudo, José

José Aldudo Gámez nace en Madrid el 16 de marzo de 1926. Ingresa en el I.I.E.C. en 1947 titulándose en 1951. Comienza a trabajar como ayudante de Enrique Alarcón Sánchez.

MERITORIO:

1950 *La corona negra*, Luis Saslavsky
Aquel hombre de Tánger/That Man from Tangier, Robert Elwyn

AYUDANTE DE DECORACIÓN:

1950 *Una mujer cualquiera*, Rafael Gil
El negro que tenía el alma blanca, Hugo del Carril

1951 *La trinca del aire*, Ramón Torrado
El gran Galeoto, Rafael Gil
La señora de Fátima, Rafael Gil
La niña de la venta, Ramón Torrado
De Madrid al cielo, Rafael Gil

1952 *Pluma al viento/Plumme au vent*, Louis Cuny y Ramón Torrado
Sor Intrépida, Rafael Gil
La guerra de Dios, Rafael Gil

1953 *El beso de Judas*, Rafael Gil
El torero/Chateaux en Espagne, René Wheeler

DIRECCIÓN ARTÍSTICA:

1955 *Recluta con niño* (con Enrique Alarcón), Pedro L. Ramírez

1958 *El pisito*, Marco Ferreri e Isidoro Martínez Ferri
Gayarre (con Antonio Cortés), Domingo Viladomat

Algueró, José

José Algueró Raga nace en Madrid el 28 de septiembre de 1914. Escultor, como su abuelo Martín, fue ayudante de Mariano Benlliure, entre 1939 y 1951 realiza diversos monumentos y obras religiosas. Decorador entre otros interiores, de la casa de Franco en Burgos y la sala de censura cinematográfica. Después de suspender el ingreso en el I.I.E.C., trabaja como ayudante de Simont, Schild, y Parrondo y Pérez Espinosa. Acuarelista, ha expuesto su obra en Segovia, Santander y Madrid.

AYUDANTE DE DECORACIÓN:

1951 *Ronda española*, Ladislao Vajda
Tercio de quites, Emilio Gómez Muriel

1952 *La cruz de mayo*, Florian Rey

1953 *Nubes de verano/Parabens, senhor Vicente!*, Arthur Duarte

1955 *Los peces rojos*, José Antonio Nieves Conde

El piyayo, Luis Lucia
Esa voz es una mina, Luis Lucia
1956 *Fedra*, Manuel Mur Oti
1962 *Lawrence of Arabia (Lawrence de Arabia)*, David Lean
1963 *Cleopatra (Cleopatra)*, Joseph L. Mankiewicz
1965 *Von Ryan's Express (El coronel Von Ryan)*, Mark Robson
1966 *The Lost Command (Mando perdido)*, Mark Robson
How I Won the War (Cómo gané la guerra), Richard Lester
1967 *El regreso de los siete magníficos/Return of the Seven*, Burt Kennedy
1970 *Cromwell (Cromwell)*, Ken Hughes

DIRECCIÓN ARTÍSTICA:

1956 *Ojo por ojo/Occhio per occhio/Oeil pour oeil* (con Jacques Colombier), André Cayatte
1957 *The Seventh Voyage of Simbad/Simbad y la princesa* (con Parrondo), Nathan Juran
1958 *La noche y el alba* (con Parrondo), José María Forqué
The Man Inside/Conflicto íntimo, John Gilling
1959 *El inocente*, José María Forn
Llegaron los franceses, León Klimovsky
1960 *Ama Rosa*, León Klimovsky
Un bruto para Patricia, León Klimovsky
091, policía al habla, José María Forqué
Mi mujer me gusta más/La moglie di mio marito, Antonio Román
La paz empieza nunca, León Klimovsky
Volando hacia la fama, Jesús Franco
Cuidado con las personas formales, Agustín Navarro
La danza de la fortuna, Leon Klimovsky
1961 *...Y el cuerpo sigue aguantando/Un tipo de sangre*, León Klimovsky
Un taxi para Tobruk/Un taxi pour Tobrouk, Denys de la Patellière
La fuente mágica/The Magic Fountain, Fernando Lamas
Diferente, Luis María Delgado
Horizontes de luz, León Klimovsky
La banda de los ocho, Tulio Demicheli
Dos años de vacaciones, Emilio Gómez Muriel
La venganza del Zorro, Joaquín L. Romero Marchent
1962 *Bochorno*, Juan de Orduña

Vampiresas 1930/Certains l'aiment noire, Jesús Franco
Torrejón City (con Teddy Villalba), León Klimovsky
Ensayo general para la muerte, Julio Coll
Nuevas amistades, Ramón Comas
Ella y el miedo, León Klimovsky
1963 *Pacto de silencio*, Antonio Román
Los muertos no perdonan, Julio Coll
El escándalo, Javier Setó
1964 *The Thin Red Line (El ataque duró siete días)*, Andrew Marton
1967 *Amenaza Black Box/Black Box: il mondo trema*, James Harris (Marcello Ciorciolini)
1968 *Cabezas quemadas/Les têtes brulées*, Willy Rozier
The desperados (La marca de Caín), Henry Levin
Villa rides! (¡Villa cabalga!) (con Calatayud), Buzz Kulik
1969 *Land Raiders (Al infierno gringo)*, Nathan Juran
1970 *La Lola dicen que no vive sola*, Jaime de Armiñán
1971 *Le boulevard du Rhum (El boulevard del Ron)*, Robert Enrico
Hannie Coulder (Ana Coulder), Burt Kennedy
Marco Antonio y Cleopatra/Antony and Cleopatra (con Maurice Pelling y José María Alarcón), Charlton Heston
Doctor Jekyll y el hombre lobo, León Klimovsky
1972 *La casa de las Chivas*, León Klimosvky
El niño es nuestro, Manuel Summers
1973 *Una libélula para cada muerto/Il giustiziere sfida la Polizia*, León Klimovsky
Odio mi cuerpo, León Klimovsky
1974 *Yo la vi primero*, Fernando Fernán-Gómez
El mariscal del infierno, León Klimovsky
1976 *La espada negra*, Francisco Rovira Beleta
El extraño amor de los vampiros, León Klimovsky
Secuestro, León Klimovsky
Batida de raposas, Carlos Serrano
Gusanos de seda, Francisco Rodríguez
La menor, Pedro Masó

Almodóvar, Pedro

Pedro Almodóvar Caballero nace en Calzada de la Calatrava (Ciudad Real) el 9 de octubre de 1946. Director.

202

DIRECCIÓN ARTÍSTICA:

1982 *Laberinto de pasiones*, Pedro Almodóvar

Almonacid, Esmeralda

AYUDANTE DE DECORACIÓN:

1984 *Camila*, María Luisa Bemberg

DIRECCIÓN ARTÍSTICA:

1989 *Nunca estuve en Viena*, Antonio Larreta

Alonso, Carlos

DIRECCIÓN ARTÍSTICA:

1992 *El juego de los mensajes invisibles*, Juan Pinzás

Alonso, Juan

DIRECCIÓN ARTÍSTICA:

1975 *Último deseo*, León Klimovsky

Alonso, Modesto

DIRECCIÓN ARTÍSTICA:

1929 *Goya que vuelve* (y producción), Modesto Alonso

Alonso, Roberto

DIRECCIÓN ARTÍSTICA:

1980 *Kargus* (parte de los episodios), Juan Miñón y Miguel Ángel Trujillo
1981 *Asesinato en el Comité Central*, Vicente Aranda

Altés, Ernest

DIRECCIÓN ARTÍSTICA:

1982 *Interior rojo*, Eugeni Anglada

Altolaguirre, Íñigo

DIRECCIÓN ARTÍSTICA:

1986 *Veintisiete horas*, Montxo Armendáriz

Alvargonzález, Ana

Ana Alvargonzález Dalmau nace en Madrid el 1 de septiembre de 1962. Estudia Artes y Oficios y en la Facultad de Ciencias de la Información. Trabajó como ayudante de Gerardo Vera tanto en el teatro y la ópera, como en el cine, fue también ayudante de Josep Rosell, Ferrán Sánchez, Ivonne Blake y Eduardo Hidalgo. Desde 1984 ha intervenido en numerosos anuncios publicitarios. Ha trabajado para televisión como ayudante de vestuario de *Los pazos de Ulloa* (Gonzalo Suárez, 1985) y *Deadline* (John Patterson, 1987); como ayudante de decoración en *Casanova* (Simon Langton, 1987), *Desperados* (Brian Gibson, 1989) y en la preparación de *El Quijote* (Manuel Gutiérrez Aragón, 1989), y como directora artística en *Revólver* (Gary Nelson, 1992) y *La otra historia de Rosendo Juárez* (Gerardo Vera, 1993) episodio para TVE de *Los cuentos de Borges*.

AYUDANTE DE VESTUARIO:

1984 *Fuego eterno,* José Ángel Rebolledo
1985 *El amor brujo*, Carlos Saura
     Dardanellos, Billy Halle
1986 *La mitad del cielo,* Manuel Gutiérrez Aragón
1987 *Berlín Blues*, Ricardo Franco

VESTUARIO:

1986 *Adiós pequeña*, Imanol Uribe
1987 *Amanece como puedas/Benifotrem,* Antoni P. Canet
1988 *La noche oscura/La nuit obscure,* Carlos Saura NGOYA
1992 *El amante bilingüe*, Vicente Aranda
1994 *Tierra y libertad/Land and Freedom*, Ken Loach

AYUDANTE DE DECORACIÓN:

1984 *Feroz,* Manuel Gutiérrez Aragón
     Violines y trompetas, Joaquín Romero Marchent

Las fantasías de Cuny, Joaquín Romero Marchent

1987 *El Lute. Camina o revienta,* Vicente Aranda

1986 *Ni contigo ni sin ti,* Gerardo Herrero CM
1988 *Loco veneno,* Miguel Hermoso
1991 *El hombre que perdió su sombra* (y vestuario), Alain Tanner
Mararía (y vestuario), Jaime Chávarri (preparación, no rodada)
Un paraguas para tres/Un parapluie pour trois (y vestuario), Felipe Vega
1992 *Una mujer bajo la lluvia,* Gerardo Vera
1993 *Enciende mi pasión* (y vestuario), José Ganga
El beso partido, Juan Fernández Castaldi CM
1995 *La muerte de Filomeno* (con Miguel López Pelegrín), Ina Lüders CM
La Celestina, Gerardo Vera
1996 *Niño nadie,* José Luis Borau
1997 *Amor de hombre,* Yolanda García Serrano y Juan Luis Iborra

Amat, Fernando

DIRECCIÓN ARTÍSTICA:

1976 *Tatuaje* (con Bigas Luna), Bigas Luna

Amenós, Montse

Montserrat Amenós nace en Barcelona en 1954 trabaja en colaboración con Isidre Prunes con el que había estudiado en el Instituto del Teatro de Barcelona. Juntos han realizado numerosas escenografías teatrales.

DIRECCIÓN ARTÍSTICA Y VESTUARIO CON PRUNES:

1987 *Daniya, el jardín del harén,* Carles Mira

VESTUARIO CON ISIDRE PRUNES:

1988 *El niño de la luna,* Agustín Villaronga

Anchóriz, Leo

Leopoldo Anchóriz Fustel nace en Almería el 22 de noviembre de 1932. Pintor, realiza algunos carteles para el Festival Internacional de San Sebastián y para obras de teatro. Escenógrafo teatral, actor y guionista. Fallece en Madrid el 17 de febrero de 1987.

DIRECCIÓN ARTÍSTICA:

1972 *La cera virgen,* José María Forqué
1974 *No es nada mamá sólo es un juego,* José María Forqué

Andrés, Gumersindo

Gumersindo Andrés López nace en Cartagena (Murcia) el 26 de marzo de 1938. Trabaja en un banco hasta que entra en el cine como ayudante de Pierre Schild. Durante diez años es ayudante de decoración en unas sesenta películas con varios decoradores como Villalba, Alguéro y Argüello. Ha utilizado el seudónimo Gomer Andres y suele trabajar como actor en papeles episódicos en las películas en las que interviene como director artístico. Realiza los dibujos del cortometraje *El cine parlante Coyne* (Juan Gabriel Tharrats, 1976). Ha diseñado los decorados de series emitidas por TVE como *El obispo leproso* (Julio Diamante, 1973), *Los mitos* (Juan Guerrero Zamora, 1977), dos episodios de *Kargus* (Juan Miñón y Miguel Ángel Trujillo, 1980) diseñando además en estas dos últimas el vestuario, *Encuentros* (Enrique Brasó, 1990), *Dueño del silencio* (José Antonio Páramo, 1990), *Cosas que pasan* (Josefina Molina, 1990) y *Curro Jiménez* (Benito Rabal, 1995); y el vestuario de *La señora García se confiesa* (Adolfo Marsillach, 1976), *Las pícaras* (Chumy Chúmez, Francisco Lara, Angelino Fons, Francisco Regueiro, Antonio del Real y José Luis Sánchez, 1982), *Cuentos imposibles* (Jaime de Armiñán, 1984), *Turno de oficio* (Antonio Mercero, 1985), *El joven Picasso* (Juan Antonio Bardem, 1990) y *La banda de Pérez* (Ricardo Palacios, 1996); para Canal Sur diseñó los decorados de *El gorila entre dos frentes* (E. Sindoni). También ha intervenido en series para televisiones de otros países como la francesa en *Ana non* (Jean Prat, 1984) y diseñando el vestuario de la inglesa *Timelime* (Leo Eaton, 1988).

VESTUARIO:

1976 *Viaje al centro de la tierra,* Juan Piquer

1983 *Juana la Loca... de vez en cuando*, José Ramón Larraz
El Cid cabreador, Angelino Fons
1984 *Padre nuestro*, Francisco Regueiro
1985 *Tiempo de silencio*, Vicente Aranda
1986 *La guerra de los locos*, Manuel Matji
Los invitados, Víctor Barrera
El disputado voto del señor Cayo, Antonio Giménez Rico
1987 *Espérame en el cielo*, Antonio Mercero
1992 *Chechu y familia*, Álvaro Sáenz de Heredia
1993 *Madregilda*, Francisco Regueiro
1994 *El cianuro ¿solo o con leche?*, José Luis Ganga

MERITORIO DE DECORACIÓN:

1958 *Carlota*, Enrique Cahen Salaverry
La quiniela, Ana Mariscal

DIBUJANTE:

1959 *Pasa la tuna*, José María Elorrieta
La corista, José María Elorrieta
La bella Mimí, José María Elorrieta
1960 *La reina del Tabarín/La belle de Tabarin*, Jesús Franco
La Fornarina, José Luis Madrid
1961 *Canción de cuna*, José María Elorrieta
Esa pícara pelirroja, José María Elorrieta

AYUDANTE DE DECORACIÓN:

1961 *Rosa de Lima*, José María Elorrieta
1963 *La cesta*, Rafael J. Salvia
Tela de araña, José Luis Monter
Rififí en la ciudad/Chasse à la mafia, Jesús Franco
El magnífico aventurero/Il magnifico avventuriero/L'aigle de Florence, Riccardo Freda
Los jinetes del terror/Il terrore dei mantelli rossi/Les cavaliers de la terreur, Mario Costa
1964 *La colina de los pequeños diablos*, León Klimovsky
Dos de la mafia, Giorgio Simonelli
Escala en Tenerife, León Klimovsky
Los amantes de Verona/Giulietta e Romeo, Riccardo Freda
La maldición de los Karnstein/La cripta e l'incubo, Camillo Mastrocinque
1965 *Aquella joven de blanco*, León Klimovsky
El sheriff no dispara, José Luis Monter

1966 *Operación póker/Agente OS14, Operazione Poker*, Oswaldo Civiriani
El halcón del desierto, Vicente Lluch
Sólo un ataúd, Santos Alcocer
1967 *S.I.D. contra Kocesky/Colpo sensazionale al servizio del Sifar*, José Luis Merino
7 winchester per un massacro/7 winchester para una matanza, E. G. Rowland
How I Won the War (Cómo gané la guerra), Richard Lester
1968 *Consigna Tánger 67/Requiem per un agente segreto/Der Chef schickt seinen Besten* (con Villalba), Sergio Sollima
Rumbo a Belén, José Ochoa
The desperados (La marca de Caín), Henry Levin
1969 *Cromwell (Cromwell)*, Ken Hughes
La Lola, dicen que no vive sola, Jaime de Armiñán
20.000 dólares por un cadáver, José María Zabalza
Plomo sobre Dallas, José María Zabalza
Los rebeldes de Arizona, José María Zabalza
1970 *The Trojan Women (Las troyanas)*, Michael Cacoyannis
La noche de Walpurgis/Nacht der Vampire, León Klimovsky
Marta, José Antonio Nieves Conde
1971 *Don Juan*, Alfonso Brescia
Marco Antonio y Cleopatra/Antony and Cleopatra, Charlton Heston
Préstame quince días, Fernando Merino
1973 *Professione: Reporter/The Passenger/El reportero*, Michelangelo Antonioni

AMBIENTACIÓN:

1966 *El bordón y la estrella*, León Klimovsky

DIRECCIÓN ARTÍSTICA:

1971 *Man in the Wilderness (El hombre de una tierra salvaje)*, Richard C. Sarafian (diseño de producción: Dennis Lynton Clark)
1972 *La saga de los Drácula*, León Klimovsky
La rebelión de las muertas/Vendetta dei morti viventi, Leon Klimovsky
Los espectros de Tolnia, León Klimovsky
El espanto surge de la tumba, Carlos Aured
La orgía nocturna de los vampiros, León Klimovsky
1973 *Los ojos azules de la muñeca rota*, Carlos Aured

La venganza de la momia, Carlos Aured
El retorno de Walpurgis, Carlos Aured
1974 *Il Cipolaro,* Enzo G. Castellari
El talón de Aquiles, León Klimovsky
Sex o no sex, Julio Diamante
Dormir y ligar, todo es empezar, Mariano Ozores
1975 *Imposible para una solterona,* Rafael Romero Marchent
Tío, ¿de verdad vienen de París?, Mariano Ozores
País S.A., Antonio Fraguas "Forges"
Un día con Sergio, Rafel Romero Marchent
La noche de las gaviotas, Amando de Ossorio
Tu dios y mi infierno, Rafael Romero Marchent
1976 *Fantasmas en el Oeste/Whiskey e fantasmi,* Anthony M. Dawson (Antonio Margheriti)
Emilia... parada y fonda, Angelino Fons
El bengador gusticiero y su pastelera madre, Antonio Fraguas "Forges"
1977 *El sacerdote* (y vestuario), Eloy de la Iglesia
1978 *El diputado* (y vestuario) Eloy de la Iglesia
Habibi, amor mío, Luis G. Valdivieso
1979 *Cinematógrafo 1900,* Juan Gabriel Tharrats
1980 *La patria del rata,* Francisco Lara Polop
El erótico enmascarado, Mariano Ozores
Más allá del terror, Tomás Aznar
1981 *Los diablos del mar* (y vestuario), Juan Piquer Simón
Los liantes, Mariano Ozores
¡Caray con el divorcio!, Juan Bosch Palau
Orinoco, paraíso del sexo/Orinoco, prigioniere del sesso, Tony Moore
El infierno de las mujeres/Femmine infernali, Edoardo Mulargia
1982 *¿Por qué no hacemos el amor?,* Maurizio Lucidi
La vendedora de ropa interior, Germán Lorente
Loca por el circo, Luis María Delgado
Mil gritos tiene la noche/Pieces (y vestuario), Juan Piquer
Si las mujeres mandaran o mandesen, José María Palacio
Freddy el croupier, Álvaro Sáenz de Heredia
1983 *Tuareg/Tuareg: il guerriero del deserto,* Enzo G. Castellari
1984 *Leviatán/Master Dog,* Clyde Andersson (Claudio Fragasso)

1985 *Eliminators,* Peter Manoogian (diseño de producción: Philip Foreman)
1986 *Cosmos mortal/Deadly cosmos,* Deran Sarafian
Me hace falta un bigote (y vestuario), Manuel Summers
1987 *Sufre mamón,* Manuel Summers
1988 *Diario de invierno* (y vestuario), Francisco Regueiro
1989 *La sombra del ciprés es alargada* (y vestuario), Luis Alcoriza
1990 *Honeymoon Academy/Un espía en mi habitación,* Gene Quintano
El fraile/The Monk (y vestuario), Francisco Lara Polop
1991 *Mi ministro ruso,* Sebastián Alarcón
Ni se te ocurra... (y vestuario), Luis María Delgado
1992 *Sevilla Connection,* José Ramón Larraz
Yo me bajo en la próxima ¿y usted? (y vestuario), José Sacristán
Los gusanos no llevan bufanda (con Cortés), Javier Elorrieta
Tretas de mujer, Rafael Monleón
Una chica entre un millón, Álvaro Sáenz de Heredia
1994 *El abejón* (y vestuario), Juan Pinzás
1995 *Amadía, Amadís... Amadís de Gaula,* Ramiro Gómez CM
La leyenda de la doncella (y vestuario), Juan Pinzás

Anguera, Jorge

DIRECCIÓN ARTÍSTICA:

1982 *Con un adiós,* Pere Vila

Añaños, Mario

DIRECCIÓN ARTÍSTICA:

1986 *Adela* (con Hugo Acuña), Carlos Balagué
1987 *Material urbano/Material urbà,* Jordi Bayonas

Aparicio, José

DIRECCIÓN ARTÍSTICA:

1918 *Los intereses creados* (con Martínez Garí), Ricardo Puga y Jacinto Benavente

1924 *Los granujas*, Fernando Delgado
1925 *Ruta gloriosa* (con Ysern), Fernando Delgado

Aranburuzabala, Mikel

Mikel Aranburuzabala Gutiérrez nace en Bilbao el 29 de enero de 1952.

DIRECCIÓN ARTÍSTICA:

1987 *El amor de ahora/Gaurko Maitasuna* (y vestuario), Ernesto del Río
1988 *Tu novia está loca*, Enrique Urbizu
1989 *El mar es azul/Itsasoa Urdiñada*, Juan Ortuoste
1991 *No me compliques la vida*, Ernesto del Río
1995 *Hotel y domicilio* (y vestuario), Ernesto del Río
1996 *Calor y celos* (y producción ejecutiva), Javier Rebollo

Arango, Román

Román Arango Vilavelda nace el 12 de enero de 1941 en Madrid. Estudia interpretación en la E.O.C. donde conoce a José "Pin" Morales con el que colabora desde entonces, realizan numerosos proyectos de decoración, apareciendo varios de ellos en revistas internacionales. Diseñan los figurines del ballet del Teatro Nacional y escenografías para el teatro. Fallece en Madrid el 30 de diciembre de 1995.

DIRECCCIÓN ARTÍSTICA:

1980 *Patrimonio nacional*, Luis García Berlanga
1982 *Nacional III*, Luis García Berlanga
1983 *Entre tinieblas* (con Pin Morales), Pedro Almodóvar
1984 *¿Qué he hecho yo para merecer esto?* (con Pin Morales), Pedro Almodóvar
   El jardín secreto, Carlos Suárez (no acreditado)
1986 *Matador* (con Pin Morales y Rosell), Pedro Almodóvar
1986 *Eulalia* (con Pin Morales), Inma de Santis CM

Ardavín, César

César Fernández Ardavín y Ruiz nace en

Madrid el 23 de noviembre de 1923. Director de numerosos cortometrajes y varios largometrajes.

DIRECCIÓN ARTÍSTICA:

1968 *La Celestina* (y guionista), César Ardavín

Ardura, José Luis

DIRECCIÓN ARTÍSTICA:

1989 *Simpáticos degenerados* (y actor), Martín Garrido

Arenaga, Carles

DIRECCIÓN ARTÍSTICA:

1985 *El primer torero porno*, Antoni Ribas

Argüello, Luis

José Luis Argüello Bellestar nace en Madrid el 1 de junio de 1931. En 1959 termina sus estudios en el I.I.E.C. y comienza a trabajar en el cine como ayudante de Enrique Alarcón Sánchez y después de José Antonio de la Guerra. Profesor de la E.O.C. de Vestuario y escenógrafo teatral, también ha diseñado los decorados de muchos anuncios para cine y televisión. Ha trabajado como decorador de interiores, y ha impartido clases de diseño de producción. Ha diseñado los decorados de programas de TVE como *La Buenaventura* (Francisco Rovira Beleta, 1974), *La rubia y el canario* (Jacinto Molina, 1975), *El caballero de la mano en el pecho* (Juan Guerrero Zamora, 1975), seis episodios de *Curro Jiménez* (Francisco Rovira Beleta, 1975), *Sonata de primavera* (Miguel Picazo, 1981) y *Sonata de estío* (Fernando Méndez Leite, 1981). Cuñado del director artístico Luis Vázquez.

VESTUARIO:

1967 *Cervantes/Les Aventures extraordinaires de Cervantes/Le avventure e gli amori di Miguel Cervantes*, Vincent Sherman
1969 *Carola de día, Carola de noche*, Jaime de Armiñán
   Tristana, Luis Buñuel

1970 *El diablo cojuelo*, Ramón Fernández
Kill (Matar)/Kill, Romain Gary
1974 *Leonor*, Juan Luis Buñuel
1983 *La venus negra/Black Venus*, Claude Mulot
1984 *Flecha negra/The Black Arrow*, John Hough

AYUDANTE DE DECORACIÓN:

1960 *Don Lucio y el hermano Pío*, José Antonio Nieves Conde
1961 *Salto mortal*, Mariano Ozores
Kilómetro 12, Clemente Pamplona
Ulisse contro Ercole, Mario Caiano
Historia de un hombre, Clemente Pamplona
1962 *Dulcinea*, Vicente Escrivá
Marcha o muere/Marschier oder krepier/Marcia o crepa, Frank Wisbar
Rocío de la Mancha, Luis Lucia
La casta Susana, Luis César Amadori
Torerillos, Pedro María Herrero
1963 *La máscara de Scaramouche/Scaramouche/Le avventure di Scaramouche*, Antonio Isasi Isasmendi
El secreto de Bill North/Assasinio made in Italy (Il segreto del vestito rosso)/El secret de Bill North, Silvio Amadio
El diablo también llora/Il delitto di Anna Sandoval, José Antonio Nieves Conde
Millonario por un día/El turista, Enrique Cahen Salaverry
La reina del Chantecler, Rafael Gil
Los invencibles/Gli invincibili sette, Alberto de Martino
1968 *La esfinge de cristal/Sfinge d'oro*, Luigi Scattini
1969 *Play Dirty (Mercenarios sin gloria)*, André de Toth
Tristana, Luis Buñuel

AMBIENTACIÓN:

1963 *El verdugo* (y vestuario), Luis García Berlanga
1969 *No disponible*, Pedro Mario Herrero
1974 *Díselo con flores* (y vestuario), Pierre Grimblat
1984 *La vaquilla*, Luis García Berlanga
1986 *El año de las luces* (y vestuario), Fernando Trueba

DIRECCIÓN ARTÍSTICA:

1959 *Don Aire de España*, Manuel Augusto García Viñolas CM

1963 *La tía Tula* (y vestuario), Miguel Picazo
1964 *Muere una mujer* (y vestuario), Mario Camus
Desafío en Río Bravo/Die letzten zwei vom Rio Bravo (con Angelo de Amicis), Tulio Demicheli
1965 *Amador*, Francisco Regueiro
1966 *Las siete magníficas/The Tall Women*, Sidney Pink
Los cálices de San Sebastián, Sidney Pink
Campanadas a medianoche (colaboración), Orson Welles
1967 *Nido de espías/Il raggio infernale*, Frank G. Carrol (Giafranco Baldanello)
El dedo del destino/The Fickle Finger of Fate, Richard Rush
1968 *Codo con codo*, Víctor Auz
1970 *El monumento*, José María Forqué
Garringo/Garringo. I morti non si contano, Rafael Romero Marchent
1971 *El sobre verde*, Rafael Gil (colaboración)
1972 *Repóker de bribones/Monta in sella figlio di...!*, Tonino Ricci
1973 *El mejor alcalde el rey*, Rafael Gil
Tequila/Tequila, Sergio Garrone
1974 *Moneda sangrienta*, Pasquale Festa Campanile
Duerme, duerme, mi amor, Francisco Regueiro
1975 *El kárate, el colt y el impostor/Blood Money (Là dove non batte il sole)*, Anthony M. Dawson (Antonio Margheriti)
1976 *Volvoreta*, José Antonio Nieves Conde
1978 *La verdad sobre el caso Savolta/Nell'occhio della volpe*, Antonio Drove
Suave cariño, muy suave, Luis María Delgado
1979 *El día del Presidente*, Pedro Ruiz
Cinco tenedores, Fernando Fernán Gómez
Sábado, domingo y viernes/Sabato, domenica e venerdi (con Bartolomeo Scavia), Sergio Martino, Pasquale Festa Campanile, Castellano y Pipolo
1981 *Y al tercer año resucitó*, Rafael Gil (no acreditado)
1982 *Yo espío, tú espías*, Maurizio Ivaldi
1984 *Cristina y la reconversión sexual*, Francisco Lara Polop
1989 *Sangre y arena*, Javier Elorrieta
La cruz de Iberia (con Justo Pastor), Eduardo Mencós

Arniches, Carlos

Carlos Arniches Moltó, nace en Madrid

en 1897. Obtiene el título de arquitecto en 1922, construye numerosos edificios entre los que destaca el Hipódromo de la Zarzuela en Madrid. En 1942 se le sancionó con la suspensión del ejercicio profesional por motivos políticos. Fallece en Madrid en 1955.

DIRECCIÓN ARTÍSTICA:

1935 *El agua en el suelo* (con Domínguez), Eusebio F. Ardavín
1936 *La señorita de Trévelez* (con Domínguez), Edgar Neville

"Arquitectura y Estética, S.A."

DIRECCIÓN ARTÍSTICA:

1986 *Commando terrorista,* Luis Colombo

Arranz Bravo, Eduardo

Eduardo Arranz Bravo nace en Barcelona en 1941. Pintor.

DIRECCIÓN ARTÍSTICA:

1984 *El balcón abierto,* Jaime Camino
1988 *Luces y sombras,* Jaime Camino
1992 *El largo invierno/El llarg hivern* (con Parrondo), Jaime Camino

Arretxe, Jon

Juan Ramón Arreche Gutiérrez.

AYUDANTE DE DECORACIÓN:

1990 *Amantes,* Vicente Aranda

DIRECCIÓN ARTÍSTICA:

1991 *La viuda negra* (con Josep Rosell), Jesús Delgado CM
1993 *El aliento del diablo,* Francisco J. Lucio Ramos
1994 *Todo es mentira,* Álvaro Fernández Armero
Una casa en las afueras, Pedro Costa
1995 *Puede ser divertido,* Azucena Rodríguez
Éxtasis, Mariano Barroso
1996 *Sólo se muere dos veces,* Esteban Ibarretxe

1997 *Corazón loco,* Antonio del Real

Arrizabalaga, José Luis

José Luis Arrizabalaga Aguirrebengoa nace en Zegama (Guipúzcoa) el 27 de febrero de 1963.

AYUDANTE DE DECORACIÓN:

1988 *Mamá/Amatxu* (con Biaffra), Pablo Berger
1991 *Todo por la pasta* (con Biaffra), Enrique Urbizu
1992 *Amor impasible* (con Álex de la Iglesia), Iñaki Arteta CM

DIRECCIÓN ARTÍSTICA:

1990 *Mirindas asesinas* (con Álex de la Iglesia y Biaffra), Álex de la Iglesia
1992 *Acción mutante/Action mutante,* Álex de la Iglesia

DIRECCIÓN ARTÍSTICA CON BIAFFRA:

1994 *Txarriboda,* Manuel Lorenzo CM
Justino, un asesino de la tercera edad, Luis Guridi y Santiago Aguilar
1995 *El día de la bestia,* Álex de la Iglesia GOYA
Matías, juez de línea, Luis Guridi y Santiago Aguilar
1996 *La fabulosa historia de Diego Martín* (con Peio Villalba), Fidel Cordero

Arroyo, Luciano

Luciano Arroyo Matas nace en Madrid el 8 de mayo de 1940. Delineante, entre 1956 y 1962 trabaja como dibujante proyectista en la empresa Luciano Matas e Hijos S.L. dedicada a la ebanistería y carpintería. En 1963 entra en la productora de Samuel Bronston como dibujante, colaborando entre otras labores, en la preparación de *Los mensajeros de Bengala.* Cuando se cierra la productora trabaja como ayudante de Simont y Molina.

DIBUJANTE:

1963 *The Fall of the Roman Empire (La caída del Imperio Romano),* Anthony Mann
1964 *Circus World (El fabuloso mundo del circo),* Henry Hathaway

1964 *El hijo del pistolero/Son of a Gunfighter,* Paul Landres
Secuestro en la ciudad, Luis María Delgado
1965 *La ciudad no es para mí,* Pedro Lazaga
Battle of the Bulge (La batalla de las Ardenas), Ken Annakin
1966 *Huyendo del halcón/Flight of the Hawk,* Cecil Barker
Nuevo en esta plaza, Pedro Lazaga
1968 *Custer of the West (La última aventura),* Robert Siodmak
1969 *Royal Hunt of the Sun,* Irving Lerner
Krakatoa, East of Java (Al este de Java), Bernard L. Kowalski
El condor (El cóndor), John Guillermin
1971 *Una ciudad llamada Bastarda/A Town Called Bastarda,* Robert Parrish
El hombre de Río Malo/E continuavano a fregarsi il milione di dollari/Les quatre mercenaires d'El Palo, Eugenio Martín
1972 *El desafío de Pancho Villa,* Eugenio Martín
1985 *Dust,* Marion Hänsel

Dirección artística:

1981 *Femenino singular,* Juanjo López
1984 *The Hit,* Stephen Frears (diseño de producción: Andrew Sanders)
1991 *Amor y deditos del pie/Amor e dedinhos de pé/Macao, mépris et passion,* Luís Filipe Rocha

Arteche, Francisco

Arquitecto. Comienza como ayudante de Enrique Alarcón Sánchez.

Dirección artística:

1943 *Doce lunas de miel,* Ladislao Vajda

"Artefacto-informe"

Dirección artística:

1985 *Escrito en los cielos,* Santiago Lapeira

Artigau, Jordi

Dirección artística:

1986 *Radio Speed/La radio folla,* Francesc Bellmunt
1987 *Escuadrón,* José Antonio de la Loma

Artiñano, Javier

Javier Artiñano Ansorena nace en San Pedro Montes de Oca (Costa Rica) en 1942, de padres españoles. Se traslada a Santander y posteriormente a Madrid donde estudia en la Escuela Superior de Bellas Artes de San Fernando, y escenografía y figurinismo en la Escuela de Artes Decorativas, al mismo tiempo que colabora con Los Goliardos. En 1968 debuta en el teatro como diseñador de vestuario. Ha sido nominado siete veces al premio Goya por el mejor vestuario, obteniéndolo en 1988 por *El bosque animado,* en 1992 por *El rey pasmado* y el año siguiente por *El maestro de esgrima.* Hace los figurines de numerosas series emitidas por TVE como *Juan Soldado* (Fernando Fernán-Gómez, 1973), *El pícaro* (Fernando Fernán-Gómez, 1974), *Paisaje con figuras* (Mario Camus, 1976), *Fortunata y Jacinta* (Mario Camus, 1980), *Los desastres de la guerra* (Mario Camus, 1982), *Los gozos y las sombras* (Rafael Moreno Alba, 1982), *Los jinetes del alba* (Vicente Aranda, 1990) y *La Regenta* (Fernando Méndez-Leite, 1995).

Vestuario:

1976 *Retrato de familia,* Antonio Giménez-Rico
¡Bruja, más que bruja!, Fernando Fernán-Gómez
1977 *Del amor y de la muerte,* Antonio Giménez Rico
Los días del pasado, Mario Camus
Mi hija Hildegart, Fernando Fernán-Gómez
1978 *La escopeta nacional,* Luis García Berlanga
Operación Ogro/Operazione Ogro/Operation Ogro, Gillo Pontecorvo
1983 *La conquista de Albania,* Alfonso Ungría
Las bicicletas son para el verano, Jaime Chávarri
1984 *Akelarre,* Pedro Olea
1985 *El caballero del dragón,* Fernando Colomo

Extramuros, Miguel Picazo

1986 *El hermano bastardo de Dios*, Benito Rabal

1987 *A los cuatro vientos/Lanaxeta*, José Antonio Zorrilla

El bosque animado, José Luis Cuerda

1989 *Continental*, Javier Villaverde

1990 *El invierno en Lisboa*, José Antonio Zorrilla

1991 *El rey pasmado/Le roi ebahi/O rei pasmado*, Imanol Uribe

1992 *El maestro de esgrima*, Pedro Olea

1993 *El pájaro de la felicidad*, Pilar Miró

La Lola se va a los puertos, Josefina Molina

La marrana, José Luis Cuerda

Sombras en una batalla, Mario Camus

1995 *El palomo cojo*, Jaime de Armiñán

Morirás en Chafarinas, Pedro Olea

1996 *Libertarias*, Vicente Aranda

Pesadilla para un rico, Fernando Fernán-Gómez

AMBIENTACIÓN:

1982 *Valentina*, Antonio J. Betancor

1983 *1919. Crónica del alba*, Antonio J. Betancor

DIRECCIÓN ARTÍSTICA:

1971 *Las melancólicas*, Rafael Moreno Alba

1973 *Una chica y un señor*, Pedro Masó

1989 *Esquilache* (con Ramiro Gómez), Josefina Molina GOYA

Arzuaga, Ángel

Ángel Arzuaga Verguizas nace en Madrid el 22 de enero de 1928. Titulado en la E.O.C. Comienza a trabajar en el cine como ayudante de Parrondo y Pérez Espinosa.

AYUDANTE DE DECORACIÓN:

1959 *Solomon and Sheba (Salomón y la Reina de Saba)*, King Vidor

1960 *Mi noche de bodas*, Tulio Demicheli

DIRECCIÓN ARTÍSTICA:

1960 *Festival/Schwarze Rose, Rosemarie* (con Pérez Espinosa), César Fernández Ardavín

1969 *La muerte de un presidente/Il prezzo del potere* (con Carlo Leva), Tonino Valeri

1973 *Los cuatro de Fort Apache/Campa carogna... la taglia cresce*, Giuseppe Rosati

El asesino no está solo, Jesús García de Dueñas

1974 *Yo creo que...*, Antonio Artero

1976 *El buscón*, Luciano Berriatúa

1986 *Apache Kid/L'apache bianco*, Vincent Dawn (Bruno Mattei)

¡Scalps!, venganza india/Scalps, Vincent Dawn (Bruno Mattei)

1990 *Solo o en compañía de otros*, Santiago San Miguel

Astaburuaga, Joaquín

DIRECCIÓN ARTÍSTICA:

1994 *Valparaíso* (con Juan Carlos Castillo), Mariano Andrade

Aubet, Jordi

DIRECCIÓN ARTÍSTICA:

1995 *Adios, tiburón*, Carlos Suárez

Azkarreta, Koldo

Director y guionista.

DIRECCIÓN ARTÍSTICA:

1996 *Rigor mortis* (con Anne Mantxola y Carlos Sobera), Koldo Azkarreta

Azkona, Enrique

Enrique Azkona Pérez. Hermano de Mauro y Víctor.

DIRECCIÓN ARTÍSTICA:

1928 *El mayorazgo de Basterretxe* (con Víctor Azkona, asesorados por Jesús Larrea), Mauro Azkona

Azkona, Víctor

Víctor Azkona Pérez nace en Fitero (Navarra) el 30 de abril de 1907. Hermano de Mauro y Enrique. Fallece el 4 de abril de 1994.

DIRECCIÓN ARTÍSTICA:

1927 *Jipi y Tilín* (y director de fotografía), Mauro Azkona CM
1928 *El mayorazgo de Basterretxe* (con Enrique Azkona, asesorados por Jesús Larrea), Mauro Azkona

Baena, Federico

DIRECCIÓN ARTÍSTICA:

1980 *Los alegres bribones* (con Enrique Trotter), Pancho Bautista

Bainee, Alain

Arquitecto francés.

DIRECCIÓN ARTÍSTICA:

1993 *Kika/Kika* (con Javier Fernández), Pedro Almodóvar
1994 *El detective y la muerte*, Gonzalo Suárez
1995 *Malena es nombre de tango* (con Luis Vallés), Gerardo Herrero
1996 *Más que amor, frenesí*, Alfonso Albacete, David Menkes, Miguel Bardem

Baleztena, Cruz

Cruz Mª Baleztena Abarrategui nace en Pamplona el 2 de abril de 1932. Estudia en la Escuela de Artes y Oficios de esa ciudad, obtiene el título de decoración en la Eçole d'Arts et Metiers de París, enseña pintura y dibujo en la escuela Nuevas Profesiones y estudia en la Escuela Municipal de Cerámica madrileña. Profesor Mercantil. Trabaja como ayudante de Augusto Lega, Wolfgang Burmann, José Luis Rodríguez Ferrer, Adolfo Cofiño, Alfonso de Lucas y Santiago Ontañón.

MERITORIO:

1961 *Canción de cuna*, José María Elorrieta
Esa pícara pelirroja, José María Elorrieta
Rosa de Lima, José María Elorrieta

AYUDANTE DE DECORACIÓN:

1967 *Joe Navidad/The Christmas Kid*, Sidney Pink
La marca del hombre lobo, Enrique L. Eguiluz
1968 *La esclava del paraíso*, José María Elorrieta
Comanche blanco/White Comanche, Gilbert L. Kay (José Briz)
1969 *Hora cero: operación Rommel*, León Klimovsky
Prisionero en la ciudad, Antonio de Jaén
Las trompetas del Apocalipsis/I caldi amori di una minorenne, Julio Buchs
1970 *Los compañeros/Lasst uns töten, companeros*, Sergio Corbucci
Trasplante a la italiana/Il trapianto, Steno
1971 *Carmen Boom*, Nick Nostro
Las melancólicas, Rafael Moreno Alba
Alta tensión, Julio Buchs
1972 *Las garras de Lorelei*, Amando de Ossorio
Ceremonia sangrienta/Le vergini cavalcano la morte, Jorge Grau
El ataque de los muertos sin ojos, Amando de Ossorio
1973 *Las señoritas de mala compañía*, José Antonio Nieves Conde

DIRECCIÓN ARTÍSTICA:

1971 *Morir por amar*, Lorenzo Artale
1974 *La noche de los brujos*, Amando de Ossorio
La noche de la furia, Carlos Aured
El blanco, el amarillo y el negro/Il bianco, il giallo e il nero/Le blanc, le jaune et le noir, Sergio Corbucci
1975 *La trastienda*, Jorge Grau
Muerte de un quinqui, León Klimovsky
Olvida los tambores, Rafael Gil
¡Caray qué palizas!/La pazienza ha un limite... noi no?, Frank Farrow (Armando Morandi)
1976 *La violación*, Germán Lorente
La nueva Marilyn, José Antonio de la Loma
1977 *Me siento extraña*, Enrique Martí Maqueda
1980 *La momia nacional*, José Ramón Larraz
1981 *La masajista vocacional*, Francisco Lara Polop
El cabezota/Cabeza de hierro, Francisco Lara Polop
Yendo hacia ti/Going Towards, Ferdinando Baldi

Brujas mágicas (con Galicia), Mariano Ozores

1982 *El primer divorcio* (con Galicia), Mariano Ozores

Ballester, Bernardo

Bernardo Ballester Orrico nace en Burjasot (Valencia) el 12 de septiembre de 1921. Trabaja de ayudante con Schild y Burmann. En 1956 se hace cargo del Departamento de Decoración de Televisión Española interviniendo en producciones como *Sócrates/Socrate* (Roberto Rossellini, 1970) en la que diseña los decorados con Giusto Puri Purini y *El sombrerito* (José María Forqué, 1970).

DIBUJANTE:

1948 *La duquesa de Benamejí*, Luis Lucia
1949 *Agustina de Aragón,* Juan de Orduña
1949 *Pequeñeces*, Juan de Orduña

AYUDANTE DE DECORACIÓN:

1949 *De mujer a mujer*, Luis Lucia
1950 *Lola la Piconera*, Luis Lucia
1951 *Alba de América*, Juan de Orduña
1954 *Morena clara*, Luis Lucia
1956 *Calabuch*, Luis García Berlanga

AMBIENTACIÓN:

1956 *Los jueves, milagro/Arrivederci, Dimas*, Luis García Berlanga

DIRECCIÓN ARTÍSTICA:

1951 *Esa pareja feliz*, Juan Antonio Bardem y Luis García Berlanga
Cerca de la ciudad (con Torre de la Fuente), Luis Lucia
Día tras día (con Parrondo), Antonio del Amo
1952 *Decameron Nights/Tres historias de amor* (con Parrondo), Hugo Fregonese (diseño de producción: Tom Moraham)
Gloria Mairena (con Parrondo), Luis Lucia
1953 *Buenas noticias*, Eduardo Manzanos
Un caballero andaluz, Luis Lucia (decorados del ballet)
1954 *Cómicos* (con Burgos), Juan Antonio Bardem

Barajas, Alfonso

Alfonso López Barajas nace en Jaén. Comienza a trabajar en el cine como ayudante de Antonio Cortés. Tiene una larga trayectoria profesional como escenógrafo y figurinista teatral, labor a la que sigue dedicándose en la actualidad. Diseña los decorados de la serie para televisión *Juncal* (Jaime de Armiñán, 1991).

AYUDANTE DE DECORACIÓN:

1975 *Pim, pam, pum... ¡fuego!*, Pedro Olea
Sensualidad, Germán Lorente
1976 *Las delicias de los verdes años*, Antonio Mercero
La Corea, Pedro Olea
La siesta, Jorge Grau
Los claros motivos del deseo, Miguel Picazo
1978 *Un hombre llamado Flor de Otoño*, Pedro Olea
Ernesto/Ernesto, Salvatore Samperi
Soldados, Alfonso Ungría
1980 *El gran secreto*, Pedro Mario Herrero

DIRECCIÓN ARTÍSTICA:

1984 *Muñecas de trapo*, Jorge Grau
Pulsaciones/Pulsebeat, Maurice Tobias
1989 *Montoyas y Tarantos*, Vicente Escrivá
1994 *Belmonte* (con Cortés), Juan Sebastián Bollaín
1996 *La duquesa roja*, Francesc Betriu

Barco, José Luis del

José Luis del Barco Parra nace en Tetuán (Marruecos) el 17 de marzo de 1941. Estudia decoración de interiores en la Escuela Internacional de Decoradores del I.A.D.E. y comienza a trabajar en el cine como ayudante de Ramiro Gómez.

DIBUJANTE:

1968 *A Talent for Loving,* Richard Quine
1970 *Patton (Patton)*, Franklin J. Shaffner
1971 *Una ciudad llamada Bastarda/A Town Called Bastarda*, Robert Parrish
El hombre de Río Malo/E continuavano a fregarsi il milione di dollari/Les quatre mercenaires d'El Palo, Eugenio Martín

Capitán Apache, Alexander Singer

1972 *El desafío de Pancho Villa*, Eugenio Martín

1974 *The Spikes Gang (Tres forajidos y un pistolero)*, Richard Fleischer

Las amazonas/Le guerriere dal seno nudo/Les Amazones, Terence Young

Los nuevos españoles, Roberto Bodegas

1975 *Mi mujer es muy decente dentro de lo que cabe*, Antonio Drove

Largo retorno, Pedro Lazaga

La Carmen, Julio Diamante

1976 *La mujer es cosa de hombres*, Jesús Yagüe

La noche de los cien pájaros, Rafael Romero Marchent

Beatriz, Gonzalo Suárez

AYUDANTE DE DECORACIÓN:

1976 *Parranda*, Gonzalo Suárez

Hasta que el matrimonio nos separe, Pedro Lazaga

¿Quién puede matar a un niño?, Narciso Ibáñez Serrador

Mayordomo para todo, Mariano Ozores

DIRECCIÓN ARTÍSTICA:

1981 *Profesor Eroticus*, Luis María Delgado

1981 *El hijo del cura*, Mariano Ozores

1995 *La lengua asesina/Killer tongue*, Alberto Sciamma

Barreda, Julio

DIRECCIÓN ARTÍSTICA:

1979 *Memorias de Leticia Valle* (con Begoña del Valle-Iturriaga, Pedro Carvajal y Ángel Rodríguez), Miguel Ángel Rivas

Bassi, María José

DIRECCIÓN ARTÍSTICA:

1965 *Oeste Nevada Joe* (con Vallvé), Ignacio F. Iquino

Un dólar de fuego/Un dollaro di fuoco (con Vallvé), Nick Nostro

Batallé, Merce

DIRECCIÓN ARTÍSTICA:

1992 *El cielo sube* (con Chus García) Marc Recha

Belart, Antonio

Escenógrafo teatral, también ha trabajado como figurinista en teatros como el Lliure.

VESTUARIO:

1995 *Atolladero*, Óscar Aibar

El pasajero clandestino, Agustín Villaronga

DIRECCIÓN ARTÍSTICA:

1980 *Las verdes vacaciones de una familia bien/Erotic Family*, Mario Siciliano

Apocalipsis caníbal/Virus, l'inferno dei morti viventi, Vincent Dawn (Bruno Mattei)

1993 *¡Semos peligrosos!*, Carlos Suárez

1996 *Cuerpo en el bosque/Un cos al bosc* (y vestuario), Joaquín Jordá

1997 *La moños* (y vestuario), Mireia Ros

Belizón, Antonio

Antonio S. Belizón Jurado nace en Sidi-Ifni el 1 de noviembre de 1941. Inicia estudios en la escuela de Peritos Aeronáuticos en la escala militar y comienza a intervenir en el cine como segundo ayudante de producción antes de trabajar como ayudante de decoración de Simont, Cortés, Gago, Algueró y Cofiño. En 1975 es contratado como director artístico en las producciones de Elías Querejeta.

AYUDANTE DE PRODUCCIÓN:

1964 *Crimen de doble filo*, José Luis Borau

Dos chicas locas, locas, Pedro Lazaga

1965 *El dedo en el gatillo/Finger on the Trigger*, Sidney Pink

El arte de vivir, Julio Diamante

Megatón ye-ye, Jesús Yagüe

Nueve cartas a Berta, Basilio Martín Patino

1966 *La busca*, Angelino Fons

1966 *Operación Plus Ultra*, Pedro Lazaga
1967 *Siete mujeres para los McGregor/Sette donne per i McGregor*, Franco Giraldi
Amenaza Black Box/Black Box: il mondo trema, James Harris (Marcello Ciorciolini)
Escondido/Un minuto per pregare un instante per morire, Franco Giraldi
Las que tienen que servir, José María Forqué
La niña del patio, Amando de Ossorio
1968 *Los subdesarrollados*, Fernando Merino
Los que tocan el piano, Javier Aguirre
La dinamita está servida, Fernando Merino
Un diablo bajo la almohada/Calda e infedele/Le Diable sous l'oreiller, José María Forqué
1969 *Cuatro noches de boda*, Mariano Ozores
El largo día del águila/La battaglia d'Inghilterra, Enzo G. Castellari
1970 *¡Vente a Alemania, Pepe!*, Pedro Lazaga
La tonta del bote, Juan de Orduña
Los compañeros/Lasst uns töten, companeros, Sergio Corbucci
Los gallos de la madrugada, José Luis Sáenz de Heredia
Que esperen los cuervos/Les étrangers/Quelli che sanno uccidere, Jean-Pierre Desagnat
1971 *Si fulano fuese mengano*, Mariano Ozores
¡Vente a ligar al Oeste!, Pedro Lazaga
A mí las mujeres ni fu ni fa, Mariano Ozores

1971 *Me debes un muerto*, José Luis Sáenz de Heredia
Aunque la hormona se vista de seda, Vicente Escrivá
En un mundo nuevo, Ramón Torrado
1972 *La descarriada*, Mariano Ozores
La curiosa, Vicente Escrivá
Dos chicas de revista, Mariano Ozores
Entre dos amores, Luis Lucia
¡Simón, contamos contigo!, Ramón Fernández
Der Scharlachrote Buchstabe/La letra escarlata, Wim Wenders
1973 *Verflucht, dies Amerika/La banda de Jaider*, Volker Vogeler
Una vela para el diablo, Eugenio Martín

1975 *Pascual Duarte*, Ricardo Franco
1976 *Elisa, vida mía*, Carlos Saura
Las palabras de Max, Emilio Martínez Lázaro
1978 *Con uñas y dientes*, Paulino Viota
Los ojos vendados/Les yeux bandés, Carlos Saura
1979 *Mamá cumple cien años/Maman a cent ans*, Carlos Saura
1980 *Deprisa, deprisa/Vivre vite*, Carlos Saura
Dedicatoria/L'homme aux chiennes, Jaime Chávarri
1981 *Dulces horas/Doux moments du passé*, Carlos Saura
1982 *El Sur*, Víctor Erice
Jane, mi pequeña salvaje, Eligio Herrero
Animales racionales, Eligio Herrero
Las aventuras de Stela, Zacarías Urbiola
1996 *Aquí llega Condemor, el pecador de la pradera*, Álvaro Sáenz de Heredia

Benavides, Alfonso

Productor, director, intérprete y guionista.

1934 *Madrid se divorcia*, Alfonso Benavides

Benet, Manuel

1961 *Plácido*, Luis García Berlanga
1963 *El mujeriego*, Francisco Pérez Dolz
1964 *Donde tú estés*, Germán Lorente
Noches del universo, Miguel Iglesias

Berenguer, Jordi

Jordi S. Berenguer i Milá nace en Barcelona en 1937. Graduado en Bellas Artes, en Arquitectura Interior y en escenografía en el Instituto del Teatro de Barcelona. Ha trabajado haciendo anuncios publicitarios y montajes escenográficos y para televisión en programas como *Dangerous games* (Adolf Winkelmann, 1994).

DIRECCIÓN ARTÍSTICA:

1976 *La ciutat cremada/La ciudad quemada*, Antoni Ribas
1977 *¿Y ahora qué, señor fiscal?*, León Klimovsky
1983 *¡Victoria!, la gran aventura de un pueblo*, Antoni Ribas

Bernuy, Mónica

DIRECCIÓN ARTÍSTICA:

1988 *Venecias* (con Ramón Admetlla), Pablo Llorca
1990 *La cocina en casa*, Pablo Llorca CM
1994 *Jardines colgantes*, Pablo Llorca
1995 *Pecados capitales*, Dionisio Pérez Galindo

"Biaffra"

Arturo García nace en Bilbao el 30 de abril de 1964. Colabora en diversos fanzines bilbaínos antes de comenzar a trabajar en el cine.

AUXILIAR DE DECORACIÓN:

1992 *Amor impasible*, Iñaki Arteta CM

AYUDANTE DE DECORACIÓN CON ARRIZABALAGA:

1988 *Mamá/Amatxu*, Pablo Berger CM
1991 *Todo por la pasta*, Enrique Urbizu

DIRECCIÓN ARTÍSTICA CON ARRIZABALAGA:

1990 *Mirindas asesinas* (con Álex de la Iglesia), Álex de la Iglesia CM
1994 *Txarriboda*, Manuel Lorenzo CM
Justino, un asesino de la tercera edad, Luis Guridi y Santiago Aguilar
1995 *El día de la bestia*, Álex de la Iglesia GOYA
Matías, juez de línea, Luis Guridi y Santiago Aguilar
1996 *La fabulosa historia de Diego Martín* (con Peio Villalba), Fidel Cordero

Blanch, María Rosa

DIRECCIÓN ARTÍSTICA:

1991 *Trampa para una esposa*, Joaquín Blanco

Bodelón, Carlos S.

AYUDANTE DE DECORACIÓN:

1995 *Libertarias*, Vicente Aranda

DIRECCIÓN ARTÍSTICA:

1992 *El laberinto griego*, Rafael Alcázar
1996 *A tiro limpio*, Jesús Mora

Bombín, Juan Carlos

DIRECCIÓN ARTÍSTICA:

1984 *La pantalla diabólica*, Joaquín Hidalgo Hernández

Bootello, Ricardo

Ricardo Bootello Delgado nace en Gorgol (Almería) el 14 de febrero de 1912. Decorador jefe y constructor de Estudios Ballesteros hasta mediados de los años cuarenta, cuando pasó a dedicarse a la rama de la producción.

CONSTRUCCIÓN:

1939 *El rey que rabió*, José Buchs
1940 *En poder de Barba Azul*, José Buchs
1941 *El crucero Baleares*, Enrique del Campo
Flora y Mariana, José Buchs
Un caballero famoso, José Buchs
1943 *El escándalo*, José Luis Sáenz de Heredia
1944 *El camino de Babel* (con "Rago": Ramiro Gómez), Jerónimo Mihura
El destino se disculpa, José Luis Sáenz de Heredia

DIRECCIÓN ARTÍSTICA:

1941 *Para ti es el mundo*, José Buchs
1942 *¿Por qué vivir tristes?*, Eduardo García Maroto
Danza del fuego/La Sévillane, André Hugon y Jorge Salviche
Schotis (con E. Santonja), Eduardo García Maroto
1943 *El ilustre Perea*, José Buchs

Borque, Rafael

Para televisión diseña los decorados de *Es-*

trellas españolas de la ópera (José Luis Font, 1979) con Ramón Ivars, Ricardo Vallespín y Claudio Torres y el vestuario de *El rey y la reina* (José Antonio Páramo, 1985).

VESTUARIO:

1962 *La bella Lola,* Alfonso Balcázar
1965 *Pistoleros de Arizona/5000 dollari sull'asso/Die Gejagten der Sierra Nevada,* Alfonso Balcázar
   El retorno de Ringo/Il ritorno di Ringo, Duccio Tessari

AYUDANTE DE DECORACIÓN:

1972 *Las dos caras del miedo/I due volti della paura* (con Gastone Carsetti), Tulio Demicheli

DIRECCIÓN ARTÍSTICA:

1972 *Triángulo/Crimen de amor* (con Gago), Rafael Moreno Alba
   Vera, un cuento cruel, Josefina Molina Reig

Borrell, Merce

DIRECCIÓN ARTÍSTICA:

1992 *La búsqueda de la felicidad,* Albert Abril
1993 *Un placer indescriptible,* Ignasi P. Ferrer

Borrell, Ramón

DIRECCIÓN ARTÍSTICA:

1917 *La vida de Cristobal Colón y el descubrimiento de América* (con Salvador Alarma y Adrián Gual), Gérard Bourgeois y Charles Jean Drossner

Botella, Juan

Juan Botella Ruiz-Castillo nace en Madrid el 4 de enero de 1961. Licenciado en Ciencias Económicas por la Universidad Complutense de Madrid, especializado en Sector Público y Política Monetaria. Ha trabajado como ayudante de producción en *El año de las luces* (Fernando Trueba, 1986) y como jefe de produc-

ción y ayudante de dirección en la serie documental *Magos de la tierra* (Philip Haas, 1989). También ha diseñado decorados para series para TVE como *La mujer de tu vida* (José Miguel Ganga, Gonzalo Suárez, Emilio Martínez Lázaro, Fernando Trueba y Ricardo Franco, 1988), *Coup de foudre* (Ricardo Franco, 1990), *La estanquera de Sevilla* (Ricardo Franco, 1990) un episodio de la serie *La huella del crimen* y la segunda serie de *La mujer de tu vida* (Jaime Chávarri, Jaime Botella, Imanol Uribe, Fernando Fernán Gómez y Manuel Iborra, 1991).

AYUDANTE DE DECORACIÓN:

1985 *Lulú de noche,* Emilio Martínez-Lázaro

DIRECCIÓN ARTÍSTICA:

1987 *El juego más divertido,* Emilio Martínez-Lázaro
1990 *Tramontana,* Carlos Pérez Ferré
1991 *Amo tu cama rica,* Emilio Martínez-Lázaro
1992 *Belle Epoque,* Fernando Trueba, GOYA
1993 *El baile de las ánimas,* Pedro Carvajal
1994 *Los peores años de nuestra vida,* Emilio Martínez Lázaro
   Siempre que pasa lo mismo... ocurre algo parecido, Javier Gil del Álamo, CM
1995 *Two much/Two much,* Fernando Trueba
   Hackers, corsarios del chip, Rafael Alcázar
1996 *Taxi,* Carlos Saura
   El ángel de la guarda, Santiago Matallana
1997 *La buena estrella,* Ricardo Franco
   Grandes ocasiones, Felipe Vega

Botines, José María

DIRECCIÓN ARTÍSTICA:

1994 *Barcelona,* Whit Stillman

Boulanger, Henri

DIRECCIÓN ARTÍSTICA:

1932 *El hombre que se reía del amor* (con Mignoni), Benito Perojo
1933 *Susana tiene un secreto,* Benito Perojo
   ¡Se ha fugado un preso!, Benito Perojo
   Boliche (con Durban), Francisco Elías

Odio, Richard Harlan
1934 *Aves sin rumbo*, Antonio Graciani
El gato montés, Rosario Pi
1935 *El octavo mandamiento*, Arturo Porchet
Amor en maniobras, Mariano Lapeira

Braña, María Luisa

DIRECCIÓN ARTÍSTICA:

1972 *Mi profesora particular*, Jaime Camino

Brito, Jaime

DIRECCIÓN ARTÍSTICA:

1972 *La noche del terror ciego*, Amando de Ossorio

Bronchalo, Domingo

Intérprete en *El castillo de las bofetadas* (J. de Orazábal, 1945).

AYUDANTE DE DECORACIÓN:

1961 *Plácido*, Luis García Berlanga

DIRECCIÓN ARTÍSTICA:

1963 *Vida de familia* (con Jorge Palá y Alberto de Jesús), José Luis Font

Bronchalo, Enrique

Enrique Bronchalo del Moral, nace en Fuentenovilla (Guadalajara) el 7 de marzo de 1894. Constructor de decorados desde 1922, en 1947 comienza a trabajar en Sevilla Films y hasta 1962 lo hace en los estudios Orphea, trabajando también en Trilla.

CONSTRUCCIÓN:

1941 *Su hermano y él* (con Gosch), Luis Marquina
Torbellino, Luis Marquina
Pimientilla, Juan López Valcárcel
1942 *¡A mí la legión!*, Juan de Orduña
La culpa del otro, Ignacio F. Iquino
Malvaloca, Luis Marquina

Vidas cruzadas, Luis Marquina
Viaje sin destino, Rafael Gil
Un marido a precio fijo, Gonzalo Delgrás
Huella de luz, Rafael Gil
1943 *Deliciosamente tontos*, Juan de Orduña
Noche fantástica, Luis Marquina
1944 *Mi enemigo y yo*, Ramón Quadreny
El hombre que las enamora, José María Castellví
Ángela es así, Ramón Quadreny
1947 *La Lola se va a los puertos*, Juan de Orduña
La princesa de los Ursinos, Luis Lucia
Dos cuentos para dos, Luis Lucia
1948 *Noche de Reyes*, Luis Lucia
Don Quijote de la Mancha, Rafael Gil
Locura de amor, Juan de Orduña
Entre barracas, Luis Ligero
Neutralidad, Eusebio Fernández Ardavín
El curioso impertinente, Flavio Calzavara
Sobresaliente, Luis Ligero
El señor Esteve, Edgar Neville
1951 *María Morena*, José María Forqué y Pedro Lazaga
1952 *Muchachas de Bagdad/Babes in Bagdad*, Edgar G. Ulmer
1953 *Juzgado permanente*, Joaquín L. Romero Marchent
El duende de Jerez, Daniel Magrané
1954 *Zalacaín el aventurero*, Juan de Orduña
Cañas y barro, Juan de Orduña
1955 *Sin la sonrisa de Dios*, Julio Salvador
La legión del silencio, José Antonio Nieves Conde y José María Forqué
1956 *Malagueña*, Ricardo Núñez
La cárcel de cristal, Julio Coll
1957 *La estrella del rey*, Luis María Delgado y Dino Maiuri
1957 *El último cuplé*, Juan de Orduña
1958 *La Tirana*, Juan de Orduña
Música de ayer, Juan de Orduña
1959 *Miss Cuplé*, Pedro Lazaga
1960 *¿Dónde vas triste de ti?*, Alfonso Balcázar
La rosa roja, Carlos Serrano de Osma
1961 *Plácido*, Luis García Berlanga
1962 *Dos años de vacaciones*, Emilio Gómez Muriel
La bella Lola, Alfonso Balcázar

AYUDANTE DE DECORACIÓN:

1966 *Operación silencio/Agente X77, ordine di uccidere/Agente X77*, Saverio Siano

DIRECCIÓN ARTÍSTICA:

1945 *Eres un caso,* Ramón Quadreny
  I J. de Orazal

Brunet, Augusto

DIRECCIÓN ARTÍSTICA:

1978 *Tiempos de Constitución,* Rafael Gordon

Brunet, Frederic

Frederic Brunet i Fita nace en Barcelona en 1873. Pintor y escenógrafo teatral, tuvo un taller de decorados con Josep Pous i Palau. Fallece en Barcelona en 1929.

DIRECCIÓN ARTÍSTICA:

1922 *Don Juan Tenorio,* Ricardo de Baños

Burgaleta, Pedro

DIRECCIÓN ARTÍSTICA:

1975 *En un París imaginario,* Fernando Colomo CM
1978 *¿Qué hace una chica como tú en un sitio como éste?,* Fernando Colomo

Burgos, Antonio

Antonio Burgos Bonache, nace en Granada en 1900. Empieza trabajando como actor teatral para pasar después a diseñar decorados para el cine.

DIRECCIÓN ARTÍSTICA:

1926 *El bandido de la sierra,* Eusebio Fernández Ardavín
1927 *Lo más sublime,* Enrique Ponsá
1928 *La última cita,* Francisco Gargallo y Nick Winter
1936 *Nuevos ideales,* Salvador de Alberich
1937 *Aurora de esperanza,* Antonio Sau
  Paquete el fotógrafo público número Uno, Ignacio F. Iquino CM
  Barrios bajos, Pedro Puche

1938 *¡No quiero... no quiero!* (con Eduardo Gosch), Francisco Elías
1948 *Un hombre de mundo,* Manuel Tamayo
1949 *La mujer de nadie,* Gonzalo Delgrás
  La familia Vila, Ignacio F. Iquino
  Torturados, Antonio Más-Guindal
1950 *Historia de una escalera,* Ignacio F. Iquino
1951 *Catalina de Inglaterra,* Arturo Ruiz-Castillo

Burgos, Emilio

Escenógrafo y figurinista teatral, realizó sus primeros decorados en 1941, participando desde entonces en más de trescientas producciones. Ha recibido el Premio Nacional de Teatro y el Espectador y la Crítica.

DIRECCIÓN ARTÍSTICA:

1954 *Cómicos,* Juan Antonio Bardem (sólo decorados teatrales)

VESTUARIO:

1950 *Don Juan,* José Luis Sáenz de Heredia
1952 *Doña Francisquita,* Ladislao Vajda
1953 *Novio a la vista,* Luis García Berlanga
  Aventuras del barbero de Sevilla, Ladislao Vajda
1954 *La pícara molinera/Le Moulin des amours,* León Klimovsky
  Morena Clara, Luis Lucia
1955 *La chica del barrio,* Ricardo Núñez

Burmann, Sigfredo

Siegfried Burmann Hieff nace en Northelm (Hannover) el 11 de noviembre de 1891. Abandona Alemania para no tener que hacer el servicio militar, viaja por Europa y se detiene en París. En 1910 se traslada a España con una beca de la Academia de su país, desde 1913 hasta 1917 vive en Cadaqués (Gerona) dedicado a la pintura. En Granada conoce a Gregorio Martínez Sierra que a partir de 1917 le encarga decorados para el Teatro Eslava de Madrid. En los años treinta es el escenógrafo de la compañía de Margarita Xirgu en el Teatro Español. Durante la guerra civil se traslada a su país, donde comienza a trabajar en el cine en las producciones españolas rodadas en ese país. Cuando vuelve a España es nombrado Decorador-jefe de los Estudios C.E.A. Entre otros muchos galardones en 1963 recibe el Premio del Sindicato Nacional del Espectáculo «por el conjunto de su labor». Fallece en Madrid el 22 de julio de 1980.

BOCETOS DE VESTUARIO EN ALEMANIA:

1938 *El barbero de Sevilla*, Benito Perojo

AMBIENTADOR EN ALEMANIA:

1938 *Carmen la de Triana*, Florián Rey
       La canción de Aixa/Hinter Haremsgittern (y vestuario), Florián Rey
       Mariquilla Terremoto (y vestuario), Benito Perojo
       Suspiros de España (y vestuario), Benito Perojo

AYUDANTE EN ITALIA:

1939 *Los hijos de la noche/I figli della notte*, Benito Perojo

DIRECCIÓN ARTÍSTICA EN ESPAÑA:

1939 *Los cuatro Robinsones*, Eduardo G. Maroto
       La gitanilla, Fernando Delgado
1940 *La Dolores*, Florián Rey
       La marquesona, Eusebio Fernández Ardavín
       Sarasate, Ricard Busch
1941 *Raza* (con Feduchi), José Luis Sáenz de Heredia
1942 *Correo de Indias* (con Feduchi), Edgar Neville
       Fortunato (con Feduchi), Fernando Delgado
       Goyescas, Benito Perojo
       Oro vil, Eduardo García Maroto
1945 *Bambú*, José Luis Sáenz de Heredia
       Castañuela, Ramón Torrado
       Los últimos de Filipinas, Antonio Román
       La vida en un hilo, Edgar Neville
       Misión blanca, Juan de Orduña
       Ella, él y sus millones, Juan de Orduña
       La próxima vez que vivamos, Enrique Gómez
1946 *Mañana como hoy*, Mariano Pombo
       Un drama nuevo, Juan de Orduña
       El crimen de la calle Bordadores, Edgar Neville
       La nao capitana, Florián Rey

El doncel de la Reina, Eusebio Fernández Ardavín
Serenata española, Juan de Orduña
El traje de luces, Edgar Neville
Barrio, Ladislao Vajda
1947 *Fuenteovejuna*, Antonio Román
       Confidencia, Jerónimo Mihura
       Nada, Edgar Neville
       Doña María la Brava, Luis Marquina
       El duende y el rey, Alejandro Perla
       La cigarra, Florián Rey
       Por el Gran Premio, Pierre Antoine Caron
       Cuatro mujeres/Quatro mulheres, Antonio del Amo
1948 *Locura de amor*, Juan de Orduña
       El huésped de las tinieblas, Antonio del Amo
       La otra sombra, Eduardo García Maroto
       El señor Esteve, Edgar Neville
       Revelación (con Mignoni), Antonio Obregón
       El marqués de Salamanca, Edgar Neville
       Filigrana, Luis Marquina
       Vendaval, Juan de Orduña
1949 *Jalisco canta en Sevilla*, Fernando de Fuentes
       Yo no soy la Mata-Hari, Benito Perojo
       Alas de juventud/Asas da juventude, Antonio del Amo
       La honradez de la cerradura (con Lucas), Luis Escobar
       Agustina de Aragón, Juan de Orduña
       Pequeñeces, Juan de Orduña
       Noventa minutos, Antonio del Amo
       Un hombre va por el camino/Un homen e dois caminhos, Manuel Mur Oti
1950 *Lola la Piconera*, Luis Lucia
       Sangre en Castilla, Benito Perojo
       El último caballo, Edgar Neville
       Hace cien años, Antonio de Obregón
       Jack el negro/Captain Blackjack, Julien Duvivier y José Antonio Nieves Conde
       Cuento de hadas, Edgar Neville
1951 *La leona de Castilla*, Juan de Orduña
       Alba de América, Juan de Orduña
1952 *Duende y misterio del flamenco*, Edgar Neville
       La hermana San Sulpicio, Luis Lucia
       ¡Ché, que loco!, Ramón Torrado
       Doña Francisquita, Ladislao Vajda
       El seductor de Granada, Lucas Demare
       La alegre caravana, Ramón Torrado
1953 *El pórtico de la gloria*, Rafael J. Salvia
       Novio a la vista, Luis García Berlanga

La moza del cántaro, Florián Rey
Maldición gitana, Jerónimo Mihura
Aventuras del barbero de Sevilla/L'Aventurier de Séville, Ladislao Vajda
1954 *Nadie lo sabrá*, Ramón Torrado
Cañas y barro/La palude del peccato, Juan de Orduña
El padre Pitillo, Juan de Orduña
La pícara molinera/Le Moulin des amours, León Klimovsky
Tres hombres van a morir/Trois hommes vont mourir (La Patrouille des sables) (con Aguettand), Feliciano Catalán y René Chanas
Zalacaín el aventurero, Juan de Orduña
1955 *La fierecilla domada/La Mégére apprivoisée* (y actor), Antonio Román
La legión del silencio, José Antonio Nieves Conde y José María Forqué
La ironía del dinero/Bonjour la chance, Edgar Neville
Una aventura de Gil Blas/Les aventures de Gil Blas de Santillane (con Hubert), René Jolivet y Ricardo Muñoz Suay
El amor de Don Juan/Don Juan (con Wakhewitch), John Berry
Cuerda de presos, Pedro Lazaga
Suspiros de Triana, Ramón Torrado
La chica del barrio, Ricardo Núñez
1956 *Torrepartida*, Pedro Lazaga
Maravilla, Javier Setó
El cantor de Méjico/La chanteur de México (con Pimenoff), Richard Pottier y Fortunato Bernal
El batallón de las sombras/Mulheres da sombra, Manuel Mur Oti
Los amantes del desierto/Gli amanti del deserto (con Mario Garbuglia), León Klimovsky, Godoffredo Alessandrini, Ferruccio Cerchio y Gianni Vernuccio
1957 *El último cuplé*, Juan de Orduña
La guerra empieza en Cuba, Manuel Mur Oti
El aprendiz de malo, Pedro Lazaga
Las de Caín, Antonio Momplet
Las lavanderas de Portugal/Les lavandières de Portugal, Pierre Gaspard-Huit y Ramón Torrado
María de la O, Ramón Torrado
1958 *Música de ayer*, Juan de Orduña
Café de Puerto/Malinconico autunno, Raffaello Matarazzo
La Tirana, Juan de Orduña
Escucha mi canción, Antonio del Amo

1959 *El amor que yo te di*, Tulio Demicheli
El magistrado/Il magistrato (con Mogherini), Luigi Zampa
Duelo en la cañada, Manuel Mur Oti
Un ángel tuvo la culpa, Luis Lucia
El pequeño coronel, Antonio del Amo
1960 *El príncipe encadenado*, Luis Lucia
El indulto, José Luis Sáenz de Heredia
Melocotón en almíbar, Antonio del Amo
Los dos golfillos, Antonio del Amo
1961 *El amor de los amores*, Juan de Orduña
Bello recuerdo, Antonio del Amo
Historia de una noche, Luis Saslavsky
Milagro a los cobardes, Manuel Mur Oti
La mentirosa, Enrique Cahen Salaverry
1962 *El balcón de la luna*, Luis Saslavsky
La cara del terror, Isidoro Martínez Ferri
La batalla del domingo, Luis Marquina
¿Chico o chica?, Antonio del Amo
Cuando estalló la paz, Julio Diamante
1963 *Rueda de sospechosos*, Ramón Fernández
Del rosa al amarillo, Manuel Summers
El secreto de Tomy/Le secret de Joselito, Antonio del Amo
Las gemelas, Antonio del Amo
Llegar a más, Jesús Fernández Santos
Loca juventud/Questa pazza, pazza gioventù/Louca juventude, Manuel Mur Oti
Crucero de verano, Luis Lucia
Valiente, Luis Marquina
1964 *El extraño viaje*, Fernando Fernán-Gómez
Piedra de toque, Julio Buchs
Isidro, el labrador, Rafael J. Salvia
Un tiro por la espalda, Antonio Román

DECORADOS:

1964 *Por un puñado de dólares/Per un pugno di dollari/Für eine handvoll Dollars*, Sergio Leone

DIRECCIÓN ARTÍSTICA:

1964 *El salario del crimen*, Julio Buchs
La niña de luto, Manuel Summers
Nobleza baturra, Juan de Orduña
Un hombre solo, Harald Philipp
El pecador y la bruja, Julio Buchs
El niño y el muro, Ismael Rodríguez
Jandro, Julio Coll
El marqués, Niels West-Larsen
1965 *De cuerpo presente*, Antonio Eceiza
El alma de la copla, Pío Ballesteros

El rayo desintegrador (Aventuras de Quique y Arturo el robot), Pascual Cervera
Los jueces de la Biblia (con Ottavio Scotti), Francisco Pérez Dolz
Saúl y David/Saul e David (con Ottavio Scotti), Marcello Baldi
Misión especial en Caracas/Mission spéciale à Caracas/Missione Caracas (con Louis Le Barbenchon), Raoul André
Los oficios de Cándido, Javier Aguirre
1972 *La leyenda del Alcalde de Zalamea*, Mario Camus
1973 *Tamaño natural/Grandeur nature (Life Size)*, Luis García Berlanga

Burmann, Wolfgang

Wolfgang Burmann Sánchez nace en Madrid el 19 de junio de 1940. Trabajó en el estudio de su padre como ayudante en distintas obras de teatro y en el cine. A partir de 1957 empezó a hacer sus propios montajes. Ha diseñado decorados de series para TVE como *Curro Jiménez* (Mario Camus, 1977), *El crimen del capitán Sánchez* (Vicente Aranda, 1985), *Lorca, muerte de un poeta* (Juan Antonio Bardem, 1988), *Brigada central* (Pedro Masó, 1988), *Réquiem por Granada* (Vicente Escrivá, 1989), *El lado oscuro* (1991) y la segunda parte de *Brigada central* (Pedro Masó, 1991). Ha expuesto sus pinturas en varias muestras.

MERITORIO:

1955 *La chica del barrio*, Ricardo Núñez
1956 *Tremolina*, Ricardo Núñez
El batallón de las sombras, Manuel Mur Oti
El cantor de Méjico/La chanteur de México (con Pimenoff), Richard Pottier y Fortunato Bernal
Maravilla, Javier Setó
Los amantes del desierto/Gli amanti del deserto, León Klimovsky, Godoffredo Alessandrini, Ferruccio Cerchio y Gianni Vernuccio

AYUDANTE DE DECORACIÓN:

1957 *La guerra empieza en Cuba* (con Cofiño), Manuel Mur Oti
El aprendiz de malo, Pedro Lazaga

MERITORIO:

1957 *María de la O*, Ramón Torrado
1958 *Café de Puerto/Malinconico autunno*, Raffaello Matarazzo

AYUDANTE DE DECORACIÓN:

1958 *Luna de miel en España/Honeymoon*, Michael Powell
Marineros, no miréis a las chicas/Marinai donne e guai, Giorgio Simonelli
Escucha mi canción (con Cofiño), Antonio del Amo
1959 *El magistrado/Il magistrato*, Luigi Zampa
Un ángel tuvo la culpa, Luis Lucia
Melocotón en almíbar, Antonio del Amo
1961 *La mentirosa*, Enrique Cahen Salaverry
1962 *La cara del terror*, Isidoro Martínez Ferri
Fra Diábolo/I tromboni di Fra' Diabolo, Miguel Lluch y Giorgio Simonelli
Vuelve San Valentín, Fernando Palacios
La mano de un hombre muerto, Jesús Franco
1963 *Los dinamiteros/L'ultimo Rififi*, Juan García Atienza
Araña negra/Das Geheimnis der schwarzen Witwe, Franz J. Gottlieb
Rueda de sospechosos, Ramón Fernández
Llegar a más, Jesús Fernández Santos
Del rosa al amarillo, Manuel Summers
Valiente (con Cofiño), Luis Marquina
1964 *La niña de luto*, Manuel Summers
Piedra de toque, Julio Buchs
Los cien caballeros/I cento cavalieri/Herrenpartie, Vittorio Cottafavi
Tengo 17 años, José María Forqué
1965 *El rayo desintegrador (Aventuras de Quique y Arturo el robot)*, Pascual Cervera

DIRECCIÓN ARTÍSTICA:

1965 *Las águilas negras de Santa Fe/Die schwarzen Adler von Santa Fe* (con Jan Zazvorna), Ernst Hofbauer
Duelo en el Amazonas/Die goldene Göttin vom Rio Beni, Eugenio Martín
El juego de la oca, Manuel Summers
1966 *Mañana de domingo*, Antonio Giménez Rico
1967 *Peppermint Frappé* (con Sanz de Soto), Carlos Saura, SNE
Días de viejo color, Pedro Olea
Quince horcas para un asesino, Nunzio Malasomma

El millón de Madigan/Un dollaro per 7 vigliacchi, Giorgio Gentilli

1968 *El hueso*, Antonio Giménez Rico

La vil seducción, José María Forqué

Juan y Junior en un mundo diferente, Pedro Olea

Los largos días de la venganza/I lunghi giorni della vendetta, Stan Vance (Florestano Vancini)

La esclava del paraíso, José María Elorrieta

Ragan, Luciano Lelli

Bang, bang, Luciano Lelli

1969 *¿Por qué te engaña tu marido?*, Manuel Summers

Pecados conyugales, José María Forqué

Estudio amueblado 2P, José María Forqué

Las Leandras, Eugenio Martín

Un sudario a la medida/Candidato per un assassino, José María Elorrieta

El ángel, Vicente Escrivá

La ametralladora/Quel caldo maledetto giorno di fuoco, Paolo Bianchini

El cronicón, Antonio Giménez Rico

Pepa Doncel, Luis Lucia

Chicas de club (Cántico) (con Nieva), Jorge Grau

1970 *No desearás al vecino del quinto/Due ragazzi da marciapiedi*, Ramón Fernández

Fortunata y Jacinta, Angelino Fons, CEC

Goya, historia de una soledad, Nino Quevedo, CEC

Crimen imperfecto, Fernando Fernán Gómez

Una droga llamada Helen/Paranoia, Umberto Lenzi

Trasplante a la italiana/Il trapianto (con Alberto Boccianti), Steno

1971 *El techo de cristal*, Eloy de la Iglesia

Blanca por fuera, rosa por dentro, Pedro Lazaga

La novicia rebelde, Luis Lucia

1972 *Los novios de mi mujer*, Ramón Fernández

Detrás del silencio/Horrore mudo, Umberto Lenzi

Secuestro a la española, Mateo Cano

Casa Flora, Ramón Fernández

1973 *Marianela*, Angelino Fons

Una mujer prohibida, José Luis Ruiz Marcos

Separación matrimonial, Angelino Fons

Demasiados muertos para Tex, Martín Celler

Tres superhombres en el oeste, Italo Martineghi

As de corazón, Tulio Demicheli

1974 *El comisario G (El caso del cabaret)*, Fernando Merino

Ya soy mujer, Manuel Summers

La Regenta, Gonzalo Suárez

La madrastra, Roberto Gavaldón

El libro del buen amor, Tomás Aznar

Tan cerca y tan lejos, Angelino Fons

1975 *De profesión polígamo*, Angelino Fons

La joven casada, Mario Camus

Madres solteras, Antonio del Amo

Amor casi... libre, Fernando Merino

1976 *La otra alcoba*, Eloy de la Iglesia

1977 *Camada negra*, Manuel Gutiérrez Aragón

El rediezcubrimiento de México, Fernando Cortés

Dios bendiga cada rincón de esta casa, Chumy-Chúmez

Tengamos la guerra en paz, Eugenio Martín

Mi primer pecado, Manuel Summers

El puente, Juan Antonio Bardem

1978 *El sexo ataca*, Manuel Summers

1979 *La Sabina/The Sabina*, José Luis Borau

¡Qué verde era mi duque!, José María Forqué

Gata caliente, Vicente Escrivá

Chocolate, Gil Carretero

Los energéticos, Mariano Ozores

1980 *Vértigo en la pista/Speed Driver* (con Albrecht Konrad), Stelvio Massi

La invasión de los zombies atómicos/Incubo sulla città contaminata (con Massimo Antonelo Geleng), Umberto Lenzi

Buitres sobre la ciudad, Gianni Siragusa

El canto de la cigarra, José María Forqué

El poderoso influjo de la luna, Antonio F. del Real

Una chica llamada Marilyne/Le c... de Marline, Jean Lauret

1980 *El niño de su mamá*, Luis María Delgado

1981 *¡Trágala perro!*, Antonio Artero

Busco amante para un divorcio/Tutta da scoprire, Giuliano Carnimeo

La segunda guerra de los niños, Javier Aguirre

Por favor ocúpate de Amelia/Per favore occupati di Amelia, Flavio Mogherini

La noche secreta de Lucrecia Borgia, Roberto Montero

Le llamaban Jr, Francisco Lara Polop
1982 *JR contraataca,* Francisco Lara Polop
La camionera está como un tren/I camionisti, Flavio Mogherini
1983 *La conquista de Albania,* Alfonso Ungría
El arreglo, José Antonio Zorrilla
1984 *Epílogo,* Gonzalo Suárez
1986 *Romanza final,* José María Forqué N.GOYA
El sueño de Tánger, Ricardo Franco
1987 *Remando al viento,* Gonzalo Suárez GOYA
1989 *Continental,* Javier Villaverde
Pareja enloquecida busca madre de alquiler, Mariano Ozores
1991 *Don Juan en los infiernos,* Gonzalo Suárez N.GOYA
1992 *La reina anónima,* Gonzalo Suárez
El amante bilingüe, Vicente Aranda
1993 *Tocando fondo,* José Luis Cuerda
La Lola se va a los puertos (con Fernando Sáenz), Josefina Molina
1994 *Así en el cielo como en la tierra,* José Luis Cuerda
1995 *La flor de mi secreto,* Pedro Almodóvar
Tesis (y productor), Alejandro Amenábar
1996 *Mi nombre es sombra,* Gonzalo Suárez
De qué se ríen las mujeres, Joaquín Oristrell

Caballero, Iñaki

DIRECCIÓN ARTÍSTICA:

1986 *Por la borda/Kareletik,* Ángel Lertxundi

Caballero, José

José Caballero y Muñoz Caballero, nace en Huelva el 11 de junio de 1916. Pintor, en 1933 pasa a formar parte de *La Barraca,* donde el año siguiente diseña los decorados de *El caballero de Olmedo.* Entre 1940 y 1950 se aleja de la pintura dedicándose sobre todo a la escenografía teatral, cinematográfica y de espectáculos folclóricos. A partir de 1950 vuelve a la pintura. Fallece en Madrid en 1991.

VESTUARIO:

1943 *El escándalo* (con Juan Antonio Morales), José Luis Sáenz de Heredia

1948 *Las aguas bajan negras,* José Luis Sáenz de Heredia
1956 *Fedra,* Manuel Mur Oti

CUADROS QUE APARECEN EN LA PELÍCULA PINTADOS POR LOS PERSONAJES:

1947 *Confidencia,* Jerónimo Mihura (sólo los cuadros)
1948 *La calle sin sol,* Rafael Gil (sólo los cuadros)

DIRECCIÓN ARTÍSTICA:

1951 *Parsifal,* Daniel Magrané CEC
1953 *Intriga en el escenario* (con Villalba y Antón Santaballa), Feliciano Catalán

ESCENOGRAFÍA DEL BALLET:

1954 *Todo es posible en Granada,* José Luis Sáenz de Heredia

Cabero, Antonio

Antonio Cabero Fernández, nace en Aranjuez (Madrid) el 21 de diciembre de 1915. En 1931 comienza a trabajar en el cine como ayudante de carpintero, en 1939 como oficial de segunda, el año siguiente asciende a oficial de primera y a partir de 1948 construye decorados.

CONSTRUCCIÓN:

1958 *El pisito* (con Cortell), Marco Ferreri e Isidoro Martínez Ferri
1966 *Mayores con reparos,* Fernando Fernán-Gómez

DIRECCIÓN ARTÍSTICA:

1983 *La fuerza del deseo,* Alfred S. Brell
1987 *Ahora mis pistolas hablan/La revancha,* Alfred S. Brell

Cabezas, Marta

Marta Cabezas Villanueva.

DIRECCIÓN ARTÍSTICA:

1980 *Viciosas al desnudo,* Manuel Esteba

1982 *Atrapado* (con Maipi Esteban), Raül Contel
Fuga de Ceylan (con Maipi Esteban), Jacques Orth
Bacanales romanas, Jacobo Most
1984 *La joven y la tentación/La Jeune fille et l'enfer*, François Mimet
Locas vacaciones, Hubert Frank
1986 *La miel del diablo/La miele del diavolo*, Lucio Fulci

Cabo, Antonio de

Actor habitual en películas dirigidas por Jesús Franco como *Vuelo al infierno* (1971), *El sádico de Notre Dame* (1974), *Sexo caníbal* (1979), *Las chicas de Copacabana* (1979) y *Aberraciones sexuales de una mujer casada* (1980).

DIRECCIÓN ARTÍSTICA:

1971 *Drácula contra Frankenstein/Dracula prisonnier de Frankenstein* (y actor), Jesús Franco

Calatayud, Román

Román Calatayud Alegre, nace en Mogente (Valencia) el 1 de diciembre de 1921. Comienza a trabajar en el taller de decorados teatrales de su tío Juan Ros. Estudia en el I.I.E.C. desde 1948 hasta 1951. Trabaja en los talleres de decoración de Samuel Bronston entre 1962 y 1964. Hace la escenografía de los ballets de Antonio, Marianela de Montijo, y de Teresa y Luisillo, de los espectáculos de Concha Piquer, Lola Flores, Juanita Reina, Antonio Molina y Antoñita Moreno entre otros. Empezó a trabajar en TVE en 1972, diseñando los decorados de programas como *El caballo de pica* (José Antonio Páramo, 1974) y *Cervantes* (Alfonso Ungría, 1981) con Fernando Sáenz y Ricardo Vallespín.

VESTUARIO:

1953 *La moza del cántaro*, Florián Rey
El Alcalde de Zalamea, José G. Maesso
1954 *Viento del norte*, Antonio Momplet

AMBIENTACIÓN:

1958 *La novia de Juan Lucero* (y vestuario), Santos Alcocer

1964 *España insólita*, Javier Aguirre
1965 *El sonido de la muerte*, José Antonio Nieves Conde

AYUDANTE DE DECORACIÓN:

1971 *Catlow (El oro de nadie)*, Sam Wanamaker
Lea, l'hiver, Marc Monnet

DIRECCIÓN ARTÍSTICA:

1954 *El rey de la carretera*, Juan Fortuny
1955 *Curra Veleta* (y vestuario), Ramón Torrado
1956 *Calabuch*, Luis García Berlanga
1957 *Sueños de historia*, José Hernández Gan
1958 *Canto para ti*, Sebastián Almeida
Fiesta en el Caribe/Baldoria nei Caraibi, José Luis Zabala y Ubaldo Ragona
El emigrante, Sebastián Almeida
1959 *Bajo el cielo andaluz*, Arturo Ruiz-Castillo
En las ruinas de Babilonia/Der Lowe von Babylon, Ramón Torrado
1960 *Juanito/Unsere Heimat ist die ganze Welt*, Fernando Palacios
Pachín, Arturo Ruiz-Castillo
El tesoro de los hombres azules/Le tresor des hommes bleus, Marco Ferreri y Edmond Agabra
1961 *Pachín almirante*, Santos Alcocer
1962 *Todos eran culpables*, León Klimovsky
Cupido contrabandista, Esteban Madruga
Objetivo: las estrellas, Ramón Fernández
1964 *Flor salvaje*, Javier Setó
1965 *Johnny West/Johnny West il mancino/Les frères Dynamite*, Gianfranco Parolini
La carga de la Policía Montada, Ramón Torrado
Marc Mato, agente S-077/S-007 Spionaggio a Tangeri, Gregg Tallas
Flor salvaje, Javier Setó
Las últimas horas, Santos Alcocer
1966 *Frontera al sur*, José Luis Merino
Adiós, gringo, Giorgio Stegani
Bueno para nada, Walter Santesso
Dos contra Al Capone, Giorgio Simonelli
Mestizo, Julio Buchs
Un golpe de mil millones/Un colpo da mille milardi/Intrigue à Suez, Paolo Heusch
El amor brujo, Francisco Rovira Beleta
Cifrado especial/Cifrato speciale, Herbert J. Shermann (Pino Mercanti)

Gran golpe al servicio de Su Majestad Británica/Colpo maestro al servizio di Sua Maestá Britannica, Michele Lupo

¡Qué noche, muchachos!/Che notte, ragazzi!, Giorgio Capitani

1967 *Villa Rides! (¡Villa cabalga!)* (con Algueró), Buzz Kulik

Ypotron/Agente Logan, missione Ypotron/Der Chef schickt seinen besten Mann, George Finley (Giorgio Stegani)

No hago la guerra... prefiero el amor/Non faccio la guerra, faccio l'amore, Franco Rossi

1968 *Consigna Tánger 67/Requiem per un agente segreto/Der Chef Schickt seinen besten* (con Villalba), Sergio Sollima

Aquí robamos todos/La notte è fatta per... rubare, Giorgio Capitani

Lo quiero muerto/Lo voglio morto, Paolo Bianchini

Hasta la última gota de sangre/L'ira di Dio, Albert Cardiff (Alberto Cardone)

Cantando a la vida/Ein Hoch der Liebe, Angelino Fons

1969 *Con ella llegó el amor,* Ramón Torrado

Más allá del río Miño, Ramón Torrado

Una historia perversa/Una sull'altra (con Nedo Azzini), Lucio Fulci

Las trompetas del Apocalipsis/I caldi amori di una minorenne (con Postiglione), Julio Buchs

Llego, veo y disparo/Vado, vedo e sparo, Enzo G. Castellari

Los desesperados, Julio Buchs

1970 *Las siete vidas del gato,* Pedro Lazaga

¡Viva la aventura!/Des vacances en or, Francis Rigaud

Los hombres las prefieren viudas, León Klimovsky

Los fríos ojos del miedo, Enzo G. Castellari

Marta, José Antonio Nieves Conde

Una lagartija con piel de mujer/Una lucertola con la pelle di donna (con Nedo Azzini), Lucio Fulci

The Trojan Women (Las troyanas), Michael Cacoyannis

Las siete vidas del gato, Pedro Lazaga

1971 *Préstame quince días,* Fernando Merino

Black History, Pedro Lazaga

1973 *No es bueno que el hombre esté solo,* Pedro Olea

Los héroes millonarios/Gli eroi, Duccio Tessari

Volver a nacer, Javier Aguirre

1974 *Un par de zapatos del 32/Qualcuno ha visto uccidere* (con Carlo Gentili), Rafael Romero Marchent

Calvo, Fernando

AYUDANTE DE DECORACIÓN:

1937 *Aurora de esperanza,* Antonio Sau

Barrios bajos, Pedro Puche

DIRECCIÓN ARTÍSTICA:

1937 *En la brecha,* Ramón Quadreny

Calvo, Sergio

DIRECCIÓN ARTÍSTICA:

1954 *Tirma/La principessa delle Canarie* (y vestuario con Carlos Morón), Paolo Moffa y Carlos Serrano de Osma

Candini, Cesc

Francesc Candini Puig nace en Barcelona el 4 de octubre de 1948. Decorador de interiores, ha trabajado en publicidad y como figurinista. Ha diseñado decorados de series para TVE como *La Plaza del Diamante* (Francesc Betriu, 1981) con Rosell y Villaronga.

DIRECCIÓN ARTÍSTICA:

1978 *La orgía* (con Felipe de Paco), Francesc Bellmunt

Salut i força al canut/Cuernos a la catalana, Francesc Bellmunt

1980 *Barcelona Sur,* Jordi Cadena

1983 *Un genio en apuros,* Luis José Comerón

1985 *Tras el cristal,* Agustín Villaronga

1988 *El niño de la luna* (con Sadok Majri), Agustín Villaronga

1996 *Razones sentimentales,* Antonio A. Farré

Canet, Francisco

Francisco Canet Cubell nace en Valencia el 21 de septiembre de 1910. A principios de los años cincuenta es socio de la productora por U.N.I.N.C.I. Acompaña a Berlanga, Muñoz Suay y Zavattini en su viaje para localizar escenarios naturales de *España mía*. Es uno de los profesionales que se adhieren al manifiesto previo de las Conversaciones de Salamanca.

CONSTRUCCIÓN:

1942 *Los misterios de Tánger*, Carlos Fernández Cuenca
1943 *Café de París*, Edgar Neville
   El camino del amor, José María Castellví
   El pozo de los enamorados, José H. Gan
   El escándalo, José Luis Sáenz de Heredia (tres decorados)
   Mi fantástica esposa, Eduardo G. Maroto
1944 *Paraíso sin Eva*, Sabino A. Micón
   Lola Montes, Antonio Román
   Eugenia de Montijo, José López Rubio
   La torre de los siete jorobados, Edgar Neville
   El testamento del Virrey, Ladislao Vajda
   Ella, él y sus millones, Juan de Orduña
   Sol y sombra de Manolete, Abel Gance y Luis Marquina (inacabada)
1945 *Castañuela*, Ramón Torrado
   Domingo de Carnaval, Edgar Neville
   La vida en un hilo, Edgar Neville
   Los últimos de Filipinas, Antonio Román
1946 *Misión blanca*, Juan de Orduña
   Mañana como hoy, Mariano Pombo
   El crimen de la calle Bordadores, Edgar Neville
   El huésped del cuarto 13, Arturo Duarte
   El traje de luces, Edgar Neville
   Cuando llegue la noche, Jerónimo Mihura
1947 *Serenata española*, Juan de Orduña
   Confidencia, Jerónimo Mihura
   Nada, Edgar Neville
   La nao capitana, Florián Rey
   Fuenteovejuna, Antonio Román
   La cigarra, Florián Rey
1948 *Las aguas bajan negras*, José Luis Sáenz de Heredia
   Doña María la Brava, Luis Marquina

AYUDANTE DE DECORACIÓN:

1939 *El huésped del sevillano,* Enrique del Campo
1940 *Boy*, Antonio Calvache
   El famoso Carballeira, Fernando Mignoni

DIRECCIÓN ARTÍSTICA:

1944 *La hija del circo* (y construcción), Julián Torremocha

Tamara (y construcción), Julián Torremocha
   Santander, la ciudad en llamas, Luis Marquina
   La tempestad, Javier de Rivera
   El sobrino de Don Buffalo Bill, Ramón Barreiro
1945 *Chantaje*, Antonio de Obregón
   La gitana y el rey, Manuel Bengoa
1946 *Consultaré a Mr. Brown*, Pío Ballesteros
   Dos mujeres y un rostro, Adolfo Aznar
   Audiencia pública, Florián Rey
   El centauro, Antonio Guzmán Merino
   Tres espejos, Ladislao Vajda
1947 *Extraño amanecer*, Enrique Gómez
   La manigua sin Dios (con Vaquero), Arturo Ruiz Castillo
   Póker de ases, Ramón Barreiro
1948 *Sin uniforme*, Ladislao Vajda
   La sombra iluminada, Carlos Serrano de Osma
   Pototo, boliche y compañía, Ramón Barreiro
1949 *El sótano*, Jaime de Mayora
   Flor de lago, Mariano Pombo
   Servicio en la mar, Luis Suárez de Lezo
1950 *Cuentos de la Alhambra*, Florián Rey
   Séptima página, Ladislao Vajda
   El sueño de Andalucía/Andalousie (con Guy de Gastyne), Luis Lucia y Robert Vernay
   Hombre acosado, Pedro Lazaga
   Cerca del cielo, Domingo Viladomat y Mariano Pombo
1952 *Último día*, Antonio Román
   ¡Bienvenido Mr. Marshall!, Luis García Berlanga
   Violetas Imperiales/Violettes Imperiales (con León Barsacq), Richard Pottier y Fortunato Bernal
1953 *Sangre y luces/Sang et lumières* (con Robert Giordani), Georges Rouquier y Ricardo Muñoz Suay
1954 *Para siempre/Para siempre amor*, Tito Davison
1955 *Fulano y Mengano*, Joaquín Luis Romero Marchent
1956 *Viaje de novios*, León Klimovsky
1957 *Las muchachas de azul*, Pedro Lazaga
   La frontera del miedo, Pedro Lazaga
   Tal vez mañana/L'uomo dei calzoni corti (con Augusto Ciuffini), Glauco Pellegrini
   El hereje/L'eretico, Francisco Borja Moro
1958 *Farmacia de guardia*, Clemente Pamplona

Ana dice sí, Pedro Lazaga
Luna de verano, Pedro Lazaga
Venta de Vargas, Enrique Cahen Salaverry
1959 *Sonatas* (con Ignacio Villareal y Gunter Gerzso), Juan Antonio Bardem
Los chicos, Marco Ferreri
1960 *Festival en Benidorm*, Rafael J. Salvia
A la cinco de la tarde, Juan Antonio Bardem
Los corsarios del Caribe/Il conquistatore di Maracaibo, Eugenio Martín
1961 *Tierra salvaje/The Savage Guns*, Michael Carreras
Viridiana, Luis Buñuel
Trampa para Catalina, Pedro Lazaga
Martes y trece, Pedro Lazaga
1962 *Los motorizados/I motorizzati* (con Aurelio Crugnola), Camillo Mastrocinque
Fin de semana, Pedro Lazaga
La pandilla de los once, Pedro Lazaga
Los guerrilleros, Pedro L. Ramírez
Scheherezade/La schiava di Bagdad (con Wakhevith), Pierre Gaspard-Huit
1963 *Una tal Dulcinea*, Rafael J. Salvia
Misión en el Estrecho/Gibraltar, Pierre Gaspard-Huit
Nunca pasa nada/Une femme est passée, Juan Antonio Bardem
Cuatro bodas y pico, Feliciano Catalán
Eva 63, Pedro Lazaga
Gringo, Julio Coll
Los pistoleros de Casa Grande/Gunfighters of Casa Grande, Roy Rowland
El mundo sigue, Fernando Fernán-Gómez
1964 *El hijo de Jesse James*, Antonio del Amo
Minnesota Clay/L'homme du Minnesota (con Carlo Simi), Sergio Corbucci
Platero y yo, Alfredo Castellón
Miguelín, Horacio Valcárcel
Los rurales de Texas (Texas Rangers)/I due violenti, Primo Zeglio
Los mangantes/Gli imbroglioni, Lucio Fulci
1965 *La escala de la muerte*, Manuel Torres
Mi canción es para ti, Ramón Torrado
Un beso en el puerto, Ramón Torrado
La bugiarda/La mentirosa (con Luigi Scaccianoce), Luigi Comencini
Misión Lisboa, Tulio Demicheli
La isla de la muerte/Das Geheimnis der Todeninsel, Mel Welles (Ernst von Theuner)
1966 *Dos alas*, Pascual Cervera
Django/Django (con Carlo Simi), Sergio Corbucci

El precio de un hombre/The Bounty Killer, Eugenio Martín
Zarabanda Bing-Bing/Baleari operazione oro/Barbouze chérie, José María Forqué
Cazador de recompensas/Per il gusto di uccidere, Tonino Valerii
El padre Manolo, Ramón Torrado
Anónima de asesinos, Juan de Orduña
Dos alas, Pascual Cervera
1968 *Mademoisille de Maupin/Madamigella di Maupin*, Mauro Bolognini
Viaje de novios a la italiana/Viaggio di nozze all'italiana, Mario Amendola
América rugiente/Cinque figli di cane, Alfio Caltabiano
El gran crucero, José G. Maesso
1969 *El crimen también juega/Rebus/Heisses Spiel für harte Männer*, Nino Zanchin
1971 *Coartada en disco rojo/Alibi nella luce rossa*, Tulio Demicheli
1972 *Las dos caras del miedo/I due volti della paura* (con Gastone Carsetti), Tulio Demicheli
Sumario sangriento de la pequeña Stefania/Mio caro assassino, Tonino Valerii
1976 *Taxista de señoras/Taxi-lover, servizio per signore*, Sergio Bergonzelli
1977 *Das Teufelscamp der verlorenen Frauen*, Hubert Frank
La violación de la señorita Julia, Francesco Barilli

Canora, Jordi

ATRECISTA:

1988 *Una sombra en el jardín*, Antonio Chavarrias

DIRECCIÓN ARTÍSTICA:

1992 *El diario de Lady M/Le journal de Lady M*, Alain Tanner
1996 *La moños*, Mireia Ros

Cardeña, Francesc

DIRECCIÓN ARTÍSTICA:

1992 *Semos peligrosos (uséase Makinavaja 2)* (con Roger Subirachs), Carlos Suárez
1996 *Primates*, Carles Jover

Carmona, Luis Manuel

DIRECCIÓN ARTÍSTICA:

1984 *Madre in Japan,* Francisco Perales
1986 *Las dos orillas,* Juan Sebastián Bollaín

Carrascal, Gabriel

Gabriel Carrascal Mañero nace en Madrid el 8 de marzo de 1944. Ingeniero técnico de Obras Públicas, estudia en la Escuela de Bellas Artes de Valencia y en la de Artes y Oficios de Madrid. Escultor y pintor, participa en varias exposiciones, a partir de 1979 trabaja como escenógrafo y diseñando el vestuario de numerosos montajes teatrales. Ha trabajado para televisión diseñando la escenografía y el vestuario de *Cita con el destino* (L. Rico, 1989) y haciendo la dirección artística de *Villarriba y villabajo* (Luis García Berlanga, 1994).

DIRECCIÓN ARTÍSTICA:

1991 *Cómo levantar mil kilos,* Antonio Hernández
1996 *Cuestión de suerte,* Rafael Moleón
Retrato de mujer con hombre al fondo, Manané Rodríguez
Mirada líquida, Rafael Moleón

Carrillo, Juan José

Juan José Carrillo Martínez nace en Madrid el 14 de junio de 1955. Estudios de Arquitectura y en el Instituto Oficial de Radio y Televisión. En 1986 ingresa en TVE trabajando también para Canal Sur, Telemadrid y Antena 3 en series como *Querido maestro* (Julio Sánchez Valdés, 1997). Ha dirigido cuatro cortometrajes y ha trabajado como director de producción.

DIRECCIÓN ARTÍSTICA:

1981 *Un pasota con corbata,* Jesús Terrón
1982 *Scramble eggs,* Enrique Jiménez (no estrenada)
1983 *El filandón* (con Torre de la Fuente), José María Martín Sarmiento
1987 *Luna de lobos,* Julio Sánchez Valdés
1989 *Bazar Viena,* Amalio Cuevas

Carvajal, Pedro

Pedro Carvajal y Urquijo nace en Madrid en 1944. Director y guionista.

DIRECCIÓN ARTÍSTICA:

1978 *Perro de alambre,* Manuel Caño
1979 *Memorias de Leticia Valle* (con Begoña del Valle-Iturriaga, Julio Barreda y Ángel Rodríguez), Miguel Ángel Rivas

Casas, Carlos

DIRECCIÓN ARTÍSTICA:

1942 *No te niegues a vivir,* Pedro Pujadas

Caseres, Rafael

DIRECCIÓN ARTÍSTICA:

1943 *Alas de paz,* Juan Parellada Cardellach

Castaño, Manuel

DIRECCIÓN ARTÍSTICA:

1962 *Siempre en mi recuerdo* (con Juan León), Silvio F. Balbuena

Castelao, Carmen

DIRECCIÓN ARTÍSTICA:

1993 *La mitad de la vida/A metade da vida,* Raul Veiga

Castells, Josep

DIRECCIÓN ARTÍSTICA:

1985 *Crónica sentimental en rojo,* Francisco Rovira Beleta

Castillo, Juan Carlos

DIRECCIÓN ARTÍSTICA:

1993 *Ciénaga,* José Ángel Bohollo

1994 *Valparaíso* (con Astaburuaga), Mariano Andrade

Castroviejo

Emilio Ruiz de Castroviejo y León, nace en Lucena (Córdoba) el 26 de diciembre de 1896.

AYUDANTE DE CONSTRUCCIÓN:

1933 *Sierra de Ronda*, Florián Rey
 La bien pagada, Eusebio Fernández Ardavín
1934 *Agua en el suelo*, Eusebio Fernández Ardavín
 Crisis mundial, Benito Perojo
 Doña Francisquita, Hans Behrendt
 La traviesa molinera/Le tricorne/It Happened in Spain, Harry d'Abbadie d'Arrast
 La Dolorosa, Jean Grémillon
1935 *Vidas rotas*, Eusebio F. Ardavín
 Rumbo al Cairo, Benito Perojo
 Nobleza baturra, Florián Rey
 Don Quintín el amargao, Luis Marquina
1936 *Morena clara*, Florián Rey

CONSTRUCCIÓN:

1935 *Es mi hombre*, Benito Perojo
 La hija de Juan Simón, José Luis Sáenz de Heredia
1935 *La reina mora*, Eusebio Fernández Ardavín
 El cura de aldea, Francisco Camacho
1936 *Centinela alerta*, Jean Grémillon
 Rinconcito madrileño, León Artola
 Don Floripondio, Eusebio Fernández Ardavín
1937 *En busca de una canción*, Eusebio Fernández Ardavín
1939 *Leyenda rota*, Carlos Fernández Cuenca
1940 *Gracia y Justicia*, Julián Torremocha
 El Milagro del Cristo de la Vega, Adolfo Aznar
 Rápteme usted, Julio Fleischner
1941 *Primer amor*, Claudio de la Torre
 Escuadrilla, Antonio Román
 ¡A mí no me mire usted!, José Luis Sáenz de Heredia
1942 *Boda en el infierno*, Antonio Román
 ¡Qué contenta estoy!, Julio Fleischner
 La blanca paloma, Claudio de la Torre
 Todo por ellas, Adolfo Aznar
 Intriga, Antonio Román
1943 *Ana María*, Florián Rey
 El frente de los suspiros, Juan de Orduña
 La casa de la lluvia, Antonio Román

¡Antes de entrar dejen salir!, Julio Fleischner
 Altar Mayor, Gonzalo Delgrás
 Una herencia en París, Miguel Pereyra
1944 *Yo no me caso*, Juan de Orduña
 Inés de Castro, José Leitao de Barros y Manuel Augusto García Viñolas
1945 *Espronceda*, Fernando Alonso Casares
 Su última noche, Carlos Arévalo
 A los pies de usted, Manuel Augusto García Viñolas
 Cinco lobitos/O diablo sao elas..., Ladislao Vajda
1946 *La mentira de la gloria*, Julio Fleischner
 El huésped del cuarto número 13, Arturo Duarte
 Dulcinea, Luis B. Arroyo
 María Fernanda, la jerezana, Enrique Herreros
 Héroes del 95, Raúl Alfonso
 Barrio, Ladislao Vajda
1947 *Luis Candelas, el ladrón de Madrid*, Fernando Alonso Casares
 María de los Reyes, Antonio Guzmán Merino
1948 *Angustia*, José Antonio Nieves Conde
 Brindis a Manolete, Florián Rey
 Hoy no pasamos lista, Raúl Alfonso
 Alhambra, Juan Vilá Vilamada
 Sin uniforme, Ladislao Vajda
 La cigarra, Florián Rey
 Una noche en blanca, Fernando Alonso Casares
1949 *Paz*, José Díaz Morales
 Fuego, Alfredo Echegaray Comba
1950 *El capitán veneno*, Luis Marquina
 La mariposa que voló sobre el mar, Antonio de Obregón

DIRECCIÓN ARTÍSTICA:

1939 *Amores de juventud*, Julián Torremocha
1940 *Jai-Alai* (con Escriñá), Ricardo Rodríguez Quintana

Cervantes, Juan

DIRECCIÓN ARTÍSTICA:

1984 *Guerra sucia*, Alfredo Casado Linares

Chicharro, Ángel S.

Ángel Santiago Chicharro nace en Jaén el 4

de diciembre de 1928. En 1945 comienza a trabajar como meritorio y ayudante de Francisco Canet, hasta 1948 cuando es contratado como delineante por Francisco R. Asensio, con quien está un año. En 1949 comienza a colaborar con Sigfredo Burmann como ayudante.

MERITORIO:

1946 *Serenata española,* Juan de Orduña
     El traje de luces, Edgar Neville
     La nao capitana, Florián Rey
     Barrio, Ladislao Vajda
     Mañana como hoy, Mariano Pombo
1947 *El duende y el rey,* Alejandro Perla
     Fuenteovejuna, Antonio Román
     Doña María la Brava, Luis Marquina
     La fe, Rafael Gil
     Nada, Edgar Neville
     Confidencia, Jerónimo Mihura
1948 *Siempre vuelven de madrugada,* Jerónimo Mihura
1947 *Obsesión,* Arturo Ruiz-Castillo
     Canción de medianoche, Antonio de Lara "Tono"

DIBUJANTE:

1947 *La manigua sin Dios,* Arturo Ruiz-Castillo
1948 *Las aguas bajan negras,* José Luis Sáenz de Heredia
     Vendaval, Juan de Orduña
1949 *Yo no soy la Mata-Hari,* Benito Perojo
     Pequeñeces, Juan de Orduña
     Agustina de Aragón, Juan de Orduña
1950 *Jack el negro/Captain Blackjack,* Julien Duvivier y José Antonio Nieves Conde
     Sangre en Castilla, Benito Perojo
     El último caballo, Edgar Neville
     Lola la Piconera, Luis Lucia
     Cuento de hadas, Edgar Neville
1951 *La leona de Castilla,* Juan de Orduña
     Alba de América, Juan de Orduña

DIRECCIÓN ARTÍSTICA:

1972 *Mágica aventura* (con Mauro Cáceres y José Zúmel), Cruz Delgado (dibujos animados)
1983 *Los viajes de Gúlliver* (con Mauro Cáceres y José Zúmel), Cruz Delgado (dibujos animados)

Chicharro, Miguel

Miguel Chicharro Vilches nace en Madrid el 15 de enero de 1952. Pintor, ha expuesto en varias muestras colectivas e individualmente en París, Madrid, Oviedo, Wiesbaden, Singapur, Ontario y Chicago. En televisión trabaja como dibujante en las series *El jardín de Venus* (José María Forqué, 1984), como ayudante de Luis Vázquez en *Miguel Servet* (José María Forqué, 1988) y como director artístico en *Caín* (Manuel Iborra, 1986), *Las chicas de hoy en día* (Fernando Colomo, 1990) y *Pepa y Pepe* (Manuel Iborra, 1995). Ha realizado carteles cinematográficos, figurines y *story-boards,* así como la reproducción de las cuevas de Altamira y los decorados de un ballet en la Expo-92.

DIRECCIÓN ARTÍSTICA:

1976 *La tercera puerta,* Álvaro Forqué
1983 *Ojo frágil,* Álvaro Forqué CM
     El caminante, Álvaro Forqué CM
1984 *El orden cómico,* Álvaro Forqué
1985 *Nosotros en particular,* Domingo Solano
1986 *Caín,* Manuel Iborra
1987 *Hace quince años,* José Luis Escobar CM
1988 *Suéltate el pelo,* Manuel Summers
     El baile del pato, Manuel Iborra
1990 *Las edades de Lulú,* Bigas Luna
     Gallinas, Bigas Luna (inacabada)
1991 *Salsa rosa,* Manuel Gómez Pereira
     Orquesta Club Virginia, Manuel Iborra
1992 *Que me hagan lo que quieran,* José Antonio F. Quirós CM
     Rosa-rosae, Fernando Colomo
1993 *Alegre ma non troppo,* Fernando Colomo
     Cómo ser infeliz y disfrutarlo, Enrique Urbizu
1994 *Cuernos de mujer,* Enrique Urbizu
     La niña de tus sueños, Jesús Delgado
     Suspiros de España y Portugal, José Luis García Sánchez
1995 *El niño invisible,* Rafael Moleón
1996 *Los Porretas,* Carlos Suárez
     Dame algo (y vestuario), Héctor Carré
     El tiempo de la felicidad, Manuel Iborra
1997 *Siempre hay un camino a la derecha,* José Luis García Sánchez

Ciurana, Neus

DIRECCIÓN ARTÍSTICA:

1979 *Cariño mío ¿qué me has hecho?*, Enrique Guevara

Cobo, Fernando

DIRECCIÓN ARTÍSTICA:

1983 *Los motivos de Berta* (con Andrés Sánchez Sanz), José Luis Guerín

Coderch, José Antonio

José Antonio Coderch de Sentmenat nace en Barcelona el 25 de noviembre de 1913. Obtiene el doctorado en arquitectura en 1940. Ese año se traslada a Madrid para trabajar en la Dirección General de Arquitectura hasta 1942. Proyecta y construye numerosos edificios siendo profesor de la Escuela de Arquitectura de Barcelona. Fallece en Barcelona en 1984.

DIRECCIÓN ARTÍSTICA:

1942 *Siempre mujeres* (con Simont), Carlos Arévalo
1943 *Forja de almas*, Eusebio Fernández Ardavín

Cocca, Carlos

DIRECCIÓN ARTÍSTICA:

1979 *Polvos mágicos* (con Antonio de Miguel), José Ramón Larraz

Cofiño, Adolfo

Adolfo Cofiño Castellanos, nace en Madrid el 19 de febrero de 1931. Ayudante de Obras Públicas, trabaja como ayudante de Sigfredo Burmann desde 1950 y posteriormente con Pierre Thévenet, Ramiro Gómez y Eduardo Torre de la Fuente. Diseña los decorados de programas emitidos por TVE como *La canción del olvido* (Juan de Orduña, 1967), *La revoltosa* (Juan de Orduña, 1968), *Bohemios* (Juan de Orduña, 1969), *Las golondrinas* (Juan de Or-

duña, 1968) y *El mayorazgo de Labraz* (Pío Caro Baroja, 1982). En los últimos años de su carrera activa trabaja en el Teatro Nacional.

MERITORIO:

1949 *Pequeñeces*, Juan de Orduña
Agustina de Aragón, Juan de Orduña
1950 *Lola la Piconera*, Luis Lucia
El último caballo, Edgar Neville
Cuento de hadas, Edgar Neville
1951 *La leona de Castilla*, Juan de Orduña
Alba de América, Juan de Orduña

AYUDANTE DE DECORACIÓN:

1955 *La fierecilla domada/La Mégère apprivoisée*, Antonio Román
El amor de Don Juan/Don Juan, John Berry
1956 *El batallón de las sombras/Mulheres da sombro*, Manuel Mur Oti
Maravilla, Javier Setó
1957 *La guerra empieza en Cuba* (con Wolfgang Burmann), Manuel Mur Oti
Las lavanderas de Portugal/Les lavandieres de Portugal, Pierre Gaspard-Huit y Ramón Torrado
1958 *La Tirana*, Juan de Orduña
Música de ayer, Juan de Orduña
Escucha mi canción (con Wolfgang Burmann), Antonio del Amo
1959 *Duelo en la cañada*, Manuel Mur Oti
El amor que yo te di, Tulio Demicheli
El pequeño coronel, Antonio del Amo
1960 *El indulto*, José Luis Sáenz de Heredia
El príncipe encadenado, Luis Lucia
Los dos golfillos, Antonio del Amo
1961 *Bello recuerdo*, Antonio del Amo
Historia de una noche, Luis Saslavsky
Los que no fuimos a la guerra, Julio Diamante
1962 *¿Chico o chica?*, Antonio del Amo
El balcón de la luna, Luis Saslavsky
La batalla del domingo, Luis Marquina
Encrucijada mortal/The Ceremony, Laurence Harvey
1963 *La reina del Chantecler*, Rafael Gil
Loca juventud/Questa pazza, pazza gioventù/Louca juventude, Manuel Mur Oti
Crucero de verano, Luis Lucia
La otra mujer/L'Autre femme/Quella terribile notte, François Villiers
Las gemelas, Antonio del Amo

Valiente (con Wolfgang Burmann), Luis Marquina

1964 *Isidro, el labrador*, Rafael J. Salvia
Un tiro por la espalda, Antonio Román
El salario del crimen, Julio Buchs
Nobleza baturra, Juan de Orduña
Un hombre solo, Harald Philipp
El pecador y la bruja, Julio Buchs
El niño y el muro, Ismael Rodríguez
Jandro, Julio Coll
El marqués, Niels West-Larsen
El extraño viaje, Fernando Fernán-Gómez

1965 *El alma de la copla*, Pío Ballesteros
Los jueces de la Biblia, Francisco Pérez Dolz
Saúl y David/Saul e David, Marcello Baldi
Los oficios de Cándido, Javier Aguirre
001, operación Caribe/A.001 Operazione Giamaica/Scharfe Schüsse auf Jamaiko, Richard Jackson (Antonio del Amo)

DIRECCIÓN ARTÍSTICA:

1965 *L'arme à gauche/Armas para el Caribe* (con Rene Renoux), Claude Sautet
Lola, espejo oscuro, Fernando Merino

1966 *Amor a la española*, Fernando Merino
Dos cosmonautas a la fuerza/00-2 Operazione Luna, Lucio Fulci
La busca, Angelino Fons
Operación Plus Ultra, Pedro Lazaga

1967 *Flatfoot*, Julio Salvador
Siete mujeres para los McGregor/Sette donne per i McGregor, Franco Giraldi
Todos los hermanos eran agentes/O.K. Connery (con Franco Fontana), Alberto de Martino
Las que tienen que servir, José María Forqué
El Cobra/Il Cobra, Mario Sequi
La niña del patio, Amando de Ossorio

1968 *Cerco de terror*, Luis Marquina
Los subdesarrollados, Fernando Merino
Los que tocan el piano, Javier Aguirre
La dinamita está servida, Fernando Merino
Una vez al año ser hippy no hace daño, Javier Aguirre
Objetivo bikini, Mariano Ozores
Pasto de fieras, Amando de Ossorio
Z.7. Operación Rembrandt/Rembrandt 7 Antwortet Night, Giancarlo Romiteli

Demasiadas mujeres para Layton/Carré de dames por un as (con Robert Giordani), Jacques Poitrenaud
Llaman de Jamaica Mr. Ward, Julio Salvador
Siete minutos para morir, Ramón Fernández
Prisionero en la ciudad, Antonio de Jaén

1969 *Cuatro noches de boda*, Mariano Ozores
El largo día del águila/La battaglia d'Inghilterra (con Alberto Boccianti), Enzo G. Castellari
Soltera y madre en la vida, Javier Aguirre
Las panteras se comen a los ricos, Ramón Fernández
Tengo que abandonarte, Antonio del Amo

1970 *Los gallos de la madrugada*, José Luis Sáenz de Heredia
¡Vente a Alemania, Pepe!, Pedro Lazaga
La tonta del bote, Juan de Orduña
En un lugar de la Manga, Mariano Ozores
Que esperen los cuervos/Les étrangers/Quelli che sanno uccidere, Jean-Pierre Desagnat
O'Cangaceiro, Giovanni Fago
El invencible hombre invisible/L'inafferrabile invincibile Mr. Invisibile/Mr. Superinvisible (con Aurelio Crugnola), Anthony M. Dawson (Antonio Margheriti)
Los monstruos del terror/Dracula jagt Frankenstein, Tulio Demicheli
Pierna creciente, falda menguante, Javier Aguirre
Reza por tu alma... y muere/Arriva Sabata!..., Tulio Demicheli
Los compañeros/Lasst uns töten, companeros, Sergio Corbucci

1971 *Aunque la hormona se vista de seda*, Vicente Escrivá
Me debes un muerto, José Luis Sáenz de Heredia
En un mundo nuevo, Ramón Torrado
La graduada, Mariano Ozores
Si fulano fuese mengano, Mariano Ozores
Black Beauty/Belleza negra, James Hill
A mí las mujeres ni fu ni fa, Mariano Ozores
¡Vente a ligar al Oeste!, Pedro Lazaga
Adiós, cigüeña, adiós, Manuel Summers

1972 *Guapo heredero busca esposa*, Luis María Delgado

No firmes más letras, cielo, Pedro Lazaga
Venta por pisos, Mariano Ozores
¡Simón, contamos contigo!, Ramón Fernández
La curiosa,. Vicente Escrivá
Dos chicas de revista, Mariano Ozores
La descarriada, Mariano Ozores
Entre dos amores, Luis Lucia
Der Scharlachrote Buchstabe/La letra escarlata (con Manfred Lütz), Wim Wenders

1973 *Verflucht, dies Amerika/La banda de Jaider,* Volker Vogeler
Habla mudita, Manuel Gutiérrez Aragón
El espíritu de la colmena, Víctor Erice
Me has hecho perder el juicio, Juan de Orduña
Una monja y un Don Juan, Mariano Ozores
Lo verde empieza en los Pirineos, Vicente Escrivá

1973 *Una vela para el diablo,* Eugenio Martín
Una breve vacanza (con Luigi Scacciance), Vittorio de Sica

1974 *Cuando los niños vienen de Marsella,* José Luis Sáenz de Heredia
El reprimido, Mariano Ozores
La mujer con botas rojas/La Femme aux bottes rouges/La ragazza con gli stivali rossi, Juan Luis Buñuel
Polvo eres..., Vicente Escrivá

1975 *El mejor regalo,* Javier Aguirre
El valle de las viudas/Das Tal der tanzenden Witwen, Volker Vogeler
Zorrita Martínez, Vicente Escrivá
El señor está servido, Sinesio Isla
Contra la pared, Bernardo Fernández

1976 *La lozana andaluza,* Vicente Escrivá

1977 *El monosabio,* Ray Rivas
Niñas... al salón, Vicente Escrivá
Préstamela esta noche, Tulio Demicheli

1978 *Donde hay patrón...,* Mariano Ozores
Clayton Drumm/Amore, piombo e furore (con Spadoni), Monte Hellman

1979 *Visanteta esta-te queta/La gata caliente,* Vicente Escrivá
Miedo a salir de noche, Eloy de la Iglesia
Jaguar lives (con Shigemori Shigeta), Ernest Pintoff (diseño de producción: Ron Talsky)

1980 *Esperando a papá,* Vicente Escrivá

Colet, Laia

DIRECCIÓN ARTÍSTICA:

1996 *Andrea,* Sergi Casamitjana

Colomo, Fernando

Fernando Colomo Gómez, nace en Madrid en 1946. Arquitecto, ingresa en la EOC en la especialidad de decoración. Director, productor y actor ocasional.

DIRECCIÓN ARTÍSTICA:

1974 *De oca en oca y tiro porque me toca,* Imanol Uribe CM
1979 *Ópera prima/Cousine, je t'aime,* Fernando Trueba

"Comediants"

Grupo teatral catalán.

DIRECCIÓN ARTÍSTICA:

1984 *Karnabal* (y actores, guionistas, músicos), Carles Mira

Contel, Raül

Raül Contel i Ferreres, nace en Barcelona en 1949. Director, productor, guionista, director de fotografía y montador.

DIRECCIÓN ARTÍSTICA:

1983 *Crits sords/Gritos sordos* (y guión, montaje y fotografía), Raül Contel
1990 *Gent de fang/Gente de barro* (y guión, montaje, sonido, fotografía, producción y distribución), Raül Contel

Corazón, Alberto

Madrid, 1942. Diseñador gráfico, pintor y escultor.

TÍTULOS DE CRÉDITO:

1969 *Ditirambo,* Gonzalo Suárez
1976 *Beatriz,* Gonzalo Suárez

DIRECCIÓN ARTÍSTICA:

1977 *Reina Zanahoria,* Gonzalo Suárez

Cortés, Antonio

Antonio de Padua Cortés Forteza-Rey nace en Palma de Mallorca el 1 de noviembre de 1927. Estudia Derecho en Barcelona y Salamanca. Empieza a trabajar en el cine como meritorio del director Rafael Gil, ascendiendo a secretario de dirección y después a ayudante de dirección. Siempre ha alternado su trabajo como ambientador, diseñador de vestuario y director artístico con el de escenógrafo teatral en numerosas obras. Diseña los decorados de programas emitidos por TVE como *Las pícaras* (episodio de Francisco Regueiro, 1982).

MERITORIO DE DIRECCIÓN:

1955 *El canto del gallo*, Rafael Gil
Al fin solos, Alejandro Perla
Recluta con niño, Pedro L. Ramírez

AUXILIAR DE DIRECCIÓN:

1955 *La gran mentira*, Rafael Gil
1956 *Embajadores en el infierno*, José María Forqué
Un traje blanco/Il grande giorno, Rafael Gil

SECRETARIO DE DIRECCIÓN:

1957 *Camarote de lujo*, Rafael Gil
¡Viva lo imposible!, Rafael Gil
1958 *La femme et le pantin*, Julien Duvivier
1961 *Cariño mío*, Rafael Gil

AYUDANTE DE DIRECCIÓN:

1963 *Rififí en la ciudad/Chasse à la mafia*, Jesús Franco

VESTUARIO:

1959 Molokai, Luis Lucia
1960 *El coloso de Rodas/Il colosso di Rodi/Le colosse de Rhodes* (con Vittorio Rossi), Sergio Leone
1961 *Plácido*, Luis García Berlanga
Tú y yo somos tres, Rafael Gil
1962 *Madame Sans-Gêne* (con Marcel Escofier e Itala Scandariato), Christian-Jaque
La becerrada, Jose María Forqué
Las cuatro verdades/Les quatre verités/Le quattro veritá, episodio "La muerte y el leñador", Luis García Berlanga
La muerte silba un blues, Jesús Franco
Hipnosis/Ipnosis/Nur Tote zeugen Schweigen, Eugenio Martín
1963 *Como dos gotas de agua*, Luis César Amadori
La máscara de Scaramouche/Scaramouche/Le avventure di Scaramouche, Antonio Isasi-Isasmendi
La verbena de la Paloma, José Luis Sáenz de Heredia
Los pistoleros de Casa Grande/Gunfighters of Casa Grande, Roy Rowland
1966 *Don Quijote/Don Quichotte*, Carlo Rim
Campanadas a medianoche, Orson Welles
Atraco al hampa/Le vicomte règle ses comptes/Il Visconte, furto alla Banca Mondiale, Maurice Cloche
1968 *Digan lo que digan*, Mario Camus

AMBIENTACIÓN:

1958 *El pisito*, Marco Ferreri e Isidoro Martínez Ferri
1962 *La mano de un hombre muerto*, Jesús Franco

AYUDANTE DE DECORACIÓN:

1959 *Las legiones de Cleopatra/Le legioni di Cleopatra/Les Légions de Cléopatra*, Vittorio Cottafavi
1960 *El cochecito*, Marco Ferreri
1960 *¡Aquí están las vicetiples!*, Ramón Fernández

DIRECCIÓN ARTÍSTICA:

1958 *Gayarre* (con José Aldudo), Domingo Viladomat
1963 *Como dos gotas de agua*, Luis C. Amadori
Ramón y Dalila, Luis de los Arcos
1964 *Dos chicas locas, locas*, Pedro Lazaga
Hagan juego señoras/Feu à volonté, Marcel Ophüls
1965 *Con el viento solano*, Mario Camus
Adiós cordera, Pedro Mario Herrero
Miss Muerte/Dans les griffes du maniaque, Jesús Franco
Estambul 65/Colpo grosso a Galata Bridge/L'homme d'Istambul, Antonio Isasi Isasmendi

1966 *Cuando tú no estás*, Mario Camus
Aquí mando yo, Rafael Romero Marchent
1967 *Al ponerse el sol*, Mario Camus
Volver a vivir (con Arrigo Equini), Mario Camus
Las Vegas 500 millones/Radiografia d'un colpo d'oro/An Einem Freitag in Las Vegas/Les durs de Las Vegas (con Juan Alberto Soler), Antonio Isasi-Isasmendi SNE
Más allá de las montañas/The Desperate Ones, Alexander Ramati
1968 *El aventurero de la Rosa Roja/Il cavaliere della Rosa Rossa* (con Ivo Batteli), Stefano Vanzina "Steno"
1969 *¡Vivan los novios!*, Luis García Berlanga
Vivos o preferiblemente muertos/Vivi o preferibilmente morti, Duccio Tessari
Esa mujer, Mario Camus
1970 *¡Qué cosas tiene el amor!*, Germán Lorente
1971 *La cólera del viento/La collera del vento* (con Giantito Burchielaro), Mario Camus
La primera entrega de una mujer casada, Angelino Fons
1972 *La casa sin fronteras*, Pedro Olea
1974 *Tormento*, Pedro Olea
La revolución matrimonial, José Antonio Nieves Conde
1975 *Las bodas de Blanca*, Francisco Regueiro
Pim, pam, pum... ¡fuego! (y vestuario), Pedro Olea
Sensualidad, Germán Lorente
1976 *Las delicias de los verdes años*, Antonio Mercero
La Corea, Pedro Olea
La siesta, Jorge Grau
Los claros motivos del deseo, Miguel Picazo
1977 *La Raulito en libertad*, Lautaro Murua
La guerra de papá, Antonio Mercero
Acto de posesión, Javier Aguirre
1978 *Un hombre llamado Flor de Otoño* (y ambientación), Pedro Olea
Soldados, Alfonso Ungría
Ernesto/Ernesto, Salvatore Sampieri
Mi marido no funciona, Hugo Mosser
1979 *Casa de citas*, Jesus Yagüe
1980 *El gran secreto*, Pedro Mario Herrero
1982 *Cristóbal Colón, de oficio descubridor*, Mariano Ozores
1984 *Los zancos* (y vestuario), Carlos Saura
Stico, Jaime de Armiñán
1985 *Marbella, un golpe de cinco estrellas/Hot Spot*, Miguel Hermoso

La hora bruja, Jaime de Armiñán
Caso cerrado, Juan Caño Arecha
1987 *Espérame en el cielo*, Antonio Mercero
1988 *Malaventura*, Manuel Gutiérrez Aragón
1989 *El rey del mambo*, Carles Mira
1992 *Los gusanos no llevan bufanda* (con Gumersindo Andrés), Javier Elorrieta
1993 *Tierno verano de lujurias y azoteas*, Jaime Chávarri
1995 *Belmonte* (con Belart), Juan Sebastián Bollaín

Cosano, Juan

DIRECCIÓN ARTÍSTICA:

1981 *La canción de los niños*, Ismael González

Cots, Sol

DIRECCIÓN ARTÍSTICA:

1990 *Solitud* (con Assumpta Povedano), Romá Guardiet

Crespo, Fernando

DIRECCIÓN ARTÍSTICA:

1936 *El rayo*, José Buchs

Cruz, Honorio

DIRECCIÓN ARTÍSTICA:

1980 *Hijos de papá*, Rafael Gil

Cuadrado, José

DIRECCIÓN ARTÍSTICA:

1982 *Pánico*, Tonino Ricci

Cuyás, J.

DIRECCIÓN ARTÍSTICA:

1928 *La puntaire/La encajera*, José Claramunt

Dalí, Salvador

Salvador Dalí y Domènech, nace en Figueras (Gerona) el 11 de mayo de 1904. Pintor. Fallece en Figueras (Gerona) el 23 de enero de 1989.

ESCENAS ONÍRICAS:

1945 *Spellbound (Recuerda)*, Alfred Hitchcock
1950 *Father of the Bride (El padre de la novia)*, Vincente Minnelli

DIRECCIÓN ARTÍSTICA:

1952 *Don Juan Tenorio*, Alejandro Perla

Danes, Albert

DIRECCIÓN ARTÍSTICA:

1989 *Los mares del sur*, Manuel Esteban Marquilles

Daussá, Pere

Pere Daussá Lapuerta nace en Barcelona el 23 de febrero de 1947. Licenciado en Historia del Arte por la Universidad de Barcelona, diplomado en dirección escénica por el Instituto del Teatro de Barcelona. Ha dirigido varios espectáculos de la Compañía Teatre Gent.

AYUDANTE DE DECORACIÓN:

1981 *Viaje al más allá*, Sebastián D'Arbó
1982 *El ser*, Sebastián D'Arbó
1987 *La diputada*, Javier Aguirre
  L'espectre de Justine/El espectro de Justine, Jordi Gigó
1989 *Sopar d'assassins/Cena de asesinos*, Sebastián D'Arbó

DIRECCIÓN ARTÍSTICA:

1975 *Valdemar*, Tomás Muñoz CM
1978 *Ascensor*, Tomás Muñoz CM
1986 *Garum, fantástica contradicción*, Tomás Muñoz
  Més enllà de la mort/Más allá de la muerte, Sebastián D'Arbó
1989 *La señora del Oriente Express*, Franco lo Cascio

ASESOR ARTÍSTICO:

1987 *El vuelo de Venus/Flying*, Vicenzo Salviani

Del Rea, Matoya

DIRECCIÓN ARTÍSTICA:

1982 *Estoy en crisis*, Fernando Colomo

Déniz, Jorge

Fallece en 1996.

DIRECCIÓN ARTÍSTICA:

1995 *Antártida*, Manuel Huerga

D'Odorico, Andrea

Nace en 1942, estudia arquitectura en Venecia, trasladándose a Suiza donde trabaja dos años como arquitecto. Llega a España en 1971 simultaneando sus trabajos arquitectónicos con la escenografía teatral. Realiza montajes escénicos para teatro y diseña los decorados de series para TVE como *Una gloria nacional* (Jaime de Armiñán, 1992).

DIRECCIÓN ARTÍSTICA:

1982 *Demonios en el jardín*, Manuel Gutiérrez Aragón
1985 *La corte de faraón*, José Luis García Sánchez

VESTUARIO:

1993 *Tirano Banderas*, José Luis García Sánchez GOYA

Domenech, Anselmo

Nace en Tarragona el 1 de mayo de 1897. Monta la empresa Domenech Hermanos, con la que hace decorados teatrales.

AYUDANTE DE CONSTRUCCIÓN:

1937 *Aurora de esperanza*, Antonio Sau

1937 *¡Nosotros somos así!* (con Lorenzo Burgos), Valentín R. González MM
¿Y tú, qué haces?, Ricardo Baños CM

Domínguez, Martín

Martín Domínguez Esteban nace en San Sebastián en 1897. Obtiene el título de arquitecto en 1922. Construye numerosos edificios entre los que se encuentra el Hipódromo de la Zarzuela. Después de la Guerra Civil se exilia a Cuba. Muere en Cornell (EE.UU.) en 1970.

Dirección artística:

1935 *El agua en el suelo* (con Arniches), Eusebio F. Ardavín
1936 *La señorita de Trévelez* (con Arniches), Edgar Neville

Dorado, José Manuel

José Manuel Dorado Pérez, nace en Alicante el 19 de diciembre de 1941. Titulado en la E.O.C. comienza a trabajar como ayudante de Enrique Alarcón Sánchez.

Ayudante de decoración:

1971 *La luz del fin del mundo/The Light at the Edge of the World*, Kevin Billington

Dirección artística:

1972 *Ella, ellos y la ley/Colpo grosso... grossissimo anche probabile*, Tonino Ricci
La cera virgen, José María Forqué

Dorante, María Isabel

Dirección artística:

1980 *La casa del paraíso*, Santiago San Miguel
1990 *Hay que zurrar a los pobres* (con Jaime Llorente), Santiago San Miguel
1994 *Tatiana, la muñeca rusa*, Santiago San Miguel

Dorremochea, Carlos

Carlos Dorremochea Aramburu nace en Pamplona el 23 de octubre de 1952. Empieza a trabajar en Televisión Española en 1975 y durante siete años diseña los decorados de programas como *El sueño de una noche de verano* (*A Midsummer Night's Dream*, Celestino Coronado, 1984) cuyo *production designer* era Lindsay Kemp. Comienza a trabajar en el cine como ayudante de Rafael Palmero y Félix Murcia, con los que había colaborado en TVE. Ha vuelto a la televisión haciendo los decorados de *Celia* (José Luis Borau, 1991).

Ayudante de dirección:

1980 *Otra vez adiós*, Miguel Ángel Rivas
1981 *Bésame tonta*, Fernando González de Canales
Bodas de sangre, Carlos Saura
1985 *Flesh and Blood/Los señores del acero*, Paul Verhoeven
Extramuros, Miguel Picazo
1987 *La rusa*, Mario Camus
La casa de Bernarda Alba, Mario Camus
1990 *¡Ay Carmela!*, Carlos Saura
1992 *Sevillanas*, Carlos Saura

Dirección artística:

1992 *Chechu y familia*, Álvaro Sáenz de Heredia
Catorce estaciones, Antonio Giménez-Rico
1993 *Sombras en una batalla* (con Palmero), Mario Camus
1995 *El palomo cojo*, Jaime de Armiñán
La sal de la vida, Eugenio Martín
1996 *Tu nombre envenena mis sueños* (con Parrondo), Pilar Miró
Pon un hombre en tu vida, Eva Lesmes
Como un relámpago, Miguel Hermoso

Durán, Pep

Dirección artística:

1990 *Puente de Varsovia/Pont de Varsovia*, Pere Portabella
1991 *Makinavaja, el último choriso*, Carlos Suárez

Durán, Ramón

DIRECCIÓN ARTÍSTICA:

1936 *Usted tiene ojos de mujer fatal*, Juan Parellada

Durban

DIRECCIÓN ARTÍSTICA:

1933 *Boliche* (con Boulanger), Francisco Elías

Echevarría

Arquitecto.

DIRECCIÓN ARTÍSTICA:

1921 *Víctima del odio*, José Buchs

Eizaguirre, Iñaki

DIRECCIÓN ARTÍSTICA:

1988 *Ander y Yul/Ander eta Yul*, Ana Díez
1993 *Los años oscuros/Urte ilunak*, Arantxa Lazcano

Eguiguren, Antón

DIRECCIÓN ARTÍSTICA:

1986 *Bar-cel-ona/Pasaje a Ibiza* (con Ramón Eguiguren), Ferrán Llagostera

"El Regador Regado"

DIRECCIÓN ARTÍSTICA:

1983 *Delirium, El regador regado* (Raúl García, Luis Albors, Antonio Navarro y Javier Reyes)

"Equipo N.G. (Equipo Neo-Guanche)"

Fernando H. Guzmán.

DIRECCIÓN ARTÍSTICA:

1994 *Donde el cielo termina*, Fernando H. Guzmán

Erdoiza, Mariano

CONSTRUCCIÓN:

1966 *Campanadas a medianoche*, Orson Welles

DIRECCIÓN ARTÍSTICA:

1959 *Tommy the Toreador*, John Paddy Carstairs

Escriñá, Francisco

Francisco Escriñá Montes. Construyó barracones y carreteras en Marruecos. Fue nombrado consejero y decorador-jefe de los Estudios Cinematográficos Roptence S.A. donde su padre, José María Escriñá, era Presidente y su hermano, Rafael Escriñá, Gerente. Fallece en Madrid en 1950.

DIRECCIÓN ARTÍSTICA:

1939 *Leyenda rota'* (con Feduchi), Carlos Fernández Cuenca
1940 *Jai-Alai* (con Castroviejo), Ricardo Rodríguez Quintana
Gracia y Justicia, Julián Torremocha
El Milagro del Cristo de la Vega, Adolfo Aznar
1941 *Primer amor*, Claudio de la Torre
¡A mí no me mire usted!, José Luis Sáenz de Heredia
1942 *La blanca paloma*, Claudio de la Torre
Boda en el infierno, Antonio Román
¡Qué contenta estoy!, Julio Fleischner
Todo por ellas, Adolfo Aznar
Y tú, ¿quién eres?, Julio Fleischner
Intriga, Antonio Román
1943 *La casa de la lluvia*, Antonio Román
¡Antes de entrar dejen salir!, Julio Fleischner
Altar Mayor, Gonzalo Delgrás
Una herencia en París, Miguel Pereyra
Yo no me caso, Juan de Orduña
El frente de los suspiros (con Simont), Juan de Orduña
Ana María (con Simont), Florián Rey
Deber de esposa (con Simont), Manuel Blay
Orosia (con Simont), Florián Rey
1944 *Lola Montes* (con Simont), Antonio Román

Tarjeta de visita (con Simont), Antonio de Obregón

La torre de los siete jorobados (con Simont y Schild), Edgar Neville

El rey de las finanzas (con Simont y Schild), Ramón Torrado

Inés de Castro (con Simont y Schild), José Leitao de Barros y Manuel Augusto García Viñolas

El testamento del virrey (con Simont y Schild), Ladislao Vajda

1945 *Espronceda* (con Simont y Schild), Fernando Alonso Casares

Su última noche (con Simont y Schild), Carlos Arévalo

A los pies de usted (con Simont), Manuel Augusto García Viñolas

Cinco lobitos/O diablo sao elas... (con Simont), Ladislao Vajda

La luna vale un millón (con Simont), Florián Rey

1946 *La mentira de la gloria* (con Simont), Julio Fleischner

El huésped del cuarto número 13 (con Simont), Arturo Duarte

Dulcinea (con Simont), Luis B. Arroyo

María Fernanda, la jerezana, Enrique Herreros

Héroes del 95, Raúl Alfonso

1948 *Brindis a Manolete* (con Salvá), Florián Rey

Alhambra (con Salvá), Juan Vilá Vilamada

1949 *Paz* (con Salvá), José Díaz Morales

Tempestad en el alma (con Salvá), Juan de Orduña

La guitarra de Gardel, León Klimovsky

1950 *María Antonia "La Caramba",* Arturo Ruiz-Castillo

Historia en dos aldeas, Antonio del Amo

Truhanes de honor (con Tadeo Villalba), Eduardo García Maroto

El Capitán Veneno (con Pérez Espinosa), Luis Marquina

En-Nar la ciudad de fuego (con Pérez Espinosa), José González de Ubieta

Wolfram, Manuel Mur Oti (inacabada)

Eskuder, Jon

DIRECCIÓN ARTÍSTICA:

1994 *Salto al vacío,* Daniel Calparsoro

Espada, Arcadi

DIRECCIÓN ARTÍSTICA:

1991 *Los papeles de Aspern,* Jordi Cadena

Espada, Josep María

AYUDANTE DE DECORACIÓN:

1988 *El aire de un crimen,* Antonio Isasi

DIRECCIÓN ARTÍSTICA:

1975 *La respuesta,* José María Forn

1976 *Las largas vacaciones del 36,* Jaime Camino

1979 *Companys, proceso a Cataluña* (con José María de Segarra), José María Forn

1986 *Puzzle,* Luis José Comerón

1987 *La senyora/La señora,* Jordi Cadena

1988 *Entreacte,* Manuel Cussó-Ferrer

Puta miseria, Ventura Pons

Dark Tower, Ken Barnett

1989 *La puñalada,* Jorge Grau

1990 *La telaraña,* Antoni Verdaguer

1991 *Escrit als estels/Escrito en las estrellas,* Ricard Reguant

1993 *Habanera 1820,* Antonio Verdaguer

Español, Rosa

DIRECCIÓN ARTÍSTICA:

1981 *La cripta* (con Carme Núñez), Cayetano del Real

1982 *La rebelión de los pájaros,* Luis José Comerón

1988 *El hombre de neón,* Albert Abril

Espí, Agustín

Agustín Espí Carbonell, nace en Alcoy (Alicante) el 26 de abril de 1881. Fallece en Madrid el 21 de noviembre de 1940.

DIRECCIÓN ARTÍSTICA:

1924 *La Revoltosa,* Florián Rey

La chavala (con Molinete), Florián Rey

1925 *Los chicos de la escuela* (con Molinete), Florián Rey

1926 *El médico a palos*, Sabino Antonio Micón
1927 *Las de Méndez*, Fernando Delgado
1928 *El tren o la pastora que supo amar*, Fernando Delgado
¡Viva Madrid que es mi pueblo!, Fernando Delgado
1929 *Cuarenta y ocho pesetas de taxi*, Fernando Delgado

Espiga, César

César Espiga Fernández nace en Oviedo el 21 de septiembre de 1892. Decorador jefe y organizador de los talleres de los Estudios Cinematográficos Orphea S.A. (ECOSA) de Barcelona después de la Guerra Civil. En los primeros años cuarenta fue director técnico de los Estudios Mediterráneo en Barcelona.

Espiga, Juan

DIRECCIÓN ARTÍSTICA:

1950 *Bajo el cielo de Asturias*, Gonzalo Delgrás
Brigada criminal, Ignacio F. Iquino
1951 *La danza del corazón*, Ignacio F. Iquino y Raúl Alfonso
Dulce nombre, Enrique Gómez

CONSTRUCCIÓN:

1934 *Poderoso caballero*, Max Nossek
El malvado Carabel, Edgar Neville
El gato montés, Rosario Pi
Rataplán, Francisco Elías
1935 *La farándula*, Antonio Momplet
Aventura oriental, Max Nossek
Los héroes del barrio, Armando Vidal
Hombres contra hombres, Antonio Momplet
Amor en maniobras, Mariano Lapeira
Los claveles, Santiago Ontañón y Eusebio Fernández Ardavín
¡Abajo los hombres!, José María Castellví
El octavo mandamiento, Arturo Porchet
1936 *María de la O*, Francisco Elías
Las cinco advertencias de Satanás, Isidro Socías
Incertidumbre, Juan Parellada e Isidro Socías
1937 *Barrios bajos*, Pedro Puche
1938 *¡No quiero... no quiero!*, Francisco Elías
1939 *La tonta del bote*, Gonzalo Delgrás

Eran tres hermanas, Francisco Gargallo
Pepe Conde, José López Rubio
1940 *La florista de la reina*, Eusebio Fernández Ardavín
Marianela, Benito Perojo
La malquerida, José López Rubio
La marquesona, Eusebio Fernández Ardavín
1941 *Héroe a la fuerza*, Benito Perojo
1942 *Correo de Indias*, Edgar Neville
Su excelencia el mayordomo, Miguel Iglesias
Legión de héroes, Armando Seville y Juan Fortuny
Sangre en la nieve, Ramón Quadreny
1943 *Orosia*, Florián Rey
Arribada forzosa, Carlos Arévalo
1944 *Una sombra en la ventana*, Ignacio F. Iquino
Macarena, Antonio Guzmán Merino
1945 *La llamada del mar*, José Gaspar
Es peligroso asomarse al exterior, Alejandro Ulloa
Un ladrón de guante blanco, Ricardo Gascón

DIRECCIÓN ARTÍSTICA:

1936 *Molinos de viento*, Rosario Pi
1941 *Sol de Valencia*, José Gaspar Serra
El sobre lacrado, Francisco Gargallo

Espinosa, José

DIRECCIÓN ARTÍSTICA:

1979 *La campanada*, Jaime Camino

Espinosa, Mariano

Mariano Espinosa Pascual nace en Bilbao el 26 de septiembre de 1884. Desarrolla toda su carrera profesional en los estudios Roptence para producciones de Filmófono.

DIRECCIÓN ARTÍSTICA:

1935 *La hija de Juan Simón* (con Sobrevila), José Luis Sáenz de Heredia
1936 *¿Quién me quiere a mí?*, José Luis Sáenz de Heredia
¡Centinela, alerta!, Jean Grémillon

241

Esplandiu, Juan

VESTUARIO:

1951 *Surcos,* José Antonio Nieves Conde

DIRECCIÓN ARTÍSTICA:

1952 *El andén* (con Salvá), Eduardo Manzanos

Esteban, Julio

Julio Carlos Esteban Castillo nace en Madrid el 15 de febrero de 1941. Estudia en la Escuela de Artes y Oficios, trabaja con el constructor de decorados Asensio durante cuatro años, hasta que comienza a ser meritorio con Sigfredo Burmann. Ayudante de Ramiro Gómez. Diseña los decorados de series emitidas por TVE como *El español y los siete pecados capitales* (José María Forqué, 1980), *Ramón y Cajal* (José María Forqué, 1981), *Cuentos imposibles* (Jaime de Armiñán, 1983), *Vida privada* (Francesc Betriu, 1987), la preparación de *La reina doña Juana* (Fernando Fernán-Gómez, 1990), *Para Elisa* (Francisco Montoliu, Pascual Cervera, José Antonio Arévalo y Adolfo Dufour, 1991) y los programas piloto de *Mi amiga preferida* (Roberto Bodegas, 1985) y *Super Humor* (R. de la Cueva, 1993). Pintor, expone en galerías madrileñas, interviniendo en certámenes artísticos nacionales e internacionales.

VESTUARIO:

1983 *Sal Gorda,* Fernando Trueba

MERITORIO DE DECORACIÓN:

1968 *La vil seducción,* José María Forqué
1969 *¿Por qué te engaña tu marido?,* Manuel Summers
     Un sudario a la medida/Candidato per un assassino, José María Elorrieta

AYUDANTE DE DECORACIÓN:

1970 *La decente,* José Luis Sáenz de Heredia
     La última señora Anderson/In fondo alla piscina, Eugenio Martín
1979 *¡Qué verde era mi duque!,* José María Forqué

AMBIENTACIÓN:

1984 *Tasio,* Montxo Armendáriz

DIRECCIÓN ARTÍSTICA:

1979 *El alcalde y la política,* Luis María Delgado
     Sor Busca Bullas, Mariano Ozores
     Cinco tenedores, Fernando Fernán-Gómez
     Katharsis, Jaime Oriol
1980 *Pasiones desenfrenadas,* Zacarías Urbiola
     Yo hice a Roque III, Mariano Ozores
     Es peligroso casarse a los sesenta, Mariano Ozores
     El liguero mágico, Mariano Ozores
     Queremos un hijo tuyo, Mariano Ozores
     Pasión prohibida, Amando de Ossorio
     En mil pedazos, Carlos Puerto
1981 *Los chulos,* Mariano Ozores
     El soplagaitas, Mariano Ozores
     ¡Qué gozada de divorcio!, Mariano Ozores
     Jalea Real, Carles Mira
     Pepe, no me des tormento, José María Gutiérrez
     Las locuras de Parchís (La tercera guerra de los niños), Javier Aguirre
1982 *La próxima estación,* Antonio Mercero
     Todos al suelo, Mariano Ozores
     Martes y trece... ni te cases ni te embarques, Javier Aguirre
     En busca del huevo perdido, Javier Aguirre
     ¡Que vienen los socialistas!, Mariano Ozores
     Buenas noches señor monstruo, Antonio Mercero
     Los pajaritos, Javier Aguirre
1983 *El Crack dos,* José Luis Garci
     Y del seguro... líbranos Señor!, Antonio del Real
     Parchís entra en acción, Javier Aguirre
     La loca historia de los tres mosqueteros, Mariano Ozores
     Cuando Almanzor perdió el tambor, Luis María Delgado
1984 *Sesión continua,* José Luis Garci
     Café, coca y puro, Antonio del Real
     De hombre a hombre, Ramón Fernández
1985 *Réquiem por un campesino español,* Francesc Betriu
     Oídos sordos, Eduardo Mencos CM

Mambrú se fue a la guerra (y vestuario), Fernando Fernán-Gómez

1986 *Rumbo norte,* José Miguel Ganga

El viaje a ninguna parte, Fernando Fernán-Gómez

La estanquera de Vallecas, Eloy de la Iglesia

Redondela, Pedro Costa Musté

1988 *Sinatra,* Francesc Betriu

Ahora sí puedo cariño, Mariano Ozores

Barroco, Paul Leduc

1989 *Ovejas negras,* José María Carreño

El mar y el tiempo, Fernando Fernán-Gómez

1990 *Yo soy esa,* Luis Sanz

1991 *Fuera de juego,* Fernando Fernán-Gómez

1992 *Jamón, jamón,* Bigas Luna

1993 *Cartas desde Huesca,* Antonio Artero

Al otro lado del túnel, Jaime de Armiñán

1994 *Siete mil días juntos,* Fernando Fernán-Gómez

Historias del Kronen/Histoires du Kronen, Montxo Armendáriz

1995 *Hermana ¿pero qué has hecho?,* Pedro Masó

1996 *Pesadilla para un rico,* Fernando Fernán-Gómez

Esteban, Maipi

María del Pilar Esteban.

DIRECCIÓN ARTÍSTICA:

1981 *Made in China,* John Liu

1982 *Atrapado/L'home ronyó* (con Marta Cabezas), Raül Contel

Fuga de Ceylan (con Marta Cabezas), Jacques Orth

En secreto... amor, Virginia Nunes Martínez

Mujeres, Tana Kaleya

"Estudios Herrero"

DIRECCIÓN ARTÍSTICA:

1981 *Escrito en la niebla,* Silvio F. Balbuena

Ezquerro, José M.

DIRECCIÓN ARTÍSTICA:

1987 *Waka-Waka,* Kim Densalat (Joaquín Densalat)

Faci Iribarren, Federico

Federico Faci Iribarren. Obtiene el título de arquitecto en 1941. Empieza a trabajar en el cine por su amistad con José María Forqué que había trabajado en su estudio como delineante.

DIRECCIÓN ARTÍSTICA:

1953 *El diablo toca la flauta,* José María Forqué

1954 *Un día perdido* (con Salvá), José María Forqué

Fáver, Héctor

Nace en Buenos Aires el 9 de septiembre de 1960. Director.

DIRECCIÓN ARTÍSTICA:

1987 *L'acte/El acto* (y guión), Héctor Fáver

Feduchi, Luis M.

Luis Martínez-Feduchi y Ruiz nace en Madrid el 11 de mayo de 1901. Obtiene el título de arquitecto en 1930. Socio del decorador Luis Santamaría, en 1933 empezó a trabajar en el cine como decorador-jefe. Fue profesor de la especialidad de Escenografía del I.I.E.C. cargo que ejerció durante los años 1951 y 1952, abandonando el cine para dedicarse totalmente a la Arquitectura. Autor, entre otros libros, de *Historia del mueble* (Afrodisio Aguado, Madrid, 1946), *La casa por dentro* (Afrodisio Aguado, Madrid, 1949) y los cinco volúmenes de *Itinerarios de arquitectura popular española.* Fallece en Madrid en 1975.

DIRECCIÓN ARTÍSTICA:

1933 *La bien pagada* (con Santamaría), Eusebio Fernández Ardavín

1936 *El bailarín y el trabajador* (con Santamaría), Luis Marquina

Don Floripondio, Eusebio Fernández Ardavín

1937 *En busca de una canción,* Eusebio Fernández Ardavín

Nueva era en el campo, Fernando G. Mantilla CM

1939 *Leyenda rota* (con Escriñá), Carlos Fernández Cuenca

1941 *Tierra y cielo,* Eusebio Fernández Ardavín

Raza (con Burmann), José Luis Sáenz de Heredia

Fortunato (con Burmann), Fernando Delgado

1942 *Correo de Indias* (con Burmann), Edgar Neville

Fer, Javier

DIRECCIÓN ARTÍSTICA:

1982 *Alcamir,* José María Puigcerver
1986 *Hierro dulce,* Francisco Rodríguez

Fernández Ardavín, Eusebio

Eusebio Fernández Ardavín nace en Madrid el 31 de julio de 1898. Director, productor y guionista. Fallece en Albacete el 9 de enero de 1965.

DIRECCIÓN ARTÍSTICA:

1917 *El aventurero misterioso* (y guión), Eusebio Fernández Ardavín CM

Ensueño, Eusebio Fernández Ardavín CM

La leyenda del cementerio, Eusebio Fernández Ardavín CM

1941 *Unos pasos de mujer,* Eusebio Fernández Ardavín

Fernández, Benjamín

Benjamín Fernández Cantador nace en Madrid el 11 de enero de 1944. Hijo de un encargado de carpintería en Sevilla Films que estaba a las órdenes de Francisco Prósper, a los dieciséis años empieza trabajar en el cine como dibujante para las producciones de Bronston. Actualmente trabaja sobre todo para grandes productoras extranjeras.

DIBUJANTE:

1960 *King of Kings (Rey de reyes),* Nicholas Ray
1961 *El Cid (El Cid),* Anthony Mann

Lawrence of Arabia (Lawrence de Arabia), David Lean

1963 *The Fall of the Roman Empire (La caída del Imperio Romano),* Anthony Mann
1964 *Circus World (El fabuloso mundo del circo),* Henry Hathaway

AYUDANTE DE DECORACIÓN.

1964 *Doctor Zhivago (Doctor Zhivago),* David Lean
1966 *Los guardiamarinas,* Pedro Lazaga
1967 *¿Qué hacemos con los hijos?,* Pedro Lazaga

Un millón en la basura, José María Forqué

1968 *Hard Contract (Antes amar... después matar),* S. Lee Pogostin
1970 *Patton (Patton),* Franklin J. Shaffner

Valdez Is Coming! (¡Que viene Valdez!), Edwin L. Sherin

The Horsemen (Orgullo de estirpe), John Frankenheimer

Cannons for Cordoba (Cañones para Córdoba), Paul Wendkos

1971 *Nicholas and Alexandra (Nicolás y Alejandra),* Franklin J. Shaffner
1972 *Travels with My Aunt (Viajes con mi tía),* George Cukor
1973 *The Golden Voyage of Simbad (El viaje fantástico de Simbad),* Gordon Hessler

Shaft in Africa (Shaft en África), John Guillermin

Los tres mosqueteros/The Three Musketeers, Richard Lester

Los cuatro mosqueteros/The Four Musketeers, Richard Lester

1976 *The Prince and the Pauper (El príncipe y el mendigo),* Richard Fleischer

Las alimañas, Amando de Ossorio

1978 *Alien (Alien, el octavo pasajero),* Ridley Scott

DIRECCIÓN ARTÍSTICA:

1976 *The Last Remake of Beau Geste (Mi bello legionario)* (con Leslie Dilley), Marty Feldman (diseño de producción: Brian Eathwell)
1978 *Revenge of the Pink Panther (La venganza de la pantera rosa)* (con John Siddall), Blake Edwards (diseñador de producción: Peter Mullins)

Cabo de Vara, Raúl Artigot

1982 *El triunfo de un hombre llamado Caballo/Triumphs of a Man Called Horse* (con Marilyn Taylor), John Hough (diseñador de producción: Alan Roderick-Jones)

Conan the Barbarian (Conan, el bárbaro) (con Pier Luigi Basile y William Stout), John Milius (diseño de producción: Ron Cobb)

1984 *Dune (Dune)* (con Pier Luigi Basile y William Stout), David Lynch (diseño de producción: Tony Masters)

1986 *Tai Pan (Tai-pan)* (con Pier Luigi Basile), Daryl Duke (diseño de producción: Tony Masters)

1988 *Rambo III (Rambo III)* (con Pier Luigi Basile, Alan Cassie y Adrian H. Gorton), Peter MacDonald (diseño de producción: Bill Kenney)

Indiana Jones and the Last Crusade (Indiana Jones y la última cruzada) (con Richard G. Berger, Fred Hole, Guido Salsilli y Stephen Scott), Steven Spielberg (diseño de producción: Elliot Scott)

1990 *Days of Thunder (Días de trueno)*, Tony Scott

Revenge (Revenge) (con Patrick Crowley y Michael Seymour), Tony Scott

1991 *Nostromo*, David Lean (preparación)

1992 *1492: La conquista del paraíso/1492: the Conquest of Paradise/1492 Christophe Colomb* (con Leslie Tomkins), Ridley Scott (diseño de producción: Norris Spencer)

1993 *True Romance (Amor a quemarropa)*, Tony Scott

Pancho Villa and Tom Mix, Tony Scott (preparación)

Nadie hablará de nosotras cuando hayamos muerto, Agustín Díaz Yanes

Dragonheart (Dragonheart), Rob Cohen

1996 *Daylight (Daylight)*, Rob Cohen

Fernández, David

DIRECCIÓN ARTÍSTICA:

1991 *Manila*, Antonio Chavarrías

1992 *Retrats/Retratos*, Aixala y Antúnez CM

1993 *Abran las puertas*, Enric Miró CM

El hundimiento del Titanic, Antonio Chavarrías

1994 *Un caso para dos*, Antonio Chavarrías

Fernández, Javier

Javier Fernández Gutiérrez nace en Madrid en 1958. Estudia dibujo artístico, arquitectura, artes decorativas y técnicas de estampación. Entre 1990 y 1993 organiza espectáculos en la Expo 92 y Cartuja 93. Hace los decorados de varios programas de Tele 5 en 1991. En 1985, 1988 y 1989 hace escenografías teatrales. Ha trabajado en diseño gráfico haciendo la imagen corporativa de diversas empresas y organismos oficiales, en montajes de stands, escenarios, interiorismo de locales, videoclips, cortometrajes y spots publicitarios. Hizo para televisión los decorados de *Delirios de amor* (Gonzalo García Pelayo, Toni Capella, Eva Lesmes, Javier Memba, Ceesepe, Iván Zulueta, Imanol Arias, Luis Eduardo Aute, Adolfo Arrieta, Emma Cohen y Félix Rotaeta, 1988).

DIRECCIÓN ARTÍSTICA:

1981 *Pánico*, Tonino Ricci

1982 *Copia cero*, José Luis F. Pacheco y Eduardo Campoy

Adán y Eva la primera historia de amor/Adamo ed Eva prima storia d'amore, John Wilder (Luigi Russo)

1983 *Corre gitano* (con Miguel Verdú), Nicolás Astiárraga

Resolver, Bernard Grennier MM

1984 *Azul*, Bernard Grennier MM

Alcamir, José María Puigcerver

Fuego cruzado/Rush, Anthony Richmond (Tonino Ricci)

1985 *Poppers*, José María Castellví Borrás

El rollo de septiembre, Mariano Ozores

Hierro dulce, Francisco Rodríguez

1986 *La ley del deseo*, Pedro Almodóvar

Guarapo, Teodoro y Santiago Ríos

1987 *El placer de matar*, Félix Rotaeta

Al filo del hacha, José Ramón Larraz

1988 *Baton Rouge*, Rafael Moleón

1989 *La blanca paloma*, Juan Miñón

1990 *Contra el viento*, Francisco Periñán

A solas contigo, Eduardo Campoy

1992 *Demasiado corazón*, Eduardo Campoy

1993 *Kika/Kika* (con Alain Bainee), Pedro Almodóvar

La leyenda de Balthasar el castrado/La legende de Balthasar le castrat, Juan Miñón

1994 *Tiempos mejores* (y vestuario), Jordi Grau

Dile a Laura que la quiero, José Miguel Juárez

1995 *Un asunto privado*, Imanol Arias

Brujas, Álvaro Fernández Armero

1996 *Perdona bonita, pero Lucas me quería a mí* (y vestuario), Félix Sabroso y Dunia Ayaso

África (y vestuario), Alfonso Ungría

Fernández, Tomás

Tomás Fernández Buendía, nace en Canillas (Madrid) el 19 de agosto de 1911.

CONSTRUCCIÓN:

1948 *¡Olé torero!*, Benito Perojo
1949 *Una mujer cualquiera*, Rafael Gil
1951 *Esa pareja feliz* (con Pina), Juan Antonio Bardem y Luis García Berlanga
1952 *Puebla de las mujeres*, Antonio del Amo
1953 *Rebeldía/Attentant aus Liebe fertiggestellt*, José Antonio Nieves Conde
   Aeropuerto, Luis Lucia
   Manicomio, Fernando Fernán-Gómez
1954 *Sierra maldita*, Antonio del Amo
1955 *Los peces rojos* (con Juan García), José Antonio Nieves Conde
1956 *Fedra* (con Juan García), Manuel Mur Oti
   Todos somos necesarios, José Antonio Nieves Conde
   Los jueves, milagro/Arrivederci, Dimas, Luis García Berlanga
1957 *Y eligió el infierno*, César Fernández Ardavín
   El pasado te acusa, Lionello de Felice
   El inquilino (con Juan García), José Antonio Nieves Conde
1959 *Molokay*, Luis Lucia
   El lazarillo de Tormes/Lazzarillo de Tormes, César Fernández Ardavín
1960 *Festival/Schwarze Rose Rosmarie*, César Fernández Ardavín
1962 *La mano de un hombre muerto*, Jesús Franco
1963 *Noches de Casablanca/Casablanca*, Henri Decoin
1964 *El extraño viaje*, Fernando Fernán-Gómez
1965 *Con el viento solano*, Mario Camus
   Desafío en Río Bravo/Die letzten zwei vom Rio Bravo, Tulio Demicheli
   El sonido de la muerte, José Antonio Nieves Conde
   La familia y... uno más, Fernando Palacios
   La ciudad no es para mí, Pedro Lazaga
1966 *Residencia para espías/Ça barde chez mignonnes*, Jesús Franco
   Los guardiamarinas, Pedro Lazaga
   Operación Plus Ultra, Pedro Lazaga
   Nuevo en esta plaza, Pedro Lazaga
1967 *Sor Citroen*, Pedro Lazaga
   El turismo es un gran invento, Pedro Lazaga

1968 *La chica de los anuncios*, Pedro Lazaga
1969 *Abuelo made in Spain*, Pedro Lazaga
   Las secretarias, Pedro Lazaga

DIRECCIÓN ARTÍSTICA:

1951 *Día tras día*, Antonio del Amo
1954 *Billete para Tánger/Tangier Assignement*, Ted Leversuch y César F. Ardavín

Ferré, Carlos P.

Carlos Pérez Ferré, nace en Alcoy (Alicante) en 1958.

DIRECCIÓN ARTÍSTICA:

1996 *Best-seller: el premio* (y guión), Carlos Pérez Ferré

Ferré, Margarita

DIRECCIÓN ARTÍSTICA:

1969 *Un invierno en Mallorca*, Jaime Camino

Ferré, Ramón

DIRECCIÓN ARTÍSTICA:

1982 *Escapada final/Scapegoat*, Carlos Benpar

Ferrer, Emilio

Emili Ferrer i Espel nace en Barcelona en 1899. Dibujante, colabora en revistas barcelonesas y madrileñas. Entre sus decorados teatrales se encuentran los que diseñó con Fontanals para los Vieneses. Fallece en Barcelona en 1970.

DIRECCIÓN ARTÍSTICA:

1940 *¿Quién me compra un lío?*, Ignacio F. Iquino
1941 *El difunto es un vivo*, Ignacio F. Iquino
   Alma de Dios, Ignacio F. Iquino
   Los ladrones somos gente honrada, Ignacio F. Iquino
   La madre guapa, Félix de Pomés
1942 *La niña está loca*, Alejandro Ulloa

El hombre que se quiso matar, Rafael Gil
¡A mí la legión!, Juan de Orduña
Cuarenta y ocho horas, José María Castellví
La culpa del otro, Ignacio F. Iquino
El pobre rico, Ignacio F. Iquino
Viaje sin destino, Rafael Gil
La condesa María, Gonzalo Delgrás
Malvaloca (asesor de ambiente), Luis Marquina
Vidas cruzadas (asesor de ambiente), Luis Marquina
La boda de Quinito Flores, Gonzalo Pardo Delgrás

<small>DIRECCIÓN ARTÍSTICA CON FONTANALS:</small>

1942 *Un marido a precio fijo,* Gonzalo Delgrás
1943 *La chica del gato,* Ramón Quadreny
1944 *Una chica de opereta,* Ramón Quadreny
     ¡Qué familia!, Alejandro Ulloa
1945 *Ni tuyo ni mío,* Gonzalo Delgrás
     Tambor y cascabel, Alejandro Ulloa
     Estaba escrito, Alejandro Ulloa
     Se le fue el novio, Julio Salvador
1946 *Leyenda de feria,* Juan de Orduña
     Los habitantes de la casa deshabitada, Gonzalo Delgrás
1947 *Oro y marfil,* Gonzalo Delgrás
     Alma baturra, Antonio Sau Olite
1948 *En un rincón de España,* Jerónimo Mihura
     El misterioso viajero del Clipper, Gonzalo Delgrás
1950 *Apartado de Correos 1.001,* Julio Salvador
1951 *Sueños de Tay-Pi,* Franz Winsterstein y José María Blay (dibujos animados)

Ferrer, Juan

<small>CONSTRUCCIÓN:</small>

1985 *Padre Nuestro,* Francisco Regueiro

<small>DIRECCIÓN ARTÍSTICA:</small>

1988 *Pasión de hombre,* José Antonio de la Loma

Ferri, Rafael

Rafael Ferri Jordá. Fue ayudante de Vázquez y Canet antes de ser director artístico. Fallece en Madrid el 30 de octubre de 1992.

<small>AYUDANTE DE DECORACIÓN:</small>

1962 *La becerrada,* José María Forqué
     La muerte silba un blues, Jesús Franco
1964 *Los rurales de Texas (Texas Rangers)/I due violenti,* Primo Zeglio
1965 *La muerte tenía un precio/Per qualche dollaro di più/Für ein paar Dollars mehr* (con Carlo Leva), Sergio Leone
1966 *El padre,* Manolo Ramón Torrado
1967 *Tú perdonas... yo no/Dio perdona... io no!,* Giuseppe Colizzi
     El halcón y la presa/La resa dei conti (con Carlo Simi), Sergio Sollima
1968 *Cara a cara/Faccia a faccia,* Sergio Sollima
1969 *El gran crucero,* José G. Maesso

<small>DIRECCIÓN ARTÍSTICA:</small>

1969 *Un atraco de ida y vuelta/Uno scacco tutto matto,* Robert Fiz
     Un tren para Durango/Un treno per Durango, Mario Caiano
1972 *Una razón para vivir y otra para morir/Una ragione per vivere e una per morire/Une raison pour vivre, une raison pour mourir,* Tonino Valerii
1973 *Ajuste de cuentas/Un tipo con la faccia strana ti cerca per ucciderti Ricco,* Tulio Demicheli
     El clan de los inmorales/Ordine di uccidere, José G. Maesso
     El diablo se lleva los muertos/La casa dell'esorcismo, Mario Bava
1974 *No profanar el sueño de los muertos/ Non si deve profanare il sonno dei morti* (con Carlo Leva), Jorge Grau
     Los pájaros de Baden Baden, Mario Camus
1975 *Mi adúltero esposo,* Joaquín Coll Espona
     Yo soy fulana de tal, Pedro Lazaga
1976 *Ambiciosa,* Pedro Lazaga
     Call Girl, Eugenio Martín
1978 *De Dunkerke a la victoria/Contro quattro bandiere/De L'Enfer a la victoire* (con Giuseppe Bassan), Hans Milestone (Umberto Lenzi)
     Experiencia extramatrimonial de una esposa/L'anello matrimoniale, Mauro Ivaldi
     El hijo es mío, Ángel del Pozo

Flaño, Gonzalo G.

Gonzalo García Flaño nace en Logroño el 31 de marzo de 1934. Comienza a trabajar en el cine en los estudios Bronston como pintor especialista. Ha sido ayudante de varios directores artísticos como Ramiro Gómez, Eduardo Torre de la Fuente, Fernando González, José Luis Galicia, Pérez Cubero. Ha trabajado de ayudante en series emitidas por TVE como *Goya y su tiempo* (José Ramón Larraz, 1984), *Réquiem por Granada* (Vicente Escrivá, 1989) y *El joven Picasso* (Juan Antonio Bardem, 1990).

MERITORIO DE DECORACIÓN:

1962 *55 Days at Peking (55 días en Pekín)*, Nicholas Ray
1963 *The Fall of the Roman Empire (La caída del Imperio Romano)*, Anthony Mann
1965 *La muerte tenía un precio/Per qualche dollaro di piu/Für ein paar Dollars mehr*, Sergio Leone

AYUDANTE DE DECORACIÓN:

1968 *¡Dame un poco de amooor...!*, José María Forqué
Relaciones casi públicas, José Luis Sáenz de Heredia
1969 *La batalla del último panzer*, José Luis Merino
Simón Bolívar/La epopeya de Simón Bolívar, Alessandro Blasetti
Juicio de faldas, José Luis Sáenz de Heredia
1970 *Robin Hood, el arquero invencible*, José Luis Merino
La orilla, Luis Lucia
1971 *El Zorro, caballero de la justicia*, José Luis Merino
La novicia rebelde, Luis Lucia
1972 *Experiencia prematrimonial*, Pedro Masó
1973 *El amor empieza a medianoche*, Pedro Lazaga
1974 *Perversión*, Francisco Lara Polop
Soltero y padre en la vida, Javier Aguirre
El insólito embarazo de los Martínez, Javier Aguirre
No matarás, César Fernández Ardavín
Celedonio y yo somos así, Mariano Ozores
1975 *Estoy hecho un chaval*, Pedro Lazaga
Largo retorno, Pedro Lazaga
La trastienda, Jorge Grau

1976 *Dos hombres y en medio dos mujeres*, Rafael Gil
1977 *Al servicio de la mujer española*, Jaime de Armiñán
1983 *Juana la loca... de vez en cuando*, José Ramón Larraz
1985 *Padre Nuestro*, Francisco Regueiro
1986 *Tata mía*, José Luis Borau
1988 *Diario de invierno*, Francisco Regueiro
1989 *El río que nos lleva*, Antonio del Real
1990 *Honeymoon Academy/Un espía en mi habitación*, Gene Quintano
1992 *Los gusanos no llevan bufanda*, Javier Elorrieta
1995 *Belmonte*, Juan Sebastián Bollaín

DIRECCIÓN ARTÍSTICA:

1973 *Tarzán en las minas del rey Salomón*, José Luis Merino
1976 *El secuestro*, León Klimovsky
1977 *La chica del pijama amarillo/La ragazza dal pigiama giallo*, Flavio Mogherini
El ladrido, Pedro Lazaga
La visita del vicio, José Ramón Larraz
1980 *Hay un fantasma en mi cama/C'è un fantasma nel mio letto*, Claudio de Molins
¿Dónde estará mi niño?, Luis María Delgado

Flaquer, Filalicio

Filalicio Flaquer Marqués nace en Barcelona el 27 de enero de 1899. Antes de ser decorador trabaja como jefe de producción en los estudios Kinefón de Barcelona y como productor de varios títulos, entre ellos *Viento de siglos* (Enrique Gómez, 1945) de la que también hace los decorados. Se traslada a Madrid para producir *Un viaje de novios* (Gonzalo Delgrás, 1947) haciendo también de director artístico, y vuelve posteriormente a Barcelona, donde ejerce cono decorador.

JEFE DE PRODUCCIÓN:

1941 *Pilar Guerra*, Félix de Pomés
La doncella de la duquesa, Gonzalo Delgrás
1942 *Una conquista difícil*, Pedro Puche
Mi adorable secretaria, Pedro Puche
1943 *Doce lunas de miel*, Ladislao Vajda
1945 *Ni tuyo ni mío*, Gonzalo Delgrás

La próxima vez que vivamos, Enrique Gómez
Viento de siglos (y dirección artística), Enrique Gómez
1946 *El centauro,* Antonio Guzmán Merino
1959 *Sendas marcadas,* Juan Bosch

DIRECCIÓN ARTÍSTICA:

1947 *Un viaje de novios* (y jefe de producción), Gonzalo Delgrás
Trece onzas de oro, Gonzalo Delgrás
1949 *El hombre que veía la muerte* (con Ferrater), Gonzalo Delgrás
1950 *Verónica* (con Lluch), Enrique Gómez
1954 *Marta,* Francisco Elías
El fugitivo de Amberes, Miguel Iglesias
1955 *Veraneo en España,* Miguel Iglesias
Un heredero en apuros, Miguel Iglesias
1956 *Cuando el valle se cubra de nieve,* José Luis Pérez de Rozas
1961 *Carta a una mujer,* Miguel Iglesias

Fontanals, Alfredo

Alfredo Fontanals Sala nace en Barcelona en 1882. Con Joan Solá Mestres estuvo entre 1908 y 1914 como operador y técnico de la sucursal barcelonesa de Pathé, trabajaron en la Barcinógrafo y fueron directores de Studio Films, donde además ejerció como técnico de laboratorio. Fallece en Barcelona en 1945. Padre de Alfredo Fontanals Solé.

DIRECCIÓN ARTÍSTICA:

1917 *Mefisto,* José María Codina

Fontanals, Alfredo

Alfredo Fontanals Solé nace en Barcelona en 1930. Hijo de Alfredo Fontanals Sala, desarrolló todo su trabajo como director artístico en Barcelona en colaboración con Emilio Ferrer. Fallece en Barcelona en 1982.

DIRECCIÓN ARTÍSTICA CON FERRER:

1942 *Un marido a precio fijo,* Gonzalo Delgrás
1943 *La chica del gato,* Ramón Quadreny
1944 *Una chica de opereta,* Ramón Quadreny
¡Qué familia!, Alejandro Ulloa
1945 *Ni tuyo ni mío,* Gonzalo Delgrás

Tambor y cascabel, Alejandro Ulloa
Estaba escrito, Alejandro Ulloa
Se le fue el novio, Julio Salvador
1946 *Leyenda de feria,* Juan de Orduña
Los habitantes de la casa deshabitada, Gonzalo Delgrás
1947 *Oro y marfil,* Gonzalo Delgrás
Alma baturra, Antonio Sau Olite
1948 *En un rincón de España,* Jerónimo Mihura
El misterioso viajero del Clipper, Gonzalo Delgrás
1950 *Apartado de Correos 1.001,* Julio Salvador
1951 *Sueños de Tay-Pi,* Franz Winsterstein y José María Blay (dibujos animados)

Francesc, Pere

Pere Francesc Subirana. Hace los decorados de programas de TVE como *Antología de la zarzuela* (Fernando García de la Vega, 1979) antes de trabajar en el cine.

DIRECCIÓN ARTÍSTICA:

1991 *Dalí* (con Bogoya Sapundzhief), Antoni Ribas
1992 *¿Culpable de qué?,* Albert Sager
1994 *Historias de la puta mili,* Manuel Esteban Marquilles

Franco, Tana

DIRECCIÓN ARTÍSTICA:

1991 *Vivir por nada* (con Ramón Iriondo), Javier Sacristán

Frexe, Juan

Juan Frexe Sckopf, nace en Barcelona el 6 de diciembre de 1910. En 1936 se traslada a Austria donde trabaja como segundo decorador. Entre 1941 y 1943 trabaja en Grecia como decorador de siete películas. Fallece en 1992.

EFECTOS ESPECIALES:

1955 *Avenida Roma 66,* Juan Xiol Marchal

AYUDANTE DE DECORACIÓN EN AUSTRIA:

1936 *Premiere,* Geza von Bolvary
Burgtheater, Willi Forst

DIRECCIÓN ARTÍSTICA:

1934 *Viva la vida*, José María Castellví
1935 *¡Abajo los hombres!*, José María Castellví
1946 *Ramsa*, Juan Xiol
1951 *María Morena*, José María Forqué y Pedro Lazaga
1952 *Muchachas de Bagdad/Babes in Bagdad*, Edgar G. Ulmer
       Bronce y luna, Javier Setó
1953 *La montaña sin ley*, Miguel Lluch
1954 *Relato policiaco*, Antonio Isasi-Isasmendi
       Elena, Jesús Pascual
1955 *Escuela de periodismo*, Jesús Pascual
       Pasión bajo el sol, Antonio Isasi-Isasmendi
1956 *La huida*, Antonio Isasi Isasmendi
1957 *El azar se divierte*, Jesús Pascual
1965 *¡¡Arriba las mujeres!!*, Julio Salvador
1966 *La banda del pecas*, Jesús Pascual
1968 *El aprendiz de clown*, Manuel Esteba Gallego
       Hola... señor Dios, Manuel Esteba Gallego
1969 *Agáchate que disparan*, Manuel Esteba Gallego
1970 *Santo contra los asesinos de la mafia*, Manuel Bengoa
1971 *Laia*, Vicente Lluch

Gago, Pablo

Pablo Antonio Gago Montilla nace en León el 27 de octubre de 1926. Escenógrafo teatral desde 1950, interviene en más de sesenta obras. Estudia en la E.O.C. entre 1959 y 1964, siendo profesor de la misma.

VESTUARIO:

1993 *La leyenda de Balthasar el castrado/La legende de Balthasar le castrat*, Juan Miñón, GOYA

DIRECCIÓN ARTÍSTICA:

1964 *Anabel*, Pedro Olea CM
       El arte de vivir, Julio Diamante
1965 *Maratón ye-ye*, Jesús Yagüe
       Nueve cartas a Berta, Basilio Martín Patino
       Tabú (Fugitivos de la isla del sur)/La vergine di Samoa, Javier Setó
       Los diablos rojos, José Luis Viloria

1966 *Fata Morgana*, Vicente Aranda
       El arte de casarse, Jorge Feliú y José María Font Espina
       El arte de no casarse, Jorge Feliú y José María Font Espina
1968 *No somos de piedra*, Manuel Summers
       Los invasores del espacio, Guillermo Ziener
       Chinos y minifaldas/Der Sarg bleisst Heute zu/Morte in un giorno di pioggia, Ramón Comas
1969 *Los desafíos*, Claudio Guerín, José Luis Egea, Víctor Erice
       Del amor y otras soledades, Basilio Martín Patino
1970 *Coqueluche*, Germán Lorente
1971 *Una chica casi decente*, Germán Lorente
1972 *Las tres perfectas casadas*, Benito Alazraki
       Triángulo/Crimen de amor (con Rafael Borque), Rafael Moreno Alba
       Carta de amor de un asesino (y actor), Francisco Regueiro

Galicia, José Luis

José Luis Galicia Gonzalo nace en Madrid el 1 de junio de 1930. Hijo y nieto de pintores, en 1936 se traslada a París con su familia. El año 1951 con veinte años expone por primera vez sus litografías en el Museo de Arte Moderno de Madrid. En 1961 le encargan la pintura de los techos de la Almudena. Ha realizado más de treinta exposiciones personales en las siguientes ciudades: Madrid, París, Cincinnati, Milwaukee, Nueva York, Bogotá, Londres, Lisboa, Valencia, Barcelona, Palm Beach, San Sebastián, Pretoria y Durban. Ha participado en muchas colectivas y en las bienales de Venecia y Sao Paulo (obteniendo un premio). Tiene obras en el Museo de Arte Contemporáneo, así como en otros museos de España y el extranjero. Trabaja en televisión en 1982 haciendo los decorados de *Las pícaras* (Chumy Chúmez, Francisco Lara, Angelino Fons, Francisco Regueiro, Antonio del Real y José Luis Sánchez) y en 1990 los de *El joven Picasso* (Juan Antonio Bardem).

AYUDANTE DE DECORACIÓN:

1961 *La venganza del Zorro*, Joaquín L. Romero Marchent

1962 *Tres hombres buenos/I tre implacabili,* Joaquín L. Romero Marchent
Bienvenido, padre Murray, Ramón Torrado

1962 *El sheriff terrible/Due contro tutti* (con Franco Lolli), Antonio Momplet
Cristo negro, Ramón Torrado
Cabalgando hacia la muerte/L'ombra di Zorro, Joaquín Romero Marchent
El valle de los hombres de piedra/Perseo e Medusa, Alberto de Martino

1963 *Brandy/Cavalca e uccidi,* José Luis Borau
El sabor de la venganza/I tre spietati (con Saverio d'Eugenio), Joaquín L. Romero Marchent
El vengador de California/Il segno del Coyote, Mario Caiano
La cesta, Rafael J. Salvia
Los novios/I promessi sposi, Mario Maffei
Los héroes del Oeste, Steno
Cuatro balazos/Si udirono quattro colpi di fucile, Agustín Navarro
Wonderful Life/Días maravillosos, Sidney J. Furie
La tumba del pistolero, Amando de Ossorio

1964 *Las pistolas no discuten/Le pistole non discutono,* Mario Caiano
Dos caraduras en Texas/Per un pugno nell'occhio, Michele Lupo
El séptimo de caballería/Gli eroi di Fort Worth, Martin Herbert
Erik el vikingo/Erik il vichingo, Mario Caiano
Antes llega la muerte/I sette di Texas (con Saverio d'Eugenio), Joaquín L. Romero Marchent
Los gemelos de Texas/I gemelli di Texas, Steno

1965 *El proscrito del Río Colorado/The Outlaws of Red River,* Maury Dexter
El ocaso de un pistolero/Mani di pistolero, Rafael Romero Marchent
Los cuatro implacables/I quattro inesorabili, Primo Zeglio,
Dos pistolas gemelas, Rafael Romero Marchent
Los espías matan en silencio/Le spie uccidono in silenzio, Mario Caiano
Aventuras del Oeste/Sette ore di fuoco/Die letzte Kugel traf den Besten, Joaquín L. Romero Marchent

Siete hombres de oro/Sette uomini d'oro/Sept hommes en or (con Piero Poletto y Arrigo Equini), Marco Vicario
El hombre del valle maldito/L'uomo della valle maledetta, Primo Zeglio
Kid Rodelo/Kid Rodelo, Richard Carlson
Una tumba para el sheriff/Una bara per lo sceriffo, Mario Caiano

1966 *Oro maldito,* Giulio Questi
Los despiadados/I crudeli, Sergio Corbucci
La máscara de Kriminal/Il maschio di Kriminal, Umberto Lenzi

1966 *El hombre que mató a Billy el Niño/... E divenne il più spietato bandito del Sud,* Julio Buchs

1966 *Los ojos perdidos,* Rafael García Serrano
Camerino sin biombo, José María Zabalza
La muerte cumple condena/100.000 dollai per Lassiter, Joaquín L. Romero Marchent
El escuadrón de la muerte/Per un dollaro di gloria, Fernando Cerchio
El milagro del cante, José María Zabalza
Siete pistolas para los McGregor/Sette pistole per i McGregor, Franco Giraldi
087 Misión Apocalipsis/Missione Apocalisse, James Reed (Guido Malatesta)
Los cuatro salvajes/Ringo: il volto della vendetta, Mario Caiano
El gran golpe de Niza/Per favore..., non sparate col cannone, Mario Caiano
Héroes a la fuerza/Ringo e Gringo contro tutti, Bruno Corbucci

1967 *Dos cruces en Danger Pass/Due croci a Danger Pass,* Rafael Romero Marchent
Rey de África/One Step to Hell/Caccia ai violenti, Sandy Howard
Educando a un idiota, Ramón Torrado
Encrucijada para una monja/Violenza per una monaca (con Octavio Scotti), Julio Buchs, SNE
Satanik/Satanik, Piero Vivarelli
Proceso de Gibraltar, Eduardo Manzanos Brochero
Ringo de Nebraska/Ringo nel Nebraska, Antonio Román
Winchester Bill/Voltati... ti uccido, Al Bradley (Alfonso Brescia)

La hora del coraje/Tutto per tutto, Umberto Lenzi

Las cicatrices, Pedro Lazaga

Operación cabaretera, Mariano Ozores

Órbita mortal/...4, ...3, ...2, ...1, ...Morte/Perry Rhodan: S.O.S. aus den Weltall, Primo Zeglio

1968 *El sabor del odio/Una pistola per cento bare*, Umberto Lenzi

¿Quién grita venganza?/I morti non si contano, Rafael Romero Marchent

Tiempos de Chicago/Tempo di charleston: Chicago 1929, Julio Diamante

Mátalos y vuelve/Ammazzali tutti e torna solo, Enzo G. Castellari

Sin aliento/La morte sull'alta collina, Ferdinando Cerchio

Trampa para un forajido, Mario Maffei

1968 *Míster X/Mister X*, Piero Vivarelli

Pagó cara su muerte/E intorno a lui fu morte, León Klimovsky

¡Cómo está el servicio!, Mariano Ozores

Operación Mata-Hari, Mariano Ozores

Con el corazón en la garganta, Mario Caiano

El rancho de la muerte, Rafael Romero Marchent

Agente sigma 3 - Misión Goldwather, Gian Paolo Callegari

Un hombre vino a matar/L'uomo venuto per uccidere, León Klimovsky

Bandidos/Crepa tu... che vivo io! (con Carlo Gentili), Max Dillman (Massimo Dallamano)

Fedra West/Io non perdono.. uccido, Joaquín Romero Marchent

Los cuatro budas de Kriminal, Ferdinando Cerchio

Winchester uno entre mil/Killer, adios, Primo Zeglio

El vengador del sur/I vigliacchi non pregano, Marlon Sirko (Mario Siciliano)

Un gangster llegado de Brooklyn, Emimmo Salvi

Satanik/Satanik, Piero Vivarelli

Superargo el gigante/Il re dei criminale, Paolo Bianchini

Uno a uno sin piedad/Ad uno ad uno, spietatamente, Rafael Romero Marchent

Cuidado con las señoras, Julio Buchs

Los pistoleros de Paso Bravo/Uno straniero a Paso Bravo, Salvatore Rosso

1969 *No somos ni Romeo ni Julieta*, Alfonso Paso

¡Viva América!/La vera storia di Frank Mannato, Javier Setó

1969 *The Last Grenade (La última explosión)*, Gordon Flemyng

1969 *Vamos por la parejita*, Alfonso Paso

Los desesperados/Quei disperati che puzzano di sudore e di morte (con Giuseppe Bassan), Julio Buchs

Manos sucias/La morte ha viaggiato con me, José Antonio de la Loma

Los extremeños se tocan, Alfonso Paso

Cómo robar un quintal de diamantes en Rusia/Come rubare un quintale di diamanti in Russia, James Reed (Guido Malatesta)

Forajidos implacables/20.000 dollari sporchi di sangue, Albert Cardiff (Alberto Cardino)

Manos torpes, Rafael Romero Marchent

1970 *Los leopardos de Churchill/I leopardi di Churchill*, Maurizio Pradeaux

Los corsarios/I pirati dell'isola verde, Ferdinando Baldi

¡Mátalo!, Eduardo M. Brochero

Una señora llamada Andrés, Julio Buchs

Los tigres de Mompracen/Le tigri di Mompracen, Mario Sequi

Sartana en el valle del oro/Sartana nella valle degli avvoltoi, Roberto Mauri

El sol bajo la tierra/Anda mucho, spara!, Aldo Florio

Murders in the Rue Morgue, Gordon Hessler

La puerta cerrada/Un aller simple/Solo andato, Jose Giovanni

La otra residencia, Alfonso Paso

Un par de asesinos, Rafael Romero Marchent

La brigada de los condenados/La legione dei dannati, Umberto Lenzi

Arizona vuelve/Arizona si scatenò... e fece fuori tutti!, Sergio Martino

Una nuvola di polvere... un grido di morte... arriva Sartana, Giuliano Carmineo

1971 *Cobras humanas/L'uomo piú velenoso del cobra*, Albert J. Walker (Adalberto Albertini)

Condenados a vivir, Joaquín L. Romero Marchent

Varietés, Juan Antonio Bardem

El Zorro, caballero de la justicia, José Luis Merino

Las petroleras/Les Pétroleuses/Le petrolie-re, Christian Jaque y Guy Casaril

Un dólar de recompensa/La preda e l'avvoltoio, Rafael Romero Marchent

Alta tensión/Doppia coppia con Regina (con Piero Felippone), Julio Buchs

La isla misteriosa/L'isola misteriosa e il capitano Nemo/L'île mystérieuse, Juan Antonio Bardem

El apartamento de la tentación, Julio Buchs

1972 *El gran amor del Conde Drácula*, Javier Aguirre

El jorobado de la Morgue, Javier Aguirre

La boda o la vida, Rafael Romero Marchent

La muerte llega arrastrándose/Hai sbagliato... dovevi uccidermi subito!, Mario Bianchi

La mansión de la niebla, Francisco Lara Polop

...Y le llamaban el halcón/Uomo avvisato mezzo ammazzato... parola di Spirito Santo, Anthony Ascott (Giuliano Carmineo)

Todos los colores de la oscuridad/Tutti i colori del buio, Sergio Martino

1973 *Santo contra el doctor Muerte*, Rafael Romero Marchent

El juego del adulterio, Joaquín Romero Marchent

Las ratas no duermen de noche, Juan Fortuny

Proceso a Jesús, José Luis Sáenz de Heredia

Doctor me gustan las mujeres, ¿es grave?, Ramón Fernández

Cinco almohadas para una noche, Pedro Lazaga

La hiena, José Luis Madrid

Un casto varón español, Jaime de Armiñán

1974 *Las dos huerfanitas/Le due orfanelle*, Leopoldo Savona

Una mujer de cabaret, Pedro Lazaga

Perversión, Francisco Lara Polop

Los hombres las prefieren viudas, León Klimovsky

El clan de los Nazarenos, Joaquín Romero Marchent

Sólo ante el streaking, José Luis Sáenz de Heredia

1975 *Vida íntima de un seductor cínico*, Javier Aguirre

Obsesión, Francisco Lara Polop

Esclava te doy, Eugenio Martín

El paranoico, Francisco Ariza

El vicio y la virtud, Francisco Lara Polop

Terapia al desnudo, Pedro Lazaga

Adulterio a la española, Arturo Marcos

Las protegidas, Francisco Lara Polop

Ligeramente viudas, Javier Aguirre

1976 *Mauricio mon amour*, Juan Bosch

Cazar un gato negro, Rafael Romero Marchent

Secretos de alcoba, Francisco Lara Polop

Marcada por los hombres, José Luis Merino

El calor de la llama, Rafael Romero Marchent

Esposa y amante, Angelino Fons

El límite del amor, Rafael R. Marchent

Y a mí qué me importa que explote Miami, Manuel Caño

Sábado, chica, motel ¡que lío aquel!, José Luis Merino

1977 *El último guateque*, Juan José Porto

El transexual, José Jara

El huerto del francés, Jacinto Molina

Clímax, Francisco Lara

Bermudas: la cueva de los tiburones/Bermude: la fossa maledetta (con Mario Molli), Tonino Ricci

1978 *Historia de S*, Francisco Lara

La larga noche de los bastones blancos, Javier Elorrieta

1979 *Los viajeros del atardecer/I viaggiatori della sera* (con Uberto Bertacca), Ugo Tognazzi

DIRECCIÓN ARTÍSTICA EN SOLITARIO:

1981 *Casta y pura/Casta e pura* (con Ennio Alfieri) Salvatore Samperi

1980 *Tac-tac*, Luis Alcoriza

1981 *Brujas mágicas* (con Cruz Baleztena), Mariano Ozores

El primer divorcio (con Cruz Baleztena), Mariano Ozores

1983 *Juana la loca... de vez en cuando*, José Ramón Larraz

El Cid Cabreador, Angelino Fons

1984 *Play boy en paro*, Tomás Aznar

La hoz y el Martínez, Álvaro Sáenz de Heredia

Serpiente de mar, Amando de Ossorio

1986 *Policía*, Álvaro Sáenz de Heredia

1987 *El gran secreto,* Pedro Mario Herrero
Descanse en piezas, José Ramón Larraz
El aullido del diablo, Jacinto Molina
1988 *El tesoro,* Antonio Mercero
1989 *Aquí huele a muerto,* Álvaro Sáenz de Heredia

Gallardo, Joaquín

DIRECCIÓN ARTÍSTICA:

1980 *Asalto al casino/Black Jack,* Max H. Boulois
1981 *Fuerza mortal,* Max H. Boulois
1982 *Othello, Comando negro,* Max H. Boulois

Gallart, Balter

Baltasar Gallart Verdaguer nace en Granollers (Barcelona) el 11 de junio de 1959. Comienza a trabajar en el cine como meritorio en *La verdad oculta* (Carlos Benpar, 1987) aunque acaba la película desempeñando ya las tareas de director artístico. Compagina su trabajo en el cine con la publicidad. Ha diseñado los decorados de la serie para televisión *Fuera de juego* (Luis M.ª Güell, 1997).

AYUDANTE DE DIRECCIÓN:

1993 *Huevos de oro,* Bigas Luna
1994 *La teta y la luna/Le sein et la lune,* Bigas Luna
1996 *En brazos de la mujer madura,* Manuel Lombardero
El crimen del Cine Oriente, Pedro Costa

DIRECCIÓN ARTÍSTICA:

1987 *La verdad oculta,* Carlos Benpar
El vent de l'illa/El viento de la isla (y vestuario), Gerardo Gormenzano
1988 *Al dormir lo veo claro* (y vestuario), Jordi Cadena
1989 *Estación central* (con Viaplana), Juan Antonio Salgot
1990 *Ratita, ratita,* Francesc Bellmunt
Veronica L. (Una dona al meu jardin), Octavi Martí y Antoni Padros
1992 *Blue Gin,* Santiago Lapeira
1994 *El beso perfecto,* Miguel Milena CM
Pareja de tres, Toni Verdaguer
1995 *No me importaría irme contigo,* Jordi Molla CM

Gallego, Aurelio

Aurelio Gallego Muñiz, nace en Madrid el 15 de septiembre de 1932, comienza trabajando como dibujante publicitario y haciendo anuncios para la productora Tele-Iber Films. Asiste a cursos de la Escuela de Bellas Artes y la de Artes y Oficios Artísticos. Comienza a trabajar en el cine como ayudante de Santiago Ontañón, Pablo Gago, Galicia y Pérez Cubero.

DIBUJANTE:

1966 *Robo de diamantes/Run Like a Thief,* Bernard Glasser
Los despiadados/I crudeli, Sergio Corbucci

AYUDANTE DE DECORACIÓN:

1967 *John il bastardo,* Armando Crispino
Ringo, el caballero solitario/Ringo, il cavaliere solitario, Rafael Romero Marchent
1968 *Winchester, uno entre mil/Killer, adios,* Primo Zeglio
1969 *Carola de día, Carola de noche,* Jaime de Armiñán
Vamos por la parejita, Alfonso Paso
1970 *El monumento,* José María Forqué
Con la música a otra parte, Fernando Merino
Sartana en el valle del oro/Sartana nella valle degli avvoltoi, Roberto Mauri
1971 *El Zorro, caballero de la justicia,* José Luis Merino
Un dólar de recompensa/La preda e l'avvoltoio, Rafael Romero Marchent
1973 *Santo contra el doctor Muerte,* Rafael Romero Marchent
Proceso a Jesús, José Luis Sáenz de Heredia
Cinco almohadas para una noche, Pedro Lazaga
1974 *Las dos huerfanitas/Le due orfanelle,* Leopoldo Savona
Una mujer de cabaret, Pedro Lazaga
Sólo ante el streaking, José Luis Sáenz de Heredia
1975 *Terapia al desnudo,* Pedro Lazaga
1976 *Mauricio mon amour,* Juan Bosch
Secretos de alcoba, Francisco Lara Polop
Esposa y amante, Angelino Fons

DIRECCIÓN ARTÍSTICA:

1980 *Préstame tu mujer,* Jesus Yagüe
1986 *¡Esto es un atraco!,* Mariano Ozores

Galuppo, Flavia

DIRECCIÓN ARTÍSTICA:

1996 *El dominio de los sentidos/El domini dels sen-tits* (episodio El tacto), Nuria Olivé-Bellés

Garcerá, Julio

DIRECCIÓN ARTÍSTICA:

1925 *La Trapera,* Juan Andreu Moragas, José Fernández Bayot y Emilio Guerrero
1926 *Los niños del hospicio,* José Fernández Bayot

García, Chus

DIRECCIÓN ARTÍSTICA:

1992 *El cielo sube* (con Merce Batallé), Marc Recha

García Lafuente, Julio

Julio García de la Fuente. Titulado en el I.I.E.C.

DIRECCIÓN ARTÍSTICA:

1951 *Niebla y sol* (con José María Tovar), José María Forqué

García, Rita

AMBIENTACIÓN:

1980 *Los embarazados,* Joaquín Coll Espona

García, Rosa

DIRECCIÓN ARTÍSTICA:

1995 *La vida privada,* Vicente Pérez Herrero

García Ros, Mariano

DIRECCIÓN ARTÍSTICA:

1939 *La tonta del bote,* Gonzalo Delgrás
1940 *Mary Juana,* Armando Vidal
1941 *Un marido barato,* Armando Vidal

García Sanabria, Antonio

Titulado en la E.O.C. Diseña los decorados de programas emitidos por TVE como *Verano azul* (Antonio Mercero, 1981).

DIRECCIÓN ARTÍSTICA:

1968 *Comanche blanco,* Gilbert Kay (José Briz)
Algo amargo en la boca, Eloy de la Iglesia
Cuadrilátero, Eloy de la Iglesia
Rumbo a Belén, José Ochoa
1969 *El proceso de las brujas/Der Hexentöter von Blackmoor/Il trono di fuoco (Il giudice sanguinario)/The Bloody Judge,* Jesús Franco
1970 *Trasplante de un cerebro,* Juan Logar
1971 *Fieras sin jaula,* Juan Logar

García San Miguel, Almudena

DIRECCIÓN ARTÍSTICA:

1991 *Aquí, el que no corre... vuela,* Ramón Fernández

Gargallo, Francisco

Francisco Gargallo Catalán. Director, productor, guionista.

DIRECCIÓN ARTÍSTICA:

1927 *La tía Ramona,* Nick Winter

Garmendia, Joseba

DIRECCIÓN ARTÍSTICA:

1985 *Ehum metro,* Alfonso Ungría
Hamasei Garrenean Aidánez, Ángel Lertxundi
Zergalik panpox, Xavier Elorriaga MM

Garnelo, Manuel

DIRECCIÓN ARTÍSTICA:

1953 *Condenados,* Manuel Mur Oti

Garrido, Martín

Director, productor, guionista, montador.

Dirección artística:

1981 *El último penalty*, Martín Garrido

Garriga, Enrique

Enrique Garriga Marot, nace en Barcelona el 25 de febrero de 1916. Estudia oficial y maestro carpintero en Barcelona entre 1932 y 1937. Trabaja como carpintero y ebanista hasta 1942, cuando entra en los estudios Orphea y despúes Kinefon, donde permanece hasta 1943, en que hace el servicio militar como delineante. En 1946 se convierte en ayudante del decorador de interiores Enrique Clunellas, con el que está dos años. Desde 1956 hasta 1961 trabaja como delineante-proyectista en la Caja de Ahorros y Monte de Piedad. Empieza a trabajar en los estudios Balcázar en 1965 como ayudante de Juan Alberto Soler.

Ayudante:

1965 *Trampa bajo el sol/Train d'enfer/Danger dimensione morte*, Gilles Grangier
¡Qué viva Carrancho!, Alfonso Balcázar
El retorno de Ringo/Il ritorno di Ringo, Duccio Tessari
Operación Silencio/Agente X77, ordine di uccidere/Agente X77, Saverio Siano
Siete pistolas para Timothy/Sette magnifiche pistole, Romulo Girolami
El tigre se perfuma con dinamita/Le Tigre se parfume à la dynamite/La Tigre profumata alla dinamite, Claude Chabrol
El tigre de los siete mares/Surcouf, l'eroe dei sette mari/Surcouf, le tigre des sept mers, Sergio Bergonzelli
Tormenta sobre el Pacífico/Il grande colpo di Surcouf/Tonerre sur l'Ocean Indien (Le retour de Surcouf), Sergio Bergonzelli
Cuatro dólares de venganza/Quattro dollari di vendetta, Jaime Jesús Balcázar
Kiss-kiss, bang bang, Duccio Tessari
1966 *Dinamita Jim/Dinamite Jim*, Alfonso Balcázar
Coplan cambia de piel/Coplan sauve sa peau, Yves Boisset

Una ladrona para un espía, Bruno Corbucci
Misión en Ginebra/Missione in Ginevra/Feuer frei auf Frankie, José Antonio de la Loma
Mañana os besará la muerte/Mister Dynamit-Morgen küsst Euch der Todd/Dinamite al Pentagono, Franz J. Gottlieb
1967 *El acecho/L'affut*, Philippe Condroyer
Diamantes a go go/Ad ogni costo/Tob Job, Giuliano Montaldo
Gentleman Jo, Giorgio Stegani
1968 *Jaque mate/Le paria/L'ultimo colpo*, Claude Carlietz
Sonora/Sartana non perdona, Alfonso Balcázar
1969 *El señorito y las seductoras*, Tito Fernández
Presagio, Miguel Iglesias
Las víctimas/Les victimes, Piero Sciume
1970 *El triangulito*, José María Forqué
El misterio de la vida, J.J. Balcázar
1971 *Una secretaria para matar*, Carl Zeitler
La caza del oro/Lo credevano uno stinco, Juan Bosch

Dirección artística:

1973 *El asesino de muñecas*, Michael Skaife (Miguel Madrid)
1974 *Gaudí, una visión interrumpida*, John Alaino CM
El socarrón, Jaime Puig
1975 *Los casados y la menor*, Joaquín Coll Espona
Las largas vacaciones del 36, Jaime Camino
1978 *Memoria*, Francisco Macián

Gasset, Antonio

Actor en *Un, dos, tres al escondite inglés* (Iván Zulueta, 1969) y *Arrebato* (Iván Zulueta, 1979).

Dirección artística:

1974 *Los viajes escolares*, Jaime Chávarri

Gimeno, Ángel

Dirección artística:

1936 *Los héroes del barrio*, Armando Vidal

Goday, Jacinto

Jacinto Goday Prats. Director y guionista.

DIRECCIÓN ARTÍSTICA Y GUIÓN:

1946 *Aventuras del capitán Guido,* Jacinto Goday

Gómez, Antxon

DIRECCIÓN ARTÍSTICA:

1986 *Iniciativa privada,* Antonio A. Farré CM
1993 *Huevos de oro,* Bigas Luna

Gómez Bur, J.

DIRECCIÓN ARTÍSTICA:

1941 *El 13.000,* Ramón Quadreny

Gómez, Ramiro

Ramiro Gómez y García de Guadiana nace en Madrid el 7 de junio de 1916. Licenciado en Derecho, comenzó en el cine trabajando como dibujante con Luis Santamaría en los Estudios Ballesteros, donde desarrolló su labor como ayudante de decoración, constructor y final-mente decorador jefe en 1947. Ganó en varias ocasiones los premios del Círculo de Escritores Cinematográficos y del Sindicato Nacional del Espectáculo, así como el Goya a la mejor de-coración. Ha trabajado en Italia e Inglaterra. Diseñó los decorados de series emitidas por TVE como *Los desastres de la guerra* (Mario Camus, 1982) y *Goya y su tiempo* (José Ramón Larraz, 1984). Ha expuesto varias veces sus cuadros que firma con su apellido Guadiana.

EFECTOS ESPECIALES:

1944 *El destino se disculpa,* José Luis Sáenz de
Heredia

AYUDANTE DE CONSTRUCCIÓN:

1944 *El ilustre Perea,* José Buchs
Lecciones de buen amor, Rafael Gil
El camino de Babel (como "Rago"), Jeró-
nimo Mihura

CONSTRUCCIÓN:

1947 *Mariona Rebull* (con Lega), José Luis
Sáenz de Heredia
Dos mujeres en la niebla (con Lega), Do-
mingo Viladomat
Vidas confusas (y ambientador), Jeróni-
mo Mihura
1948 *La esfinge maragata,* Antonio de Obregón
El curioso impertinente (con Lega), Fla-
vio Calzavara
Tres ladrones en la alcoba (inacabada)
La mies es mucha (con Lega), José Luis
Sáenz de Heredia
1951 *El gran galeoto* (con Lega), Rafael Gil
Cielo negro (con Lega), Manuel Mur Oti
1952 *Quema el suelo* (con Lega), Luis Marqui-
na
1955 *Aquí hay petróleo* (con Lega), Rafael J.
Salvia

DIBUJANTE:

1943 *El escándalo,* José Luis Sáenz de Heredia

AYUDANTE DE DECORACIÓN:

1943 *Ídolos,* Florián Rey

DIRECCIÓN ARTÍSTICA:

1947 *Aventuras de don Juan de Mairena,* José
Buchs
1949 *39 cartas de amor,* Francisco Rovira Beleta
1950 *Don Juan* (decorador jefe con José María
Montes y constructor con Lega), José
Luis Sáenz de Heredia
Crimen en el entreacto, Cayetano Luca
de Tena
Facultad de letras, Pío Ballesteros
1952 *Hermano menor,* Domingo Viladomat
Los ojos dejan huella/Uomini senza pace,
José Luis Sáenz de Heredia
La princesa de Éboli/That Lady (con Al-
fred Junge), Terence Young
1953 *Brindis al cielo,* José Buchs
1954 *Todo es posible en Granada,* José Luis
Sáenz de Heredia
1955 *Historias de la radio,* José Luis Sáenz de
Heredia
Familia provisional, Francisco Rovira Be-
leta
1956 *Embajadores en el infierno,* José María
Forqué

El expreso de Andalucía/Il mondo sarà nostro, Francisco Rovira Beleta
1957 *Faustina*, José Luis Sáenz de Heredia
Cara de goma, José Buchs
1958 *Los clarines del miedo*, Antonio Román
Diez fusiles esperan/Zoras il ribelle, José Luis Sáenz de Heredia
El gafe, Pedro L. Ramírez
Bombas para la paz (y construcción con Asensio), Antonio Román
1959 *Crimen para recién casados*, Pedro L. Ramírez
La copla andaluza, Jerónimo Mihura
Los tres etcéteras del general/Les trois etcétères du colonel/Le tre eccetera del colonello, Claude Boissol
Un trono para Cristy/Ein Thron für Christine, Luis César Amadori
Los últimos días de Pompeya/Gli ultimi giorni di Pompei/Die letzten Tage von Pompeji, Mario Bonnard C.E.C.
1960 *La rebelión de los esclavos/La rivolta degli schiavi/Die Sklaven Roms*, Nunzio Malasomma
El coloso de Rodas/Il colosso di Rodi/Le colosse de Rhodes, Sergio Leone
1961 *Goliat contra los gigantes/Golia contro i giganti* (con Carlo Santonocito), Guido Malatesta
The Happy Thieves/Último chantaje, George Marshall
1962 *I Titani/Los titanes*, Duccio Tessari
Terror en la noche/Der Teppich des Grauens/Il terrore di notte, Harald Reinl
Hipnosis/Ipnosi/Nur Toten zeugen Schweigen, Eugenio Martín
Encrucijada mortal/The Ceremony, Laurence Harvey
1963 *Araña negra/Das Geheimnis der schwarzen Witwe*, Franz J. Gottlieb
La chica del trébol/La ragazza meravigliosa, Sergio Grieco
1964 *Tengo 17 años*, José María Forqué
Llegaron los marcianos, Franco "Castellano" y Giuseppe Moccia "Pipolo"
Tiempo de amor, Julio Diamante
Tiempo de violencia/Tre per una rapina, Gianni Bongiovanni
Los cien caballeros/I cento cavalieri/Herrenpartie, Vittorio Cottafavi
1965 *Agente 003, Operación Atlántida/Agente 503, Operazione Atlantide*, Domenico Paolella
Operación relámpago/Due mafiosi contro Goldginger, Giorgio Simonelli

3-S-3, agente especial/Agente 3S3 massacro al sole, Sergio Sollima
Yo he visto la muerte, José María Forqué
Ninette y un señor de Murcia, Fernando Fernán-Gómez
Dos pistoleros/Due mafiosi nel Far West, Giorgio Simonelli
Tintin/El misterio de las naranjas azules (con Thévenet), Philippe Condroyer
La ley del forastero/Sie nannten ihn Gringo, Roy Rowland
Zampo y yo, Luis Lucia
Fray Torero, José Luis Sáenz de Heredia
1966 *La muerte viaja demasiado/Humour noire/Umorismo nero*, episodio de José María Forqué
Grandes amigos, Luis Lucia
Operación Lady Chaplin/Missione speciale Lady Chaplin, Alberto de Martino
París Estambul sin regreso/Agente 007, dall'Oriente con furore/Fureur sur le Bosphore (con Nedo Azzini), Terence Hathaway (Sergio Grieco)
La muerte espera en Atenas/Agente 007, Missione «Bloody Mary»/Operación Lotus Bleu (con Nedo Azzini), Terence Hathaway (Sergio Grieco)
1967 *El hombre del sur/Per pocchi dollari ancora/Fort Yuma Gold*, Giorgio Ferroni
Técnica para un sabotaje/Agente Z55. Segreto atomico, Roberto Bianchi
Pero... ¿en qué país vivimos?, José Luis Sáenz de Heredia
1968 *¡Dame un poco de amoooor...!*, José María Forqué
Los chicos con las chicas, Javier Aguirre
A Talent for Loving, Richard Quine
1969 *La residencia*, Narciso Ibáñez Serrador, SNE
Johnny Ratón, Vicente Escrivá
La vida sigue igual, Eugenio Martín
Cateto a babor, Ramón Fernández
1970 *Sin un adiós*, Vicente Escrivá
La decente, José Luis Sáenz de Heredia
La última señora Anderson/In fondo alla piscina, Eugenio Martín
Españolas en París, Roberto Bodegas
El hombre que vino del odio/Quello sporco disertore, León Klimovsky
1971 *La casa de las palomas/Un solo grande amore*, Claudio Guerín Hill SNE
1972 *El vikingo*, Pedro Lazaga
La corrupción de Chris Miller, Juan Antonio Bardem
Pánico en el Transiberiano/Horror Express, Eugenio Martín, CEC

1973 *Vida conyugal sana,* Roberto Bodegas, SNE
  Doctor me gustan las mujeres ¿es grave?, Ramón Fernández
1974 *Tocata y fuga de Lolita,* Antonio Drove
  Los nuevos españoles, Roberto Bodegas, SNE
  El chulo, Pedro Lazaga
1975 *Los pecados de una chica casi decente,* Mariano Ozores
  Mi mujer es muy decente dentro de lo que cabe, Antonio Drove
  Largo retorno, Pedro Lazaga
  La Carmen, Julio Diamante
1976 *La mujer es cosa de hombres,* Jesús Yagüe
  Nosotros los decentes, Mariano Ozores
  ¿Quién puede matar a un niño?, Narciso Ibáñez Serrador
  Mayordomo para todo, Mariano Ozores
  La noche de los cien pájaros, Rafael Romero Marchent
  Beatriz, Gonzalo Suárez
  Ellas los prefieren... locas, Mariano Ozores
  Parranda, Gonzalo Suárez
  Alcalde por elección, Mariano Ozores
  Hasta que el matrimonio nos separe, Pedro Lazaga
1977 *Más fina que las gallinas,* Jesús Yagüe
  El apolítico, Mariano Ozores
  Vota a Gundisalvo, Pedro Lazaga
  La Coquito, Pedro Masó
1978 *Solos en la madrugada,* José Luis Garci
1979 *La insólita y gloriosa hazaña del cipote de Archidona,* Ramón Fernández
  Rocky Carambola, Javier Aguirre
  La miel, Pedro Masó
  La familia, bien, gracias, Pedro Masó
1980 *Ángeles gordos/Fat Angels* (con Susan Kaufman), Manuel Summers
  El divorcio que viene, Pedro Masó
  Picasso, CM documental
  Gay Club, Ramón Fernández
  Dos y dos, cinco, Luis José Comerón
  127 millones libres de impuestos, Pedro Masó
  Atraco a sexo armado (y vestuario), Jeff Hudson
1982 *La colmena,* Mario Camus
1985 *A la pálida luz de la luna,* José María González Sinde
1986 *Bandera negra,* Pedro Olea
1988 *El aire de un crimen,* Antonio Isasi-Isasmendi
1989 *Esquilache* (con Javier Artiñano), Josefina Molina, GOYA

González, Eva

DIRECCIÓN ARTÍSTICA:

1994 *O de amor,* Ismael González

González, Fernando

Fernando González González, nace en Madrid el 30 de mayo de 1927. Ingresa en el I.I.E.C. en 1955 acabando sus estudios en 1958.

DIBUJANTE:

1958 *Salomon and Sheba (Salomón y la reina de Saba),* King Vidor

AYUDANTE DE DECORACIÓN:

1959 *The Three Worlds of Gulliver (Los viajes de Gulliver),* Jack Sher
1960 *Mysterious Island (La isla misteriosa),* C y Enfield
  Honorables sinvergüenzas, José Luis Gamboa
  Spartacus (Espartaco), Stanley Kubrick
1961 *El Cid (El Cid),* Anthony Mann
  Perro golfo, Domingo Viladomat
  El sexto sentido, Enrique Carreras
  Tú y yo somos tres, Rafael Gil
1962 *Lawrence of Arabia (Lawrence de Arabia),* David Lean
1963 *The Fall of the Roman Empire (La caída del Imperio Romano),* Anthony Mann
  Juego de hombres, José Luis Gamboa
1964 *Fuera de la ley,* León Klimovsky
  Doctor Zhivago (Doctor Zhivago), David Lean
  Crack in the world (¿Hacia el fin del mundo?), Andrew Marton
1966 *Fathom (Guapa intrépida y espía),* Leslie H. Martinson
1967 *Magus* (con William Hutchinson), Guy Green
1968 *Shalako (Shalako),* Edward Dmytryk
1969 *Hard Contract (Antes amar... después amar)* (con James Payne), S. Lee Pogostin
  Krakatoa, east of Java (Al este de Java), Bernard L. Kowalski
  Figures in a Landscape (Caza humana), Joseph Losey
  Patton (Patton), Franklin J. Shaffner

When Dinosaurs Ruled the Earth (Cuando los dinosaurios dominaban la tierra), Val Guest
1971 *Nicholas and Alexandra (Nicolás y Alejandra)*, Franklin J. Shaffner
1976 *Valentino (Valentino)*, Ken Russell

AMBIENTACIÓN:

1961 *Prohibido enamorarse*, José Antonio Nieves Conde

DIRECCIÓN ARTÍSTICA:

1972 *La selva blanca/Il richiamo della foresta/L'appel de la forêt*, Ken Annakin
1973 *The Golden Voyage of Simbad (El viaje fantástico de Simbad)*, Gordon Hessler (diseño de producción: John Stoll)
Los tres mosqueteros/The Three Musketeers (con Leslie Dilley), Richard Lester (diseño de producción: Roy Walker)
Los cuatro mosqueteros/The Four Musketeers (con Leslie Dilley), Richard Lester (diseño de producción: Roy Walker)
1975 *La endemoniada*, Amando de Ossorio
1976 *Las alimañas*, Amando de Ossorio
Strip-tease, Germán Lorente
Los hijos de..., Luis María Delgado
Dos hombres y en medio dos mujeres, Rafael Gil
1977 *The People That Time Forgot (Viaje al mundo perdido)* (con Bert Davey), Kevin Connor (diseño de producción: Maurice Carter)
Sinbad and the Eye of the Tiger (Simbad y el ojo del tigre) (con Fred Carter), Sam Wanamaker (diseño de producción: Geoffrey Drake)
1980 *Clash of the Titans (Furia de titanes)* (con Don Piction, Peter Howitt y Giorgio Desideri), Desmond Davis (diseño de producción: Frank White)
1981 *Reds (Reds/Rojos)* (con Simon Holland), Warren Beatty (diseño de producción: Richard Sylbert)
1985 *Eleni* (con Steve Spence), Peter Yates (diseño de producción: Roy Walker)

González Más, Federico J.

Federico José González Más nace en Madrid el 14 de abril de 1945. Titulado en la E.O.C. y en la Escuela Oficial de Televisión.

Comenzó como ayudante de Parrondo y Thevenet, gana por oposición la plaza de decorador en TVE. Ha realizado numerosas decoraciones de interiores. Licenciado en Ciencias de la Información. En la actualidad imparte clases de Escenografía y ha impartido cursos y numerosas conferencias.

AYUDANTE DE DECORACIÓN:

1969 *Patton (Patton)*, Franklin J. Shaffner
1970 *La puerta cerrada/Un aller simple/Solo andato*, Jose Giovanni
The Horsemen (Orgullo de estirpe), John Frankenheimer
1971 *Nicholas and Alexandra (Nicolás y Alejandra)*, Franklin J. Shaffner
Delirios de grandeza/La follie des grandeurs, Gérard Oury
1972 *Travels with my Aunt (Viajes con mi tía)*, George Cukor
No firmes más letras, cielo, Pedro Lazaga
1973 *Hay que matar a B*, José Luis Borau
La fiebre del oro, Gonzalo Herralde

DIRECCIÓN ARTÍSTICA:

1974 *Manchas de sangre en un coche nuevo*, Antonio Mercero
1993 *El cazador furtivo*, Carlos Benpar
1996 *El dominio de los sentidos/El domini dels sentits* (episodio El gusto), Teresa de Pelegrí

Gonzalo, Gonzalo

Gonzalo Gonzalo Palacios nace en San Esteban de Pravia (Oviedo) el 17 de enero de 1936. A principios de la década de los sesenta comienza a trabajar en una agencia de publicidad. En los años setenta deja la publicidad y empieza a trabajar en el cine como ayudante entre otros de Gerardo Vera, Antonio Cortés y Wolfgang Burmann. Como ayudante de decoración trabaja en las series para TVE *Las pícaras* (Chumy Chúmez, Francisco Lara, Angelino Fons, Francisco Regueiro, Antonio del Real y José Luis Sánchez, 1982), *El jardín de Venus* (José María Forqué, 1984) y *Lorca muerte de un poeta* (Juan Antonio Bardem, 1987); como ambientador en *España, siglos oscuros* (Jesús García Dueñas, 1984); y como director artístico en *Cine por un tubo* (Manuel Summers, 1990) y *Los ladrones van a la oficina* (Tito Fernández, 1993).

AYUDANTE DE DECORACIÓN:

1978 *Escalofrío*, Carlos Puerto
1979 *Supersonic Man*, Juan Piquer
1980 *Misterio en la isla de los monstruos*, Juan Piquer
1981 *Los diablos del mar*, Juan Piquer
1982 *Mil gritos tiene la noche/Pieces*, Juan Piquer
       Si las mujeres mandaran o mandasen, José María Palacio
1983 *Feroz*, Manuel Gutiérrez Aragón
1984 *Los zancos*, Carlos Saura
1985 *Marbella, un golpe de cinco estrellas/Hot Spot*, Miguel Hermoso
1986 *Romanza final*, José María Forqué

AMBIENTACIÓN:

1984 *Los matasanos/Bad Medicine*, Harvey Miller

DIRECCIÓN ARTÍSTICA:

1988 *Slugs/Muerte viscosa* (y maquetista), Juan Piquer, GOYA
1989 *La grieta* (efectos especiales y maquetas), Juan Piquer GOYA
1991 *Dime una mentira*, Juan Sebastián Bollaín
1992 *El robobo de la jojoya*, Álvaro Sáenz de Heredia
       Demasiado Corazón, Eduardo Campoy

MAQUETAS:

1993 *La vida láctea*, Juan Estelrich

Gosch, Eduardo

Eduardo G. Gosch nace en Riga (Letonia) el 3 de marzo de 1890.

CONSTRUCCIÓN:

1937 *Aurora de esperanza*, Antonio Sau
1941 *Su hermano y él* (con Bronchalo), Luis Marquina
       Los millones de Polichinela, Gonzalo Delgrás
1943 *Doce lunas de miel* (con José Salvador Montorio), Ladislao Vajda

DIRECCIÓN ARTÍSTICA:

1938 *¡No quiero, no quiero!* (con Emilio Burgos), Francisco Elías

1939 *Eran tres hermanas*, Francisco Gargallo
1940 *La alegría de la huerta*, Ramón Quadreny
1941 *Muñequita*, Ramón Quadreny
       Pilar Guerra, Félix de Pomés
1942 *Sangre en la nieve* (con Rabert), Ramón Quadreny
       Se ha perdido un cadáver, José Gaspar y José Corral
       Mosquita en Palacio, Juan Parellada
1943 *Cuando pasa el amor*, Juan López Valcárcel
1947 *La gran barrera*, Antonio Sau Olite

Grande, Marcelo

Marcelo Grande Rodrigo nace el 14 de octubre de 1945 en Tomelloso (Ciudad Real). Trabaja como escenógrafo teatral y haciendo decorados para la ópera. También ha intervenido en televisión.

VESTUARIO:

1988 *Si te dicen que caí*, Vicente Aranda

DIRECCIÓN ARTÍSTICA:

1987 *Laura, del cielo llega la noche*, Gonzalo Herralde
1988 *El amor es extraño/L'amor es estrany*, Carlos Balagué
1991 *Las apariencias engañan*, Carlos Balagué
1992 *Carambolas*, Jesús Font
1993 *La fiebre del oro*, Gonzalo Herralde
       Mal de amores (y vestuario), Carlos Balagué
1994 *Sombras paralelas/Ombres Pral.leles*, Gerardo Gormezano
1996 *Nadie como tú*, Criso Renovell

Grau, José María

DIRECCIÓN ARTÍSTICA:

1962 *Noche de verano* (con Vittorio Rossi), Jorge Grau
1983 *Dinero negro (El procedimiento)*, Carlos Benpar

Gredinger, Regula

DIRECCIÓN ARTÍSTICA:

1989 *Las huellas del lince*, Antonio Gonzalo

Guerra, Jose A. de la

José Antonio de la Guerra y de la Paz nace en Madrid el 21 de junio de 1936. Hijo del escenógrafo teatral Antonio de la Guerra, empezó trabajando con su padre, hasta que a mediados de los años cincuenta pudo entrar en el cine como ayudante de Enrique Alarcón Sánchez. Usó el seudónimo Anthony Guere. Hermano del ayudante de decoración José María de la Guerra (Madrid, 1943), ambos abandonaron el cine a principios de los años ochenta trasladándose a vivir a Caracas donde trabajan como decoradores de interiores.

AYUDANTE DE DECORACIÓN:

1956 *Los maridos no cenan en casa*, Jerónimo Mihura
1957 *El pasado te acusa*, Lionello de Felice
1958 *Échame a mí la culpa*, Fernando Cortés
     Una muchachita de Valladolid, Luis César Amadori
1959 *El día de los enamorados*, Fernando Palacios
     Una gran señora, Luis César Amadori
     Molokay, Luis Lucia
1960 *¿Dónde vas triste de ti?*, Alfonso Balcázar
     El tesoro de los hombres azules/Le trésor des hommes bleus, Marco Ferreri y Edmond Agabra
1961 *Adiós Mimí Pompon*, Luis Marquina
     Margarita se llama mi amor, Ramón Fernández
     Cariño mío, Rafael Gil

DIRECCIÓN ARTÍSTICA:

1961 *Alerta en el cielo*, Luis César Amadori
1962 *El valle de las espadas/The Castillian*, Javier Setó
     Alegre juventud, Mariano Ozores
     La alternativa, José María Nunes
1963 *El verdugo*, Luis García Berlanga
     Las hijas de Elena, Mariano Ozores
     Chica para todo, Mariano Ozores
     Escala en Hi-Fi, Isidoro Martínez Ferri
     La boda, Lucas Demare, SNE
     Dios eligió sus viajeros, Mariano Ozores
     Los invencibles/Gli invincibili sette (con Piero Poletto), Alberto de Martino
1964 *La hora incógnita*, Mariano Ozores
     El filo del miedo, Jaime Jesús Balcázar
     El secreto del doctor Orloff/Les maîtresses du docteur Jekyll, Jesús Franco

Tres gorriones y pico, Antonio del Amo
1965 *Abajo espera la muerte*, Juan de Orduña
     El misterioso señor Van Eyck, Agustín Navarro
     El momento de la verdad/Il momento della verità, Francesco Rosi
     La llamada, Javier Setó
     Uncas, el fin de una raza, Mateo Cano
     Suena el clarín, José H. Gan
1966 *Campanadas a medianoche*, Orson Welles, SNE
     Hoy como ayer, Mariano Ozores
     El último rey de los incas/Das Vermächtnis des Inka/Viva Gringo/Zavetut na Inkato, Georg Marischka
     Don Quijote/Don Quichotte, Carlo Rim
     En Andalucía nació el amor, Enrique Eguiluz
     Proceso a una estrella, Rafael J. Salvia
     Querido profesor, Javier Setó
1968 *El hombre de Caracas/Il coraggioso, lo spietato, il traditore/Acción en Caracas*, Juan Xiol
1972 *Mil millones para una rubia*, Pedro Lazaga
1973 *Pena de muerte/Vita privata di un pubblico accusatore*, Jorge Grau
     El Padrino y sus abijadas, Fernando Merino
     Un casanova en apuros/Fuori uno sotto un altro, arriva il Passatore, Giuliano Carnimeo
1974 *Infamia/La moglie giovane*, Giovanni D'Eramo
     Las obsesiones de Armando, Luis María Delgado
     La casa, Angelino Fons
     La encadenada, Espartaco Santoni
1975 *Pepita Jiménez*, Rafael Moreno Alba
     Tres suecas para tres Rodríguez, Pedro Lazaga
     Morir... dormir... tal vez soñar, Manuel Mur Oti
1976 *Manuela*, Gonzalo García Pelayo
     Gulliver, Alfonso Ungría
     Eva limpia como los chorros del oro, José Truchado
     Haz la loca... no la guerra, José Truchado
1977 *Las truchas*, José Luis García Sánchez
     Juventud drogada, José Truchado
     El perro, Antonio Isasi
     Marian, Luis Martínez Cortés
     Nido de viudas, Tony Navarro
     El mirón, José Ramón Larraz

1978 *Los restos del naufragio/Les épaves du naufrage*, Ricardo Franco
Un papillon sur l'epaule (con François de Lamothe), Jacques Deray

Guillot, Fernando

Fernando Guillot Bulls nace en Valencia el 8 de octubre de 1906. Trabaja como ayudante de Simont, Villalba, Calatayud, Cortés, Enrique Alarcón Sánchez, Parrondo y Pérez Espinosa.

FORILLOS:

1950 *Aquel hombre de Tánger/That Man from Tangier*, Robert Elwyn
1951 *El gran galeoto*, Rafael Gil (y cuadros al óleo)
Cielo negro, Manuel Mur Oti (y cuadros al óleo)
La canción de Malibrán, Luis Escobar (y maquetas)
1952 *Quema el suelo*, Luis Marquina

AYUDANTE DE DECORACIÓN:

1948 *Neutralidad*, Eusebio Fernández Ardavín
El curioso impertinente, Flavio Calzavara
Sobresaliente, Luis Ligero
Entre barracas, Luis Ligero
1949 *Pequeñeces*, Juan de Orduña (cuadros al óleo)
1950 *El sueño de Andalucía/Andalousie* (con Guy de Gastyne), Luis Lucia y Robert Vernay
1955 *Ha pasado un hombre*, Javier Setó
El puente del diablo, Javier Setó
La espera, Vicente Lluch
1956 *Minutos antes*, José Luis Gamboa
Villa Alegre, Alejandro Perla
Juegos de niños, Enrique Cahen Salaverry
Piedras vivas, Raúl Alfonso
Sueños de historia, José Hernández Gan
Joe Dakota, Richard Barlett
1957 *La Rana Verde*, José María Forn
1958 *Gayarre*, Domingo Viladomat
Carlota, Enrique Cahen Salaverry
1959 *Don José, Pepe y Pepito*, Clemente Pamplona
Robinson et le triporteur/Hola, Robinson, Jacques Pinoteau
Los tramposos, Pedro Lazaga
1960 *Mi último tango*, Luis César Amadori
King of Kings (Rey de reyes), Nicholas Ray

1961 *Fray Escoba*, Ramón Torrado
El Cid (El Cid), Anthony Mann
1963 *The Fall of the Roman Empire (La caída del Imperio Romano)*, Anthony Mann
El cálido verano del señor Rodríguez, Pedro Lazaga
Los héroes del Oeste, Steno
La frontera de Dios, César Fernández Ardavín
1964 *Fuerte perdido*, José María Elorrieta
1965 *El halcón de Castilla*, José María Elorrieta
Miss Muerte/Dans les griffes du maniaque, Jesús Franco
El tesoro de Makuba/The Treasure of Makuba, Joe Lacy (José María Elorrieta)
1966 *La muchacha del Nilo*, José María Elorrieta
Dulcinea del Toboso, Carlo Rim
Dinamita Joe/Joe l'implacabile, Anthony Dawson (Antonio Magheriti)
Una bruja sin escoba/A Witch without a Broom, Joe Lacy (José María Elorrieta)
La furia de Johnny Kid, Gianni Puccini
La muerte viaja demasiado/Humour noire/Umorismo nero, episodio de José María Forqué
1967 *Los siete de Pancho Villa/The Treasure of Pancho Villa*, José María Elorrieta
1968 *Jaque mate/Le paria/L'ultimo colpo*, Claude Carlietz
Comando al infierno, José Luis Merino
América rugiente/Cinque figli di cane, Alfio Caltabiano
1969 *El gran crucero*, José G. Maesso
Un tren para Durango/Un treno per Durango, Mario Caiano
1970 *Goya, historia de una soledad*, Nino Quevedo
1971 *Hannie Coulder (Ana Coulder)*, Burt Kennedy
La graduada, Mariano Ozores

DIRECCIÓN ARTÍSTICA:

1969 *Gallos de pelea*, Rafael Moreno Alba

Gumiel, José

CONSTRUCCIÓN:

1947 *Angustia*, José Antonio Nieves Conde

DIRECCIÓN ARTÍSTICA:

1948 *Aventuras y desventuras de Eduardini,* Fernando Robles Polo

Gutiérrez, Alberto

DIRECCIÓN ARTÍSTICA:

1988 *Bajarse al moro,* Fernando Colomo

Haro, Ángel

DIRECCIÓN ARTÍSTICA:

1992 *El infierno prometido* (con Paco Salinas), Chumilla Carvajosa
1995 *Alma gitana,* Chus Gutiérrez

Hernández, Javier

DIRECCIÓN ARTÍSTICA:

1989 *La blanca paloma,* Juan Miñón

Hernández, Freddy

DIRECCIÓN ARTÍSTICA:

1993 *Todo falso* (con Mafa Albores), Raimond Masllorens

Hernández, José

Nace en Tánger (Marruecos) en 1944. Pintor.

AMBIENTACIÓN:

1969 *Las secretas intenciones,* Antonio Eceiza

Hernández, Sergio

DIRECCIÓN ARTÍSTICA Y EFECTOS ESPECIALES:

1996 *Fotos,* Elio Quiroga

Herreros, Jesús María

Jesús María Herreros González. Titulado en la E.O.C.

DIRECCIÓN ARTÍSTICA:

1968 *Sábado en la playa,* Esteban Farré
1970 *Un hacha para la luna de miel/Il rosso segno della follia,* Mario Bava

Hidalgo, Eduardo

José Antonio Eduardo Hidalgo Nadales, nace en Madrid el 4 de octubre de 1930. Comienza a trabajar en el cine como meritorio y dibujante de Augusto Lega. Ayudante de Algueró, Galicia y Pérez Cubero, trabaja en series emitidas en TVE como *Cañas y barro* (Rafael Romero Marchent, 1978), *La barraca* (León Klimovsky, 1979), *Los gozos y las sombras* (Rafael Moreno Alba, 1982) y *El jardín de Venus* (José María Forqué, 1984) y de Antena 3 como *Hermanos de leche* (Carlos Serrano, 1994). Padre del ayudante de decoración Eduardo Hidalgo Bonilla.

DIBUJANTE:

1960 *Los económicamente débiles,* Pedro Lazaga
   Los mercenarios/La rivolta dei mercenari, Piero Costa
   Pachín, Arturo Ruiz-Castillo
   Volando hacia la fama, Jesús Franco
   La danza de la fortuna, León Klimovsky
1961 *Armas contra la ley/Armi contro la legge,* Ricardo Blasco
   Perro golfo, Domingo Viladomat
   Mi adorable esclava, José María Elorrieta
   Salto mortal, Mariano Ozores
   Héroes de blanco/Hombres y mujeres de blanco, Enrique Carreras
   Rosa de Lima, José María Elorrieta
   Gritos en la noche/L'horrible docteur Orloff, Jesús Franco
   Canción de cuna, José María Elorrieta
   La Cumparsita/Canción de arrabal, Enrique Carreras
   Milagro a los cobardes, Manuel Mur Oti
   Martes y trece, Pedro Lazaga
   Ella y los veteranos, Ramón Torrado
   Fray Escoba, Ramón Torrado
   La venganza del Zorro, Joaquín L. Romero Marchent
1962 *Abuelita charlestón,* Javier Setó
   Han robado una estrella, Javier Setó
   Dulcinea, Vicente Escrivá
   Lo siento señor García, Mariano Ozores

55 Days at Peking (55 días en Pekín), Nicholas Ray

1963 *The Fall of the Roman Empire (La caída del Imperio Romano)*, Anthony Mann

1964 *Circus World (El fabuloso mundo del circo)*, Henry Hathaway

AYUDANTE DE DECORACIÓN:

1964 *El último mohicano/Der Lezte Mohikaner/ La valle delle ombre rosse*, Harald Reinl

Dos caraduras en Texas/Per un pugno nell'occhio, Michele Lupo

1965 *El ocaso de un pistolero/Mani di pistolero*, Rafael Romero Marchent

Los cuatro implacables/I quattro inesorabili, Primo Zeglio

Dos pistolas gemelas, Rafael Romero Marchent

1966 *Siete pistolas para los Mc Gregor/Sette pistole per i McGregor*, Franco Giraldi

Arizona Colt/Arizona Colt, Michele Lupo

El sendero del odio/Il piombo e la carne, Marino Girolami

Adios Texas/Texas addio, Ferdinando Baldi

La máscara de Kriminal/Il maschio di Kriminal, Umberto Lenzi

1968 *Satanik/Satanik*, Piero Vivarelli

Sin aliento/La morte sull'alta collina, Fernando Cerchio

1969 *No somos ni Romeo ni Julieta*, Alfonso Paso

The Last Grenade (La última explosión), Gordon Flemyng

Manos torpes, Rafael Romero Marchent

Los extremeños se tocan, Alfonso Paso

La legioni dei dannati, Umberto Lenzi

1970 *¡Mátalo!*, Eduardo M. Brochero

Los corsarios/I pirati dell'isola verde, Ferdinando Baldi

El corsario/Il corsario, Tony Mulligan (Antonio Mollica)

Los tigres de Mompracen/Le tigri di Mompracen, Mario Sequi

El sol bajo la tierra/Anda muchacho, spara, Aldo Florio

1971 *Las petroleras/Les pétroleuses/Le petroliere*, Christian Jaque y Guy Casaril

Condenados a vivir, Joaquín L. Romero Marchent

Varietés, Juan Antonio Bardem

1975 *Morir... dormir... tal vez soñar*, Manuel Mur Oti

Imposible para una solterona, Rafael Romero Marchent

AMBIENTADOR:

1988 *Diario de invierno*, Francisco Regueiro

DIRECCIÓN ARTÍSTICA:

1973 *Los caballeros del botón de ancla*, Ramón Torrado

1975 *Los pasajeros*, José Antonio Barrero

1976 *Guerreras verdes* (con Tapiador), Ramón Torrado

El segundo poder (con Richart), José María Forqué

Las desarraigadas, Francisco Lara Polop

La iniciación en el amor, Javier Aguirre

1980 *Los locos vecinos del segundo*, Juan Bosch

La guerra de los niños, Javier Aguirre

1981 *USA violación y venganza*, José Luis Merino Boves

1982 *Buscando a Perico*, Antonio del Real

Juego de poder, Fausto Canel

1984 *Violines y trompetas*, Joaquín Romero Marchent

1985 *Crimen en familia*, Santiago San Miguel

1986 *Pasos largos*, Rafael Moreno Alba

Hermano del espacio/Il fratello dello spazio, Roy Garret (Mario Gariazzo)

1987 *Al Andalus, el camino del sol*, Antonio Tarruella y Jaime Oriol

Redondela, Pedro Costa

1990 *Jet Marbella Set*, Mariano Ozores

La batalla de los tres reyes, Souheil Ben Barka

1991 *La mansión de Cthulhu*, Juan Piquer Simón

Mala hierba, José Luis P. Tristán

1993 *Pelotazo nacional*, Mariano Ozores

1996 *Licántropo*, Francisco R. Gordillo

Hoerner, Jean Claude

DIRECCIÓN ARTÍSTICA:

1980 *El nido*, Jaime de Armiñán

1983 *Historia de O (2ª parte)/Histoire d'O (chapitre II)*, Eric Rochat

Idarreta, Satur

DIRECCIÓN ARTÍSTICA:

1989 *Monte bajo*, Julián Esteban Rivera

1991 *Una buena transacción*, José Antonio Vitoria, CM

Alas de mariposa, Juanma Bajo Ulloa

1993 *La madre muerta*, Juanma Bajo Ulloa
   La ardilla roja, Julio Medem
1994 *La leyenda del hombre malo*, Myriam Ballesteros, CM
   Alsasua 1936/Altsasu 1936, Helena Taberno, CM
   Sálvate si puedes, Joaquín Trincado
1995 *Tierra*, Julio Medem
1996 *Lejos de África*, Cecilia Bartolomé
   Airbag (con Nuria Sanjuán y Julio Torrecilla), Juanma Bajo Ulloa

Iglesia, Álex de la

Alejandro de la Iglesia Mendoza nace en Bilbao en 1965. Trabaja como decorador en la televisión autónoma vasca. Director y guionista.

AYUDANTE DE DECORACIÓN:

1992 *Amor impasible* (con Arrizabalaga), Iñaki Arteta, CM

DIRECCIÓN ARTÍSTICA:

1988 *Mamá/Amatxu*, Pablo Berger, CM
1990 *Mirindas asesinas* (con Arrizabalaga y Biaffra), Álex de la Iglesia, CM
1991 *Todo por la pasta*, Enrique Urbizu

Iglesia, Emilio de la

Emilio de la Iglesia Munguira nace en Madrid el 5 de febrero de 1927. Titulado en la E.O.C. Fallece en Madrid el 7 de junio de 1989.

DIRECCIÓN ARTÍSTICA:

1967 *Una señora estupenda*, Eugenio Martín

Igual, Joaquín F.

DIRECCIÓN ARTÍSTICA:

1986 *Calé*, Carlos Serrano

Inchaurbe, Ignacio

DIRECCIÓN ARTÍSTICA:

1978 *Con mucho cariño*, Gerardo García

Infiesta, Manuel

Manuel Infiesta Pérez nace en San Sebastián el 12 de septiembre de 1918. Obtiene el título de arquitecto en 1946. Empieza a trabajar en el cine en la productora I.F.I. al hacerle un chalet a Ignacio F. Iquino.

DIRECCIÓN ARTÍSTICA:

1955 *El difunto es un vivo*, Juan Lladó
   Camino cortado, Ignacio F. Iquino
   Hospital de urgencia, Antonio Santillán
   Pasaje a Venezuela, Rafael J. Salvia
   Quiéreme con música, Ignacio F. Iquino
1957 *Mañana*, José María Nunes
1960 *Han matado un cadáver*, Julio Salvador
   Botón de ancla, Miguel Lluch
   Las estrellas, Miguel Lluch
1961 *Juventud a la intemperie*, Ignacio F. Iquino
   El último verano, Juan Bosch
   No dispares contra mí, José María Nunes
   ¿Pena de muerte?, José María Forn
   Regresa un desconocido, Juan Bosch
   Hola muchachos, Ana Mariscal
1962 *Bahía de Palma*, Juan Bosch
   La gran coartada, José Luis Madrid
   Los culpables, José María Forn
   ¿Dónde pongo este muerto?, Pedro L. Ramírez
   La boda era a las doce, Julio Salvador
1963 *Sol de verano*, Juan Bosch Palau
1964 *Brillante porvenir*, Vicente Aranda
   Una madeja de lana azul celeste, José Luis Madrid
   La barca sin pescador, José María Forn
1965 *El castigador*, Juan Bosch Palau
   La vida privada de Fulano de Tal, José María Forn
1966 *La otra orilla*, José Luis Madrid
   El último sábado, Pedro Balañá
   Noche de vino tinto, José María Nunes
1967 *La mujer del desierto/Gli amori di Angelica* (con Manuel Balzarini), Luigi Latini de Marchi
1968 *Biotaxia*, José María Nunes
   Sexperiencias, José María Nunes

Iribarren, José

José Irribarren Cabanilles nace el 27 de febrero de 1908, obtiene el título de arquitecto en 1934.

1935 *El cura de aldea* (con Villalba), Francisco Camacho

Iriondo, Ramón

DIRECCIÓN ARTÍSTICA:

1991 *Vivir por nada* (con Tana Franco), Javier Sacristán

Ivars, Ramón B.

Para televisión diseña los decorados de *Estrellas españolas de la ópera* (José Luis Font, 1979) con Rafael Borque, Ricardo Vallespín y Claudio Torres.

DIRECCIÓN ARTÍSTICA:

1976 *La viuda andaluza*, Francisco Betriu
     Perros callejeros, José Antonio da la Loma
     Óscar, Kina y el láser, José María Blanco
1977 *La oscura historia de la prima Montse*, Jordi Cadena
1978 *Historia de Eva*, Domenico Cattarinich
     Perros callejeros II, José Antonio de la Loma
1979 *Los fieles sirvientes* (con Rosell), Francesc Betriu
1981 *Dulce piel de mujer/Miele di donna*, Gianfranco Angelucci
1982 *Las aventuras de Zipi y Zape*, Enrique Guevara
1987 *El escote/L'escot*, Toni Verdaguer

Izquierdo, Francisco

DIRECCIÓN ARTÍSTICA:

1950 *Ley del mar*, Miguel Iglesias

Jaén, Antonio de

Antonio Pérez López, nace en Arjonilla (Jaén) el 28 de febrero de 1925. Guionista, dirige varios cortometrajes y un largometraje.

DIRECCIÓN ARTÍSTICA:

1961 *De la piel del diablo* (y guión), Alejandro Perla

Jaén, Manuel

DIRECCIÓN ARTÍSTICA:

1954 *Cancha vasca* (con Peiró), Aselo Plaza y Alfredo Hurtado
1955 *Secretaria peligrosa* (con Villalba), Juan Orol García
1986 *La vida alegre*, Fernando Colomo

Janone, Rafa

DIRECCIÓN ARTÍSTICA:

1996 *La camisa de la serpiente*, Antoni P. Canet

Jorge, Begoña

Begoña Jorge González.

DIRECCIÓN ARTÍSTICA:

1986 *¿Quién te quiere, Babel?*, Ignasi P. Ferre i Serra

Jové, Ángel

Nace en 1940, actor habitual en las películas de Bigas Luna.

DIRECCIÓN ARTÍSTICA:

1981 *Renacer/Reborn* (con Giulio Cabras), Bigas Luna

Juliá, Juana

VESTUARIO:

1996 *La sal de la vida*, Eugenio Martín

DIRECCIÓN ARTÍSTICA:

1990 *Martes de Carnaval*, Fernando Bauluz y Pedro Carvajal

Julián, Alberto

DIRECCIÓN ARTÍSTICA:

1982 *Entre paréntesis,* Simó Fábregas

Kleber, Eugenia

Guionista y actriz en *El acto* (Héctor Fáver, 1987).

DIRECCIÓN ARTÍSTICA Y COGUIONISTA:

1991 *La memoria del agua,* Héctor Fáver

Labrada, Antonio

Antonio Labrada Chércoles nace el 30 de octubre de 1914, obtiene el título de arquitecto en 1940.

DIRECCIÓN ARTÍSTICA:

1946 *Senda ignorada,* José Antonio Nieves Conde
1948 *Angustia,* José Antonio Nieves Conde, CEC
1949 *Llegada de la noche,* José A. Nieves Conde
1951 *Surcos,* José Antonio Nieves Conde
1953 *Rebeldía/Attentat aus Liebe fertiggestellt,* José Antonio Nieves Conde

Laceu, Miguel de

DIRECCIÓN ARTÍSTICA:

1945 *Alma canaria,* José Fernández Hernández

Lago, José María

DIRECCIÓN ARTÍSTICA:

1981 *Palmira,* José Luis Olaizola
1984 *Dos mejor que uno,* Ángel Llorente
1985 *Golfo de Vizcaya/Bizkaiko golkoa,* Javier Rebollo

Laguna, Antón

DIRECCIÓN ARTÍSTICA:

1990 *Quiero que sea él,* Mónica Laguna, CM

1995 *El fumador de pipa,* Jaime Llorente, CM
Tengo una casa, Mónica Laguna

Larrea, Jesús

DIRECCIÓN ARTÍSTICA:

1928 *El mayorazgo de Basterretxe* (con Víctor y Enrique Azkona), Mauro Azkona

Lasa, Josune

María Jesús Lasa Laboa nace en San Sebastián el 31 de marzo de 1954. Entre los años 1980 y 1984 se dedica al diseño de moda formando parte del grupo Perplejos y posteriormente en solitario, realizando varios desfiles. Dirige y escribe el guión del cortometraje *La cena* (1991). Ha trabajado en el teatro como ayudante de Yvonne Blake y como figurinista, y en la televisión, entre otros programas en *El ángel caído* (Roberto Bodegas, 1990), *Dime una mentira* (Juan Bollaín, 1990) y *Dúplex, S.A.* (A. Goenaga, 1993).

SASTRA:

1986 *La monja alférez* (con Dolores Barcojo), Javier Aguirre
Adiós pequeña, Imanol Uribe
Hay que deshacer la casa, José Luis García Sánchez
La ley del deseo, Pedro Almodóvar
1987 *A los cuatro vientos/Lauaxeta* (con Marina Rodríguez y Joaquín Montero), José Antonio Zorrilla
Al filo del hacha, José Ramón Larraz
1988 *Mujeres al borde de un ataque de nervios,* Pedro Almodóvar

AYUDANTE DE VESTUARIO:

1988 *Baton Rouge,* Rafael Moleón
1989 *La luna negra,* Imanol Uribe

VESTUARIO:

1983 *La muerte de Mikel/Mikelen Eriotza* (con Kontka Agirretxe), Imanol Uribe
1985 *Zergatik, panpox,* Xavier Elorriaga, MM
Otra vuelta de tuerca, Eloy de la Iglesia
Ehum metro, Alfonso Ungría
Hamaseigarrenean aidanez, Ángel Lertxundi

1986 *Iniciativa privada*, Antonio A. Farré, CM
1987 *Guernica, el espíritu de un árbol/Guernika arbolaren espiritua*, Laurence Boulting
1988 *Lluvia de otoño*, José Ángel Rebolledo
Bajarse al moro, Fernando Colomo
El vuelo de la paloma, José Luis García Sánchez
1989 *El mejor de los tiempos*, Felipe Vega
1990 *El anónimo... ¡vaya papelón!*, Alfonso Arandia
1991 *La cena* (con Manolo Robledo, Mikel Lasa y Teresa Cepeda), Josune Lasa, CM
1992 *Los años oscuros*, Arantxa Lazcano
1993 *La madre muerta*, Juanma Bajo Ulloa
Dame Lume/Dame fuego, Héctor Carré
1994 *Todo es mentira*, Álvaro Fernández Armero
La niña de tus sueños, Jesús Delgado
1995 *Alma gitana*, Chus Gutiérrez
1997 *Secretos del corazón*, Montxo Armendáriz

DIRECCIÓN ARTÍSTICA:

1992 *Oro en la pared*, Jesús Delgado, CM
87 cartas de amor, Helena Taberna, CM
1994 *El techo del mundo* (y vestuario), Felipe Vega
1995 *Hola ¿estás sola?*, Iciar Bollaín
1996 *Bajo la piel*, Francisco J. Lombardi

Laurent, María R.

DIRECCIÓN ARTÍSTICA:

1988 *Bueno y tierno como un ángel*, José María Blanco

Lega, Augusto

Augusto Lega Pérez, nace en Madrid el 22 de mayo de 1914, obtiene el título de profesor de dibujo. Constructor de decorados de Estudios Ballesteros, se asocia con Félix Michelena creando Lega-Michelena S.L. Fallece en Madrid el 5 de agosto de 1990.

DIBUJANTE:

1942 *¿Por qué vivir tristes?*, Eduardo G. Maroto
Un caballero famoso, José Buchs
Schotis, Eduardo G. Maroto

1943 *El escándalo*, José Luis Sáenz de Heredia

AYUDANTE DE CONSTRUCCIÓN:

1944 *El ilustre Perea*, José Buchs
Lecciones de buen amor, Rafael Gil
El destino se disculpa, José Luis Sáenz de Heredia

CONSTRUCCIÓN:

1944 *El camino de Babel*, Jerónimo Mihura
1947 *Mariona Rebull* (con Ramiro Gómez), José Luis Sáenz de Heredia
Dos mujeres en la niebla (con Ramiro Gómez), Domingo Viladomat
Vidas confusas (con Ramiro Gómez), Jerónimo Mihura
Aventuras de don Juan de Mairena, José Buchs
1948 *La esfinge maragata*, Antonio de Obregón
Tres ladrones en la alcoba (inacabada)
El curioso impertinente (con Ramiro Gómez), Flavio Calzavara
La mies es mucha (con Ramiro Gómez), José Luis Sáenz de Heredia
1949 *Treinta y nueve cartas de amor*, Francisco Rovira Beleta
1950 *Facultad de letras* (con Ramiro Gómez), Pío Ballesteros
Crimen en el entreacto, Cayetano Luca de Tena
Don Juan (con Ramiro Gómez), José Luis Sáenz de Heredia
1951 *El gran galeoto* (con Ramiro Gómez), Rafael Gil
Cielo negro (con Ramiro Gómez), Manuel Mur Oti
1952 *Quema el suelo* (con Ramiro Gómez), Luis Marquina
Los ojos dejan huella, José Luis Sáenz de Heredia
Hermano menor, Domingo Viladomat
1953 *Condenados*, Manuel Mur Oti
Brindis al cielo, José Buchs
1954 *Nubes de verano/Parabens, senhor Vicente!*, Arthur Duarte
Todo es posible en Granada, José Luis Sáenz de Heredia
Un día perdido, José María Forqué
1955 *El guardián del paraíso*, Arturo Ruiz Castillo
Historias de la radio, José Luis Sáenz de Heredia

El puente del diablo, Javier Setó

La mestiza, José Ochoa

Aquí hay petróleo (con Ramiro Gómez), Rafael J. Salvia

Recluta con niño, Pedro L. Ramírez

Ha pasado un hombre, Javier Setó

1957 *Las muchachas de azul,* Pedro Lazaga

1958 *El gafe,* Pedro L. Ramírez

Gayarre, Domingo Viladomat

1960 *Volando hacia la fama,* Jesús Franco

Los económicamente débiles, Pedro Lazaga

Los mercenarios/La rivolta dei mercenari, Piero Costa

Pachín, Arturo Ruiz-Castillo

Sólo para hombres, Fernando Fernán-Gómez

Café de Chinitas (Lega-Michelena S.L.), Gonzalo Delgrás

1961 *Armas contra la ley/Armi contro la legge,* Ricardo Blasco

Perro golfo, Domingo Viladomat

Hola muchachos, Ana Mariscal

Rosa de Lima, José María Elorrieta

Gritos en la noche/L'horrible docteur Orloff, Jesús Franco

Canción de cuna, José María Elorrieta

Milagro a los cobardes, Manuel Mur Oti

Martes y trece, Pedro Lazaga

Ella y los veteranos, Ramón Torrado

Fray Escoba, Ramón Torrado

1962 *Alegre juventud* (con Michelena), Mariano Ozores

Dulcinea, Vicente Escrivá

55 Days at Peking (55 días en Pekín) (con Asensio, Prósper y Michelena), Nicholas Ray

1963 *El mundo sigue* (con Michelena), Fernando Fernán-Gómez

1964 *Los rurales de Texas (Texas Rangers)/I due violenti* (con Michelena), Primo Zeglio

1965 *Mi canción es para ti* (con Michelena), Ramón Torrado

Ninette y un señor de Murcia (con Michelena), Fernando Fernán-Gómez

La visita que no tocó el timbre (con Michelena), Mario Camus

La carga de la Policía Montada (Lega Michelena S.L.), Ramón Torrado

1966 *Buenos días condesita* (Lega Michelena S.L.), Luis César Amadori

Ringo de Nebraska, Antonio Román

El padre Manolo (con Michelena), Ramón Torrado

1968 *Cara a cara/Faccia a faccia* (con Michelena), Sergio Sollima

1969 *Juicio de faldas* (con Michelena), José Luis Sáenz de Heredia

El alma se serena (con Michelena), José Luis Sáenz de Heredia

Cateto a babor (con Michelena), Ramón Fernández

1970 *Hay que educar a papá* (Lega-Michelena S.L.), Pedro Lazaga

La tonta del bote (Lega-Michelena S.L.), Juan de Orduña

Don Erre que erre (Lega-Michelena S.L.), José Luis Sáenz de Heredia

Los gallos de la madrugada (con Michelena), José Luis Sáenz de Heredia

1971 *¡Vente a ligar al Oeste!* (con Michelena), Pedro Lazaga

A mí las mujeres ni fu ni fa (con Michelena), Mariano Ozores

Aunque la hormona se vista de seda (con Michelena), Vicente Escrivá

Me debes un muerto (con Michelena), José Luis Sáenz de Heredia

Historia de una traición (con Michelena), José Antonio Nieves Conde

1972 *Dos chicas de revista* (con Michelena), Mariano Ozores

Entre dos amores (con Michelena), Luis Lucia

1973 *Proceso a Jesús* (con Michelena-Conscine), José Luis Sáenz de Heredia

Lo verde empieza en los Pirineos (con Michelena, Cubero y Galicia), Vicente Escrivá

Cinco almohadas para una noche (con Michelena, Cubero y Galicia), Pedro Lazaga

1974 *Cuando los niños vienen de Marsella* (con Michelena), José Luis Sáenz de Heredia

Esta que lo es (con Michelena), Ramón Fernández

AYUDANTE DE DECORACIÓN Y CONSTRUCCIÓN:

1955 *La espera,* Vicente Lluch

1956 *Miedo,* León Klimovsky

Tremolina, Ricardo Núñez

Embajadores en el infierno, José María Forqué

DIRECCIÓN ARTÍSTICA:

1956 *Un fantasma llamado amor,* Ramón Torrado

1957 *Héroes del aire*, Ramón Torrado
El hombre que perdió el tren, León Klimovsky
1960 *Feria en Sevilla*, Ana Mariscal y Enrique Carreras
Patricia mía, Enrique Carreras
1961 *La Cumparsita/Canción de arrabal*, Enrique Carreras
Mi adorable esclava, José María Elorrieta
Puente de coplas, Santos Alcocer
Salto mortal, Mariano Ozores
Héroes de blanco/Hombres y mujeres de blanco, Enrique Carreras
1962 *Han robado una estrella*, Javier Setó
Suspendido en sinvergüenza, Mariano Ozores
Occidente y sabotaje, Ana Mariscal
Abuelita charleston, Javier Setó
Lo siento señor García, Mariano Ozores
1963 *Se vive una vez*, Arturo González Jr.
1964 *Los palomos* (y construcción con Michelena), Fernando Fernán-Gómez
Escuela de enfermeras, Amando de Ossorio
Relevo para un pistolero, Ramón Torrado
Los duendes de Andalucía, Ana Mariscal
1965 *Los cuatreros*, Ramón Torrado
El camino, Ana Mariscal
Acteon, Jorge Grau
Gitana, Joaquín Bollo
Pascualín, Enrique López Eguiluz
1966 *De barro y oro*, Joaquín Bollo Muro
La ley del colt/La colt é la mia legge, Alfonso Brescia
Ojos verdes, Ana Mariscal
Operación Mogador, Terence Hathaway (Sergio Grieco)
1967 *Rififí en Amsterdam/Rififí ad Amsterdam*, Terence Hathaway (Sergio Grieco)
Sugar Colt/Sugar Colt, Franco Giraldi
Joe Navidad/The Christmas Kid, Sidney Pink
Siete espías en la trampa, Irving Jacobs (Mario Armendola)
1968 *Amor a todo gas*, Ramón Torrado
El paseillo (y construcción con Michelena), Ana Mariscal
Malenka/Malenka la nipote del vampiro (con Michelena), Amando de Ossorio
Divorcio a la andaluza (con Michelena), José María Zabalza
1969 *20.000 dólares por un cadáver*, José María Zabalza
Plomo sobre Dallas, José María Zabalza
Los rebeldes de Arizona, José María Zabalza

1971 *La montaña rebelde*, Ramón Torrado
La garbanza negra q.e.p.d. (y construcción con Michelena), Luis M. Delgado

León Jiménez, Juan

Juan León Jiménez, nace en el Puerto de Santa María (Cádiz) el 2 de enero de 1931. Obtiene el título de la E.O.C. en 1959.

DIRECCIÓN ARTÍSTICA:

1962 *Siempre en mi recuerdo* (con Manuel Castaño), Silvio F. Balbuena
1968 *España otra vez*, Jaime Camino·
1969 *El perfil de Satanás*, Juan Logar

Lister, Pilar

DIRECCIÓN ARTÍSTICA:

1983 *Goma-2*, José Antonio de la Loma

Liza, Antonio

Antonio Liza Bastida. Guionista.

JEFE DE PRODUCCIÓN:

1955 *El difunto es un vivo*, Juan Lladó
1957 *Los ángeles del volante*, Ignacio F. Iquino
1963 *Los farsantes*, Mario Camus
Young Sánchez, Mario Camus
1968 *Rublo de dos caras/Le Rouble à deux faces*, Etiénne Perier
1969 *El señorito y las seductoras*, Tito Fernández
Españolear, J.J. Balcázar
1978 *La basura está en el ático*, Ignacio F. Iquino
Las que empiezan a los quince años, Ignacio F. Iquino
¿Podrías con cinco chicas a la vez?, Ignacio F. Iquino
Un millón por tu historia, Ignacio F. Iquino
1980 *Dos pillos y pico*, Ignacio F. Iquino
Patrizia/Einmal Himmel und Zurück, Hubert Frank
1981 *La caliente niña Julieta*, Ignacio F. Iquino
Porno situación límite, Manuel Esteba
1983 *Ete y el oto*, Manuel Esteba

DIRECCIÓN DE PRODUCCIÓN:

1984 *La joven y la tentación/Jeune fille et l'enfer,* François Mimet

DIRECCIÓN ARTÍSTICA:

1953 *El golfo que vio una estrella,* Ignacio F. Iquino
Fuego en la sangre, Ignacio F. Iquino
Fantasía española (con Lluch), Ignacio F. Iquino
1954 *Los gamberros,* Juan Llado
La canción del penal/Une balle suffit, Juan Llado y Jean Sacha
Sucedió en mi aldea, Antonio Santillán
1955 *El ojo de cristal,* Antonio Santillán
Goodbye Sevilla! (con Vallvé), Ignacio F. Iquino
1971 *El más fabuloso golpe del Far-West,* José Antonio de la Loma
1972 *Timanfaya (Amor prohibido),* José Antonio de la Loma
1973 *El último viaje,* José Antonio de la Loma

Lladó, Rafael

DIRECCIÓN ARTÍSTICA:

1984 *Un, dos, tres... ensaimadas cada vez,* Joan Solivellas

Llinás, Ramón

DIRECCIÓN ARTÍSTICA:

1991 *Un único deseo,* Juan Carlos Boenete

Llorente, Jaime

DIRECCIÓN ARTÍSTICA:

1990 *Hay que zurrar a los pobres* (con Mª Isabel Dorante), Santiago San Miguel

Lluch, Miguel

Miquel Lluch Suñé, nace en Cete (Francia) el 23 de octubre de 1922. Dibujante e ilustrador de revistas, contratado por la productora IFI trabaja como director artístico y guionista para después dirigir varias películas: *La montaña sin ley* (1953), *Sitiados en la ciudad* (1955), *La espera* (1956), *Los claveles* (1960), *Botón de ancla* (1960), *Las estrellas* (1960), *Un demonio con ángel* (1962), *Fra Diábolo* (1962) con Giorgio Simonelli, *Crimen* (1963), *El precio de un asesino* (1963), *Taxi* (1963), *La chica del auto-stop* (1963) y *El halcón del desierto* (1966) con Red Ross, también dirige el cortometraje *Palacio con rey y pueblo* (1966) y para la televisión *Las rebajas de Sebastián* (1974).

AYUDANTE DE DECORACIÓN:

1942 *Melodías prohibidas,* Francisco Gibert

DIRECCIÓN ARTÍSTICA:

1944 *Una mujer en un taxi,* Juan José Fogués
1950 *Verónica* (con Flaquer), Enrique Gómez
1951 *Almas en peligro,* Antonio Santillán
El sistema Pelegrín, Ignacio F. Iquino
1952 *Mercado prohibido,* Javier Setó
El Judas, Ignacio F. Iquino
1953 *Fuego en la sangre,* Ignacio F. Iquino
Fantasía española (con Liza), Javier Setó
1954 *Sor Angélica,* Joaquín Luis Romero Marchent
La pecadora, Ignacio F. Iquino
La canción del penal/Une balle suffit, Juan Llado y Jean Sacha
1955 *La mestiza,* José Ochoa
1958 *El niño de las monjas,* Ignacio F. Iquino
1959 *¡Buen viaje Pablo!,* Ignacio F. Iquino
Llama un tal Esteban, Pedro L. Ramírez
La encrucijada/Le passeur, Alfonso Balcázar
1961 *El hombre del Expreso de Oriente,* Francisco de Borja Moro
El rey Baltasar, Francisco García

López, Cristina

DIRECCIÓN ARTÍSTICA:

1973 *Hay que matar a B,* José Luis Borau, CEC

López del Río, José L.

DIRECCIÓN ARTÍSTICA:

1982 *Casas viejas* (y guión), José L. López del Río

López-Pelegrín, Miguel

Trabaja como ayudante de Gerardo Vera.

AYUDANTE DE DECORACIÓN:

1991 *El día que nací yo,* Pedro Olea

AMBIENTACIÓN:

1995 *La flor de mi secreto,* Pedro Almodóvar

DIRECCIÓN ARTÍSTICA:

1990 *La mujer prestada,* Miguel Santesmases, CM
1991 *Amor en off/Offeko maitasuna,* Koldo Izaguirre
1993 *Mujeres a flor de piel/Ainsi soint elles,* Patrick Alessandrin
1994 *¡Por fin solos!* (y vestuario), Antonio del Real
       El seductor, José Luis García Sánchez
1995 *La muerte de Filomeno* (con Ana Alvargonzález), Ina Lüders CM

López Rey, Manuel

DIRECCIÓN ARTÍSTICA:

1984 *Memorias del general Escobar,* José Luis Madrid

López Rubio, Adolfo

DIRECCIÓN ARTÍSTICA:

1943 *El pozo de los enamorados,* José H. Gan
1946 *El otro Fu-Man-Chu,* Ramón Barreiro
       La ciudad de los muñecos, José María Elorrieta

Lozano, Josep

DIRECCIÓN ARTÍSTICA:

1982 *Un día en el triángulo,* Fernando de Bran

Lucas, Alfonso de

Alfonso de Lucas Soriano nace en Madrid el 31 de julio de 1909. Aparejador y Perito Industrial, entre 1929 y 1933 realiza diversos trabajos interviniendo en proyectos, cálculos y direcciones de obra. En 1933 hace el proyecto de adaptación de unas naves industriales para los estudios cinematográficos Ballesteros-Tonafilms en Madrid, se queda en el estudio dos años efectuando los proyectos y ejecutando bajo su dirección los decorados de las películas rodadas en esos estudios. En 1936 ingresó en el cuerpo de Peritos Industriales al servicio del Ministerio de Industria, prestando sus servicios en diversas Delegaciones. Obtiene una beca de estudios para trasladarse al «Centro Sperimentale di Cinematografia» de Roma, estudiando con Guido Fiorini, el año siguiente se diploma en este centro. Ha efectuado estudios de posgraduado en diversos países, es socio de mérito del Colegio Nacional de Ingenieros Técnicos Industriales y miembro del Real Círculo Artístico de Barcelona.

CONSTRUCCIÓN:

1934 *Una mujer en peligro,* José Santugini
1935 *Soy un señorito,* Florián Rey CM
       Romanza rusa, Florián Rey CM
       Charlas de García Sanchiz, Serafín Ballesteros CM documental
       La señorita de Trévelez, Edgar Neville

AYUDANTE DE DECORACIÓN EN ROMA:

1941 *Carmen,* Christian-Jaque
       Le due orfanelle (Las dos huerfanitas), Carmine Gallone
       Inviati speciali, Romolo Marcellini
1942 *I bambini ci guardano (Los niños nos miran),* Vittorio de Sica

DIRECCIÓN ARTÍSTICA:

1933 *Patricio miró una estrella,* José Luis Sáenz de Heredia
       Diez días millonaria, José Buchs
       El niño de las monjas, José Buchs
1934 *Madre alegría,* José Buchs
       Un cuento de Navidad, José Luis Sáenz de Heredia, CM con marionetas
1943 *Arribada forzosa,* Carlos Arévalo
       Orosia (sólo maquetas), Florián Rey
1944 *La noche del martes,* Antonio Santillán
       La llamada del mar, José Gaspar
       Retorno, Salvio Valenti
       Mi enemigo el doctor, Juan de Orduña

1945 *La dama de Puerto Fe*, José María Argemi
Es peligroso asomarse al exterior, Alejandro Ulloa
Un ladrón de guante blanco, Ricardo Gascón
1946 *La casa de salud*, Ricardo Gascón
Cuando los ángeles duermen, Ricardo Gascón
Molokay (preparación)
1947 *Conflicto inesperado*, Ricardo Gascón
Las tinieblas quedaron atrás, Miguel Iglesias
1948 *Don Juan de Serrallonga*, Ricardo Gascón
1949 *La niña de Luzmela*, Ricardo Gascón
Ha entrado un ladrón, Ricardo Gascón
El hijo de la noche, Ricardo Gascón
1950 *El correo del Rey*, Ricardo Gascón
El final de una leyenda, Ricardo Gascón
La honradez de la cerradura (con Burmann), Luis Escobar
Luna de sangre, Francisco Rovira Beleta
1953 *Hay un camino a la derecha*, Francisco Rovira Beleta
Misión extravagante, Ricardo Gascón
1954 *Once pares de botas*, Francisco Rovira Beleta
Los ases buscan la paz, Arturo Ruiz-Castillo
1955 *El cerco*, Miguel Iglesias
Pleito de sangre, Ricardo Gascón
1956 *Los ojos en las manos*, Miguel Iglesias
Malagueña, Ricardo Núñez
La cárcel de cristal, Julio Coll
Un tesoro en el cielo, Miguel Iglesias
Las manos sucias, José Antonio de la Loma
1957 *Lo que cuesta vivir*, Ricardo Núñez
Historias de la Feria, Francisco Rovira Beleta
Su desconsolada esposa, Miguel Iglesias
1958 *Ya tenemos coche*, Julio Salvador
Cita imposible, Antonio Santillán
Dúo a tres, Miguel Iglesias
1959 *Un mundo para mí/Tentation*, José Antonio de la Loma
Miss Cuplé, Pedro Lazaga
¡Qué bella eres, Roma!/Quanto sei bella, Roma!, Marino Girolami
1960 *Roma de mis amores/Fontana di Trevi*, Carlo Campogalliani
1961 *Detective con faldas*, Ricardo Núñez
1965 *La dama del alba*, Francisco Rovira Beleta
1969 *El extraño caso del Doctor Fausto*, Gonzalo Suárez
La que calla otorga, José Antonio de la Loma

1970 *Misión secreta en el Caribe*, Enrique Eguiluz
1972 *Al diablo con amor*, Gonzalo Suárez
Razzia, José Antonio de la Loma
Las garras de Lorelei, Amando de Ossorio
1973 *Tarzán y el misterio de la selva*, Miguel Iglesias
1974 *La diosa salvaje*, Miguel Iglesias
Exorcismo, Juan Bosch
1975 *La maldición de la bestia*, Miguel Iglesias
Las alegres chicas del Molino, José Antonio de la Loma
Kilma, reina de las amazonas, Miguel Iglesias
1976 *Desnuda inquietud*, Miguel Iglesias Bonns

Luchetti, Enrique

DIRECCIÓN ARTÍSTICA:

1942 *Los misterios de Tánger*, Carlos Fernández Cuenca
1943 *Café de París*, Edgar Neville

Luvig

DIRECCIÓN ARTÍSTICA:

1942 *Mi adorable secretaria*, Pedro Puche

Machimbarrena, Álvaro

DIRECCIÓN ARTÍSTICA:

1985 *Patas en la cabeza, Hankak Buruan*, Julio Medem CM

ASESOR ARTÍSTICO:

1993 *La ardilla roja*, Julio Medem

Maeztu, Gustavo de

Nace en Álava, pintor, escritor y actor ocasional en *Fulano de Tal se enamora de Manón* (B. Perojo, 1913).

DIRECCIÓN ARTÍSTICA:

1930 *La canción del día* (con Pedro Pérez Fernández), G. B. Samuelson

Mampaso, Cristina

DIRECCIÓN ARTÍSTICA:

1980 *La paloma azul,* Luis Manuel del Valle
1991 *Luz negra,* Xavier Bermúdez
1995 *La madre* (con Enrique Garrido), Miguel Bardem CM
1996 *La buena vida,* David Trueba

Mantxola, Anne

DIRECCIÓN ARTÍSTICA:

1996 *Rigor mortis* (con Koldo Azkarreta y Carlos Sobera), Koldo Azkarreta

Marco, Carlos

DIRECCIÓN ARTÍSTICA:

1981 *Pestañas postizas,* Enrique Belloch

Marqueríe Jaramillo, Fernando

DIRECCIÓN ARTÍSTICA:

1980 *...Y al tercer año resucitó,* Rafael Gil

Marqués, José Antonio

José Antonio Marqués Sainz, nace en Madrid el 16 de abril de 1931. Titulado en la E.O.C.

AYUDANTE DE DECORACIÓN:

1956 *Los maridos no cenan en casa,* Jerónimo Mihura

DIRECCIÓN ARTÍSTICA:

1957 *La tarde del domingo,* Carlos Saura CM

Marrades, Vicente

DIRECCIÓN ARTÍSTICA:

1996 *Tabarka,* Domingo Rodes

Martí, Abdo

EFECTOS ESPECIALES:

1990 *Ratita, ratita* (con Jaume Cases), Francesc Bellmunt

DIRECCIÓN ARTÍSTICA:

1991 *La última frontera,* Manuel Cusso-Ferrer
1994 *Gaudí, el susurro de una línea,* Manuel Cussó-Ferrer, CM
Manresa HBF, Manuel Cussó-Ferrer, CM

Marti, Gloria

Gloria Marti Costa nace en Barcelona el 7 de mayo de 1958. Ayudante de dirección artística con Murcia y Parrondo, ha trabajado en televisión como figurinista en *Historias de la puta mili* (Jesús Font, 1994), como ayudante de decoración en dos episodios de *Blue Blood* (Juan Luis Buñuel, 1986), *Arnau, els dies secrets* (Lluis Mª Güell, 1993), y como directora artística en *Laura* (Vittorio Sindoni, 1990), *Novaceck* (Patrick Catalifo, 1994), *Herència de sang* (Xavier Berraondo, 1995), *The Cuemaster* (Enrico Colletti, 1996) y *Para qué sirve un marido* (Rosa Vergés, 1996). Ha compaginado su actividad en el cine con la publicidad, realizando los decorados de más de cien *spots*.

AYUDANTE DE DECORACIÓN:

1986 *Mi General,* Jaime de Armiñán
1987 *El bosque animado,* José Luis Cuerda
1992 *El largo invierno/El llarg hivern,* Jaime Camino

DIRECCIÓN ARTÍSTICA:

1986 *Una noche en Casablanca/Una nit a Casablanca,* Antoni Marti Gich
1987 *Barrios altos,* José Luis García Berlanga
1988 *Las cosas del querer,* Jaime Chávarri
1990 *¿Qué te juegas Mari Pili?/Qué t'hi jugues Mari Pili,* Ventura Pons

Martí, Gloria

Gloria Martí Palanques nace en Barcelona el 6 de abril de 1961. Estudia escenografía en el Instituto del Teatro barcelonés y a principios de los noventa trabaja como ayudante de regidor. En la actualidad alterna su trabajo en el cine con la publicidad.

DIRECCIÓN ARTÍSTICA:

1994 *Llame antes de entrar/Truqui abans d'entrar*, Antonia Castillo Morales CM
1995 *Markheim*, Jordi Marcos CM
Costa Brava, Marta Balletbo-Coll
1996 *El dominio de los sentidos/El domini dels sentits* (episodio "El oído"), María Ripoll
A tres bandas, Enrico Coletti

Martínez Garí, Amalio

Amalio Martínez Antón-Garí, nace en Alicante el 15 de enero de 1897. Entre 1915 y 1920 trabaja en Patria Films y en la Atlántida. Vocal de la Comisión organizadora del Congreso Hispanoamericano de Cinematografía de 1931. Es contratado en 1943 como decorador-jefe de los estudios de Aranjuez, donde trabaja hasta 1943. Fallece en Madrid el 23 de enero de 1982. Hermano del escenógrafo José Martínez Garí.

DIRECCIÓN ARTÍSTICA:

1916 *El misterio de una noche de verano*, Francisco Camacho
1918 *Los intereses creados* (con Aparicio), Jacinto Benavente y Ricardo Puga
1939 *Pan*, Enrique Paso (inacabada)
1942 *Madrid de mis sueños/Buon giorno, Madrid!*, Max Neufeld
Se vende un palacio, Ladislao Vajda
Idilio en Mallorca, Max Neufeld
1943 *Mi vida en tus manos*, Antonio Obregón
Dora, la espía (con Schild), Raffaello Matarazzo
1946 *Cero en conducta*, Pedro Opzoup
Lluvia de hijos, Fernando Delgado
1947 *Cuatro mujeres/Cuatro mulheres*, Antonio del Amo
El alarido/L'urlo, Ferruccio Cerio
1948 *A punta de látigo*, Alejandro Juderías
1950 *El cerco del diablo*, Ruiz-Castillo, Neville, Nieves Conde, Gómez y del Amo
La mujer, el torero y el toro, Fernando Butragueño
Barco sin rumbo, José María Elorrieta
1955 *El Rey de Sierra Morena*, Adolfo Aznar

Massagué, José

José Massagué Vendrell. Titulado en la E.O.C.

VESTUARIO:

1975 *La ciudad quemada*, Antoni Ribas
1981 *Viaje al más allá*, Sebastián D'Arbó

DIRECCIÓN ARTÍSTICA:

1971 *Mi querida señorita*, Jaime de Armiñán
1972 *Los ojos siniestros del doctor Orloff*, Jesús Franco
1974 *Robin Hood nunca muere*, Francisco Bellmunt
1976 *Nuevas aventuras del Zorro/Ah, si?... e io lo dico Zzzorro*, Franco lo Cascio
1982 *Cuentos junto al fuego* (y guión), Francesc Alborch y Toni Mar

Matheu, Ramón

Ramón Matheu Bayo, nace en Barcelona el 16 de junio de 1912.

AYUDANTE DE CONSTRUCCIÓN:

1937 *Barrios bajos*, Pedro Puche

DIRECCIÓN ARTÍSTICA:

1939 *Manolenka*, Pedro Puche
1940 *Salomé*, Feliciano Catalán
1941 *Legión de héroes*, Armando Seville y Juan Fortuny
1946 *Costa Brava*, Julio Fleischner
1947 *Leyenda de Navidad*, Manuel Tamayo
1948 *Vida en sombras*, Lorenzo Llobet Gracia
1949 *Unas páginas en negro*, Armando Seville y Juan Fortuny
1951 *Rostro al mar*, Carlos Serrano de Osma
1952 *Perseguidos*, José Luis Gamboa
1953 *Huyendo de sí mismo*, Juan Fortuny
Milagro en la ciudad, Juan Xiol
1954 *La melodía misteriosa*, Juan Fortuny
1955 *Nunca es demasiado tarde*, Julio Coll
Yo maté, José María Forn
1956 *Avenida de Roma 66*, Juan Xiol Marchal
Los delincuentes/Les delinquants, Víctor Merenda y Juan Fortuny
1961 *Palmer ha muerto*, Juan Fortuny

1966 *El solitario pasa al ataque/Le Solitaire passe à l'attaque*, Ralph Habib
1967 *Orloff y el hombre invisible*, Pierre Chevalier
1968 *Horas prohibidas*, Juan Xiol

Mauri, David

DIRECCIÓN ARTÍSTICA:

1991 *¿Lo sabe el ministro?* (con Julia Sales), José María Forn

Méndez, Paulino

Paulino Méndez Beistegui, nace en Buenos Aires (Argentina) el 4 de septiembre de 1890.

DIRECCIÓN ARTÍSTICA:

1928 *Colorín*, Adolfo Aznar
Agustina de Aragón, Florián Rey
Los claveles de la virgen, Florián Rey
1929 *El héroe de Cascorro*, Emilio Bautista
La aldea maldita, Florián Rey
Fútbol, amor y toros, Florián Rey
1933 *Miguelón*, Adolfo Aznar y Hans Behrendt
1935 *Paloma de mis amores*, Fernando Roldán
1947 *Caperucita Roja*, José María Aragay

Menéndez, José

DIRECCIÓN ARTÍSTICA:

1982 *Piernas cruzadas*, Rafael Villaseñor
Inseminación artificial, Arturo Martínez

Mignoni, Fernando

Fernando Mignoni Monticelli nace en Luca (Florencia), el 24 de agosto de 1884. Pintor y oficial de Marina de la escuadra italiana, decide quedarse en Buenos Aires dedicándose a la escenografía. Trabajando en el Teatro Colón conoce a María Guerrero con la que viene a España, donde realiza numerosos decorados teatrales. En 1930 comienza a trabajar en el cine. El año siguiente es contratado por la Metro Goldwyn Mayer, estando unos meses en Hollywood. En 1934 es contratado por los Estudios E.C.E.S.A. de Aranjuez como decorador-jefe donde además dirigió *Invasión* (1934) que quedó inacabada. Durante la guerra civil dirige y diseña los decorados de *Nuestro culpable* (1937) basada en una comedia escrita por él mismo. Después de la guerra alternó su trabajo como decorador-jefe con la de director en las siguientes películas: *El famoso Carballeira* (1940), *Martingala* (1940), *La famosa Luz María* (1941) y *Noche de celos* (1950). Fallece en Madrid en 1971.

DIRECCIÓN ARTÍSTICA:

1930 *El embrujo de Sevilla/L'ensorcellement de Seville*, Benito Perojo
1931 *Yo quiero que me lleven a Hollywood*, Edgar Neville CM
1932 *El hombre que se reía del amor* (con Boulanger), Benito Perojo
1933 *Sol en la nieve*, León Artola
1934 *El negro que tenía el alma blanca*, Benito Perojo
Crisis mundial, Benito Perojo
Invasión, Fernando Mignoni
El novio de mamá, Florián Rey
1935 *Rumbo al Cairo*, Benito Perojo
Es mi hombre, Benito Perojo
La verbena de la Paloma, Benito Perojo
Los claveles, Santiago Ontañón y Eusebio Fernández Ardavín
1936 *Nuestra Natacha*, Benito Perojo y Ricardo Núñez
1937 *Castilla se liberta*, Adolfo Aznar
1938 *Nuestro culpable* (con José María Torres), Fernando Mignoni
1939 *El rey que rabió*, José Buchs
Martingala, Fernando Mignoni
1940 *El famoso Carballeira*, Fernando Mignoni
Cancionera, Julián Torremocha
1941 *Escuadrilla*, Antonio Román
¡Polizón a bordo!, Florián Rey
1942 *La famosa Luz María*, Fernando Mignoni
1944 *Aventura*, Jerónimo Mihura
1947 *Luis Candelas, el ladrón de Madrid*, Fernando Alonso Casares
Revelación (con Burmann), Antonio de Obregón
1948 *Aquellas palabras...* (con Juan Alberto), Luis B. Arroyo
1950 *Gente sin importancia*, José G. de Ubieta
Noche de celos, Fernando Mignoni

Miguel, Antonio de

Antonio de Miguel Miguel, nace en Madrid el 8 de julio de 1922. Trabajó como ayudante de Enrique Alarcón Sánchez, Josep Rosell y Gerardo Vera.

DIBUJANTE:

1962 *Chantaje a un torero*, Rafael Gil
1963 *La máscara de Scaramouche/Scaramouche/Le avventure di Scaramouche*, Antonio Isasi Isasmendi
   El diablo también llora/Il delitto di Anna Sandoval, José Antonio Nieves Conde
   La reina del Chantecler, Rafael Gil
   El secreto de Bill North/Assasinio made in Italy (Il segreto del vestito rosso)/Le secret de Bill North, Silvio Amadio
   Marisol rumbo a Río, Fernando Palacios
   La nueva Cenicienta, George Sherman
   Como dos gotas de agua, Luis César Amadori
   La verbena de la Paloma, José Luis Sáenz de Heredia
1964 *Samba*, Rafael Gil

MERITORIO DE DECORACIÓN:

1964 *La vida nueva de Pedrito Andía*, Rafael Gil
   Búsqueme a esa chica, Fernando Palacios
1965 *Currito de la Cruz*, Rafael Gil
   Cotolay, José Antonio Nieves Conde
   Persecución a un espía/Corrida pour un espion/Der Spyon, der in die Hölle Ging, Maurice Labró
   Cabriola, Mel Ferrer

AYUDANTE DE DECORACIÓN:

1966 *La mujer perdida/Quel nostro grande amore*, Tulio Demicheli
   Nuestro agente en Casablanca, Tulio Demicheli
1967 *Cervantes/Les Aventures extraordinaires de Cervantes/Le avventure e gli amori di Miguel Cervantes*, George Sherman
   Las 4 bodas de Marisol, Luis Lucia
   Mónica, stop, Luis María Delgado
   Oscuros sueños de agosto, Miguel Picazo
1968 *Un día es un día*, Francisco Prósper
1969 *Se armó el Belén*, José Luis Sáenz de Heredia

¿Es usted mi padre?, Antonio Giménez Rico
1968 *Tuset street*, Luis Marquina
   Solos los dos, Luis Lucia
   Sangre en el ruedo, Rafael Gil
1970 *El diablo cojuelo*, Ramón Fernández
   Si estás muerto, ¿por qué bailas?, Pedro Mario Herrero
   Kill (Matar)/Kill, Romain Gary
1971 *La luz del fin del mundo/The Light at the Edge of the World*, Kevin Billington
1978 *Operación Ogro/Operazione Ogro/Operation Ogro*, Gillo Pontecorvo
1986 *El año de las luces*, Fernando Trueba

DIRECCIÓN ARTÍSTICA:

1977 *Carne apaleada*, Javier Aguirre
1978 *Cartas de amor de una monja*, Jorge Grau
   Siete días de enero/Les Sept jours de janvier, Juan Antonio Bardem
1979 *Polvos mágicos* (con Carlos Cocca), José Ramón Larraz
1980 *El lobo negro*, Rafael Romero Marchent
   Duelo a muerte, Rafael Romero Marchent
   Amor es... veneno/Carlota, Stefano Rolla
1981 *Pájaros de ciudad*, José Sánchez Álvaro
   Mar brava, Angelino Fons
1982 *Muerte en el Vaticano/Morte in Vaticano*, Marcello Aliprandi
1983 *El tesoro de las cuatro coronas/Treasure of the Four Crowns* (con Luciano Spadoni), Ferdinando Baldi
   Truhanes, Miguel Hermoso
1984 *Un éte d'enfer/Un verano de infierno* (con Olivier Paultre), Michel Schok

Miguel, Joaquín de

DIRECCIÓN ARTÍSTICA:

1984 *Los supercamorristas/Wheels on Meals*, Sammo Hung
   Perras callejeras, José Antonio de la Loma
1985 *Yo el Vaquilla*, José Antonio de la Loma
   Tres días de libertad/Tres dies de llibertat (con Bernard Puig), José Antonio de la Loma

Millán, Xavier

Xavier Millán Mayol nace en Bogotá (Colombia) en 1961, ha trabajado diseñando decorados teatrales y para *spots* publicitarios.

VESTUARIO:

1992 *Un submarino en el mantel*, Ignasi P. Ferré
1993 *Un placer indescriptible*, Ignasi P. Ferré
El hundimiento del Titanic, Antonio Chavarrías

AYUDANTE DE DECORACIÓN:

1994 *Tierra y libertad/Land and Freedom*, Ken Loach
Atolladero, Óscar Aibar
1995 *El pasajero clandestino*, Agustín Villaronga
1996 *Cuerpo en el bosque/Un cos al bosc* (y vestuario), Joaquín Jordá

DIRECCIÓN ARTÍSTICA:

1989 *Barcelona, lamento/Barcelona, lament*, Luis Aller
1990 *Capitán Escalaborns*, Carlos Benpar
1994 *Bufones y reyes/Bufons i reis*, Lluis Zayas

Miquel, Llorenç

Llorenç Miquel Carpi nace en Igualada el 19 de abril de 1958, estudia Bellas Artes en Barcelona, ilustra libros y comienza a trabajar como escenógrafo teatral. Entre otros programas de televisión, diseña los decorados para las series *Un día volveré* (Francesc Betriu, 1990) y *Makinavaja* (Carlos Suárez, 1994). En 1994 recibe el Premio de Cinematografía concedido por la Generalitat a la mejor Dirección artística por *Els de devant/Los de enfrente*.

AYUDANTE DE DECORACIÓN:

1987 *Laura, del cielo llega la noche*, Gonzalo Herralde
1988 *Sinatra*, Francesc Betriu
Barroco, Paul Leduc
Si te dicen que caí, Vicente Aranda

DIRECCIÓN ARTÍSTICA:

1988 *El complot de los anillos/El complot dels anyells* (con Prósper y Tomás Morató), Francesc Bellmunt

Una sombra en el jardín, Antonio Chavarrías
1989 *La bañera*, Jesús Garay
1990 *Las cartas de Alou*, Montxo Armendáriz
1992 *Una estación de paso*, Gracia Querejeta
1993 *Los de enfrente/Els de davant*, Jesús Garay
1994 *Tierra y libertad/Land and Freedom*, Ken Loach
Atolladero, Óscar Aibar
Necesidades, Fernando de France
1995 *El pasajero clandestino*, Agustín Villaronga
1996 *La canción de Carla/Carla's song* (con Martin Johnson), Ken Loach
No se puede tener todo, Jesús Garay

Mochales, Carlos

DIRECCIÓN ARTÍSTICA:

1980 *Crónica de un instante*, José Antonio Pangua

Molina, Carlos de

DIRECCIÓN ARTÍSTICA:

1991 *El tío del saco y el inspector Lobatón*, Juan José Porto

Molina, Julio

Julio Molina de Juanes, nace en San Sebastián el 14 de septiembre de 1919. Ayudante de Antonio Simont, trabaja posteriormente con Samuel Bronston.

DIBUJANTE:

1946 *Lluvia de hijos*, Fernando Delgado
1947 *Extraño amanecer*, Enrique Gómez
Cuatro mujeres/Cuatro mulheres, Antonio del Amo
El alarido, Ferruccio Cerio
El verdugo, Enrique Gómez
La calumniada, Fernando Delgado
1948 *Alhucemas*, José López Rubio
Mare nostrum, Rafael Gil
El capitán de Loyola, José Díaz Morales
Neutralidad, Eusebio Fernández Ardavín
La duquesa de Benamejí, Luis Lucia

1949 *Jalisco canta en Sevilla*, Fernando de Fuentes
Paz, José Díaz Morales
Llegada de noche, José Antonio Nieves Conde

1950 *Aquel hombre de Tánger/That Man from Tangier*, Robert Elwyn
Una mujer cualquiera, Rafael Gil

AYUDANTE DE DECORACIÓN:

1951 *El deseo y el amor/Le Desir et l'amour*, Henry Decoin y Luis María Delgado
Ronda española, Ladislao Vajda
Tercio de quites, Emilio Gómez Muriel

1952 *El tirano de Toledo/Les Amants de Tôlede/Gli amanti di Toledo*, Henri Decoin y Fernando Palacios

1953 *Carne de horca/Il terrore dell'Andalusia*, Ladislao Vajda
Vuelo 971, Rafael J. Salvia

1954 *Marcelino pan y vino*, Ladislao Vajda
Las últimas banderas (con Martín Pérez), Luis Marquina
Míster Arkadin/Dossier secret/Confidential Report (con Pérez Espinosa), Orson Welles

1955 *Tormenta/Thunderstorm*, John Guillermin y Alfonso Acebal
Alexander the Great/Alejandro Magno, Robert Rossen

1956 *Around the World in 80 days (La vuelta al mundo en 80 días)*, Michael Anderson
Puerto África (Port Afrique), Rudolph Maté
Aventura para dos/Spanish Affair, Don Siegel y Luis Marquina

1957 *Zarak (Zarak)*, Terence Young
Across the Bridge, Ken Annakin

1958 *Sea Fury*, Cy Enfield
John Paul Jones (El capitán Jones), John Farrow

1962 *55 Days at Peking (55 días en Pekín)*, Nicholas Ray

1965 *Battle of the Bulge (La batalla de las Ardenas)*, Ken Annakin

1969 *Royal Hunt of the Sun*, Irving Lerner

DIRECCIÓN ARTÍSTICA:

1959 *De espaldas a la puerta* (con Simont), José María Forqué
Las dos y media y veneno (con Simont), Mariano Ozores

Las legiones de Cleopatra/Le legioni di Cleopatra/Les Légions de Cléopatra (con Simont), Vittorio Cottafavi

1960 *María, matrícula de Bilbao* (con Simont), Ladislao Vajda

1961 *Usted puede ser el asesino* (con Simont), José María Forqué
Siempre es domingo (con Simont), Fernando Palacios
A hierro muere/A sangue frio (con Simont), Manuel Mur Oti

1962 *Accidente 703* (con Simont), José María Forqué

1964 *Secuestro en la ciudad*, Luis María Delgado
El hijo del pistolero/Son of a Gunfighter, Paul Landres

1966 *Huyendo del halcón/Flight of the Hawk*, Cecil Baker

1967 *Espia... ndo*, Francisco Ariza
The Long Duel (La leyenda de un valiente) (con Ted Clemens), Ken Annakin (diseño de producción: Alex Vetchinsky)

1968 *Custer of the West (La última aventura)*, Robert Siodmak (con Jean d'Eaubonne y Eugene Lourie) (diseño de producción: Lester A. Sanson)

1969 *Krakatoa, East of Java (Al este de Java)*, Bernard L. Kowalski (diseño de producción: Eugene Lourie)

1969 *El condor (El cóndor)*, John Guillermin

1971 *Capitán Apache*, Alexander Singer
Una ciudad llamada Bastarda/A Town Called Bastard, Robert Parrish
El hombre de Río Malo/E continuavano a fregarsi il milione di dollari/Les quatre mercenaires d'El Palo, Eugenio Martín

1972 *El desafío de Pancho Villa*, Eugenio Martín

1973 Autopsia, Juan Logar

1974 *Las amazonas/Le guerriere dal seno nudo/Les Amazones*, Terence Young (diseño de producción: Mario Garbuglia)
The Spikes Gang (Tres forajidos y un pistolero), Richard Fleischer

1975 *Take a Hard Ride (Por la senda más dura)*, Anthony M. Dawson

Molinete, Antonio

DIRECCIÓN ARTÍSTICA:

1924 *La chavala* (con Espí), Florián Rey

1925 *Los chicos de la escuela* (con Espí), Florián Rey
El lazarillo de Tormes, Florián Rey
1926 *Gigantes y cabezudos,* Florián Rey
El pilluelo de Madrid, Florián Rey
El cura de la aldea, Florián Rey

Montagud, Filiberto

DIRECCIÓN ARTÍSTICA:

1929 *El gordo de Navidad,* Fernando Delgado

Montal, Toni

Antonio Montal Mitjans.

DIRECCIÓN ARTÍSTICA:

1989 *El teatro museo Dalí se cierra a las siete,* José Montalat

Montcada, Irene

AYUDANTE DE DECORACIÓN:

1988 *Una sombra en el jardín,* Antonio Chavarrías

DIRECCIÓN ARTÍSTICA:

1995 *Muere, mi vida,* Mar Targarona
1996 *Susanna* (con Gilles Bressan), Antonio Chavarrías

Montero, Suso

DIRECCIÓN ARTÍSTICA:

1993 *Dame Lume/Dame fuego,* Héctor Carré

Montero, Lázaro

DIRECCIÓN ARTÍSTICA:

1946 *Mar abierto* (con Noaín), Ramón Torrado

Montero, Matías

Comienza a trabajar en T.V.E. como ambientador al mismo tiempo que diseña escenografías teatrales para obras de Alfonso Paso y comedias musicales. Diseña los decorados, entre otras series de *Los camioneros* (Mario Camus, 1973).

AMBIENTACIÓN:

1968 *Las salvajes de Puente San Gil,* Antonio Ribas

Montes, Jose María

José María Fernández Montes y de Orego, nace en Madrid el 19 de septiembre de 1920.

AYUDANTE DE DECORACIÓN:

1947 *Canción de medianoche,* Antonio de Lara "Tono" (no acreditado)
1948 *Alhucemas,* José López Rubio (no acreditado)
Las aguas bajan negras, José Luis Sáenz de Heredia

DIRECCIÓN ARTÍSTICA:

1948 *La mies es mucha* (con Santamaría), José Luis Sáenz de Heredia
1950 *Don Juan* (con Ramiro Gómez), José Luis Sáenz de Heredia
1952 *Quema el suelo,* Luis Marquina

Monteiro, Luis

DIRECCIÓN ARTÍSTICA:

1992 *Tierra fría,* Antonio Campos

Morales, Pin

José Morales Durán, nace en Madrid el 9 de septiembre de 1943. En 1968 obtiene el título en la rama de decoración de la E.O.C., donde conoce a Román Arango, trabajando juntos desde entonces, decorando interiores, realizando numerosos proyectos de decoración, apareciendo varios de ellos en revistas internacionales. Diseñan los figurines del ballet del Teatro Nacional y escenografías para el teatro.

1980 *Patrimonio nacional,* Luis García Berlanga

Dirección artística:

1982 *Nacional III* (no acreditado), Luis García Berlanga
1983 *Entre tinieblas* (con Román Arango), Pedro Almodóvar
1984 *¿Qué he hecho yo para merecer esto?* (con Román Arango), Pedro Almodóvar
El jardín secreto, Carlos Suárez
1986 *Matador* (con Román Arango y Rosell), Pedro Almodóvar
Eulalia (con Román Arango), Inma de Santis, CM

Morales Mas, Juan

Escenógrafo teatral y actor.

Dirección artística:

1907 *Tierra baja,* Fructuoso Gelabert
1908 *María Rosa,* Fructuoso Gelabert
La Dolores, Fructuoso Gelabert y Enrique Giménez
Los calzoncillos de Toni, Fructuoso Gelabert
1909 *Guzmán el Bueno,* Fructuoso Gelabert
1914 *El Alcalde de Zalamea* (con Adriá Gual), Juan Solá Mestres, Alfredo Fontanals y Adriá Gual

Morena, Juan de la

Dirección artística:

1982 *El tesoro de la diosa blanca,* Jess Franco

Moreno, José María

José María Moreno Gallardo, nace en Jerez de los Caballeros (Badajoz) el 27 de diciembre de 1916. Después de trabajar en una empresa de ascensores en la que inventó un sistema de autofrenado, es contratado en 1945 por los estudios Chamartín como constructor de decorados. Inventa el Panomaq, un aparato que permitía hacer panorámicas con maquetas corpóreas. El director de fotografía Enrique Guerner le propone ser su ayudante, trabajando con él en *María, matrícula de Bilbao* (Ladislao Vajda, 1960), *Siega verde* (Rafael Gil, 1960) y *Tú y yo somos tres* (Rafael Gil, 1961); después continúa como ayudante de cámara entre otros de Cecilio Paniagua en *I Titani/Los titanes* (Duccio Tessari, 1962); Alfredo Fraile; Eloy Mella en *Los siete espartanos/I sette gladiatori* (Pedro Lazaga, 1962) y Mario Pacheco en *El valle de las espadas/The Castilian* (Javier Setó, 1962).

Dibujante:

1943 *Misterio en la marisma,* Claudio de la Torre

Dibujante y maquetas:

1943 *Castillo de naipes,* Jerónimo Mihura
El abanderado, Luis Fernández Ardavín
El triunfo del amor, Manuel Blay

Maquetas:

1944 *Inés de Castro,* José Leitao de Barros y Manuel Augusto García Viñolas

Ayudante de construcción:

1943 *La maja del capote* (y dibujante y maquetas), Fernando Delgado
1944 *Te quiero para mí* (y dibujante y maquetas), Ladislao Vajda
Noche decisiva, Julio Fleischner

Construcción:

1944 *El rey de las finanzas,* Ramón Torrado
Tarjeta de visita, Antonio de Obregón
1945 *Tierra sedienta,* Rafael Gil
La luna vale un millón, Florián Rey
1946 *El doncel de la Reina,* Eusebio Fernández Ardavín
La pródiga, Rafael Gil
Lluvia de hijos (y maquetas), Fernando Delgado
1947 *Extraño amanecer* (y maquetas), Enrique Gómez
El alarido (y maquetas), Ferruccio Cerio
Cuatro mujeres/Cuatro mulheres, Antonio del Amo
El verdugo, Enrique Gómez

La calumniada, Fernando Delgado
1948 *Alhucemas,* José López Rubio
Aquellas palabras..., Luis B. Arroyo
1949 *Jalisco canta en Sevilla,* Fernando de Fuentes
1951 *Ronda española,* Ladislao Vajda
1953 *Nubes de verano/Parabens, senhor Vicente!,* Arthur Duarte
1955 *La lupa,* Luis Lucia
1956 *Mi tío Jacinto,* Ladislao Vajda

Ayudante de decoración:

1959 *Vacaciones en Mallorca/Brevi amori a Palma di Majorca,* Giorgio Bianchi

Dirección artística:

1946 *Yebala* (maquetas y construcción), Javier de Rivera
1952 *Agua sangrienta,* Ricardo Torres
1957 *La estrella de África/Der Stern von Afrika* (con Max Mellin), Alfred Weidenmann y Rafael J. Salvia
Hablemos de amor/Amore e chiacchiere (con Veniero Colasanti), Alessandro Blasetti

Moreno, Pedro

Nace en Madrid en 1942, escenógrafo teatral ha realizado los decorados y el vestuario de numerosas obras.

Vestuario:

1996 *Tu nombre envenena mis sueños,* Pilar Miró
El perro del hortelano, Pilar Miró, GOYA

Dirección artística:

1991 *La noche más larga,* José Luis García Sánchez

Morera, José

Dirección artística:

1978 *El virgo de la Visanteta,* Vicente Escrivá

Morón, Carlos

Dirección artística:

1954 *Tirma/La principessa delle Canarie* (y vestuario con Sergio Calvo), Paolo Moffa y Carlos Serrano de Osma

Moya, Ramón

Construcción:

1983 *Carmen,* Carlos Saura
1984 *Akelarre,* Pedro Olea
Fuego eterno, José Ángel Rebolledo
Los santos inocentes, Mario Camus
1984 *¿Qué he hecho yo para merecer esto?,* Pedro Almodóvar
1986 *La ley del deseo,* Pedro Almodóvar
Bandera negra, Pedro Olea
1987 *Mujeres al borde de un ataque de nervios* (Decor Moya), Pedro Almodóvar
La casa de Bernarda Alba (Decor Moya), Mario Camus
1992 *Una mujer bajo la lluvia,* Gerardo Vera
1993 *El pájaro de la felicidad* (Decor Moya), Pilar Miró
Tocando fondo (Decor Moya), José Luis Cuerda
1995 *Flamenco* (Construcciones Moya), Carlos Saura

Dirección artística:

1989 *El equipo aagghh,* José Truchado

Mudarra, Antonio

Dirección artística:

1994 *Felicidades, Tovarich,* Antonio Eceiza Sansinenea

Muguruza, Pedro

Pedro Muguruza Otaño, nace en Madrid el 25 de mayo de 1893. Obtiene el título de arquitecto en 1916. Proyecta y construye numerosos edificios como el de la Asociación de la Prensa y el cine Coliseum en Madrid, y la estación de Francia en Barcelona. Después de la guerra civil fue nombrado Director General de

Arquitectura. Fallece en Madrid el 12 de febrero de 1952.

DIRECCIÓN ARTÍSTICA:

1935 *Currito de la Cruz* (con Villalba), Fernando Delgado

Muñoz, Antonio

Antonio Muñoz García.

VESTUARIO:

1973 *No es bueno que el hombre esté solo*, Pedro Olea
1996 *Aquí llega Condemor, el pecador de la pradera*, Álvaro Sáenz de Heredia

DIRECCIÓN ARTÍSTICA:

1982 *Todo un hombre*, Rafael Villaseñor
1987 *¡No hija no!*, Mariano Ozores
1990 *Disparate nacional*, Mariano Ozores
1991 *El amor sí tiene cura* (y vestuario), Javier Aguirre
      Marcelino, pan y vino, Luigi Comencini

Muñoz, Julio

Julio Tomás Muñoz Torres.

DIRECCIÓN ARTÍSTICA:

1978 *Trampa sexual*, Manuel Esteba
1981 *Viaje al más allá*, Sebastián D'Arbó
1982 *El ser*, Sebastián D'Arbó

Murcia, Félix

Nace en Aranda de Duero en 1945. Entre 1968 y 1973 se titula en arquitectura de interiores, artes aplicadas, escenografía y diseño superior por la Escuela de Artes Decorativas de Madrid. Ha participado como pintor en diversos certámenes. Se inicia en la televisión en Hilversum (Holanda), ingresando en 1966 en TVE. Ha impartido clases de Escenografía en el Instituto Oficial de RTVE entre 1978 y 1980. En 1982 dirige su primer cortometraje. Realiza escenografía teatral y ha participado en numerosas conferencias, ponencias y cursos. Ha di-

señado los decorados de series para TVE como *Cuentos imposibles* (Jaime de Armiñán, 1984), los dos últimos episodios de *La forja de un rebelde*, (Mario Camus, 1989), *El Quijote* (Manuel Gutiérrez Aragón, 1989) y para la televisión alemana dos episodios de *Blue Blood* (Juan Luis Buñuel, 1986).

AYUDANTE DE DECORACIÓN:

1975 *Colorín, colorado*, José Luis García Sánchez
1976 *Del amor y de la muerte*, Antonio Giménez Rico
1977 *¡Arriba Hazaña!*, José María Gutiérrez

AMBIENTACIÓN:

1977 *La escopeta nacional*, Luis García Berlanga

DIRECCIÓN ARTÍSTICA:

1979 *El corazón del bosque*, Manuel Gutiérrez Aragón
      Navajeros, Eloy de la Iglesia
1980 *Malou*, Jeanine Meerapfel
      Maravillas, Manuel Gutiérrez Aragón
1981 *El crack*, José Luis Garci
      La fuga de Segovia, Imanol Uribe
      En septiembre, Jaime de Armiñán
      Bésame tonto, Fernando González de Canales
1982 *Percusión*, Josecho San Mateo
      Una pequeña movida, Vicente Sáinz
      Valentina, Antonio José Betancor
1983 *1919. Crónica del alba*, Antonio José Betancor
      Coto de caza, Jorge Grau
      Carmen, Carlos Saura
      Soldados de plomo, José Sacristán
      La espada y los samurais, Jacinto Molina
      Sal Gorda, Fernando Trueba
      Akelarre, Pedro Olea
1985 *Flesh and Blood/Los señores del acero*, Paul Verhoeven
      La reina del mate, Fermín Cabal
      Luces de bohemia, Miguel Ángel Díez
      El caballero del dragón, Fernando Colomo
1986 *El extranger-oh! de la calle Cruz del Sur*, Jordi Grau
      Dragon Rapide, Jaime Camino, GOYA
      El hermano bastardo de Dios (con Vallés), Benito Rabal

Cara de acelga, José Sacristán
Mi General, Jaime de Armiñán
Gallego, Manuel Octavio Gómez
1987 *El bosque animado*, José Luis Cuerda
1988 *Mujeres al borde de un ataque de nervios*, Pedro Almodóvar
1991 *El rey pasmado/Le roi ebahi/O rei pasmado*, Imanol Uribe, GOYA
1992 *La vida láctea*, Juan Estelrich
1993 *El pájaro de la felicidad*, Pilar Miró
Tirano Banderas, José Luis García Sánchez, GOYA
1994 *Días contados*, Imanol Uribe
1995 *El perro del hortelano*, Pilar Miró, GOYA
Bwana, Imanol Uribe
1996 *El amor perjudica seriamente la salud*, Manuel Gómez Pereira
1997 *Secretos del corazón*, Montxo Armendáriz

Narros, Miguel

Nace en Madrid el 7 de septiembre de 1928. Director y escenógrafo teatral, trabajó como actor de reparto en *Al diablo con amor* (Gonzalo Suárez, 1972), *La regenta* (Gonzalo Suárez, 1974), *Sonámbulos* (Manuel Gutiérrez Aragón, 1978), *F.E.N.* (Antonio Hernández, 1979) y *Los paraísos perdidos* (Basilio Martín Patino, 1985). Ha diseñado el vestuario para TVE de *El Quijote* (Manuel Gutiérrez Aragón, 1989).

VESTUARIO:

1963 *Noche de verano/Il peccato*, Jorge Grau
El espontáneo (y ambientación), Jorge Grau
1965 *Acteon* (y ambientación), Jorge Grau
Zampo y yo, Luis Lucia
1966 *Una historia de amor* (y ambientación), Jorge Grau
1976 *Emilia... parada y fonda*, Angelino Fons
1985 *La corte de faraón*, José Luis García Sánchez
1991 *El día que nací yo*, Pedro Olea

AMBIENTACIÓN:

1970 *¡Qué cosas tiene el amor!*, Germán Lorente

DIRECCIÓN ARTÍSTICA:

1974 *La regenta* (y vestuario), Gonzalo Suárez
1975 *La adúltera*, Roberto Bodegas

1978 *Sonámbulos*, Manuel Gutiérrez Aragón

Navarro, Pablo

DIRECCIÓN ARTÍSTICA:

1990 *Siempre felices*, Pedro Pinzolas
1994 *Su primer amor*, Mercedes Gaspar, CM

Ney, Aramis

Actriz en *Los fríos senderos del crimen* (Carlos Aured, 1972), *El espectro del terror* (José Mª Elorrieta, 1972) y *La noche de la ira* (Javier Elorrieta, 1986).

DIRECCIÓN ARTÍSTICA:

1992 *Cautivos de la sombra* (y actriz), Javier Elorrieta
1996 *Demasiado caliente para ti*, Javier Elorrieta

Nieva, Francisco

Nace en Valdepeñas (Ciudad Real) en 1927. Cuando finaliza sus estudios en la Escuela de Bellas Artes de Madrid, entra a trabajar en C.I.F.E.S.A. como ayudante de Enrique Alarcón. Autor y director teatral, recibe el Premio Nacional de Teatro en 1980. Miembro de la Real Academia Española de la Lengua y catedrático de la Escuela de Arte Dramático.

VESTUARIO:

1981 *Bodas de sangre*, Carlos Saura

AYUDANTE DE DECORACIÓN:

1944 *El clavo*, Rafael Gil
Sol y sombra de Manolete, Abel Gance y Luis Marquina (inacabada)

DIRECCIÓN ARTÍSTICA:

1969 *Chicas de club (Cántico)* (con Burmann), Jorge Grau
1972 *Ana y los lobos* (con Elisa Ruiz), Carlos Saura
1973 *La prima Angélica* (con Elisa Ruiz), Carlos Saura
1975 *Pascual Duarte*, Ricardo Franco (bocetos iniciales)

Noaín, Luis

Luis Noaín Picavea nace en San Sebastián el 1 de febrero de 1913, trabaja con Luis Santamaría en su negocio de decoración de interiores, trabajando al mismo tiempo en los estudios Ballesteros. Abandona el cine por su trabajo de decorador.

AYUDANTE DE DECORACIÓN:

1943 *Ídolos* (con Félix Montoro), Florián Rey
1948 *Las aguas bajan negras* (con Montes), José Luis Sáenz de Heredia

DIRECCIÓN ARTÍSTICA:

1946 *El crimen de Pepe Conde,* José López Rubio
Mar abierto (con Montero), Ramón Torrado
1947 *Mariona Rebull* (con Santamaría), José Luis Sáenz de Heredia
1948 *Alhucemas* (con Santamaría y Montero), José López Rubio
1950 *Noche de tormenta/Anette,* André Haguet, André Legrand y Jaime de Mayora

Nóbrega, Francisco

DIRECCIÓN ARTÍSTICA:

1982 *Españolito que vienes al mundo,* Fernando H. Guzmán

Núñez, Alicia

DIRECCIÓN ARTÍSTICA:

1984 *Últimas tardes con Teresa* (con Felipe de Paco y Ramón Olives), Gonzalo Herralde

Núñez, Carme

ATREZO:

1982 *La rebelión de los pájaros,* José Luis Comerón

DIRECCIÓN ARTÍSTICA:

1981 *La cripta* (con Rosa Español), Cayetano del Real

Obon, Vicenta

DIRECCIÓN ARTÍSTICA:

1989 *Sauna,* Andreu Martín

Ochoa, Carlos

Carlos Manuel Ochoa Arambillet, nace en Madrid el 1 de enero de 1936. Titulado en la E.O.C. en 1963.

DIRECCIÓN ARTÍSTICA:

1962 *Sor Angelina, virgen,* Francisco Regueiro CM
1965 *La caza,* Carlos Saura
El día de mañana, Agustín Navarro

Olavarría, Alejandro

DIRECCIÓN ARTÍSTICA:

1923 *Un drama en Bilbao* (fotografía y argumento), Alejandro Olavarría

Olivella, Nieves

AMBIENTACIÓN:

1982 *El ser,* Sebastián D'Arbó

DIRECCIÓN ARTÍSTICA:

1987 *La diputada,* Javier Aguirre
1988 *El vuelo de Venus/Flying,* Vincenzo Salviani

Oliver, Miguel

DIRECCIÓN ARTÍSTICA:

1986 *Luna de agosto,* Juan Miñón

Olives, Ramón

DIRECCIÓN ARTÍSTICA:

1984 *Últimas tardes con Teresa* (con Felipe de Paco y Alicia Núñez), Gonzalo Herralde

Ontañón, Santiago

Santiago Ontañón Fernández nace en Santander en 1903. Se traslada a París en 1920, desde allí realiza portadas para *La Esfera* o *Nuevo Mundo* y trabaja en editoriales como Tolmer, haciendo algunos decorados para el teatro. En 1927 regresa a España, encargándole la escenografía de varias obras de teatro. Dirige con Eusebio Fernández Ardavín *Los claveles* (1935) y en solitario, durante la guerra, la inacabada *Caín* (1937). Después de la guerra tiene que exiliarse a Sudamérica, residiendo en Chile, Argentina, Uruguay, Colombia y Perú donde estuvo diez años. Durante este tiempo es actor y escenógrafo en la compañía de Margarita Xirgu; dirige espectáculos teatrales en Perú, Chile y Argentina; imparte clases de Escenografía Teatral en Santiago de Chile; es nombrado Catedrático de Escenografía en la Universidad de San Marcos y Director Artístico de la Compañía del Teatro Nacional peruano, también en Perú dirige el documental *Lima ciudad de virreyes* (1950). En 1955 regresa a España diseñando las escenografías y los figurines de muchas obras teatrales y películas. Aparte de los títulos en los que compagina la dirección artística con la actuación, trabaja como actor en: *Muchachas en vacaciones* (José María Elorrieta, 1958), *Miss Cuplé* (Pedro Lazaga, 1959), *La vida por delante* (Fernando Fernán-Gómez, 1958), *La vida alrededor* (Fernando Fernán-Gómez, 1959), *La rosa roja* (Carlos Serrano de Osma, 1960), *El verdugo* (Luis García Berlanga, 1963), *Rueda de sospechosos* (Ramón Fernández, 1963), *La familia y... uno más* (Fernando Palacios, 1965), *Crimen imperfecto* (Fernando Fernán-Gómez, 1970), *La muerte ronda a Mónica* (Ramón Fernández, 1976), *Mi hija Hildegart* (Fernando Fernán-Gómez, 1977), *Cinco tenedores* (Fernando Fernán-Gómez, 1979). Fallece en Madrid el 26 de agosto de 1989.

VESTUARIO:

1935 *La verbena de la Paloma*, Benito Perojo
1960 *¿Dónde vas triste de ti?*, Alfonso Balcázar
    El indulto, José Luis Sáenz de Heredia
    Mi calle, Edgar Neville
1961 *Adiós Mimí Pompon* (y actor), Luis Marquina
1965 *Cotolay* (y actor), José Antonio Nieves Conde

AMBIENTACIÓN:

1963 *La nueva Cenicienta*, George Sherman
1969 *Se armó el Belén*, José Luis Sáenz de Heredia

DIRECCIÓN ARTÍSTICA:

1934 *La traviesa molinera/Le tricorne/It happened in Spain* (con Ricardo Soriano y Antonio S. Guillén, y actor), Harry d'Abbadie d'Arrast
1935 *Una mujer en peligro* (y actor), José Santugini
    La reina mora, Eusebio Fernández Ardavín

EN PERÚ:

1946 *La Lunareja*, Bernardo Roca Rey
1947 *Una apuesta con Satanás* (y guión), César Miró

EN ESPAÑA:

1958 *Nada menos que un arcángel*, Antonio del Amo
1960 *La rosa roja*, Carlos Serrano de Osma
    Sólo para hombres (y actor), Fernando Fernán-Gómez
1961 *El gladiador invencible/Il gladiatore invincibile*, Antonio Momplet
    Fray Escoba, Ramón Torrado
1962 *Fra Diábolo/I tromboni di Fra' Diabolo* (con Simont y Ugo Pericoli), Miguel Lluch y Giorgio Simonelli
1963 *Los dinamiteros/L'ultimo Rififi* (y actor) (con Piero Poletto), Juan García Atienza
1964 *Cyrano y D'Artagnan/Cyrano et D'Artagnan/Cyrano e D'Artagnan* (con Douarinou), Abel Gance
    El Greco/Greco (con Luigi Scaccianoce), Luciano Salce
1965 *La visita que no tocó el timbre*, Mario Camus
1966 *Mayores con reparos*, Fernando Fernán-Gómez
    Tres perros locos, locos, locos, Jesús Yagüe
1967 *Robo de diamantes/Run Like a Thief*, Bernard Glaser
    La casa de las mil muñecas/Das Haus der tausend Freuden, Manfred Köehler y Jeremy Summer

1968 *Eva en la selva/Eve/The Face of Eve*, Jeremy Summers

El caso de las dos bellezas/Rote Lippen-Sadisterotica, Jesús Franco

El castillo de Fu Manchú/Die Folterkammer des Dr. Fu Man Chu/Il castello de Fu Man Chu/The Castle of Fu Manchu, Jesús Franco

Noventa y nueve mujeres/Die heisse Tod/ 99 donne/99 Women, Jesús Franco

1970 *El último día de la guerra/The Last Day of the War*, Juan Antonio Bardem

El desastre de Annual, Ricardo Franco

El mesón del gitano, Antonio Román

Tibetana/Rat Patrol, John Peyser

1971 *Dans la poussière du soleil*, Richard Balducci

1972 *Blanco, rojo y.../Bianco, rosso e...* (con Vincenzo del Prato), Alberto Lattuada

¿Qué nos importa la revolución?/Che c'entriamo noi con la rivoluzione?, Sergio Corbucci

1973 *Las señoritas de mala compañía* (y actor), José Antonio Nieves Conde

1974 *Atraco en la Costa Azul* (y actor), Germán Lorente

Y si no, nos enfadamos/Altrimenti ci arrabbiamo, Marcello Fondato

La chica de la Vía Condotti, Germán Lorente

1975 *No quiero perder la honra*, Germán Lorente

Cacique Bandeira, Héctor Olivera

1976 *La petición*, Pilar Miró

1978 *Tráfico de menores/Enigma rosso/ Warum musste Angela sterden?*, Alberto Negrin

1981 *Adolescencia*, Germán Lorente

Ortiz, Mario

AMBIENTACIÓN:

1973 *Habla mudita*, Manuel Gutiérrez Aragón

DIRECCIÓN ARTÍSTICA:

1975 *Furtivos*, José Luis Borau

Otaegui, Alicia

DIRECCIÓN ARTÍSTICA:

1993 *Detrás del tiempo/Denboraren gibelean*, Mirentxu Purroy

Pacheco, Joaquín

DIRECCIÓN ARTÍSTICA:

1982 *Vivir mañana*, Nino Quevedo

1983 *Futuro imperfecto*, Nino Quevedo

Paco, Felipe G. de

DIRECCIÓN ARTÍSTICA:

1978 *La orgía* (con Candini), Francesc Bellmunt

1979 *Manderley* (y maquillaje), Jesús Garay

1984 *Últimas tardes con Teresa* (con Ramón Olives y Alicia Núñez), Gonzalo Herralde

1985 *Lola*, Bigas Luna

1986 *Angustia*, Bigas Luna

1990 *Los ángeles/Les anges*, Jacob Berger

Palmero, Rafael

Rafael Antonio Palmero Romero nace en Madrid el 14 de septiembre de 1944. Estudia Pintura y Arquitectura. Titulado en la E. O. C. y por el Instituto de Radio y Televisión. Profesor en ese Instituto entre 1980 y 1984. Realiza la escenografía de numerosas obras teatrales. Ha impartido cursos y seminarios para posgraduados universitarios y profesionales de la televisión y el cine en España y Cuba. Diseña decorados para programas emitidos por TVE como *Viaje a la Alcarria* (Antonio Giménez-Rico, 1975), *Ese señor de negro* (Antonio Mercero, 1975), *El camino* (Josefina Molina, 1977), *Fortunata y Jacinta* (Mario Camus, 1979), *Paisaje con figuras* (J. Molina y C. Serrano, 1981), *Teresa de Jesús* (Josefina Molina, 1983), *La banda de Pérez* (Ricardo Palacios, 1996) y *La forja de un rebelde* (Mario Camus, 1989) en la que diseñó los decorados de todos los episodios menos los dos últimos y para Telemadrid *Colegio Mayor* (Rafael Moleón, 1993).

DIRECCIÓN ARTÍSTICA:

1975 *Cría cuervos*, Carlos Saura

1976 *Retrato de familia*, Antonio Giménez-Rico

1977 *A un dios desconocido*, Jaime Chávarri

Los días del pasado, Mario Camus

Arriba Hazaña, José María Gutiérrez

1978 *La escopeta nacional,* Luis García Berlanga
    Del amor y de la muerte, Antonio Giménez-Rico
    Operación Ogro/Operazione Ogro/Operation Ogro, Gillo Pontecorvo
1980 *Otra vez adiós,* Miguel Ángel Rivas
    Función de noche, Josefina Molina
1981 *Bodas de sangre,* Carlos Saura
1984 *Los santos inocentes,* Mario Camus
1985 *Extramuros,* Miguel Picazo
    La vieja música, Mario Camus
1986 *El disputado voto del Sr. Cayo,* Antonio Giménez-Rico
    Manuel y Clemente, Javier Palmero
1987 *Jarrapellejos,* Antonio Giménez-Rico
    La rusa, Mario Camus
    La casa de Bernarda Alba, Mario Camus, GOYA
1988 *Pasodoble,* José Luis García Sánchez
1990 *Lo más natural,* Josefina Molina, N. GOYA
    ¡Ay Carmela!, Carlos Saura, GOYA y GOYA vestuario
    Don Juan mi querido fantasma, Antonio Mercero
1991 *La viuda del capitán Estrada,* José Luis Cuerda
1992 *Después del sueño,* Mario Camus
    Vacas, Julio Medem
    La marrana, José Luis Cuerda
    Besos en la oscuridad/Inmortal Sins, Hervé Hachuel
    Sevillanas, Carlos Saura
    La fuente de la edad, Julio Sánchez Valdés
1993 *Supernova,* Juan Miñón
    Sombras en una batalla (con Dorremochea), Mario Camus
    Todos a la cárcel, Luis García Berlanga
    Dispara, Carlos Saura
1994 *Amor propio,* Mario Camus
    Señales de fuego/Sinais de fogo/Signaux de feu, Luis Filipe Rocha
1995 *Flamenco* (y vestuario), Carlos Saura
    Amores que matan, Juan Manuel Chumilla
1996 *Adosados,* Mario Camus

Pamias, Coll

DIRECCIÓN ARTÍSTICA:

1917 *El sino manda,* Fructuoso Gelabert

Parrondo, Gil

Manuel Gil Parrondo y Rico nace en Luarca el 17 de junio de 1921. Durante los años de la guerra civil estudia Bellas Artes en la Escuela de San Fernando siendo discípulo entre otros de Vázquez Díaz. En 1939 entra a' trabajar en los Estudios de Aranjuez, como ayudante del decorador Amalio Martínez Garí hasta 1942. A partir de 1945 trabaja como ayudante de Sigfredo Burmann en cincuenta películas. En 1952 inicia su labor como decorador-jefe trabajando en varias películas hasta que ese mismo año inicia su colaboración con Luis Pérez Espinosa. La asociación entre Parrondo y Pérez Espinosa dura hasta principios de los sesenta. Parrondo trabaja en la productora de Samuel Bronston desde su primera película hasta la última. Al fallecer Pérez Espinosa, Parrondo continúa trabajando en solitario. Ha simultáneado su trabajo en nuestro país, tanto para el cine como en series de televisión, con el realizado en el extranjero en estudios de Hollywood, Lisboa, Londres, París, Roma, Viena, Budapest. En 1983 se le concedió la Medalla al Mérito en las Bellas Artes. Diseña los decorados de las series para televisión *Los desastres de la guerra* (Mario Camus, 1982), *Anillos de oro* (Pedro Masó, 1983), *Casanova* (Simon Langton, 1987) y *Onassis: the Richest Man in the World* (Warris Hussein, 1988). Ha hecho decorados para numerosas obras de teatro.

CONSTRUCCIÓN:

1954 *Cancha vasca* (con Pérez Espinosa y Asensio), Aselo Plaza y Alfredo Hurtado
    Tirma/La principessa delle Canarie (con Pérez Espinosa), Paolo Moffa y Carlos Serrano de Osma

AYUDANTE DE DECORACIÓN:

1942 *Madrid de mis sueños/Buon giorno, Madrid!,* Max Neufeld
1945 *La próxima vez que vivamos,* Enrique Gómez
1946 *Un drama nuevo,* Juan de Orduña
    El crimen de la calle Bordadores, Edgar Neville
    La nao capitana, Florián Rey
    El doncel de la Reina, Eusebio Fernández Ardavín

Serenata española, Juan de Orduña
El traje de luces, Edgar Neville
Barrio, Ladislao Vajda
Mañana como hoy, Mariano Pombo

1947 *Fuenteovejuna,* Antonio Román
Confidencia, Jerónimo Mihura
Nada, Edgar Neville
Doña María la Brava, Luis Marquina
El duende y el rey, Alejandro Perla
La cigarra, Florián Rey
Por el Gran Premio, Pierre Antoine Caron

1948 *Locura de amor,* Juan de Orduña
El huésped de las tinieblas, Antonio del Amo
La otra sombra, Eduardo García Maroto
El señor Esteve, Edgar Neville
El marqués de Salamanca, Edgar Neville
Filigrana, Luis Marquina
Vendaval, Juan de Orduña

1949 *Noventa minutos,* Antonio del Amo
Pequeñeces, Juan de Orduña
Un hombre va por el camino/Un homen e dois caminhos, Manuel Mur Oti

1950 *Sangre en Castilla,* Benito Perojo
El último caballo, Edgar Neville
Lola la Piconera, Luis Lucia

1956 *The Pride and the Passion (Orgullo y pasión)* (con Fernando Carrere), Stanley Kramer
Action of the Tiger (La frontera del terror), Terence Young

1958 *John Paul Jones (El capitán Jones),* John Farrow

1960 *King of Kings (Rey de reyes),* Nicholas Ray

1962 *55 Days at Peking (55 días en Pekín),* Nicholas Ray

1963 *The Fall of the Roman Empire (La caída del Imperio Romano),* Anthony Mann

1964 *Circus World (El fabuloso mundo del circo),* Henry Hathaway

<small>AMBIENTACIÓN:</small>

1986 *Hermano del espacio/Fratello dello spazio,* Roy Garret (Mario Gariazzo)

<small>DIRECCIÓN ARTÍSTICA:</small>

1951 *Día tras día* (con Ballester), Antonio del Amo

1952 *Decameron Nights/Tres historias de amor* (con Ballester), Hugo Fregonese (diseño de producción: Tom Moraham)
Gloria Mairena (con Ballester), Luis Lucia

1953 *Así es Madrid* (con Pérez Espinosa), Luis Marquina
Jeromín (con Pérez Espinosa), Luis Lucia, C.E.C.
Dos caminos (con Pérez Espinosa), Arturo Ruiz-Castillo
Noches andaluzas/Nuits andalouses (con Pérez Espinosa y Raimond Nègre), Maurice Cloche y Ricardo Blasco
Un caballero andaluz (con Pérez Espinosa), Luis Lucia

1954 *Malvaloca* (con Pérez Espinosa), Ramón Torrado
Alta costura (con Pérez Espinosa), Luis Marquina
Amor sobre ruedas (con Pérez Espinosa), Ramón Torrado
¡Felices Pascuas! (con Pérez Espinosa), Juan Antonio Bardem
Morena clara (con Pérez Espinosa), Luis Lucia
La reina mora (con Pérez Espinosa), Raúl Alfonso y Eusebio Fernández Ardavín
La hermana Alegría (con Pérez Espinosa), Luis Lucia
El indiano (con Pérez Espinosa), Fernando Soler
Viento del Norte (con Pérez Espinosa), Antonio Momplet
Míster Arkadin/Dossier secret/Confidential Report (con Pérez Espinosa), Orson Welles

1955 *El guardián del paraíso* (con Pérez Espinosa), Arturo Ruiz-Castillo
Alexander the Great/Alejandro Magno (con Andrejew y Pérez Espinosa), Robert Rossen
Los peces rojos (con Pérez Espinosa), José Antonio Nieves Conde
El piyayo (con Pérez Espinosa), Luis Lucia
Esa voz es una mina (con Pérez Espinosa), Luis Lucia

1956 *Fedra* (con Pérez Espinosa), Manuel Mur Oti

1957 *Y eligió el infierno* (con Pérez Espinosa), César Fernández Ardavín

1958 *The Seventh Voyage of Simbad (Simbad y la princesa)* (con Algueró), Nathan Juran
La noche y el alba (con Algueró), José María Forqué

1959 *El precio de la sangre* (con Pérez Espinosa), Feliciano Catalán
Vida sin risas (con Pérez Espinosa), Rafael J. Salvia

Don José, Pepe y Pepito (con Pérez Espinosa), Clemente Pamplona

Nacido para la música (con Pérez Espinosa), Rafael J. Salvia

1960 *Un paso al frente* (con Pérez Espinosa), Ramón Torrado

Mi noche de bodas (con Pérez Espinosa), Tulio Demicheli

1961 *Aventuras de Don Quijote*, Eduardo García Maroto, CM

1962 *Ensayo general para la muerte* (con Pérez Espinosa), Julio Coll

Sabían demasiado (con Pérez Espinosa), Pedro Lazaga

Aprendiendo a morir (con Pérez Espinosa), Pedro Lazaga

1964 *The Truth About Spring* (con Pérez Espinosa), Richard Thorpe

Sinfonía española, Jaime Prades

Doctor Zhivago (Doctor Zhivago) (con John Box y Terence Marsh), David Lean

1965 *El sonido de la muerte* (con Pérez Espinosa), José Antonio Nieves Conde

Pampa salvaje/Savage Pampas, Hugo Fregonese, SNE

1966 *El fantástico mundo del doctor Coppelius/Doctor Coppelius*, Ted Kneeland CEC y SNE

1968 *Hamelin*, Luis María Delgado

El coleccionista de cadáveres/Blind Man's Bluff, Santos Alcocer

Cuatro cabalgaron/Four Rode Out, John Peyser

The Valley of Gwangi, Jim O'Connolly

1969 *100 Rifles (Los cien rifles)* (diseño de producción: Carl Anderson), Tom Gries

The Great White Hope (La gran esperanza blanca) (con Jack Martin Smith, Walter M. Scott y Raphael Bretton; diseño de producción: John F. de Cuir), Martin Ritt

Patton (Patton) (con Urie McCleary), Franklin J. Shaffner, OSCAR

Battle of Britain (La batalla de Inglaterra) (con Jack Maxted, William Hutchinson y Berty Davey), Guy Hamilton

1970 *The Horsemen (Orgullo de estirpe)* (con Thévenet), John Frankenheimer

1971 *Nicholas and Alexandra (Nicolás y Alejandra)* (con John Box, Ernest Archer, Jack Maxted y Vernon Dixon), Franklin J. Shaffner OSCAR

1972 *Travels with My Aunt (Viajes con mi tía)* (con Robert W. Laing), George Cukor

Don Quijote cabalga de nuevo, Roberto Gavaldón, SNE

1973 *¿..Y el prójimo?*, Ángel del Pozo

La chica del molino rojo, Eugenio Martín

1974 *Open Season/Le mele marce/Los cazadores*, Peter Collinson

Un hombre como los demás, Pedro Masó

1975 *The Wind and the Lion (El viento y el león)*, John Milius

Las adolescentes, Pedro Masó

La casa grande, Francisco Rodríguez

1976 *La menor/A menor violentado*, Pedro Masó

Cuando los maridos iban a la guerra, Ramón Fernández

La espada negra, Francisco Rovira Beleta

Robin and Marian (Robin y Marian), Richard Lester (diseño de producción: Michael Stringer)

March or Die (Marchar o morir), Dick Richards

1977 *The Boys from Brazil (Los chicos del Brasil)*, Franklin J. Shaffner

1978 *Cuba (Cuba)* (con Philip Harrison), Richard Lester

1979 *Sphinx (La esfinge)* (con Peter Lamont), Franklin J. Shaffner (diseño de producción: Terence Marsh)

1980 *Las aventuras de Enrique y Ana*, Tito Fernández

1981 *Puente aéreo*, Pedro Masó

1982 *Volver a empezar*, José Luis Garci

Corazón de papel, Roberto Bodegas

1983 *Bearn*, Jaime Chávarri

Las bicicletas son para el verano, Jaime Chávarri

1985 *Esos locos cuatreros/Rustler's Raphsody*, Hugh Wilson

1986 *Werther* (con Fernando Sáenz), Pilar Miró

1987 *Lionheart*, Franklin J. Shaffner

Farewell to the King (Adiós al rey), John Milius

1989 *The Return of the Musketeers/El regreso de los mosqueteros*, Richard Lester

La iguana, Monte Hellman

1992 *El largo invierno/El llarg hivern* (con Arranz Bravo), Jaime Camino

Christopher Columbus: the Discovery (Cristobal Colón, el Descubrimiento), John Glen

1994 *Canción de cuna*, José Luis Garci, GOYA

1996 *Tu nombre envenena mis sueños* (con Dorremochea), Pilar Miró

Muerte en Granada/Death in Granada, Marcos Zurinaga

1997 *La herida luminosa*, José Luis Garci

Pastor, J.

DIRECCIÓN ARTÍSTICA:

1923 *La Dolores,* Maximiliano Thous Orts
1924 *La alegría del batallón,* Maximiliano Thous
1925 *Noche de alboradas/Nit d'albaes,* Maximiliano Thous
1926 *Moros y cristianos,* Maximiliano Thous

Pastor, Justo

DIRECCIÓN ARTÍSTICA:

1993 *Bellezas de muerte,* Riccardo Sesani

Pastor, Manuel

DIRECCIÓN ARTÍSTICA:

1980 *Se acabó el petróleo,* Pancho Bautista

Pecanin, Teresa

DIRECCIÓN ARTÍSTICA:

1978 *El tahur,* Rogelio A. Gutiérrez

Peiró, Vicente

DIRECCIÓN ARTÍSTICA:

1954 *Cancha vasca* (con Manuel Jaén), Aselo Plaza y Alfredo Hurtado

Pellicer, José

José Pellicer Gambús, arquitecto.

DIRECCIÓN ARTÍSTICA:

1943 *Boda accidentada,* Ignacio F. Iquino
Un enredo de familia, Ignacio F. Iquino
Fin de curso, Ignacio F. Iquino
Viviendo al revés, Ignacio F. Iquino
Turbante blanco, Ignacio F. Iquino
El hombre de los muñecos, Ignacio F. Iquino
1944 *Cabeza de hierro* (con Juan Alberto Soler), Ignacio F. Iquino

Mi enemigo y yo, Ramón Quadreny
El hombre que las enamora, José María Castellví
Ángela es así, Ramón Quadreny
1945 *Hombres sin honor,* Ignacio F. Iquino
1954 *El presidio,* Antonio Santillán

Pena, Rafael

DIRECCIÓN ARTÍSTICA:

1952 *Cabaret* (con Salvá), Eduardo Manzanos

Pérez Cubero, Jaime

Jaime Pérez-Fogón Cubero nace en Madrid el 25 de julio de 1932. Hijo de Andrés Pérez Cubero y hermano de Raúl Pérez Cubero, ambos directores de fotografía. Trabaja como ayudante de Tadeo Villalba, Algueró, Parrondo y Pérez Espinosa, hasta que comienza a colaborar con José Luis Galicia en la productora de Eduardo Manzanos.

MERITORIO DE DECORACIÓN:

1955 *Tarde de toros,* Ladislao Vajda
Secretaria peligrosa, Juan Orol García

DIBUJANTE:

1956 *La espera,* Vicente Lluch
Retorno a la verdad, Antonio del Amo
Villa Alegre, Alejandro Perla
Minutos antes, José Luis Gamboa
Un abrigo a cuadros, Alfredo Hurtado
El genio alegre, Gonzalo Delgrás
El pequeño ruiseñor, Antonio del Amo
Piedras vivas, Raúl Alfonso

AYUDANTE DE DECORACIÓN:

1956 *Con la vida hicieron fuego,* Ana Mariscal
1957 *El hombre que viajaba despacito,* Joaquín Romero Marchent
Mensajeros de paz, José María Elorrieta y José Manuel Iglesias
El hincha, José María Elorrieta y José Manuel Iglesias
Muchachas en vacaciones, José María Elorrieta
1958 *El pisito,* Marco Ferreri e Isidoro Martínez Ferri

Los dos rivales/Meraviglioso, Carlos Arévalo y Siro Marcellini

Caravana de esclavos/Die Sklavkarawane (con Arturo Villalba), Ramón Torrado y Georg Marischka

Havanera, José María Elorrieta

La novia de Juan Lucero, Santos Alcocer

1959 *Contrabando en Nápoles/I ladri*, Lucio Fulci

Y... después del cuplé, Ernesto Arancibia

En las ruinas de Babilonia/Der Lowe von Babylon, Ramón Torrado

Juanito/Unsere Heimat ist die ganze Welt, Fernando Palacios

1960 *Ama Rosa*, León Klimovsky

La danza de la fortuna, Leon Klimovsky

Un paso al frente, Ramón Torrado

091, policía al habla, José María Forqué

La paz empieza nunca, León Klimovsky

Volando hacia la fama, Jesús Franco

1961 *Cuidado con las personas formales*, Agustín Navarro

La fuente mágica/The Magic Fountain, Fernando Lamas

Diferente, Luis María Delgado

Horizontes de luz, León Klimovsky

La banda de los ocho, Tulio Demicheli

Dos años de vacaciones, Emilio Gómez Muriel

Escuela de seductoras, León Klimovsky

1962 *Usted tiene ojos de mujer fatal*, José María Elorrieta

Ella y el miedo, León Klimovsky

Ensayo general para la muerte, Julio Coll

Tres hombres buenos/I tre implacabili, Joaquín L. Romero Marchent

Bienvenido, padre Murray, Ramón Torrado

DIRECCIÓN ARTÍSTICA CON GALICIA:

1962 *El sheriff terrible/Due contro tutti* (con Franco Lolli), Antonio Momplet

Cristo negro, Ramón Torrado

Cabalgando hacia la muerte/L'ombra di Zorro, Joaquín Romero Marchent

El valle de los hombres de piedra/Perseo e Medusa, Alberto de Martino

1963 *Brandy/Cavalca e uccidi*, José Luis Borau

El sabor de la venganza/I tre spietati (con Saverio d'Eugenio), Joaquín L. Romero Marchent

El vengador de California/Il segno del Coyote, Mario Caiano

La cesta, Rafael J. Salvia

Los novios/I promessi sposi, Mario Maffei

Los héroes del Oeste, Steno

Cuatro balazos/Si udirono quattro colpi di fucile, Agustín Navarro

Wonderful Life/Días maravillosos, Sidney J. Furie

La tumba del pistolero, Amando de Ossorio

1964 *Las pistolas no discuten/Le pistole non discutono*, Mario Caiano

Dos caraduras en Texas/Per un pugno nell'occhio, Michele Lupo

El séptimo de caballería/Gli eroi di Fort Worth, Martin Herbert

Erik el vikingo/Erik il vichingo, Mario Caiano

Antes llega la muerte/I sette di Texas (con Saverio d'Eugenio), Joaquín L. Romero Marchent

Los gemelos de Texas/I gemelli di Texas, Steno

1965 *El proscrito del Río Colorado/The Outlaws of Red River*, Maury Dexter

El ocaso de un pistolero/Mani di pistolero, Rafael Romero Marchent

Los cuatro implacables/I quattro inesorabili, Primo Zeglio

Una tumba para el sheriff/Una bara per lo sceriffo, Mario Caiano

Dos pistolas gemelas, Rafael Romero Marchent

Los espías matan en silencio/Le spie uccidono in silenzo, Mario Caiano

Aventuras del oeste/Sette ore di fuoco/Die Letze Kugeltraf den besten, Joaquín L. Romero Marchent

Siete hombres de oro/Sette uomini d'oro/ Sept hommes en or (con Piero Poletto y Arrigo Equini), Marco Vicario

El hombre del valle maldito, Primo Zeglio

Kid Rodelo/Kid Rodelo, Richard Carlson

Los gemelos de Texas/I gemelli di Texas, Steno

1966 *Héroes a la fuerza/Ringo e Gringo contro tutti*, Bruno Corbucci

Oro maldito, Giulio Questi

Los despiadados/I crudeli, Sergio Corbucci

La máscara de Kriminal/Il maschio di Kriminal, Umberto Lenzi

AMBIENTACIÓN:

1966 *El hombre que mató a Billy el Niño/... E divenne il più spietato bandito del Sud*, Julio Buchs

1966 *Los ojos perdidos,* Rafael García Serrano
Camerino sin biombo, José María Zabalza
La muerte cumple condena/100.000 dollari per Lassiter, Joaquín L. Romero Marchent
El escuadrón de la muerte/Per un dollaro di gloria, Fernando Cerchio
El milagro del cante, José María Zabalza
Siete pistolas para los McGregor/Sette pistole per i McGregor, Franco Giraldi
087 Misión apocalipsis/Missione Apocalisse, James Reed (Guido Malatesta)
Los cuatro salvajes/Ringo: il volto della vendetta, Mario Caiano
El gran golpe de Niza/Per favore..., non sparate col cannone, Mario Caiano

1967 *Dos cruces en Danger Pass/Due croci a Danger Pass,* Rafael Romero Marchent
Rey de África/One Step to Hell/Caccia ai violenti, Sandy Howard
Educando a un idiota, Ramón Torrado
Encrucijada para una monja/Violenza per una monaca (con Octavio Scotti), Julio Buchs, SNE
Satanik/Satanik, Piero Vivarelli
Proceso de Gibraltar, Eduardo Manzanos Brochero
Ringo de Nebraska/Ringo nel Nebraska, Antonio Román
Winchester Bill/Voltati... ti uccido, Al Bradley (Alfonso Brescia)
La hora del coraje/Tutto per tutto, Umberto Lenzi
Las cicatrices, Pedro Lazaga
Operación cabaretera, Mariano Ozores
Órbita mortal/...4, ...3, ...2, ...1, ...Morte/Perry Rhodan: S.O.S. aus den Weltall, Primo Zeglio

1968 *El sabor del odio/Una pistola per cento bare,* Umberto Lenzi
¿Quién grita venganza?/I morti non si contano, Rafael Romero Marchent
Tiempos de Chicago/Tempo di charleston: Chicago 1929, Julio Diamante
Mátalos y vuelve/Ammazzali tutti e torna solo, Enzo G. Castellari
Sin aliento/La morte sull'alta collina, Ferdinando Cerchio
Trampa para un forajido/La grande notte di Ringo, Mario Maffei
Héroes a la fuerza, Bruno Corbucci
Míster X/Mister X, Piero Vivarelli

Pagó cara su muerte/E intorno a lui fu morte, León Klimovsky
¡Cómo está el servicio!, Mariano Ozores
Operación Mata-Hari, Mariano Ozores
Con el corazón en la garganta, Mario Caiano
El rancho de la muerte, Rafael Romero Marchent
Agente sigma 3 - Misión Goldwather, Gian Paolo Callegari
Un hombre vino a matar/L'uomo venuto per uccidere, León Klimovsky
Bandidos/Crepa tu... che vivo io! (con Carlo Gentili), Max Dillman (Massimo Dallamano)
Fedra West/Io non perdono.. uccido, Joaquín Romero Marchent
Los cuatro budas de Kriminal, Ferdinando Cerchio
Winchester uno entre mil/Killer, adios, Primo Zeglio
El vengador del sur/I vigliacchi non pregano, Marlon Sirko (Mario Siciliano)
Un gangster llegado de Brooklyn, Emimmo Salvi
Satanik/Satanik, Piero Vivarelli
Superargo, el gigante/Il re dei criminali, Paolo Bianchini
Uno a uno sin piedad/Ad uno ad uno, spietatamente, Rafael Romero Marchent
Cuidado con las señoras, Julio Buchs
Los pistoleros de Paso Bravo/Uno straniero a Paso Bravo, Salvatore Rosso

1969 *No somos ni Romeo ni Julieta,* Alfonso Paso
¡Viva América!/La vera storia di Frank Mannato, Javier Setó

1969 *The Last Grenade (La última explosión),* Gordon Flemyng

1969 *Vamos por la parejita,* Alfonso Paso
Los desesperados/Quei disperati che puzzano di sudore e di morte (con Giuseppe Bassan), Julio Buchs
Manos sucias/La morte ha viaggiato con me, José Antonio de la Loma
Los extremeños se tocan, Alfonso Paso
Cómo robar un quintal de diamantes en Rusia/Come rubare un quintale di diamanti in Russia, James Reed (Guido Malatesta)

Forajidos implacables/20.000 dollari sporchi di sangue, Albert Cardiff (Alberto Cardino)

Manos torpes, Rafael Romero Marchent

1970 *Los leopardos de Churchill/I leopardi di Churchill*, Maurice Pradeaux

Los corsarios/I pirati dell'isola verde, Ferdinando Baldi

¡Mátalo!, Eduardo M. Brochero

Una señora llamada Andrés, Julio Buchs

Los tigres de Mompracen/Le tigri di Mompracen, Mario Sequi

Sartana en el valle del oro/Sartana nella valle degli avvoltoi, Roberto Mauri

El sol bajo la tierra/Anda muchacho, spara, Aldo Florio

Murders in the Rue Morgue, Gordon Hessler,

La puerta cerrada/Un aller simple/Solo andato, Jose Giovanni

La otra residencia, Alfonso Paso

Un par de asesinos, Rafael Romero Marchent

La brigada de los condenados/La legione dei dannati, Umberto Lenzi

Arizona vuelve/Arizona si scatenò... e fece fuori tutti!, Sergio Martino

Una nuvola di polvere... un grido di morte... arriva Sartana, Giuliano Carmineo

1971 *Cobras humanas/L'uomo piú velenoso del cobra*, Albert J. Walker (Adalberto Albertini)

Condenados a vivir, Joaquín L. Romero Marchent

Varietés, Juan Antonio Bardem

El Zorro, caballero de la justicia, José Luis Merino

Las petroleras/Les Pétroleuses/Le petroliere, Christian-Jaque y Guy Casaril

Un dolar de recompensa/La preda e l'avvoltoio, Rafael Romero Marchent

Alta tensión/Doppia coppia con Regina (con Piero Felippone), Julio Buchs

La isla misteriosa/L'isola misteriosa e il capitano Nemo/L'île mystérieuse, Juan Antonio Bardem

El apartamento de la tentación, Julio Buchs,

1972 *El gran amor del Conde Drácula*, Javier Aguirre

El jorobado de la Morgue, Javier Aguirre

La boda o la vida, Rafael Romero Marchent

La muerte llega arrastrándose/Hai sbagliato... dovevi uccidermi subito!, Mario Bianchi

La mansión de la niebla, Francisco Lara Polop

Y le llamaban el halcón/Uomo avvisato mezzo ammazzato... parola di Spirito Santo, Anthony Ascott (Giuliano Carmineo)

Todos los colores de la oscuridad/Tutti i colori del buio, Sergio Martino

1973 *Santo contra el doctor Muerte*, Rafael Romero Marchent

El juego del adulterio, Joaquín Romero Marchent

Las ratas no duermen de noche, Juan Fortuny

Proceso a Jesús, José Luis Sáenz de Heredia

Doctor me gustan las mujeres, ¿es grave?, Ramón Fernández

Cinco almohadas para una noche, Pedro Lazaga

La hiena, José Luis Madrid

Un casto varón español, Jaime de Armiñán

1974 *Las dos huerfanitas/Le due orfanelle*, Leopoldo Savona

Una mujer de cabaret, Pedro Lazaga

Perversión, Francisco Lara Polop

Los hombres las prefieren viudas, León Klimovsky

El clan de los Nazarenos, Joaquín Romero Marchent

Sólo ante el streaking, José Luis Sáenz de Heredia

Virilidad a la española, Paco Lara Polop

1975 *Vida íntima de un seductor cínico*, Javier Aguirre

Obsesión, Francisco Lara Polop

Esclava te doy, Eugenio Martín

El paranoico, Francisco Ariza

El vicio y la virtud, Francisco Lara Polop

Terapia al desnudo, Pedro Lazaga

Adulterio a la española, Arturo Marcos

Las protegidas, Francisco Lara Polop

Ligeramente viudas, Javier Aguirre

1976 *Mauricio mon amour*, Juan Bosch

Cazar un gato negro, Rafael Romero Marchent

Secretos de alcoba, Francisco Lara Polop

Marcada por los hombres, José Luis Merino

El calor de la llama, Rafael Romero Marchent

Esposa y amante, Angelino Fons

El límite del amor, Rafael R. Marchent

Y a mí qué me importa que explote Miami, Manuel Caño

Sábado, chica, motel ¡que lío aquel!, José Luis Merino

1977 *El último guateque,* Juan José Porto
El transexual, José Jara
El huerto del francés, Jacinto Molina
Climax, Francisco Lara
Bermudas: la cueva de los tiburones/Bermude: la fossa maledetta (con Mario Molli), Tonino Ricci

1978 *Historia de S,* Francisco Lara
La larga noche de los bastones blancos, Javier Elorrieta

1979 *Los viajeros del atardecer/I viaggiatori della sera* (con Uberto Bertacca), Ugo Tognazzi

DIRECCIÓN ARTÍSTICA EN SOLITARIO:

1979 *El cazador de tiburones/Il cacciatore di squali,* Enzo G. Castellari
Vacaciones al desnudo/Senza buccia (con Fernando Imbert), Marcello Aliprandi
De criada a señora/La supplente va in città, Vittorio de Sisti

1980 *Encuentro en el abismo,* Tonino Ricci
Caboblanco/Caboblanco, J. Lee Thompson

1981 *Puente de invierno,* Jaume D'Ors

1991 *Le voleur d'enfants/El ladrón de niños,* Christian de Chalonge

Pérez Espinosa, Luis

Aparejador.

CONSTRUCCIÓN:

1954 *Cancha vasca* (con Parrondo y Asensio), Aselo Plaza y Alfredo Hurtado
Tirma/La principessa delle Canarie (con Parrondo), Paolo Moffa y Carlos Serrano de Osma

AYUDANTE DE DECORACIÓN:

1948 *Don Quijote de la Mancha,* Rafael Gil

DIRECCIÓN ARTÍSTICA:

1946 *El emigrado* (con Schild), Ramón Torrado
1948 *Currito de la Cruz,* Luis Lucia
1950 *El Capitán Veneno* (con Escriñá), Luis Marquina

1951 *En-Nar, la ciudad de fuego* (con Escriñá), José González Ubieta

1952 *Hermano menor* (con Alarcón), Domingo Viladomat
Amaya, Luis Marquina
La llamada de África, César Fernández Ardavín

1953 *Así es Madrid* (con Parrondo), Luis Marquina
Jeromín (con Parrondo), Luis Lucia, CEC
Dos caminos (con Parrondo), Arturo Ruiz-Castillo
Noches andaluzas/Nuits andalouses (con Parrondo y Raimond Négre), Maurice Cloche y Ricardo Blasco
Un caballero andaluz (con Parrondo), Luis Lucia

1954 *Malvaloca* (con Parrondo), Ramón Torrado
Alta costura (con Parrondo), Luis Marquina
Amor sobre ruedas (con Parrondo), Ramón Torrado
¡Felices Pascuas! (con Parrondo), Juan Antonio Bardem
Morena clara (con Parrondo), Luis Lucia
La reina mora (con Parrondo), Raúl Alfonso y Eusebio Fernández Ardavín
La hermana Alegría (con Parrondo), Luis Lucia
El indiano (con Parrondo), Fernando Soler
Viento del Norte (con Parrondo), Antonio Momplet

1955 *El guardián del paraíso* (con Parrondo), Arturo Ruiz-Castillo

1954 *Míster Arkadin/Dossier secret/Confidential Report* (con Parrondo), Orson Welles

1955 *Los peces rojos* (con Parrondo), José Antonio Nieves Conde

1955 *El piyayo* (con Parrondo), Luis Lucia
Esa voz es una mina (con Parrondo), Luis Lucia
Alexander the Great (Alejandro Magno) (con Parrondo y Andrejew), Robert Rossen

1956 *Fedra* (con Parrondo), Manuel Mur Oti

1957 *Hours of Panic/Horas de pánico* (con Prósper), Donald Taylor
...Y eligió el infierno (con Parrondo y Tomás Fernández), César Fernández Ardavín

1958 *Pan, amor y Andalucía/Pane, Amore e Andalusia,* Javier Setó y Vittorio de Sica

1959 *El precio de la sangre* (con Parrondo), Feliciano Catalán

Vida sin risas (con Parrondo), Rafael J. Salvia

Don José, Pepe y Pepito (con Parrondo), Clemente Pamplona

Nacido para la música (con Parrondo), Rafael J. Salvia

Concierto en el Museo del Prado, Vicente Lluch y Juan Segarra

Muerte al amanecer, José María Forn

La culpa fue de Eva/Totó, Eva e il pennello proibito (con Piero Felipponi), Stefano Vanzina "Steno"

1960 *Honorables sinvergüenzas,* José Luis Gamboa

Festival/Schwarze Rose, Rosemarie (con Arzuaga), César Fernández Ardavín

Un paso al frente (con Parrondo), Ramón Torrado

Mi noche de bodas (con Parrondo), Tulio Demicheli

1962 *Ensayo general para la muerte* (con Parrondo), Julio Coll

Sabían demasiado (con Parrondo), Pedro Lazaga

Aprendiendo a morir (con Parrondo), Pedro Lazaga

Lulú (el globo azul), Javier Setó

Perro golfo, Domingo Viladomat

Usted tiene ojos de mujer fatal, José María Elorrieta

1963 *Juegos de hombres,* José Luis Gamboa

Fuera de la ley, León Klimovsky

1965 *El sonido de la muerte* (con Parrondo), José Antonio Nieves Conde

1966 *Clarines y campanas,* Ramón Torrado

Pérez Fernández, Pedro

Escritor y guionista.

DIRECCIÓN ARTÍSTICA:

1930 *La canción del día* (con Maeztu y guión), G.B. Samuelson

Pérez Murcia, Rafael

Comienza a trabajar como ayudante de Ramiro Gómez y después de Enrique Alarcón Sánchez.

AYUDANTE DE DECORACIÓN:

1950 *Don Juan,* José Luis Sáenz de Heredia

1957 *El hombre que perdió el tren,* León Klimovsky

1958 *Bombas para la paz,* Antonio Román

1959 *Crimen para recién casados,* Pedro L. Ramírez

Los tres etcéteras del coronel/Les trois etcétères du colonel/Le tre etcetere del colonnello, Claude Boissol

Los últimos días de Pompeya/Gli ultimi giorni di Pompei/Die letzten Tage von Pompeji, Mario Bonnard

1960 *El coloso de Rodas/Il colosso di Rodi/Le colosse de Rhodes,* Sergio Leone

1961 *Goliat contra los gigantes/Golia contro i giganti,* Guido Malatesta

1963 *La chica del trébol/La ragazza meravigliosa,* Sergio Grieco

1964 *Samba,* Rafael Gil

1966 *Grandes amigos,* Luis Lucia

1969 *Cateto a babor,* Ramón Fernández

La residencia, Narciso Ibáñez Serrador

1974 *Cuando los niños vienen de Marsella,* José Luis Sáenz de Heredia

DIRECCIÓN ARTÍSTICA:

1976 *Siete muertes por prescripción facultativa,* Jacques Rouffio

Pérez Palacios, Ángel

En 1955 inventa el *Hispanoscope* junto a Aurelio Lerroux, Ángel Pérez Vaquero y Carlos Maillo, por el que se reducen el número de lentes usado en el *Cinemascope.*

DIRECCIÓN ARTÍSTICA:

1949 *La tienda de antigüedades,* José María Elorrieta

Pérez Tabernero, Julio

Julio López Cañedo y Pérez Tabernero nace en Salamanca, actor y productor.

DIRECCIÓN ARTÍSTICA:

1981 *Con las bragas en la mano* (y guión), T.A. Bernero (Julio Pérez Tabernero)

Terror Caníbal (y guión), Julio Pérez Tabernero

Pernas, Beatriz

DIRECCIÓN ARTÍSTICA:

1990 *El tiempo de Neville*, Pedro Carvajal y Javier Castro

Picola, Gonzalo de

Gonzalo de la Picola Hernández, nace en Madrid el 8 de julio de 1896. Pintor.

DIRECCIÓN ARTÍSTICA:

1928 *Agustina de Aragón*, Florián Rey

Pina, José

José Pina Blasco, nace en Orán (Argelia) el 21 de diciembre de 1902. Fallece en Madrid el 25 de junio de 1974.

CONSTRUCCIÓN:

1942 *Madrid de mis sueños*, Max Neufeld
1948 *Sin uniforme* (con Emilio Ruiz de Castroviejo), Ladislao Vajda
1951 *La canción de Malibrán*, Luis Escobar
1954 *La ciudad de los sueños*, Enrique Gómez
Tres huchas para Oriente, José María Elorrieta
1955 *Orgullo* (con Asensio), Manuel Mur-Oti
1956 *Retorno a la verdad*, Antonio del Amo

DIRECCIÓN ARTÍSTICA:

1944 *Empezó en boda*, Raffaello Matarazzo
1950 *Malaire/Mauvais vent* (Tempête sur les mauvents), Alejandro Perla y Gilbert Dupé

Pina López, Francisco

CONSTRUCCIÓN:

1951 *Esa pareja feliz* (con Tomás Fernández), Juan Antonio Bardem y Luis García Berlanga

1953 *Ha desaparecido un pasajero*, Alejandro Perla
1954 *La patrulla*, Pedro Lazaga
Educando a papá, Fernando Soler
1956 *Polvorilla*, Florián Rey

DIRECCIÓN ARTÍSTICA:

1951 *Habitación para tres*, Antonio Lara "Tono"
1952 *María Dolores*, José María Elorrieta

Piquer, Juan

Juan Piquer Simón, nace en Valencia en 1934. Director y productor.

DIRECCIÓN ARTÍSTICA:

1978 *Escalofrío* (y productor), Carlos Puerto

"Pistolo"

DIRECCIÓN ARTÍSTICA:

1996 *Killer Barbies*, Jess Franco

Pla, Pepe

DIRECCIÓN ARTÍSTICA:

1979 *Tierra de rastrojos*, Antonio Gonzalo

Plaza, Ángel

DIRECCIÓN ARTÍSTICA:

1985 *El elegido*, Fernando Huertas

Polo, Gonzalo

Gonzalo Polo y Bombín.

AYUDANTE DE DECORACIÓN:

1991 *Amantes*, Vicente Aranda

DIRECCIÓN ARTÍSTICA:

1986 *Delirios de amor*, Antonio González Vi-

dal, Luis Eduardo Aute, Cristina Andreu y Félix Rotaeta
1987 *Madrid*, Basilio Martín Patino
1990 *Los días del cometa*, Luis Ariño
Bazar Viena, Amalio José Cuevas Lozano
1995 *El día nunca, por la tarde*, Julián Esteban Rivera

Portuondo, Victoria

DIRECCIÓN ARTÍSTICA:

1980 *Sabino Arana*, Pedro Sota

Pou, Ramón

DIRECCIÓN ARTÍSTICA:

1977 *Cuarenta años sin sexo*, Juan Bosch
1980 *La quinta del porro*, Francesc Bellmunt
La triple muerte del tercer personaje/La triple mort du troisième personnage, Helvio Soto
1983 *Un par de huevos/Un parell d'ous*, Francesc Bellmunt
1984 *Fanny Pelopaja/À coups de crosse*, Vicente Aranda
1987 *Barcelona Connection*, Miguel Iglesias Bonns
Gran Sol, Ferrán Llagostera
1988 *Demasiado viejo para morir joven*, Isabel Coixet
1991 *Lucrecia*, Bosco Arochi
Terranova, Ferrán Llagostera

Pous, Josep

Josep Pous i Palau. Escenógrafo teatral, montó un taller de decorados con Frederic Brunet i Fita.

DIRECCIÓN ARTÍSTICA:

1922 *Don Juan Tenorio*, Ricardo de Baños

Povedano, Assumpta

DIRECCIÓN ARTÍSTICA:

1990 *Solitud* (con Sol Cots), Romá Guardiet
1993 *El sueño de Maureen/El somni de Maureen*, Romá Guardiet

Pozuelo, Emilio

Comienza a trabajar en el cine en 1919. El año siguiente entra en la Atlántida Cinematográfica, donde está tres años. En 1923 funda Films Española con José Buchs y otros técnicos, y allí transcurre el resto de su carrera profesional hasta su prematuro fallecimiento en un accidente de motocicleta.

DIRECCIÓN ARTÍSTICA:

1919 *La madona de las rosas* (con Quintanilla), Jacinto Benavente
1920 *Expiación*, José Buchs
La venganza del marino, José Buchs
¡Cuidado con los ladrones!, José Buchs
La inaccesible, José Buchs
1921 *La señorita inútil*, José Buchs
La verbena de la Paloma, José Buchs
1922 *Alma rifeña*, José Buchs
La reina mora, José Buchs
Carceleras, José Buchs
1923 *Doloretes*, José Buchs
Rosario, la cortijera, José Buchs
Alma de Dios, Manuel Noriega
Los guapos o Gente brava, Manuel Noriega
Venganza isleña, Manuel Noriega
El pobre Valbuena, José Buchs
Curro Vargas, José Buchs
1924 *Mancha que limpia*, José Buchs
A fuerza de arrastrarse, José Buchs
Diego Corrientes, José Buchs
La medalla del torero, José Buchs
La hija del corregidor, José Buchs

Prósper, Francisco

Francisco Prósper Zaragoza nace en La Alquería de la Cisterna de la Mislata (Valencia) el 16 de octubre de 1920, estudia Bellas Artes en la Academia de San Carlos, al finalizar trabaja en el taller del artista fallero Regino Mas. En 1946 se traslada a Madrid para trabajar en el departamento de producción de los estudios CEA con Francisco Canet, pasa luego a Sevilla Films trabajando en las producciones de C.I.F.E.S.A., productora que lo contrata en 1948 como constructor de decorados. A principios de los años cincuenta monta una empresa propia que llega a tener doscientos empleados. En 1958 ingresa en el I.I.E.C. donde dos años después se diploma en dirección, realiza varios cortometrajes y tres largometrajes: *Confidencias de un marido* (1963), *Un teatro para la paz* (1965) y *Un día es un día* (1968). Entre 1964 y 1974 imparte clases en la E.O.C. de la especialidad de trucajes y efectos especiales. En 1955 recibe el premio del CEC por el conjunto de su labor.

AYUDANTE DE CONSTRUCCIÓN:

1947 *Fuenteovejuna*, Antonio Román
   Nada, Edgar Neville
   Obsesión, Arturo Ruiz-Castillo
   Doña María la Brava, Luis Marquina
   Alhucemas, José López Rubio
   La manigua sin Dios, Arturo Ruiz-Castillo
   El duende y el rey, Alejandro Perla
   Canción de medianoche, Antonio Lara "Tono"
   La princesa de los Ursinos, Luis Lucia

CONSTRUCCIÓN:

1948 *Las aguas bajan negras*, José Luis Sáenz de Heredia
   La calle sin sol, Rafael Gil
   Currito de la Cruz, Luis Lucia
   El sótano, Jaime de Mayora
   Jalisco canta en Sevilla, Fernando de Fuentes
   La tienda de antigüedades, José María Elorrieta
   Locura de amor, Juan de Orduña
1949 *La Duquesa de Benamejí*, Luis Lucia
   José María el Tempranillo, Adolfo Aznar
   Pequeñeces, Juan de Orduña
   De mujer a mujer, Luis Lucia
1950 *María Antonia la Caramba*, Arturo Ruiz-Castillo
   Agustina de Aragón, Juan de Orduña
   Truhanes de honor, Eduardo G. Maroto
   Amaya, Luis Marquina
   Barco sin rumbo, José María Elorrieta
   Balarrasa, José Antonio Nieves Conde
   Una cubana en España, Luis Bayón Herrera
   La leona de Castilla, Juan de Orduña
1951 *Surcos*, José Antonio Nieves Conde
   Horas inciertas, José María Elorrieta
   Alba de América, Juan de Orduña
   Lola la Piconera, Luis Lucia
1950 *Noche de tormenta/Anette*, André Haguet, André Legrand y Jaime de Mayora
1951 *Pandora and the Flying Dutchman/Pandora y el holandés errante*, Albert Lewin

1952 *Así es Madrid*, Luis Marquina
   El cerco del diablo, Ruiz-Castillo, Neville, Nieves Conde, Gómez y del Amo
1953 *Jeromín*, Luis Lucia
   Dos caminos, Arturo Ruiz-Castillo
   Richard III (Ricardo III), Laurence Olivier
   El mensaje, Fernando Fernán-Gómez
1954 *Un caballero andaluz*, Luis Lucia
   Viento del norte, Antonio Momplet
   Malvaloca, Ramón Torrado
   ¿Crimen imposible?, César Fernández Ardavín
   Alta costura, Luis Marquina
   La danza de los deseos, Florián Rey
   Míster Arkadin/Dossier secret/Confidential Report, Orson Welles
1955 *El piyayo*, Luis Lucia
   El malvado Carabel, Fernando Fernán-Gómez
   Alexander the Great (Alejandro Magno) (con Asensio), Robert Rossen
1956 *Around the World in 80 days (La vuelta al mundo en 80 días)*, Michael Anderson
   Calabuch, Luis García Berlanga
   Zarak (Zarak), Terence Young
1957 *Horas de pánico/Hours of Panic*, Donald Taylor
   El hereje (con Canet), Francisco Borja Moro
1958 *La noche y el alba*, José María Forqué
   Suddenly Last Summer (De repente el último verano), Joseph L. Mankiewicz
1958 *The Seventh Voyage of Simbad (Simbad y la princesa)*, Nathan Juran
   Solomon and Sheba (Salomón y la Reina de Saba) (con Asensio), King Vidor
1959 *S.O.S. Pacific (S.O.S. Pacific)*, Guy Green
   El precio de la sangre, Feliciano Catalán
   Northwest Frontier (La India en llamas), J. Lee Thompson
   Molokai, Luis Lucia
   La vida alrededor, Fernando Fernán-Gómez
   The Three Worlds of Gulliver (Los viajes de Gulliver), Jack Sher
1960 *Spartacus (Espartaco)*, Stanley Kubrick
1961 *El Cid (El Cid)* (con Asensio), Anthony Mann
   Margarita se llama mi amor, Ramón Fernández
1962 *Lawrence de Arabia (Lawrence de Arabia)*, David Lean
1963 *La chica del trébol/La ragazza meravigliosa*, Sergio Grieco

1962 *Scheherezade/La schiava di Bagdad* (con Asensio), Pierre Gaspard-Huit
55 Days at Peking (55 días en Pekín) (con Asensio, Lega y Michelena), Nicholas Ray

1963 *The Fall of the Roman Empire (La caída del Imperio Romano)* (con Asensio), Anthony Mann

1964 *Circus World (El fabuloso mundo del circo)* (con Asensio), Henry Hathaway
Tengo 17 años, José María Forqué
Crack in the World (¿Hacia el fin del mundo?), Andrew Marton

1965 *Battle of Bulge (La batalla de las Ardenas)* (con Rafael García), Ken Annakin

1966 *A Funny Thing Happened on the Way to the Forum (Golfus de Roma)* (con Rafael García), Richard Lester

1968 *Custer of the West (La última aventura),* Robert Siodmak
Shalako (Shalako), Edward Dmytryk

1969 *Battle of Britain (La batalla de Inglaterra),* Guy Hamilton
Krakatoa, East of Java (Al este de Java), Bernard L. Kowalski

1970 *Cromwell (Cromwell),* Ken Hughes
Soleil rouge/Sol rojo, Terence Young

1971 *Nicholas and Alexandra (Nicolás y Alejandra),* Franklin J. Shaffner
La isla misteriosa/L'isola misteriosa e il capitano Nemo/L'île mystérieuse, Juan Antonio Bardem
Marco Antonio y Cleopatra/Antony and Cleopatra, Charlton Heston

1972 *Travels with My Aunt (Viajes con mi tía),* George Cukor
La isla del tesoro/L'isola del tesoro/L'île au trésor, John Hough y Andrew White (Andrea Bianchi)
La descarriada (con Asensio y García), Mariano Ozores

1973 *Papillon (Papillon),* Franklin J. Shaffner
Los tres mosqueteros/The Three Musketeers, Richard Lester
Los cuatro mosqueteros/The Four Musketeers, Richard Lester

1975 *The Wind and the Lion (El viento y el león),* John Milius

1976 *Robin and Marian (Robin y Marian),* Richard Lester
The Last Remake of Beau Geste (Mi bello legionario), Martin Feldman
The Voyage of the Dammed (El viaje de los malditos), Stuart Rosenberg

1977 *Viaje al centro de la tierra,* Juan Piquer

La chica del pijama amarillo/La ragazza dal pigiama giallo, Flavio Mogherini

1978 *Oro rojo,* Alberto Vázquez Figueroa

1980 *Bodas de sangre,* Carlos Saura

1981 *Nacional III,* Luis García Berlanga

1987 *Los alegres pícaros/I picari,* Mario Monicelli

EFECTOS ESPECIALES:

1984 *¿Qué he hecho yo para merecer esto?,* Pedro Almodóvar

DIRECCIÓN ARTÍSTICA:

1951 *Lola la piconera,* Luis Lucia
Manchas de sangre en la luna/The Eye, Edward Dein y Luis Marquina

1952 *Cabaret,* Eduardo Manzanos
Siempre Carmen/Carmen Proibita (con Alberto Boccianti), Alejandro Perla y Giuseppe Maria Scotese

1979 *Las verdes praderas,* José Luis Garci

1981 *El cepo,* Francisco Rodríguez

1984 *La Biblia en pasta,* Manuel Summers

1987 *El túnel* (con Ercilia Alonso), Antonio Drove

1988 *El complot dels anyells/El complot de los anillos* (con Tomás Morató, Llorenç Miguel y Luis Llistosella), Francesc Bellmunt

Pruna, Pere

Pere Pruna d'Ozerans, nace en Barcelona en 1904. Pintor, diseña decorados para los ballets de Diaghilev. Hermano del director Domènec Pruna. Fallece en Barcelona en 1976.

DIRECCIÓN ARTÍSTICA:

1933 *El Café de la Marina,* Domènec Pruna

Prunes, Isidre

Isidre Prunes nace en Barcelona en 1948 trabaja en colaboración con Montserrat Amenós con la que había estudiado en el Instituto del Teatro de Barcelona. Juntos han realizado numerosas escenografías teatrales.

DIRECCIÓN ARTÍSTICA Y VESTUARIO CON AMENÓS:

1987 *Daniya, el jardín del harén,* Carles Mira

VESTUARIO CON AMENÓS:

1988 *El niño de la luna,* Agustín Villaronga

Puerto, Juan

DIRECCIÓN ARTÍSTICA:

1980 *El mundo sexual de la pareja,* Enrique Guevara
1981 *La batalla del porro,* Juan Minguell
1982 *Colegas,* Eloy de la Iglesia

Puig, Agustín

DIRECCIÓN ARTÍSTICA:

1928 *El orgullo de Albacete,* Luis R. Alonso

Puig, Bernard

DIRECCIÓN ARTÍSTICA:

1995 *Tres días de libertad/Tres dies de llibertat* (con Joaquín de Miguel), José Antonio de la Loma

Puigserver, Fabiá

Fabiá Puigserver Plana nace en Olot en octubre de 1938. Escenógrafo profesional desde 1961, profesor del Instituto del Teatro de Barcelona entre 1971 y 1986, cofundador de diversos grupos, hizo más de doscientas escenografías teatrales. Fallece en Barcelona el 30 de julio de 1991.

DIRECCIÓN ARTÍSTICA:

1970 *Cabezas cortadas/Cabeças cortadas,* Glauber Rocha
1971 *Laia,* Vicente Lluch

Pulici, Lu

DIRECCIÓN ARTÍSTICA:

1993 *A través de la ventana,* Mónica Romeu CM
1995 *No me jodas, que tú no lo haces,* Adán Aliaga CM
Ella está enfadada, Juanjo Giménez CM

1996 *El dominio de los sentidos/El domini dels sentits* (episodios La vista y El olfato), Judith Colell e Isabel Gardela

Puso, Toni

DIRECCIÓN ARTÍSTICA:

1979 *Venus de fuego,* Germán Lorente

Queralt, Parisi

Jaime Queralt Parisi. Titulado en la E.O.C. diseña los decorados de programas emitidos por TVE como *El huésped del sevillano* (Juan de Orduña, 1968).

DIRECCIÓN ARTÍSTICA:

1960 *En el río,* José Luis Borau CM
1961 *Kilómetro 12,* Clemente Pamplona

Quintanilla, Luis

Luis Quintanilla y Castillo, dibujante.

DIRECCIÓN ARTÍSTICA:

1919 *La madona de las rosas* (con Pozuelo), Jacinto Benavente

Quirós, Chus

Jesús Quirós nace en Mieres (Asturias) en 1940.

AYUDANTE DE DECORACIÓN:

1971 *Morbo,* Gonzalo Suárez
1972 *Al diablo con amor,* Gonzalo Suárez

DIRECCIÓN ARTÍSTICA:

1973 *La loba y la paloma,* Gonzalo Suárez
1986 *El vivo retrato,* Mario Menéndez

Rabert, R.

DIRECCIÓN ARTÍSTICA:

1942 *Sangre en la nieve* (con Eduardo Gosch), Ramón Quadreny

Ramírez, Luis

Ha diseñado para TVE los decorados de la segunda parte de *Turno de oficio* (Manuel Matji, 1995).

DIRECCIÓN ARTÍSTICA:

1994 *El ex-preso*, Rodolfo Montero, CM
   Mar de luna, Manuel Matji
1995 *Las cosas del querer 2* (con Aldo Guglielmone), Jaime Chavarri

Ramos, Víctor

DIRECCIÓN ARTÍSTICA:

1994 *Sexo oral*, Chus Gutiérrez

Raspals, Vicente

DIRECCIÓN ARTÍSTICA:

1905 *Los guapos de la vaquería del parque*, Fructuoso Gelabert

Real, Matoya

María Victoria del Real.

DIRECCIÓN ARTÍSTICA:

1980 *Sus años dorados*, Emilio Martínez Lázaro
1982 *Estoy en crisis*, Fernando Colomo
1983 *A tope*, Tito Fernández

Recasens, Juan

DIRECCIÓN ARTÍSTICA:

1990 *Nunca estás en casa*, Juan Carlos Bonete

Recasens, Luis

Luis Recasens Queipo de Llano.

DIRECCIÓN ARTÍSTICA:

1941 *Torbellino*, Luis Marquina
1942 *Malvaloca*, Luis Marquina

Vidas cruzadas (con Manzano), Luis Marquina
1943 *Noche fantástica*, Luis Marquina

Requena, Manuel

DIRECCIÓN ARTÍSTICA:

1969 *Después del diluvio*, Jacinto Esteva

Revuelta, León

León Revuelta López-Alonso, nace en Madrid el 1 de abril de 1936. Diseña los figurines de series emitidas en TVE como *Las gallinas de Cervantes* (Alfredo Castellón, 1986), *Lorca, muerte de un poeta* (Juan Antonio Bardem, 1988) e *Historias del otro lado* (José Luis Garci, 1990).

VESTUARIO:

1966 *Buenos días, condesita*, Luis César Amadori
1967 *El turismo es un gran invento*, Pedro Lazaga
1968 *Objetivo bikini*, Mariano Ozores
1971 *Varietés*, Juan Antonio Bardem
   La isla misteriosa/L'isola misteriosa e il capitano Nemo/L'île mystérieuse, Juan Antonio Bardem
   Condenados a vivir, Joaquín L. Romero Marchent
1972 *La leyenda del alcalde de Zalamea*, Mario Camus
   Manolo la nuit, Mariano Ozores
1973 *Cinco almohadas para una noche*, Pedro Lazaga
1975 *Estoy hecho un chaval*, Pedro Lazaga
   El alegre divorciado, Pedro Lazaga
   El libro del buen amor II, Jaime Bayarri
   Imposible para una solterona, Rafael Romero Marchent
   Un día con Sergio, Rafael Romero Marchent
1976 *Ambiciosa*, Pedro Lazaga
   Manuela (y ambientación), Gonzalo García Pelayo
   Hasta que el matrimonio nos separe, Pedro Lazaga
1977 *Vota a Gundisalvo*, Pedro Lazaga
   Tengamos la guerra en paz, Eugenio Martín

María la santa, Roberto Fandiño
¡Vaya par de gemelos!, Pedro Lazaga
1982 *La colmena,* Mario Camus
1984 *Los santos inocentes,* Mario Camus
La vaquilla, Luis García Berlanga
1993 *Havanera 1820* (con Gracia Bondia), Antoni Verdaguer
1995 *Hermana ¿pero qué has hecho?,* Pedro Masó
1996 *Muerte en Granada/Death in Granada,* Marcos Zurinaga

AMBIENTACIÓN:

1965 *Acompáñame,* Luis César Amadori
1966 *Adios Texas/Texas addio,* Ferdinando Baldi
Operación secretaria, Mariano Ozores
1967 *Amor en el aire,* Luis César Amadori
Operación cabaretera, Mariano Ozores
Crónica de nueve meses, Mariano Ozores
Operación Mata-Hari, Mariano Ozores
Encrucijada para una monja/Violenza per una monaca (y vestuario), Julio Buchs
1968 *Cuidado con las señoras,* Julio Buchs
1969 *Verano 70,* Pedro Lazaga
Esa mujer, Mario Camus
1970 *Pierna creciente, falda menguante,* Javier Aguirre
De profesión sus labores, Javier Aguirre
1972 *Casa Flora,* Ramón Fernández
1980 *La tía de Carlos,* Luis María Delgado

DIRECCIÓN ARTÍSTICA:

1969 *El otro árbol de Guernica,* Pedro Lazaga
¿Por qué pecamos a los cuarenta?, Pedro Lazaga
El abominable hombre de la Costa del Sol, Pedro Lazaga
A 45 revoluciones por minuto, Pedro Lazaga
1978 *Estimado Sr. Juez...,* Pedro Lazaga
1981 *Las chicas del bingo,* Julián Esteban
1983 *Un Rolls para Hipólito,* Juan Bosch
1987 *Oro fino,* José Antonio de la Loma

Revuelta, Pilar

Pilar Revuelta Bravo nace en Madrid el 25 de septiembre de 1961. Obtiene una beca Fullbright con la que va a estudiar cine a Los Ángeles. En la actualidad alterna su trabajo en el cine con la publicidad y los vídeo-clips.

AYUDANTE DE DECORACIÓN:

1997 *La buena estrella,* Ricardo Franco
Grandes ocasiones, Felipe Vega

DIRECCIÓN ARTÍSTICA:

1990 *Historias oscuras,* Carmelo Espinosa CM
1994 *Hotel Oasis,* Juan Calvo CM
Animia de cariño, Carmelo Espinosa
1997 *Water Easy Reach,* Bent Hammer

Reynolds, Juan

DIRECCIÓN ARTÍSTICA:

1982 *La amante ambiciosa,* Omiros Efstratiadis

Riart, Carles

DIRECCIÓN ARTÍSTICA:

1978 *Caniche,* Bigas Luna
1980 *Mater amantísima,* José Antonio Salgot

Riba, María

DIRECCIÓN ARTÍSTICA:

1983 *El caso Almería,* Pedro Costa

Richart, Rafael

Rafael Richart Rodríguez nace en La Coruña el 23 de mayo de 1922. Profesor Mercantil. Trabaja como escenógrafo teatral en el María Guerrero, Español y Liceo de Barcelona, en 1959 gana la medalla de plata como escenógrafo en la Bienal de Sao Paulo, monta decorados en teatros de París, Lisboa y Río de Janeiro. Diseña el vestuario de programas emitidos por TVE como *Ramón y Cajal* (José María Forqué, 1981).

VESTUARIO:

1947 *Sinfonía del hogar,* Ignacio F. Iquino
1948 *El tambor del Bruch,* Ignacio F. Iquino
1951 *María Morena,* José María Forqué y Pedro Lazaga

1952 *Muchachas de Bagdad/Babes in Bagdad,*
Edgar G. Ulmer
1953 *El duende de Jerez,* Daniel Magrané
1955 *La legión del silencio* (y ambientación), José
Antonio Nieves Conde y José M.ª Forqué
1957 *La guerra empieza en Cuba,* Manuel Mur
Oti
1976 *La espada negra,* Francisco Rovira Beleta
1977 *La Coquito,* Pedro Masó

AMBIENTACIÓN:

1956 *Amanecer en Puerta Oscura,* José María
Forqué
1960 *Altas variedades/Cibles vivantes,* Francisco Rovira Beleta

ASESOR:

1958 *La noche y el alba,* José María Forqué

DIRECCIÓN ARTÍSTICA:

1961 *La venganza de Don Mendo* (y vestuario), Fernando Fernán-Gómez
1976 *El segundo poder,* José María Forqué
1977 *La mujer de la tierra caliente,* José María
Forqué
1986 *Tata mía,* José Luis Borau

Riera, Mireia

DIRECCIÓN ARTÍSTICA:

1975 *La muerte del escorpión,* Gonzalo Herralde
1980 *Jet Lag (Vértigo en Manhattan)* (con María Palais), Gonzalo Herralde

Rinaldi, Rodolfo

DIRECCIÓN ARTÍSTICA:

1926 *El ladrón de los guantes blancos* (y actor), Romualdo García de Paredes y
José González Rivero
1958 *El reflejo del alma,* Máximo Alviani

Rodríguez, Ángel

DIRECCIÓN ARTÍSTICA:

1979 *Memorias de Leticia Valle* (con Begoña

del Valle-Iturriaga, Pedro Carvajal y Julio Barreda), Miguel Ángel Rivas

Rodríguez Ferrer, José Luis

José Luis Rodríguez Ferrer nace en Madrid
el 13 de octubre de 1934. Termina sus estudios
en la Escuela de Bellas Artes de San Fernando
en 1961. Empieza a trabajar en el cine como
pintor en los estudios Bronston.

PINTOR ESPECIALISTA:

1960 *King of Kings (Rey de reyes),* Nicholas
Ray
1961 *El Cid (El Cid),* Anthony Mann

AYUDANTE DE DECORACIÓN:

1964 *Las pistolas no discuten/Le pistole non
discutono,* Mario Caiano
El último mohicano/Der Letzte Mohikaner/La valle delle ombre rosse, Harald
Reinl
Antes llega la muerte/I sette di Texas, Joaquín L. Romero Marchent
1965 *Pascualín,* Enrique López Eguiluz
1966 *Campanadas a medianoche,* Orson Welles
Rebeldes en Canadá, Amando de Ossorio
Su nombre es Daphne, Germán Lorente
Cita en Navarra, José Grañena

DIRECCIÓN ARTÍSTICA:

1966 *El vendedor de ilusiones,* José María Zabalza
1967 *La marca del hombre lobo,* Enrique L.
Eguiluz
1968 *Tinto con amor,* Francisco Montolio
Un día después de agosto, Germán Lorente
Sharon vestida de rojo, Germán Lorente
1970 *Los jóvenes amantes,* Benito Alazraki
1971 *Diabólica malicia/Night Hair Child/La
tua presenza rapino,* Andrea Bianchi y
James Kelly
La furia del hombre lobo, José Mª Zabalza

Rodríguez, Manuel

DIRECCIÓN ARTÍSTICA Y VESTUARIO:

1996 *Zapico,* Rafael Bernases

Roel, Rodrigo

DIRECCIÓN ARTÍSTICA Y ACTOR:

1989 *Siempre Xonxa,* Chano Piñeiro

Rojas, Lourdes

DIRECCIÓN ARTÍSTICA:

1994 *Los hijos del viento,* Fernando Merinero

Romani, Juan Ramón

DIRECCIÓN ARTÍSTICA:

1986 *La chica que cayó del cielo,* Hubert Frank

Roman, Toni

DIRECCIÓN ARTÍSTICA:

1983 *Círculo de pasiones/Le Cercle des passions,* Claude d'Anna

Romero, Manuel

DIRECCIÓN ARTÍSTICA:

1914 *Garrotazo y tentetieso,* Benito Perojo
Peladilla, cochero de punto, Benito Perojo
Clarita y Peladilla en el football, Benito Perojo
1915 *Clarita y Peladilla van a los toros,* Benito Perojo
1916 *Muñecos,* Benito Perojo (no estrenada)

Ros i Güell

Antoni Ros i Güell nace en Barcelona en 1878. Pintor paisajista cultiva el impresionismo y trabaja como escenógrafo teatral. Fallece en Badalona en 1954.

DIRECCIÓN ARTÍSTICA:

1913 *La lucha por la herencia,* Fructuoso Gelabert y Otto Mulhauser
1914 *Ana Cadova,* Fructuoso Gelabert y Otto Mulhauser

El cuervo del campamento, Fructuoso Gelabert y Josep de Togores
1915 *El nocturno de Chopin,* Magí Murià

Ros, Rosa

Rosa Ros Pijoan nace el 10 de marzo de 1953 en La Estaca (Gerona). Licenciada en la Escuela Universitaria de Formación del Profesorado de Barcelona. Titulada en Construcción y Manipulación de Títeres y Marionetas en el Instituto del Teatro de Barcelona. Curso de escultura en el Hampstead Garden Institute de Londres. Ha hecho la decoración y el vestuario de numerosos spots publicitarios, montaje de exposiciones y diseño de vestuario de obras de teatro. Su primer trabajo en un medio audiovisual es haciendo el vestuario y la Dirección artística de *Contes del Candel* (Cayetano del Real, 1986) para TV3, después ha sido ayudante de vestuario en *Juncal* (Jaime de Armiñán, 1987) y directora artística en la serie *Los jinetes de los ojos verdes* (Michel Wyn, 1989).

AYUDANTE DE VESTUARIO:

1986 *Mi general,* Jaime de Armiñán

VESTUARIO:

1996 *Tranvía a la Malvarrosa,* José Luis García Sánchez

AYUDANTE DE DECORACIÓN:

1987 *Barrios altos,* José Luis Berlanga

DIRECCIÓN ARTÍSTICA:

1990 *Boom boom,* Rosa Vergés
1991 *Chatarra,* Félix Rotaeta
Esta noche o jamás/Aquesta nit o mai (y vestuario), Ventura Pons
1993 *Rosita, please* (y vestuario), Ventura Pons
1994 *Souvenir,* Rosa Vergés
El porqué de las cosas/El perquè de tot plegat (y vestuario), Ventura Pons
Escenas de una orgía en Formentera/Escenes d'una orgia a Formentera, Francesc Bellmunt
1996 *Actrices/Actrius* (y vestuario), Ventura Pons

Rosell, Josep

Josep Rosell Palau nace en Tremp (Lérida) en 1950. Estudia diseño industrial en Barcelona y trabaja inicialmente como dibujante de muebles de estilo, hasta que se traslada a París donde colabora en el taller del pintor Jaume Xifra. En 1974 empieza en el cine como ayudante de decoración en diversas producciones, desempeñando asimismo las labores de ambientador, decorador y ayudante de escenógrafo en el teatro. A partir de 1988 trabaja regularmente como director artístico y escenógrafo teatral. Ha impartido cursos de Escenografía en el Instituto del Teatro de Barcelona. Hizo la ambientación para la serie para la televisión finlandesa *Los veteranos de España* (Mikael Wahlforss, 1978), la Dirección artística con Villaronga y Candini para TVE *La Plaza del Diamante* (Francesc Betriu, 1981), fue ayudante también para TVE en *El mayorazgo de Labraz* (Pío Caro Baroja, 1982) y para la misma cadena volvió a diseñar los decorados para *Los jinetes del alba* (Vicente Aranda, 1989), *Carmen Broto* (Pedro Costa, 1990) un episodio de *La huella del crimen*, y *Crónicas del mal* (Iván Zulueta, Silvia Zade, Antonio Drove, Luciano Valverde, Luis Ariño, Ricardo Franco, Juan Miñón, Enrique Nicanor, Manuel Vidal, Pedro Costa, Manuel Matji, José María Carreño y Ramón G. Redondo, 1991).

AYUDANTE DE DECORACIÓN:

1974 *Furia española,* Francesc Betriu
1975 *El secreto inconfesable de un chico bien,* Jorge Grau
1976 *La viuda andaluza,* Francesc Betriu
     Óscar, Kina y el láser, José María Blanco
1977 *40 años sin sexo,* Juan Bosch
1979 *La triple muerte del tercer personaje/La triple mort du troisième personnage,* Helvio Soto

AMBIENTACIÓN:

1977 *¡Vámonos Bárbara!,* Cecilia Bartolome
1978 *La verdad sobre el caso Savolta/Nell'occhio della volpe,* Antonio Drove
1985 *Requiem por un campesino español,* Francesc Betriu

DIRECCIÓN ARTÍSTICA:

1979 *Los fieles sirvientes* (con Ramón Ivars), Francesc Betriu

La muchacha de las bragas de oro, Vicente Aranda
1980 *El vicario de Olot,* Ventura Pons
     Huida al sur/Plein sud, Luc Beraud
1983 *Pa d'àngel/Pan de ángel,* Francesc Bellmunt
     El Pico, Eloy de la Iglesia
1984 *El Pico II,* Eloy de la Iglesia
     Bajo en nicotina, Raúl Artigot
1985 *Sé infiel y no mires con quién,* Fernando Trueba
     Tiempo de silencio, Vicente Aranda
     Matador (con Román Arango y José Morales), Pedro Almodóvar
1986 *El año de las luces,* Fernando Trueba
1987 *El Lute. Camina o revienta,* Vicente Aranda
     El Lute 2. Mañana seré libre, Vicente Aranda
     Al acecho, Gerardo Herrero
1988 *Un negro con un saxo/Un negre amb un saxo* (con Ferrán Sánchez), Francesc Bellmunt
     Si te dicen que caí, Vicente Aranda
1990 *Amantes,* Vicente Aranda
1991 *La viuda negra* (con Jon Arretxe), Jesús Delgado, CM
1992 *Monturiol, el señor del mar,* Francesc Bellmunt
1993 *Intruso,* Vicente Aranda
     Don Jaume el conquistador/Don Jaime el conquistador, Antoni Verdaguer
     Los baúles del retorno, María Miró
1994 *Palace,* Joan Gracia, Paco Mir, Carles Sans (Tricicle)
1995 *Aquí hacemos los sueños realidad,* Álex Calvo Sotelo, CM
     Libertarias, Vicente Aranda
1996 *En brazos de la mujer madura,* Manuel Lombardero
     El crimen del Cine Oriente, Pedro Costa

Rosella, Francisco

Francisco Rosella Joglar, nace en Madrid el 1 de enero de 1923. Comienza a estudiar para Aparejador. Trabaja como ayudante de Algueró, Cubero y Galicia.

AYUDANTE DE DECORACIÓN:

1963 *Brandy/Cavalca e uccidi,* José Luis Borau
     Los novios/I promessi sposi, Mario Maffei

La tumba del pistolero, Amando de Ossorio
1964 *El secreto del capitán O'Hara*, Arturo
Ruiz-Castillo
1966 *El milagro del cante*, José María Zabalza
1967 *En Gentar se muere fácil/A Ghentar si
muore facile*, León Klimovsky
1971 *Dóctor Jekyll y el hombre lobo*, León Klimovsky
1972 *Pisito de solteras*, Fernando Merino

DIRECCIÓN ARTÍSTICA:

1975 *Una mujer y un cobarde*, Silvio F. Balbuena
Si quieres vivir... ¡dispara!, Joe Lacy (José
María Elorrieta)
1978 *Dinero maldito/Il braccio violento della
mala*, José Fernández Pacheco

Roure, Lidia

DIRECCIÓN ARTÍSTICA:

1992 *Un submarino en el mantel*, Ignasi P. Ferré

Rovira, José

DIRECCIÓN ARTÍSTICA:

1923 *La bruja*, Maximiliano Thous Orts

Rovira, José

José Rovira Manen nace en Barcelona el 10
de enero de 1915. Comienza a trabajar en
el cine en 1942 como carpintero, hasta que
en 1954 empieza a construir decorados para
Ignacio F. Iquino. Ayudante, entre otros, de
Andrés Vallvé.

CONSTRUCCIÓN:

1955 *El difunto es un vivo*, Juan Lladó
Hospital de urgencia, Antonio Santillán
Pasaje a Venezuela, Rafael J. Salvia
Quiéreme con música, Ignacio F. Iquino
1956 *Cuando el valle se cubra de nieve*, José
Luis Pérez de Rozas
Cuatro en la frontera, Antonio Santillán
1957 *Mañana*, José María Nunes

Historias de la Feria, Francisco Rovira
Beleta
Su desconsolada esposa, Miguel Iglesias
1958 *Los cobardes*, Juan Carlos Thorry
Secretaria para todo, Ignacio F. Iquino
El niño de las monjas, Ignacio F. Iquino
1959 *Sendas marcadas*, Juan Bosch
El emigrante, Sebastián Almeida
¡Buen viaje Pablo!, Ignacio F. Iquino
El inocente, José María Forn
1963 *Young Sánchez*, Mario Camus

AYUDANTE DE DECORACIÓN:

1960 *Julia y el celacanto*, Antonio Momplet
Los claveles, Miguel Lluch
Las estrellas, Miguel Lluch
Botón de ancla, Miguel Lluch
Han matado un cadáver, Julio Salvador
1961 *Juventud a la intemperie*, Ignacio F. Iqui-
no
Sendas cruzadas, Juan Xiol
Regresa un desconocido, Juan Bosch
¿Pena de muerte?, José María Forn
1962 *La gran coartada*, José Luis Madrid
Los culpables, José María Forn
La boda era a las doce, Julio Salvador
La ruta de los narcóticos, José María
Forn
Un demonio con ángel, Miguel Lluch
Trampa mortal, Antonio Santillán
Senda torcida, Antonio Santillán
Las travesuras de Morucha, Ignacio F.
Iquino
Trigo limpio, Ignacio F. Iquino
1963 *José María*, José María Forn
El precio de un asesino, Miguel Lluch
Crimen, Miguel Lluch
Los farsantes, Mario Camus
1964 *La chica del auto-stop*, Miguel Lluch
La barca sin pescador, José María Forn
*Cinco pistolas de Texas/Cinque dollari
per Ringo*, Joan Xiol Marchal
1965 *Río Maldito/Sette pistole per il Gringo*,
Juan Xiol
La vida privada de Fulano de Tal, José
María Forn
1966 *07 con el 2 delante*, Ignacio F. Iquino
El primer cuartel, Ignacio F. Iquino

DIRECCIÓN ARTÍSTICA:

1970 *La mujer celosa*, Jaime J. Puig
1972 *Ninguno de los tres se llamaba Trinidad*,
Pedro L. Ramírez

La liga no es cosa de hombres, Ignacio F. Iquino

Busco tonta para fin de semana, Ignacio F. Iquino

Los fabulosos de Trinidad/Prima ti perdono... poi t'ammazzo, Ignacio F. Iquino

Rubio, María

María Rubio Arlandis.

DIRECCIÓN ARTÍSTICA:

1995 *La isla del diablo,* Juan Piquer Simón

Ruiz, Vicente

Vicente Ruiz Campesino.

VESTUARIO:

1993 *Alegre ma non tropo,* Fernando Colomo
1994 *Entre rojas,* Azucena Rodríguez
1995 *El efecto mariposa/L'effet papillon,* Fernando Colomo
Hola ¿estás sola?, Iciar Bollaín

DIRECCIÓN ARTÍSTICA:

1993 *Mi hermano del alma,* Mariano Barroso
1996 *Eso,* Fernando Colomo

Ruiz-Castillo, Arturo

Arturo Ruiz-Castillo Basala, nace en Madrid el 9 de diciembre de 1910. Abandona la Escuela de Arquitectura en el cuarto curso, colabora con La Barraca como técnico y dibujante, ilustrador de libros y revistas, es nombrado director artístico de la Editorial Biblioteca Nueva. Director y guionista. Fallece en Madrid el 18 de junio de 1994.

DIRECCIÓN ARTÍSTICA Y GUIÓN:

1946 *Las inquietudes de Shanti-Andía,* Arturo Ruiz-Castillo
1947 *Obsesión,* Arturo Ruiz-Castillo
1948 *El santuario no se rinde,* Arturo Ruiz-Castillo
1952 *La laguna negra* (con Alarcón), Arturo Ruiz-Castillo

Ruiz del Castillo, Carlos

Carlos Ruiz del Castillo Bayod, nace en Madrid en 1938. Sobrino de Arturo Ruiz-Castillo. Decorador de interiores, empieza a trabajar en el cine por su amistad con Emilio Martínez-Lázaro y Fernando Trueba, además ha trabajado en spots publicitarios de este último.

DIRECCIÓN ARTÍSTICA:

1984 *De tripas corazón,* Julio Sánchez Valdés
1985 *Lulú de noche,* Emilio Martínez Lázaro
1987 *Esa cosa con plumas,* Oscar Ladoire
1989 *Su primer baile,* Eugenia I. Rodríguez CM

Ruiz del Río, Emilio

Nace en Madrid el 11 de abril de 1923. Empieza a intervenir en el cine como ayudante de Simont, siendo también ayudante de Salvá, Pérez Espinosa y Parrondo. Trabaja con Bronston y en los años ochenta es contratado por Raffaella de Laurentüs para hacer los efectos especiales de sus producciones. En diciembre de 1994 recibió un homenaje del CEC y en 1996 publicó *Rodando por el mundo* editado por la Semana de Cine Experimental de Madrid. Ha diseñado los decorados de series para TVE como *Juan Soldado* (Fernando Fernán-Gómez, 1973) con José María Alarcón Aguirre y ha hecho los efectos especiales de otras como *Curro Jiménez* (Mario Camus, 1977), *Fortunata y Jacinta* (Mario Camus, 1979), *Miguel Servet* (José María Forqué, 1988), *Réquiem por Granada* (Vicente Escrivá, 1989) y *Celia* (José Luis Borau, 1991).

EFECTOS ESPECIALES:

1963 *Horror/Horror,* Alberto de Martino
1964 *Circus World (El fabuloso mundo del circo),* Henry Hathaway
Doctor Zhivago (Doctor Zhivago), David Lean
1965 *Battle of the Bulge (La batalla de las Ardenas),* Ken Annakin
A Funny Thing Happened on the Way to the Forum (Golfus de Roma), Richard Lester
1968 *Custer of the West (La última aventura),* Robert Siodmak
1966 *Campanadas a medianoche,* Orson Welles

1969 *Krakatoa, East of Java (Al este de Java),* Bernard L. Kowalski

Patton (Patton), Franklin J. Shaffner

Royal Hunt of the Sun, Irving Lerner

The Great White Hope (La gran esperanza blanca), Martin Ritt

El largo día del águila/La battaglia d'Inghilterra, Enzo G. Castellari

1971 *Marco Antonio y Cleopatra/Antony and Cleopatra,* Charlton Heston

Delirios de grandeza/La folie des grandeurs, Gérard Oury

1972 *La isla del tesoro/L'isola del tesoro/L'île au trésor,* John Hough y Andrew White (Andrea Bianchi)

1978 *Operación Ogro/Operazione Ogro/Operation Ogro,* Gillo Pontecorvo

L'umanoide (El humanoide), Aldo Lado

1979 *Supersonic Man,* Juan Piquer

1981 *Los diablos del mar,* Juan Piquer Simón

1982 *Conan the Barbarian (Conan el bárbaro),* John Milius

1984 *Dune (Dune),* David Lynch

Conan the Destroyer (Conan el destructor), Richard Fleischer

1985 *Red Sonja (El guerrero rojo),* Richard Fleischer

Cat's Eye (Los ojos del gato) (con Carlo Rambaldi), Lewis Teague

1986 *Tai Pan (Tai-pan),* Daryl Duke

1987 *Maximun Overdrive (La rebelión de las máquinas),* Stephen King

Million Dollar Mystery (Pasta gansa), Richard Fleischer

1988 *Les Années Lumières,* Robert Enrico

Les Années Terribles, Richard Hefron

1989 *Beyond the Aegean,* Elia Kazan (preparación)

Navy Seals (Navy Seals), Lewis Teague

1992 *Acción mutante* (con Cantero y Gleyze), Álex de la Iglesia, GOYA

1993 *Monturiol, el señor del mar,* Francesc Bellmunt

1995 *La isla del diablo* (con Carlo de Marchis), Juan Piquer Simón

1996 *La buena vida,* David Trueba

AYUDANTE DE DECORACIÓN:

1941 *Éramos siete a la mesa,* Florián Rey

1942 *La rueda de la vida,* Eusebio F. Ardavín

La aldea maldita, Florián Rey

Goyescas, Benito Perojo

Campeones, Ramón Torrado

1943 *El abanderado,* Luis Fernández Ardavín

Castillo de naipes, Jerónimo Mihura

Deber de esposa, Manuel Blay

Misterio en la marisma, Claudio de la Torre

La maja del capote, Fernando Delgado

1944 *El rey de las finanzas,* Ramón Torrado

Tarjeta de visita, Antonio de Obregón

Noche decisiva, Julio Fleischner

1945 *La luna vale un millón,* Florián Rey

1946 *El doncel de la Reina,* Eusebio Fernández Ardavín

La pródiga, Rafael Gil

El crimen de Pepe Conde, José López Rubio

Dulcinea, Luis B. Arroyo

Héroes del 95, Raúl Alfonso

Cuando llegue la noche, Jerónimo Mihura

La nao capitana, Florián Rey

Barrio, Ladislao Vajda

Un drama nuevo, Juan de Orduña

1947 *El verdugo,* Enrique Gómez

Reina Santa, Rafael Gil

La dama del armiño, Eusebio Fernández Ardavín

Luis Candelas, el ladrón de Madrid, Fernando Alonso Casares

La princesa de los Ursinos, Luis Lucia

Botón de ancla, Ramón Torrado

Dos cuentos para dos, Luis Lucia

Noche de Reyes, Luis Lucia

1948 *Alhucemas,* José López Rubio

Don Quijote de la Mancha, Rafael Gil

El señor Esteve, Edgar Neville

El huésped de las tinieblas, Antonio del Amo

La fiesta sigue, Enrique Gómez

Mare nostrum, Rafael Gil

Locura de amor, Juan de Orduña

Currito de la Cruz, Luis Lucia

¡Olé torero!, Benito Perojo

Neutralidad, Eusebio Fernández Ardavín

¡Fuego!/Fogo!, Arthur Duarte

1949 *El Capitán de Loyola,* José Díaz Morales

Jalisco canta en Sevilla, Fernando de Fuentes

Una mujer cualquiera, Rafael Gil

Paz, José Díaz Morales

La Duquesa de Benamejí, Luis Lucia

1951 *Cielo negro,* Manuel Mur Oti

1952 *La hermana San Sulpicio,* Luis Lucia

El andén, Eduardo Manzanos

1953 *Como la tierra,* Alfredo Hurtado

Tres citas con el destino/Maleficio, Florián Rey, León Klimovsky y Fernando de Fuentes

1954 *Míster Arkadin/Dossier Secret/Confiden-tial Report*, Orson Welles
1958 *Salomon and Sheba (Salomón y la reina de Saba)*, King Vidor
The Seventh Voyage of Simbad (The Se-venth Voyage of Simbad), Nathan Ju-ran
1959 *Las legiones de Cleopatra/Le legioni di Cleopatra/Les Légions de Cléopatra*, Vittorio Cottafavi
1960 *King of Kings (Rey de reyes)*, Nicholas Ray
1961 *El Cid (El Cid)*, Anthony Mann
El gladiador invencible/Il gladiatore in-vincibile, Antonio Momplet
1962 *Lawrence of Arabia (Lawrence de Ara-bia)*, David Lean
55 Days at Peking (55 días en Pekín), Ni-cholas Ray
Los siete espartanos/I sette gladiatori, Pe-dro Lazaga
1963 *The Fall of the Roman Empire (La caída del Imperio Romano)*, Anthony Mann
Los invencibles/Gli invincibili sette, Alber-to de Martino
1975 *Pim, pam, pum... fuego!*, Pedro Olea
Cipolla Colt/Zwiebel-Jack räumt auf, Enzo G. Castellari

DIRECCIÓN ARTÍSTICA:

1973 *La policía detiene, la ley juzga/La polizia incrimina, la legge assolve*, Enzo G. Castellari
El consejero/Il consigliere, Alberto de Martino
Colmillo blanco/Zanna bianca/Croc blanc (con Enzo Bulgarelli), Lucio Fulci
1974 *Todos para uno, golpes para todos/Tutti per uno... botte per tutti*, Bruno Cor-bucci
1980 *Misterio en la isla de los monstruos* (y efectos especiales), Juan Piquer Simón
1983 *Los nuevos extraterrestres*, Juan Piquer Si-món

Ruiz, Elisa

Elisa Ruiz Fernández, nace en San Fernan-do (Cádiz) el 4 de octubre de 1939. Estudia en la Escuela Superior de Bellas Artes de San Fer-nando donde se gradúa en 1962. Comienza a trabajar en el cine a principios de los años se-senta como ayudante de decoración de José Antonio de la Guerra, siendo despúes ayudan-te de Gago, Surribas, Galicia y Pérez Cubero. Ha realizado varias exposiciones, ilustraciones para libros, murales, y la escenografía y ves-tuario de obras teatrales, zarzuela, ópera y ba-llet, así como ha impartido conferencias sobre su trabajo. Fallece en Madrid en 1995.

VESTUARIO:

1976 *Tatuaje*, Bigas Luna
1982 *El gran mogollón*, Tito Fernández
1986 *Dragon Rapide*, Jaime Camino, NGOYA
1991 *La taberna fantástica*, Julián Marcos

AYUDANTE DE DECORACIÓN:

1962 *Su alteza la niña*, Mariano Ozores
1963 *Escala en Hi-Fi*, Isidoro Martínez Ferri
La boda, Lucas Demare
1965 *Uncas, el fin de una raza*, Mateo Cano
Abajo espera la muerte, Juan de Orduña
Vivir al sol, Germán Lorente
1966 *Campanadas a medianoche*, Orson We-lles
El arte de casarse, Jorge Feliú y José Ma-ría Font Espina
El arte de no casarse, Jorge Feliú y José María Font Espina
1966 *Mayores con reparos*, Fernando Fernán-Gómez
1968 *Sharon vestida de rojo*, Germán Lorente
Cuidado con las señoras, Julio Buchs
1969 *Chicas de club (Cántico)*, Jorge Grau

AMBIENTACIÓN:

1968 *Cruzada en la mar*, Isidoro M. Ferry
1972 *Ceremonia sangrienta/Le vergini caval-cano la morte*, Jorge Grau

DIRECCIÓN ARTÍSTICA:

1969 *Los diablos de la guerra/I diavoli della guerra*, Vitto Albertini
1970 *Mecanismo interior*, Ramón Barco
1971 *Arde*, José Bolaños CM
1972 *Corazón solitario*, Francisco Betriú
Flor de santidad, Adolfo Marsillach
Ana y los lobos (con Nieva), Carlos Saura
1973 *La prima Angélica* (con Nieva), Carlos Saura
1974 *Furia española*, Francesc Betriu CEC
1975 *El secreto inconfesable de un chico bien*, Jorge Grau

Guapa, rica y... especial, Jaime J. Puig

1976 *Libertad provisional,* Roberto Bodegas
Una prima en la bañera, Jaime J. Puig

1977 *Yo soy mía/Io sono mia/Die zweit Haut,* Sofia Scandura

1978 *Alicia en la España de las maravillas,* Jorge Feliú

1986 *La amante ingenua,* José Ulloa

Ruiz, José

AMBIENTACIÓN:

1969 *Las gatas tienen frío,* Carlos Serrano

Runyan, Pablo

DIRECCIÓN ARTÍSTICA:

1967 *Si volvemos a vernos,* Francisco Regueiro, CEC

Sáenz, Fernando

Fernando Sáenz Plaza nace en Madrid el 14 de enero de 1940. En 1956 comienza a trabajar como meritorio con Parrondo y Pérez Espinosa pasando a ser auxiliar y ayudante, en 1958 ingresa en TVE trabajando como ayudante de Ballester hasta 1961. Entre 1962 y 1973 diseña los decorados de numerosos programas de TVE como *El caserío* (Juan de Orduña, 1969) y *Sócrates* (Roberto Rossellini, 1970) donde trabajó de ayudante. A partir de esa fecha interviene en televisión sólo en las series *El pícaro* (Fernando Fernán-Gómez, 1974), *La Gioconda está triste* (Antonio Mercero, 1974), *El quinto jinete* (José Antonio Páramo 1975-78), *Falla* (Jesús García de Dueñas 1975-78), *Curro Jiménez* (Pilar Miró, Joaquín Romero Marchent, Rafael Romero Marchent, Mario Camus y Fernando Merino 1975-78), *Cervantes* (con Ricardo Vallespín y Román Calatayud. Alfonso Ungría, 1980), *La máscara* (Antonio Giménez Rico, 1981), *Luis y Virginia* (Jaime Chávarri, 1982), *Una infancia soñada* (José Antonio Páramo, 1983), *Instrucciones para John Howell* (José Antonio Páramo, 1983), *El rey y la reina* (José Antonio Páramo, 1984), *Total* (José Luis Cuerda, 1985), *Todo va mal* (Emilio Martínez Lázaro, 1985), *Juan Lobón* (Enrique Brassó, 1987), *Las gallinas de Cervantes* (Alfredo Castellón, 1986), *El*

obispo leproso (José María Gutiérrez, 1986) y *Celia* (José Luis Borau, 1991). En los años noventa trabaja en las series de Antena 3 *Lleno por favor* (Vicente Escrivá, 1993) y *Curro Jiménez* (Benito Rabal, Joaquín Romero Marchent, José Antonio Páramo y Julio Sánchez Valdez, 1994).

DIRECCIÓN ARTÍSTICA:

1967 *Agonizando en el crimen,* Enrique Eguiluz

1970 *Trasplante de un cerebro,* Juan Logar

1979 *El crimen de Cuenca,* Pilar Miró

1980 *Gary Cooper, que estás en los cielos,* Pilar Miró

1985 *La noche de la ira,* Javier Elorrieta

1986 *Werther* (con Parrondo), Pilar Miró

1988 *Amanece que no es poco,* José Luis Cuerda

1991 *Beltenebros* (con Vallés), Pilar Miró
Huidos, Félix Sancho Gracia

1993 *La Lola se va a los puertos* (con Wolfgang Burmann), Josefina Molina
El cianuro... ¿solo o con leche?, José Ganga

1995 *La hermana,* Juan José Porto

Sáenz, Luis

DIRECCIÓN ARTÍSTICA:

1943 *Ídolos,* Florián Rey

Sainz, Vega

DIRECCIÓN ARTÍSTICA:

1986 *Més enllà de la passió/Pasión lejana,* Jesús Garay

Sagardía, María Eugenia

DIRECCIÓN ARTÍSTICA:

1968 *Cover Girl,* Germán Lorente

Sales, Julia

DIRECCIÓN ARTÍSTICA:

1991 *¿Lo sabe el ministro?* (con David Mauri), José María Forn

Salinas, Francisco

DIRECCIÓN ARTÍSTICA:

1992 *El infierno prometido* (con Ángel Haro), Chumilla Carbajosa

Salvá, Enrique

Enrique Salvá García.

EFECTOS ESPECIALES:

1945 *Cuando llegue la noche*, Jerónimo Mihura
1946 *Tres espejos/Tres espelhos*, Ladislao Vajda
El doncel de la Reina, Eusebio Fernández Ardavín
Dulcinea (con Escriñá), Luis B. Arroyo
1948 *Mañana como hoy*, Mariano Pombo
Sin uniforme, Ladislao Vajda
1957 *Cabo de Hornos*, Tito Davison

DIRECCIÓN ARTÍSTICA:

1940 *La Revoltosa*, José Díaz Morales
1948 *Hoy no pasamos lista*, Raúl Alfonso
La esfinge maragata, Antonio de Obregón
Brindis a Manolete (con Escriñá), Florián Rey
Alhambra (con Escriñá), Juan Vila Vilamada
1949 *Paz* (con Escriñá), José Díaz Morales
Tempestad en el alma (con Escriñá), Juan de Orduña
1951 *Cielo negro*, Manuel Mur Oti
Manchas de sangre en la luna/The Eye, Edward Dein y Luis Marquina
1952 *Cabaret* (con Rafael Pena), Eduardo Manzanos
Encuentro en la ciudad, José María Elorrieta
El andén (con Esplandiu), Eduardo Manzanos
1953 *Como la tierra*, Alfredo Hurtado
Tres citas con el destino/Maleficio, Florián Rey, León Klimovsky y Fernando de Fuentes
1954 *Un día perdido* (con Faci), José María Forqué
La patrulla (con Joaquín Alba), Pedro Lazaga
Educando a papá, Fernando Soler

Salvador, José

José Salvador Motolio nace en Barcelona, trabajando como ayudante desde 1932.

DIRECCIÓN ARTÍSTICA:

1941 *Un alto en el camino*, Julián Torremocha

CONSTRUCCIÓN:

1941 *Alma de Dios*, Ignacio F. Iquino
1942 *La condesa María*, Gonzalo Delgrás

DIRECCIÓN ARTÍSTICA:

1942 *Por un amor* (con Tejero), Ricardo Gutiérrez
1943 *Piruetas juveniles* (con Quintavalle), Juan Carlos Capelli y Salvio Valenti

Sánchez, Andrés

Andrés Sánchez Sanz.

DIRECCIÓN ARTÍSTICA:

1983 *Los motivos de Berta* (con Fernando Cobo), José Luis Guerín

Sánchez, Antonio

DIRECCIÓN ARTÍSTICA:

1925 *José*, Manuel Noriega
1932 *Fermín Galán*, Fernando Roldán
El sabor de la gloria, Fernando Roldán
1936 *La Casa de la Troya*, Juan Vilá Vilamada y Adolfo Aznar

Sánchez, Ferrán

Ferrán Sánchez Rosales nace en Alginet (Valencia) en 1953. Trabaja como ayudante de Gerardo Vera y Rosell. Diseña los decorados de *La leyenda del cura de Bargota* (Pedro Olea, 1989) y *El ángel caído* (Roberto Bodegas, 1990) para televisión.

AYUDANTE DE DECORACIÓN:

1985 *Tiempo de silencio* (con Zuriaga), Vicente Aranda

Dirección artística:

1986 *Adiós pequeña,* Imanol Uribe
1987 *Amanece como puedas/Benifotrem,* Antoni P. Canet
   Los negros también comen/Y'a bon les blancs (con Marco Ferreri), Marco Ferreri
1988 *Un negro con un saxo/Un negre amb un saxo* (con Rosell), Francesc Bellmunt
1989 *¡Átame!,* Pedro Almodóvar
1991 *El día que nací yo,* Pedro Olea
   La taberna fantástica, Julián Marcos
1993 *Ojala, Val de Omar,* Cristina Esteban
1994 *Si llegas o es regreso,* Sigfrid Monleón, CM
   Te pasa algo, Piluca Baquero, CM
   Acuérdate del frío, Joaquín Ojedo, CM
1995 *Gimlet,* José Luis Acosta

Sánchez, José María

Dirección artística:

1927 *Sortilegio,* Agustín de Figueroa

Sanchís, María Elena

Dirección artística:

1990 *Merlín,* Udolfo Arrieta

Sanchís, Miguel

Dirección artística:

1978 *Ocaña, retrat intermitent/Ocaña, retrato intermitente,* Ventura Pons

Sancho de Meras, Asunción

Dirección artística:

1995 *La isla del diablo,* Juan Piquer Simón

Sanjuán, Nuria

Dirección artística:

1996 *Airbag* (con Satur Idarreta y Julio Torrecilla), Juanma Bajo Ulloa

Santamaría, Luis

Luis Sáenz de Santamaría y de los Ríos nace en Sevilla el 7 de marzo de 1887. Decorador de interiores, fue socio de Luis M. Feduchi en una empresa de muebles *Rolaco* y amigo personal de Sáenz de Heredia. Fallece en Madrid el 23 de enero de 1979.

Dirección artística:

1933 *La bien pagada* (con Feduchi), Eusebio Fernández Ardavín
1936 *El bailarín y el trabajador* (con Feduchi), Luis Marquina
1940 *Rápteme usted,* Julio Fleischner
1943 *Ídolos,* Florián Rey
   El escándalo, José Luis Sáenz de Heredia
1944 *Eugenia de Montijo,* José López Rubio
   El destino se disculpa, José Luis Sáenz de Heredia
1946 *El crimen de Pepe Conde,* José López Rubio
1947 *Canción de medianoche,* Antonio de Lara "Tono"
   Mariona Rebull (con Noaín), José Luis Sáenz de Heredia CEC
1948 *Alhucemas* (con Noaín), José López Rubio
   Las aguas bajan negras, José Luis Sáenz de Heredia
   La mies es mucha (con Montes), José Luis Sáenz de Heredia

Sanz de Soto, Emilio

Emilio Sanz de Soto nace en Málaga en 1925. Escritor, historiador, abogado, diplomático, guionista y profesor universitario.

Asesor técnico:

1963 *Llanto por un bandido/Cavalieri della vendetta/La Charge des rebelles* (con Antonio Saura), Carlos Saura

Ambientación:

1971 *Diabólica malicia/Night Hair Child/La tua presenza rapino,* Andrea Bianchi y James Kelly

DIRECCIÓN ARTÍSTICA:

1967 *Peppermint Frappé* (con Wolfgang Burmann), Carlos Saura
1968 *Stress es tres, tres* (con Villalba), Carlos Saura
1969 *La madriguera* (con Villalba), Carlos Saura
Las secretas intenciones, Antonio Eceiza
El jardín de las delicias (con Salvador Agustín), Carlos Saura
1981 *Dulces horas,* Carlos Saura

Sanz, Montse

DIRECCIÓN ARTÍSTICA:

1995 *Menos que cero,* Ernesto Tellería

Sarrión, Ángel

DIRECCIÓN ARTÍSTICA:

1996 *De los caníbales,* Sigfrid Monleón CM
En la puta calle, Enrique Gabriel Lipschutz

Scharf, Erwin

Arquitecto.

DIRECCIÓN ARTÍSTICA:

1934 *El malvado Carabel* (como E. Cháves), Edgar Neville
1935 *Vidas rotas,* Eusebio F. Ardavín
1936 *María de la O,* Francisco Elías

DIRECCIÓN ARTÍSTICA EN EE.UU.:

1949 *Kill or Be Killed,* Max Nosseck

Schild, Pedro

Pierre Schildknecht, nace en San Petesburgo (Rusia) en 1892. Sus primeros trabajos como escenógrafo los desarrolla en el Teatro Imperial de San Petesburgo. Debido a la revolución bolchevique tiene que trasladarse primero a Alemania y después a Francia, donde coincide con la llegada de escenógrafos rusos como Lochakoff y Bilinsky. En 1940 viene a España huyendo de la ocupación alemana y es contratado por el arquitecto Saturnino Ulargui Moreno, que entonces dirige la productora Ufisa. En 1944 se traslada a Madrid, fundando S.E.S. con Francisco Escriñá y Antonio Simont, con los que participó en seis películas hasta que se separan en 1945 y vuelve a trabajar en solitario. En muchas de sus películas interviene además como técnico en efectos especiales. A principios de los años sesenta se jubila, abandonando el cine. Fallece en Madrid a finales de los años sesenta.

DIRECCIÓN ARTÍSTICA EN FRANCIA:

1924 *Más allá de la muerte,* Benito Perojo
1926 *Boy* (con Georges Jacouty), Benito Perojo
El negro que tenía el alma blanca, Benito Perojo
1927 *Napoleón,* Abel Gance
1928 *Nuits de Princes* (con Serge Pimenoff), Marcel L'Herbier
1929 *Un chien andalou (Un perro andaluz),* Luis Buñuel
1930 *L'age d'or (La edad de oro)* (con Serge Pimenoff), Luis Buñuel
La femme d'une nuit, Marcel L'Herbier
1931 *Le parfum de la dame en noir* (con Jacques Manuel), Marcel L'Herbier
1934 *Le scandale* (con Gys), Marcel L'Herbier
1935 *Le Comte Obligado,* Léon Mathot
1936 *Le Mioche,* Leonid Moguy
1938 *Les Disparus de Saint-Agil,* Christian-Jacque
1940 *Angelica,* Jean Choux

DIRECCIÓN ARTÍSTICA EN ESPAÑA:

1940 *Marianela,* Benito Perojo
La florista de la reina, Eusebio Fernández Ardavín
1941 *Héroe a la fuerza,* Benito Perojo
Chuflillas, José López Rubio, CM
Pregones de embrujo, José López Rubio, CM
Luna de sangre, José López Rubio, CM
A la lima y al limón, José López Rubio, CM
Rosa de África, José López Rubio, CM
Manolo Reyes, José López Rubio, CM
Verbena, Edgar Neville, CM
La parrala, Edgar Neville, CM
Los millones de Polichinela, Gonzalo Delgrás

1943 *Sucedió en Damasco,* José López Rubio
Dora la espía (con Martínez Garí), Raffaello Matarazzo
1944 *Fiebre,* Primo Zeglio
La torre de los siete jorobados (con Escriñá y Simont), Edgar Neville
El rey de las finanzas (con Escriñá y Simont), Ramón Torrado
Inés de Castro (con Escriñá y Simont), José Leitao de Barros y Manuel Augusto García Viñolas
El testamento del virrey (con Escriñá y Simont), Ladislao Vajda
1945 *Espronceda* (con Escriñá y Simont), Fernando Alonso Casares
Su última noche (con Escriñá y Simont), Carlos Arévalo
Tierra sedienta, Rafael Gil
1946 *El emigrado* (con Pérez Espinosa), Ramón Torrado

DIRECCIÓN ARTÍSTICA EN PORTUGAL:

1946 *Camoens/Camoes* (con Vasco Regaleira y Rui Couto), José Leitao de Barros
La mantilla de Beatriz/A mantilha de Beatriz, Eduardo García Maroto

DIRECCIÓN ARTÍSTICA EN ESPAÑA:

1947 *Extraño amanecer,* Enrique Gómez
1948 *Una noche en blanco,* Fernando Alonso Casares
1949 *La duquesa de Benamejí,* Luis Lucia
De mujer a mujer, Luis Lucia
1950 *Balarrasa,* José Antonio Nieves Conde

EFECTOS ESPECIALES:

1950 *El último caballo,* Edgar Neville

DIRECCIÓN ARTÍSTICA:

1951 *Una cubana en España,* Luis Bayón Herrera
1954 *La danza de los deseos,* Florián Rey
1955 *La herida luminosa,* Tulio Demicheli
1957 *El conde Max/Il conte Max,* Giorgio Bianchi
Buenos días amor/Amore a prima vista (con Dario Cecchi), Franco Rossi
La cruz de mayo, Florián Rey
1958 *Carlota,* Enrique Cahen Salaverry
La quiniela, Ana Mariscal

Schvartz, Marcelo

DIRECCIÓN ARTÍSTICA:

1994 *Cadáveres para el lunes,* Joaquín Torres

Segu, Jordi

DIRECCIÓN ARTÍSTICA:

1989 *Visiones de un extraño,* Enrique Alberich

Segura, Sindria

DIRECCIÓN ARTÍSTICA:

1990 *Innisfree,* José Luis Guerín

Serra, Domingo

DIRECCIÓN ARTÍSTICA:

1941 *La doncella de la duquesa,* Gonzalo Delgrás

Seseña, Soledad

Soledad Seseña del Moral nace en Madrid el 30 de agosto de 1970. Trabaja en el teatro antes de dedicarse al cine.

AYUDANTE DE DECORACIÓN:

1994 *Historias del Kronen/Histoires du Kronen,* Montxo Armendáriz

DIRECCIÓN ARTÍSTICA:

1989 *La cocina,* Pablo Llorca, CM
1990 *Deseo oculto,* Juan José Castro, CM
1993 *Perturbado,* Santiago Segura, CM
Clips, Miguel Santesmases, CM
1994 *Sirenas,* Fernando León, CM
1995 *¡Pásala!,* Julio César Fernández, CM
1996 *El tren de las ocho* (con Víctor Molero), Esteban Requejo, CM
Familia, Fernando León

Sierra, Carlos

Carlos Sierra Guasp. Decorador, constructor de decorados, guionista y director.

DIRECCIÓN ARTÍSTICA:

1926 *Los cuatro Robinsones,* Reinhardt Blothner
1927 *La muñeca rota* (y guión), Reinhardt Blothner
Fatal dominio (y guión), Carlos Sierra

Sigler, Pepón

José Sigler comienza trabajando en televisión donde es ayudante de decoración en *La leyenda del cura de Bargota* (Pedro Olea, 1989).

DIRECCIÓN ARTÍSTICA:

1993 *El hombre de la nevera,* Vicente Tamarit

Silva, Rodrigo

DIRECCIÓN ARTÍSTICA:

1988 *Veneno que me dieras,* Mariano Ozores
1989 *Caminos de tiza,* José Luis P. Tristán
Los obsexos, Mariano Ozores

Silvent, Elixo César

DIRECCIÓN ARTÍSTICA:

1988 *Urxo,* Carlos A. López Piñeiro y Alfredo García Pinal

Simón, Josep

Josep Simón Alhambra nace en Museros (Valencia) en 1955. Desde 1983 ha realizado numerosos decorados teatrales con Manuel Zuriaga, con quien funda en 1989 una sala y un taller teatral.

CONSTRUCCIÓN:

1985 *Tiempo de silencio* (con Zuriaga), Vicente Aranda

1986 *Hay que deshacer la casa,* José Luis García Sánchez

AYUDANTE DE DECORACIÓN:

1985 *Tiempo de silencio* (con Zuriaga), Vicente Aranda

DIRECCIÓN ARTÍSTICA:

1987 *Brumal* (con Zuriaga), Cristina Andreu

Simont, Antonio

Juan Antonio Simont Guillén, nace en La Coruña el 9 de septiembre de 1897. Figurinista en París, se traslada a Méjico donde vivió durante cinco años en los que el Sindicato no le permitió ejercer como decorador. Al acabar la Guerra Civil empieza a trabajar profesionalmente en el cine y desde principios de los años cuarenta inicia su labor en los Estudios Chamartín. En 1944 se asocia con Pierre Schild y Francisco Escriñá, creando S.E.S. Cuando Schild abandona la sociedad trabaja durante unos años en los Estudios Roptence. En 1953 recibe el premio a la Mejor Ambientación del Festival de S. Sebastián por *Carne de horca* (Ladislao Vajda, 1953). A finales de la década de los sesenta se retira del cine. Fallece en Madrid el 23 de diciembre de 1976.

DIRECCIÓN ARTÍSTICA COMO ANTONIO S. GUILLÉN:

1934 *La traviesa molinera/Le tricorne/It Happened in Spain* (con Ontañón y Ricardo Soriano), Harry d'Abbadie d'Arrast
1940 *En poder de Barba Azul,* José Buchs

DIRECCIÓN ARTÍSTICA:

1941 *Flora y Mariana,* José Buchs
El crucero Baleares, Enrique del Campo
Porque te vi llorar, Juan de Orduña
Éramos siete a la mesa, Florián Rey
1942 *Rojo y negro,* Carlos Arévalo
La aldea maldita, Florián Rey
Campeones, Ramón Torrado
La rueda de la vida, Eusebio F. Ardavín
Siempre mujeres (con Coderch), Carlos Arévalo
1943 *Castillo de naipes,* Jerónimo Mihura
Misterio en la marisma, Claudio de la Torre

317

El abandarado, Eusebio Fernández Ardavín

El triunfo del amor, Manuel Blay

La maja del capote, Fernando Delgado

El frente de los suspiros (con Escriñá),
Juan de Orduña

Ana María (con Escriñá), Florián Rey

Deber de esposa (con Escriñá), Manuel
Blay

Orosia (con Escriñá), Florián Rey

1944 *Lola Montes* (con Escriñá), Antonio Román

Tarjeta de visita (con Escriñá), Antonio
de Obregón

El camino de Babel, Jerónimo Mihura

Te quiero para mí, Ladislao Vajda

Noche decisiva, Julio Fleischner

La torre de los siete jorobados (con Escriñá y Schild), Edgar Neville

El rey de las finanzas (con Escriñá y
Schild), Ramón Torrado

Inés de Castro (con Escriñá y Schild),
José Leitao de Barros y Manuel Augusto García Viñolas

El testamento del virrey (con Escriñá y
Schild), Ladislao Vajda

Su última noche (con Escriñá y Schild),
Carlos Arévalo

1945 *Espronceda* (con Escriñá y Schild), Fernando Alonso Casares

A los pies de usted (con Escriñá), Manuel
Agusto García Viñolas

Cinco lobitos/O diablo sao elas... (con Escriñá), Ladislao Vajda

La luna vale un millón (con Escriñá),
Florián Rey

Domingo de Carnaval, Edgar Neville

1946 *La mentira de la gloria* (con Escriñá), Julio Fleischner

Dulcinea (con Escriñá), Luis B. Arroyo

El huésped del cuarto 13 (con Escriñá),
Arturo Duarte

1951 *Ronda española,* Ladislao Vajda

El deseo y el amor/Le Desir et l'amour,
Henry Decoin y Luis María Delgado

Tercio de quites, Emilio Gómez Muriel

1952 *El tirano de Toledo/Les Amants de Tolè-
de/Gli amanti di Toledo* (con Léon
Barsacq), Henri Decoin y Fernando
Palacios

*Bajo el cielo de España/Sangre en el sue-
lo,* Miguel Contreras Torres

1953 *Carne de horca/Il terrore dell'Andalusia,*
Ladislao Vajda

Vuelo 971, Rafael J. Salvia

1954 *Marcelino pan y vino,* Ladislao Vajda,
CEC

Para siempre/Para siempre amor mío,
Tito Davison

Las últimas banderas, Luis Marquina

1955 *Ha pasado un hombre,* Javier Setó

El puente del diablo, Javier Setó

Juicio final, José Ochoa

Tarde de toros, Ladislao Vajda

Playa prohibida, Juan Soler

1956 *Mi tío Jacinto/Pepote,* Ladislao Vajda, CEC

El anónimo, José Ochoa

Dos novias para un torero, Antonio Román

Amanecer en Puerta Oscura, José María
Forqué

1957 *Un ángel pasó por Brooklyn/Un angelo è
sceso a Brooklyn,* Ladislao Vajda, SNE y
CEC

El marido/Il marito, Fernando Palacios y
Nanni Loy

El Cristo de los Faroles, Arturo Ruiz-Castillo

Les bijoutiers du clair de lune (con Jean
André), Roger Vadim

1958 *La rebelión de los gladiadores/La rivolta
dei gladiatori* (con Vittorio Rossi), Vittorio Cottafavi

Un hecho violento, José María Forqué

Mara, Miguel Herrero

1959 *Vacaciones en Mallorca/Brevi amori a
Palma di Majorca* (con Franco Fontana), Giorgio Bianchi

Carta al cielo, Arturo Ruiz-Castillo

De espaldas a la puerta (con Molina),
José María Forqué

Las dos y media y... veneno (con Molina),
Mariano Ozores

*Las legiones de Cleopatra/Le legioni di
Cleopatra/Les Légions de Cléopatra*
(con Molina), Vittorio Cottafavi

1960 *Pelusa,* Javier Setó

Ursus/Ursus, Carlo Campogalliani

María, matrícula de Bilbao (con Molina),
Ladislao Vajda

1961 *Usted puede ser el asesino* (con Molina),
José María Forqué

Siempre es domingo (con Molina), Fernando Palacios, SNE y CEC

A hierro muere/A sangue frio (con Molina), Manuel Mur Oti

Tres de la Cruz Roja, Fernando Palacios

1962 *Vamos a contar mentiras,* Antonio Isasi
Isasmendi

1961 *Gritos en la noche/L'horrible docteur Orloff,* Jesús Franco

1962 *Vuelve San Valentín*, Fernando Palacios

Accidente 703, José María Forqué

Fra Diavolo/I tromboni di Fra' Diabolo (con Ontañón y Ugo Pericoli), Miguel Lluch y Giorgio Simonelli

La gran familia, Fernando Palacios

Los siete espartanos/I sette gladiatori (con Piero Poletto), Pedro Lazaga

Mi Buenos Aires querido, Francisco Mugica

1963 *Operación Embajada*, Fernando Palacios

¡Fuego!/Pyro... The Thing Without a Face, Julio Coll

Horror/Horror, Alberto de Martino

Atraco a las tres, José María Forqué

El juego de la verdad/Couple interdit, José María Forqué

Una chica casi formal, Ladislao Vajda

Ramón y Dalila, Luis de los Arcos

1964 *Historias de la televisión*, José Luis Sáenz de Heredia

Crimen de doble filo, José Luis Borau

Vacaciones para Ivette, José María Forqué

Sonría por favor, Silvio F. Balbuena y Manuel Caño

Casi un caballero, José María Forqué

1965 *La ciudad no es para mí*, Pedro Lazaga

La familia y... uno más, Fernando Palacios

Operación Dalila/Operation Dalilah, Luis de los Arcos

1966 *Nuevo en esta plaza*, Pedro Lazaga

Las viudas, José María Forqué, Julio Coll y Pedro Lazaga

Los guardiamarinas, Pedro Lazaga

Residencia para espías/Ça barde chez mignonnes, Jesús Franco

1967 *Un millón en la basura*, José María Forqué

¿Qué hacemos con los hijos?, Pedro Lazaga

Los chicos del Preu, Pedro Lazaga

Novios 68, Pedro Lazaga

Sor Citroen, Pedro Lazaga

El turismo es un gran invento, Pedro Lazaga

1968 *No desearás a la mujer de tu prójimo*, Pedro Lazaga

¡Cómo sois las mujeres!, Pedro Lazaga

No le busques tres pies, Pedro Lazaga

Sobera, Carlos

DIRECCIÓN ARTÍSTICA COGUIONISTA Y ACTOR:

1996 *Rigor mortis* (con Koldo Azkarreta y Anne Mantxola), Koldo Azkarreta

Sobrevila, Nemesio M.

Nemesio Manuel Sobrevila Sarachu nace en Bilbao en 1889. Arquitecto, director y guionista, fallece en San Sebastián en 1969.

DIRECCIÓN ARTÍSTICA:

1927 *Al Hollywood madrileño* (y vestuario), Nemesio M. Sobrevila

1935 *La hija de Juan Simón* (con Espinosa), José Luis Sáenz de Heredia

Solé Pujol, J. A.

DIRECCIÓN ARTÍSTICA:

1952 *Perseguidos,* José Luis Gamboa

Soler, Alejandro

DIRECCIÓN ARTÍSTICA:

1977 *La portentosa vida del padre Vicente*, Carles Mira

1980 *Con el culo al aire*, Carles Mira

1982 *Héctor*, Carlos Pérez Ferré

AMBIENTACIÓN:

1982 *Que nos quiten lo bailao*, Carles Mira

Soler, José

DIRECCIÓN ARTÍSTICA:

1943 *La niña está loca*, Alejandro Ulloa

Soriano, Ricardo

Ricardo Soriano y Scholtz, Marqués de Ivanrey, nace en Madrid en 1883. Productor.

1934 *La traviesa molinera/Le tricorne/It Happened in Spain* (con Ontañón y Antonio S. Guillén), Harry d'Abbadie d'Arrast

Spitzer, Carlos

Carlos Spitzer Isbert. Actor, hijo de María Isbert y hermano de Tony Isbert, en la actualidad se dedica sobre todo al doblaje.

DIRECCIÓN ARTÍSTICA:

1983 *El hundimiento de la casa Usher* (como Carlos Isbert), Jesús Franco
1984 *¿Cuánto cobra un espía?,* Jesús Franco
Juego sucio en Casablanca, Jesús Franco
1985 *Viaje a Bangkok, ataúd incluido,* Jesús Franco
1986 *Esclavas del crimen,* James Lee Johnson (Jesús Franco)

Suárez, Simón

DIRECCIÓN ARTÍSTICA:

1984 *Otra vuelta de tuerca,* Eloy de la Iglesia
1988 *Viento de cólera,* Pedro de la Sota

Subirachs, Roger

DIRECCIÓN ARTÍSTICA:

1991 *¡Cucarachas!/Crapules!,* Toni Mora
No te cortes un pelo, Francesc Casanovas
1992 *Semos peligrosos (uséase Makinavaja 2)* (con Francesc Cardeña), Carlos Suárez
1996 *Nexo,* Jordi Cadena

Subirats, J.

DIRECCIÓN ARTÍSTICA:

1983 *Los nuevos curanderos,* Isabel Mula

Suñé, Enrique

Enrique Suñé Bullich.

DIRECCIÓN ARTÍSTICA:

1942 *Melodías prohibidas,* Francisco Gibert
Su excelencia el mayordomo, Miguel Iglesias
1943 *Enemigos,* Antonio Santillán
1944 *Adversidad,* Miguel Iglesias

Surribas, Pedro

Pedro Surribas Mas, a principios de los años sesenta trabajó en los estudios C.E.A. como ayudante de Simont. También fue ayudante de Ramiro Gómez, Enrique Alarcón Sánchez, Francisco Canet y trabajó en la productora de Bronston.

AYUDANTE DE DECORACIÓN:

1959 *Las legiones de Cleopatra/Le legioni di Cleopatra/Les Légions de Cléopatra,* Vittorio Cottafavi
1960 *María, matrícula de Bilbao,* Ladislao Vajda
El coloso de Rodas/Il colosso di Rodi/Le colosse de Rhodes, Sergio Leone
Ursus/Ursus, Carlo Campogalliani
King of Kings (Rey de Reyes), Nicholas Ray
Mi noche de bodas, Tulio Demicheli
1961 *Usted puede ser el asesino,* José María Forqué
El Cid (El Cid), Anthony Mann
The Happy Thieves/Último chantaje, Georges Marshall
Ha llegado un ángel, Luis Lucia
Viridiana, Luis Buñuel
Ventolera, Luis Marquina
A hierro muere/A sangue frio, Manuel Mur Oti

DIRECCIÓN ARTÍSTICA:

1965 *Playa de Formentor,* Germán Lorente
Vivir al sol, Germán Lorente

Tallo, Fernando

DIRECCIÓN ARTÍSTICA:

1990 *Loraldia, el tiempo de las flores,* Óscar Aizpola

Tapiador, José María

José María Tapiador López nace en Malagón (Ciudad Real) el 26 de febrero de 1933. Estudió en la Escuela Central de Bellas Artes de San Fernando entre 1954 y 1958. Empezó a trabajar como meritorio en los Estudios Chamartín a las órdenes de Antonio Simont, trabaja después como ayudante de Alguero.

MERITORIO DE DECORACIÓN:

1957 *Un ángel pasó por Brooklyn/Un angelo è sceso a Brooklyn*, Ladislao Vajda
      El marido/Il marito, Fernando Palacios y Nanni Loy

AYUDANTE DE DECORACIÓN:

1958 *La rebelión de los gladiadores/La rivolta dei gladiatori*, Vittorio Cottafavi
1959 *Nacido para la música*, Rafael J. Salvia
      Las dos y media y... veneno, Mariano Ozores
      El inocente, José María Forn
      Las legiones de Cleopatra/Le legioni di Cleopatra/Les Légions de Cléopatra, Vittorio Cottafavi
1960 *María, matrícula de Bilbao*, Ladislao Vajda
      La rebelión de los esclavos/La rivolta degli schiavi/Die Sklaven Roms, Nunzio Malasomma
      Ursus/Ursus, Carlo Campogalliani
1961 *Usted puede ser el asesino*, José María Forqué
1962 *Los motorizados/I motorizzati*, Camilo Mastrocinque
1963 *Pacto de silencio*, Antonio Román
      Operación embajada, Fernando Palacios
      Los muertos no perdonan, Julio Coll
      El escándalo, Javier Setó
      Pacto de silencio, Antonio Román
1964 *El hijo del pistolero/Son of a Gunfighter*, Paul Landres
1965 *Battle of the Bulge (La batalla de las Ardenas)*, Ken Annakin
1966 *El regreso de los siete magníficos/Return of the Seven*, Burt Kennedy
      How I Won the War (Cómo gané la guerra), Richard Lester
      Camelot (Camelot), Joshua Logan
      The Long Duel (La leyenda de un valiente), Ken Annakin
1967 *Villa Rides! (¡Villa cabalga!)*, Buzz Kulik

1970 *Le boulevard du Rhum (El bulevar del Ron)*, Robert Enrico
1975 *La mosca hispánica/The Spanish Fly* (con Jacqueline Charrot-Lodwidge), Bob Kallet

DIRECCIÓN ARTÍSTICA:

1969 *Guns of the Magnificent Seven*, Paul Wendkos
      Cannons for Cordoba (Cañones para Córdoba), Paul Wendkos
      Valdez Is Coming! (¡Que viene Valdez!), Edwin L. Sherin
1971 *Catlow (El oro de nadie)*, Sam Wanamaker (diseño de producción: Herbert Smith)
      The Last Run (Fuga sin fin) (con Roy Walker), Richard Fleischer
1972 *Shaft in Africa (Shaft en África)*, John Guillermin (diseño de producción: John Stoll)
1974 *Un hombre llamado Noon/The Man Called Noon/Lo chiamavano Mezzogiorno*, Peter Collinson
      La cruz del diablo, John Gilling
      Zorro/El Zorro, Duccio Tessari
      Diez negritos/Ein Unbekannter rechnet ab/Dieci bianchi uccisi da un piccolo indiano/Dix petits nègres, Peter Collinson
1975 *Potato Fritz (Masacre en Condor Pass)*, Peter Schamoni
      El genio/Un genio, due compagni e un pollo/The Genius/Un genie, deux associés, une clocho, Damiano Damiani
1976 *March or Die (Marchar o morir)*, Dick Richards (diseño de producción: Gil Parrondo)
      Guerreras verdes (con Hidalgo), Ramón Torrado
1980 *Tres mujeres de hoy*, Germán Lorente
1981 *Escarabajos asesinos/Kephera*, Stephen Charles Jaffe
1982 *Hundra/Hundra*, Matt Cimber
1983 *Yellow Hair y Pecos Kid/Yellow Hair and Pecos Kid*, Matt Cimber
1986 *Banter*, Herve Hachuel
1987 *The Trouble with Spies*, Burt Kennedy
      Siesta (Relación fatal) (con Jon Hutman), Mary Lambert (diseño de producción: John Beard)
1989 *El río que nos lleva*, Antonio del Real
1992 *El beso del sueño*, Rafael Moreno Alba
      Los inocentes/Narcos, Giuseppe Ferrara

1993 *Hombres de acero/Men of War,* Perry Lang
1996 *Desafío final,* Ted Kotcheff

Tejero, Delly

DIRECCIÓN ARTÍSTICA:

1942 *Por un amor* (con José Salvador), Ricardo Gutiérrez

Terán, Enriqueta

Enriqueta Terán Vega.

DIRECCIÓN ARTÍSTICA:

1987 *El gran Serafín,* José María Ulloque

Thévenet, Pierre

Pierre Louis Thévenet, nace en París el 18 de abril de 1925. A mediados de los años setenta viene a España a trabajar con Bronston. En 1996 recibe la Mención a la Mejor Dirección artística en el Festival de Cine de Mar del Plata por *Tranvía a la Malvarrosa.*

AYUDANTE DE DECORACIÓN:

1961 *King of Kings (Rey de reyes),* Nicholas Ray
     El Cid (El Cid), Anthony Mann
1962 *55 Days at Peking (55 días en Pekín),* Nicholas Ray
1963 *The Fall of the Roman Empire (La caída del Imperio Romano),* Anthony Mann
1964 *Circus World (El fabuloso mundo del circo),* Henry Hathaway
1969 *Patton,* Franklin J. Shaffner, OSCAR
1984 *Carmen,* Francesco Rosi

AMBIENTADOR ARTÍSTICO:

1974 *Manchas de sangre en un coche nuevo,* Antonio Mercero

DIRECCIÓN ARTÍSTICA:

1958 *L'eau vive,* François Villiers
1960 *Le voyage en ballon,* Albert Lamorisse
1962 *La guerre des boutons (La guerra de los botones),* Yves Robert

1963 *La otra mujer/L'Autre femme/Quella terribile notte,* François Villiers
1964 U*n balcón sobre el infierno/Constance aux Enfers* (con Juan Alberto), François Villiers
1965 *Tintin/El misterio de las naranjas azules* (con Ramiro Gómez), Philippe Condroyer
1968 *The Southern Star/L'étoile du sud (La estrella del sur),* Sydney Hayers
1970 *The Horsemen (Orgullo de estirpe)* (con Parrondo), John Frankenheimer
1985 *Dust,* Marion Hänsel
1988 *El sueño del mono loco,* Fernando Trueba
1996 *Tranvía a la Malvarrosa,* José Luis García Sánchez

Thovar, Gonzalo

Ha trabajado en televisión decorando varios programas de Antena 3 y como ayudante en series como *La banda de Pérez* (Ricardo Palacios, 1996).

AYUDANTE DE DECORACIÓN:

1991 *La viuda del capitán Estrada,* José Luis Cuerda
1992 *Después del sueño,* Mario Camus
     Vacas, Julio Medem
     La marrana, José Luis Cuerda
1994 *Amor propio,* Mario Camus

DIRECCIÓN ARTÍSTICA:

1996 *Adán y Eva,* Joaquim Leitao

Toledo, Verónica

DIRECCIÓN ARTÍSTICA:

1987 *Moros y cristianos,* Luis García Berlanga

Torras, Isabel

DIRECCIÓN ARTÍSTICA:

1986 *La rossa del bar/La rubia del bar,* Ventura Pons

Torre, Néstor de la

Néstor Martín Fernández de la Torre, nace en Las Palmas de Gran Canaria en 1887. Pintor y escenógrafo teatral. Fallece en Las Palmas de Gran Canaria en 1938.

DIRECCIÓN ARTÍSTICA Y ACTOR:

1927 *La hija del mestre,* Carlos Luis Monzón y Francisco González González

Torre de la Fuente, Eduardo

J. Eduardo Torre de la Fuente Ortega nace en Madrid el 3 de abril de 1919. Estudió en la Institución Libre de Enseñanza, teniendo que interrumpir sus estudios a causa de la Guerra Civil. Para evitar ser movilizado entra a trabajar en los Estudios Roptence, gracias a su tío, el director Cecilio Rodríguez, que hacía documentales para esos Estudios. Pasa la guerra trabajando como aprendiz de escayolista, pintor y carpintero, hasta que trabaja como ayudante en todas las producciones de Roptence, adquiriendo cada vez más las responsabilidades de decorador-jefe. A partir de los primeros años cincuenta desarrolla su trabajo preferentemente como director artístico. Obtiene varios premios del Sindicato Nacional del Espectáculo y del Círculo de Escritores Cinematográficos. Interviene como decorador y figurinista en varias comedias en los teatros Español, Lara, de la Comedia y de la Zarzuela. En cuarenta años de profesión, crea los espacios para más de doscientas películas y varias series de Televisión Española como *Escuela de matrimonios* (Julio Coll, 1965), *Diego de Acevedo* (Ricardo Blasco, 1966), *La familia Colón* (Julio Coll, 1967), *El juglar y la reina* (Alfonso Ungría, Fernando Méndez Leite, Jaime Chávarri y Fandiño, 1978), *Los mitos* (Juan Guerrero Zamora, 1976), *Juanita la Larga* (Eugenio Martín, 1981) y el vestuario de *Goya y su tiempo* (José Ramón Larraz, 1984), trabaja para la televisión francesa en *Mon dernier rêve sera pour vous* (Maurice M. Gili, 1988) y diseñando los decorados de *Vísperas* (Eugenio Martín, 1986) para TVE. Aunque podía haberse jubilado en 1984 continúa trabajando hasta 1987, cuando en un rodaje sufre un percance físico que le obliga a retirarse durante varios meses. A partir de ese momento abandona el cine y se dedica a diseñar los decorados y ambientes de numerosos anuncios publicitarios.

DIBUJANTE:

1939 *Leyenda rota,* Carlos Fernández Cuenca

1940 *Rápteme usted,* Julio Fleischner
Gracia y justicia, Julián Torremocha
1941 *Escuadrilla,* Antonio Román
1942 *Primer amor,* Claudio de la Torre
1944 *Una herencia de París,* Miguel Pereyra
1945 *Su última noche,* Carlos Arévalo

AYUDANTE DE DECORACIÓN:

1941 *El milagro del Cristo de la Vega,* Adolfo Aznar
Unos pasos de mujer, Eusebio Fernández Ardavín
1942 *El frente de los suspiros,* Juan de Orduña
¡Qué contenta estoy!, Julio Fleischner
Boda en el infierno, Antonio Román
1943 *Antes de entrar dejen salir,* Julio Fleischner
La casa de la lluvia, Antonio Román
1944 *Inés de Castro* (y ambientación y vestuario), José Leitao de Barros y Manuel Augusto García Viñolas
Altar Mayor, Gonzalo Delgrás
1945 *Cinco lobitos,* Ladislao Vajda
A los pies de usted, Manuel Augusto García Viñolas
1946 *Dulcinea,* Luis Arroyo

VESTUARIO:

1952 *¡Bienvenido, Míster Marshall!,* Luis García Berlanga
1953 *El beso de Judas* (con Comba), Rafael Gil
1954 *Marcelino pan y vino* (con Comba), Ladislao Vajda
1959 *El Litri y su sombra* (con Comba), Rafael Gil

AMBIENTACIÓN Y VESTUARIO:

1947 *Noche de Reyes,* Luis Lucia
La dama del armiño, Eusebio F. Ardavín
Cuatro mujeres, Antonio del Amo
Reina Santa (con Comba), Rafael Gil
La princesa de los Ursinos (vestuario con Comba), Luis Lucia
La fe (vestuario con Comba), Rafael Gil
1948 *Don Quijote de la Mancha* (vestuario con Comba), Rafael Gil
Noche de Reyes, Luis Lucia
La vida encadenada, Antonio Román
1949 *El Capitán de Loyola,* José Díaz Morales
La Duquesa de Benamejí, Luis Lucia
Agustina de Aragón (ambientación con Comba), Juan de Orduña

1953 *Noches andaluzas/Nuits andalouses*, Maurice Cloche y Ricardo Blasco
Jeromín (con Comba), Luis Lucia

DIRECCIÓN ARTÍSTICA:

1949 *Tiempos felices*, Enrique Gómez
1951 *Cerca de la ciudad* (con Ballester), Luis Lucia
1952 *Puebla de las mujeres*, Antonio del Amo
Bella, la Salvaje, Roberto Rey y Raúl Medina
1953 *Pasaporte para un ángel*, Javier Setó
Manicomio, Fernando Fernán-Gómez y Luis Delgado
El mensaje, Fernando Fernán-Gómez
El milagro del sacristán, José María Elorrieta
El pescador de coplas, Antonio del Amo
Aeropuerto, Luis Lucia
1954 *La ciudad de los sueños*, Enrique Gómez
Sierra maldita, Antonio del Amo
Nosotros dos, Emilio Fernández
El Coyote, Joaquín Romero-Marchent
El tren expreso, León Klimovsky
Señora Ama, Julio Bracho
Duelo de pasiones, Javier Setó
El bandido generoso, José María Elorrieta
Mañana, cuando amanezca, Javier Setó
Una cruz en el infierno, José María Elorrieta
1955 *El malvado Carabel*, Fernando Fernán-Gómez
Playa prohibida, Julián Soler
El desconocido, Eduardo Manzanos
Suspenso en comunismo, Eduardo Manzanos
Costa Brava, Juan Bosch
Al fin solos, Alejandro Perla
Carta a Sara/Tormento d'amore, Eduardo Manzanos y Leonardo Bercovicci
Río Guadalquivir/Dimentica il mio passato, Eduardo Manzanos y Primo Zeglio
Duelo de pasiones, Javier Setó
Roberto, el Diablo, Pedro Lazaga
Saeta Rubia, Javier Setó
1956 *Miedo*, León Klimovsky
La hija de Juan Simón, Gonzalo Delgrás
Polvorilla, Florián Rey
1957 *La estrella del rey*, Luis María Delgado y Dino Maiuri
El maestro/Il maestro, Aldo Fabrizi

Saeta del ruiseñor, Antonio del Amo
El fotogénico, Pedro Lazaga
Las aeroguapas/Le belle dell'aria, Mario Costa y Eduardo Manzanos
El Cristo de los faroles, Antonio del Amo
Cumbres luminosas, Juan José Fogues
Valentina/Buon giorno, primo amore, Mario Girolami
Toro bravo/Fiesta brava, Vittorio Cottafavi y Domingo Viladomat
1958 *Aquellos tiempos del cuplé*, José Luis Merino y Mateo Cano
La vida por delante, Fernando Fernán-Gómez
Una chica de Chicago, Manuel Mur Oti
¡Culpables!, Arturo Ruiz-Castillo
Luna de miel en España/Honeymoon, Michael Powell
S.O.S., abuelita, León Klimovsky
Marineros, no miréis a las chicas/Marinai donne e guai, Giorgio Simonelli
Un hecho violento, José María Forqué
1959 *La vida alrededor*, Fernando Fernán-Gómez
Los tramposos, Pedro Lazaga
El lazarillo de Tormes/Lazzarillo di Tormes, César Fernández Ardavín, SNE
La fiel Infantería, Pedro Lazaga
Tenemos dieciocho años, Jesús Franco
1960 *Trío de damas*, Pedro Lazaga
Alma aragonesa, José Ochoa
Café de Chinitas, Gonzalo Delgrás
Labios rojos, Jesús Franco
El vagabundo y la estrella, José Luis Merino y Mateo Cano
Los económicamente débiles, Pedro Lazaga
1961 *El pobre García*, Tony Leblanc
Armas contra la ley/Armi contro la legge, Ricardo Blasco
Los pedigüeños, Tony Leblanc
Cerrado por asesinato, José Luis Gamboa
Ella y los veteranos, Ramón Torrado
Júrame, José Ochoa
La cuarta carabela, Miguel Martín
Teresa de Jesús, Juan de Orduña
1962 *Canción de juventud*, Luis Lucia
Autopsia de un criminal, Ricardo Blasco
Destino Barajas, Javier Setó
El rapto de T.T., José Luis Viloria
1963 *Plaza de Oriente*, Mateo Cano
La frontera de Dios, César Fernández Ardavín
Pedro el cruel/Sfida al Re di Castiglia, Ferdinando Baldi

El cálido verano del señor Rodríguez, Pedro Lazaga

Confidencias de un marido, Francisco Prósper

1964 *El tímido*, Pedro Lazaga

Un puente sobre el tiempo, José Luis Merino

Los gatos negros/Cançao da saudade (con Rodrigues), José Luis Monter

Prohibido soñar, Silvio F. Balbuena

El señor de La Salle (y vestuario), Luis César Amadori

1965 *El hombre de Marrakech/L'homme de Marrakech/L'uomo di Casablanca*, Jacques Deray

Diálogos de la Paz, José María Font Espina y Jorge Feliu

Whisky y vodka, Fernando Palacios

Más bonita que ninguna, Luis Lucia

La muerte se llama Myriam/L'uomo di Toledo, Eugenio Martín

Agente O.I. contra Fantomas, Antonio del Amo

La barrera, Pedro Mario Herrero

Por mil dólares al día/Per mille dollari al giorno, Silvio Amadio

La ruta de los diamantes, Gérard Oury

Acompáñame, Luis César Amadori

Posición avanzada, Pedro Lazaga

001, operación Caribe/A.001 Operazione Giamaica/Scharfe Schüsse auf Jamaiko, Richard Jackson

1966 *Operación secretaria*, Mariano Ozores

El gran golpe de los siete hombres de oro/Il grande colpo dei sette uomini d'oro/Le CIA mène la danse (con Carlo Egidi), Marco Vicario

Los celos y el duende, Silvio F. Balbuena

Los amores difíciles, Raúl Peña Anda

Fantasía...3, Eloy G. de la Iglesia

Por mil dólares al día/Per mille dollari al giorno, Silvio Amadio

Buenos días condesita, Luis César Amadori

Adiós Texas/Texas addio (con Luigi Scaccianoce), Ferdinando Baldi

1967 *Club de solteros*, Pedro Mario Herrero

Amor en el aire, Luis César Amadori

Texas el rojo, Roberto Loven

Persecución hasta Valencia/Il sapore della vendetta, Julio Coll

Operación Mata-Hari, Mariano Ozores

Camino de la verdad/El siervo de Dios, Agustín Navarro

1968 *Cristina Guzmán*, Luis César Amadori

¡Cómo está el servicio!, Mariano Ozores

Réquiem para un gringo, José Luis Merino

Long Play, Javier Setó

Comandos/Commando suicida, Camillo Bazzoni

El mejor del mundo, Julio Coll

1969 *Simón Bolivar/La epopeya de Simón Bolívar*, Alessandro Blasetti

La batalla del último Panzer/La battaglia dell'ultimo Panzer, José Luis Merino

Cómo casarse en siete días, Fernando Fernán-Gómez

El alma se serena, José Luis Sáenz de Heredia

Mi marido y sus complejos, Luis María Delgado

Matrimonios separados, Mariano Ozores

Susana, Pedro Lazaga

Tierra de gigantes, Ferdinando Baldi

Juicio de faldas, José Luis Sáenz de Heredia

La mueca final, Luis María Delgado

La última aventura del Zorro, José Luis Merino

El último de los Kiber, José Luis Merino

Después de los nueve meses, Mariano Ozores

Robin Hood, el arquero invencible, José Luis Merino

Dele color al difunto, Luis María Delgado

Las cinco advertencias de Satanás, José Luis Merino

Consigna: matar al comandante en jefe/Commando di spie, José Luis Merino

1970 *El astronauta*, Javier Aguirre

El Cristo del Océano, Ramón Fernández

Hay que educar a papá, Pedro Lazaga

Las endemoniadas/Nelle pieghe della carne, Sergio Bergonzelli

Hembra (prohibido), César Fernández Ardavín, SNE

Fray dólar, Raúl Peña

La Araucana/L'Araucana, massacro degli dei, Julio Coll, CEC

La orilla, Luis Lucia

La salamandra del desierto/Tamar/In der glut des mittags, Riccardo Freda

1971 *Los días de Cabirio*, Fernando Merino

Tarzán y el arco iris, Manuel Caño

Delirios de grandeza/La follie des grandeurs, Gérard Oury

La rebelión de los bucaneros, José Luis Merino (como Eduard Torré)

Historia de una traición, José Antonio Nieves Conde

El padre de la criatura, Pedro Lazaga

1972 *En el oeste se puede hacer... amigo/Si può fare... amico*, Maurizio Lucidi

La guerrilla, Rafael Gil

El Horóscopo, Pedro Lazaga

Disco rojo/Sinal vermelho, Rafael Romero-Marchent

Ligue Story, Alfonso Paso

Vudú sangriento, Manuel Caño

La orgía de los muertos/L'orgia dei morti (con Francesco di Stefano), José Luis Merino

París bien vale una moza, Pedro Lazaga

Nadie oyó gritar, Eloy de la Iglesia

El abuelo tiene un plan, Pedro Lazaga

Una gota de sangre para morir amando/Le Bal du Vaudou, Eloy de la Iglesia

La campana del infierno, Claudio Guerín Hill

Ella, Tulio Demicheli

Manolo la nuit, Mariano Ozores

1973 *La llamaban la madrina*, Mariano Ozores

El asesino está entre los trece, Javier Aguirre

Juegos de sociedad, José Luis Merino

Señora Doctor, Mariano Ozores

Cebo para una adolescente, Francisco Lara Polop

Érase una vez un circo, Ramón Fernández

El amor empieza a medianoche, Pedro Lazaga

1974 *Jenaro, el de los catorce*, Mariano Ozores

Cuando el cuerno suena, Luis María Delgado

Celedonio y yo somos así, Mariano Ozores

Matrimonio al desnudo, Ramón Fernández

El insólito embarazo de los Martínez, Javier Aguirre

Cómo matar a papá sin hacerle daño, Ramón Fernández

En la cresta de la ola, Pedro Lazaga

Bienvenido Míster Krif, Tulio Demicheli

No matarás, César Fernández Ardavín

Soltero y padre en la vida, Javier Aguirre

Un lujo a su alcance, Ramón Fernández

Esta que lo es..., Ramón Fernández

El calzonazos, Mariano Ozores

1975 *El adúltero*, Ramón Fernández

Pantaleón y las visitadoras, Mario Vargas Llosa y José María Gutiérrez

Estoy hecho un chaval, Pedro Lazaga

La llamada del lobo/Il richiamo del lupo, Gianfranco Baldanello

Juego de amor prohibido, Eloy de la Iglesia

1976 *La criatura*, Eloy de la Iglesia

In memoriam, Enrique Brasó

La muerte ronda a Mónica, Ramón Fernández

El hombre que supo amar, Miguel Picazo

Más allá del deseo, José Antonio Nieves Conde

1977 *Doña Perfecta*, César Fernández Ardavín

¡Vaya par de gemelos!, Pedro Lazaga

Al servicio de la mujer española, Jaime de Armiñán

El hombre que yo quiero, Juan José Porto

1979 *El año que amamos a Kim Novak*, Juan José Porto

1980 *Crónicas del bromuro*, Juan José Porto

Sobrenatural, Eugenio Martín

Morir de miedo, Juan José Porto

1981 *Concierto barroco*, José Montes Baquer

El niño del tambor, Jorge Grau

1982 *El gran mogollón*, Tito Fernández

1983 *El filandón* (con Carrillo), José María Martín Sarmiento

1985 *Los paraísos perdidos*, Basilio Martín Patino

1986 *La monja alférez* (y vestuario), Javier Aguirre

1987 *El polizón de Ulises*, Javier Aguirre

Torrecilla, Julio

AMBIENTACIÓN:

1993 *La madre muerta*, Juanma Bajo Ulloa

AYUDANTE DE DECORACIÓN:

1994 *La leyenda de un hombre malo*, Myriam Ballesteros, CM

1995 *Tierra* (con Montse Sanz), Julio Medem

DIRECCIÓN ARTÍSTICA:

1996 *Pasajes*, Daniel Calparsoro

Airbag (con Satur Idarreta y Nuria Sanjuán), Juanma Bajo Ulloa

Torres, E.

DIRECCIÓN ARTÍSTICA:

1975 *Un lujo a su alcance*, Ramón Fernández

Torres, Jose María de

José María Torres García nace en Granada en 1887. Después de colaborar con el director José Buchs, entra a trabajar en los estudios C.E.A. como constructor y decorador jefe. Fallece en Madrid el 11 de marzo de 1973. Padre del director de fotografía Ricardo Torres Núñez.

CONSTRUCCIÓN:

1934 *Agua en el suelo,* Eusebio Fernández Ardavín
 Crisis mundial, Benito Perojo
1935 *Vidas rotas,* Eusebio F. Ardavín
1936 *El bailarín y el trabajador,* Luis Marquina
1946 *Senda ignorada,* José Antonio Nieves Conde

DIRECCIÓN ARTÍSTICA:

1925 *Amapola,* José Martín
 Cabrita que tira al monte, Fernando Delgado
 El abuelo, José Buchs
1926 *Pilar Guerra,* José Buchs
 Una extraña aventura de Luis Candelas, José Buchs
 La bejarana, Eusebio Fernández Ardavín
 La chica del gato, Antonio Calvache "Walken"
1927 *El Conde de Maravillas,* José Buchs
 Los aparecidos, José Buchs
 Una aventura de cine, Juan de Orduña
 Estudiantes y modistillas, Juan Antonio Cabero
 La hermana San Sulpicio, Florián Rey
 Rosa de Madrid, Eusebio Fernández Ardavín
1928 *Los misterios de la Imperial Toledo,* José Buchs
 Pepe-Hillo, José Buchs
1929 *El rey que rabió,* José Buchs
 El sexto sentido, Nemesio M. Sobrevila
 Zalacaín, el aventurero, Francisco Camacho Ruiz
1930 *El guerrillero,* José Buchs
 Prim, José Buchs
1931 *Isabel de Solís, reina de Granada,* José Buchs
1934 *Una de fieras,* Eduardo García Maroto, CM
 Una de miedo, Eduardo García Maroto, CM
 La Dolorosa, Jean Grémillon
 La hermana San Sulpicio, Florián Rey

1935 *Nobleza baturra,* Florián Rey
 La hija del penal, Eduardo García Maroto
 Do re mi fa sol la si o la vida privada de un tenor, Edgar Neville, CM
 Don Quintín el amargao, Luis Marquina
1936 *Morena Clara,* Florián Rey
1937 *Industrias de guerra,* Antonio del Amo, CM
 Mando único, Antonio del Amo, CM
1938 *Nuestro culpable* (con Mignoni), Fernando Mignoni

Tovar, José María

DIRECCIÓN ARTÍSTICA:

1951 *Niebla y sol* (con Julio García Lafuente), José María Forqué

Tribes, Trino

Actor en *Los blues de la calle Pop* (Jesús Franco, 1983) y *Bahía Blanca* (Jesús Franco, 1984).

DIRECCIÓN ARTÍSTICA:

1987 *Biba la Banda,* Ricardo Palacios

Trotter, Enrique

DIRECCIÓN ARTÍSTICA:

1980 *Los alegres bribones* (con Federico Baena), Pancho Bautista

Trueba, Dolores

Dolores Trueba Olazábal.

DIRECCIÓN ARTÍSTICA:

1982 *Pares y Nones,* José Luis Cuerda

Trueba, Fernando

Fernando Rodríguez Trueba nace en Madrid el 9 de mayo de 1955. Director.

DIRECCIÓN ARTÍSTICA:

1983 *Sal gorda,* Fernando Trueba

Tuduri, Jose María

José María Tuduri Esnal. Director, productor y guionista.

DIRECCIÓN ARTÍSTICA Y GUIÓN:

1990 *Santa Cruz, el cura guerrillero,* José María Tuduri

Ubieta, José G. de

José González de Ubieta Lumbreras, nace en Madrid el 6 de noviembre de 1911. Dibujante, pintor, escritor y crítico cinematográfico en diversas publicaciones, se inicia en el cine en 1939 como comentarista del documental *Barcelona: ritmo de un día* y escribiendo el argumento de *Luna gitana.* Trabaja como guionista y ayudante de dirección en varias películas. Dirige dos cortometrajes y los largometrajes: *Gente sin importancia* (1950) y *La ciudad de fuego (Em Nar)* (1951). Fallece en Teruel en 1994.

DIRECCIÓN ARTÍSTICA:

1946 *Abel Sánchez* (y ayudante de dirección), Carlos Serrano de Osma
1947 *Embrujo* (y vestuario), Carlos Serrano de Osma
      La sirena negra (y vestuario), Carlos Serrano de Osma
      La muralla feliz, Enrique Herreros
1948 *Campo bravo,* Pedro Lazaga Sabate
      Cita con mi viejo corazón, Feruccio Cerio

Urdanbide, Eugenio

DIRECCIÓN ARTÍSTICA:

1983 *La muerte de Mikel/Mikelen Eriotza,* Imanol Uribe

Valera, Gustavo

Escenógrafo teatral, en los años treinta monta una sociedad con Zabala y Campsaulina.

DIRECCIÓN ARTÍSTICA:

1952 *El Judas,* Ignacio F. Iquino (decorados de teatro)

Valero, Antonio

DIRECCIÓN ARTÍSTICA:

1968 *Hombre en la trampa,* Pascual Cervera

Valle, Begoña del

Begoña del Valle-Iturriaga.

VESTUARIO:

1979 *Mis relaciones con Ana,* Rafael Moreno Alba

DIRECCIÓN ARTÍSTICA:

1979 *Memorias de Leticia Valle* (con Pedro Carvajal, Julio Barreda y Ángel Rodríguez), Miguel Ángel Rivas
1981 *Best seller,* Íñigo Botas

Vallés, Luis

Luis Vallés Calvo "Koldo", nace en Tendilla (Guadalajara) el 5 de enero de 1953. Comienza trabajando en TVE como auxiliar en la serie, *Fortunata y Jacinta* (Mario Camus, 1979) para pasar pronto al cine, trabajando como auxiliar de Rosell. Diseña los decorados de *El crimen del expreso de Andalucía* (Imanol Uribe, 1991), episodio de *La huella del crimen* para TVE.

AUXILIAR DE DECORACIÓN:

1981 *La fuga de Segovia,* Imanol Uribe
1982 *Valentina,* Antonio José Betancor
1983 *1919. Crónica del alba,* Antonio José Betancor

AYUDANTE DE DECORACIÓN:

1984 *Fuego eterno,* José Ángel Rebolledo

DIRECCIÓN ARTÍSTICA:

1986 *El hermano bastardo de Dios,* Benito Rabal

Teo el pelirrojo, Paco Lucio
1987 *A los cuatro vientos/Lauaxeta,* José Antonio Zorrilla
Quimera, Carlos Pérez Ferre
1988 *El vuelo de la paloma,* José Luis García Sánchez
Lluvia de otoño, José Ángel Rebolledo
Matar al Nani, Roberto Bodegas
1989 *La luna negra,* Imanol Uribe
1991 *Beltenebros* (con Fernando Sáenz), Pilar Miró
1992 *El maestro de esgrima,* Pedro Olea
Adiós princesa/Adieu princesse, Jorge Paixao da Costa
Tres palabras, Antonio Giménez-Rico
1993 *¿Por qué lo llaman amor cuando quieren decir sexo?,* Manuel Gómez Pereira
Madregilda, Francisco Regueiro
Todos los hombres sois iguales, Manuel Gómez Pereira
1994 *Los hombres siempre mienten,* Antonio del Real
¡Oh cielos!, Ricardo Franco
1995 *Boca a boca,* Manuel Gómez Pereira
Entre rojas, Azucena Rodríguez
Morirás en Chafarinas, Pedro Olea
Cachito, Enrique Urbizu
Gran Slalom, Jaime Chávarri
1996 *Malena es nombre de tango* (con Alain Bainée), Gerardo Herrero
Más allá del jardín, Pedro Olea
1997 *Territorio comanche,* Gerardo Herrero

Vallvé, Andrés

Andrés Vallvé Ventosa, nace en Barcelona el 22 de noviembre de 1918. Estudia en las Escuelas de Oficios Artísticos, Bellas Artes y Catalana de Arte Dramático. Discípulo de los escenógrafos teatrales José Mestres Cabanes y Salvador Alarma, estuvo encargado del Taller de decorados del Liceo. De larga trayectoria como escenógrafo teatral, monta sus propios talleres para construir decorados que alquilaba a distintas compañías. Inaugura teatros como el Windsor y el Candilejas, y montó obras en el Teatro Griego y en la Sagrada Familia de Gaudí. Enseña Historia de la Escenografía y Perspectiva en el Instituto del Teatro de Barcelona en 1952. En 1970 es nombrado Secretario General del Instituto del Teatro. Autor de artículos sobre escenografía, expone sus pinturas en Barcelona, publica varios cuentos y obtiene el Premio Ciudad de Barcelona de teatro infantil. Fallece en Barcelona en 1979.

DIRECCIÓN ARTÍSTICA:

1952 *La pecadora,* Ignacio F. Iquino
1954 *Los agentes del Quinto Grupo,* Ricardo Gascón
1955 *Goodbye Sevilla!* (con Liza), Ignacio F. Iquino
Sitiados en la ciudad, Miguel Lluch
1961 *Plácido,* Luis García Berlanga
1962 *Las cuatro verdades/Les quatre verités/Le quattro verità,* episodio "La muerte y el leñador", Luis García Berlanga
La ruta de los narcóticos, José María Forn
La becerrada, José María Forqué
La muerte silba un blues, Jesús Franco
Las travesuras de Morucha, Ignacio F. Iquino
Trigo limpio, Ignacio F. Iquino
Un demonio con ángel, Miguel Lluch
La mano de un hombre muerto (y producción), Jesús Franco
1963 *Crimen,* Miguel Lluch
El precio de un asesino, Miguel Lluch
José María, José María Forn
Los farsantes, Mario Camus
Young Sánchez, Mario Camus
1964 *La chica del auto-stop,* Miguel Lluch
Un rincón para querernos, Ignacio F. Iquino
Vivir un largo invierno, José Antonio de la Loma
Cinco pistolas de Texas/Cinque dollari per Ringo, Joan Xiol Marchal
La vida es magnífica/Le voleur du Tibidabo, Maurice Ronet
1965 *La vuelta,* José Luis Madrid
Oeste Nevada Joe (con María José Bassi), Ignacio F. Iquino
Un dólar de fuego/Un dollaro di fuoco (con María José Bassi), Nick Nostro
Tumba para un forajido, José Luis Madrid
Río Maldito/Sette pistole per el Gringo, Juan Xiol
1966 *07 con el 2 delante,* Ignacio F. Iquino
¡Cómo te amo!/Dio, come ti amo, Miguel Iglesias
El primer cuartel, Ignacio F. Iquino
1967 *La tía de Carlos en minifalda,* Augusto Fenollar
Dante no es únicamente severo, Jacinto Esteva y Joaquín Jordá
Ditirambo, Gonzalo Suárez
La balada de Johnny Ringo/Wer kennt Johnny Ringo?, José Luis Madrid

329

El terrible de Chicago, Juan Bosch
Mañana os besará la muerte/Mister Dynamit-Morgen küssr Euch der Todd/Dinamite al Pentagono, F.J. Gottlieb
1968 *Elizabeth*, Alejandro Martí Gelabert
   La mini tía, Ignacio F. Iquino
   La viudita ye-ye, Juan Bosch
   De picos pardos a la ciudad, Ignacio F. Iquino
1969 *Chico, chica ¡boom!*, Juan Bosch
   Las crueles, Vicente Aranda
   La banda de los tres crisantemos/Tre per uccidere, Ignacio F. Iquino
   Topical Spanish, Ramón Masats
1970 *Las piernas de la serpiente*, Juan Xiol
   Medias y calcetines, Antonio Ribas
   Investigación criminal, Juan Bosch
   Aoom, Gonzalo Suárez
   Cabezas cortadas/Cabeças cortadas (con Puigserver), Glauber Rocha
   La diligencia de los condenados/Prima ti perdono... poi t'ammazzo (con Carducci), Juan Bosch
   Veinte pasos para la muerte/Saranda (con Carducci), Manuel Esteba
   Abre tu fosa, amigo, llega Sabata/Sei già cadavere, amigo, ti cerca Garringo (con Carducci), Juan Bosch
1972 *Demasiado bonitas para ser honestas/Trop jolies pour être honnête*, Ricardo Balducci
   Los farsantes del amor, Juan Xiol
1973 *El refugio del miedo*, José Ulloa
   La otra imagen, Antoni Ribas
1976 *El hombre perseguido por un OVNI*, Juan Carlos Olaria

Vaquero, Joaquín

1947 *La manigua sin Dios* (con Canet), Arturo Ruiz-Castillo

Vázquez, Luis

Luis Vázquez Carcamo, nace en Madrid el 26 de noviembre de 1928. Nieto del fundador de la empresa de atrezo Vázquez, trabaja como contratista de obras, estudia aparejador, abandonando la carrera cuando es contratado como delineante en 1955, trabajando durante un año. Comienza a intervenir en el cine en tareas de producción. En los años sesenta se traslada a Barcelona contratado por los estu-dios Balcázar. A finales de esa década trabaja como ayudante de producción con varias productoras como Orfeo y Centauro. Diseña los decorados de varias series de televisión como *Miguel Servet* (José María Forqué, 1988), *Shangay Lily* (Rafael Moleón, 1989) y *Mnemos*, (José Luis Garci, 1987) el episodio piloto de *Historias del otro lado*, para la que en 1990 diseñó los decorados de cuatro episodios. Cuñado del director artístico Luis Argüello.

MERITORIO DE PRODUCCIÓN:

1961 *Kilómetro 12*, Clemente Pamplona
   Cerrado por asesinato, José Luis Gamboa

AUXILIAR DE PRODUCCIÓN:

1962 *Llovidos del cielo*, Arturo Ruiz-Castillo
1963 *Eva 63*, Pedro Lazaga

AYUDANTE DE PRODUCCIÓN:

1964 *Dos toreros de aúpa/I due toreri*, Giorgio Simonelli
1965 *Amador*, Francisco Regueiro
   Tres sargentos bengalíes/I tre sargenti del Bengala, Umberto Lenzi
1968 *La vil seducción*, José María Forqué
1969 *Pecados conyugales*, José María Forqué
   Estudio amueblado 2P, José María Forqué
1970 *El monumento*, José María Forqué
1971 *Delirios de grandeza/La follie des grandeurs*, Gérard Oury
1974 *Las obsesiones de Armando*, Luis María Delgado
1975 *La adúltera*, Roberto Bodegas
1976 *El anacoreta/L'anachorète*, Juan Estelrich (y director artístico no acreditado)

DIBUJANTE:

1963 *El sabor de la venganza/I tre spietati* (con Saverio d'Eugenio), Joaquín L. Romero Marchent
   Los novios/I promessi sposi, Mario Maffei

AMBIENTACIÓN:

1962 *Los siete espartanos/I sette gladiatori* (con Piero Poletto), Pedro Lazaga
1963 *Horror/Horror* (dibujante y auxiliar de producción), Alberto de Martino

Los invencibles/Gli invincibili sette (y dibujante), Alberto de Martino

1966 *Viva la revolución*, Damiano Damiani

El dedo del destino/The Fickle Finger of Fate, Richard Rush

1968 *Junio 44: desembarcaremos en Normandía/Giugno 44: sbarcheremo in Normandia*, León Klimovsky

1973 *Tamaño natural/Grandeur nature* (Life size), Luis García Berlanga

1979 *El crimen de Cuenca*, Pilar Miró

AYUDANTE DE DECORACIÓN:

1963 *La Tía Tula*, Miguel Picazo

1964 *Muere una mujer*, Mario Camus

1965 *Los dos de Tejas*, Alberto de Martino

Desafío en Río Bravo/Die letzten zwei vom Rio Bravo, Tulio Demicheli

Trampa bajo el sol/Train d'enfer/Danger dimensione morte, Gilles Grangier

1966 *Las siete magníficas/The Tall Women*, Sidney Pink

Los cálices de San Sebastián, Sidney Pink

El Tigre se perfuma con dinamita/Le Tigre se parfume à la dynamite/La Tigre profumata alla dinamite, Claude Chabrol

1967 *Quince horcas para un asesino*, Nunzio Malasomma

El millón de Madigan/Un dollaro per 7 vigliacchi, Giorgio Gentilli

1985 *La jaula/La gabbia*, Giuseppe Patroni Griffi

1987 *El Lute II*, Vicente Aranda

DIRECCIÓN ARTÍSTICA:

1967 *Tú perdonas... yo no/Dio perdona... io no!* (con Gastone Corsetti), Giuseppe Colizzi

1968 *Lo quiero muerto/Lo voglio morto* (y ayudante de producción), Paolo Bianchini

Salario para matar/Il mercenario (con Piero Filippone), Sergio Corbucci

1970 *El ojo del huracán/La volpe dalla coda di velluto* (y ayudante de producción), José María Forqué

El secreto del Zorro, José Luis Merino

La muerte busca un hombre (con Francesco di Stefano), José Luis Merino

Ivanna/Ivanna (con Francesco di Stefano), José Luis Merino

1971 *Los hijos del día y de la noche/La banda*

J. e S.-Cronaca criminale del Far West, Sergio Corbucci

Homicidio al límite de la ley/Un omicidio perfetto a termine di legge (con Flavio Mogherini), Tonino Ricci

1972 *Tarots/Angela*, José María Forqué

1973 *Al otro lado del espejo/Le miroir obscène*, Jesús Franco

1974 *El amor del capitán Brando*, Jaime de Armiñán

Una pareja... distinta, José María Forqué

La última jugada, Alfred S. Brell (Aldo Sambrell)

1975 *Madrid, Costa Fleming*, José María Forqué

Los perros del infierno, Ruy Guerra (inacabada)

1976 *Vuelve, querida Nati*, José María Forqué

La amante perfecta, Pedro Lazaga

Fulanita y sus menganitos, Pedro Lazaga

Nosotros que fuimos tan felices, Antonio Drove

¡Bruja más que bruja! (y ambientación), Fernando Fernán-Gómez

Pecado mortal, Miguel Ángel Díaz

Al fin solos, pero..., Antonio Giménez Rico

1977 *El francotirador*, Carlos Puerto

Borrasca, Miguel Ángel Díaz

Mi hija Hildegart, Fernando Fernán-Gómez

1978 *Madrid al desnudo*, Jacinto Molina

El caminante, Jacinto Molina

Siete chicas peligrosas, Pedro Lazaga

Bacanal en directo, Miguel Madrid

1979 *El consenso*, Javier Aguirre

En mil pedazos, Carlos Puerto

1980 *Los cántabros*, Jacinto Molina

El cerdo, Jacinto Molina

El retorno del hombre lobo, Jacinto Molina

Más vale pájaro en mano.../Mieux vaut être riche et bien portant, que fauche et mal foutu/Wer Spritzt denn da am Mittelmeer?, Max Pecas

Doctor ¿estoy buena?/Una moglie, due amici, quattro amanti, Michele Massimo Tarantini

El carnaval de las bestias, Jacinto Molina

1981 *La vida, el amor y la muerte*, Carlos Puerto

Todo es posible en Granada, Rafael Romero Marchent

1982 *Hablamos esta noche*, Pilar Miró

Las autonosuyas, Rafael Gil
Chispita y sus gorilas, Luis María Delgado
Padre no hay más que dos, Mariano Ozores
Latidos de pánico, Jacinto Molina
La gran aventura de los Parchís, Adrián Quiroga

1983 *El currante,* Mariano Ozores
Agítese antes de usarla, Mariano Ozores
La Lola nos lleva al huerto, Mariano Ozores
La avispita Ruinasa, Mariano Ozores
Los caraduros, Antonio Ozores
La mujer del juez, Francisco Lara Polop
El cura ya tiene hijo, Mariano Ozores

1984 *Al este del Oeste,* Mariano Ozores
Qué tía la C.I.A., Mariano Ozores
El pan debajo del brazo, Mariano Ozores
Cuatro mujeres y un lío, Mariano Ozores

1985 *El recomendado,* Mariano Ozores
El donante, Ramón Fernández
Instant Justice (Marine Issue)/Marine entrenado para matar, Craig T. Rumar

1986 *La guerra de los locos,* Manuel Matji
Asignatura aprobada, José Luis Garci

1989 *La chica de Tahití,* Mariano Ozores

1990 *Doblones de a ocho,* Andrés Linares

Vela Zanetti, José

DIRECCIÓN ARTÍSTICA:

1980 *Cocaína* (y actor), Julio Wizuete y Jaime Giménez Arnau

Vera, Ana M.

Ana María Vera.

DIRECCIÓN ARTÍSTICA:

1986 *La chica de la piscina,* Ramón Fernández

Vera, Gerardo

Gerardo Vera Perales nace en Miraflores de la Sierra (Madrid) en 1947. Estudia escenografía y vestuario en la Central School of Art de Londres, meritorio en el Departamento de Vestuario de la Royal Opera House londinense, asiste a cursos de escenografía en diversos centros internacionales como el Teatro Laboratorio de Zagreb y el Instituto del Teatro de Praga. Licenciado en Filología inglesa. Desde 1967 trabaja como escenógrafo y figurinista en el teatro. Dirige *La otra cara de Rosendo Juarez* (1990) un episodio de la serie *Los cuentos de Borges* para T.V.E. basado en un guión propio y de Fernando Fernán-Gómez, *Una mujer bajo la lluvia* (1992) y *La Celestina* (1995). Interpreta el papel de Bauer en *Berlín Blues* (1987). Ha trabajado en televisión diseñando los decorados de varios programas y series como *El jardín de Venus* (José María Forqué, 1984) en la que además diseñó el vestuario, *Los pazos de Ulloa* (Gonzalo Suárez, 1984) y *El Quijote* (Manuel Gutiérrez Aragón, 1989). En 1988 recibe el Premio Nacional de Teatro. Fue codirector del Centro Dramático Nacional.

VESTUARIO:

1987 *El Dorado,* Carlos Saura

DIRECCIÓN ARTÍSTICA:

1980 *Jalea real,* Carles Mira
Tú estás loco, Briones, Javier Maqua

1984 *Feroz,* Manuel Gutiérrez Aragón
Tasio, Montxo Armendáriz
La noche más hermosa, Manuel Gutiérrez Aragón
Fuego eterno, José Ángel Rebolledo

1985 *Sé infiel y no mires con quién,* Fernando Trueba
El amor brujo (y vestuario), Carlos Saura, GOYA

1986 *La mitad del cielo,* Manuel Gutiérrez Aragón
Hay que deshacer la casa, José Luis García Sánchez

1987 *El pecador impecable,* Augusto Martínez Torres
Divinas palabras, José Luis García Sánchez

1988 *Berlín Blues* (vestuario y actor), Ricardo Franco

1989 *La noche oscura/La nuit obscure* (y vestuario), Carlos Saura
El sueño del mono loco, Fernando Trueba (diseños previos)

1991 *Cómo ser mujer y no morir en el intento,* Ana Belén

1994 *El rey del río,* Manuel Gutiérrez Aragón

Verdú, Miguel

DIRECCIÓN ARTÍSTICA:

1983 *Corre gitano* (con Javier Fernández), Nicolás Astiárraga

Verdugo, Fernando

DIRECCIÓN ARTÍSTICA:

1986 *Así como habían sido,* Andrés Linares

Viaplana, Vincenç

DIRECCIÓN ARTÍSTICA:

1989 *Estación central* (con Gallart), Juan Antonio Salgot

Vidales, Martín de

AMBIENTACIÓN:

1968 *La chica de los anuncios,* Pedro Lazaga
1985 *Los paraísos perdidos,* Basilio Martín Patino

Vila, Tunet

DIRECCIÓN ARTÍSTICA Y ACTOR:

1975 *Los hijos de Scaramouche,* George Martin

Villalba, Peio

AYUDANTE DE DECORACIÓN:

1986 *Bandera negra,* Pedro Olea

DIRECCIÓN ARTÍSTICA:

1989 *Días de humo,* Antxon Eceiza
1990 *El anónimo... ¡vaya papelón!,* Alfonso Arandia
    La cita de Lola/Lolaren Ordua (con Miquel Izaguirre), Lourdes Bañuelos, CM
1996 *La fabulosa historia de Diego Martín* (con Arrizabalaga y Biaffra), Fidel Cordero

Villalba, Tadeo

Tadeo Villalba Monasterio nace en Valencia en 1879. Decorador de interiores, funda talleres en Valencia, Sevilla y Madrid para realizar objetos de decoración así como carrozas para cabalgatas. En el cine también construye decorados. Padre de Tadeo Villalba Ruiz. Fallece en Valencia en 1952.

DIRECCIÓN ARTÍSTICA:

1935 *El 113,* Rafael Sevilla
1939 *El huésped del sevillano,* Enrique del Campo

Villalba, Teddy

Tadeo Villalba Ruiz nace en Valencia el 26 de diciembre de 1909. Antes de dedicarse al cine trabaja en la construcción de carrozas con su padre Tadeo Villalba Monasterio. Su tío Arturo Villalba Monasterio (Valencia 1881, Madrid, 1956) trabajó en el cine como regidor. Amigo de Vicente Casanova, su primer trabajo es la primera producción de C.I.F.E.S.A. Decorador jefe de Sevilla Films el año 1943, en 1947 funda la productora Valencia Films con la que realizó varias películas. Ostentó diversos cargos sindicales. Fallece en Madrid en 1969. Padre del cámara y productor José Villalba Rodríguez (Madrid, 1944) y del productor Tadeo Villalba Rodríguez (Madrid, 1935) que a su vez es padre del también productor Tadeo Villalba Carmona (Madrid, 1962).

CONSTRUCCIÓN:

1935 *Currito de la Cruz,* Fernando Delgado
    La reina mora, Eusebio Fernández Ardavín
1939 *La marquesona,* Eusebio Fernández Ardavín
1940 *El famoso Carballeira,* Fernando Mignoni
1941 *Tierra y cielo,* Eusebio Fernández Ardavín

DIRECCIÓN ARTÍSTICA:

1934 *La hermana San Sulpicio,* Florián Rey
1935 *El cura de aldea* (con José Iribarren), Francisco Camacho
1936 *El genio alegre,* Fernando Delgado
1940 *Boy,* Antonio Calvache

333

Harka, Carlos Arévalo
Su hermano y él, Luis Marquina
1941 *Un caballero famoso,* José Buchs
1942 *Cristina Guzmán,* Gonzalo Delgrás
Canelita en rama, Eduardo G. Maroto
1943 *Con los ojos del alma,* Adolfo Aznar
Macarena, Antonio Guzmán Merino
La patria chica, Fernando Delgado,
Mi fantástica esposa, Eduardo G. Maroto
1944 *Paraíso sin Eva,* Sabino A. Micón
1945 *Cuando llegue la noche,* Jerónimo Mihura
1947 *Dos cuentos para dos,* Luis Lucia
La calumniada, Fernando Delgado

DIRECCIÓN ARTÍSTICA Y PRODUCCIÓN:

1947 *María de los Reyes,* Antonio Guzmán Merino
1948 *El curioso impertinente,* Flavio Calzavara
Sobresaliente, Luis Ligero
Entre barracas, Luis Ligero
Neutralidad, Eusebio Fernández Ardavín, CEC
1950 *Truhanes de honor* (con Escriñá), Eduardo García Maroto

DIRECCIÓN ARTÍSTICA:

1953 *Tres citas con el destino,* León Klimovsky
Intriga en el escenario (con Caballero y Antón), Feliciano Catalán

DIRECCIÓN ARTÍSTICA Y PRODUCCIÓN:

1954 *Tres eran tres,* Eduardo G. Maroto

DIRECCIÓN ARTÍSTICA:

1955 *La montaña de arena,* José María Elorrieto,
Secretaria peligrosa (con Manuel Jaén), Juan Orol García
El genio alegre, Gonzalo Delgrás
Torero por alegrías, José María Elorrieta
La espera, Vicente Lluch
1956 *Pasión en el mar/Feu des passions,* Arturo Ruiz-Castillo
Carretera general, José María Elorrieta
Retorno a la verdad, Antonio del Amo
Compadece al delincuente, Eusebio Fernández Ardavín
Minutos antes, José Luis Gamboa
El fenómeno, José María Elorrieta
Un abrigo a cuadros, Alfredo Hurtado
Piedras vivas, Raúl Alfonso

El genio alegre, Gonzalo Delgrás
Hospital general (con Ballesteros), Carlos Arévalo
Historias de Madrid, Ramón Comas
El pequeño ruiseñor, Antonio del Amo
Miguitas y el carbonero, José María Elorrieta
1957 *Mensajeros de paz,* José María Elorrieta y José Manuel Iglesias
El hincha, José María Elorrieta y José Manuel Iglesias
Muchachas en vacaciones, José María Elorrieta
Juego de niños, Enrique Cahen Salaverry
Pasos de angustia, Clemente Pamplona
Ángeles sin cielo/Gioventù disperata, Sergio Corbucci y Carlos Arévalo
Con la vida hicieron fuego, Ana Mariscal
Los ángeles del volante, Ignacio F. Iquino
El hombre que viajaba despacito, Joaquín Romero Marchent
Un americano en Toledo, Carlos Arévalo y José Luis Monter
La Rana Verde, José María Forn
Muchachas en vacaciones, José María Elorrieta
Mi mujer es doctor/Totó, Vittorio e la dottoressa/Dites 33, Camillo Mastrocinque
1958 *La muchacha de la plaza de San Pedro/La ragazza di piazza San Pietro,* Piero Costa
Azafatas con permiso, Ernesto Arancibia
Secretaria para todo, Ignacio F. Iquino
Los dos rivales/Meraviglioso, Carlos Arévalo y Siro Marcellini
Habanera, José María Elorrieta
La novia de Juan Lucero, Santos Alcocer
El secreto de papá, José C. Mérida
1959 *Y... después del cuplé,* Ernesto Arancibia
Misión en Marruecos, Carlos Arévalo
Caravana de esclavos/Die Sklavkarawane, Ramón Torrado y Georg Marischka
Contrabando en Nápoles/I ladri, Lucio Fulci
Pasa la tuna, José María Elorrieta
La corista, José María Elorrieta
La bella Mimí, José María Elorrieta
1960 *La reina del Tabarín/La belle de Tabarin,* Jesús Franco
Melodías de hoy, José María Elorrieta
1961 *Canción de cuna,* José María Elorrieta
Esa pícara pelirroja, José María Elorrieta
Rosa de Lima, José María Elorrieta
Perro golfo, Domingo Viladomat

Escuela de seductoras, León Klimovsky

1962 *Torrejón City* (con Algueró), León Klimovsky

Las tres espadas del Zorro/Le tre spade di Zorro, Ricardo Blasco

La tela de araña/Comme s'il en pleuvait, José Luis Monter

1963 *El hombre de la diligencia*, José María Elorrieta

Rififí en la ciudad/Chasse à la mafia, Jesús Franco

El diablo en vacaciones, José María Elorrieta

El duque negro/Il duca negro (con Mario Montori), Pino Mercanti

El magnífico aventurero/Il magnifico, avventuriero/L'aigle de Florence, Riccardo Freda

La conquista del Pacífico, José María Elorrieta

Los jinetes del terror/Il terrore dei mantelli rossi/Les cavaliers de la terreur, Mario Costa

1964 *La colina de los pequeños diablos*, León Klimovsky

Dos de la mafia, Giorgio Simonelli

Escala en Tenerife, León Klimovsky

Los amantes de Verona/Giulietta e Romeo, Riccardo Freda

Fuerte perdido, José María Elorrieta

La maldición de los Karnstein/La cripta e l'incubo, Camillo Mastrocinque

El secreto del capitán O'Hara, Arturo Ruiz-Castillo

El rostro del asesino, Pedro Lazaga

1965 *Las últimas horas*, Santos Alcocer SNE

El halcón de Castilla, José María Elorrieta

El tesoro de Makuba/The Treasure of Makubo, José María Elorrieta

Aquella joven de blanco, León Klimovsky

El sheriff no dispara, José Luis Monter

1964 *Hércules contra los hijos del sol/Ercole contro i figli del Sole*, Osvaldo Civiriani

1965 *El Zorro cabalga otra vez/Il giuramento di Zorro*, Ricardo Blasco

1964 *Genoveva de Brabante/Genoveffa di Brabante*, Riccardo Freda y José Luis Monter

1965 *Jugando a morir*, José H. Gan

1966 *Plazo para morir/All'ombra di un colt* (con Carlo Leva), Gianni Grimaldi

Dos mil dólares por Coyote, León Klimovsky

Último encuentro, Antonio Eceiza

Singapur, hora cero/Goldsnake, Anonima Killers/Mission suicide à Singapur, Ferdinando Baldi

Una historia de amor, Jorge Grau

Dinamita Joe/Joe l'implacabile, Anthony Dawson (Antonio Magheriti)

La furia de Johnny Kid, Gianni Puccini

Culpable de un delito, José Antonio Duce

Comando de asesinos/Fim-de-semana com a morte/Sechs Pistolen jagen Professor Z, Julio Coll

Dulcinea del Toboso, Carlo Rim

El halcón del desierto, Vicente Lluch

Un perro en órbita, Antonio del Amo

Una chica para dos, León Klimovsky

Operación póker/Agente OS14, Operazione Poker, Oswaldo Civiriani

Sólo un ataúd, Santos Alcocer

Cita en Navarra, José Grañena

Agonizando en el crimen, Enrique Eguiluz

La muchacha del Nilo, José María Elorrieta

Una bruja sin escoba/A Witch without a Broom, Joe Lacy (José María Elorrieta)

1967 *S.I.D. contra Kocesky/Colpo senzazionale al servizio del Sifar*, José Luis Merino

Stress es tres, tres (con Sanz de Soto), Carlos Saura

Si volvemos a vernos, Francisco Regueiro

O.K. Yevtushenko, Miguel Madrid

7 winchester per un massacro/7 winchester para una matanza, E.G. Rowland

Técnica de un espía/Tecnica di un spia, Alfonso Brescia

Los siete de Pancho Villa/The Treasure of Pancho Villa, José María Elorrieta

Cita en Navarra, José Grañena

1968 *Las joyas del diablo/Le Diable aime les bijoux*, José María Elorrieta

Consigna Tánger 67/Requiem per un agente segreto/Der Chef Schickt seinen besten (con Calatayud), Sergio Sollima

Europa canta, José Luis Merino

70 veces 7, Félix Acaso

Comando al infierno, José Luis Merino

La madriguera (con Sanz de Soto), Carlos Saura

Villaronga, Agustín

Agustín Villaronga Riutort nace en Palma de Mallorca en 1953. Director.

DIRECCIÓN ARTÍSTICA:

1981 *La Plaza del Diamante* (con Rosell y Candini), Francesc Betriu

Viudes, Carlos

Carlos Viudes Martínez.

AYUDANTE DE DECORACIÓN:

1965 *La familia y... uno más,* Fernando Palacios

AMBIENTACIÓN:

1966 *Residencia para espías/Ça barde chez mignonnes,* Jesús Franco
Nuevo en esta plaza, Pedro Lazaga
1968 *No desearás a la mujer de tu prójimo,* Pedro Lazaga

DIRECCIÓN ARTÍSTICA:

1965 *Tres noches violentas/Tre notti violente,* Nick Nostro
El sendero del odio/Il piombo e la carne (con Saverio D'Eugenio), Marino Girolami
1966 *Buenos días condesita,* Luis César Amadori (decorados del ballet)
Secretísimo/Segretissimo, Fernando Cerchio
Cartas boca arriba/Cartes sur table, Jesús Franco
1967 *Necronomicon/Geträumte sünden,* Jesús Franco
Lucky, el intrépido/Agente speciale L. K. (Operazione Re-Mida), Jesús Franco
1968 *Bésame monstruo/Das Schloss der Gehenakten,* Jesús Franco
Un hombre y un Colt/Un uomo e un Colt, Tulio Demicheli
No le busques tres pies..., Pedro Lazaga
1969 *Las nenas del mini-min,* Germán Lorente
Abuelo made in Spain, Pedro Lazaga
Las secretarias, Pedro Lazaga
1970 *Crisis mortal,* Luis Revenga
1976 *Caperucita y roja,* Luis Revenga y Aitor Goiricelaya

Viudes, Vicente

VESTUARIO:

1947 *Mariona Rebull,* José Luis Sáenz de Heredia

1948 *El marqués de Salamanca,* Edgar Neville
1954 *La cruz de mayo,* Florián Rey

DIRECCIÓN ARTÍSTICA:

1951 *La canción de Malibrán,* Luis Escobar

Ysern, Tomás

Tomás Isern. Arquitecto decorador.

DIRECCIÓN ARTÍSTICA:

1925 *Ruta gloriosa,* Fernando Delgado
Currito de la Cruz, Alejandro Pérez Lugín
1926 *Los hijos del trabajo,* Agustín García Carrasco
1927 *¡Es mi hombre!,* Carlos Fernández Cuenca
1936 *Hogueras en la noche,* Arturo Porchet
1939 *La linda Beatriz,* José María Castellví
1940 *La malquerida,* José López Rubio
Julieta y Romeo, José María Castellví
1941 *Pimientilla,* Juan López Valcárcel
1942 *Una conquista difícil* (con Navarro), Pedro Puche

Zárate, Juan

DIRECCIÓN ARTÍSTICA:

1981 *Siete calles,* Javier Rebollo y Juan Ortuoste

Zerolo, Martín

Martín Zerolo Valderrama, nace en Santa Cruz de Tenerife el 11 de febrero de 1928. Pintor.

MERITORIO:

1960 *Mi noche de bodas,* Tulio Demicheli
1961 *Ventolera,* Luis Marquina
Siempre es domingo, Fernando Palacios

VESTUARIO:

1961 *La viudita naviera,* Luis Marquina
1963 *La reina del Chantecler,* Rafael Gil

AMBIENTACIÓN:

1963 *El diablo también llora/Il delitto di Anna Sandoval,* José Antonio Nieves Conde

1964 *Un vampiro para dos,* Pedro Lazaga

AMBIENTACIÓN:

1966 *Los flamencos,* Jesús Yagüe

Zomeño, Rafael

DIRECCIÓN ARTÍSTICA:

1927 *La ilustre fregona* (y productor), Armando Pou

Zuaznabar, Begoña

AUXILIAR:

1987 *A los cuatro vientos/Lauaxeta,* José Antonio Zorrilla

AYUDANTE DE DECORACIÓN:

1987 *El amor de ahora/Gaurko maitasuna* (con Sebastián Montero), Ernesto del Río
1989 *El mar es azul/Itsasoa urdinada* (con Alfonso Nebreda y José A. Vivanco), Juan Ortuoste

REGIDORA:

1991 *Todo por la pasta,* Enrique Urbizu

DIRECCIÓN ARTÍSTICA:

1988 *Edición especial* (y vestuario), Enrique Urbizu
Eskorpion, Ernesto Tellería

1992 *Cita con Alberto,* Josu Bilbao, CM

Zulueta, Iván

Iván de Zulueta Vergarajáuregui nace en San Sebastián el 29 de septiembre de 1943, estudia decoración en el Centro Español de Nuevas Profesiones. Director.

DIRECCIÓN ARTÍSTICA:

1969 *Un, dos, tres al escondite inglés* (y guión), Iván Zulueta
1970 *Estado de sitio,* Jaime Chávarri CM
1979 *Arrebato* (y guión, música), Iván Zulueta

Zuriaga, Manuel

Manuel Zuriaga Grau. Desde 1983 ha realizado numerosos decorados teatrales con Josep Simón, con quien funda en 1989 una sala y taller teatral.

CONSTRUCCIÓN:

1984 *La noche más hermosa,* Manuel Gutiérrez Aragón
Fuego eterno, José Ángel Rebolledo
1985 *Sé infiel y no mires con quién,* Fernando Trueba

AYUDANTE DE DECORACIÓN:

1985 *Tiempo de silencio* (con Ferrán Sánchez y construcción con Simón), Vicente Aranda

DIRECCIÓN ARTÍSTICA:

1987 *Brumal* (con Simón), Cristina Andreu

II. Constructores de decorados, ambientadores, jefes de atrezo

Alonso, Emilio

Emilio Alonso Fernández, nace en Madrid el 18 de septiembre de 1906. Constructor de decorados de Estudios Chamartín. Fallece en Madrid el 30 de marzo de 1965.

CONSTRUCCIÓN:

1941 *Unos pasos de mujer*, Eusebio Fernández Ardavín
 Fortunato, Fernando Delgado
 Éramos siete a la mesa, Florián Rey
1942 *Rojo y negro*, Carlos Arévalo
 La aldea maldita, Florián Rey
 Campeones, Ramón Torrado
 La rueda de la vida, Eusebio F. Ardavín
 Goyescas, Benito Perojo
1943 *Deber de esposa*, Manuel Blay
 Misterio en la marisma, Claudio de la Torre
 Castillo de naipes, Jerónimo Mihura
 El abanderado, Luis Fernández Ardavín
 La maja del capote, Fernando Delgado
1944 *El fantasma y doña Juanita*, Rafael Gil
 Ella, él y sus millones, Juan de Orduña
 Noche decisiva, Julio Fleischner
1946 *El doncel de la Reina*, César Fernández Ardavín
1947 *Reina Santa*, Rafael Gil
 La dama del armiño, Eusebio Fernández Ardavín
 Botón de ancla, Ramón Torrado
1948 *Mare nostrum*, Rafael Gil
 El huésped de las tinieblas, Antonio del Amo

La fiesta sigue, Enrique Gómez
1949 *El Capitán de Loyola*, José Díaz Morales

Asensio, Francisco

Francisco Rodríguez Asensio, nace en Santander el 3 de septiembre de 1907. Escultor, construye los decorados de la mayoría de las películas que se rodaron en nuestro país desde finales de los años cuarenta hasta finales de los sesenta, tanto en exteriores, como en los interiores de los grandes Estudios. Estuvo contratado por C.E.A. como autónomo de forma que le facilitaban los talleres, la maquinaria y él trabajaba exclusivamente para el estudio desde los años 1948 y 1952, también construye decorados en los estudios Chamartín, Roma o Sevilla Films. Trabaja para Samuel Bronston. Crea las sociedades Asensio Construcciones Cinematográficas S.L. y Asensio Decoración Films S.L.

CONSTRUCCIÓN:

1948 *La vida encadenada*, Antonio Román
 Siempre vuelven de madrugada, Jerónimo Mihura
 Pototo, boliche y compañía, Ramón Barreiro
 Sabela de Cambados, Ramón Torrado
 El Marqués de Salamanca, Edgar Neville
 El santuario no se rinde, Arturo Ruiz-Castillo
 Filigrana, Luis Marquina
 A punta de látigo, Alejandro Juderías

Vendaval, Juan de Orduña

1949 *Noventa minutos*, Antonio del Amo
Aventuras de Juan Lucas, Rafael Gil
Tiempos felices, Enrique Gómez
Un hombre va por el camino/Un homen e dois caminhos, Manuel Mur Oti
Flor de lago, Mariano Pombo
Yo no soy la Mata-Hari, Benito Perojo
Torturados, Antonio Más-Guindal
La noche del sábado, Rafael Gil
Servicio en la mar, Luis Suárez de Lezo

1950 *Jack el negro/Captain Blackjack*, Julien Duvivier y José Antonio Nieves Conde
Cuentos de la Alhambra, Florián Rey
El último caballo, Edgar Neville
Sangre en Castilla, Benito Perojo
Teatro Apolo, Rafael Gil
Séptima página, Ladislao Vajda
El negro que tenía el alma blanca, Hugo del Carril
La corona negra, Luis Saslavsky
El sueño de Andalucía/Andalousie (con Guy de Gastyne), Luis Lucia y Robert Vernay
Cerca del cielo, Domingo Viladomat y Mariano Pombo
Cuento de hadas, Edgar Neville

1951 *La trinca del aire*, Ramón Torrado
La señora de Fátima, Rafael Gil
La niña de la venta, Ramón Torrado
De Madrid al cielo, Rafael Gil
Estrella de Sierra Morena, Ramón Torrado
Cerca de la ciudad (con Torre de la Fuente), Luis Lucia
Esa pareja feliz, Luis García Berlanga

1952 *Pluma al viento/Plumme au vent*, Louis Cuny y Ramón Torrado
Sor Intrépida, Rafael Gil
La hermana San Sulpicio, Luis Lucia
Violetas imperiales/Violettes impériales, Richard Pottier y Fortunato Bernal,
Doña Francisquita, Ladislao Vajda
¡Ché, que loco!, Ramón Torrado
La guerra de Dios, Rafael Gil
¡Bienvenido, Míster Marshall!, Luis García Berlanga
El seductor de Granada, Lucas Demare
La alegre caravana, Ramón Torrado

1953 *El pórtico de la gloria*, Rafael J. Salvia
Maldición gitana, Jerónimo Mihura
Tres citas con el destino, León Klimovsky
Carne de horca/Il terrore dell'Andalusia, Ladislao Vajda
La moza del cántaro, Florián Rey

Noches andaluzas/Nuits andalouses, Ricardo Blasco y Maurice Cloche
La bella de Cádiz/La belle de Cadix, Eusebio Fernández Ardavín y Raymond Bernard
El beso de Judas, Rafael Gil
Novio a la vista, Luis García Berlanga
Buenas noticias, Eduardo Manzanos
Aventuras del barbero de Sevilla/L'Aventurier de Séville, Ladislao Vajda
Un caballero andaluz, Luis Lucia
El torero/Chateaux en Espagne, René Wheeler

1954 *Tres eran tres*, Eduardo G. Maroto
¡Felices Pascuas!, Juan Antonio Bardem
Nadie lo sabrá, Ramón Torrado
Murió hace quince años, Rafael Gil
Tres hombres van a morir/Trois hommes vont mourir (La Patrouille des sables), Feliciano Catalán y René Chanas
Amor sobre ruedas, Ramón Torrado
Morena Clara, Luis Lucia
Las últimas banderas, Luis Marquina
La hermana Alegría, Luis Lucia
La otra vida del capitán Contreras, Rafael Gil
Cancha vasca (con Parrondo y Pérez Espinosa), Aselo Plaza y Alfredo Hurtado
La pícara molinera/Le Moulin des amours, León Klimovsky
Orgullo (con Pina), Manuel Mur Oti
Muerte de un ciclista/Gli egoisti, Juan Antonio Bardem

1955 *Congreso en Sevilla*, Antonio Román
Alexander the Great *(Alejandro Magno)* (con Prósper), Robert Rossen
El canto del gallo, Rafael Gil
La chica del barrio, Ricardo Núñez
Una aventura de Gil Blas/Les aventures de Gil Blas de Santillane, René Jolivet y Ricardo Muñoz Suay
La fierecilla domada/La Mégère apprivoisée, Antonio Roman
Fulano y Mengano, Joaquín Luis Romero Marchent
El amor de Don Juan/Don Juan, John Berry
La gran mentira, Rafael Gil
Río Guadalquivir/Dimentica il mio passato, Eduardo Manzanos y Primo Zeglio

1956 *Los misterios del rosario (El redentor) (Un hombre tiene que morir)/The Fifteen Mysteries of the Rosario*, Joseph Breen y Fernando Palacios

Los amantes del desierto/Gli amanti del deserto, León Klimovsky, Godoffredo Alessandrini, Ferruccio Cerchio y Gianni Vernucio

Dos novias para un torero, Antonio Román

The Pride and the Passion (Orgullo y pasión), Stanley Kramer

Manolo guardia urbano, Rafael J. Salvia

Los ladrones somos gente honrada, Pedro L. Ramírez

El cantor de Méjico/La chanteur de México, Richard Pottier y Fortunato Bernal

Un traje blanco/Il grande giorno, Rafael Gil

Los maridos no cenan en casa, Jerónimo Mihura

Aventura para dos/Spanish Affair, Don Siegel y Luis Marquina

Susana y yo, Enrique Cahen Salaverri

Maravilla, Javier Setó

Amanecer en Puerta Oscura, José María Forqué

Un marido de ida y vuelta, Luis Lucia

1957 *Un ángel pasó por Brooklyn/Un angelo è sceso a Brooklyn*, Ladislao Vajda

Madrugada, Antonio Román

Camarote de lujo, Rafael Gil

Las lavanderas de Portugal/Les lavandières de Portugal, Pierre Gaspard-Huit y Ramón Torrado

El fotogénico, Pedro Lazaga

El marido/Il marito, Fernando Palacios y Nanni Loy

Les bijoutiers du clair de lune (con Jean Andre), Roger Vadim

La guerra empieza en Cuba, Manuel Mur Oti

La venganza/La vendetta, Juan Antonio Bardem

El puente de la paz, Rafael J. Salvia

El aprendiz de malo, Pedro Lazaga

La violetera, Luis César Amadori

María de la O, Ramón Torrado

¡Viva lo imposible!, Rafael Gil

1958 *Tal vez mañana/L'uomo dei calzoni corti*, Glauco Rusticelli

Los clarines del miedo, Antonio Román

John Paul Jones (El capitán Jones), John Farrow

Café de Puerto/Malinconico autunno, Raffaello Matarazzo

Una muchachita de Valladolid, Luis César Amadori

Luna de miel en España/Honeymoon, Michael Powell

Pan, amor y Andalucía/Pan, Amore e Andalusia, Javier Setó y Vittorio de Sica

Llegaron dos hombres/Det Kom Tva Man, Arne Mattson

La rebelión de los gladiadores/La rivolta dei gladiatori, Vittorio Cottafavi

Las chicas de la Cruz Roja, Rafael J. Salvia

S.O.S., abuelita, León Klimovsky

Échame a mí la culpa, Fernando Cortés

Bombas para la paz (con Ramiro Gómez), Antonio Román

Solomon and Sheba (Salomón y la reina de Saba) (con Prósper), King Vidor

El ruiseñor de las cumbres, Antonio del Amo

Venta de Vargas, Enrique Cahen Salaverry

¿Dónde vas Alfonso XII?, Luis César Amadori

Habanera, José María Elorrieta

Escucha mi canción, Antonio del Amo

1959 *Nacido para la música*, Rafael J. Salvia

Don José, Pepe y Pepito, Clemente Pamplona

La casa de la Troya, Rafael Gil

Salto a la gloria, León Klimovsky

Carmen la de Ronda, Tulio Demicheli

Una gran señora, Luis César Amadori

El Litri y su sombra, Rafael Gil

El día de los enamorados, Fernando Palacios

Sonatas, Juan Antonio Bardem

Los últimos días de Pompeya/Gli ultimi giorni di Pompei/Die letzten Tage, von Pompeji, Mario Bonnard

Las legiones de Cleopatra/Le legioni di Cleopatra/Les Légions de Cléopatra, Vittorio Cottafavi

El hombre de la isla, Vicente Escrivá

Los tramposos, Pedro Lazaga

Duelo en la cañada, Manuel Mur Oti

El amor que yo te di, Tulio Demicheli

Crimen para recién casados, Pedro L. Ramírez

El baile, Edgar Neville

Robinson et le triporteur/Hola, Robinson, Jacques Pinoteau

Un trono para Cristy/Ein Thron für Christine, Luis César Amadori

El pequeño coronel, Antonio del Amo

Salto a la gloria, León Klimovsky

Fantasmas en la casa, Pedro L. Ramírez

1960 *King of Kings (Rey de reyes)*, Nicholas Ray

Mi último tango, Luis César Amadori

¡Aquí están las vicetiples!, Ramón Fernández

Un rayo de luz, Luis Lucia

Maribel y la extraña familia, José María Forqué

Amor bajo cero, Ricardo Blasco

Melocotón en almíbar, Antonio del Amo

María, matrícula de Bilbao, Ladislao Vajda

091, policía al habla, José María Forqué

Ursus/Ursus, Carlo Campogalliani

Mi noche de bodas, Tulio Demicheli

El coloso de Rodas/Il colosso di Rodi/Le colosse de Rhodes (con Socrate Valzanis), Sergio Leone

La rebelión de los esclavos/La rivolta degli schiavi/Die Sklaven Roms, Nunzio Malasomma

1961 *Usted puede ser el asesino*, José María Forqué

Viridiana, Luis Buñuel

Prohibido enamorarse, José Antonio Nieves Conde

The Happy Thieves/Último chantaje, George Marshall

Esa pícara pelirroja, José María Elorrieta

Ventolera, Luis Marquina

Siempre es domingo, Fernando Palacios

El gladiador invencible/Il gladiatore invincibile, Antonio Momplet

Pecado de amor, Luis César Amadori

El Cid (El Cid) (con Prósper), Anthony Mann

Fray Escoba, Ramón Torrado (sólo exteriores)

Tres de la Cruz Roja, Fernando Palacios

Teresa de Jesús, Juan de Orduña

Adiós Mimí Pompón (con Rafael García), Luis Marquina

A hierro muere/A sange fria, Manuel Mur Oti

La viudita naviera, Luis Marquina

Goliat contra los gigantes/Golia contro i giganti, Guido Malatesta

Tierra salvaje/The Savage Guns, Michael Carreras

La venganza del Zorro, Joaquín L. Romero Marchent

El hijo del capitán Blood/Il figlio del capitano Blood (con Piero Filippone), Tulio Demicheli

Tú y yo somos tres, Rafael Gil

Ha llegado un ángel, Luis Lucia

La venganza de Don Mendo, Fernando Fernán-Gómez

1962 *Accidente 703*, José María Forqué

El sol en el espejo, Antonio Román

El grano de mostaza, José Luis Sáenz de Heredia

Canción de juventud, Luis Lucia

Lulú (el globo azul), Javier Setó

Madame Sans-Gêne, Christian-Jaque

Tómbola, Luis Lucia

Vuelve San Valentín, Fernando Palacios

Rogelia, Rafael Gil

Terror en la noche/Der Teppich des Grauens/Il terrore di notte, Harald Reinl

Marcha o muere/Marschier oder krepier/Marcia o crepa, Frank Wisbar

55 Days at Peking (55 días en Pekín) (con Prósper, Lega y Michelena), Nicholas Ray

La gran familia, Fernando Palacios

Los siete espartanos/I sette gladiatori, Pedro Lazaga

Hipnosis/Ipnosi/Nur Toten zeugen Schweigen, Eugenio Martín

Scheherezade/La schiava di Bagdad (con Prósper), Pierre Gaspard-Huit

Rocío de la Mancha, Luis Lucia

Los derechos de la mujer, José Luis Sáenz de Heredia

La casta Susana, Luis César Amadori

Encrucijada mortal/The Ceremony, Laurence Harvey

Chantaje a un torero, Rafael Gil

1963 *The Fall of the Roman Empire (La caída del Imperio Romano)*, Anthony Mann

La máscara de Scaramouche/Scaramouche/Le avventure di Scaramouche, Antonio Isasi-Isasmendi

Marisol rumbo a Río, Fernando Palacios

El diablo también llora/Il delitto di Anna Sandoval, José Antonio Nieves Conde

El secreto de Tomy, Antonio del Amo

Una chica casi formal, Ladislao Vajda

La verbena de la Paloma, José Luis Sáenz de Heredia

Como dos gotas de agua, Luis César Amadori

El tulipán negro/Le tulipe noire, Christian Jacque

Crucero de verano, Luis Lucia

Circus World (El fabuloso mundo del circo), Henry Hathaway

La nueva Cenicienta, George Sherman

La otra mujer/L'Autre femme/Quella terribile notte, François Villiers

Loca juventud/Questa pazza, pazza gioventù/Louca juventude, Manuel Mur Oti

Rueda de sospechosos, Ramón Fernández

Valiente, Luis Marquina

Los invencibles/Gli invincibili sette, Alberto de Martino

La reina del Chantecler, Rafael Gil

1964 *Samba*, Rafael Gil

El señor de la Salle (y vestuario), Luis César Amadori

Un tiro por la espalda, Antonio Román

Jandro, Julio Coll

El pecador y la bruja, Julio Buchs

Dos chicas locas, locas, Pedro Lazaga

Los cien caballeros/I cento cavaliere/Herrenpartie, Vittorio Cottafavi

Nobleza baturra, Juan de Orduña

Doctor Zhivago (Doctor Zhivago), David Lean

Un vampiro para dos, Pedro Lazaga

La vida nueva de Pedrito Andía, Rafael Gil

1965 *Currito de la Cruz*, Rafael Gil

Whisky y vodka, Fernando Palacios

Cabriola, Mel Ferrer

Zampo y yo, Luis Lucia

Lola, espejo oscuro, Fernando Merino

Pampa salvaje/Savage Pampas, Hugo Fregonese

Cotolay, José Antonio Nieves Conde

10:30 P.M. summer, Jules Dassin

Fray Torero, José Luis Sáenz de Heredia

La ruta de los diamantes, Gérard Oury

1966 *Grandes amigos*, Luis Lucia

1967 *Las que tienen que servir*, José María Forqué

Cuarenta grados a la sombra, Mariano Ozores

1969 *La residencia*, Narciso Ibáñez Serrador

1972 *La descarriada* (con García y Prósper), Mariano Ozores

Chávarri, Jaime

Jaime Chávarri de la Mora, nace en Madrid en 1943. Director.

AMBIENTACIÓN:

1969 *Los desafíos*, Claudio Guerín, José Luis Egea, Víctor Erice

1973 *Ana y los lobos*, Carlos Saura

El espíritu de la colmena, Víctor Erice

Un casto varón español, Jaime de Armiñán

Comba, Manuel

Manuel Comba Sigüenza, nace en Madrid en 1902. Hijo de Juan Comba García pintor de Cámara de la Corte, trabaja en el Teatro Español como diseñador de vestuario hasta que a principios de los años cuarenta empieza a colaborar en el cine como figurinista, sin abandonar su labor teatral. Catedrático, como su padre, de Indumentaria y Artes Suntuarias en la Escuela Superior de Arte Dramático y Danza de Madrid, para sus figurines y ambientaciones se inspira en *Historia del traje en España*, ocho volúmenes inéditos recopilados por su padre, que él amplió a ochenta como fruto de su trabajo cinematográfico y teatral. Trabaja en programas emitidos por TVE como *El caserío* (Juan de Orduña, 1969). Gracias a sus conocimientos y prestigio fue uno de los pocos profesionales que figuró en los títulos de crédito como Asesor Histórico. Académico de la Academia de Bellas Artes de San Fernando. Fallece en Madrid en 1987.

VESTUARIO:

1940 *El último húsar/Amore di ussaro* (con Marina Arcángeli), Luis Marquina

La gitanilla, Fernando Delgado

1941 *Sarasate*, Richard Busch

Raza, José Luis Sáenz de Heredia

1942 *Goyescas*, Benito Perojo

1944 *Inés de Castro* (asesor histórico de vestuario), José Leitao de Barros y Manuel Augusto García Viñolas

1945 *Los últimos de Filipinas*, Antonio Román

1946 *El doncel de la Reina*, Eusebio Fernández Ardavín

1947 *La dama del armiño* (con Torre de la Fuente), Eusebio Fernández Ardavín

La princesa de los Ursinos (con Torre de la Fuente), Luis Lucia

La fe (con Torre de la Fuente), Rafael Gil

1948 *Don Quijote de la Mancha* (con Torre de la Fuente y asesor histórico), Rafael Gil

Locura de amor (y asesor histórico), Juan de Orduña

Doña María la brava, Luis Marquina

1949 *José María el Tempranillo*, Adolfo Aznar

Aventuras de Juan Lucas, Rafael Gil
1950 *La revoltosa,* José Díaz Morales
1954 *El beso de Judas* (con Torre de la Fuente), Rafael Gil
Marcelino pan y vino (con Torre de la Fuente), Ladislao Vajda
Las últimas banderas, Luis Marquina
1955 *El Rey de Sierra Morena* (y asesor histórico), Adolfo Aznar
1957 *El último cuplé,* Juan de Orduña
1958 *Aquellos tiempos del cuplé,* José Luis Merino y Mateo Cano
1959 *El Litri y su sombra* (con Torre de la Fuente), Rafael Gil
1961 *Teresa de Jesús* (y asesor histórico), Juan de Orduña

AMBIENTACIÓN:

1941 *El milagro del Cristo de la Vega* (y asesor histórico), Adolfo Aznar
1943 *El escándalo* (y vestuario), José Luis Sáenz de Heredia
1947 *Reina Santa* (con Torre de la Fuente, vestuario y asesor histórico), Rafael Gil
1949 *Vértigo* (y vestuario), Eusebio Fernández Ardavín
1950 *Pequeñeces* (y vestuario con Torre de la Fuente), Juan de Orduña
Agustina de Aragón (con Torre de la Fuente), Juan de Orduña
El duende y el rey (y vestuario), Alejandro Perla
El sueño de Andalucía/Andalousie (y vestuario), Luis Lucia y Robert Wermay
1951 *Alba de América* (y vestuario), Juan de Orduña
1953 *Jeromín* (con Torre de la Fuente), Luis Lucia
1954 *Zalacaín el aventurero,* Juan de Orduña
Cañas y barro, Juan de Orduña
1958 *¿Dónde vas Alfonso XII?,* Luis César Amadori
La Tirana, Juan de Orduña
1964 *Isidro el labrador,* Rafael J. Salvia

García, Juan

Juan García del Tocado.

CONSTRUCCIÓN:

1955 *Los peces rojos* (con Tomás Fernández), José Antonio Nieves Conde

1956 *Fedra* (con Tomás Fernández), Manuel Mur Oti
1957 *El inquilino* (con Tomás Fernández), José Antonio Nieves Conde
1963 *El verdugo,* Luis García Berlanga
1968 *Sangre en el ruedo,* Rafael Gil
1969 *Se armó el Belén,* José Luis Sáenz de Heredia
1972 *La descarriada* (con Asensio y Prósper), Mariano Ozores

García, Rafael

CONSTRUCCIÓN:

1960 *Adiós Mimí Pompon* (con Asensio), Luis Marquina
1961 *Bello recuerdo,* Antonio del Amo
Cariño mío, Rafael Gil
1962 *La batalla del domingo,* Luis Marquina
1963 *Circus World (El fabuloso mundo del circo),* Henry Hathaway
1965 *Battle of Bulge (La batalla de las Ardenas)* (con Prósper), Ken Annakin
1966 *A Funny Thing Happened on the Way to the Forum (Golfus de Roma)* (con Rafael García) (con José María Sánchez), Richard Lester

López Vázquez, José Luis

José Luis López Vázquez de la Torre, nace en Madrid el 11 de marzo de 1922. Actor.

SECRETARIO DE DIRECCIÓN:

1957 *Amanecer en Puerta Oscura,* José María Forqué

VESTUARIO:

1951 *La señora de Fátima,* Rafael Gil
El gran Galeoto, Rafael Gil
1953 *El diablo toca la flauta* (y ambientación), José María Forqué

AYUDANTE DE DECORACIÓN:

1944 *Eugenia de Montijo,* José López Rubio
1956 *Embajadores en el infierno,* José María Forqué

1946 *Consultaré a Mr. Brown* (y ayudante de decoración), Pío Ballesteros
1954 *Un día perdido,* José María Forqué

Mampaso, Manuel

Manuel Mampaso Bueno, nace en La Coruña en 1924. Pintor.

1963 *El mundo sigue,* Fernando Fernán-Gómez

1962 *55 Days at Peking (55 días en Pekín),* Nicholas Ray
1963 *The Fall of the Roman Empire (La caída del Imperio Romano),* Anthony Mann
1964 *Circus World (El fabuloso mundo del circo),* Henry Hathaway
1965 *Battle of Bulge (La batalla de las Ardenas),* Ken Annakin
1968 *Custer of the West (La última aventura),* Robert Siodmak
1969 *Krakatoa, East of Java (Al este de Java),* Bernard L. Kowalski
Valdez is coming! (¡Que viene Valdez!), Edwin L. Sherin
1970 *Patton (Patton),* Franklin Shaffner
Doc (Duelo a muerte en el OK corral), Frank Perry
1971 *Chato's Land (Chato el apache),* Michael Winner
1972 *Travels with My Aunt (Viajes con mi tía),* Georges Cukor
1973 *Los tres mosqueteros/The Three Musketeers,* Richard Lester
1987 *A los cuatro vientos/Lauaxeta,* José Antonio Zorrilla

Marín, Maiki

María del Carmen Marín Isasi, nace en San Sebastián el 15 de julio de 1938. Trabaja para la televisión en series como *Celia* (José Luis Borau, 1991).

1972 *Carta de amor de un asesino,* Francisco Regueiro

1973 *La prima Angélica,* Carlos Saura
Der Scharlachrote Buchstabe/La letra escarlata, Wim Wenders
Verflucht, dies Amerika/La banda de Jaider, Volker Vogeler
1975 *Furtivos,* José Luis Borau
Pascual Duarte, Ricardo Franco
1976 *Camada negra,* Manuel Gutiérrez Aragón
1977 *El monosabio,* Ray Rivas
1979 *La Sabina/Tha Sabina,* José Luis Borau
1980 *Dedicatoria,* Jaime Chávarri
1982 *El Sur,* Víctor Erice
1983 *¡Feroz!,* Manuel Gutiérrez Aragón
1984 *Tasio,* Montxo Armendáriz
1986 *Tata mía,* José Luis Borau
1990 *Las cartas de Alou,* Montxo Armendáriz
1992 *Una estación de paso,* Gracia Querejeta
1993 *El aliento del diablo,* Paco Lucio
1994 *Historias del Kronen/Histoires du Kronen,* Montxo Armendáriz
1996 *El último viaje de Robert Rylands,* Gracia Querejeta
Niño nadie, José Luis Borau
Familia, Fernando León

1975 *Cría cuervos* (y vestuario), Carlos Saura
1976 *Elisa vida mía,* Carlos Saura
1978 *Los ojos vendados,* Carlos Saura
1979 *Mamá cumple cien años,* Carlos Saura
1980 *Deprisa, deprisa,* Carlos Saura
1981 *Dulces horas,* Carlos Saura

Mateos, Julián

Julián Mateos López nace en Madrid en 1929. Trabaja para televisión en las series *Los desastres de la guerra* (Mario Camus, 1982), *Anillos de oro* (Pedro Masó, 1983), *Goya y su tiempo* (José Ramón Larraz, 1984), *Casanova* (Simon Langton, 1987), *Deadline* (John Patterson, 1987) y *La Regenta* (Fernando Méndez-Leite, 1994).

1952 *La princesa de Éboli/That Lady,* Terence Young
Hermano menor, Domingo Viladomat
1956 *Zarak (Zarak),* Terence Young
1957 *Action of the Tiger (La frontera del terror),* Terence Young

1958 *The Seventh Voyage of Simbad (Simbad y la princesa)*, Nathan Juran
Spanish Affair/Aventura para dos, Don Siegel

1959 *Scent of Mystery (Holiday in Spain)*, Jack Cardiff
Solomon and Sheba (Salomón y la Reina de Saba), King Vidor

1960 *Spartacus (Espartaco)*, Stanley Kubrick

1961 *King of Kings (Rey de reyes)*, Nicholas Ray
El Cid (El Cid), Anthony Mann

1962 *55 Days at Peking (55 días en Pekín)*, Nicholas Ray

1963 *The Fall of the Roman Empire (La caída del Imperio Romano)*, Anthony Mann

1964 *Circus World (El fabuloso mundo del circo)*, Henry Hathaway

1965 *De cuerpo presente*, Antonio Eceiza
Doctor Zhivago (Doctor Zhivago), David Lean
Von Ryan's Express (El coronel Von Ryan), Mark Robson

1966 *Huyendo del halcón/Flight of the Hawk*, Cecil Baker

1967 *El regreso de los siete magníficos/Return of the Seven*, Burt Kennedy
Camelot (Camelot), Joshua Logan

1968 *Villa Rides (Villa cabalga)*, Buzz Kulik
Custer of the West (La última aventura), Robert Siodmak

1969 *Krakatoa, East of Java (Al este de Java)*, Bernard L. Kowalski
Royal Hunt of the Sun, Irving Lerner
The Battle of Britain (La batalla de Inglaterra), Guy Hamilton

1970 *The Horsemen (Orgullo de estirpe)*, John Frankenheimer
The Great White Hope (La gran esperanza blanca), Martin Ritt
Patton (Patton), Franklin J. Shaffner

1971 *Nicholas and Alexandra (Nicolás y Alejandra)*, Franklin J. Shaffner

1972 *Don Quijote cabalga de nuevo*, Roberto Gavaldón
Travels with My Aunt (Viajes con mi tía), George Cukor

1973 *The Golden Voyage of Simbad (El viaje fantástico de Simbad)*, Gordon Hessler

1974 *Open Season/Le mele marce/Los cazadores*, Peter Collinson
Stardust (El ídolo), Michael Apted

AMBIENTADOR:

1975 *The Wind and the Lion (El viento y el león)*, John Milius

Las adolescentes, Pedro Masó

1976 *Robin and Marian (Robin y Marian)*, Richard Lester
Voyage of the Dammed (El viaje de los malditos), Stuart Rosenberg
Retrato de familia, Antonio Jiménez Rico
La espada negra, Francisco Rovira Beleta

1977 *March or Die (Marchar o morir)*, Dick Richards
La Coquito, Pedro Masó

1978 *The Boys from Brazil (Los niños del Brasil)*, Franklin J. Shaffner
The Lord of the Rings (El señor de los anillos), Ralph Bakshi

1980 *El divorcio que viene*, Pedro Masó

1981 *Reds (Rojos)*, Warren Beatty
Puente aéreo, Pedro Masó

1982 *Conan the Barbarian (Conan el bárbaro)*, John Milius
Corazón de papel, Roberto Bodegas
The Curse of the Pink Panther (La maldición de la pantera rosa), Blake Edwards

1984 *The Hit*, Stephen Frears

1985 *Rustlers Raphsody (Esos locos cuatreros)*, Hugh Wilson

1986 *Tata mía*, José Luis Borau

1987 *Lionheart*, Franklin J. Shaffner

1988 *The Adventures of Baron Munchausen (Las aventuras del barón de Munchausen)*, Terry Gilliam
Onassis: the Richest Man in the World, Warris Hussein

1989 *Indiana Jones and the Last Crusade (Indiana Jones y la última Cruzada)*, Steven Spielberg
The Return of the Musketeers/El regreso de los mosqueteros, Richard Lester
El sueño del mono loco, Fernando Trueba

1990 *Nostromo*, David Lean (preparación)

1991 *Tacones lejanos*, Pedro Almodóvar

1992 *Christopher Columbus, the Discovery (Cristóbal Colón, el descubrimiento)*, John Glen

1994 *Canción de cuna*, José Luis Garci

Michelena, Félix

Félix Andrés Michelena, nace en Iganzi (Navarra) el 5 de noviembre de 1922. Se prepara para entrar en la Escuela de Bellas Artes de San Fernando en la academia Artium, donde daba clases Augusto Lega, quien lo contrata para trabajar en los estudios Ballesteros. Fundaron la empresa Lega Michelena S.L. a finales de los años cincuenta. Colabora en televisión en programas como *El mayorazgo de Labraz* (Pío Caro Baroja, 1982). Trabajó en los estudios Ballesteros hasta su desaparición en 1974.

AYUDANTE DE DECORACIÓN:

1955 *Historias de la radio,* José Luis Sáenz de Heredia
1957 *Faustina,* José Luis Sáenz de Heredia
1958 *El gafe,* Pedro L. Ramírez

CONSTRUCCIÓN CON LEGA:

1960 *Café de Chinitas* (Lega-Michelena S.L.), Gonzalo Delgrás
1961 *Fray Escoba,* Ramón Torrado
1962 *Alegre juventud,* Mariano Ozores
   55 Days at Peking (55 días en Pekín) (con Asensio, Prósper y Lega), Nicholas Ray
1963 *El mundo sigue,* Fernando Fernán-Gómez
1964 *Los palomos,* Fernando Fernán-Gómez
   Los rurales de Texas (Texas Rangers)/I due violenti, Primo Zeglio
1965 *Mi canción es para ti,* Ramón Torrado
   Ninette y un señor de Murcia, Fernando Fernán-Gómez
   La visita que no tocó el timbre, Mario Camus
   La carga de la Policía Montada (Lega Michelena S.L.), Ramón Torrado
1966 *Buenos días condesita* (Lega-Michelena S.L.), Luis César Amadori

El padre Manolo, Ramón Torrado
1968 *Cara a cara/Faccia a faccia,* Sergio Sollima
1969 *Juicio de faldas,* José Luis Sáenz de Heredia
   El alma se serena, José Luis Sáenz de Heredia
   Cateto a babor, Ramón Fernández
1970 *Hay que educar a papá* (Lega-Michelena S.L.), Pedro Lazaga
   Don Erre que erre (Lega-Michelena S.L.), José Luis Sáenz de Heredia
   La tonta del bote (Lega-Michelena S.L.), Juan de Orduña
   Los gallos de la madrugada, José Luis Sáenz de Heredia
1971 *Me debes un muerto,* José Luis Sáenz de Heredia
   ¡Vente a ligar al Oeste!, Pedro Lazaga
   La garbanza negra q.e.p.d., Luis M. Delgado
   Aunque la hormona se vista de seda, Vicente Escrivá
   Historia de una traición, José Antonio Nieves Conde
1972 *Dos chicas de revista,* Mariano Ozores
   Entre dos amores, Luis Lucia
   Manolo la nuit, Mariano Ozores
1973 *Proceso a Jesús* (y Conscine), José Luis Sáenz de Heredia
   Lo verde empieza en los Pirineos (con Cubero y Galicia), Vicente Escrivá
   Cinco almohadas para una noche (con Cubero y Galicia), Pedro Lazaga
1974 *Cuando los niños vienen de Marsella,* José Luis Sáenz de Heredia
   Esta que lo es, Ramón Fernández

III. Directores artísticos extranjeros que han trabajado en España

Aguettand, Lucien

Lucien Aguettand Blanc nace en París el 28 de febrero de 1901.

DIRECCIÓN ARTÍSTICA:

1955 *Tres hombres van a morir/Trois hommes vont mourir (La Patrouille des sables)* (con Sigfredo Burmann), Feliciano Catalán y René Chanas

Alfieri, Ennio

DIRECCIÓN ARTÍSTICA:

1981 *Casta y pura/Casta e pura* (con José Luis Galicia), Salvatore Samperi

Ambrosini, Mario

DIRECCIÓN ARTÍSTICA:

1971 *La caza del oro/Lo credevano uno stinco,* Juan Bosch

Amicis, Angelo

DIRECCIÓN ARTÍSTICA:

1965 *Desafío en Río Bravo/Die letzten zwei von Rio Bravo,* Tulio Demicheli

André, Jean

DIRECCIÓN ARTÍSTICA:

1957 *Les bijoutiers du clair de lune* (con Simont), Roger Vadim

Andrejew, André

DIRECCIÓN ARTÍSTICA:

André Andreyev, André Andreiev o Andrei Andreiev, nace en Charili (Rusia) el 21 de enero de 1886, fallece en Francia en 1966.

1955 *Alexander the Great (Alejandro Magno)* (con Parrondo y Pérez Espinosa), Robert Rossen

Arustam, Alexander

Pintor ruso, asesor en la UFA de *Die wunderbare Lüge der Nina Petrovna* (Hans Schwarz, 1929).

DIRECCIÓN ARTÍSTICA:

1933 *Alalá,* Adolf Trotz y Frederik Fulgsang

Azzini, Nedo

DIRECCIÓN ARTÍSTICA:

1964 *Totó de Arabia* (con Juan Alberto), José Antonio de la Loma

1966 *París Estambul sin regreso/Agente 007, dall'Oriente con furore/Fureur sur le Bosphore* (con Ramiro Gómez), Terence Hathaway (Sergio Grieco)

La muerte espera en Atenas/Agente 007, Missione "Bloody Mary"/Operación Lotus Bleu (con Ramiro Gómez), Terence Hathaway (Sergio Grieco)

Doc, manos de plata (con Juan Alberto), Alfonso Balcázar

1969 *Hora cero: operación Rommel,* León Klimovsky

Una historia perversa/Una sull'altra (con Calatayud), Lucio Fulci

1970 *Una lagartija con piel de mujer/Una lucertola con la pelle di donna* (con Calatayud), Lucio Fulci

Balzarini, Manuel

DIRECCIÓN ARTÍSTICA:

1969 *La mujer del desierto/Gli amori di Angelica* (con Manuel Infiesta), Luigi Latini de Marchi

Barbenchon, Louis Le

DIRECCIÓN ARTÍSTICA:

1965 *Misión especial en Caracas/Mission spéciale à Caracas/Missione Caracas* (con Sigfredo Burmann), Raoul André

Barsacq, Léon

Nace en Crimea (Rusia) el 18 de octubre de 1906, fallece en Francia el 23 de diciembre de 1969

DIRECCIÓN ARTÍSTICA:

1952 *Violetas Imperiales/Violettes impériales* (con Canet), Richard Pottier y Fortunato Bernal

El tirano de Toledo/Les Amants de Tolède/Gli amanti di Toledo (con Simont), Henri Decoin y Fernando Palacios

1953 *La bella de Cádiz/La belle de Cadix,* Eusebio Fernández Ardavín y Raymond Bernard

Barsotti, Fulvio

DIRECCIÓN ARTÍSTICA:

1964 *Dos toreros de aúpa/I due toreri,* Giorgio Simonelli

Bartolini, Giancarlo

Giancarlo Bartolini Salimbeni.

DIRECCIÓN ARTÍSTICA:

1969 *No importa morir/Quel maledetto ponte sull'Elba,* León Klimovsky

Bassan, Giuseppe

DIRECCIÓN ARTÍSTICA:

1969 *Los desesperados/Quei disperati che puzzano di sudore e di morte* (con Galicia y Pérez Cubero), Julio Buchs

1978 *De Dunkerke a la victoria/Contro quattro bandiere/De L'Enfer à la victoire* (con Ferri), Hans Milestone (Umberto Lenzi)

Batelli, Ivo

DIRECCIÓN ARTÍSTICA:

1968 *El aventurero de la Rosa Roja/Il cavaliere della Rosa Rossa* (con Cortés), Stefano Vanzina "Steno"

Boccianti, Alberto

DIRECCIÓN ARTÍSTICA:

1954 *Siempre Carmen/Carmen Proibita* (con Prósper), Alejandro Perla y Giuseppe Maria Scotese

1963 *El capitán intrépido/Il segno di Zorro/Le Signe de Zorro* (con Enrique Alarcón), Mario Caiano

1967 *Diamantes a go go/Ad ogni costo/Tob Job* (y vestuario) (con Juan Alberto), Giuliano Montaldo

1969 *El largo día del águila/La battaglia d'Inghilterra* (con Cofiño), Enzo G. Castellari

1971 *Historia de una traición,* José Antonio Nieves Conde

1972 *La casa de las muertas vivientes/Una tomba aperta... una bara vuota,* Alfonso Balcázar

1975 *Cipolla Colt/Zwiebel-Jack räumt auf,* Enzo G. Castellari

Bottari, Franco

Seudónimo Frank Bottau.

DIRECCIÓN ARTÍSTICA:

1978 *El periscopio/Malizia erotica,* José Ramón Larraz

Bourgeois, Djo

DIRECCIÓN ARTÍSTICA:

1924 *La barraca de los monstruos,* Jacque Catelain

Box, John

Nace en Londres el 27 de enero de 1920.

DIRECCIÓN ARTÍSTICA:

1965 *Doctor Zhivago (Doctor Zhivago)* (con Gil Parrondo y Terence Marsh), David Lean

1971 *Nicholas and Alexandra (Nicolás y Alejandra)* (con Gil Parrondo, Ernest Archer, Jack Maxted y Vernon Dixon), Franklin J. Shaffner

1972 *Travels with My Aunt (Viajes con mi tía)* (con Gil Parrondo y Robert W. Laing), George Cukor

Bressan, Gilles

DIRECCIÓN ARTÍSTICA:

1996 *Susanna* (con Irene Montcada), Antonio Chavarrías

Bulgarelli, Enzo

DIRECCIÓN ARTÍSTICA:

1971 *No desearás la mujer del vecino/La strana*

legge del dottore Menga, Fernando Merino

1973 *Colmillo blanco/Zanna bianca/Croc blanc* (con Emilio Ruiz), Lucio Fulci

1974 *También los ángeles comen judías/Anche gli angeli mangiano i faglioli/Les anges mangent aussi des fayots* (con Juan Alberto), E. B. Clucher

Burchielaro, Giantito

DIRECCIÓN ARTÍSTICA:

1971 *La cólera del viento/La collera del vento* (con Antonio Cortés), Mario Camus

1973 *Un trabajo tranquilo/L'emigrante,* Pascuale Festa Campanile

1977 *Objetivo: matar/Quel pomeriggio maledetto,* Marlon Sirko (Mario Siciliano)

Capriccioli, Massimiliano

Guionista y director artístico italiano.

DIRECCIÓN ARTÍSTICA:

1956 *Serán hombres/Saranno uomini,* Silvio Siano y Antonio Navarro

1967 *Escondido/Un minuto per pregare un istante per morire,* Franco Giraldi

Carducci, Giacomo Carlo

DIRECCIÓN ARTÍSTICA CON VALLVÉ:

1970 *La diligencia de los condenados/Prima ti perdono... poi t'ammazzo,* Juan Bosch
Veinte pasos para la muerte/Sarando, Manuel Esteba
Abre tu fosa, amigo, llega Sabata/Sei già cadavere, amigo, ti cerca Garringo, Juan Bosch

Cecchi, Dario

DIRECCIÓN ARTÍSTICA:

1957 *Buenos días amor/Amore a prima vista* (con Schild), Franco Rossi

Chambert, Jacques

1976 *El anacoreta/L'anachorète,* Juan Estelrich

Ciuffini, Augusto

Dirección artística:

1957 *Tal vez mañana/L'uomo dei calzoni corti* (con Canet), Glauco Pellegrini

Colasanti, Veniero

Nace en Roma el 21 de julio de 1910.

Dirección artística:

1957 *Hablemos de amor/Amore e chiacchiere* (con Moreno), Alessandro Blasetti
1962 *55 Days at Peking (55 Días en Pekín)* (con Moore), Nicholas Ray
1963 *The Fall of the Roman Empire (La caída del Imperio Romano)* (con Moore), Anthony Mann

Colombier, Jacques

Nace en Compiège (Francia) el 9 de noviembre de 1901.

Dirección artística:

1956 *Ojo por ojo/Occhio per occhio/Oeil pour oeil* (con José Algueró), André Cayatte

Corcoran, Patrick

Dirección artística:

1965 *El dedo en el gatillo/Finger on the Trigger,* Sidney Pink

Corsetti, Gastone

Dirección artística:

1967 *Tú perdonas... yo no/Dio perdona... io no!* (con Luis Vázquez), Giuseppe Colizzi

Crugnola, Aurelio

Dirección artística:

1962 *Los motorizados/I motorizzati* (con Canet), Camillo Mastrocinque
1967 *Joe el implacable/Un dollaro a testa,* Sergio Corbucci
1970 *El hombre invisible/L'inafferrabile invincibile Mr. Invisibile/Mr. Superinvisible* (con Adolfo Cofiño), Anthony M. Dawson (Antonio Margheritti)

Cuprini, Francesco

Dirección artística:

1980 *Los locos vecinos del segundo,* Juan Bosch

Dall'Arche, Donatella

Dirección artística:

1996 *Chevrolet,* Javier Maqua

D'Amico, Óscar

Dirección artística:

1965 *Las malditas pistolas de Dallas,* José María Zabalza
     Tres dólares de plomo/Tre dollari di piombo, Joseph Trader

D'Angelo, Salvo

Productor italiano de, entre otros títulos, *Fabiola* (Alessandro Blasetti, 1947); (*La belleza del diablo,* René Clair, 1949); *Bellissima* (Luchino Visconti, 1951); *La terra trema* (Luchino Visconti, 1951) y *La macchina ammazzacattivi* (Roberto Rossellini).

Dirección artística:

1939 *La última falla,* Benito Perojo
1940 *El último husar/Amore di ussaro,* Luis Marquina
1941 *Yo soy mi rival/L'uomo del romanzo,* Luis Marquina

Daoudal, Gérard

Dirección artística:

1980 *Otra mujer,* Frank Apprederis

De Cuir, John F.

Nace en San Francisco (Estados Unidos) el 4 de junio de 1918.

Dirección artística:

1964 *Circus World/El fabuloso mundo del circo,* Henry Hathaway

D'Eaubonne, Jean

Nace en Talence (Francia) en 1903, fallece en julio de 1971.

Dirección artística:

1973 *Un capitán de quince años/Un capitaine de quinze ans,* Jesús Franco

D'Eugenio, Saverio

Dirección artística:

1963 *El sabor de la venganza/I tre spietati* (con Cubero y Galicia), Joaquín L. Romero Marchent
1964 *Antes llega la muerte/I sette di Texas* (con Cubero y Galicia), Joaquín L. Romero Marchent
1965 *El sendero del odio/Il piombo e la carne* (con Viudes), Marino Girolami
1966 *Rebeldes en Canadá,* Amando de Ossorio
Alambradas de violencia/Pochi dollari per Django, León Klimovsky
Agente X-17 Operación Océano/Agente X-17 Operazione Oceano, Américo Anton
1967 *Los cinco de la venganza/I cinque della vendetta* (con Juan Alberto), Aldo Florio
En Gentar se muere fácil/A Ghentar si muore facile, León Klimovsky
1968 *El hombre del golpe perfecto/L'uomo dal colpo perfetto,* Aldo Florio
1971 *Reverendo Colt,* León Klimovsky

1973 *Los mil ojos del asesino/Quel ficcanaso dell'ispettore Lawrence,* Juan Bosch

Deude, Aimé

Dirección artística:

1994 *La teta y la luna/Le sein et la lune,* Bigas Luna

Domenici, Riccardo

Dirección artística:

1971 *Los buitres cavarán tu fosa,* Juan Bosch
1972 *Una bala marcada/Dio in cielo... Arizona in terra,* Juan Bosch

Douarinou, Jean

Nace en Cholon (antigua Cochinchina) en 1906.

Dirección artística:

1964 *Cyrano y D'Artagnan/Cyrano et D'Artagnan/Cyrano e D'Artagnan* (con Ontañón), Abel Gance
1966 *Atraco al hampa/Le vicomte règle ses comptes/Il Visconte furto alla Banca Mondiale,* Maurice Cloche

Equini, Arrigo

Ayudante de decoración:

1967 *Ypotron/Agente Logan, missione Ypotron,* George Finley (Giorgio Stegani)

Dirección artística:

1964 *Sandokan/Sandokan/Sandokan, le tigre de Bornéo* (con Juan Alberto), Umberto Lenzi
1965 *Siete hombres de oro/Sette uomini d'oro/Sept hommes en or* (con Piero Poletto, Galicia y Pérez Cubero), Marco Vicario
Tres sargentos bengalíes/I tre sargenti del Bengala, Umberto Lenzi
1967 *Volver a vivir* (con Cortés), Mario Camus

1968 *Viaje al vacío/L'assassino fantasma*, Javier Setó

1971 *La espada normanda/La spada norman-na* (con Enrique Alarcón), Roberto Mauri

El arquero de Sherwood (con Enrique Alarcón), Giorgio Ferroni

Facello, Abel

DIRECCIÓN ARTÍSTICA:

1995 *La ley de la frontera*, Adolfo Aristarain

Fegaroti, Sergio

DIRECCIÓN ARTÍSTICA:

1968 *Jim Golden Poker/Djurado*, Gianni Narzini

Filippone, Piero

DIRECCIÓN ARTÍSTICA:

1959 *La culpa fue de Eva/Totó, Eva e il pennel-lo proibito* (con Pérez Espinosa), Stefano Vanzina "Steno"

1967 *El millón de Madigan/Un dollaro per 7 vigliacchi*, Giorgio Gentili

1968 *Salario para matar/Il mercenario* (con Luis Vázquez), Sergio Corbucci

AYUDANTE DE DECORACIÓN:

1970 *La brigada de los condenados/La legione dei dannati*, Umberto Lenzi

DIRECCIÓN ARTÍSTICA:

1971 *Alta tensión/Doppia coppia con Regina* (con Cubero y Galicia), Julio Buchs

1976 *El hombre que desafió a la organiza-ción/L'uomo che sfido l'organizzazio-ne*, Sergio Grieco

Fiorentini, Enrico

DIRECCIÓN ARTÍSTICA:

1982 *El exterminador de la carretera/Il giusti-ziere della strada*, Jules Harrison (Giuliano Carmineo)

Fontana, Franco

DIRECCIÓN ARTÍSTICA:

1960 *Vacaciones en Mallorca/Brevi amori a Palma de Majorca* (con Simont), Giorgio Bianchi

1967 *Todos los hermanos eran agentes/O.K. Connery* (con Cofiño), Alberto de Martino

Freeland, M.

DIRECCIÓN ARTÍSTICA:

1987 *Operación cocaína/Dark Mission*, Jess Franco

Garbuglia, Mario

Nace en Fontespina (Italia) el 27 de mayo de 1927.

DIRECCIÓN ARTÍSTICA:

1957 *Los amantes del desierto/Gli amanti del deserto* (con Sigfredo Burmann), León Klimovsky, Godoffredo Alessandrini, Ferruccio Cerchio y Gianni Vernuccio

1974 *Las amazonas/Le guerriere dal seno nudo/Les Amazones*, Terence Young

Gasper, Peter

DIRECCIÓN ARTÍSTICA:

1968 *Fu Manchú y el beso de la muerte/Der Todeskuss des Dr. Fu Man Chu/Kiss & Kill/ The Blood of Fu Manchu*, Jesús Franco

Geleng, Massimo Antonello

DIRECCIÓN ARTÍSTICA:

1980 *La invasión de los zombies atómicos/In-cubo sulla città contaminata* (con Wolfgang Burmann), Umberto Lenzi

Gentili, Carlo

VESTUARIO:

1965 *Una pistola para Ringo/Una pistola per Ringo,* Duccio Tessari

DIRECCIÓN ARTÍSTICA:

1968 *Bandidos/Crepa tu... che vivo io!* (con Cubero y Galicia), Max Dillman (Massimo Dallamano)
1974 *Un par de zapatos del 32/Qualcuno ha visto uccidere* (con Calatayud), Rafael Romero Marchent

Giordani, Robert

DIRECCIÓN ARTÍSTICA:

1953 *Sangre y luces/Sang et lumières* (con Canet), Georges Rouquier y Ricardo Muñoz Suay
1964 *Orden: FX-18 debe morir/Coplan agent secret FX-18,* Maurice Cloche
1968 *Demasiadas mujeres para Layton/Carré de dames por un as* (con Adolfo Cofiño), Jacques Poitrenaud

Gisler, Adi

DIRECCIÓN ARTÍSTICA:

1986 *El rio de oro/Des goldene Fluss,* Jaime Chavarri

Guilien, A.

DIRECCIÓN ARTÍSTICA:

1940 *En poder de Barba Azul* (con Simont), José Buchs

Guiovanni, Giorgio

DIRECCIÓN ARTÍSTICA:

1968 *Junio 44: desembarcaremos en Normandía/Giugno 44: sbarcheremo in Normandia,* León Klimovsky

Hubert, René

DIRECCIÓN ARTÍSTICA:

1955 *Una aventura de Gil Blas/Les aventures de Gil Blas de Saniillane* (con Sigfredo Burmann), René Jolivet y Ricardo Muñoz Suay

Imbert, Fernando

DIRECCIÓN ARTÍSTICA:

1979 *Vacaciones al desnudo/Senza buccia* (con Cubero), Marcello Aliprandi

Josia, Guido

DIRECCIÓN ARTÍSTICA:

1970 *Tepepa,* Giulio Petroni

Junge, Alfred

Nace en Görlitz (Alemania) el 29 de enero de 1886, fallece en Londres en 1964.

DIRECCIÓN ARTÍSTICA:

1952 *La princesa de Éboli/That Lady* (con Ramiro Gómez), Terence Young

Katz, Daniel

Actor habitual en títulos dirigidos por Jesús Franco, como *Historia sexual de O* (1981), *Mil sexos tiene la noche* (1982), *Sangre en mis zapatos* (1983), *Un pito para tres* (1985), *La sombra del judoka contra el doctor Wong* (1985) y *Dark mission/Operación cocaína* (1987).

DIRECCIÓN ARTÍSTICA:

1990 *Downtown heat/Ciudad baja,* Jess Franco

Kiebach, Hans Jürgen

DIRECCIÓN ARTÍSTICA:

1964 *El último mohicano/Der letzte Mohikaner/*

La valle delle ombre rosse (con Juan Alberto), Harald Reinl

1965 *Oklahoma John/Il ranch degli Spietati/ Oklahoma John* (con Juan Alberto), Jaime Jesús Balcázar

Pistoleros de Arizona/5000 dollari sull'asso/Die Gejagten der Sierra Nevada (con Juan Alberto), Alfonso Balcázar

Kirchnoff, Herbert

DIRECCIÓN ARTÍSTICA:

1957 *Entre hoy y la eternidad/Zwischen Zeit und Ewigkeit,* Arthur Maria Rabenalt y José Antonio Nieves Conde

Konrad, Albrecht

DIRECCIÓN ARTÍSTICA:

1980 *Vértigo en la pista/Speed Driver* (con Wolfgang Burmann), Stelvio Massi

Lamothe, François de

Nace en Meaux (Francia) el 9 de mayo de 1928.

DIRECCIÓN ARTÍSTICA:

1972 *La guerrilla,* Rafael Gil
1978 *Un papillon sur l'épaule* (con José Antonio de la Guerra), Jacques Deray

Lentini, Massimo

DIRECCIÓN ARTÍSTICA:

1982 *La conquista de la tierra perdida/Conquest,* Lucio Fulci

Leva, Carlo

AYUDANTE DE DECORACIÓN:

1965 *La muerte tenía un precio/Per qualche dollaro di più/Für ein paar Dollars mehr* (con Rafael Ferri), Sergio Leone

DIRECCIÓN ARTÍSTICA:

1957 *Esclavas de Cartago,* Guido Brignone
1966 *Plazo para morir/All'ombra di un colt* (con Villalba), Gianni Grimaldi
1969 *La muerte de un presidente/Il prezzo del potere* (con Arzuaga), Tonino Valerii
1974 *No profanar el sueño de los muertos/Non si deve profanare il sonno dei morti* (con Rafael Ferri), Jorge Grau

Lippschitz, Herbert

DIRECCIÓN ARTÍSTICA:

1934 *Una semana de felicidad,* Max Nossek
Poderoso caballero, Max Nossek
1935 *Aventura oriental,* Max Nossek

Lolli, Franco

DIRECCIÓN ARTÍSTICA:

1962 *El sheriff terrible/Due contro tutti* (con Galicia y Pérez Cubero), Antonio Momplet
1963 *Perseo l'invincibile,* Alberto de Martino

Longo, Gisella

DIRECCIÓN ARTÍSTICA:

1972 *Hijos de pobres pero deshonestos padres... les llamaban Calamidad/I bandoleros della dodicesima ora,* Alfonso Balcázar

Loric, Zorica

DIRECCIÓN ARTÍSTICA:

1977 *Playmate* (con Enrique Alarcón y Pierre Simonini), Just Jaeckin

Luczyc, Hugo

Hugo Luczyc Wyhowski.

DIRECCIÓN ARTÍSTICA:

1993 *La tabla de Flandes/Uncovered* (con Tracy Tynan), Jim McBride

Lütz, Manfred

DIRECCIÓN ARTÍSTICA:

1972 *La letra escarlata/Der Scharlachrote Buchstabe* (con Cofiño), Wim Wenders

Marcelli, Giorgio

DIRECCIÓN ARTÍSTICA:

1971 *El ojo del huracán/La volpe dalla coda di velluto,* José María Forqué

Mawart, Jacques

DIRECCIÓN ARTÍSTICA:

1967 *Entre las redes/Moresque: obiettivo allucinante/Coplan FX18 ouvre le feu à Mexico* (con Juan Alberto), Riccardo Freda

McCleary, Urie

DIRECCIÓN ARTÍSTICA:

1970 *Patton (Patton)* (con Gil Parrondo, Antonio Mateos y Pierre Louis Thévenet), Franklin J. Shaffner

Mellin, Max

DIRECCIÓN ARTÍSTICA:

1957 *La estrella de África/Der Stern von Afrika* (con Moreno), Alfred Weidenmann y Rafael J. Salvia

Mellone, Amedeo

DIRECCIÓN ARTÍSTICA:

1964 *Los brutos en el Oeste,* Mario Girolami
1966 *Siete dólares al rojo/Sette dollari sul rosso,* Alberto Cardone

Mester, Arturo

DIRECCIÓN ARTÍSTICA:

1980 *Kárate contra mafia* (como A-Tu-Me), Sah-Di-A (Ramón Saldías)

Meyerberg, Karl

DIRECCIÓN ARTÍSTICA:

1970 *El muerto hace las maletas/Der Todesrächer von Soho,* Jesús Franco

Mogherini, Flavio

Nace en Arezzo (Italia) en 1922. Arquitecto, director y guionista.

DIRECCIÓN ARTÍSTICA:

1968 *Un diablo bajo la almohada/Calda e infedele/Le Diable sous l'oreiller,* José María Forqué

Molli, Mario

DIRECCIÓN ARTÍSTICA:

1977 *Bermudas: la cueva de los tiburones/Bermude: la fossa maledetta* (con Cubero y Galicia), Tonino Ricci

Mondellini, Rino

DIRECCIÓN ARTÍSTICA:

1963 *El tulipán negro/Le tulipe noire,* Christian Jacque

Montori, Alfredo

DIRECCIÓN ARTÍSTICA:

1966 *Siete pistolas para Timothy/Sette magnifiche pistole,* Romulo Girolami
   ¿Por qué seguir matando?/Perché uccidi ancora? (con Juan Alberto), José Antonio de la Loma

Moore, John

Pintor estadounidense.

DIRECCIÓN ARTÍSTICA:

1962 *55 Days at Peking (55 Días en Pekín)* (con Colasanti), Nicholas Ray
1963 *The Fall of the Roman Empire (La caída del Imperio Romano)* (con Colasanti), Anthony Mann

Moraham, Tom

Nace en Londres en 1906.

DIRECCIÓN ARTÍSTICA:

1952 *Decameron Nights/Tres historias de amor* (con Moraham y Parrondo), Hugo Fregonese

Nardi, Luciano

DIRECCIÓN ARTÍSTICA:

1968 *El mercenario/Die Grosse Treibjagd/L'ultimo mercenario,* Dieter Müller

Orny, Ludwig

DIRECCIÓN ARTÍSTICA:

1970 *La noche de Walpurgis/Nacht der Vampire,* León Klimovsky

Paultree, Olivier

DIRECCIÓN ARTÍSTICA:

1984 *Un été d'enfer/Un verano de infierno* (con Antonio de Miguel), Mickael Schok

Pelling, Maurice

DIRECCIÓN ARTÍSTICA:

1971 *Marco Antonio y Cleopatra/Antony and Cleopatra* (con José Algueró), Charlton Heston

Pericoli, Ugo

DIRECCIÓN ARTÍSTICA:

1962 *Fra Diabolo/I tromboni di Fra' Diabolo* (con Simont y Ontañón), Miguel Lluch y Giorgio Simonelli

Pimenoff, Serge

DIRECCIÓN ARTÍSTICA:

1956 *El cantor de Méjico/La chanteur de México* (con Sigfredo Burmann), Richard Pottier

Poletto, Piero

Nace en Sacile de Pordenone (Italia) en 1925, fallece en Roma en 1978.

DIRECCIÓN ARTÍSTICA:

1962 *Los siete espartanos/I sette gladiatori* (con Simont), Pedro Lazaga
Los dinamiteros/L'ultimo Rififi (con Ontañón), Juan García Atienza
1963 *Los invencibles/Gli invincibili sette* (con José Antonio de la Guerra), Alberto de Martino
1965 *Siete hombres de oro/Sette uomini d'oro/Sept hommes en or* (con Galicia, Pérez Cubero y Arrigo Equini), Marco Vicario
1973 *Professione: Reporter/The Passenger/El reportero,* Michelangelo Antonioni

Postiglione, Giorgio

DIRECCIÓN ARTÍSTICA:

1965 *El triunfo de los diez gladiadores/Il trionfo de i dieci gladiatori* (con Juan Alberto), Nick Nostro
Espartaco y los diez gladiadores/Spartacus e i dieci gladiatori (con Juan Alberto), Nick Nostro
1969 *Las trompetas del Apocalipsis/I caldi amori di una minorenne* (con Calatayud), Julio Buchs

Prato, Vincenzo del

DIRECCIÓN ARTÍSTICA:

1972 *Blanco rojo y.../Bianco, rosso e...* (con Santiago Ontañón), Alberto Lattuada

Pritchard, Terry

DIRECCIÓN ARTÍSTICA:

1988 *El Dorado/Eldorado,* Carlos Saura
1992 *Christopher Columbus: the Discovery (Cristobal Colón, el Descubrimiento),* John Glen (diseño de producción: Gil Parrondo)

Quintavalle, Roberto

DIRECCIÓN ARTÍSTICA:

1943 *Piruetas juveniles* (con José Salvador), Juan Carlos Capelli y Salvio Valenti

Renoux, René

Nace en Brest (Francia) el 21 de noviembre de 1904.

DIRECCIÓN ARTÍSTICA:

1964 *Armas para el Caribe/L'arme à gauche* (con Adolfo Cofiño), Claude Sautet

Rossi, Vittorio

VESTUARIO:

1959 *Los últimos días de Pompeya/Gli ultimi giorni di Pompei/Die letzten Tage, von Pompeji,* Mario Bonnard
1960 *El coloso de Rodas/Il colosso di Rodi/Le colosse de Rhodes* (con Cortés), Sergio Leone
Goliat contra los gigantes/Golia contro i giganti, Guido Malatesta
Las legiones de Cleopatra/Le legioni di Cleopatra/Les Légions de Cléopatra, Vittorio Cottafavi
Los corsarios del Caribe/Il conquistatore di Maracaibo, Eugenio Martín

DIRECCIÓN ARTÍSTICA:

1957 *La rebelión de los gladiadores/La rivolta dei gladiatori* (con Simont), Vittorio Cottafavi
1962 *Noche de verano* (con José María Grau), Jorge Grau
1963 *Se necesita chico,* Antonio Mercero
1964 *Il mercante di schiave,* Anthony M. Dawson (Antonio Margheriti)

Santonocito, Carlo

DIRECCIÓN ARTÍSTICA:

1960 *Goliat contra los gigantes/Golia contro i giganti* (con Ramiro Gómez), Guido Malatesta

Sapundzhief, Bogoya

DIRECCIÓN ARTÍSTICA:

1991 *Dalí* (con Pere Francesch), Antoni Ribas

Scaccianoce, Luigi

DIRECCIÓN ARTÍSTICA:

1964 *El Greco/Greco* (con Ontañón), Luciano Salce
1965 *La mentirosa/La bugiarda* (con Canet), Luigi Comencini
1966 *Adios Texas/Texas addio* (con Torre de la Fuente), Ferdinando Baldi
1968 *I bastardi,* Duccio Tessari
1973 *Amargo despertar/Una breve vacanza* (con Cofiño), Vittorio de Sica

Scavia, Bartolomeo

DIRECCIÓN ARTÍSTICA:

1979 *Sábado, domingo y viernes/Sabato, domenica e venerdi* (con Bartolomeo Scavia), Sergio Martino, Pasquale Festa Campanile, Castellano y Pipolo

Schatz, Willy

DIRECCIÓN ARTÍSTICA:

1965 *Persecución a un espía/Corrida pour un*

espion/Der Spyon, der in die Hölle Ging (con Enrique Alarcón), Maurice Labró

Schneider, Karl

DIRECCIÓN ARTÍSTICA:

1969 *El conde Drácula/Il conte Dracula/Nachts, wenn Dracula erwach/Count Dracula,* Jesús Franco

Scotti, Ottavio

Nace en Umago d'Istria (Italia) el 23 de febrero de 1904. Estudia arquitectura.

DIRECCIÓN ARTÍSTICA:

1964 *Soraya, reina del desierto/Anthar l'invincibile/Marchands d'esclaver,* Anthony Dawson (Antonio Margheriti)
1965 *Los jueces de la Biblia* (con Sigfredo Burmann), Francisco Pérez Dolz
Saúl y David/Saul e David (con Sigfredo Burmann), Marcello Baldi
1967 *Encrucijada para una monja/Violenza per una monaca* (con Galicia y Pérez Cubero), Julio Buchs

Simi, Carlo

DIRECCIÓN ARTÍSTICA:

1964 *Minnesota Clay/L'homme du Minnesota* (con Canet), Sergio Corbucci
Por un puñado de dólares/Per un pugno di dollari/Für eine handvoll Dollars, Sergio Leone
1965 *La muerte tenía un precio/Per qualche dollaro di più/Für ein paar Dollars mehr* (y vestuario), Sergio Leone
1966 *Django* (con Canet), Sergio Corbucci
1967 *El halcón y la presa/La resa dei conti* (con Rafael Ferri), Sergio Sollima
1968 *Cara a cara/Faccia a faccia,* Sergio Sollima

Simonini, Pierre

DIRECCIÓN ARTÍSTICA:

1977 *Playmate* (con Enrique Alarcón y Zorica Loric), Just Jaeckin

Spadoni, Luciano

DIRECCIÓN ARTÍSTICA:

1978 *Clayton Drumm/Amore, piombo e furore* (con Cofiño), Monte Hellman
1983 *El tesoro de las cuatro coronas/Treasure of the Four Crowns* (con Antonio de Miguel), Ferdinando Baldi

Stefano, Francesco Di

DIRECCIÓN ARTÍSTICA:

1970 *La muerte busca un hombre* (con Luis Vázquez), José Luis Merino
Ivanna (con Luis Vázquez), José Luis Merino
1972 *La orgía de los muertos/L'orgia dei morti* (con Eduardo Torre da la Fuente), José Luis Merino
La muerte acaricia a medianoche/La morte accarezza a mezzanotte, Luciano Ercoli

Stoll, John

Nace en Inglaterra el 12 de diciembre de 1913, fallece el 25 de junio de 1990.

DIRECCIÓN ARTÍSTICA:

1966 *The Lost Command (Mando perdido),* Mark Robson
1970 *Cromwell (Cromwell),* Ken Hughes

Tamburo, Nicola

DIRECCIÓN ARTÍSTICA:

1968 *Diez horcas para un pistolero/Il magnifico texano,* Luigi Capuano
1970 *Una maleta para un cadáver/Il dolce corpo da uccidere,* Alfonso Brescia

Tarantini, Maximo

Michele Massimo Tarantini, nace en Italia en 1942, montador, ayudante de dirección, guionista y director.

DIRECCIÓN ARTÍSTICA:

1974 *Tu fosa será la exacta... amigo/Domani passo a salutare la tua vedova...,* parola di Epidemio, John Wood (Juan Bosch)

Turco, Umberto

DIRECCIÓN ARTÍSTICA:

1966 *Misión arenas ardientes/Missione sabbie roventi,* Alfonso Brescia

Tynan, Tracy

DIRECCIÓN ARTÍSTICA:

1993 *La tabla de Flandes/Uncovered* (con Hugo Luczyc), Jim McBride

Ventrella, Donato

DIRECCIÓN ARTÍSTICA:

1972 *Una cuerda al amanecer,* Manuel Esteba

Wakhevitch, Georges

Nace en Odesa (Rusia) el 18 de agosto de 1907, fallece en París el 11 de febrero de 1984.

DIRECCIÓN ARTÍSTICA:

1956 *El amor de Don Juan/Don Juan* (con Sigfredo Burmann), John Berry
1961 *King of Kings (Rey de reyes),* Nicholas Ray
1963 *Scheherezade/La schiava di Bagdad* (con Canet) (y vestuario), Pierre Gaspard-Huit
1964 *A escape libre/Echappement libre,* Jacques Becker
Secuestro bajo el sol/Par un beau matin d'été/Rapina al sole, Jacques Deray

1966 *La viuda soltera/Monnaie de singe,* Ives Robert

Walker, Roy

DIRECCIÓN ARTÍSTICA:

1971 *The Last Run (Fuga sin fin)* (con José María Tapiador), Richard Fleischer

Weidemann, Heinrich

DIRECCIÓN ARTÍSTICA:

1965 *Un lugar llamado Glory/Die Hölle von Manitoba* (con Enrique Alarcón Sánchez), Sheldon Reynolds

White, Frank

CONSTRUCCIÓN:

1955 *La princesa de Éboli/That Lady,* Terence Young

DIRECCIÓN ARTÍSTICA:

1972 *La isla del tesoro/L'isola del tesoro/L'île au trésor,* John Hough y Andrew White (Andrea Bianchi)

Wybert, Marta

DIRECCIÓN ARTÍSTICA:

1967 *Cuarenta grados a la sombra,* Mariano Ozores

Zago, Emilio

DIRECCIÓN ARTÍSTICA:

1970 *Un dólar y una tumba/La sfida di Mac Kenno,* León Klimovsky

IV. Directores artísticos españoles que desarrollaron la mayor parte de su trabajo fuera de España

Alejandro, Julio

Julio Alejandro Castro Cortés, nace en Osca el 27 de febrero de 1906. Marino, autor teatral, exiliado en México donde escribe numerosos guiones. Fallece en Denia (Alicante) el 22 de octubre de 1995.

SUPERVISIÓN DE DECORADOS:

1966 *Pedro Páramo,* Carlos Velo

AMBIENTACIÓN:

1968 *Los recuerdos del porvenir* (y guión), Arturo Ripstein
1971 *El náufrago de la calle de la Providencia,* Arturo Ripstein y Rafael Castanedo, CM

DIRECCIÓN ARTÍSTICA:

1962 *El ángel exterminador,* Luis Buñuel
1969 *La hora de los niños,* Arturo Ripstein
1970 *La belleza* (con José García Ocejo), Arturo Ripstein

Castanyer, Joan

Pintor, dibujante, escritor y director. En Francia se integra en el grupo Octubre trabajando con Jean Renoir, interviene como coguionista y ayudante de dirección de Jacques Becker y Pierre Prevert en el cortometraje *Le commissaire est bon enfant.* Desde 1936 hasta

el final de la Guerra Civil ejerce el cargo de director de la sección de cine del Comisariado de Propaganda de la Generalitat, responsable de la producción de los noticiarios de Laya Film. Dirige en París *L'homme qui revient de loin* (1949).

DIRECCIÓN ARTÍSTICA:

1932 *Boudu sauvé des eaux* (con Hugues Laurent), Jean Renoir
1933 *Chotard et cie,* Jean Renoir

Fontanals, Manuel

Manuel Fontanals Mateu nace en Mataró (Barcelona) en 1893. Hijo del ebanista Tomás Fontanals Sivilla se forma como delineante y proyectista en una casa de muebles y decoraciones de interiores junto a Puig i Cadafalch, pintor circunstancial de carteles y de ilustraciones para publicaciones. Reside en París (1914) y Alemania (1918), trabaja en la Exposición Internacional de Barcelona de 1929 y como escenógrafo en el Teatro del Liceo, con Gregorio Martínez Sierra en el Teatro Eslava y en la compañía de Josefina Díaz de Artigas, con la que emigra a México en 1938. En ese país se casa con una aristócrata millonaria, hace decoraciones de interiores y trabaja para el cine a veces hasta en diez películas al año. En 1946 es uno de los socios fundadores de la Academia Mexicana de Artes y Ciencias Cinematográficas, que concede los Premios Ariel. Fue nominado para este premio por la mejor decoración, entre otras, por *Río Escondido* (Emilio Fernández, 1947) y lo obtuvo por *La Malquerida* (Emilio Fernández, 1949), *El niño y la niebla* (1954) y *La culta dama* (1957). Fallece en Ciudad de México en 1971. Hermano del humorista decorador y escenógrafo teatral Francesc Fontanals Mateu (1900-1968).

<small>DIRECCIÓN ARTÍSTICA EN ESPAÑA:</small>

1934 *Doce hombres y una mujer,* Fernando Delgado
1935 *El paraíso recobrado,* Xavier Güell
1937 *Bohemios,* Francisco Elías

<small>DIRECCIÓN ARTÍSTICA EN MÉXICO:</small>

1938 *María,* Chano Urreta
1939 *Café Concordia,* Alberto Gout
Miente y serás feliz, Raphael J. Sevilla
1941 *La isla de la pasión,* Emilio Fernández
1942 *El peñón de las ánimas* (con Carlos Toussaint), Miguel Zacarías
1944 *Las abandonadas,* Emilio Fernández
Bugambilia, Emilio Fernández
1945 *Pepita Jiménez* (con Javier Torres Torija), Emilio Fernández
1946 *Enamorada,* Emilio Fernández
La diosa arrodillada, Roberto Gavaldón
1947 *Río Escondido,* Emilio Fernández
1948 *Maclovia,* Emilio Fernández
Conozco a los dos, Gilberto Martínez Solares
El cuarto mandamiento, Rolando Aguilar
Pueblerina, Emilio Fernández
1949 *Camino de perversión,* Alberto Gout
La Malquerida, Emilio Fernández
Duelo en las montañas, Emilio Fernández
1950 *Un día de la vida,* Emilio Fernández
La marca del zorrillo, Gilberto Martínez Solares
Contigo, José Díaz Morales
El pecado de ser pobre, Fernando A. Rivero
Víctimas del pecado, Emilio Fernández
Islas Marías, Emilio Fernández
1951 *Siempre tuyo,* Emilio Fernández
La bien amada, Emilio Fernández
1952 *Cuando levanta la niebla,* Emilio Fernández
1954 *El niño y la niebla,* Roberto Gavaldón
La rosa blanca, Emilio Fernández
La rebelión de los colgados, Emilio Fernández

1955 *Chilam Balam,* Iñigo de Martino
1956 *Vainilla, bronce y morir,* Rogelio A. González
1957 *La culta dama*
Flor de mayo, Roberto Gavaldón
1958 *Bolero inmortal,* Rafael Portillo
Café Colón, Benito Alazraki
1959 *Macario,* Roberto Gavaldón
1960 *Juana Gallo,* Miguel Zacarías
1961 *La invasión de los vampiros,* Miguel Morayta
1962 *Días de otoño,* Roberto Gavaldón
1963 *Cri cri el grillito cantor,* Tito Davison
De color moreno, Gilberto Martínez
1964 *El gallo de oro,* Roberto Gavaldón
1966 *Pedro Páramo,* Carlos Velo
Un dorado de Pancho Villa, Emilio Fernández
Las visitaciones del diablo, Alberto Isaac
El falso heredero, Miguel Morayta
1967 *Un largo viaje hacia la muerte,* José María Fernández Unsaín
La guerrillera de Villa, Miguel Morayta
Un novio para dos hermanas, Luis César Amadori
1968 *Dos gemelas estupendas,* Miguel Morayta
Sor ye-yé, Ramón Fernández
Los recuerdos del porvenir (con Javier Torres Torija), Arturo Ripstein
1969 *El terrón de azúcar/The Big Cube,* Tito Davison
Arma de dos filos/Shark, Samuel Fuller
1971 *El náufrago de la calle de la Providencia* (con Javier Torres Torija), Arturo Ripstein y Rafael Castanedo, CM
1972 *El castillo de la pureza,* Arturo Ripstein

Marco Chillet, Francisco

Nace en Valencia en 1903. Exiliado en México, empezó a trabajar en el cine con Manuel Fontanals. Obtuvo el Ariel a la mejor decoración con Vicente Petit por *La Barraca* (Roberto Gavaldón, 1944) y en solitario por *En la palma de tu mano* (Roberto Gavaldón, 1952).

<small>VESTUARIO:</small>

1939 *Café Concordia,* Alberto Gout

<small>DIRECCIÓN ARTÍSTICA:</small>

1944 *La Barraca* (con Vicente Petit), Roberto Gavaldón

1947 *Juan Charrasqueado*, Ernesto Cortázar
1949 *El torero y la dama*, Miguel Morayta
     Hipócrita, Miguel Morayta Martínez
     La dama del alba, Miguel Morayta
     La venenosa, Miguel Morayta
     La virgen desnuda, Miguel Morayta
     Un grito en la noche, Miguel Morayta
     Sobre las olas, Ismael Rodríguez
1952 *En la palma de tu mano*, Roberto Gavaldón
1954 *La desconocida*, Chano Urueta
1955 *Lola torbellino*, René Cardona
1957 *El zarco*, Miguel M. Delgado
1959 *Santa Claus*, René Cardona

Muñoz, Gori

Gregorio Muñoz Montoro nace en Valencia el 26 de julio de 1906. Estudia en las Academias de Bellas Artes de Madrid y Valencia y prácticas de escenografía con Salvador Alarma. Se establece en Buenos Aires en 1939 donde también hace decorados para el teatro. Obtiene el Premio Nacional de Escenografía por *La dama duende* (Luis Saslavsky, 1945). Fallece en Buenos Aires en 1978.

DIRECCIÓN ARTÍSTICA EN ARGENTINA:

1941 *Canción de cuna*, Gregorio Martínez Sierra
1942 *Tú eres la paz*, Gregorio Martínez Sierra
1943 *Casi un sueño*, Tito Davison
     Juvenalia, Augusto C. Vatteone
     Todo un hombre, Pierre Chenal
     Los hombres las prefieren rubias, Gregorio Martínez Sierra
1944 *Al fin de la noche*, Alberto de Zavalia
     La pródiga, Mario Soffici
1945 *La dama duende*, Luis Saslavsky
1946 *Las tres ratas*, Carlos Schielepper
     Milagro de amor, Francisco Múgica
     Inspiración, Jorge Jontús
     Rosa de América, Alberto de Zavalia
1947 *La senda oscura*, Moglia Barth
     El pecado de Julia, Mario Soffici
     La copla de la Dolores, Benito Perojo
     Vacaciones, Luis Mottura
     Evasión, Ignacio Domínguez Riera
1948 *Dios se lo pague*, Luis César Amadori
     Historia de una mala mujer, Luis Saslavsky
     El abanico de Lady Windermere, Luis Saslavsky

     Tierra de fuego, Mario Soffici
     Pasaporte a Río, Daniel Tinayre
     La secta del trébol, Mario Soffici
     La gran tentación, Ernesto Arancibia
     Los secretos del buzón, Catrano Catrani
     Don Bildigerno en Pago Milagro, Antonio Berciani
1949 *Don Juan Tenorio*, Luis César Amadori
     Juan Globo, Luis César Amadori
     La noche en el Tabarín, Luis César Amadori
     El extraño caso de la mujer asesinada, Boris H. Hardy
     Avivato, Enrique Cahen Salaverry
     Alma fuerte, Luis César Amadori
1950 *La vendedora de fantasmas*, Daniel Tinayre
     El ladrón canta boleros, Enrique Cahen Salaverry
     La barra de la esquina, Julio Saraceni
     Nacha Regules, Luis César Amadori
     La barca sin pescador, Mario Soffici
1951 *Mi vida por la tuya*, Roberto Gavaldón
     Sangre negra, Pierre Chenal
     Los isleros, Lucas Demare
     Volver a la vida, Carlos Borosque
     La indeseable, Mario Soffici
     La comedia inmortal, Catrano Catrani
     El extraño caso del hombre y la bestia, Mario Soffici
     Buenos Aires, mi tierra querida, Julio Saraceni
     El hermoso Brummel, Julio Saraceni
     Los árboles mueren de pie, Carlos Schlieper
     Mi divina pobreza, Alberto d'Aversa
     El patio de la Morocha, Manuel Romero
1951 *Especialista en señoras*, Enrique Cahen Salaverry
1952 *El túnel*, León Klimovsky
     Las aguas bajan turbias, Hugo del Carril
     Si muero antes de despertar, Carlos Hugo Christensen
     Paraíso robado, Arturo Pimentel
     No abras nunca esa puerta, Carlos Hugo Christensen
     Donde comienzan los pantanos, Ber Ciani
     La de los ojos color del tiempo, Luis César Amadori
1953 *La mujer de las camelias*, Ernesto Arancibia
     Armiño negro, Carlos Hugo Christensen
     En cuerpo y alma, Leopoldo Torre Nilsson

1954 *La calle del pecado*, Ernesto Arancibia
María Magdalena, Carlos Hugo Christensen
Macho, Lucas Demare
Caídos en el infierno, Luis César Amadori
1955 *Mi marido y mi novio*, Carlos Schliepper
La Quintrala, Hugo del Carril
En carne viva, Enrique Cahen Salaverri
El barro humano, Luis César Amadori
La delatora, Kurt Land
El curandero, Mario Soffici
La simuladora, Mario Lugones
El juramento de Lagardère, León Klimovsky
Pecadora, Enrique Carreras
1956 *El protegido*, Leopoldo Torre Nilsson
De noche también se duerme, Enrique Carreras
El hombre virgen, Román Viñoly y Barreto
Los maridos de mamá, Edgardo Togni
Alejandro, Carlos Schliepper
Música, alegría y amor, Enrique Carreras
Más allá del olvido, Hugo del Carril
Oro bajo, Mario Soffici
Vitango en París, Arturo S. Mom
Cubitos de hielo, Juan Sires
1957 *La bestia humana*, Daniel Tinayre
Fantoche, Román Viñoly Barreto
Las campanas de Teresa, Carlos Schliepper
Alfonsina, Kurt Land
La sombra de Safo, Julio Porter
1958 *Amor prohibido*, Luis César Amadori
El festín de Satanás, Ralph Papper
Un centavo de mujer, Román Viñoly Barreto
Primavera de la vida, Arne Mattson
Una cita con la vida, Hugo del Carril
Sección desaparecidos, Pierre Chenal
Dos basuras, Kurt Land
Las apariencias engañan, Carlos Rinaldi
Isla brava, Mario Soffici
Luces de candilejas, Enrique Carreras
Rosaura a las diez, Mario Soffici
Detrás de un largo muro, Lucas Demare
1959 *Las tierras blancas*, Hugo del Carril
Salitre, Carlos Rinaldi
Zafro, Lucas Demare
Mi esqueleto, Lucas Demare
En la ardiente oscuridad, Daniel Tinayre
Los muchachos de antes no usaban gomina, Enrique Carreras
1960 *Creo en ti*, Alfonso Corona Blake

Chafalonías, Mario Sofici
Esta tierra es mía, Hugo del Carril
Hijo de hombre, Lucas Demare
Plaza Huincul, Lucas Demare
La patota, Daniel Tinayre
1961 *El hombre de la esquina rosada*, René Múgica
El rufián, Daniel Tinayre
El secreto de Mónica, José María Forqué
Canción de Arrabal, Enrique Carreras
El último piso, Daniel Cherniavsky
Operación G, Ralph Pappier
1962 *Una jaula no tiene secretos*, Agustín Navarro
Los inocentes, Juan Antonio Bardem
Los venerables todos, Manuel Antín
Bajo un mismo rostro, Daniel Tinayre
El terrorista, Daniel Cherniavsky
La cigarra no es un bicho, Daniel Tinayre
La Murga, René Múgica
Las modelos, Vlasta Lah
Las ratas, Luis Saslavsky
Los viciosos, Enrique Carreras
Las hermanas, Daniel Tinayre
1963 *Alias Flequillo*, Julio Saraceni
Placeres conyugales, Luis Saslavsky
Los evadidos, Enrique Carreras
1964 *Cuarenta años de novios*, Enrique Carreras
Las mujeres los prefieren tontos, Luis Saslavsky
Extraña ternura, Daniel Tinayre
1965 *La pérgola de las flores*, Román Viñoly Barreto
Ritmo nuevo, vieja ola, Enrique Carreras
Los guerrilleros, Lucas Demare
1966 *De profesión, sospechosos*, Enrique Carreras
¿Quiere casarse conmigo?, Enrique Carreras
Del brazo y por la calle, Enrique Carreras
Escándalo en la familia, Julio Potter
1967 *Digan lo que digan*, Mario Camus
Este cura, Enrique Carreras
La boutique, Luis García Berlanga
Coche, cama, alojamiento, Julio Porter
Esto es alegría, Julio Porter, Enrique Carreras y Tita Merello
La cigarra está que arde, Lucas Demare
1968 *Humo de marihuana*, Lucas Demare
Matrimonio a la argentina, Enrique Carreras
1971 *La familia hippie*, Enrique Carreras
Pájaro loco, Lucas Demare
1973 *Me gusta ese chico*, Enrique Carreras

Petit, Vicente

Nace en Valencia. Exiliado en México, obtuvo el Ariel a la mejor escenografía con Francisco Marco Chillet por *La Barraca* (Roberto Gavaldón, 1944). Fallece en México en 1946.

DIRECCIÓN ARTÍSTICA EN ESPAÑA:

1935 *Rosario la Cortijera*, León Artola
1939 *Sierra de Teruel*, André Malraux

DIRECCIÓN ARTÍSTICA EN MÉXICO:

1943 *El globo de Cantolla*, Gilberto Martínez Solares
     Una gitana en Méjico, José Díaz Morales
1944 *La Barraca* (con Marco Chillet), Roberto Gavaldón
1946 *La devoradora*, Fernando de Fuentes

Renau, José

Josep Renau i Berenguer, nace en Valencia el 17 de mayo de 1907. Diseñador gráfico, hizo numerosos carteles cinematográficos y colaboró en "Nuestro Cinema". En 1939 se exilia primero a Francia y después a México. En 1958 fija su residencia en Berlín donde dirige *Lenin-Poem*, película de animación para la televisión. Fallece en Berlín en 1982.

DIRECCIÓN ARTÍSTICA EN MÉXICO:

1944 *Sierra Morena* (con Javier Torres Torija), Francisco Elías

Sánchez, Alberto

Nace en Toledo en 1895. Escultor, diseñó decorados y figurines teatrales. Fallece en Moscú en 1962.

DIRECCIÓN ARTÍSTICA EN LA U.R.S.S.:

1957 *Don Kichot/Don Quijote*, Grigori Kozintsev

Sancha, José

José Sancha, hijo del caricaturista Francisco Sancha, emigró a la Unión Soviética y posteriormente a Bulgaria. Fallece en Madrid en 1995.

DIRECCIÓN ARTÍSTICA EN BULGARIA:

1957 *Zemia (Tierra)*, Zajari Dshandov
1959 *Zvezdi/Sterne (Estrellas)*, Konrad Wolf

Tísner

Avel.lí Artís-Gener, nace en Barcelona el 28 de mayo de 1912. Dibujante y escritor, comienza haciendo decorados teatrales. Emigrado a causa de la Guerra Civil, desarrolló toda su carrera en México, primero en el cine y después en la televisión. Cuando vuelve a España sigue diseñando decorados teatrales. Autor de *La escenografía en el teatro y el cine*, Editorial Centauro, México, 1947.

AYUDANTE EN MÉXICO:

1943 *Doña Bárbara*, Fernando de Fuentes y Miguel M. Delgado
     Viva mi desgracia, Roberto Rodríguez
1944 *Escándalo de estrellas*, Ismael Rodríguez
1945 *La hija del payaso*, Joselito Rodríguez
     Un día con el diablo, Miguel M. Delgado
     Pepita Jiménez, Emilio Fernández
     Cuando lloran los valientes, Ismael Rodríguez
1946 *Los tres García*, Ismael Rodríguez
     Vuelven los García, Ismael Rodríguez
     Los Siete Niños de Écija, Miguel N. Morayta
     El secreto de Juan Palomo, Miguel N. Morayta
1947 *Nosotros los pobres*, Ismael Rodríguez
1948 *Los tres huastecos*, Ismael Rodríguez
     Angelitos negros, Joselito Rodríguez
     Ustedes los ricos, Ismael Rodríguez
     El mago, Miguel M. Delgado
1949 *Dicen que soy mujeriego*, Roberto Rodríguez
1950 *Los olvidados*, Luis Buñuel
1952 *¡Viva Zapata!*, Elia Kazan
1955 *Canasta de cuentos mexicanos*, Julio Bracho
1956 *Torero*, Carlos Velo
1959 *Sonatas*, Juan Antonio Bardem

Índice de nombres y películas

Índice

COLECCIÓN CÁTEDRA / FILMOTECA ESPAÑOLA

Serie mayor

Catálogo general del cine de la Guerra Civil, ALFONSO DEL AMO (ED.).
Directores artísticos del cine español, JORGE GOROSTIZA.

Signo e Imagen / Cineastas Latinoamericanos

TÍTULOS PUBLICADOS

28. *Tomás Gutiérrez Alea*, JOSÉ ANTONIO ÉVORA.
29. *Fernando Birri (El alquimista poético-político)*,
    FERNANDO BIRRI.
33. *Nelson Pereira dos Santos (El sueño posible del cine brasileño)*,
    HELENA SALEM.